Dorett Funcke, Petra Thorn (Hg.)
Die gleichgeschlechtliche Familie mit Kindern

Dorett Funcke, Petra Thorn (Hg.)

Die gleichgeschlechtliche Familie mit Kindern

Interdisziplinäre Beiträge zu einer neuen Lebensform

[transcript]

Bibliografische Information der Deutschen Nationalbibliothek
Die Deutsche Nationalbibliothek verzeichnet diese Publikation in der
Deutschen Nationalbibliografie; detaillierte bibliografische Daten
sind im Internet über http://dnb.d-nb.de abrufbar.

© 2010 transcript Verlag, Bielefeld

Umschlaggestaltung: Kordula Röckenhaus, Bielefeld
Lektorat: Dorett Funcke, Petra Thorn
Satz: Volker Reißig
Druck: Majuskel Medienproduktion GmbH, Wetzlar
ISBN 978-3-8376-1073-4

Gedruckt auf alterungsbeständigem Papier mit chlorfrei gebleichtem
Zellstoff.

Besuchen Sie uns im Internet: *http://www.transcript-verlag.de*

Bitte fordern Sie unser Gesamtverzeichnis und andere Broschüren
an unter: *info@transcript-verlag.de*

INHALT

BERATUNG UND THERAPIE

KUNST

VORWORT DER HERAUSGEBERINNEN

Seit Jahren beeindruckt eine Lebensform die bürgerliche Öffentlichkeit medial, beschäftigt Regierung und Gesetzgeber und bewegt zahllose engagierte Experten und Laien. Feststellen kann man aber, dass die bisher vorliegenden Forschungsarbeiten und Veröffentlichungen selbst durch eine disziplinär begrenzte, einseitige Perspektive und entsprechend blinde Flecken gekennzeichnet sind und einen interdisziplinären Ansatz vermissen lassen. Eine derart disziplinäre Segregation mag Gründe in der Tradierung von Fachkulturen haben. Ein besonders schwerwiegender Grund dürfte darin liegen, dass sich die beteiligten Disziplinen nicht nur in inhaltlichen Schwerpunkten und Begrifflichkeiten unterscheiden, sondern auch hinsichtlich ihrer dominanten methodologischen Paradigmen. Es wird nicht überraschen, dass auch die im Folgenden dokumentierten Beiträge die Vielfalt der für das Thema »die gleichgeschlechtliche Lebensgemeinschaft mit Kindern« relevanten Forschungsrichtungen widerspiegeln. Es versteht sich von selbst, dass aus einem solchen Dialog kein Sammelband entstehen kann, der die vielfältigen Facetten der Thematik in widerspruchsfrei gebündelter Form präsentieren kann. Es war nicht unsere Absicht zu glätten. Gern hätten wir mehr zugespitzt, um den Anfang einer themenbezogenen Forschung, die frei von aller Lobbyarbeit ist, noch mehr zu stärken. Wir verstehen diesen Band als Denkanstoß. Er soll dazu anregen, eine neue Form der familialen Lebensgestaltung noch mehr aus dem Schatten einer am Rande geführten wissenschaftlichen Diskussion zu holen.

Dorett Funcke/Petra Thorn
Jena und Mörfelden im April 2010

Statt einer Einleitung:
Familie und Verwandtschaft zwischen
Normativität und Flexibilität

DORETT FUNCKE/PETRA THORN

In den westlichen Industriegesellschaften der 50er und 60er Jahre des
20. Jahrhunderts wurde das Hohelied der Familie gesungen. In der Bun-
desrepublik wurde sie im Grundgesetz verankert und unter den besonderen Schutz des Staates gestellt; im Alltag war sie das anerkannte und allgemein angestrebte Lebensmodell; der vorherrschenden sozialwissen-
schaftlichen Theorie galt sie als notwendig für das Funktionieren von
Staat und Gesellschaft. Dann aber kamen – in den späten 60er, begin-
nenden 70er Jahren – Studenten- und Frauenbewegung, sie brachten den
Aufstand gegen die traditionellen Strukturen. Die Familie wurde entlarvt
als Ideologie und Gefängnis, als Ort alltäglicher Gewalt und Unterdrü-
ckung. Das rief dann im nächsten Gegenzug diejenigen auf den Plan, die
zur »Verteidigung der bürgerlichen Familie« antraten, sie als »Hafen in
einer herzlosen Welt« wiederentdeckten. Der »Krieg um die Familie«
war entbrannt. Jetzt war mit einem Mal auch nicht mehr klar, wer oder
was Familie ausmacht: Welche Beziehungsformen sind als Familie zu
bezeichnen, welche nicht? Welche sind »normal«, welche abweichend,
welche sind der staatlichen Anerkennung würdig, welche sollen finanzielle Förderung erhalten?

Heute, zu Beginn des 21. Jahrhunderts, ist die Situation weiter ver-
worren. In der Praxis ist eine Vielfalt von Lebens-, Liebes- und Beziehungsformen entstanden, für die in den gewohnten Kategorien unseres
Bewusstseins kein Raum vorgesehen ist. Vor allem durch die Entwicklung medizinischer Technologien werden Konstruktionen von Eltern-

schaft möglich, die alltägliche Lebensregeln auf den Kopf stellen und an fundamentale Überzeugungen und Grundwerte rühren, an den Kern unseres Menschenbildes und Weltbildes. Da gibt es Männer, die schwanger werden und ein Kind zur Welt bringen,[1] Frauen, die weit nach der Menopause Mütter werden, oder Frauen, die als Mütter infolge einer Eizellspende ihre eigenen Halbgeschwister großziehen.[2] Die Beispiele werfen ein Licht darauf, wie durch die biotechnische Verfügbarkeit von natürlichen Vorgängen traditionelle Familien- und Verwandtschaftsordnungen fundamental verändert werden. Auch wenn das Problem solch möglicher Formen von Familien in erster Linie ein ethisches ist, so konfrontieren diese Familienkonstruktionen mit Fragen, die die Institution Familie und die auf ihr aufruhenden Lebensbildungsprozesse betreffen: Wie verläuft der Identitätsbildungsprozess eines Kindes, das dadurch zustande kommt, dass ein Mann seine Samenzellen, eine Frau ihre Eizellen, eine dritte Frau ihre Gebärmutter zur Verfügung stellt und ein weiteres Paar schließlich die Elternpositionen besetzt? Was bedeutet es für den Identitätsbildungsprozess, durch künstliche Befruchtung entstanden, als Embryo eingefroren, zur vorgeburtlichen Adoption oder zur Embryonenspende freigegeben zu sein, mit Eltern aufzuwachsen, die nicht die leiblichen sind, und keine Informationen über den Samenspender und die Eizellspenderin zu haben?

Was wird aus den Beziehungen zwischen den Generationen, wenn das Einfrieren von Sperma oder von Embryonen es ermöglicht, den Zeitpunkt der Zeugung eines Kindes zu manipulieren oder durch entsprechende Hormonbehandlung oder mithilfe der Eizelle einer jüngeren Frau ein Kind haben zu können, so dass die bisher geltenden zeitlichen Grenzen der Fruchtbarkeit erweitert werden?

Welchen Sinn haben Verwandtschaftsbeziehungen noch, wenn es theoretisch genügt, die Hälfte eines durch In-vitro-Fertilisation entstandenen Embryos einzupflanzen, um ein Kind austragen zu lassen, und nichts verhindert, dass die andere Hälfte des Embryo Jahre später eingepflanzt wird, so dass ein echter Zwilling des Erstgeborenen entsteht?

Und was wird schließlich aus der historischen Form der bürgerlichen Familie, wenn Kinder ohne Eltern gezeugt werden, indem Frauen im Rahmen einer Leihmutterschaft künstlich befruchtet werden und sich dann für immer von ihrem Kind trennen?

---

1   Vgl. Rita Neubauer: »Wann ist ein Mann ein Mann«, in: Der Tagesspiegel vom 06.04.2008, http://www.tagesspiegel.de/weltspiegel/wann-ist-ein- mann-ein-mann/1204590.html vom 20.04.2010.

2   Vgl. Spiegel online: »Kanadierin spendet Eizellen für Tochter«, http://www.spiegel.de/wissenschaft/mensch/0,1518,492341,00.html vom 21.4. 2010.

Auf diese Fragen können wir hier keine Antworten geben. Uns geht es in diesem Sammelband um eine Familienform, die vor diesem Hintergrund weniger radikal erscheint, gleichwohl aber auch in der gleichgeschlechtlichen Familie biologische und soziale Elemente durch Eingriffe in Bereiche der Fortpflanzung unterschiedlich kombiniert werden können. In Deutschland sind allerdings Kombinationsformen von Zeugungssubstanzen, die zu fragmentierter Elternschaft führen, durch das Embryonenschutzgesetz und durch das Gewebegesetz geregelt, z.t. verboten und unter Strafe gestellt. Aber unabhängig von der in Deutschland restriktiv geregelten Reproduktionsmedizin und den normativen Standards von Familie wie sie im Bürgerlichen Gesetzbuch (vgl. Buch IV) festgehalten sind, lassen sich im Bereich des faktischen Handelns verschiedene Konstellationen gleichgeschlechtlicher Familien unterscheiden. Da gibt es den schwulen Vater mit einem adoptierten Kind, der in einer Eingetragenen Lebenspartnerschaft lebt; das lesbische Paar, das mit Kindern aus einer früheren Ehe zusammenlebt; das gleichgeschlechtliche Paar, das ein Pflegekind aufgenommen hat, oder z.B. ein Lesben- und Schwulenpaar, das mit den gemeinsam gezeugten Kindern in einer sogenannten »Queer-Family«[3] zusammenlebt. In diesen Varianten wird im Rahmen einer gleichgeschlechtlichen Paarbeziehung mit neuen Formen des Zusammenseins nach dem Modell der Stief-, Adoptions- oder Pflegefamilie experimentiert. Weitaus radikaler sind die uns vertrauten bürgerlichen Familienstrukturen in solchen gleichgeschlechtlichen Familien aufgelöst, in denen das gleichgeschlechtliche Paar auf moderne Reproduktionstechniken zurückgreift, um eine Familie zu gründen. Ein gleichgeschlechtliches Frauenpaar kann sich den Kinderwunsch erfüllen, indem es mithilfe eines bekannten oder unbekannten Mannes, der seinen Samen zur Verfügung stellt, schwanger wird. Ein lesbisches Paar kann Familie im Rahmen einer geteilten biologischen Mutterschaft leben, indem eine der beiden Frauen als sogenannte »Tragemutter« den Embryo austrägt, der mithilfe einer Eizelle ihrer Partnerin und dem Samen eines (fremden) Mannes durch extrakorporale Befruchtung entstanden ist. Geteilte biologische Mutterschaft ist auch denkbar, indem beide Frauen die genetischen Mütter ihres Kindes werden. Das wird möglich, indem in die Eizelle der einen Frau das Zytoplasma (Zellflüssigkeit) einer Eizelle der Partnerin injiziert wird. Das auf dem Weg der Zellkerntransplantation entstandene Ei wird dann mit dem Samen eines Mannes befruchtet; ein Verfahren, das bisher allenfalls bei heterosexuellen Paaren mit medizinischer Indikation zur Debatte steht. Oder: Ein schwules Paar kann einen Samenspender und eine Ei-Spenderin

---

3   Im Glossar haben wir Fachbegriffe erläutert.

wählen (genetischer Vater und genetische Mutter) und eine dritte Person, der die befruchtete Eizelle eingepflanzt wird und die diese dann austrägt. In diesen Familienformen, in denen die biologischen Bedingungen von Paarung und Fortpflanzung, von Sexualität und Zeugung neu gestaltet werden, ist nicht nur die soziale, sondern auch die genetische und (austragende) biologische Elternschaft fragmentiert.

Auf den Strukturwandel von Familie, wie er sich in diesen verschiedenen Konstellationen einer gleichgeschlechtlichen Familie abzeichnet, hat die Familiensoziologie bisher mit der Auffassung reagiert, die Familie sei in der Krise oder bereits untergegangen. Angesichts der langen Geschichte der Familie und ihrer welthistorischen Universalität können diese Verkündigungen allerdings von einer seriösen Familienforschung nicht ernst genommen werden. Durchaus berechtigt sind aber die Fragen zum einen nach der Zukunft der Familie: Welche Folgen hat es für die Familienentwicklung, wenn feste Vorgaben von einst – verankert in Religion, Tradition und Biologie – immer mehr an Stärke und Verbindlichkeit einbüßen? Zum anderen bleiben Fragen zu beantworten, die das Selbstverständnis der Familiensoziologie als Fachdisziplin berühren: Was ist heute, nachdem weder die Vielfalt von Familie, ihre historische Relativität noch das Thema vom Abschied von der Familie die Probleme der Familiensoziologie sind, ihre erstrangige Aufgabe? Worin liegt ihre Entdeckungskompetenz? Wie kann sie neues soziales Wissen identifizieren? Was sind ihre erkenntnisleitenden Fragestellungen?

Antworten auf diese Fragen können wir nicht in umfassender Weise geben, zumal uns auch empirische Befunde fehlen, um gut begründet auf so Grundlegendes, wie in diesen Fragen aufgeworfen, verweisen zu können. Unser Vorhaben ist bescheidener. Wir werden einen Vorschlag unterbreiten, mit dem das zeitgenössische soziale Phänomen der gleichgeschlechtlichen Familie erschlossen, d.h. besser verstanden werden kann. Um diesen Vorschlag vorzubereiten, bedarf es einzelner Schritte. In einem ersten Abschnitt geht es um eine geschichtliche Betrachtung der Familie. Dabei machen wir uns aber weder den Gegenstand der historischen Familienforschung zu Eigen, die Familie durch die Zeiten hindurch in ihrer Vielfalt zu rekonstruieren, noch den der Verwandtschaftsethnologen, Familienstrukturen anderer Kulturen zu untersuchen. Wir streben keine Betrachtung geografischer oder historisch entlegener Formen der Institution Familie an, sondern wir konzentrieren uns auf eine familiale »Sonderentwicklung« in Westeuropa: Es geht um die kulturelle Erfindung der bürgerlichen Familie, der in keiner anderen Gesellschaft solche Bedeutung beigemessen wurde. In unserer Darstellung der westeuropäischen Familienentwicklung beschränken wir uns, wenn auch nicht ganz ausschließlich, auf den Übergang von der traditionalen Hausgemeinschaft der europäischen Neuzeit zur bürgerlichen Familie im 18. und 19. Jahrhundert. Diese Familienform ist gekennzeichnet durch eine relativ freie Partnerwahl, geringen Altersabstand zwischen den Ehepartnern, durch die Kopplung von Ehe und Familie, durch eine Orientierung an neolokalen Wohnformen und durch eine klare komplementäre Aufgabenverteilung zwischen Ehemann und Ehefrau. Sie ist nicht zu vergleichen mit osteuropäischen Familienformen, etwa die der Balkanfamilie (z.b. serbische Zadruga) oder die der leibeigenen Bauernfamilien der großen russischen Güter. Über die in Osteuropa vorherrschenden Familienformen werden wir hier nicht berichten, ebenso nicht über das asiatische, nordamerikanische oder afrikanische Familiensystem. Das ist nicht Fokus dieses Buchs, auch kennen wir uns mit diesen Familienformen nicht aus.

In einem zweiten Schritt stellen wir ein theoretisches Konzept aus dem Bereich der Familiensoziologie vor, das Rekurs auf die westeuropäische Familienform, die bürgerliche Familie, nimmt, und das in Anbetracht des Strukturwandels von Familie, wie er sich in der gleichgeschlechtlichen Paarfamilie mit Kindern abzeichnet, als geradezu fragwürdig erscheint. Im Anschluss an diese Ausführungen werden wir mit Verweis auf ausgewählte empirische Befunde aus unseren materialfundierten Fallanalysen zur gleichgeschlechtlichen Familie eine Untersuchungsperspektive vorschlagen, die zweierlei beinhaltet. Zum einen scheint es für das Verständnis dieser familialen Sonderform hilfreich, trotz aller Skepsis und Zweifel gegenüber einem theoretischen Konzept, das ein Erklärungsmodell enthält, welches die Strukturen der bürgerlichen Familie beschreibt, dieses mit der Form der gleichgeschlechtlichen Familie in Beziehung zu setzen. Allerdings kann eine derartige strukturtheoretische Betrachtung, die auf die der Familie inhärenten Strukturen und deren Bedeutsamkeit bei der Herstellung einer Familienordnung fixiert bleibt, soziale Dimensionen nicht mit erfassen, die erhellend sind, um außerhalb von Familienstrukturen liegende Strategien des Herstellens von Familie (des »Doing Family«) entdecken zu können. Deshalb scheint es uns ratsam, so unentbehrlich wir auch ein Strukturmodell von Familie als Instrument zur soziologischen Analyse der gleichgeschlechtlichen Familie halten, diese Betrachtung um eine Perspektive zu erweitern, die ganz andere Themen berücksichtigt. Doch zuerst werden wir uns auf den Exkurs zur westeuropäischen Familienentwicklung konzentrieren, in deren Verlauf sich die bürgerliche Familie durch einen zunehmenden Bedeutungsverlust der Verwandtschaft bei der Wahl des Ehepartners herausgebildet hat.

Das Wort »Familie« hat sich in Deutschland erst seit dem 18. Jahrhundert durchgesetzt. Davor gab es für die Eltern-Kind-Gruppe im Sinne der Kleinfamilie keine eigene Bezeichnung. Dass man kein Wort für diesen Einheitsverband hatte, spricht dafür, dass diesem auch keine besonders hervorgehobene soziale Bedeutung zukam. Wie kam es aber nun zur Herausbildung der Familie in ihrer monogamen und (relativ) egalitären Form? Was trug zur Entstehung der »Gattenfamilie«[4] bei, in der ein Mann und eine Frau als Ehepaar relativ unabhängig vom Verwandtschaftssystem als Vater und Mutter in »verantworteter Elternschaft«[5] die gemeinsam gezeugten Kinder großziehen? Bedeutsam für die Entfaltung der Kleinfamilie war die lange Phase der christlichen Dominanz in der europäischen Kultur des Mittelalters. Das Christentum hat früh zur Förderung der Monogamie und zum Abbau der verwandtschaftlichen Macht beigetragen. Der Historiker Jack Goody hat gezeigt, dass die Kirche durch eine erfolgreiche Machtpolitik ihre Stellung zu den weltlichen Oberschichten stärken konnte.[6] Ein wichtiges Mittel war das Verbot der Verwandtenehen. Dort, wo die Verwandtenehe oder andere Formen verbotener Eheschließungen weiterhin praktiziert wurden, ließ sich die Kirche deren Bewilligung gut bezahlen (sogenannte Dispens-Ehen). Mit dieser kirchlichen Politik ist letztendlich die Eigenständigkeit des Paares gegenüber Verwandtschaft und der Herkunftsfamilie gestärkt worden und damit auch die Individualisierung der Partnerwahl erleichtert worden. Es galt jetzt, sich passend zum Inzesttabu und unabhängig von der Allianz-Politik der Familie in einer autonomen Entscheidung einen Partner zu suchen.

Lebensmittelpunkt war in der frühen Neuzeit für den Menschen die häusliche Gemeinschaft. Diese war keine »Familie« im modernen Sinn. Es standen hier nicht die Blutsverwandtschaft und die Kleinfamilie im Vordergrund, sondern die ökonomische Arbeitsgemeinschaft, zu der, neben der eigentlichen Kleinfamilie, bestehend aus Vater, Mutter und Kind(ern), auch ledige Verwandte und nichtverwandte Arbeitskräfte gehörten. Die Hausgemeinschaft war in erster Linie eine Wirtschafts- und Arbeitsgemeinschaft. Sexuelle oder emotionale Beziehungen standen nicht im Mittelpunkt. Erst mit der »Geburt der bürgerlichen Familie« am Ende des 18. Jahrhundert, als sich auch die Trennung von Wohnen und Arbeiten, von Privatheit und Familie durchsetzte, rückte das Ehepaar stärker in den Vordergrund. In allgemeinerer Hinsicht kam nun der Ge-

---

4   Emile Durkheim: »La famille conjugale«, in: Revue Philosophique 45 (1921), S. 1-14.

5   Franz Xaver Kaufmann: Zukunft der Familie. Stabilität, Stabilitätsrisiken und Wandel der familialen Lebensformen sowie ihre gesellschaftlichen und politischen Bedingungen, München: Beck 1990, S. 39ff., 82.

6   Vgl. Jack Goody: Die Entwicklung von Ehe und Familie in Europa. Frankfurt a.M.: Suhrkamp 1989, S. 116ff.

fühlsbasis der Ehe eine besondere Bedeutung zu: Mutterliebe und Gattenliebe wurden im Sinn des »affektiven Individualismus«[7] zu wesentlichen Pfeilern des Familienlebens. Im Zuge dieser Veränderungen wurde das Geschlechterverhältnis neu definiert, die moderne Aufteilung zwischen den Geschlechtern in die Zuständigkeit für das Affektive und das Kognitive hat hier ihren Ausgangspunkt. Die Historikerin Karin Hausen betont, dass die neuen Vorstellungen von Geschlechtsunterschieden zur Legitimierung der Trennung in die öffentlich-männliche und die häuslich-weibliche Sphäre beitrugen.[8] An der Schwelle zum 19. Jahrhundert kamen also die Liebesehe und ein neues Geschlechterverhältnis zum Vorschein: zunächst nur im Bürgertum und auch nur als Ideal. Als universelles Familienmodell – eben die Kleinfamilie – setzte es sich bis zum Ende des 20. Jahrhunderts durch. Dominierte in der vorbürgerlich-traditionalen Gesellschaft noch die Lebensform der häuslichen Gemeinschaft, so entstand in der zweiten Hälfte des 18. Jahrhunderts das bürgerliche Leitbild der modernen Kleinfamilie, das seine Breitenwirkung 100 Jahre später voll entfaltete.

In struktureller Hinsicht brachte die Entwicklung der Familie eine Schwerpunktverlagerung vom Verwandtschaftsverband hin zur Kleinfamilie. Es gibt, abgesehen vom Endogamieverbot, keine Regel, wer mit wem eine Paarbeziehung eingehen und eine Familie gründen darf. Es gibt also keine bevorzugten Heiratspartner. Die Stellung der Verwandten (z.B. des Mutterbruders) bei der Partnerwahl ist weniger wichtig als in anderen Kulturen, wo im Regelfall die Gruppen es sind, die zählen und nicht die besonderen Verbindungen zwischen den Individuen. Während dort, wo das Paar sich nicht als autonome Einheit aus dem Verwandtschaftsverband herausgelöst hat und die über Gabe und Tausch gestifteten Allianzen im Vordergrund stehen, welche die Bildung von Kollektiven und deren Zusammenhalt garantieren, ist es im westlichen Familiensystem die über Blutsverwandtschaft geregelte Abstammung, von der alle weiteren Beziehungen abgeleitet sind. Mit Bezug auf die Herausbildung dieser Familienform hat die strukturale Familiensoziologie ein theoretisches Modell entworfen, das die Merkmale beschreibt,

---

7   Vgl. Lawrence Stone: The Family, Sex, and Marriage in England 1500-1800, New York: Harper and Row 1977; Alan Macfarlane: Marriage and love in England. Modes of reproduction 1300-1840, Oxford: Blackwell 1986.

8   Karin Hausen: »Die Polarisierung der ›Geschlechtscharaktere‹ – Eine Spiegelung der Dissoziation von Erwerbs- und Familienleben«, in: Werner Conze (Hg.), Sozialgeschichte der Familie in der Neuzeit Europas, Stuttgart: Klett 1976, S. 363-393.

durch die das westeuropäische Familiensystem sich von außereuropäischen Familiensystemen unterscheidet.

Auf der Grundlage dieser theoretischen Perspektive kann Familie folgendermaßen beschrieben werden. Bei der Familie handelt es sich um einen triadischen Interaktionszusammenhang. Die Struktur der Triade ist bestimmt durch die Polarität der Geschlechter und durch eine Generationendifferenz. Zur Triade gehören insgesamt drei dyadische Beziehungen, die Vater-Kind-Beziehung, die Mutter-Kind-Beziehung und die Eltern- bzw. Paarbeziehung. Diese dyadischen Beziehungen, die zusammen eine Einheit bilden, schließen sich aber durch ein Spezifikum, nämlich »diffuse« Sozialbeziehungen zu sein, auch wechselseitig aus. Wer Teil einer Triade ist, z.B. als Mutter, als Vater oder als Kind, ist auch immer mit der Erfahrung konfrontiert, als Dazugehöriger gleichsam auch ein Ausgeschlossener zu sein. Denn das Diffuse, das das Spannungsmoment in die Triade hineinverlegt, besteht darin, in einer umfassenden Weise füreinander da zu sein. Die Beziehung, die man zueinander hat, ist nicht wie eine Rollenbeziehung auf spezifische Themen und Leistungen festgelegt. Damit hängt zusammen, dass Familienbeziehungen strukturell unkündbar sind, die Personen nicht austauschbar sind und eine affektive Solidarität (Liebe), ein umfassendes Vertrauen und eine körperliche Basis (Erotik) konstitutiv für diese Art von Beziehung sind. Der Anspruch aber, als ganze Individuen in seiner Besonderheit für die anderen relevant zu sein, kann nicht immer eingelöst werden. Denn wenn Vater und Kind zusammen sind, ist aus ihrer exklusiven Dyade die Mutter ausgeschlossen. Gleiches gilt für den Vater und das Kind. »Umfassende Zugehörigkeit und Geborgenheit ist also nicht zu haben ohne die gleichzeitige Erfahrung des Teilens des Unteilbaren und des Ausschlusses aus einer Beziehung zwischen zwei Personen, zu denen man gleichzeitig selbst eine exklusive Beziehung hat.«[9] Die Herausforderung in Familienbeziehungen besteht darin, in der Einheit, eben der familialen Zusammengehörigkeit, die Unterschiedlichkeit der dyadischen Beziehungen zur Geltung zu bringen. Das kann gelingen, indem bei der Herstellung von Unterschieden zwischen den wechselseitig einander ausschließenden Dyaden auf die in der Familienstruktur selbst angelegten Grenzmarkierungen zurückgegriffen wird, über die Differenz erzeugt werden kann. Der Unterschied zwischen der Eltern-Dyade und der Kind-Dyade kann über Generationendifferenz und Sexualität hergestellt werden. Der Unterschied zwischen den Eltern-Kind-Dyaden, also zwischen

---

9 Kai-Olaf Maiwald: »Vom Schwinden der Väterlichkeit und ihrer bleibenden Bedeutung. Familiensoziologische Überlegungen«, in: Dieter Thomä (Hg.), Vaterlosigkeit. Geschichte und Gegenwart einer fixen Idee, Frankfurt a.M.: Suhrkamp 2010, S. 251-268, hier S. 263.

Vater-Kind-Dyade und Mutter-Kind-Dyade, kann bei Verschiedenge-schlechtlichkeit des Elternpaares unter Rekurs auf Geschlechterdifferenzen markiert werden. Drei Strategien können hier in Anschlag gebracht werden.[10] Eine Strategie der Differenzmarkierung ist die Aufführung komplementärer Geschlechterrollen, wie sie z.b. in der Arbeitsteilung des Elternpaares objektiviert werden (instrumentell und außenbezogenen/expressiv und binnenbezogen). Gegengeschlechtliche Elterndyaden können desweiteren sich als Exemplare unterschiedlicher Gattungen zur Geltung bringen, im Sinne von »wir sind anders als du, weil wir Männer sind und du eine Frau« (und umgekehrt). Der Vorteil, Differenz über Geschlechterunterschiede zur Geltung zu bringen, besteht darin, dass man nicht auf die Besonderheiten der Personen zurückgreifen muss, denn das würde die Gemeinsamkeitskommunikation erschweren. Wird der Geschlechtsunterschied betont, so hat der Ausschluss des Dritten wenig mit seiner Individualität zu tun. Die Verschiedenheit gegenüber dem Kind kann auch zum Ausdruck gebracht werden, indem Vater und Mutter ihre Besonderheit, Eltern zu sein, über »Väterlichkeit« und »Mütterlichkeit« definieren. Die Unterschiedlichkeit als Unterschied durch Rekurs auf die in den Familienbeziehungen angelegten Grenzen: Geschlecht, Generation und Sexualität zu repräsentieren, erleichtert es, die Balance zwischen Differenz und Gemeinsamkeit in der Familie zu finden. Wir fassen zusammen. Das Strukturmodell von Familie, das den Kern eines theoretischen Konzeptes von Familie ausmacht, beschreibt Familie als eine widersprüchliche Einheit einander ausschließender diffuser Sozialbeziehungen. Die Grundstruktur ist gekennzeichnet durch die Strukturmerkmale: Filiation und Konjugalität, also Eltern-Kind-Beziehung und (eheliche) Paarbeziehung. Der Zusammenhang von zwei Generationen und zwei verschiedenen Geschlechtern macht die Kernstruktur aus, wobei das Geschlechterverhältnis asymmetrisch-komplementär und das Generationsverhältnis hierarchisch organisiert ist, jedoch nicht im Sinne einer Machtbeziehung, sondern einer sozialisatorischen Verantwortungsbeziehung. Zu den idealtypischen Struktureigenschaften, an denen sich das familiale Zusammenleben ausrichtet, gehören Ansprüche an Dauerhaftigkeit, Exklusivität und Verbindlichkeit.[11]

---

10 Vgl. dazu auch ebd., S. 263-266.
11 Vgl. Ulrich Oevermann: »Die Soziologie der Generationenbeziehungen und der historischen Generationen aus strukturalistischer Sicht und ihre Bedeutung für die Schulpädagogik«, in: Rolf-Torsten Kramer/Werner Helsper/Susanne Busse (Hg.), Pädagogische Generationsbeziehungen, Opladen: Leske + Budrich 2001, S. 78-128; Tilmann Allert: Familie als unverwüstliche Lebensform, Berlin, New York: de Gruyter 1998.

Angesichts des Strukturwandels der Familie mit einem derartigen theoretischen Konzept familiales Zusammenleben erklären zu wollen, scheint zurecht fragwürdig. Denn seit dem letzten Drittel des 20. Jahrhunderts ist das Leitbild der bürgerlichen Familie erschüttert. Es hat an faktischer Verbreitung eingebüßt. Neue Familienformen sind entstanden, in denen die Struktureigenschaften und Strukturmerkmale der Familie, so wie sie im theoretischen Modell der Kernfamilie beschrieben sind, nicht mehr in Erscheinung treten. In der Stieffamilie oder in der Familie Alleinerziehender haben sich kleinfamiliale Strukturen aufgelöst. Dieser Geltungsverlust zeichnet sich mittlerweile auch in ganz neuen Formen elterlicher Sozialisation ab. Tilmann Allert beschreibt einen Trend in der Familienpolitik: Eltern, deren Arbeitsplatz bedingungslose Präsenzbereitschaft fordert, von Erziehungsaufgaben zu entlasten und stattdessen Angebote öffentlicher Kinderbetreuung bereitzustellen. »Nicht etwa die relative Unsichtbarkeit eines permanent beschäftigten Vaters, vielmehr die Undurchsichtigkeit der Elternschaft bestimmt den kindlichen Bildungsprozess.« In dem Maße, wie die Eltern sozialisatorisch verschwinden, wandelt sich die Hypothese von der »vaterlosen Gesellschaft« zur »elternlosen Gesellschaft«.[12] Auf einen radikalen Wandel deuten auch Anzeichen einer Stärkung matrilinearer Tendenzen und einer relativen Schwächung der Konjugalität, denn immer häufiger wird Mutterschaft ohne klassische Familienkonstellation konstruiert oder fortgesetzt. So berichten Fachleute der Kinder- und Jugendhilfe, dass es in strukturschwachen Regionen Ostdeutschlands zunehmend zu einem Lebensziel junger Frauen werde, nach einem gescheiterten Schulabschluss ein Kind zu bekommen, sich diesem in einer gesellschaftlich anerkannten Rolle zu widmen und von Erziehungsgeld und Hartz IV zu leben. Männer sind in diesem Lebensentwurf als dauerhaft Anwesende nicht vorgesehen.[13] Indizien für »tektonische Verschiebungen« im Bereich der Familienorganisation liefern auch Paare, die in ihre Biografieplanung von vornherein die reproduktiven Technologien vorsehen, erst einmal ihre berufliche Karriere verfolgen und zu einem späteren Zeitpunkt mithilfe reproduktionsmedizinischer Interventionen die Familie gründen.[14] Ebenso wie in diesen genannten familialen Sonderentwicklungen belegt die fak-

---

12 Tilmann Allert: »Die Sorge hat keine Adresse mehr«, in: Frankfurter Allgemeine Zeitung vom 15.8.2009.

13 Vgl. Dorett Funcke/Bruno Hildenbrand: Unkonventionelle Familien in Beratung und Therapie, Heidelberg: Carl-Auer Verlag 2009, S. 28.

14 Vgl. Sabine Hess: »Flexible reproduktive Biografisierung. Zum Kinder-Machen im Zeitalter biopolitischer Möglichkeiten – von Zeugungsstreiks und Spielermentalitäten«, in: Stefan Beck u.a. (Hg.), Verwandtschaft machen. Reproduktionsmedizin und Adoption in Deutschland und der Türkei. Münster: LIT-Verlag 2007, S. 109-123.

tische Realität der gleichgeschlechtlichen Familie den Enttraditionali-
sierungsprozess im familialen Bereich. Das System der Zwei- bzw. Verschiedengeschlechtlichkeit ist durch das der Gleichgeschlechtlichkeit
abgelöst, Vaterschaft und Mutterschaft sind mit der Gattenfunktion nicht
mehr verbunden und die biologische und die soziale Reproduktionstria-
de fallen nicht mehr zusammen und sind in manchen Varianten derart
fragmentiert, dass nicht immer eindeutig festgelegt ist, wer Vater und
Mutter ist.

Familiensoziologen, die infolge des Strukturwandels der Familie an
einer Theorie festhalten, die auf bürgerliche Familienstrukturen Rekurs
nimmt, und neueren Familienentwicklungen nicht mit Konzepten nachkommen, die z.B. Paarbeziehung und Eltern-Kind-Beziehung voneinander entkoppelt betrachten, die Mutter-Kind-Beziehung als »irreduktiblen
Kern«[15] aller Familienbildung ansehen oder die Familiensoziologie zur
Soziologie privater Lebensformen oder Lebensführung[16] bzw. Soziologie persönlicher Beziehungen[17] erklären, sehen sich nicht selten dem
Vorwurf ausgesetzt, sich als Hinterwäldler im Denken noch in den Bahnen alter Traditionen zu bewegen. Zu einer solchen Meinung kann es allerdings nur dann kommen, wenn die im theoretischen Konzept der
Kernfamilie beschriebenen Familienstrukturen und die empirischen
Konkretionen gleichgesetzt werden und man fixiert ist auf das Personal
eines Systems. Will man diesen Schritt vermeiden, so ist eine radikale
Unterscheidung zwischen dem analytischen Konstrukt der Kernfamilie,
zu dem ein Strukturmodell von Familie gehört, und den empirischen
Veräußerungen von Familie erforderlich. Zu unterscheiden ist zwischen
theoretischer Abstraktion und Realität. Wird übersehen, dass das Modell
als Kern eines theoretischen Konzeptes von Familie nicht die Wirklichkeit meint, sondern es sich hierbei um einen Hypothesenzusammenhang
handelt, dem als heuristisches Instrument die Funktion eines »Sehin-
strumentes« zukommt, dann ist durch diese Blicktrübung der Boden für

---

15 Rolf Eickelpasch: »Ist die Kernfamilie universal? Zur Kritik eines ethnozentrischen Familienbegriffs«, in: Zeitschrift für Soziologie 3 (1974), S.
   323-338; vgl. auch Hartmann Tyrell: »Die Familie als ›Urinstitution‹.
   Neuerliche spekulative Überlegungen zu einer alten Frage«, in: Kölner
   Zeitschrift für Soziologie und Sozialpsychologie 30 (1976), S. 611-651.
16 Vgl. Norbert F. Schneider/Doris Rosenkranz/Ruth Limmer: Nichtkonventionelle Lebensformen. Entstehung – Entwicklung – Konsequenzen, Opladen: Leske + Budrich 1998; Heike Matthias-Bleck: »Soziologie der Lebensformen und der privaten Lebensführung. Anmerkungen zu Werner
   Schneiders Soziologie des Privaten«, in: Soziale Welt 53 (2002), S. 423-
   436.
17 Karl Lenz: »Familie – Abschied von einem Begriff?«, in: Erwägen, Wissen, Ethik 14 (2003), S. 485-498.

den Vorwurf bereitet, man habe einen bürgerlichen Familienbegriff. Bei dem Strukturmodell handelt es sich aber nicht um eine Art Abziehbild der Familienform, der in keiner anderen Gesellschaft eine so zentrale Bedeutung beigemessen wurde wie in der Westeuropas. Sondern es handelt sich um einen Beschreibungszusammenhang, der ins Innerste des Interaktionszusammenhanges des sozialen Systems Familie einführt und Strukturmerkmale und Struktureigenschaften benennt, nach denen im Gehäuse des uns als Normalfamilie bekannten Lebenszusammenhanges Ordnung eingerichtet wurde. Mit diesem Konstrukt, das auf der Ebene der Abstraktion angesiedelt ist, kann man nun in Anbetracht einer radikalen Umstrukturierung im Bereich der Familie, die vom alten Gehäuse der bürgerlichen Familie nicht mehr viel übrig lässt, auf zweierlei Art verfahren. Man kann mit Blick auf die familiale Vielfalt sich eines derartigen Erkenntnissystems, das als Referenz die bürgerliche Familie (»Normalfamilie«) hat, aber eben nicht in ihr aufgeht, mit dem Argument entledigen, die Wirklichkeit, auf die es verweist, ist nicht mehr die von Akteuren, die z.B. in einer Stieffamilie, Adoptivfamilie, gleichgeschlechtlichen Pflegefamilie, einer »Queer-Family« oder einer gleichgeschlechtlichen Inseminationsfamilie zusammenleben. Ein anderer Weg wäre, mit Blick auf die neuen Variationen familialen Zusammenlebens nicht auch gleich das Strukturmodell, das Familie als triadischen Interaktionszuammenhang begreift, über Bord gehen zu lassen, nur weil die Familie nicht mehr in der Ausdrucksgestalt der bürgerlichen Familie erscheint. Sondern eine Alternative bestände darin, an die neuen empirischen Formen von Familie die Frage heranzutragen: Ob denn, auch wenn die »Familie« so ganz anders aussieht als die der bürgerlichen, der Ort Familie, wie immer er auch im Einzelnen ausgestaltet sein mag und von den Akteuren mit Sinn versehen wird, nicht immer unter Rekurs auf die im Strukturmodell beschriebenen Merkmale (Geschlechterpolarität, Generationendifferenz) und Eigenschaften (Dauerhaftigkeit, Exklusivität, Verbindlichkeit) eingerichtet wird. Eine familiensoziologische Analyse, die das vorrätige strukturtheoretische Konzept der Kernfamilie so reinterpretiert und es nicht gleich deshalb außer Betracht lässt, da die ›traditionale‹ Gestalt von Familie am Verschwinden ist, könnte sich der folgenden Aufgabe annehmen: Familienkonstellationen, die nicht mehr das Korsett der bürgerlichen Familie tragen, darauf hin zu rekonstruieren, wie die Akteure eingebettet in verschiedene Bedingungsrahmen (Finanzierung, Gesetzeslage, Medizintechnik, sozialräumliche Gegebenheiten, historische Zeit etc.) und ausgestattet mit Dispositionen den Ort Familie gestalten. Dabei geht es nicht darum, die Evidenz des Strukturmodells, also das, was auf der Ebene der Abstraktion als theoretisches Konzept angesiedelt ist, in der Realität zu suchen. Nicht Subsumtion einer Familienkonstellation unter vorgefasste theoretische Baustücke ist das Ziel. Sondern eine spezifische Familienform stände auf dem Prüfstein als Exposition eines theoretischen Arguments, hier in Gestalt des Konzepts von der Kernfamilie. Dem Vorwurf der Zirkularität, man rechtfertige über die Analysen spezifischer Familien das erkenntnistheoretische System der Kernfamilie, da jede Rekonstruktionsleistung die Richtigkeit des strukturtheoretischen Konzeptes voraussetze, wäre folgendermaßen Widerstand entgegenzusetzen: über Analysen, die weder Paraphrasen noch Illustrationen sind, sondern theoretisch raffinierte Lektüren, in denen über die Sprache des Falles im Lichte der jeweiligen fallspezifischen Besonderheit die Objektivität von Strukturmerkmalen und Struktureigenschaften von Familie begreifbar werden.

Wir haben nun am sozialen Phänomen der gleichgeschlechtlichen Familie über empirische Analysen die Erkenntnis gewonnen, dass trotz des familialen Neuarrangements, in dem die zeugende Sexualität verworfen und die Geschlechterdifferenz umgangen wird, keineswegs alles dafür spricht, dass sich an den Fundamentalstrukturen, wie sie in der bürgerlichen Familie zur Geltung kommen, nicht mehr orientiert wird. Der Versuch, der der gleichgeschlechtlichen Familie zugrunde liegt, sich nicht auf basale Dimensionen der »Normalfamilie«, wie die der sexuellen Polarität fixieren zu lassen, führt nicht dazu, dass bei der Herstellung einer Familienordnung Strukturen der bürgerlichen Familie, obwohl sie nicht mehr manifest werden, ihre Orientierungsverbindlichkeit verlieren. Wir möchten diese Erkenntnis mit ein paar ausgewählten Beobachtungen belegen. Es handelt sich dabei um Beispiele, die zeigen, wie die Beteiligten in einer gleichgeschlechtliche Familie unter der Bedingung von Gleichgeschlechtlichkeit und fehlender genealogischer Verbundenheit Unterschiede und Gemeinsamkeiten nach dem Muster der bürgerlichen Familie inszenieren, ohne auf das Gehäuse der bürgerlichen Familie zurückgreifen zu können.

Gleichgeschlechtlichen Elternpaaren, die mit Kindern zusammenleben, ist nicht möglich, sich über biologisch begründete Handlungsweisen als Einheit zu definieren. Gleichwohl ihnen nun aber diese Ressource der Biologie fehlt, um qua Konjugalität und blutsverwandtschaftlicher Abstammung wie selbstverständlich sich als zusammengehörig zu bestimmen, kann man Ähnlichkeitskonstruktionen beobachten, die darauf zielen, das biologisch und sozial Fragmentierte als Einheit zusammenzubringen. Man kann Strategien der Annäherung an Prozesse der biologischen Familiengründung beobachten. Frauenpaare, die mithilfe einer Fremdsamenspende planen, eine Familie zu gründen, bevorzugen bei der Spendersamenwahl, die nach Datenbankkriterien (Hautfarbe, Haarfarbe, Augenfarbe, Größe und Gewicht sowie Zusatzinformationen

zur Ausbildung, Beruf und Herkunft des Spenders) erfolgt, in der Regel
einen Spender, der vom Aussehen her zu dem Äußeren der Frau passt,
die das Kind nicht zur Welt bringen wird und an der Seite der leiblichen
Mutter, ohne mit dem Kind biologisch verwandt zu sein, eine Elternposition ausfüllen wird. In solchen gleichgeschlechtlichen Familienkonstellationen, in denen die biologisch mit dem Kind nicht verwandte Partnerin eine Stützung erfahren soll, scheint es darum zu gehen, durch die
künstlich konstruierte Ähnlichkeit eine Nähe zu markieren, die es prak-
tisch gar nicht gibt. Es geht um die Erzeugung der Illusion einer bioge-
netisch vollkommenen Verwandtschaft, die nicht Ausdruck ist, man habe die natürliche Paarlogik und Paarpraxis extrem verlassen. Wir haben
in unseren Gesprächen mit gleichgeschlechtlichen Frauenpaaren auch
die Erfahrung gemacht, dass nicht selten auch eine genetische Ähnlichkeit zwischen den Kindern gewünscht ist. Ein zweites Kind z.B. soll
mithilfe des gleichen Samenspenders gezeugt werden, um die Kinder
»enger zusammenzubringen«. Über diese Strategie, die nach der Logik
der Blutsverwandtschaft eine blutsverwandtschaftliche Geschwisterbe-
ziehung konstruiert, soll zum einen verhindert werden, dass die Kinder
zuschreibbare Differenzen gegeneinander verwenden und ihnen zum anderen ermöglichen, nach außen hin und untereinander über Austauschprozesse gemeinschaftsfähig zu sein.

Wie machen die gleichgeschlechtlichen Elterndyaden nun aber Unterschiede in ihrer Beziehung zum Kind? Da bei der Herstellung von
Unterschieden zwischen den Eltern gegenüber dem Kind aufgrund der
Gleichgeschlechtlichkeit nicht auf die Differenz der Geschlechter zurückgegriffen werden kann, muss der Bedarf, Differenzen herzustellen,
der von Familienstrukturen ausgeht, über andere Strategien hergestellt
werden. Fündig wird man bei der Suche nach Indikatoren, die auf eine
Differenzkommunikation bei gleichgeschlechtlichen Familien verweisen, mit Blick auf den Prozess der Arbeitsteilung und mit Blick auf die
Terminologie, die verwendet wird, um soziale Beziehungen zu regeln.
Zum ersten Punkt: Trotz der beanspruchten Norm vieler gleichgeschlechtlicher Paare, sich im Vergleich zu heterosexuellen Paaren egalitärer in Prozesse der Kindererziehung und der Verteilung der Hausarbeit
zu teilen, sieht die Praxis in der Regel doch anders aus. Nicht selten ist
folgendes der Fall: Während z.B. in verschiedengeschlechtlich traditional organisierten Elternbeziehungen eine Strategie der Differenzmarkierung darin besteht, komplementäre Geschlechtsrollen über die Arbeitsteilung zur Geltung zu bringen, so sieht es bei gleichgeschlechtlichen Elternpaaren so viel anders nicht aus. Nur kann bei der Organisation der
Arbeitsteilung aufgrund der Geschlechtshomogenität Differenz nicht
durch Bezug auf die Geschlechtszugehörigkeit hergestellt werden. Son-

dern die Komplementarität wird geregelt über die Kategorie der biologischen Verwandtschaft mit dem Kind. Derjenige Teil des Elternpaares, der mit dem Kind nicht verwandt ist bzw. von der Biologie her gesehen am weitesten vom Kind entfernt ist, versucht, diesen »Mangel« einer biologischen Ressource durch die Herstellung von Nähe auszugleichen. So kann man nicht selten beobachten, dass es die biologischen Mütter sind, die wie ein leiblicher Vater in der »Normalfamilie« die Hauptsorge für den Lebensunterhalt der Familie übernehmen, während die sozialen Mütter auf den Binnenraum der Familie konzentriert sind und emotional das Kind in alltäglichen Angelegenheiten unterstützen. Es ist uns bewusst, dass wir die Dinge hier überzeichnen und dass keinesfalls diese Organisationsweisen für alle gleichgeschlechtlichen Familienkonstellationen gleichermaßen gelten. Doch wollen wir mit dieser Typisierung eine Tendenz zum Ausdruck bringen, die, wenn sie sich auch in den Familien verschieden deutlich abzeichnet, eine Beobachtungstatsache ist. Zum zweiten Punkt: Durch die Anredeform erfolgt in vielen uns bekannten gleichgeschlechtlichen Familien eine symbolische Differenzierung. Die Art und Weise, wie über die Terminologie Differenz erzeugt wird, ähnelt sich. Auffällig ist, dass häufig nur Kategorien aus dem familialen Bereich gewählt werden. Weder erfolgt die Benennung des gleichgeschlechtlichen Elternpaares über die Vornamen, noch wird die Variante gewählt, die die Eltern bzw. den sozialen Elternteil in den Status von Leuten hebt, die zur Verwandtschaft gehören (z.B. Tante, Onkel). In den meisten Fällen wird keine Benennungsalternative relevant, die den biologisch nicht mit dem Kind verwandten Elternteil aus der Familie heraushält bzw. sie außerhalb des Verwandtschaftssystems platziert. Differenz wird erzeugt über eine Benennungspraxis, die bisher den leiblichen Eltern vorbehalten war. Gleichgeschlechtliche männliche Eltern werden bevorzugt mit »Papa« und »Papi«, weibliche gleichgeschlechtliche Paare mit »Mama« und »Mami« angesprochen. Dieser über die familiale Anredeformel symbolisch markierte kleine Unterschied zwischen den sich qua Geschlecht nicht unterscheidenden Personen, die durch die Generationengrenze zu den Erwachsenen in der Triade gehören, schließt, auch wenn der Kontrast nur minimal ist, folgende Chance ein: Das Paar kann, auch wenn es das Kind nicht über den natürlichen Prozess gemeinsam gezeugt hat, gegenüber dem Kind seine Gemeinsamkeit, nämlich für es Eltern zu sein, vertreten. Es geht um die Herstellung von Differenz, aber so, dass trotz aller dyadischer Grenzmarkierungen das Paar sich in seiner Einheit, Eltern zu sein, präsentieren kann.

Diese Beispiele, die Erkenntnisse illustrieren, die das Ergebnis von Deutungsprozessen sind, die wir im Laufe unserer Beschäftigung mit gleichgeschlechtlichen Familien durchlaufen haben, regen zu folgender Vermutung an. Da auch unkonventionelle Familienstrukturen der gleichgeschlechtlichen Familie, in der Paar- und Eltern-Kind-Beziehung zu einer widersprüchlichen Einheit einander wechselseitig ausschließender Dyaden im Rahmen von Gleichgeschlechtlichkeit und fehlender biogenetischen Verbundenheit verschränkt sind, Strategien der Differenz- und Einheitskommunikation nach dem Muster der bürgerlichen Familie evozieren, liegt keinesfalls nahe, dem analytischen Konzept der Kernfamilie als heuristischem Instrument seine Geltung zu entziehen. Die empirischen Befunde widerlegen nicht die explanative Kraft des theoretischen Modells, das vom Strukturgebilde der Triade ausgeht. Diese Überlegungen haben aufgrund eines noch fehlenden materialfundierten Unterbaus, aus dem weitere Argumente zur Festigung dieses Standpunktes abgeleitet werden könnten, den vorläufigen Status einer Hypothese. Gut begründen können wir aber unser Plädoyer, vorerst keine radikale Neubestimmung eines Familienbegriffes anzustrengen, die, ohne die Erschließungskraft des theoretischen Konzepts der Kernfamilie geprüft zu haben, auf Konzepte abhebt, die triadische Zusammenhänge vernachlässigt. Allerdings halten wir es auch nicht für ratsam, bei der Erschließung der zeitgenössischen Familienform der gleichgeschlechtlichen Familie auf einen Theoriebaustein fixiert zu bleiben, der auf die Binnenstruktur von Familienbeziehungen allein abhebt. Trotz der – wie empirisch noch weiter zu begründen offen ist – Unentbehrlichkeit des Theoriekonzeptes der Kernfamilie mit dem Strukturmodell der Triade muss man sich freilich bewusst bleiben, dass, wie Raymond Boudon schreibt, »sie [die Modelle] nie die ganze Realität wiedergeben«.[18] Für die methodische Erschließung des sozialen Phänomens der gleichgeschlechtlichen Familie kann das zum einen heißen, bei der Analyse der Struktur, die den Kern einer Familie ausmacht, immer klar zwischen Modell und tatsächlicher Familienkonstellation zu unterscheiden. Zum anderen ist es ratsam, Konzepte in Anschlag zu bringen, die etwas anderes als die Bedeutsamkeit von Familienstrukturen herausstellen und somit ermöglichen, Vereinseitigungen aufzuheben. Das kann z.B. erreicht werden, indem Grenzen von Fachrichtungen überschritten werden.[19] So empfiehlt sich z.B. Aspekte, die in der Familiensoziologie behandelt werden (Geschlecht, Generation, sozialisatorische Triade, Ehe, Trennung, Wiederverheiratung etc.), mit Konzepten aus der Verwandtschaftsethnologie zu verbinden, die sich mit sozialen Dimensionen auskennt. Über den An-

---

18 Raymond Boudon: La Place du Désordre. Critique des théories du changement social, Paris: Presses Universitaires de France 1984, S. 218.
19 Vgl. Martine Segalen: Die Familie. Geschichte, Soziologie, Anthropologie, Frankfurt a.M., New York: Campus 1990.

schluss an diese Fachdisziplin rückt die Bedeutung von Symbolen durch die Analyse von beispielsweise Ritualen und Praktiken wie Familienfesten in den Vordergrund. Auch geraten ins Zentrum der Analyse Fragen derart, wer zu welchen Anlässen Geschenke von wem erwarten darf und bekommt. Auch sensibilisiert ein Blick über den Tellerrand für verwandtschaftliche Konstruktionsweisen. Getroffene Regelungen hinsichtlich Besitz bzw. Eigentum, Zugang zu Ressourcen, Erbrecht und Wohnrecht werden verstärkt analytisch bedeutsam. Während der strukturtheoretische Zugang im Anschluss an das theoretische Konzept der Kernfamilie aus dem Fachbereich der soziologischen Familienforschung den Schwerpunkt auf die Binnenstruktur der Familie legt, betont die ethnologische Untersuchungsperspektive die Bedeutsamkeit des sozialen Charakters von Familie und Verwandtschaft.

Mikroanalytische Studien, die beide Sichtweisen, die soziologische und die ethnologische, miteinander kombinieren, stehen noch aus. Demzufolge fehlt es momentan auch noch an solchen Darstellungen zur gleichgeschlechtlichen Familie, die weniger das Produkt direkter Beobachtung einer Ordnung in der empirischen Realität sind, als die analytische und folglich auch sprachliche Leistung dessen, der die Fakten zu einer lesbaren Geschichte der gleichgeschlechtlichen Familie arrangiert. Auf diesem Wege, wo es darum geht, für die Realität dieser unkonventionellen Familie eine über Vergleich, Induktion und Analyse gewonnene Darstellung zu finden, ist es auch denkbar, dass die Familienforschung nicht einfach die Welt der Akteure dieser Familie dupliziert, sondern ihnen die Chance bietet, ihrerseits neue Einsichten zu gewinnen.

Zu den Beiträgen

Demographie: Der Band wird von *Bernd Eggen* mit einem demographischen Überblick über die soziale Lage gleichgeschlechtlicher Lebensgemeinschaften mit und ohne Kinder in Deutschland eröffnet. Mit den Möglichkeiten des Mikrozensus, der europaweit größten repräsentativen Bevölkerungsstichprobe, beschreibt Eggen die Sozialstruktur dieser seltenen Familienform. Dabei geht es ihm darum, das strukturell Spezifische dieser Familie, die aber ähnlich vielfältig wie andere Lebensweisen sei, als Unterschied, der ein Unterschied und kein Defizit ist, darzustellen.

Im Anschluss daran stellen *Martina Rupp* und *Andrea Dürnberger* die Ergebnisse ihrer am Staatsinstitut für Familienforschung an der Universität Bamberg durchgeführten Untersuchung dar. Im Rahmen dieser Studie wurden 767 Familien mit insgesamt 852 Kindern erfasst, darunter

57 Männerpaare mit Kindern. Auf der Grundlage dieser Datenbasis beschreiben die Autorinnen die Lebenssituation von Kindern in gleichgeschlechtlichen Lebensgemeinschaften. Sowohl die Alltagsgestaltung als auch die Eltern-Kind-Beziehung stehen dabei im Zentrum. Eine weitere zentrale Fragestellung ist, wie sich die Ausgestaltung von rechtlichen Rahmenbedingungen auf die Eltern-Kind-Beziehung und die Lebensbedingungen der Kinder auswirkt. In diesem Zusammenhang interessieren die formalen und informellen Regelungen der Eltern-Kind-Beziehung einerseits und die Entstehungsgeschichte dieser unkonventionellen Familienform sowie ihre Konsequenzen für alle beteiligten Personen.

Medizin: Im zweiten Kapitel beschreibt *Thomas Katzorke* medizinisch-technische Möglichkeiten, die es gleichgeschlechtlichen Paaren erlauben, den Kinderwunsch zu erfüllen. Die Reproduktionsmedizin hat verschiedene Techniken entwickelt, die die Zeugung eines Kindes ermöglichen. Das Spektrum reicht von weniger invasiven Verfahren wie das der Insemination, das Einbringen von Fremdsamen in den weiblichen Genitaltrakt, bis hin zu reproduktionsmedizinischen Behandlungen, die massiv in den menschlichen Körper eingreifen und wie bei anderen chirurgischen Eingriffen auch mit Risiken verbunden sind. Katzorkes Skizze der reproduktionsmedizinischen Interventionen wird ergänzt um zwei in Deutschland verbotene Praktiken, die in das herkömmliche Verhältnis von Elternschaft und Abstammung eingreifen: die Leihmutterschaft und die Eizellspende.

Recht: Die nächsten Kapitel befassen sich mit den rechtlichen Gegebenheiten. *Friederike Wapler* untersucht in ihrem Beitrag die Familiengründungsrechte und das bestehende Recht, im Rahmen der Gleichgeschlechtlichkeit Familie zu gestalten, unter verfassungsrechtlichen Gesichtspunkten. Zentrale Fragen kreisen um die Themen, wie die Wege der Familienbildung über die Adoption und die assistierte Reproduktion mit dem Kindeswohl vereinbar sind. Diskutiert werden in diesem Zusammenhang Fragen, die das Recht des Kindes auf Kenntnis seiner Abstammung betreffen. Das Ziel, das Wapler mit den sehr differenzierten Ausführungen zu den rechtlichen Bedingungen für gleichgeschlechtliche Lebensgemeinschaften verfolgt, ist, aus verfassungsrechtlicher Perspektive die Gestaltungsspielräume der Politik und ihre Grenzen aufzuzeigen.

Nina Dethloff behandelt die Frage, wie die intentionale Elternschaft eines lesbischen Paares rechtlich abgesichert werden kann. In einem ersten Teil wird die in Deutschland geltende Rechtsordnung geschildert. Im Zentrum stehen das 2001 in Kraft getretene Lebenspartnerschaftsgesetz und die seitdem mögliche Stiefkindadoption. In einem zweiten Teil erfolgt ein Überblick über die Entwicklung und die Rechtslage in ausländischen Rechtsordnungen. Der Beitrag schließt mit einem Ausblick auf Perspektiven für Reformen im deutschen Recht.

Ethik: Im Anschluss zeichnet *Eric Blyth* in seinem Beitrag, der juristische Entwicklungen ethisch hinterfragt, einen für lesbische Elternschaft zentralen Teil der öffentlichen Diskussion um die englische Gesetzgebung nach. Im Zentrum seiner Ausführungen steht die in Großbritannien geführte Debatte über die »Notwendigkeit eines Vaters für das Kind«, die schließlich ihren Ausdruck in den seit Oktober 2009 wirksamen gesetzlichen Bestimmungen fand, welche die Diskriminierung lesbischer Frauen, die sich künstlich befruchten lassen wollen, in Großbritannien formal beendet haben.

Guido Pennings provoziert, indem er homophobe Reaktionen als intuitive und häufig wenig reflektierte Haltungen darstellt. Er zeigt auf, dass starke moralische Vorbehalte dazu führen, dass wissenschaftliche Erkenntnisse geleugnet und Glaubenssätze nicht hinterfragt werden. Darüber hinaus spricht Pennings sich für eine Differenzierung bei der Definition des Begriffs »Kindeswohl« aus und führt den Begriff des »relativen Wohlergehens« ein, der dann erreicht ist, wenn es kein hohes Risiko einer ernsthaften Schädigung gibt, bzw. wenn davon ausgegangen werden kann, dass die zu zeugende Person ein menschlich wertvolles Leben verwirklichen kann.

Psychologie: Lisa Herrmann-Green und *Monika Herrmann-Green* beschreiben Familienbildungsprozesse von lesbischen Paaren, die mithilfe eines Samenspenders eine Familie gegründet haben. Im Zentrum stehen Strategien (Arbeitsteilung, Benennungsformen, Aufklärungsstrategien, die Integration von Männern in die Familie, Umgangsweisen mit dem Samenspender) der Herstellung von Elternschaft unter der Bedingung der Gleichgeschlechtlichkeit.

Einen Überblick über die psychologische Entwicklung von Kindern, die mithilfe einer Samenspende gezeugt wurden und bei lesbischen Eltern aufwachsen, geben *Joanna Scheib* und *Paul Hastings*. Die Autoren gehen der Frage nach, inwieweit sich die sexuelle Orientierung der Eltern auf die Kinder auswirkt, und sie untersuchen psychische Prozesse, z.B. die Belastung für die Eltern, sowie die Qualität von Beziehungen in den Familien. Die diskutierten Ergebnisse stammen aus Studien, die mit Menschen aus Spendersamen im Kindes-, Jugend- und jungen Erwachsenenalter durchgeführt wurden. Die Autoren fragen auch, wie es um das Wohl des Kindes und späteren Erwachsenen bestellt ist, wenn in der

Familie offen über seine Zeugung gesprochen wird bzw. diese ein Tabu-
thema darstellt.

Soziologie: Gegenstand des Beitrages von *Dorett Funcke* ist die gleichgeschlechtliche Pflegefamilie. Im Rahmen einer biografisch akzentuier-
ten Forschung wird über den methodischen Zugang der fallrekonstruktiven Familienforschung ein Fallbeispiel analysiert. Deutlich wird an
den sozialen Praktiken und Interaktionsdynamiken, dass bei der Herstellung von Familie im Rahmen von Gleichgeschlechtlichkeit und Pflegeverhältnis die Orientierungsmuster der bürgerlichen »Normalfamilie«
keineswegs an Orientierungsverbindlichkeit eingebüßt haben.

Beratung und Therapie: Die nächsten drei Beiträge beschreiben Vorge-
hensweisen der Beratung und Therapie von homosexuellen Paaren mit
Kinderwunsch bzw. mit Kindern. *Petra Thorn* vertritt die Auffassung,
dass in Deutschland lebende lesbische Mütter Pioniere einer neuen Familienform sind, für die kaum Vorbilder oder gesellschaftlich akzeptierte Normen zur Verfügung stehen, die ihnen als Orientierung dienen
könnten. Vielmehr stehen sie vor der Aufgabe, sich als eine unkonventionelle Familie eigener Art zu begreifen. Thorn spricht sich für eine Beratung vor der Insemination aus, damit die Paare die Möglichkeit erhalten, auf der Grundlage umfassender Informationen gut begründet eine
Entscheidung zu treffen.

Valory Mitchell und *Robert-Jay Green* beschreiben aus amerikanischer Sicht die psychologischen und sozialen Herausforderungen, denen
homosexuelle Paare mit Kinderwunsch sich gegenübersehen und machen Vorschläge, wie diese bewältigt werden können. Geschildert wird
der lange Weg von der ersten Entscheidung bis zur schwulen bzw. lesbischen Elternschaft anhand eines Phasenmodells. Des Weiteren stellen
die Autoren eine konditionelle Matrix vor, die Therapeuten helfen kann,
die Einbettungsverhältnisse, welche die Familiendynamik beeinflussen,
in ihrer Komplexität zu erfassen.

Eine therapeutische Intervention zur Erfassung von Familienbeziehungen aus Sicht des Kindes stellen die englischen Psychologinnen *Fiona Tasker* und *Julia Granville* vor. Basierend auf der traditionellen
Genogrammarbeit haben sie im Rahmen einer Studie erstmals die Technik der »Apfelbaumfamilien-Übung« angewandt, die Kindern hilft, ihren Erfahrungen mit dieser unkonventionellen Familienform einen Ausdruck zu geben. Es handelt sich um eine Methode, mit der es Therapeuten im therapeutischen Gespräch gelingt, relevante Bindungsstrukturen
als Quelle von Entwicklungspotenzialen zu erkennen.

Kunst: Im letzten Kapitel analysieren *Lisa Malich* und *Christian Pischel* die Serie »Neue Familienbilder/New Family Portraits« der Dokumentarfotografin Verena Jaekel. Auf den ersten Blick lösen Jaekels Fotografien beim Betrachter Spannungen aus: Das bürgerliche Medium des Familienportraits wird verwendet zur Darstellung von Familien, die dem bürgerlichen Anspruch nicht genügen; die Fotografien irritieren. Auf den zweiten Blick führen sie zu einer Umdeutung, zu einem »Queering«: zur Aufforderung, sich von zugewiesenen und konstruierten sozialen und sexuellen Geschlechterrollen zu emanzipieren.

Allen Autoren sei an dieser Stelle herzlich gedankt, einen Beitrag für dieses Buch geschrieben zu haben und dafür, dass sie uns durch ihre jeweils verschiedenen Sichtweisen dazu verholfen haben, eigene Überlegungen zu präzisieren und unsere Perspektive auf die gleichgeschlechtliche Familie zu erweitern. Zu danken ist an dieser Stelle auch all den Kolleginnen und Kollegen, die an der Fertigstellung dieses Bandes auf die eine oder andere Weise durch Anregungen und Kritik, Unterstützung und Hilfe beteiligt waren. Ebenso danken wir den Übersetzerinnen Anne Dünger und Astrid Hildenbrand, die mit großer Sorgfalt und beeindruckender Genauigkeit eine schwierige Aufgabe gemeistert haben. Gabriele Ziegler danken wir für den nochmaligen Blick auf Punkt und Komma. Dem transcript Verlag sei gedankt für die Aufnahme des Bandes in das Verlagsprogramm und Birgit Klöpfer für die Geduld bis zur Abgabe des Manuskripts. Ganz besonders herzlich möchten wir uns bei Volker Reißig bedanken, der mit großem Engagement, einem langen Atem und fast im Alleingang die konkrete Fertigstellung des Typoskripts in seine Hände genommen hat.

Literatur

Allert, Tilmann: Familie als unverwüstliche Lebensform, Berlin, New York: de Gruyter 1998.

Allert, Tilmann: »Die Sorge hat keine Adresse mehr«, in: Frankfurter Allgemeine Zeitung, vom 15.8.2009.

Boudon, Raymond: La Place du Désordre. Critique des théories du changement social, Paris: Presses Universitaires de France 1984.

Durkheim, Emil: »La famille conjugale«, in: Revue Philosophique 45 (1921), S. 1-14.

Eickelpasch, Rolf: »Ist die Kernfamilie universal? Zur Kritik eines ethnozentrischen Familienbegriffs«, in: Zeitschrift für Soziologie 3 (1974), S. 323-338.

Funcke, Dorett/Hildenbrand, Bruno: Unkonventionelle Familien in Beratung und Therapie, Heidelberg: Carl-Auer Verlag 2009.

Goody, Jack: Die Entwicklung von Ehe und Familie in Europa, Frankfurt a.M.: Suhrkamp 1989.

Hausen, Karin: »Die Polarisierung der ›Geschlechtscharaktere‹ – Eine Spiegelung der Dissoziation von Erwerbs- und Familienleben«, in: Werner Conze (Hg.), Sozialgeschichte der Familie in der Neuzeit Europas, Stuttgart: Klett 1976, S. 363-393.

Hess, Sabine: »Flexible reproduktive Biografisierung. Zum Kinder-Machen im Zeitalter biopolitischer Möglichkeiten – von Zeugungsstreiks und Spielermentalitäten«, in: Stefan Beck u.a. (Hg.), Verwandtschaft machen. Reproduktionsmedizin und Adoption in Deutschland und der Türkei, Münster: LIT-Verlag 2007, S. 109-123.

Kaufmann, Franz-Xaver: Zukunft der Familie. Stabilität, Stabilitätsrisiken und Wandel der familialen Lebensformen sowie ihre gesellschaftlichen und politischen Bedingungen, München: Beck 1990.

Lenz, Karl: »Familie – Abschied von einem Begriff?«, in: Erwägen, Wissen, Ethik 14 (2003), S. 485-498.

Macfarlane, Alan: Marriage and love in England. Modes of reproduction 1300-1840, Oxford: Blackwell 1986.

Maiwald, Kai-Olaf: »Vom Schwinden der Väterlichkeit und ihrer bleibenden Bedeutung. Familiensoziologische Überlegungen«, in: Dieter Thomä (Hg.), Vaterlosigkeit. Geschichte und Gegenwart einer fixen Idee, Frankfurt a.M.: Suhrkamp 2010, S. 251-268.

Matthias-Bleck, Heike: »Soziologie der Lebensformen und der privaten Lebensführung. Anmerkungen zu Werner Schneiders Soziologie des Privaten«, in: Soziale Welt 53 (2002), S. 423-436.

Neubauer, Rita: »Wann ist ein Mann ein Mann«, in: Der Tagesspiegel vom 06.04.2008, http://www.tagesspiegel.de/weltspiegel/wann-ist-ein-mann-ein-mann/1204590.html vom 20.04.2010.

Oevermann, Ulrich: »Die Soziologie der Generationenbeziehungen und der historischen Generationen aus strukturalistischer Sicht und ihre Bedeutung für die Schulpädagogik«, in: Rolf-Torsten Kramer/ Werner Helsper/Susanne Busse (Hg.), Pädagogische Generationsbeziehungen, Opladen: Leske + Budrich 2001, S. 78-128.

Schneider, Norbert F./Rosenkranz, Doris/Limmer, Ruth: Nichtkonventionelle Lebensformen. Entstehung – Entwicklung – Konsequenzen, Opladen: Leske + Budrich 1998.

Segalen, Martine: Die Familie. Geschichte, Soziologie, Anthropologie, Frankfurt a.M., New York: Campus 1990.

Spiegel online: »Kanadierin spendet Eizellen für Tochter«, http://
www.spiegel.de/wissenschaft/mensch/0,1518,492341,00.html vom
21.04.2010.

Stone, Lawrence: The Family, Sex, and Marriage in England 1500-1800,
New York: Harper and Row 1977.

Tyrell, Hartmann: »Die Familie als ›Urinstitution‹: Neuerliche spekulative Überlegungen zu einer alten Frage«, in: Kölner Zeitschrift für
Soziologie und Sozialpsychologie 30 (1976), S. 611-651.

DEMOGRAPHIE

Gleichgeschlechtliche Lebensgemeinschaften ohne und mit Kindern: Soziale Strukturen und künftige Entwicklungen

BERND EGGEN

Statistische Informationen über die Lebensformen gleichgeschlechtlich orientierter Menschen in Deutschland sind eher dürftig. Vergleichsweise zuverlässige Daten liefert seit 1996 vor allem der Mikrozensus. Er enthält einen umfangreichen Merkmalskatalog über 800.000 Personen und ist damit europaweit die größte repräsentative Bevölkerungsstichprobe. Grundsätzlich ist der Mikrozensus eine Querschnittserhebung, die jedes Jahr durchgeführt wird. Die Personen werden allerdings nicht nach ihrer sexuellen Orientierung befragt. Von Interesse ist allein, ob die befragte Person Lebenspartner einer anderen im gemeinsamen Haushalt lebenden Person ist. In Verbindung besonders mit den weiteren Merkmalen »Geschlecht« und »Familienstand« der jeweiligen Personen liefert der Mikrozensus Informationen über mannigfaltige Lebensformen. Die vorliegenden Daten zu homosexuellen Lebensformen beschränken sich also auf zusammenlebende gleichgeschlechtliche Paare und, falls Kinder in der Lebensgemeinschaft leben, auf die Kinder. Seit 2006 liegen auch Daten zu eingetragenen Partnerschaften vor. Es fehlen statistische Informationen über: homosexuelle alleinlebende Personen, gleichgeschlechtliche Paare, die getrennte Haushalte führen, sowie homosexuelle alleinerziehende Eltern und somit die tatsächliche Verbreitung homose-

xueller Lebensformen. Das Folgende beschränkt sich deshalb auf ausgewählte familiale und ökonomische Strukturen von:

*   gleichgeschlechtlichen Lebensgemeinschaften ohne und mit Kin-
    dern,
*   eingetragenen Partnerschaften,
*   Kindern homosexueller Paare.

Trotz der veränderten öffentlichen Wahrnehmung soll nicht die besondere Situation übersehen werden, in der sich gleichgeschlechtliche Lebensgemeinschaften im Vergleich zu verschiedengeschlechtlichen Lebensgemeinschaften befinden. Homosexuelle Paare ohne und mit Kindern haben zwar größtenteils die gleichen Probleme zu bewältigen wie
heterosexuelle Paare, besonders wenn sie den gemeinsamen Lebensunterhalt ökonomisch absichern, Beruf und Haushalt organisieren oder ihre
Kinder erziehen und betreuen. Sie können sich dabei aber nicht auf etablierte Rollenkonzepte, wie etwa die traditionalen Geschlechterrollen,
stützen. Außerdem erfahren sie weiterhin Vorurteile und rechtliche Ungleichbehandlungen oder stehen vor kulturellen Schranken beispielsweise beim elterlichen Sorgerecht. Im Weiteren wird deshalb der Frage
nachgegangen, ob infolge dieser grundlegend anderen Bedingungen
gleichgeschlechtliche Lebensgemeinschaften teilweise andere familiale
und ökonomische Strukturen aufweisen als verschiedengeschlechtliche.
Im Sinne von Stacey und Biblarz geht es schlicht darum, vermutlich
strukturell Spezifisches zu beschreiben als Unterschied, der ein Unterschied ist und kein Defizit, oder wie sie es in ihrer Ablehnung einer »No
Differences Doctrine« formulieren: »A difference really is just a difference«.[1]

Ein großer Vorteil des Mikrozensus ist, dass er die familialen und
ökonomischen Strukturen gleichgeschlechtlicher wie auch verschiedengeschlechtlicher Lebensformen gleichermaßen erfasst. Die vorliegenden
Daten informieren also nicht nur über Häufigkeiten und Strukturen innerhalb der homosexuellen Lebensgemeinschaften, sondern auch über
strukturelle Unterschiede und Gemeinsamkeiten gegenüber heterosexuellen Lebensgemeinschaften. Außerdem lassen sich durch die regelmäßigen jährlichen Befragungen Entwicklungen beobachten und beschreiben. Aufgrund der unterschiedlichen Größenordnungen der jeweiligen
Lebensgemeinschaften sind solche sachlichen und zeitlichen Vergleiche
aber mit äußerster Vorsicht zu interpretieren. Wegen der kleinen Fall-

---

1   Judith Stacey/Timothy J. Biblarz: »(How) Does the sexual orientation of
    parents matter«, in: American Sociological Review 66 (2001), S. 159-183,
    hier S.163f.

zahlen in der Stichprobe gleichgeschlechtlicher Lebensgemeinschaften sind Angaben über sie mit einem wesentlich höheren Standardfehler behaftet als bei den anderen Paargemeinschaften. So dürften besonders die hohen quantitativen Veränderungen bei einzelnen Merkmalsausprägungen zwischen 2001, 2004 und 2007 zum Teil durch die geringen Fallzahlen und ihrer statistischen Unsicherheit bedingt sein. Außerdem können besondere systematische Fehler bei gleichgeschlechtlichen Lebensgemeinschaften hinzukommen:[2]

- Jüngere bekennen sich eher zur Homosexualität als Ältere.
- Je höher der Bildungsabschluss, desto eher bekennen sich Personen zur Homosexualität.

Aus diesen methodischen Gründen verzichtet der vorliegende Beitrag beim Vergleich mit heterosexuellen ehelichen und nicht ehelichen Lebensgemeinschaften oft auf konkrete Prozentangaben und verweist stattdessen nur auf Tendenzen.

---

2 Vgl. Dan Black u.a.: »Demographics of the gay and lesbian population in the United States. Evidence from available systematic data sources«, Center for Policy Research, Working Paper 12/1999, Syracuse: Syracuse University, S. 27 und Brian J. MacDonald: »Issues in therapy with gay and lesbian couples«, in: Journal of Sex and Marital Therapy 24 (1998), S. 165-199, hier S. 166.

Gleichgeschlechtliche Lebensgemeinschaften ohne und mit Kindern

Laut Mikrozensus bezeichneten sich in Deutschland 2007 rund 68.400 zusammenwohnende Paare als gleichgeschlechtliche Lebensgemeinschaften (siehe Tabelle 1).

Tabelle 1: Lebensgemeinschaften in Deutschland 2007[3]

Form der Lebensgemeinschaft		Lebensgemeinschaften		Kinder	
		1.000	%	1.000	%
Insgesamt		40.270	100	20.112	100
Ehepaare	insgesamt	18.691	46	15.349	76
	ohne Kinder	9.807	52		
	mit Kindern	8.884	48		
Nicht eheliche Paare (verschiedengeschlechtlich)	insgesamt	2.411	6	1.101	5
	ohne Kinder	1.645	68		
	mit Kindern	766	32		
Nicht eheliche Paare (gleichgeschlechtlich)	insgesamt	68	0*	(7)	0
	Frauen	24	36	(7)	92
	Männer	44	64	(.)	(.)
	ohne Kinder	64	93		
	mit Kindern	(5)	(7)		
darunter: Eingetragene Lebenspartnerschaften	insgesamt	16	23	(.)	(.)
	Frauen	(6)	(35)	(.)	(.)
	Männer	10	65	(.)	(.)
	ohne Kinder	14	89		
	mit Kindern	(.)	(.)		
Alleinerziehende	insgesamt	2.629	7	3.655	18
	Frauen	2.270	86	3.182	87
	Männer	359	14	473	13
Alleinstehende	insgesamt	16.471	41		
	Frauen	8.974	54		
	Männer	7.496	46		

Quelle: Mikrozensus, Bevölkerung am Wohnsitz der Lebensgemeinschaft, ledige Kinder ohne Altersbegrenzung, die in den Lebensgemeinschaften leben.
FaFo FamilienForschung Baden-Württemberg

---

3   Zeichenerklärung: ( ) Aussagewert eingeschränkt, da Zahlenwert statistisch relativ unsicher; (.) keine Angaben, da Zahlenwert nicht sicher; * unter 0,5 Prozent.

Demgegenüber stehen 18,7 Millionen eheliche Lebensgemeinschaften und 2,4 Millionen nicht eheliche Lebensgemeinschaften mit verschiedengeschlechtlichen Partnern. Damit sind 0,2 Prozent der Paargemeinschaften bzw. 2 von 1000 Paargemeinschaften homosexuell. Bei rund 7 Prozent der homosexuellen Paare leben Kinder.

Abbildung 1: Gleichgeschlechtliche Lebensgemeinschaften in Deutschland 1996 bis 2007 – Anzahl der Lebensgemeinschaften ohne und mit Kindern[4]

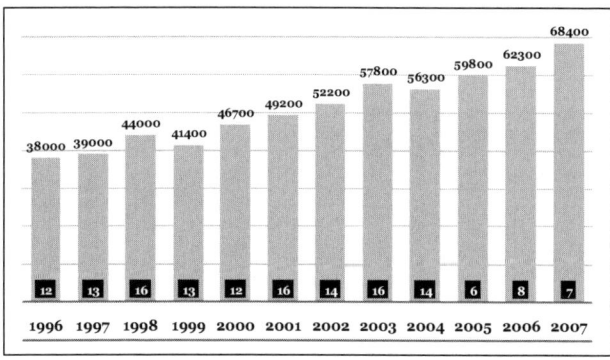

Quelle: Mikrozensus, Bevölkerung am Wohnsitz der Lebensgemeinschaft, ledige Kinder ohne Altersbegrenzung, die in den Lebensgemeinschaften leben.
FaFo – FamilienForschung Baden-Württemberg

In den letzen zehn Jahren ist die Zahl gleichgeschlechtlicher Lebensgemeinschaften nahezu stetig gestiegen (siehe Abbildung 1). Gleichzeitig gibt es weniger gleichgeschlechtliche Paare mit Kindern. Ihr Anteil hat sich seit 2005 halbiert.[5]

Tatsächlich dürften deutlich mehr homosexuelle Paare einen gemeinsamen Haushalt führen. Aufgrund von anderen Untersuchungen, etwa zur Verbreitung von Homosexualität in der Bevölkerung, ist davon

---

4   Zeichenerklärung: ( ) Aussagewert eingeschränkt, da Zahlenwert statistisch relativ unsicher.
5   Unklar bleibt, ob der auffällige Rückgang der gleichgeschlechtlichen Lebensgemeinschaften mit Kindern seit 2005 methodische oder empirische Gründe hat. Der Mikrozensus hat 2005 auf ein neues Erhebungs-, Hochrechnungsverfahren umgestellt; siehe Kirsten Iversen: »Das Mikrozensusgesetz 2005 und der Übergang zur Unterjährigkeit«, in: Wirtschaft und Statistik 1 (2007), S. 38-44 und Kirsten Iversen: »Auswirkungen der neuen Hochrechnung für den Mikrozensus ab 2005«, in: Wirtschaft und Statistik 7 (2007), S. 739-747. Es sprechen allerdings auch empirische Gründe für den Rückgang, siehe hierzu das 3. Kapitel dieses Beitrages.

auszugehen, dass die beobachtete Zahl bis zu 60 Prozent das Vorkommen homosexueller Paare unterschätzt.[6] Die amtliche Statistik in Deutschland geht in ihren Berechnungen sogar von einer höheren Unterschätzung aus. Danach dürften maximal 180.000 gleichgeschlechtliche Paare in Deutschland leben.

Nach dem Mikrozensus 2007 gibt es mehr Lebensgemeinschaften von zwei Männern (64 Prozent) als Lebensgemeinschaften von zwei Frauen (36 Prozent) (siehe Tabelle 2).

Tabelle 2: Ausgewählte familiale und ökonomische Strukturen gleichgeschlechtlicher Lebensgemeinschaften in Deutschland 2001, 2004 und 2007[7]

		2001	2004	2007
Geschlecht (%)	Frauen	42	46	36
	Männer	58	54	64
Familienstand der Partner (%)	beide ledig	69	75	55
	nur ein Partner ledig	16	(8)	12
	beide nicht ledig	15	17	10
	eingetragene Partnerschaft			23
Alter der Partner von ... bis ... Jahren (%)	18 - 24	12	12	(7)
	25 - 29	14	14	13
	30 - 34	16	13	13
	35 - 39	18	14	15
	40 - 44	(11)	14	19
	45 - 49	(9)	(9)	10
	50 - 59	(10)	11	11
	60 und älter	10	13	11
	durchschnittliches Alter (Median) - **in Jahren**	*37*	*39*	*40*
Staatsangehörigkeit der Partner (%)	beide deutsch	90	91	81
	nur ein Partner deutsch	(7)	(5)	15
	beide nicht deutsch	(.)	(.)	(.)

6 Vgl. Tavia Simmons/Martin O'Connel: Married-couple and unmarried-partner households: 2000, Census 2000 Special Report, Washington, DC: U.S. Census Bureau 2003.

7 * Arbeitslosengeld II, Laufende Hilfe zum Lebensunterhalt, Grundsicherung im Alter und bei Erwerbsminderung u.a., Hilfe in besonderen Lebenslagen sowie Leistungen nach Hartz IV (Sozialgeld). Zeichenerklärung: ( ) Aussagewert eingeschränkt, da Zahlenwert statistisch relativ unsicher; (.) keine Angaben, da Zahlenwert nicht sicher.

		2001	2004	2007
Wohnort der Lebensgemeinschaft nach Gemeindegröße von ... bis unter ... EW (%)	bis 50.000	36	41	39
	50.000 - 200.000	(16)	15	13
	200.000 - 500.000	(13)	13	10
	500.000 und mehr	35	31	38
Schulbildung der Partner (%)	kein Schulabschluss	(.)	(.)	(.)
	Haupt-, Volksschule	30	26	22
	Realschule, polytech. Oberschule	29	31	28
	Fachhochschulreife, Abitur	39	42	48
Berufsausbildung der Partner (%)	kein Berufsabschluss	20	20	15
	Lehre, Anlern- ausbildung	52	49	49
	Meister, Techniker,	(8)	(8)	8
	(Fach-)hochschule, Ingenieur	20	23	28
Organisation der Erwerbstätigkeit in der Lebensgemeinschaft (%)	beide erwerbstätig	66	65	66
Erwerbsbeteiligung der Partner (%)	erwerbstätig	76	72	77
	Vollzeit	*86*	*84*	*83*
	Teilzeit	*14*	*16*	*17*
	erwerbslos	(6)	(8)	(6)
	nichterwerbstätig	18	20	17
Arbeitszeit der erwerbstätigen Partner nach regelmäßig geleisteter Wochenarbeitszeit von ... bis ... Stunden (%)	bis zu 19	(6)	(7)	(6)
	20 - 34	(11)	(11)	12
	35 und mehr	83	82	82
Stellung im Beruf der erwerbs- tätigen Partner (%)	selbstständig	(11)	(11)	15
	Beamter	(.)	(.)	(7)
	Angestellter	60	65	67
	Arbeiter	21	15	10
	Auszubildender	(.)	(.)	(.)
Überwiegender Lebensunterhalt der Partner (%)	eigene Erwerbstätigkeit	73	70	73
	Arbeitslosengeld-, hilfe *(2007: ALG I)*	(5)	(7)	(.)
	Rente, Pension	12	13	11
	Unterhalt des Partners/ Vermögen	(5)	(7)	(6)
	Sozialhilfe *(vor 2007)*	(.)	(.)	
	ALG II, LHL, Hartz IV* *(ab 2007)*			(7)
	Sonstiges	(.)	(.)	(.)

		2001	2004	2007
Monatliches Nettoeinkommen der Lebensgemeinschaft von ... bis unter ... EUR (%)	bis 1.300 (2001: bis 3.000 DM)	(18)	13	10
	1.300 - 2.000 (3.000 - 4.000 DM)	18	19	15
	2.000 - 2.900 (4.000 - 6.000 DM)	38	33	26
	2.900 - 4.000 (6.000 - 10.000 DM)	22	22	24
	4.000 - 6.000 (6.000 DM und mehr)	(.)	(10)	18
	6000 und mehr	(.)	(.)	(7)
	Durchschnittliche monatliches Nettoeinkommen der Lebensgemeinschaft (Median) - in EUR	*2.378*	*2.501*	*2.858*

Quelle: Mikrozensus, Bevölkerung am Wohnsitz der Lebensgemeinschaft
FaFo FamilienForschung Baden-Württemberg

Gleichwohl leben homosexuelle Frauen wohl eher in einer Lebensgemeinschaft.[8] Der Widerspruch lässt sich damit erklären, dass Homosexualität bei Männern vermutlich häufiger verbreitet ist als bei Frauen.
Von den volljährigen Männern gelten etwa 4 Prozent als gleichgeschlechtlich orientiert, von den Frauen etwa 2 Prozent.

Familienstand: Die Ausbildung der gleichgeschlechtlichen Identität
unterliegt einem Prozess, der vielfach lang und für die gleichgeschlechtlich orientierten Personen wie auch für ihr Umfeld mit Problemen und
Krisen verbunden ist.[9] Der Weg in eine homosexuelle Partnerschaft
geht darum nicht selten in Folge von Verdrängung und Geheimhaltung
über eine heterosexuelle Beziehung, die Ehe und Familie einschließen
kann.[10] In jeder fünften homosexuellen Lebensgemeinschaft war mindestens ein Partner wenigstens einmal verheiratet. Deutlich höher dürfte
dieser Anteil sein, wenn minderjährige Kinder in der Lebensgemeinschaft leben.[11] Zusätzlich dürften von den 23 Prozent Frauen und Män-

---

8   Vgl. Norbert Schneider/Doris Rosenkranz/Ruth Limmer: Nichtkonventio-
    nelle Lebensformen, Opladen: Leske + Budrich 1998.
9   Vgl. Hans-Peter Buba/Laszlo A. Vaskovics (Hg.): Benachteiligung gleich-
    geschlechtlich orientierter Personen und Paare, Köln: Bundesanzeiger
    Verlagsgesellschaft 2001.
10 Vgl. Gillian A. Dunne: »The different dimensions of gay fatherhood. ex-
    ploding the myths«, http://www.lse.ac.uk/Depts/GENDER/gaydads.htm
    vom 8. Februar 2000.
11 Vgl. Bernd Eggen: »Gleichgeschlechtliche Lebensgemeinschaften. Ge-
    genwart und künftige Entwicklung«, in: Praxis der Rechtspsychologie 1
    (2003), S. 25-44.

nern, die jetzt in einer eingetragenen Partnerschaft leben, einige von ihnen vor ihrer Registrierung verheiratet gewesen sein.

Alter: Das äußere Coming-out, das öffentliche Bekennen zur eigenen sexuellen Identität, kostet Zeit, und oft lebte man zunächst in einer heterosexuellen Lebensgemeinschaft. Dies trifft vor allem auf Homosexuelle der älteren Generation zu.[12] Deshalb dürften gleichgeschlechtlich orientierte Personen, verglichen mit verschiedengeschlechtlich orientierten Personen, erst in einem späteren Alter eine Lebensgemeinschaft eingehen. Die Partner gleichgeschlechtlicher Lebensgemeinschaften sind durchschnittlich um die vierzig; Frauen sind im Schnitt etwas älter als Männer. Dies deutet vielleicht darauf hin, dass Frauen eher als Männer in einer vorangegangenen heterosexuellen Partnerschaft lebten, aus der nicht selten auch Kinder stammen. Homosexuelle Partner scheinen im Mittel etwas älter zu sein als heterosexuelle Partner nicht ehelicher Lebensgemeinschaften (37 Jahre), aber erheblich jünger als verheiratete Partner (53 Jahre). An dieser Stelle ist allerdings erneut darauf hinzuweisen, dass hier ein systematischer Fehler vorliegen kann, dass Jüngere sich eher öffentlich in einer Befragung zu ihrer sexuellen Identität bekennen dürften als Ältere. Schließlich sei angemerkt, wie Tabelle 2 zeigt, dass gleichgeschlechtliche Lebensgemeinschaften auch eine Lebensform älterer Personen sind. Und dies scheint besonders für Frauen zu gelten.

Staatsangehörigkeit: Das Lebenspartnerschaftsgesetz (LpartG) regelt unter anderem die Nachzugs- und Einbürgerungsrechte für ausländische Lebenspartner. Es bezweckt damit die Lebenssituation binationaler Partnerschaften zu erleichtern. Etwa jede siebte gleichgeschlechtliche Lebensgemeinschaft ist binational, das heißt, ein Partner besitzt die deutsche, der andere eine nichtdeutsche Staatsangehörigkeit. Heterosexuelle Lebensgemeinschaften sind seltener binational; rund jede vierzehnte von ihnen ist binational. Gleichgeschlechtliche Lebensgemeinschaften mit binationalen Partnern sind heute häufiger als vor drei und sechs Jahren.

Wohnortgröße: Gleichgeschlechtliche Lebensgemeinschaften wohnen vor allem in größeren Städten sowie in Städten mit Universitäten. Die Gründe hierfür sind vor allem die Anonymität der Städte, moderne mobile Erwerbsformen, durch die nicht verheiratete Personen gleichen Geschlechtes zusammenwohnen können, ohne dass dies als ungewöhnlich erachtet wird, sowie die modernen Lebensbedingungen im Zuge des Wandels der Familie mit der Herauslösung des Einzelnen aus traditiona-

---

12 Vgl. H.-P. Buba/L. A. Vaskovics: Benachteiligung gleichgeschlechtlich orientierter Personen und Paare.

len Sozialbindungen und der Entzauberung traditionaler Normen, die sich in den Großstädten konzentrieren.[13] Fast jede zweite gleichgeschlechtliche Lebensgemeinschaft wohnt in Städten mit mehr als 200.000 Einwohnern, jede dritte sogar in Städten mit über 500.000 Einwohnern. Wesentlich seltener wohnen heterosexuelle Lebensgemeinschaften in größeren Städten. So lebt nur jedes achte Ehepaar und jede fünfte heterosexuelle nicht eheliche Lebensgemeinschaft in einer Stadt mit mehr als 500.000 Einwohnern. Haben jedoch gleichgeschlechtliche Partner minderjährige Kinder, dann leben sie wesentlich häufiger, ungefähr jede zweite Familie, in einer Gemeinde mit unter 50.000 Einwohnern.[14] Familien mit verschiedengeschlechtlichen Eltern und minderjährigen Kindern wohnen etwas öfter, und zwar zu zwei Dritteln, in Gemeinden mit unter 50.000 Einwohnern.

Bildung: Immer wieder berichten Studien über ein überdurchschnittlich hohes formales Bildungsniveau bei gleichgeschlechtlich orientierten Personen.[15] Zwei Gründe können hierfür ausschlaggebend sein: Erstens, Personen mit höheren Bildungsabschlüssen sind eher aus traditionalen Normen herausgelöst und bereit, nicht eheliche Partnerschaften einzugehen. Zweitens, sie sind wohl eher fähig und bereit ihre homosexuelle Identität auszubilden und bekennen sich wohl eher zu ihrer sexuellen Orientierung, dies nicht nur privat, sondern auch öffentlich, etwa in einem Interview. Fast jeder zweite Partner einer gleichgeschlechtlichen Lebensgemeinschaft hat eine allgemeine oder fachgebundene Hochschulreife, jeweils ein Viertel hat einen Realschulabschluss und Hauptschulabschluss. Wesentlich seltener verfügen Partner heterosexueller Lebensgemeinschaften über eine allgemeine oder fachgebundene Hochschulreife: jeder fünfte Ehepartner und jeder dritte Partner einer verschiedengeschlechtlichen nicht ehelichen Lebensgemeinschaft. Ein ähnlich hohes Bildungsniveau belegen auch die Berufsabschlüsse: Jeder vierte homosexuell orientierte Partner hat eine Hochschul- oder Fachhochschulausbildung abgeschlossen. Dagegen verfügt nur jeder siebte Partner einer verschiedengeschlechtlichen Lebensgemeinschaft über einen solchen Abschluss.

Erwerbsverhalten: Was das Erwerbsverhalten und die Vereinbarkeit von Beruf und Familie betrifft, gibt es mit Blick auf gleichgeschlechtli-

---

13 Vgl. D. Black u.a.: »Demographics of the gay and lesbian population in the United States«, S. 23 und Jan Löfström: »The birth of the queen/the modern homosexual. Historical explanations revisited«, in: The Sociological Review 45 (1997), S. 24-41.
14 Vgl. B. Eggen: Gleichgeschlechtliche Lebensgemeinschaften.
15 Vgl. H.-P. Buba/L. A. Vaskovics: Benachteiligung gleichgeschlechtlich orientierter Personen und Paare, S. 44-45.

che Lebensgemeinschaften, und im Prinzip losgelöst von geschlechts-spezifischen Mustern, zwei Positionen.[16] Die eine geht davon aus, dass homosexuelle Partner die Organisation von Beruf und Haushalt zeitlich und sachlich gleich verteilen, die andere behauptet eine ungleiche Verteilung der Aufgaben ähnlich der in heterosexuellen Partnerschaften: Der Partner mit höherem Einkommen ist vornehmlich erwerbsorientiert, der mit niedrigerem Einkommen übernimmt verstärkt Aufgaben im Haushalt; in Lebensgemeinschaften mit minderjährigen Kindern übernimmt der zumeist biologische Elternteil überwiegend die Erziehung des Kindes und Aufgaben im Haushalt. Die bisher vorliegenden Daten liefern erste Hinweise auf die Organisation von Beruf, Haushalt und Kindererziehung. So sind in zwei Drittel der gleichgeschlechtlichen Lebensgemeinschaften beide Partner erwerbstätig. Etwas seltener sind beide Partner erwerbstätig, wenn sie kinderlos sind, etwas häufiger, wenn sie minderjährige Kinder haben.[17] Insgesamt sind drei Viertel der homosexuell orientierten Partner erwerbstätig und damit genauso viele wie bei heterosexuellen Partnern nicht ehelicher Lebensgemeinschaften. Ehepartner sind seltener erwerbstätig. Ein Grund ist der höhere Anteil der Pensionäre und Rentner. Acht von zehn der erwerbstätigen Partner arbeiten Vollzeit, leisten also eine regelmäßige Wochenarbeitszeit von mindestens 35 Stunden. In gleichgeschlechtlichen Lebensgemeinschaften mit minderjährigen Kindern arbeiten etwas weniger Partner Vollzeit und dafür mehr Partner Teilzeit. Partner gleichgeschlechtlicher Lebensgemeinschaften unterscheiden sich entlang dieser groben Indikatoren nicht in ihrem Erwerbsverhalten von Partnern heterosexueller Lebensgemeinschaften, und dies gilt besonders im Vergleich zu Partnern heterosexueller nicht ehelicher Lebensgemeinschaften. Der Vergleich mit Ehepartnern ist problematisch, da viele von ihnen aus Altersgründen aus dem Erwerbsleben ausgeschieden sind. Dennoch, betrachtet man die Lebensgemeinschaften mit minderjährigen Kindern, dann scheint beispielsweise die Teilzeitquote bei Ehepartnern und homosexuellen Partnern ähnlich hoch zu sein.[18] Was nun die Stellung im Beruf angeht, sind fast zwei Drittel der erwerbstätigen gleichgeschlechtlich orientierten Partner Angestellte, jeder zehnte ein Arbeiter und jeder sechste ein

---

16 Vgl. Gillian A. Dunne: »»Pioneers behind our own front doors‹: towards greater balance in the organisation of work in partnerships«, in: Work, Employment and Society 12 (1998), S. 273-295 und Sarah Oerton: »»Queer Housewives‹? Some problems in theorizing the division of domestic labour in lesbian and gay households«, in: Women's Studies International Forum 20 (1997), S. 421-430.

17 Vgl. B. Eggen: Gleichgeschlechtliche Lebensgemeinschaften.

18 Vgl. ebd.

Selbstständiger. Sie sind damit, im Vergleich zu erwerbstätigen Partnern heterosexueller Lebensgemeinschaften, häufiger Angestellte und seltener Arbeiter.

Einkommensquellen: Ein weiterer Indikator dafür, wie Beruf, Haushalt und Kindererziehung in der Lebensgemeinschaft aufgeteilt sein können, sind die Einkommensquellen, aus denen die Partner ihren Lebensunterhalt und den der Lebensgemeinschaft überwiegend bestreiten. Bei gleichgeschlechtlich orientierten Männern und Frauen dominiert eindeutig die eigene Erwerbstätigkeit als wichtigste Einkommensquelle, und dies ungeachtet, ob Kinder in der Lebensgemeinschaft leben. Gerade im Vergleich zu Ehepartnern, hier wohl besonders zu denen mit minderjährigen Kindern, spielt bei Frauen und Männern gleichgeschlechtlicher Lebensgemeinschaften der Unterhalt durch den Partner als wichtigste Einkommensquelle eine deutlich seltenere Rolle. Die Bedeutung des Unterhalts durch den Partner für den gleichgeschlechtlichen Partner ähnelt aber der in heterosexuellen nicht ehelichen Lebensgemeinschaften. Staatliche Transferzahlungen, wie Arbeitslosenunterstützung und Sozialhilfe, sind für den überwiegenden Lebensunterhalt der gleichgeschlechtlichen Lebensgemeinschaft ähnlich selten wichtig wie bei verschiedengeschlechtlichen nicht ehelichen Lebensgemeinschaften. Deutlich seltener sind Ehepaare auf solche staatlichen Transferzahlungen angewiesen.

Einkommen: Ein Fünftel der gleichgeschlechtlichen Lebensgemeinschaften verfügt über ein monatliches Nettoeinkommen von mindestens 4.000 €; das durchschnittliche Einkommen der Lebensgemeinschaft beträgt 2.900 €. Die Nettoeinkommen gleichgeschlechtlicher Lebensgemeinschaften liegen damit über den Einkommen der verschiedengeschlechtlichen Paare (2.500 €).

Eingetragene Partnerschaften: Seit 2006 erfasst der Mikrozensus eingetragene Partnerschaften. Von den 68.400 gleichgeschlechtlichen Lebensgemeinschaften 2007 waren 15.800 bzw. 23 Prozent eingetragen (siehe Tabelle 1). Lebensgemeinschaften von Männern sind etwas häufiger eingetragen als Lebensgemeinschaften mit Frauen.[19] Nur eine sehr kleine Minderheit hat Kinder. Die meisten von ihnen haben zwei Mütter.

Eingetragene Partnerschaften weisen bestimmte Merkmale häufiger auf als nicht eingetragene gleichgeschlechtliche Lebensgemeinschaften. Sie sind etwas älter, deutlich häufiger binational, und fast jede zweite von ihnen lebt in einer Großstadt mit über 500.000 Einwohnern. Sie ist die Lebensform mit dem höchsten durchschnittlichen Nettoeinkommen.

---

19 Die Aussagen zu eingetragenen Partnerschaften geben nur grobe Tendenzen an. Die geringen Fallzahlen erlauben keine zuverlässigeren Aussagen.

Die Partner sind außerdem überdurchschnittlich schulisch und beruflich ausgebildet. Etwas seltener sind beide Partner erwerbstätig, etwas häufiger nur ein Partner. Die Ausprägungen besonders bei Alter, Staatszugehörigkeit und Erwerbsbeteiligung deuten darauf hin, dass die Registrierung der Partnerschaft auch dem Bedürfnis nach Sicherheit für den jeweiligen Partner nachkommt.

Kinder in gleichgeschlechtlichen Lebensgemeinschaften

In Deutschland sind 2007 von den 68.400 sich als gleichgeschlechtlich bekennenden Paaren mindestens 5.000 Familien mit mindestens 7.300 Kindern (siehe Tabelle 1). Bei jedem dreizehnten homosexuellen Paar leben also Kinder. Zum Vergleich: Bei heterosexuellen Paaren hat jedes dritte nicht eheliche und jedes zweite eheliche Paar Kinder. Diese Lebensformen haben also häufiger Kinder.

Seit 1996 schwankt die Zahl der Kinder bei homosexuellen Paaren zwischen 7.000 und 13.000 Kindern (siehe Abbildung 2).

Abbildung 2: Gleichgeschlechtliche Lebensgemeinschaften in Deutschland 1996 bis 2007 – Anzahl der Kinder in den Lebensgemeinschaften

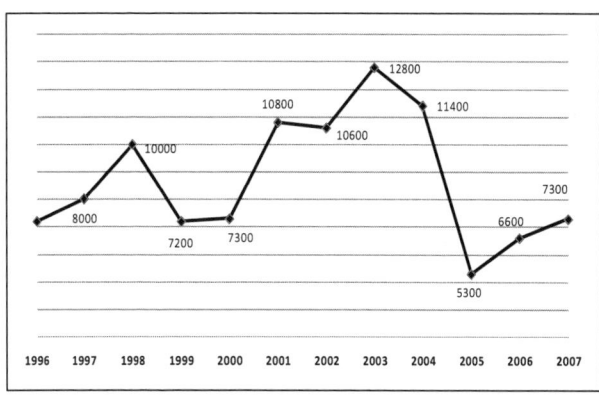

Quelle: Mikrozensus, Bevölkerung am Wohnsitz der Lebensgemeinschaft, ledige Kinder ohne Altersbegrenzung, die in den Lebensgemeinschaften leben
FaFo FamilienForschung Baden-Württemberg

49

Bislang ist offen, welche Gründe dahinter stehen, dass es besonders 2006 und 2005 deutlich weniger gleichgeschlechtliche Lebensgemeinschaften mit Kindern sowie Kinder bei homosexuellen Paaren gibt. Es können methodische Gründe sein, die in der Stichprobe und im neuen Hochrechnungsverfahren liegen. Es können aber auch Gründe sein, die im Zuge gesellschaftlicher Veränderungen zum Rückgang von Elternschaft bei homosexuellen Paaren führen.[20] Dennoch dürften in Deutschland wesentlich mehr Kinder bei gleichgeschlechtlich orientierten Eltern leben. Bei der vorliegenden Statistik bleiben zwangsläufig diejenigen Kinder unberücksichtigt, deren Eltern sich dem Interviewer gegenüber nicht als gleichgeschlechtliche Lebensgemeinschaften zu erkennen gaben. Zudem fehlen hier die Kinder alleinerziehender homosexueller Mütter und Väter. Schließlich fehlen auch die Kinder von homosexuell orientierten Eltern, die weiterhin in einer heterosexuellen ehelichen oder nicht ehelichen Lebensgemeinschaft leben.

Unter Berücksichtigung dieser Sachverhalte dürften etwa 18.000 (bei 60 Prozent Unterschätzung) bis 21.000 Kinder in gleichgeschlechtlichen Lebensgemeinschaften leben. Ungeachtet der tatsächlichen Zahl wachsen vergleichsweise selten Kinder in einer gleichgeschlechtlichen Lebensgemeinschaft heran. Von den rund 20 Millionen Kindern in Deutschland ist es weniger als ein halbes Prozent (siehe Tabelle 1). Am häufigsten leben die Kinder mit verheirateten Eltern verschiedenen Geschlechtes zusammen (siehe Tabelle 3). Bei den homosexuellen Paaren sind zwei *Frauen* mit Kindern häufiger als zwei *Männer* mit Kindern.

---

20 Siehe hierzu die Überlegungen weiter unten.

Tabelle 3: Ausgewählte soziale Strukturen von Kindern in gleichgeschlechtlichen Lebensgemeinschaften in Deutschland 2001, 2004 und 2007[21]

		2001	2004	2007
Altersverteilung der Kinder in der Lebensgemeinschaft	unter 18 Jahren	(75)	(82)	(71)
	unter 15 Jahren	(60)	(66)	(57)
Kinder in der Lebensgemeinschaft	**Kinder ...**			
	leben bei ihrer gleichgeschlechtlich orientierten Mutter	(54)	(66)	(92)
	mit Geschwistern	(52)	(62)	(.)
	leben in Gemeinden mit bis 50.000 Einwohnern	(54)	(61)	(.)
	durchschnittliches Alter der Eltern	Mitte/ Ende Dreißig	Anfang Vierzig	Mitte Vierzig
	eines Partners der Lebensgemeinschaft	(96)	(96)	(69)
	mit Eltern, die beide erwerbstätig sind	(68)	(64)	*

Quelle: Mikrozensus, Bevölkerung am Wohnsitz der Lebensgemeinschaft, ledige Kinder ohne Altersbegrenzung, die in den Lebensgemeinschaften leben
FamilienForschung Baden-Württemberg

In den letzten Jahren sind zwei Väter als Eltern sichtbar seltener geworden. Vor sechs Jahren bildeten noch in fast jeder zweiten Familie zwei Väter die Eltern, heute sind in neun von zehn Familien zwei Mütter die Eltern.

Die *Altersstruktur* der Kinder in homosexuellen Lebensgemeinschaften hat sich in den letzen Jahren geändert.[22] Die Kinder scheinen heute im Schnitt älter zu sein und ähneln in ihrer Altersstruktur den Kindern in heterosexuellen ehelichen Lebensgemeinschaften: Zwar sind sieben von zehn Kindern in gleichgeschlechtlichen Lebensgemeinschaften unter 18 Jahren, aber Kinder unter sechs Jahren bilden zunehmend die Ausnahme. Das mittlere Alter (Median) dürfte bei 14 Jahren liegen, also genauso hoch sein wie das der Kinder mit verheirateten Eltern. Dagegen sind die Kinder von heterosexuellen nicht ehelich zusammenlebenden Eltern

---

21 * 2007: keine Auswertung dieses Merkmals; Zeichenerklärung: ( ) Aussagewert eingeschränkt, da Zahlenwert statistisch relativ unsicher; (.) keine Angaben, da Zahlenwert nicht sicher.

22 Die Statistiken 2007 über Kinder mit gleichgeschlechtlichen Eltern sind nur als grobe Tendenzen zu interpretieren, da die Zahlenwerte sehr unsicher sind. Deshalb beziehen sich einzelne Aussagen auf 2004, soweit nichts anderes angegeben ist.

51

zumeist jünger. Der Median liegt bei neun Jahren. Am ältesten sind die Kinder von alleinerziehenden Eltern. Der Median liegt bei 16 Jahren.

Die Hälfte der Kinder homosexueller Paare hat ein oder mehr *Geschwister*, die auch in dieser Lebensgemeinschaft leben. Sie haben ähnlich häufig Geschwister wie Kinder heterosexueller nicht ehelicher Paare oder wie Kinder von Alleinerziehenden und deutlich seltener als Kinder heterosexueller ehelicher Paare.

Woher kommen die Kinder? Von wem sind die Kinder? An den Daten des Mikrozensus lässt sich nicht ablesen, wodurch die Elternschaft der Kinder begründet worden ist: ob durch Insemination, Adoption, Pflegschaft oder durch eine heterosexuelle Beziehung eines Elternteils. Das Ausmaß biologischer und sozialer Elternschaft bleibt ebenso unklar. Alle verfügbaren Studien berichten, dass die meisten Kinder aus vorangegangenen heterosexuellen und zumeist ehelichen Beziehungen stammen. Auch in Deutschland hatten bislang etwas mehr als die Hälfte der Kinder bei homosexuellen Paaren einen nicht ledigen Elternteil.[23] Die Mutter oder der Vater des Kindes war geschieden, verwitwet oder verheiratet, wohnte aber nicht mehr bei ihrem bzw. seinem einstigen Ehepartner. Dagegen lebte knapp die Hälfte der Kinder in Lebensgemeinschaften, in denen beide Partner ledig sind. Kinder aus heterosexuellen nicht ehelichen Lebensgemeinschaften lebten ähnlich häufig mit ledigen Eltern zusammen. Auch hier scheint in den letzten Jahren ein Wandel eingetreten zu sein. Eine heterosexuelle und eheliche Lebensgemeinschaft geht wohl immer seltener der Elternschaft homosexueller Frauen und Männer voran; die Kinder stammen zunehmend aus nicht ehelichen Beziehungen.

Ungeachtet dessen dürften viele der Kinder homosexueller Eltern Trennungen und Scheidungen ihrer Eltern miterlebt haben. Und anders als bei Kindern heterosexueller Partner kommt neben diesen bereits oft problematischen Erfahrungen noch das nicht selten mit Krisen und Konflikten beladene Coming-out des einen Elternteils hinzu, bei dem das Kind jetzt heranwächst. Ist beispielsweise die sexuelle Orientierung der Eltern während der Scheidung bekannt, so besteht die Gefahr, dass homosexuellen Müttern und erst recht homosexuellen Vätern das Sorge-

---

23 Vgl. Bernd Eggen: »Homosexuelle Paare mit Kindern«, in: Die Praxis des Familienrechts 4 (2007), S. 823-838. Für 2007 sind Aussagen zum Familienstand insofern problematisch, da bei eingetragenen Partnerschaften der Familienstand der Partner vor der Registrierung unbekannt ist.

recht nicht zuerkannt wird.[24] In Deutschland leben Kinder sowohl bei homosexuellen Müttern als auch bei homosexuellen Vätern.

Wo *wohnen* die Kinder? Nach den wenigen Studien, die es gibt, leben die Kinder eher in größeren Städten, sind die Eltern eher schon älter und besitzen vergleichsweise oft einen höheren Bildungsabschluss.[25] Für diese Ergebnisse können jedoch sowohl Stichproben als auch sogenannte kumulative Kontexteffekte ausschlaggebend sein, etwa, dass Personen mit höherer Bildung eher in großstädtischen Milieus wohnen, sich wahrscheinlicher zu ihrer sexuellen Identität offen bekennen und in Lebensgemeinschaften leben, in denen die Verantwortung für die Erziehung der Kinder nicht nur übernommen wird, sondern auch im Schutz dieser Milieus übernommen werden kann. In Deutschland jedoch leben die Kinder gleichgeschlechtlicher Eltern überwiegend in kleineren Gemeinden; also Gemeinden bis zu 50.000 Einwohnern. Sie unterscheiden sich in dieser Hinsicht kaum von Kindern heterosexueller Paare. Die Kinder verheirateter Eltern leben etwas häufiger in kleineren Gemeinden und etwas seltener in größeren Städten. Kinder von Alleinerziehenden wohnen dagegen häufiger in Großstädten mit über 500.000 Einwohnern.

Zum *Alter der Eltern.* Gleichgeschlechtliche Eltern sind im Schnitt um die vierzig. Die Eltern sind etwas älter als heterosexuelle, nicht ehelich zusammenlebende Eltern (39 Jahre) und etwas jünger als ehelich zusammenlebende Eltern und Alleinerziehende (44 Jahre).

Vereinbaren homosexuelle Paare mit Kindern *Beruf und Familie* anders als heterosexuelle Paare mit Erziehungspflichten? Die meisten Ergebnisse zur Organisation von Beruf, Haushalt und Kindererziehung stützen sich auf Lebensgemeinschaften von zwei Frauen mit Kindern. Hingegen sind Untersuchungen über die Aufgabenverteilung in gleichgeschlechtlichen Lebensgemeinschaften von zwei Männern mit Kindern bislang rar.[26] Nach diesen Untersuchungen scheinen gleichgeschlechtliche Partner mit Kindern die Organisation von Beruf und Haushalt zeitlich und sachlich gleicher zu verteilen als verschiedengeschlechtliche Partner. Die Partner nehmen die Aufgaben flexibler entlang persönlicher Präferenzen, als starr nach geschlechtsspezifischen Mustern wahr. Dies gilt wohl auch weitgehend für die Erziehung von Kindern. Allerdings

---

24 Vgl. Stephen Hicks: »›Good lesbian, bad lesbian...‹: regulating heterosexuality in fostering and adoption assessments«, in: Child and Family Social Work 5 (2000), S. 157-168.

25 Vgl. Walter Berger/Günter Reisbeck/Petra Schwer: Lesben – Schwule – Kinder, hg. v. Ministerium für Frauen, Jugend, Familie und Gesundheit des Landes Nordrhein-Westfalen, Düsseldorf 2000 und J. Stacey/T. J. Biblarz: »(How) Does the sexual orientation of parents matter«, S. 159-183.

26 Siehe Literatur in Fußnote 16.

gibt es auch hier empirische Hinweise auf mehr traditionale Muster derart, dass in Lebensgemeinschaften mit minderjährigen Kindern der zumeist biologische Elternteil überwiegend die Erziehung des Kindes und Aufgaben im Haushalt übernimmt, und der andere Partner vor allem erwerbstätig ist. Auffallend ist die Orientierung der Paare an den Strukturen der herkömmlichen Kernfamilie – trotz ihrer Ansprüche, sich von traditionalen Wertvorstellungen zu lösen.

Wie weit geht also die Selbstdefinition als soziale Mutter oder sozialer Vater? Wie verbreitet ist eine gemeinsame und gleichermaßen verteilte Erziehungsverantwortung bei homosexuellen Paaren mit Kindern? Was die amtliche Statistik zur Beantwortung dieser Fragen bislang beitragen kann, sind allenfalls Vorarbeiten. So fällt auf, dass die Partner und Partnerinnen gleichgeschlechtlicher Lebensgemeinschaften die Vereinbarkeit von Beruf und Familie sehr unterschiedlich verwirklichen. Die meisten Kinder haben Eltern, die beide erwerbstätig sind. Dies ist ähnlich häufig wie bei heterosexuellen nicht ehelichen Eltern und deutlich häufiger als bei verheirateten Eltern. Etwa ein Drittel der Kinder homosexueller Eltern wächst in Familien heran, in denen nur ein Elternteil erwerbstätig ist. Diese unterschiedliche Aufgabenwahrnehmung ist in Familien homosexueller Mütter ebenso zu beobachten wie in Familien homosexueller Väter. Hier unterscheiden sich dann doch homosexuell orientierte Eltern von heterosexuell orientierten Eltern. Denn in ehelichen, aber auch in nicht ehelichen heterosexuellen Lebensgemeinschaften ist, wenn nur einer erwerbstätig ist, es überwiegend der Vater, also der Mann.

Der Blick auf die Sozialstrukturen lässt sich wie folgt zusammenfassen: Kinder in gleichgeschlechtlichen Lebensgemeinschaften sind eine seltene Familienform für Kinder; aber ähnlich vielfältig wie andere Familienformen.

Zur künftigen Entwicklung gleichgeschlechtlicher Paare mit Kindern

Die Ergebnisse zum derzeitigen Forschungsstand über Kinder in gleichgeschlechtlichen Lebensgemeinschaften lassen sich wie folgt zusammenfassen: Die Datenlage über Kinder und Elternschaft im Zusammenhang mit gleichgeschlechtlichen Lebensgemeinschaften ist insgesamt noch dürftig. Offensichtlich leben homosexuelle Paare mit ihren Kindern in sehr vielfältigen Sozialstrukturen. Besonders bei der Vereinbarkeit von Beruf und Familie weisen die Paare Ähnlichkeiten mit nicht ehelichen heterosexuellen Paaren auf. Zudem deutet sich gegenüber den

Vorjahren ein Wandel an. Das durchschnittliche Alter homosexueller Eltern und das ihrer Kinder steigt, und immer weniger Eltern hatten eine eheliche Beziehung in der Vergangenheit.

Auch wenn homosexuelle Paare mit Kindern in ihrer strukturellen Vielfalt Familien von heterosexuellen Eltern ähneln, so dürfte dennoch die Betonung der Unterschiedslosigkeit zwischen Kindern in homo- und heterosexuellen Familien auf lange Sicht an der Realität vorbeigehen und auch politisch in die Irre führen. Denn Kinder, die in gleichgeschlechtlichen Lebensgemeinschaften heranwachsen, können sich anders entwickeln und anders verhalten als Kinder heterosexuell orientierter Eltern. Diese möglichen Unterschiede in der Entwicklung und im Verhalten sind zunächst schlichtweg nur Unterschiede und keine Defizite. Es sind Unterschiede etwa aufgrund sozialer Vorurteile und politischer Unterlassungen oder aber nur solche Unterschiede, die eine moderne demokratische Gesellschaft auch bei anderen respektiert und schützt.

Unbestritten ist, dass homosexuelle Paare in der Gesellschaft stärker wahrgenommen und immer mehr akzeptiert werden. Ein Beleg dafür ist die zunehmende rechtliche Gleichstellung gleichgeschlechtlicher Lebensgemeinschaften mit verschiedengeschlechtlichen Lebensgemeinschaften. Und es dürfte nur eine Frage der Zeit sein, bis Deutschland mit Schweden, Belgien, den Niederlanden und Spanien bei der rechtlichen Gleichstellung gleichzieht. Fragt man nun nach der künftigen Bedeutung homosexueller Paare, so ist zwischen der quantitativen und qualitativen Bedeutung zu unterscheiden.

Ist durch eine Gleichstellung eine Zunahme gleichgeschlechtlicher Lebensgemeinschaften, auch mit Kindern, zu erwarten? Zunächst ist festzuhalten: Durch eine rechtliche Gleichstellung werden nicht mehr Menschen homosexuell. Rechtliche Reformen und eine weitere gesellschaftliche »Normalisierung« gegenüber Homosexualität werden jedoch dazu führen, dass sich mehr Menschen zu ihrer sexuellen Orientierung auch öffentlich bekennen. Bestehende Partnerschaften werden vermutlich seltener verschwiegen, homosexuelle Frauen und Männer dürften seltener den Weg über eine heterosexuelle Partnerschaft nehmen und stattdessen eine gleichgeschlechtliche Lebensgemeinschaft eingehen. Die in der amtlichen Statistik ausgewiesene Zahl wird sich deshalb der Wirklichkeit zunehmend nähern. Dennoch dürften gleichgeschlechtliche Lebensgemeinschaften auch künftig eine vergleichsweise kleine Minderheit bleiben. Ebenso ist bei gleichgeschlechtlichen Lebensgemeinschaften mit Kindern wohl mit keiner erheblichen Zunahme dieses Familientyps zu rechnen, denn zwei gegenläufige Entwicklungen sind denkbar. Im Zuge einer weiteren öffentlichen und auch rechtlichen Normalisierung dürften sich einerseits mehr gleichgeschlechtliche Paare ihren Wunsch nach Kindern und Elternschaft auch erfüllen. Bislang spielt dieser Weg zur Elternschaft quantitativ kaum eine Rolle. Andererseits werden weniger homosexuelle Frauen und Männer eine heterosexuelle Partnerschaft eingehen und eine Familie gründen. Ungeachtet, dass eine solche Elternschaft gewollt ist oder vor allem gesellschaftliche Erwartungen zu erfüllen versucht, auf jeden Fall dürfte es weniger gleichgeschlechtliche Lebensgemeinschaften geben, deren Partner und Kinder aus aufgelösten heterosexuellen Beziehungen kommen.

Der Weg zur Elternschaft über eine heterosexuelle Partnerschaft wurde bisher am häufigsten gegangen, und es ist offen, wie oft der direkte Weg über eine homosexuelle Partnerschaft beschritten wird, zumal eine Elternschaft für homosexuelle Frauen und Männer sozial und biologisch grundsätzlich schwieriger ist als für heterosexuelle Frauen und Männer. So sind rechtliche Hürden bei Pflegschaft, Adoption oder künstlicher Befruchtung zu überspringen; es ist ein sozialer, zeitlicher und sachlicher Aufwand erforderlich, der von den meisten heterosexuellen Frauen und Männern nicht in diesem Maße erbracht werden muss. Dies gilt besonders für homosexuelle Männer. Sie unterscheiden sich kaum in ihrem Kinderwunsch von heterosexuellen Männern.[27] Nur jeweils eine Minderheit von ihnen scheint strikt gegen oder für Vaterschaft zu sein, die Mehrheit steht heute wohl ambivalent einer Vaterschaft gegenüber. Doch in den Folgen dieser ambivalenten Haltung unterscheiden sich heterosexuelle und homosexuelle Männer. Diese Ambivalenz führt bei heterosexuellen Männern oft doch noch zur Vaterschaft, bei homosexuellen Männern nicht zuletzt aufgrund der besonderen sozialen und biologischen Hürden eher zur bleibenden Kinderlosigkeit. Stacey und Biblarz vermuten deshalb, dass der Anteil gleichgeschlechtlicher Lebensgemeinschaften mit Kindern an allen homosexuellen Lebensgemeinschaften sich sogar eher verringern wird.

Anders als die weiterhin eher geringe quantitative Bedeutung homosexueller Paare mit Kindern, dürfte ihre qualitative Bedeutung für Familie im Allgemeinen sein.[28] Homosexuelle Paare dürften in zweierlei Hinsicht für die Familie als soziales System der Gesellschaft bedeutsam sein. Erstens, der Wunsch nach rechtlicher Gleichstellung etwa in Form registrierter Partnerschaft reflektiert nichts anderes als die Bedeutung, die der Einzelne für das Leben des anderen hat. Mit anderen Worten: Mit der rechtlichen Gleichstellung erkennt man die Bedeutung von Primärbeziehungen an. Sie bekräftigt mithin traditionale Vorstellungen von

---

27 Vgl. Judith Stacey: »Gay parenthood and the decline of paternity as we knew it«, in: Sexualities 9 (2006), S. 27-55.
28 Vgl. Diane Richardson: »Locating sexualities: From here to normality«, in: Sexualities 7 (2004), S. 391-411.

Stabilität und Dauer in Partnerschaft und Familie. Zweitens: Ob man für oder gegen gleichgeschlechtliche Paare mit Kindern ist, spielt zunächst keine Rolle. Schon die Diskussion über sie und dass in ihrem Verlauf immer mehr homosexuell orientierte Frauen und Männer in die Öffentlichkeit treten und dass in der Gesellschaft wahrgenommen wird, dass sie auch Mütter und Väter sind, wird Elternschaft im Allgemeinen und Vaterschaft und Mutterschaft im Besonderen verändern.

Ein heterosexueller Mann kann Vater werden und Erziehung und Haushalt der Frau überlassen. Ein homosexueller Vater kann das nicht. Anders formuliert: In Familien mit homosexuellen Eltern spielt das Geschlecht keine Rolle, wenn es darum geht, wer die Brötchen verdient und wer sie schmiert. Der eine Vater ist überwiegend für die Erziehung und den Haushalt zuständig, der andere für das Geldverdienen oder beide übernehmen die jeweiligen Aufgaben in gleichem Umfang. Noch einmal anders formuliert: Wer was macht bei homosexuellen Eltern entscheidet nicht das Geschlecht, sondern entscheiden Präferenzen der Eltern. Diese Präferenzen bei homosexuellen Paaren sind abhängig von persönlichen Vorstellungen, von der Ausbildung des Einzelnen, von den jeweiligen Erwerbsmöglichkeiten und -notwendigkeiten, aber nicht vom Geschlecht. Indem homosexuelle Eltern dies leben und vorleben, tragen sie dazu bei, die soziale Gleichstellung von Frauen und Männern in allen Lebensbereichen zu verwirklichen.

Auf den ersten Blick widersprechen homosexuelle Paare einer dominierenden Kultur der Zweigeschlechtlichkeit allerdings nur dann, wenn die biologische Klassifikation von Mann und Frau auch soziale Unterscheidungen und Definitionen von Männlichkeit und Weiblichkeit, Vaterschaft und Mutterschaft begründet. Doch weder für Partnerschaft noch für Familie ist die biologische Klassifikation zwingend. Die moderne Partnerschaft folgt der Leitdifferenz Liebe mit der Asymmetrie Du statt Nicht-Du, mit ihrer Präferenz für eine bestimmte Person, für eine Sozialbeziehung zu zweit. Männlichkeit und Weiblichkeit, Kraft und Schönheit als geschlechtstypische Merkmale rücken dort in den Hintergrund, wo kochen und ins Büro fahren heute jeder kann, wo Männer- und Frauenrollen sich angleichen. Der Umgang mit Kindern, Nachbarn und Gästen orientiert sich nicht mehr an einer Leitdifferenz von Mann und Frau, sondern beruht auf der souveränen Verständigung des Paares. Auch im Familienleben gibt es Anzeichen für den Abbau derjenigen Asymmetrien, die den Sinn der Unterscheidung von Mann und Frau mit externen Referenzen angereichert haben. Die Primärverantwortung für Einkommen oder die Rollendifferenz beim Erziehen der Kinder befinden sich in Legitimationsschwierigkeiten. Außerdem fallen biologische und soziale Elternschaft zunehmend auseinander, und selbst für Eltern-

schaft kann eine Person genügen. Nach den Grundsätzen einer gelingen-
den Erziehung brauchen Kinder zumindest eine Person, die sie um ihrer
selbst Willen liebt, also grundsätzlich weder zwei Personen, noch Vater
und Mutter.

Elternschaft, Vaterschaft und Mutterschaft, Männlichkeit und Weiblichkeit interessieren als Erwartungen und Ansprüche, somit als soziale
Sachverhalte, die sowohl unabhängig, als auch abhängig von biologischen Vorgaben sind. Doch wie wirken die biologischen Vorgaben, und
inwieweit folgen sie dabei der biologischen Unterscheidung von Mann
und Frau? Die Beziehungen zwischen biologischen und sozialen Sach-
verhalten sind strittig. Die wenigen Ergebnisse aus Studien über gleichgeschlechtliche Paare und homosexuelle Elternschaft lassen Folgendes
vermuten: Weder eine androgyne Partnerschaft noch eine solche Elternschaft werden gelebt. Die Gleichheit des biologischen Geschlechtes des
Paares der beiden Eltern schließt asymmetrische Normen entlang von
Männlichkeit und Weiblichkeit, von Vaterschaft und Mutterschaft ein.
Warum sollte es auch einem Paar oder Eltern verwehrt werden, sich auf
ungleiche Aufgabenteilungen, auf Asymmetrisierungen von Initiativge-
pflogenheiten, auf traditionale Formen der Außendarstellung zu einigen,
gerade weil die Differenz von Mann und Frau zählt und doch nicht
zählt? Ein homosexuelles Paar mit Kindern ist dann ein Ort, an dem die
Unterscheidung Mann und Frau modern ist, das heißt als Nichtunter-
scheidung praktiziert werden kann. Fehlten Kindern dann soziale Praktiken und Rituale, die besonders Männern oder Frauen zugeschrieben
werden, und unterschieden sie sich dadurch von anderen Kindern, dürfte
dieses Anderssein weniger ein Defizit als schlicht nur ein Unterschied
sein.

Literatur

Berger, Walter/Reisbeck, Günter/Schwer, Petra: Lesben – Schwule –
Kinder, hg. v. Ministerium für Frauen, Jugend, Familie und Gesundheit des Landes Nordrhein-Westfalen, Düsseldorf 2000.

Black, Dan u.a.: »Demographics of the gay and lesbian population in the
United States. Evidence from available systematic data sources«,
Center for Policy Research, Working Paper 12/1999, Syracuse:
Syracuse University.

Buba, Hans-Peter/Vaskovics, Laszlo A. (Hg.): Benachteiligung gleichgeschlechtlich orientierter Personen und Paare, Köln: Bundesanzeiger Verlagsgesellschaft 2001.

Donovan, Catherine: »Who needs a father? Negotiating biological fatherhood in British lesbian families using self-insemination«, in: Sexualities 3 (2000), S. 149-164.

Dunne, Gillian A.: »›Pioneers behind our own front doors‹: towards greater balance in the organisation of work in partnerships«, in: Work, Employment and Society 12 (1998), S. 273-295.

Dunne, Gillian A.: »The different dimensions of gay fatherhood. exploding the myths«, http://www.lse.ac.uk/Depts/GENDER/gaydads.htm vom 8. Februar 2000.

Eggen, Bernd: »Gleichgeschlechtliche Lebensgemeinschaften. Gegenwart und künftige Entwicklung«, in: Praxis der Rechtspsychologie 1 (2003), S. 25-44.

Eggen, Bernd: »Homosexuelle Paare mit Kindern«, in: Die Praxis des Familienrechts 4 (2007), S. 823-838.

Hicks, Stephen: »›Good lesbian, bad lesbian...‹: regulating heterosexuality in fostering and adoption assessments«, in: Child and Family Social Work 5 (2000), S. 157-168.

Iversen, Kirsten: »Das Mikrozensusgesetz 2005 und der Übergang zur Unterjährigkeit«, in: Wirtschaft und Statistik 1 (2007), S. 38-44.

Iversen, Kirsten: »Auswirkungen der neuen Hochrechnung für den Mikrozensus ab 2005«, in: Wirtschaft und Statistik 7 (2007), S. 739-747.

Löfström, Jan: »The birth of the queen/the modern homosexual. Historical explanations revisited«, in: The Sociological Review 45 (1997), S. 24-41.

MacDonald, Brian J.: »Issues in therapy with gay and lesbian couples«, in: Journal of Sex and Marital Therapy 24 (1998), S. 165-199.

Oerton, Sarah: »›Queer Housewives‹? Some problems in theorizing the division of domestic labour in lesbian and gay households«, in: Women's Studies International Forum 20 (1997), S. 421-430.

Parks, Cheryl A.: »Lesbian parenthood. A review of the literature«, in: American Journal of Orthopsychiatry 68 (1998), S. 376-389.

Richardson, Diane: »Locating sexualities: From here to normality«, in: Sexualities 7 (2004), S. 391-411.

Schneider, Norbert/Rosenkranz, Doris/Limmer, Ruth: Nichtkonventionelle Lebensformen, Opladen: Leske + Budrich 1998.

Simmons, Tavia/O'Connel, Martin: Married-couple and unmarried-partner households: 2000, Census 2000 Special Report, Washington, DC: U.S. Census Bureau 2003.

Stacey, Judith: »Gay parenthood and the decline of paternity as we knew it«, in: Sexualities 9 (2006), S. 27-55.

Stacey, Judith/Biblarz, Timothy J.: »(How) Does the sexual orientation of parents matter«, in: American Sociological Review 66 (2001), S. 159-183.

Tasker, Fiona: »Lesbian mothers, gay fathers, and their children. A review«, in: Developmental and Behavioral Pediatrics 26 (2005), S. 224-240.

Wie kommt der Regenbogen in die Familie? Entstehungszusammenhang und Alltag von Regenbogenfamilien

MARINA RUPP/ANDREA DÜRNBERGER

Gleichgeschlechtliche Paare und ihre Kinder[1] sind ein viel diskutiertes Phänomen – vor allem im Hinblick auf die rechtliche Position der Familienmitglieder zueinander und die Möglichkeiten für gleichgeschlechtlich orientierte Personen, eine Familie zu gründen. Ehe im Folgenden auf die Wege in die Regenbogenfamilie, die Implikationen der unterschiedlichen Entstehungsgeschichten und die konkrete Ausgestaltung von Elternschaft und Familienalltag eingegangen wird, soll ein kurzer Überblick über die Situation in Deutschland wie auch den Stand der Forschung zur Thematik gegeben werden.

Basisinformationen zu gleichgeschlechtlicher Partnerschaft und Elternschaft

Ähnlich wie bei anderen seltenen Familienformen – so z.B. Stief- und Patchworkfamilien –, sind die Familien gleichgeschlechtlicher Partner(innen) eher wenig beforscht. Bereits die Schätzungen zu ihrer Größenordnung gehen weit auseinander. Das liegt auch daran, dass eine konsequente und ausreichend differenzierte Erfassung in der amtlichen

---

1   Gleichgeschlechtlich orientierte Eltern mit Kindern werden im Folgenden auch kurz Regenbogenfamilien genannt, zumal dieser Begriff auch von den schwulen und lesbischen Personen selbst und ihren Interessenvertreter(inne)n genutzt wird.

Statistik nicht erfolgt und zudem fraglich ist, ob bzw. wie groß der Anteil von Befragten ist, die in einem solchen Rahmen ihre sexuelle Orientierung nicht preisgeben. Auch sind die Fallzahlen in der amtlichen Erfassung (Mikrozensus) so gering, dass das Risiko von Schätzfehlern
nicht unerheblich ist.[2] Die problematische Datenlage betrifft die gleichgeschlechtlichen Lebensgemeinschaften ganz allgemein, verstärkt sich
aber noch, wenn man Subgruppen untersuchen möchte, z.B. bei der Fragestellung, ob und wie viele Eltern sind und wie viele mit Kindern im
Haushalt leben. Diese Einschränkungen in der Verlässlichkeit der Informationen sind zu berücksichtigen, wenn wir im Folgenden kurz auf
die vorhandenen Basisdaten eingehen.

Der Mikrozensus 2007 weist rund 68.400 gleichgeschlechtliche Paare aus, bei denen rund 7.300 Kinder aufwachsen.[3] Gleichgeschlechtliche
Paare haben demnach wesentlich seltener Kinder als heterosexuelle.
Während jedes dritte nichteheliche Paar und jedes zweite Ehepaar mit
minderjährigen Kindern zusammenlebt, trifft dies nur auf rund jedes
dreizehnte gleichgeschlechtliche Paar zu. Die Zahl der Kinder in gleichgeschlechtlichen Lebensgemeinschaften scheint im Zeitverlauf hohen
Schwankungen zu unterliegen, was aber auch auf die mangelnde Belast-
barkeit der Basisdaten zurückgehen kann. Seit dem Beobachtungsbeginn
im Jahre 1996 wurde der höchste Wert im Jahre 2003 mit 12.800 Kindern und der niedrigste im Jahre 2005 mit 5.300 Kindern erreicht. Aufgrund der methodischen und inhaltlichen Einschränkungen der Datenbasis ist es jedoch wahrscheinlich, dass auf der Basis des Mikrozensus der
Umfang der Kinder in Regenbogenfamilien unterschätzt wird, so dass
wesentlich mehr Kinder bei gleichgeschlechtlich orientierten Eltern groß
werden.[4]

Der Mikrozensus weist seit dem Jahr 2006 den Familienstand »Eingetragene Lebenspartnerschaft« aus und beziffert ihre Anzahl auf rund
16.000. Damit hätten 23 Prozent aller gleichgeschlechtlichen Lebensgemeinschaften ihre Partnerschaft eintragen lassen. Dabei institutionali-
sieren Männerpaare ihre Beziehung häufiger als Frauen und stellen rund
65 Prozent der eingetragenen Paare. Die überwiegende Mehrheit der
eingetragenen Paare (89 Prozent) hat keine Kinder im Haushalt.

2 Bernd Eggen: Gleichgeschlechtliche Lebensgemeinschaften mit und ohne
   Kinder. Eine Auswertung des Mikrozensus 2006, ifb-Materialien 1/2009.
3 Vgl. den Beitrag von Bernd Eggen in diesem Band.
4 Zumal auch Kinder von Alleinerziehenden zu berücksichtigen wären.

Zum Stand der Forschung

Ehe zentrale Forschungsergebnisse zu unserem Themenbereich ausgeführt werden, ist darauf hinzuweisen, dass der Forschungsstand im deutschsprachigen Raum in Bezug auf die Regenbogenfamilien eher unbefriedigend ist. Während für den englischsprachigen Raum verschiedene empirische Studien vorliegen, gibt es für die mitteleuropäische Region bisher sehr wenige Forschungsbeiträge.[5] Generell handelt es sich um kleinere Untersuchungen, bei denen die Zuverlässigkeit der Ergebnisse meist durch geringen Umfang und Selektivität der Stichprobe eingeschränkt ist.[6] Zudem fehlt es an umfangreicheren Längsschnittstudien zur Entwicklung von Kindern in gleichgeschlechtlichen Partnerschaften.

Wege in die Regenbogenfamilie: Regenbogenfamilien haben unterschiedliche Entstehungszusammenhänge.[7] Da bislang ein großer Teil der Kinder in Regenbogenfamilien aus einer früheren heterosexuellen Partnerschaft stammte, handelt es sich nicht selten um komplexe Stieffamilienkonstellationen mit einem extern lebenden leiblichen Elternteil.[8] In einem zunehmenden Teil der Regenbogenfamilien[9] wachsen jedoch Kinder auf, die von den Partner(inne)n gemeinsam gewünscht und im Rahmen ihrer Beziehung geboren bzw. aufgenommen wurden. Hierbei gibt es eine Bandbreite an Beziehungen zum anderen leiblichen Elternteil, die von »nicht vorhanden« bis zu regelmäßigen Kontakten und Beteiligung an der Erziehungsverantwortung reichen.

Die Familienkonstellationen von Männer- und Frauenpaaren sind verschieden, da ihnen unterschiedliche Optionen für die Verwirklichung des Wunsches nach Kindern zur Verfügung stehen. Leibliche Eltern-

---

5   Z.B. Wassilios E. Fthenakis/Arndt Ladwig: »Homosexuelle Väter«, in: dies./Martin R. Textor (Hg.): Mutterschaft, Vaterschaft, Weinheim: Beltz 2002, S. 129-154; Olaf Kapella/Christiane Rille-Pfeiffer: Über den Wunsch, ein Kind zu bekommen – Kinderwunsch hetero- und homosexueller Paare, ÖIF-Working Paper 35/2004, Wien: Österreichisches Institut für Familienforschung 2004 und Lela Lähnemann: Lesben und Schwule mit Kindern – Kinder homosexueller Eltern, Dokumente lesbisch-schwuler Emanzipation Nr. 16, Berlin: Senatsverwaltung für Schule, Jugend und Sport, Fachbereich für gleichgeschlechtliche Lebensweisen 1997.

6   Serena Lambert: »Gay and Lesbian Families. What We Know and Where to Go From Here«, in: The Family Journal: Counseling and Therapy for Couples and Families 13, 1 (2005), S. 43-51; B. Eggen, Gleichgeschlechtliche Lebensgemeinschaften mit und ohne Kinder.

7   Vgl. L. Lähnemann: Lesben und Schwule mit Kindern.

8   Vgl. W. E. Fthenakis/A. Ladwig: »Homosexuelle Väter«.

9   Vgl. Bernd Eggen: »Homosexuelle Paare mit Kindern«, in: FamPra.ch 8, 4 (2007), S. 823-838.

schaft ist für Männer nur unter Einbeziehung einer Frau möglich, die bereit ist, ein Kind auszutragen. Außerhalb einer Beziehung besteht theoretisch die Option einer Ersatzmutterschaft, doch gibt es rechtliche Grenzen, so dass nicht sichergestellt werden kann, dass das Kind später dem Vater anvertraut wird. So sehen sich viele Männerpaare mit Kinderwunsch auf die Alternativen der Adoption oder Pflegschaft verwiesen. Eine Möglichkeit – für homosexuelle Personen beiderlei Geschlechts – stellt allerdings die Gründung einer »Queer-Family« dar, in der sich lesbische Frauen(paare) und schwule Männer(paare) dazu entschließen, gemeinsam ein Kind zu bekommen und großzuziehen. Frauen(paaren) wird durch die Möglichkeit der Samenspende bis hin zu reproduktionsmedizinischen Eingriffen eine breiteres Handlungsspektrum eröffnet.[10] Anders als bei heterosexuellen Paaren ist für gleichgeschlechtliche der Weg zur Familiengründung somit beinahe zwangsläufig mit vielfältigen Entscheidungen und einem hohen Planungsaufwand verbunden. So muss beispielsweise geklärt werden, welche Partnerin die biologische Mutter des Kindes werden und welche Rolle der leibliche Vater im Leben des Kindes spielen soll.

Aufgabenteilung: Nicht nur im Hinblick auf die Art und Weise der Realisierung des Kinderwunsches, sondern auch bezüglich der alltäglichen Aufgabenteilung stehen gleichgeschlechtliche Paare vor anderen Fragen und Gestaltungsaufgaben als heterosexuelle – zumal nicht ohne weiteres auf geschlechtsspezifische Rollenvorgaben als selbstverständliche Orientierung zurückgegriffen werden kann.

Vor diesem Hintergrund war die innerfamiliale Aufteilung von Beruf, Haushalt und Kindererziehung auch Gegenstand von verschiedenen Untersuchungen, die sich jedoch ganz überwiegend auf Mutterfamilien konzentrierten, so dass über die Aufgabenverteilung in Väterfamilien nur wenige Informationen vorhanden sind.[11] Den vorliegenden Befunden zufolge neigen Frauenpaare mit Kindern dazu, die Organisation von Beruf und Haushalt zeitlich und inhaltlich gleichmäßiger zu verteilen als heterosexuelle Paare.[12] Nicht selten werden die Arbeitszeiten der Part-

10 Vgl. Elke Jansen/Angela Greib/Manfred Bruns: Regenbogenfamilien – alltäglich und doch anders. Beratungsführer für lesbische Mütter, schwule Väter und familienbezogenes Fachpersonal, Köln 2007.
11 Vgl. Gillian A. Dunne: »Opting into Motherhood. Lesbians Blurring the Boundaries and Transforming the Meaning of Parenthood and Kinship«, in: Gender and Society 14, 1 (2000), S. 11-35.
12 Vgl. Maureen Sullivan: »Rozzie and Harriet? Gender and Family Patterns of Lesbian Coparents«, in: Gender and Society 10, 6 (1996), S. 747-767; Charlotte J. Patterson: »Families of the Lesbian Baby Boom. Parents' Di-

ner(innen) aufeinander abgestimmt, um eine ausreichende Versorgung der Kinder und des Haushaltes gewährleisten zu können. Ergebnisse einer Längsschnittuntersuchung[13] machen deutlich, dass die Mütter abwechselnd Phasen von Voll- und Teilzeiterwerbstätigkeit aufweisen. Summiert man die Zeiträume der Voll- und Teilzeitbeschäftigung beider Partner(innen) auf, so sind diese in den ersten zehn Jahren nach der Familiengründung etwa in gleichem Umfang teil- und vollzeitbeschäftigt.[14]

Hinsichtlich der Übernahme konkreter Familientätigkeiten wird mehrfach berichtet, die Partner(innen) nähmen die Aufgaben flexibler entlang persönlicher Präferenzen wahr, da die klassischen geschlechtsspezifischen Muster für sie nicht passten. Lesbische Elternpaare, die ihre Kinder durch Insemination bekommen haben, weisen häufig eine nicht durch Rollenvorgaben beeinflusste Aufgabenteilung auf,[15] die überwiegend interessengeleitet und erst in zweiter Linie nach individuellen Fähigkeiten begründet wird.[16] Dabei zeigen Frauenpaare eine höhere Durchlässigkeit, d.h. eine geringere Festlegung der Partner(innen) auf spezielle Aufgaben als dies bei Männerpaaren beobachtet wurde. Während also weibliche Paare mehr Aufgaben gemeinsam oder abwechselnd verrichten, verfügen männliche tendenziell über eine striktere Aufgabenteilung. In Bezug auf das Volumen der jeweils übernommenen häuslichen Aufgaben liegen widersprüchliche Befunde vor. In aktuellen Studien werden keine Unterschiede zwischen lesbischen und schwulen Paaren gefunden und zudem eine relativ hohe Stabilität der Arrangements im Zeitablauf berichtet.[17] Ältere Untersuchungen[18] dagegen zeigten geschlechtsspezifische Differenzen bei der Arbeitsteilung derart, dass bei lesbischen Paaren deutlich weniger Hausarbeit von den Partnerinnen selbst verrichtet wird als bei schwulen Paaren. Als Erklärung wird angeführt, dass die Frauen Hausarbeit mit einem niedrigen sozialen Status

---

vision of Labor and Children's Adjustment«, in: Developmental Psychology 31, 1 (1995a), S. 115-123.

13 Vgl. Nanette Gartrell u.a.: »The National Lesbian Family Study V. Interviews with Mothers of 10-Year-Olds«, in: Feminism and Psychology 16, 2 (2006), S. 175-192.

14 Vgl. ebd.

15 Vgl. G. A. Dunne: Opting into Motherhood.

16 Vgl. Lawrence A. Kurdek: »The Allocation of Household Labor by Partners in Gay and Lesbian Couples«, in: Journal of Family Issues 28, 1 (2007), S. 132-148.

17 Vgl. L. A. Kurdek: »The Allocation of Household Labor by Partners in Gay and Lesbian Couples«.

18 Philip Blumstein/Pepper Schwartz: American Couples. Money, Work, Sex, New York: Marrow 1983; Christopher Carrington: No Place like Home. Relationships and Family Life among Lesbians and Gay Men, Chicago: University of Chicago Press 1999.

assoziierten und deshalb versuchten, diese Arbeiten zu vermeiden oder zu delegieren bzw. Dienstleistungen in Anspruch zu nehmen. Carrington[19] führt in diesem Kontext an, dass Männerpaare über ein durchschnittlich höheres Einkommen verfügten und daher auch mehr Wohnraum zur Verfügung hätten, was folglich den Umfang der Haushaltstätigkeiten erhöhe. Im Hinblick auf die Konsequenzen einer Familiengründung scheint die Aufgabenteilung in gleichgeschlechtlichen Beziehungen weniger stark diskutiert zu werden als bei heterosexuellen Paaren.[20]

Aufgabenteilung und Engagement in der Kindererziehung: Zur Fragestellung der Aufgabenteilung im Kontext von Betreuung und Erziehung von Kindern ist die Befundlage nicht konsistent. Zum einen scheint die Form der Elternschaft eine Rolle zu spielen, so dass der biologische Elternteil den überwiegenden Anteil dieser Aufgaben wie auch der Haushaltstätigkeiten übernimmt, während der/die Partner(in) – der soziale Elternteil – in höherem Umfang erwerbstätig ist.[21] Dieses Muster entspricht dem präferierten Modell heterosexueller Paare. Zum anderen lassen sich zahlreiche Studien finden, die auch im Kontext von Kinderbetreuung und Erziehung eine eher gleichberechtigte Arbeitsteilung nachweisen.[22] Beispielsweise zeigten in einer Untersuchung von lesbischen Paaren mit Kleinkindern drei Viertel eine gleichmäßige Verteilung elterlicher Aufgaben und Verantwortlichkeiten.[23] Nur in einem Viertel der Fälle fiel die Verantwortlichkeit für das Kind somit hauptsächlich der biologischen Mutter zu. Erst wenn die Kinder fünf Jahre alt sind, zeigt sich eine leichte Verschiebung hin zur verstärkten Verantwortung der biologischen Mutter.[24] In anderen Studien teilten sich die Frauenpaare

---

19 Vgl. ebd.
20 O. Kapella/C. Rille-Pfeiffer: Über den Wunsch, ein Kind zu bekommen.
21 Vgl. C. J. Patterson: »Families of the Lesbian Baby Boom«; Susanne Krüger-Lebus/Udo Rauchfleisch: »Zufriedenheit von Frauen in gleichgeschlechtlichen Partnerschaften mit und ohne Kinder«, in: System Familie 12, 2 (1999), S. 74-79.
22 Vgl. Raymond W. Chan u.a.: »Division of Labour Among Lesbian and Heterosexual Parents: Association with Children's Adjustment«, in: Journal of Family Psychology 12, 3 (1998), S. 402-419 und Susan Dundas/Miriam Kaufman: »The Toronto Lesbian Family Study«, in: Journal of Homosexuality 40, 2 (2000), S. 65-79.
23 Vgl. Nanette Gartrell u.a.: »The National Lesbian Family Study II. Interviews with Mothers of Toddlers«, in: American Journal of Orthopsychiatry 69, 3 (1999), S. 362-369.
24 Vgl. Nanette Gartrell u.a.: »The National Lesbian Family Study III. Interviews with Mothers of Five-Year-Olds«, in: American Journal of Orthopsychiatry 70, 4 (2000), S. 542-548.

die Kindererziehung gleichmäßig auf,[25] oder es wird Müttern und ihren Partnerinnen eine hohe Kooperation und gleichberechtigtere Aufgabenverteilung bei der Kinderbetreuung attestiert.[26] Zudem wird berichtet, dass auch die Väter der Kinder, die in Regenbogenfamilien aufwachsen, bei der Erziehung Unterstützung böten.[27]

Die Verteilung der elterlichen Aufgaben folgt mehrheitlich Kriterien wie individuellen Stärken, Interessen, zeitlicher Verfügbarkeit und den Anforderung der Tätigkeiten.[28]

Fast alle Studien, die sich mit der Arbeitsteilung von gleichgeschlechtlichen Paaren befassen, belegen, dass ein egalitäres Verständnis und eine gleichverteilte Verrichtung der Haushaltstätigkeiten und Aufgaben der Kinderbetreuung zu einem erhöhten Maß an Beziehungszufriedenheit führt.[29] Kurdek[30] weist ergänzend darauf hin, dass nicht die tatsächliche Gleichverteilung der Aufgaben, sondern die empfundene Gleichheit ausschlaggebend für die Beziehungszufriedenheit ist.

Stichprobensteckbrief

Ziel der vorliegenden eigenen Untersuchung war es, für Deutschland belastbare Daten über Regenbogenfamilien – und insbesondere solche in Eingetragener Lebenspartnerschaft – zu erlangen. Der Fokus lag dabei auf den Rahmenbedingungen, welche diese Familienkonstellation für das Aufwachsen von Kindern bietet und auf eventuellen Auswirkungen auf die kindliche Entwicklung. Thematische Schwerpunkte dieser Untersuchung waren u.a. die rechtlichen und sozialen Eltern-Kind-Beziehungen, die kindliche Entwicklung, die Aufgabenteilung sowie die Entwicklungsverläufe in der Regenbogenfamilie. Dabei spielt die Entstehungsgeschichte der Kinder eine zentrale Rolle. Sie ist auch maßgeb-

---

25 Charlotte J. Patterson: »Families of the Lesbian Baby Boom«; Charlotte J. Patterson: »Lesbian Mothers, Gay Fathers, and Their Children«, in: Anthony D'Augelli/dies. (Hg.): Lesbian, Gay and Bisexual Identities over the Lifespan, New York: Oxford Univ. Press 1995b, S. 262-290; M. Sullivan: »Rozzie and Harriet?« und R. Chan u.a.: »Division of Labour Among Lesbian and Heterosexual Parents«.
26 Vgl. G. A. Dunne: »Opting into Motherhood«.
27 Vgl. ebd.
28 Vgl. S. Dundas/M. Kaufman: »The Toronto Lesbian Family Study«.
29 Z.B. S. Krüger-Lebus/U. Rauchfleisch: »Zufriedenheit von Frauen in gleichgeschlechtlichen Partnerschaften mit und ohne Kinder«.
30 L. A. Kurdek: »The Allocation of Household Labor by Partners in Gay and Lesbian Couples«.

lich für die Ausgestaltung der Elternschaft, auf die im Anschluss näher eingegangen wird.

Als Datenbasis für die nachfolgenden Ausführungen dienen die Informationen von 1.059 gleichgeschlechtlich orientierten Eltern, die 2007/2008 an einer vom Staatsinstitut für Familienforschung an der Universität Bamberg durchgeführten Untersuchung teilgenommen haben. Da teilweise beide Partner(innen) eines Paares telefonisch interviewt wurden, werden durch diese Daten 767 Familien repräsentiert. Soweit mehrere Kinder in den Familien aufwuchsen, wurden die Partner(innen) gebeten, ihre Angaben auf unterschiedliche Kinder zu beziehen. Daher stehen Informationen zu 852 Kindern für eine Analyse zur Verfügung. Für die Beschreibung der Lebenssituation ist somit darauf zu achten, ob die Familien, die Elternpersonen oder die Kinder zum Gegenstand der Ausführungen gemacht werden.

Auch ist zu unterscheiden zwischen Paaren, die in Eingetragener Lebenspartnerschaft leben (625 Paare bzw. 866 Einzelpersonen) und solchen, die ohne Eintragung zusammenleben (142 Paare bzw. 193 Einzelpersonen). Die Teilstichprobe der Paare in Eingetragener Lebenspartnerschaft darf als weitgehend repräsentativ für Deutschland angesehen werden, da nahezu alle Zielpersonen direkt – via Anschreiben oder telefonisch – angesprochen werden konnten; insgesamt wurden rund 14.000 Paare in Lebenspartnerschaften kontaktiert. Demgegenüber musste bei der Vergleichsgruppe auf freiwillige Meldungen zurückgegriffen werden, was eine erhöhte Selektivität impliziert, so dass bei dieser Teilstichprobe nicht ausgeschlossen werden kann, dass es sich um besonders engagierte Personen handelt. Da sich jedoch keine gravierenden inhaltlichen Unterschiede zwischen beiden Gruppen ergeben, werden auch die Befragten ohne Eintragung in die Analysen einbezogen, um eine höhere Fallzahl zu erlangen. Allerdings ist auf eine Verschiebung der Proporze hinzuweisen: Während in Deutschland etwa 41 Prozent der Kinder, die in gleichgeschlechtlichen Gemeinschaften groß werden, bei Eltern mit Eingetragener Lebenspartnerschaft leben, liegt dieser Anteil in der vorliegenden Stichprobe bei 88 Prozent. Kinder aus nicht-institutionalisierten Beziehungen sind demnach deutlich unterrepräsentiert. Auch Personen ohne deutsche Staatsangehörigkeit wurden mit dieser Studie sehr selten erreicht: Sie machen bei den Befragten selbst gut 2 Prozent, bei deren Partner(inne)n 4 Prozent aus, während in allen gleichgeschlechtlichen Lebensgemeinschaften in Deutschland zu 15 Prozent (mindestens) ein Partner nicht die deutsche Staatsangehörigkeit besitzt.

Regenbogenfamilien sind zumeist Familien mit zwei Müttern. Auch in dieser Stichprobe befinden sich nur 57 Männerpaare, die einen Anteil von 7 Prozent ausmachen, während Väterfamilien im Mikrozensus knapp ein Zehntel der Paare mit Kindern stellen. In den befragten Familien lebt meist (64 Prozent) nur ein Kind, 27 Prozent der Paare haben zwei und acht Prozent drei oder mehr Kinder. Dabei wächst in Väterfamilien häufiger (75 Prozent) nur ein Kind auf. Das Gros der befragten Eltern ist zwischen 30 und 45 Jahre alt, wobei die Altershomogamie bei den Paaren sehr hoch ist.

Die Frauenpaare sind im Mittel bereits seit knapp 8½, Männerpaare seit 10¾ Jahren zusammen, wobei Paare mit Eintragung eine etwas längere Beziehungsdauer aufweisen. Einen gemeinsamen Haushalt führen Frauenpaare seit gut sieben und Männerpaare seit knapp neun Jahren. Die Verpartnerung kann aus formalen Gründen maximal sieben Jahre zurückliegen, 56 Prozent der Befragten haben diesen Schritt bereits vor mehr als drei Jahren getan. Die Partner(innen) ohne Eintragung sind zumeist ledig (65 Prozent) oder geschieden (24 Prozent).

Die Befragten zeichnen sich durch ein ausgesprochen hohes Bildungsniveau aus: 61 Prozent besitzen Abitur oder einen vergleichbaren Abschluss, Hauptschulabschlüsse dagegen sind mit 10 Prozent deutlich unterrepräsentiert. Aufgrund der hohen Bildungshomogamie zeigt sich bei ihren Partner(inne)n ein ganz ähnliches Bild.[31] Dem Bildungsniveau entsprechend haben die Befragten auch hohe berufliche Qualifikationen erworben: 49 Prozent haben den Fachhochschulabschluss erlangt. Der Vergleich mit dem Mikrozensus 2007 zeigt zum einen, dass gleichgeschlechtliche Lebensgemeinschaften auch hier überproportional häufig hohe Bildungsabschlüsse aufweisen. Zum anderen wird auch deutlich, dass bei den Befragten der Anteil von Personen mit Fachhochschulabschluss über dem Wert des Mikrozensus liegt, der für alle gleichgeschlechtlichen Gemeinschaften 28 Prozent und für Eingetragene Lebenspartnerschaften 38 Prozent beträgt. Lehrberufe sind demgegenüber mit 28 Prozent deutlich seltener in unserer Stichprobe vertreten als im Mikrozensus (49 bzw. 41 Prozent) und dass sich Befragte noch in der Ausbildung bzw. im Studium befinden ist mit 2 Prozent der Fälle eine große Ausnahme. Die Partner(innen) der Befragten verfügen mit 44 Prozent etwas seltener über einen Fachhochschulabschluss und haben dafür häufiger (35 Prozent) eine Lehre abgeschlossen. Auch von ihnen befinden sich nur 2 Prozent noch in der Ausbildung.

Drei Viertel der Befragten sind aktuell berufstätig, 14 Prozent befinden sich in der Elternzeit, 4 Prozent bezeichnen sich als Hausfrauen bzw. -männer. Für die Partner(innen) liegen die Werte bei 82 Prozent, 7

---

31 Hinweis: Bei allen Befragten wurden die zentralen demografischen Daten auch für den/die Partner(in) erhoben. Die Auswertungen wurden auf Familienebene durchgeführt, so dass Doppelungen ausgeschlossen wurden.

Prozent und 4 Prozent. Im Vergleich zu heterosexuellen Familien ist die Erwerbsquote somit deutlich erhöht. Allerdings sind die Eltern in Regenbogenfamilien vergleichsweise häufig in Teilzeit erwerbstätig: 16 Prozent bis zu 20 Stunden und weitere 15 Prozent unter 30 Stunden. Diese Ergebnisse entsprechen somit den referierten Befunden anderer Untersuchungen. Der Erwerbsstruktur zufolge sind die Einkommen zwar überwiegend gut, rangieren aber eher im mittleren Bereich. Bei 51 Prozent der Paare liegt das monatliche Familieneinkommen zwischen 2.600 und 4.500 €, bei 31 Prozent ist es geringer und bei 12 Prozent höher.

Die Kinder sind zu 28 Prozent jünger als drei Jahre, zu 15 Prozent Vorschulkinder und zu 14 Prozent zwischen sechs und neun Jahre alt. Das Alter liegt bei jeweils rund 22 Prozent zwischen 10 und 13 bzw. 14 und 17 Jahren. 23 Prozent der Kinder besuchen einen Kindergarten und etwas mehr als die Hälfte geht bereits zur Schule, worunter Gymnasiasten eher häufig zu finden sind (27 Prozent).

Ergänzend zu dieser standardisierten Befragung wurden beide Partner(innen) aus 25 Paaren in einem ausführlichen leitfadengesteuerten Gespräch um vertiefende Informationen gebeten. Diese bilden im Folgenden oftmals die Basis für erklärende Ausführungen.

Wie kommt der Regenbogen in die Familie?

Im Rahmen der Durchführung unserer Studie wurden wir nicht selten mit der Frage konfrontiert, woher die Kinder in Regenbogenfamilien denn kämen. Die Antworten darauf stellen wir im Folgenden vor.

Für gleichgeschlechtlich orientierte Menschen scheinen die Möglichkeiten, eigene Kinder zu bekommen, begrenzt, wobei für Männer die Hürden deutlich höher sind als für Frauen.[32] Unter diesen Vorzeichen sind die Wege in die Regenbogenfamilie durchaus variantenreich und sie haben sich in jüngerer Zeit offenbar auch verändert. Dominierten in der empirischen Realität bislang Regenbogenfamilien, in denen Kinder aus früheren heterosexuellen Beziehungen aufwuchsen, so zeigen sich zunehmend auch andere Formen. Die Proportionen haben sich offenbar zugunsten von Kindern, die in dieser Beziehung geboren wurden, verschoben, was u.a. damit zusammenhängen könnte, dass durch eine größere gesellschaftliche Toleranz der Gleichgeschlechtlichkeit gegenüber das Coming-out früher erfolgt, so dass nicht erst heterosexuelle Bezie-

---

32 Vgl. W. E. Fthenakis/A. Ladwig: »Homosexuelle Väter«.

hungen eingegangen werden.[33] Weiterhin sind die Möglichkeiten der modernen Reproduktionsmedizin zu bedenken, die neue Wege eröffnen, wenngleich die rechtlichen Rahmenbedingungen es gleichgeschlechtlich orientierten Personen erschweren, diese Chancen zu nutzen. Im Vergleich zu früheren Befunden ist der Anteil an Kindern, die – in aller Regel von lesbischen Frauen – in einer gleichgeschlechtlichen Beziehung geboren werden, inzwischen recht hoch und rund die Hälfte der hier untersuchten Familien haben eine entsprechende Entstehungsgeschichte. Neben den beiden geschilderten und dominanten Formen der Familienentstehung finden sich auch in Regenbogenfamilien fremde Kinder, die im Rahmen von Adoption und Pflege aufgenommen wurden. An unserer Untersuchung nahmen 15 Familien mit Adoptivkindern und 39 Familien mit Pflegekindern teil. Bei weiteren 37 Familien wurden die Kinder nicht in der aktuellen gleichgeschlechtlichen und auch nicht in einer früheren heterosexuellen Beziehung geboren. Diese Kinder entstammen früheren homosexuellen Beziehungen, wurden außerhalb einer festen Partnerschaft geboren oder es fehlen schlicht (gültige) Angaben der Eltern zur Herkunft ihrer Kinder. Unterscheidet man zwischen Familien und Kindern, so ergibt sich folgendes Bild:

Tabelle 1: Entstehungsgeschichte der Kinder in Regenbogenfamilien

Kinder sind ...	Familien		Kinder	
	Absolut	In %	Absolut	In %
aus früherer heterosexueller Beziehung bzw. Ehe	347	46	391	46
in aktueller Beziehung geboren	329	43	357	42
Adoptivkinder (Fremdkindadoption)	15	2	17	2
Pflegekinder	39	5	49	6
vor der aktuellen Beziehung in anderen Konstellationen geboren	37	5	38	5
Gesamt	**767**	**100**	**852**	**100**

Quelle: ifb-Studie »Kinder in gleichgeschlechtlichen Lebensgemeinschaften« 2008

Deutliche Abweichungen von diesem Bild zeigen die wenigen (57) Vaterfamilien, in denen insgesamt 63 Kinder aufwachsen: Diese sind häufiger leibliche Kinder eines Partners (67 Prozent), worunter sich auch fünf Inseminationskinder befinden. Aber auch Adoptivkinder stellen mit 5 Prozent und Pflegekinder mit 25 Prozent deutlich höhere Anteile als bei den Mutterfamilien. Gut die Hälfte der Kinder wurde im Rahmen ei-

---

33 Vgl. B. Eggen: »Homosexuelle Paare mit Kindern« und ders.: Gleichgeschlechtliche Lebensgemeinschaften mit und ohne Kinder.

ner früheren heterosexuellen Beziehung geboren – auch diese Konstellation ist somit bei Vätern häufiger anzutreffen, während der Anteil von Kindern, die in der aktuellen Beziehung geboren wurden, mit 14 Prozent erwartungsgemäß sehr gering ausfällt.

Die verschiedenen Entstehungsgeschichten zeigen deutliche Auswirkungen auf sehr viele Aspekte der Ausgestaltung der Elternschaft – so z.B. bei der sehr bedeutsamen Frage zur Rechtsposition der beiden Partner(innen), mit denen das Kind zusammenlebt. Da hierbei immer wieder nach leiblicher und sozialer Elternschaft zu differenzieren ist, konzentrieren sich die nachfolgenden Ausführungen zur Ausgestaltung des Familienlebens auf die beiden Hauptgruppen: Familien mit Kindern aus früheren heterosexuellen Partnerschaften (Stieffamilien) und Familien mit Kindern, die in die aktuelle Beziehung hineingeboren wurden. Um eine Verminderung der Komplexität zu erreichen, wird daher auf eine differenzierte Darstellung der seltenen Familienformen verzichtet. Damit reduziert sich die Fallzahl für die nachfolgend dargestellten Analysen auf 676 Familien mit 748 Kindern. Darunter sind 391 Kinder aus früheren heterosexuellen Beziehungen (53 Prozent) und 357 Kinder dieses Paares (47 Prozent). Von den Familien mit Kindern aus einer früheren Beziehung leben die Partner(innen) zu 79 Prozent in einer Eingetragenen Lebenspartnerschaft. Bei den Paaren mit Kindern aus der aktuellen Beziehung liegt der Anteil der »Verpartnerten« noch höher und beträgt 88 Prozent. Bezieht man diese Fragestellung auf die Kinder, so wachsen 78 Prozent der Kinder aus früheren Beziehungen und 88 Prozent derjenigen, die in der derzeitigen Lebensgemeinschaft geboren wurden, bei »verpartnerten« Eltern auf.

Regenbogenfamilien mit Kindern aus der aktuellen Partnerschaft

Kinder, die in diese Beziehung hineingeboren wurden, wachsen nahezu ausschließlich in Mutterfamilien, d.h. zusammen mit ihrer leiblichen Mutter und deren Partnerin auf; nur neun Kinder leben in Vaterfamilien (2,5 Prozent). Die meisten dieser Kinder sind nach Angaben der Eltern durch eine Insemination entstanden (291), bei einigen fehlen konkrete Informationen zur Zeugung. Unterschiedliche Wege zum Kind lassen sich sowohl hinsichtlich der »technischen« Umsetzung wie auch in Bezug auf die damit verbundenen sozialen Aspekte ausmachen: So wird die Befruchtung teils künstlich, mittels medizinischer Hilfe, und teils selbst, quasi in »Eigenregie« vorgenommen. Auch die Wege zur Samenspende sind unterschiedlich: Manche versuchen, einen geeigneten Spender im Bekanntenkreis zu finden, andere bevorzugen die Neutralität einer Samenbank. In Einzelfällen suchen sich Frauen auch gezielt Sexualpartner für die Erfüllung ihres Kinderwunsches.

Die Vorgehensweise ist nicht unabhängig von Überlegungen zu den gewünschten sozialen Beziehungen zwischen dem Kind und seinem anderen leiblichen Elternteil – d.h. in der Regel dem Vater. Es stellt sich die Frage, ob dieser verfügbar oder zumindest greifbar sein soll oder ob er gar keine Rolle im Leben der Regenbogenfamilie spielen und daher am besten unbekannt bleiben soll. Dabei sind sehr widersprüchliche Bedürfnisse zu berücksichtigen. Einerseits wird in Bezug auf das Kind oftmals angenommen, dass die Möglichkeit, den anderen Elternteil kennenzulernen, wichtig sei für seine Entwicklung. Andererseits haben die Mütter – und insbesondere auch die nichtleiblichen Mütter – auch Befürchtungen im Hinblick auf einen »dritten Elternteil«. Ein gravierendes Argument gegen die Benennung des Vaters im Geburtenbuch ist die Rechtslage, der zu Folge der andere leibliche Elternteil gegebenenfalls in eine Stiefkindadoption einwilligen müsste. Angesichts der Tatsache, dass die Eltern von Kindern, die in dieser Beziehung geboren wurden, fast alle eine Stiefkindadoption durch den sozialen Elternteil wünschen, damit dieser auch formal die Elternverantwortung übernehmen kann, stehen die Betroffenen vor einer schwierigen Entscheidung. Die Haltung der Mütter zur Benennung der Väter ist somit beeinflusst von dem Wunsch, dass beide Partnerinnen die Erziehungsverantwortung gemeinsam tragen möchten. Da dies in formalrechtlicher Hinsicht nur durch eine Stiefkindadoption realisiert werden kann, tritt die Partnerin der leiblichen Mutter quasi automatisch in Konkurrenz zum Vater. Diese Problematik versucht ein Teil der Mütterpaare dadurch zu umgehen, dass der Vater – selbst wenn er bekannt und auch im sozialen Netz verfügbar ist – nicht im Geburtenbuch registriert wird. Hierdurch werden die Hürden für eine eventuelle Durchsetzung der Vaterrechte deutlich erhöht.

Soweit die Befragten nähere Angaben zur Insemination machten, wurde diese zum weit überwiegenden Teil (82 Prozent) in Deutschland durchgeführt. Dass es sich nicht nur um Befruchtungen unter Zuhilfenahme einer Samenbank bzw. offizieller Reproduktionsmedizin handelt, erklärt, weshalb häufig der Samenspender nicht bekannt ist, obwohl anonyme Spenden in Deutschland nicht zulässig sind. Insgesamt geben 51 Prozent der Mütter an, der Vater sei bekannt, 49 Prozent haben einen fremden Spender gewählt. Aber auch wenn der Vater bekannt ist, heißt das nicht, dass die Vaterschaft auch amtlich registriert wird. Vielmehr sind – aus den oben angeführten Erwägungen heraus – nur knapp 18 Prozent der Väter auch in das Geburtenbuch eingetragen. Die meisten Mütter neigen also dazu, die Vaterschaft nicht amtlich werden zu lassen.

Zu bemerken ist, dass die Väter, die mit ihren leiblichen Kindern zusammenleben, auch im Geburtenbuch registriert sind.

Das Interesse von Frauenpaaren mit gemeinsam geplanten Kindern an einer gemeinsam getragenen Elternverantwortung ist wie erwähnt hoch, dies dokumentiert sich in dem – zumeist von beiden Partner-(inne)n geäußerten – Wunsch nach einer Stiefkindadoption. Bislang ist diese in 42 Prozent der Familien mit eigenem Kind bereits vollzogen worden. Obgleich Expertenauskünften zufolge in der Regel eine gewisse Wartezeit vorausgesetzt wird, ehe die Stiefkindadoption ausgesprochen wird, wurden diese Kinder zumeist (76 Prozent) in den ersten drei Lebensjahren angenommen. Daher ist auch die Zahl der Kinder, die am Entscheidungsprozess beteiligt wurden, sehr gering; 82 Prozent wurden dafür als zu klein eingeschätzt. Die Erfahrungen mit den zuständigen Behörden haben bei einigen der betroffenen Familien den Eindruck hinterlassen, die Amtspersonen hätten aufgrund der Familienform besondere Sorgfalt walten lassen (35 Prozent), die Mehrheit fühlte sich jedoch nicht einer Sonderbehandlung unterzogen. Meist fanden auch nur ein oder zwei Beratungsgespräche und/oder ebenso viele Hausbesuche in diesem Zusammenhang statt. Auch berichten nur Einzelne (5 Prozent), die Erziehungsfähigkeit des annehmenden Elternteils sei in Frage gestellt worden. Somit verlief der Prozess bei den meisten Familien eher konfliktarm. Da die anderen leiblichen Eltern oftmals (formal) nicht bekannt sind, war bei mehr als zwei Dritteln der Fälle (71 Prozent) auch keine Einwilligung erforderlich. Immerhin in rund 28 Prozent der Familien, die das Verfahren bereits hinter sich haben, hat der andere leibliche Elternteil der Adoption problemlos zugestimmt. So gab es nur in einzelnen Familien Konflikte mit diesem um die Einwilligung. Sehr selten wird berichtet, der andere leibliche Elternteil sei erleichtert gewesen, von seinen Verpflichtungen entbunden zu werden.

Von den Eltern, welche diesen Schritt noch nicht getan haben, streben fast alle (90 Prozent) eine Stiefkindadoption an. Nur 7 Prozent lehnen diese ab und 2 Prozent sind zum Befragungszeitpunkt noch unentschlossen. Dabei sprechen sich die leiblichen Eltern etwas weniger häufig (85 Prozent) für eine Stiefkindadoption aus als die sozialen (97 Prozent). Das Interesse der sozialen Eltern am Erhalt der Elternrechte ist demnach stark ausgeprägt und wird von fast allen Müttern und Vätern mit Kindern aus der aktuellen Beziehung geteilt. Insgesamt stimmen die Partner(innen) mit ihren Vorstellungen weitgehend überein, was sie von Familien mit Kindern aus früheren Beziehungen deutlich unterscheidet:[34] Mehr als 90 Prozent der Befragten berichten von übereinstimmenden Haltungen zur Frage der Stiefkindadoption. Diese Selbstwahrnehmung wird durch die Tatsache gestützt, dass das Antwortverhalten von leiblichen und sozialen Eltern bezüglich der Vorstellungen zur Stiefkindadoption wie gezeigt nur geringfügig differiert. Angesichts des geringen Alters der Kinder kann deren Meinung in der Regel noch nicht berücksichtigt werden; die Eltern schätzen sie als zu jung ein, um Position beziehen zu können.

Vor diesem Hintergrund kann davon ausgegangen werden, dass in der überwiegenden Mehrzahl dieser Familienkonstellation der Wunsch nach gleichberechtigter Elternverantwortung auch realisiert wird. Dafür spricht, dass in rund zwei Dritteln der adoptionswilligen Familien bereits konkrete Schritte zur Umsetzung des Vorhabens unternommen wurden. 57 Prozent haben bereits einen Antrag bei Gericht eingereicht und 51 Prozent die erforderlichen Beurkundungen vornehmen lassen. Als konkrete Motive für die Stiefkindadoption nennen 83 Prozent die rechtliche Absicherung ihrer Elternposition. Aber auch die Anerkennung als Familie (67 Prozent) und der gemeinsame Kinderwunsch (58 Prozent) bilden wichtige Gründe. Demgegenüber werden materielle Vorteile eher selten genannt.

Insgesamt betrachtet ist bei mehr als neun von zehn Kindern, die in der aktuellen Beziehung geboren wurden, entweder eine Stiefkindadoption schon durchgeführt worden oder aber erklärtes Ziel der Eltern. Zwei Familien sind mit einem derartigen Ansinnen allerdings bereits einmal gescheitert.

Die Beziehungen zum anderen leiblichen Elternteil gestalten sich in diesen Familienkonstellationen sehr unterschiedlich. Wie bereits erwähnt ist der Vater bei rund der Hälfte der Familien nicht bekannt und somit auch nicht greifbar. Dies wird von Expert(inn)en, aber auch von einzelnen Eltern einerseits als problematisch erachtet, da das Kind keine Möglichkeit hat, seinen Vater kennenzulernen. Andererseits ist die Familie so vor Einmischung und Begehrlichkeiten geschützt und vor allem die Position der sozialen Mutter wird gestärkt. Dies scheint umso wichtiger, wenn eine weitere gemeinsam getragene Elternschaft geplant wird. Allerdings gibt es auch in Familien mit einem gemeinsamen Kind viele Varianten der externen Vaterschaft, so z.B. die typischen »Trennungsväter«, die sich wenig einmischen, aber mehr oder weniger regelmäßigen Kontakt zu ihren Kindern pflegen, oder aber engagierte Väter, die Verantwortung übernehmen und sich am Erziehungsalltag beteiligen. Be-

---

34 Vgl. Abschnitt »Regenbogenfamilien mit Kindern aus einer früheren Partnerschaft«.

zeichnend ist, dass alle Väter, die eine Unterhaltspflicht haben, dieser regelmäßig und in vollem Umfang nachkommen.

Kreative Lösungen bilden quere Familienkonstellationen, in denen sich lesbische und schwule Personen zusammentun, um sich ihren Wunsch nach einem Kind zu erfüllen. Aber auch in diesen Fällen können biologische und soziale Elternschaft und »amtliches« Elternrecht auseinanderfallen, wenn z.B. die Frauen den Verzicht auf eine Eintragung im Geburtenbuch zur Bedingung machen. So finden sich in der qualitativen Studie Paare, in denen die Väter zwar eine durchaus aktive Rolle im Leben ihrer Kinder spielen, aber nicht als solche registriert sind.

Da die Kinder dieser Familien mehrheitlich noch jung sind – 60 Prozent sind höchstens drei Jahre alt – ist verständlich, dass viele Kinder noch nicht über ihre Entstehungsgeschichte informiert wurden. Allerdings gehen die Familien offen mit der Thematik um und scheuen sich nicht, das Thema anzusprechen. Soweit die Kinder »Bescheid wissen« wird nicht von problematischen Reaktionen berichtet.

Regenbogenfamilien mit Kindern aus einer früheren Partnerschaft

In einem Großteil der Regenbogenfamilien leben Kinder, die in einer früheren Ehe oder nichtehelichen Lebensgemeinschaft (mit einem heterosexuellen Partner) geboren wurden. Die Lebensumstände sind in manchen Aspekten mit denen anderer Trennungs- oder Stieffamilien vergleichbar. Doch wachsen auch diese Kinder fast immer bei ihren leiblichen Müttern und deren Partnerinnen auf (8 Prozent). Anders als die eben beschriebenen Kinder aus der aktuellen Beziehung blicken diese auf eine dynamische Familienentwicklung zurück. Je nach Alter der Kinder haben diese bestimmte Ereignisse, wie das Coming-out des leiblichen Elternteils, die Trennung der leiblichen Eltern, das Eingehen der neuen Beziehung und die Haushaltsgründung bewusst miterlebt und mussten sich auf die jeweiligen Veränderungen einstellen. Die bedeutendste ist jedoch die Trennung vom anderen leiblichen Elternteil. Diese haben fast zwei Drittel der Kinder (63 Prozent) nach Einschätzung ihrer Eltern bewusst miterlebt. Das Ereignis fand bei 41 Prozent zwischen dem dritten und dem sechsten Lebensjahr statt, bei weiteren 34 Prozent zwischen dem sechsten und dem zehnten Lebensjahr. Somit waren 8 Prozent erst maximal drei Jahre alt und 17 Prozent älter als zehn. Wie andere Kinder auch, haben die Kinder in unserer Studie die Trennung ihrer Eltern zumeist nicht begrüßt und wünschten sich, dass die damalige Familiensituation erhalten bleibe. Bei einem Teil gehen die Eltern allerdings davon aus, dass das Kind die Trennung (auch) als Erleichterung erlebte. Für die Mehrheit der Kinder stellte die Trennung jedoch ein eher (39 Prozent) oder sehr (30 Prozent) belastendes Ereignis dar, das aber mittlerweile in nahezu allen Fällen gut verarbeitet wurde.

In diesem Zusammenhang stellt sich die Frage nach der Beziehung zum extern lebenden Elternteil, wobei es sich in den meisten Fällen um die Väter handelt. Auch bezüglich der Präsenz und des Einflusses der getrennt lebenden Elternteile gibt es in den Stieffamilien eine große Bandbreite. Jedoch ist der Fokus typischerweise ein anderer als in den Familien mit Kindern aus der aktuellen Beziehung. Dies steht vor dem Hintergrund, dass der andere leibliche Elternteil stets bekannt ist und in mehr als der Hälfte der Familien ein geteiltes Sorgerecht besteht, so dass der externe Elternteil über ein Mitspracherecht im Erziehungsalltag verfügt. Nachdem der Großteil der Kinder zumindest eine Zeitlang mit diesem zusammengelebt hat, ist es vielen befragten Eltern wichtig, dass die Bindung zum anderen Elternteil erhalten bleibt und der Kontakt gepflegt wird. So haben drei Viertel dieser Kinder aktuell Kontakt zu ihrem extern lebenden Elternteil und etwas mehr als die Hälfte ist auch in dessen Lebensalltag gut integriert. Die Pflege dieser Beziehung schließt jedoch eine Stiefkindadoption durch den neuen Partner/die neue Partnerin in der Regel aus. Entsprechend wurden nur acht Kinder, d.h. 2 Prozent dieser »Trennungskinder« bislang als Stiefkind vom Partner/von der Partnerin adoptiert, fünf davon stammen aus einer früheren Ehe, weitere drei aus einer früheren nichtehelichen Beziehung.

Die Bindung zum anderen leiblichen Elternteil schließt in vielen Regenbogen-Stieffamilien auch für die Zukunft eine Stiefkindadoption aus. So wird von den befragten leiblichen Elternteilen im Vergleich zu Familien mit gemeinsamem Kind eher selten (35 Prozent) der Wunsch geäußert, der Partner/die Partnerin solle das Kind adoptieren, 7 Prozent sind sich unsicher und 1 Prozent kennt diese Möglichkeit nicht. Der Großteil der leiblichen Elternteile (57 Prozent) lehnt eine Stiefkindadoption eindeutig ab. Anders ist die Perspektive der sozialen Eltern: Bei ihnen besteht recht oft der Wunsch nach einer Stiefkindadoption: 64 Prozent äußern sich positiv, während 3 Prozent unsicher sind und 2 Prozent die Einrichtung nicht kennen. Ablehnend äußern sich aus dieser Gruppe nur 32 Prozent. Demnach bestehen in einigen Paaren recht unterschiedliche Vorstellungen über die Regelung der formalen Elternverantwortung, wobei die sozialen Eltern ein höheres Interesse an der Festigung ihrer Be- und Erziehungsposition zu haben scheinen, als die leiblichen Eltern ihnen einräumen möchten. Dies steht vor dem Hintergrund, dass sie die Beziehung zwischen dem Kind und seinem zweiten leiblichen Elternteil berücksichtigen müssen bzw. wollen. Festzuhalten ist jedoch, dass in rund einem Drittel der Stieffamilien der Wunsch nach gleichberechtigter Elternverantwortung durch beide Partner(innen) besteht.

Unterschiedliche Vorstellungen werden auch bei der Fragestellung deutlich, inwieweit die Partner(innen) bei der Frage der Stiefkindadoption gleicher Meinung zu sein glauben. Sofern die Befragten selbst diesen Wunsch äußern, gehen sie ganz überwiegend auch davon aus, dass ihr(e) Partner(in) dieses Vorhaben mitträgt. Bei dem kleineren Anteil an leiblichen Eltern, die sich für eine Stiefkindadoption aussprechen, sind 82 Prozent davon überzeugt, dass der Partner/die Partnerin sich selbst auch wünsche, die formale Verantwortung für ihr Kind zu tragen, 12 Prozent haben sich noch nicht darüber ausgetauscht und nur ein kleiner Teil nimmt eine abweichende Haltung bei diesem/dieser wahr (6 Prozent). Diese Eltern dürften angesichts der hohen Bereitschaft der sozialen Eltern eher realistische Erwartungen hegen. Eine deutliche Diskrepanz scheint sich dagegen bei den sozialen Eltern aufzutun: Sie gehen zu 88 Prozent davon aus, mit ihren Partner(inne)n einer Meinung zu sein. Nur ein Zehntel sieht die Frage noch als unentschieden an und lediglich 1 Prozent berichtet, dass ihr/sein Wunsch nicht vom Partner/von der Partnerin mitgetragen würde. Angesichts des geringen Anteils von leiblichen Eltern, die eine Stiefkindadoption befürworten, steht zu erwarten, dass diese Hoffnungen oftmals nicht erfüllt werden. Wenngleich die Angaben von sozialen und leiblichen Eltern nicht direkt vergleichbar sind, da überwiegend Partner(innen) aus verschiedenen Paaren befragt wurden, sprechen diese Daten für unterschiedliche Haltungen der leiblichen und sozialen Eltern zu einer eventuellen Stiefkindadoption und dafür, dass der Wunsch der sozialen Elternteile nach einer Formalisierung ihrer Elternrolle in einigen Fällen unerfüllt bleiben dürfte.

Mit dem eventuell betroffenen Kind selbst ist das Thema meist nicht erörtert worden (44 Prozent). In 37 Prozent der in Frage kommenden Fälle sagen die Befragten, das Kind würde für eine Stiefkindadoption sein, zu 9 Prozent glauben sie, es wäre dagegen. Auch hier unterscheiden sich die Angaben von sozialen und leiblichen Eltern etwas und zwar dahingehend, dass soziale Eltern eher davon ausgehen, dass das Kind eine Stiefkindadoption gut heißen würde.

Der Wunsch nach einer Stiefkindadoption wird vor allem mit zwei Argumenten begründet: Mehr als die Hälfte der leiblichen Eltern, die sich dafür aussprechen, wünschen, dass der Partner/die Partnerin das volle Sorgerecht ausüben kann. Fast ebenso viele sehen darin einen Weg, als Familie rechtlich anerkannt zu werden. Für die sozialen Eltern spielt die Anerkennung als Familie eine wesentlich größere Rolle und stellt mit 72 Prozent das Hauptargument dar. 41 Prozent möchten hierdurch (zudem) das volle Sorgerecht erhalten. Es ist diesen Eltern demnach wichtig, nicht nur die soziale Elternrolle auszufüllen, sondern auch mit den entsprechenden Rechten und Pflichten ausgestattet zu sein. Trotz dieser Äußerungen – und aufgrund der fehlenden Übereinstimmung – haben erst 17 Prozent konkrete Schritte zur Realsierung ihrer Wünsche unternommen, zumeist haben sich diese über das Prozedere informiert, einzelne haben die erforderlichen Beurkundungen vornehmen lassen. Nur in vier Fällen liegt dem Gericht der Antrag bereits zur Bearbeitung vor.

Sechs Familien mit Kindern aus früheren Beziehungen haben einen gescheiterten Versuch der Stiefkindadoption hinter sich. Die Abweisung des Ersuchens wurde entweder mit einem bestehenden Sorgerecht des zweiten leiblichen Elternteils oder dessen Widerstand begründet.

Es wurde bereits oben ausgeführt, dass ein eher großer Teil der leiblichen Eltern und ein kleiner Teil der sozialen Eltern sich gegen eine Stiefkindadoption aussprechen. Von diesen sehen rund zwei Drittel der Personen schlicht keinen Grund, etwas an der derzeitigen Situation zu ändern. Weiterhin wird argumentiert, dass die Beziehungen zum anderen Elternteil und dessen Familie aufrecht erhalten werden sollen. Dabei spielen auch Unterhaltsansprüche und das Erbrecht des Kindes eine gewisse Rolle. Einigen erscheint der Aufwand zu hoch und manche sehen keine Chance auf Erfolg, da der andere Elternteil nicht zustimmen würde. Somit ist in diesen Familien ein komplexes Beziehungsgefüge mit unterschiedlichen Elternrollen auszutarieren, wobei die sozialen Eltern offenbar gerne eine wichtigere Rolle spielen und mehr Verantwortung tragen würden, als dies derzeit der Fall ist. Aber auch für die Zukunft sehen die leiblichen Eltern in einigen Fällen keine Möglichkeit, diesen Wünschen zu entsprechen.

Alltagsgestaltung in Regenbogenfamilien

Wie die bisherigen Ausführungen gezeigt haben, sind zwei Charakteristika für die Familien von gleichgeschlechtlichen Paaren konstitutiv: (mindestens) ein Elternteil ist nicht der leibliche Elternteil der Kinder/des Kindes und die Familie ist maßgeblich geprägt durch die Entstehungsgeschichte bzw. Biografie der Kinder. Vor diesem Hintergrund stellt sich die Frage, wie die Ausgestaltung von Elternrollen und Elternverantwortung erfolgt, da anders als bei traditionellen heterosexuellen Familien ein Rückgriff auf Geschlechtsstereotype nicht ohne weiteres erfolgen kann.[35] Eine zentrale Frage, die sich allerdings auch bei heterosexuellen Familien mit einem sozialen Elternteil stellt, ist die, in welchem Umfang dieser Elternteil alltägliche Aufgaben und Elternverantwortung übernimmt, und wie die Kinder auf dessen Engagement reagieren. Dabei ist von großer Bedeutung, dass es sich bei Regenbogenfamilien ganz überwiegend um Mutterfamilien handelt.

Wie bereits ausgeführt wurde, dominieren in Regenbogenfamilien zwei Familienkonstellationen, die sich hinsichtlich der gewünschten bzw. tatsächlichen (rechtlichen) Position der sozialen Eltern unterscheiden und zudem hinsichtlich des Alters der Kinder deutliche Differenzen aufweisen. Die Einbindung der sozialen Eltern hängt unter anderem von der Beziehung zwischen dem Kind und dem externem leiblichen Elternteil ab, was in besonderer Weise für Familien gilt, deren Kind aus einer vorherigen (meist heterosexuellen) Partnerschaft stammt, also Stieffamilien. Allerdings ist ein Vergleich mit anderen Stieffamilien dadurch eingeschränkt, dass hier die Mutterfamilien dominieren, während bei heterosexuellen Paaren die Stiefvaterfamilien die große Mehrheit bilden. Bei den Stieffamilien ist der externe Elternteil oftmals durchaus in die Erziehung involviert, was Einfluss auf die Rolle des neuen Partners nimmt. In der zweiten großen Familienkonstellation leben Kinder, die in der aktuellen Partnerschaft geboren wurden und oftmals ein gemeinsam gewünschtes Kind der beiden homosexuellen Partner(innen) sind. Da für diese Familien bislang kein adäquater Begriff vorhanden ist, werden sie im Folgenden als »Familien mit gemeinsamem Kind« bezeichnet. Im Hinblick auf die Terminologie ist weiterhin anzumerken, dass der Begriff der »sozialen Elternschaft« insbesondere für diese Familienkonstellation als unpassend erachtet wird, da die Partner(innen) der leiblichen Mutter sich nicht »nur« als »soziale Eltern« verstehen. Bisherige Befunde zeigen, dass in den Familien selbst meist keine Unterscheidung zwischen leiblicher und sozialer Elternschaft vorgenommen wird.[36]

Die folgenden Darstellungen beschäftigen sich daher differenziert mit der Rolle des sozialen Elternteils unter besonderer Berücksichtigung der Familiensituation. Dabei wird zunächst die Beziehung zwischen dem Kind und seinem sozialen Elternteil charakterisiert. Nach einer sehr allgemeinen Einschätzung der Erziehungsbeteiligung des sozialen Elternteils wird näher beleuchtet, wie sich dieser konkret durch die Übernah-

---

35 Vgl. Renate Reimann: »Does Biology Matter? Lesbian Couples' Transition to Parenthood and their Division of Labor«, in: Qualitative Sociology 20, 2 (1997), S. 153-185 und Suzanne Slater: The Lesbian Family Life Cycle, New York: Free Press 1995.
36 Vgl. R. Reimann: »Does Biology Matter?« und N. Gartrell u.a.: »The National Lesbian Family Study II«.

me von Erziehungsverantwortung und kindbezogenen Tätigkeiten im Alltag des Kindes einbringt. Im Anschluss daran werden die Reaktionen des Kindes auf die Erziehungsbeteiligung des nichtleiblichen Elternteils aufgezeigt.

Im Rahmen der entsprechenden Analysen soll auch geprüft werden, ob neben der Familienkonstellation weitere Aspekte, wie z.B. soziodemografische Faktoren oder Merkmale des Kindes, die Art und den Umfang der Erziehungsbeteiligung beeinflussen.

Die Beziehung zwischen dem Kind und dem sozialen Elternteil

In Familien, in denen sich beide Partner(innen) gemeinsam ihren Kinderwunsch erfüllt haben, kann davon ausgegangen werden, dass sich auch beide als Eltern des Kindes verstehen.[37] Daher wurden nur die Eltern in Stieffamilien gebeten, die Beziehung zwischen dem Kind und seinem sozialen Elternteil zu beschreiben. Diese wird grundsätzlich als äußerst positiv charakterisiert:

Insgesamt bezeichnen 49 Prozent der Befragten das Verhältnis als »Eltern-Kind-Beziehung«. Ähnlich viele (46 Prozent) nennen es freundschaftlich, während 4 Prozent eine distanzierte und nur 0,5 Prozent kaum eine Beziehung zwischen den beiden wahrnehmen. Untersucht man, welche Faktoren die Beziehung zwischen dem sozialen Elternteil und dem Kind beeinflussten, so zeigen sich drei wesentliche Effekte (siehe Anhang A):

• Das Alter des Kindes stellt den stärksten Einflussfaktor dar. Die nachstehende Tabelle zeigt, dass die Beziehung umso eher als distanziert beschrieben wird, je älter das Kind zum Befragungszeitpunkt ist. Während Kinder bis zu neun Jahren in 67 Prozent der Fälle ein Eltern-Kind-Verhältnis zu ihrem sozialen Elternteil haben, trifft dies nur noch auf 33 Prozent der Kinder zwischen 14 und 17 Jahren zu. Stattdessen ist in der höheren Altersstufe meist eine eher freundschaftliche Beziehung zu finden (59 Prozent), wogegen nur 32 Prozent der jüngeren Kinder eine derartige Beziehung aufweisen. Ein distanziertes Verhältnis nehmen lediglich 1,2 Prozent der Eltern mit Kindern bis zu neun Jahren wahr. Bei der Gruppe der 14- bis 17-jährigen Kinder geben 6,9 Prozent der Eltern an, die Beziehung sei distanziert.

---

37 Vgl. ebd.

Tabelle 2: Beziehung zwischen dem Kind und seinem
sozialen Elternteil[38]

Alter des Kindes aktuell	In %				N =
	kaum eine Beziehung	distanziert	freundschaftlich	Eltern-Kind-Beziehung	
Bis 9 Jahre	0	1,2	32,1	66,7	84
10 bis 13 Jahre	0	3,6	38,8	57,6	139
14 bis 17 Jahre	1,2	6,9	59,4	32,5	160
Gesamt	0,5	4,4	46,0	49,1	383

Quelle: ifb-Studie »Kinder in gleichgeschlechtlichen
Lebensgemeinschaften« 2008

• Das Geschlecht der Eltern erweist sich als zweitstärkste Einflussgröße auf die Art der Beziehung. Handelt es sich um ein Männerpaar, so ist das Verhältnis etwas häufiger freundschaftlich oder distanziert. Dies könnte auch daran liegen, dass die betreffenden Kinder schon älter sind und ein Interaktionseffekt mit dem Alter der Kinder aufgrund der geringen Datenbasis nicht ausgeschlossen werden konnte.[39]

• Als dritter relevanter Faktor kristallisiert sich das Alter zum Zeitpunkt der Trennung vom anderen leiblichen Elternteil heraus. Je älter das Kind bei diesem Ereignis war, umso seltener entwickelt sich noch eine Eltern-Kind-Beziehung zum sozialen Elternteil. Waren die Kinder noch jünger als fünf Jahre, so beschreiben 4 Prozent der Befragten die Beziehung als distanziert, 39 Prozent als freundschaftlich und immerhin 57 Prozent als Eltern-Kind-Beziehung. Kinder dagegen, die zum Zeitpunkt der Trennung zwischen zehn und 17 Jahre alt waren, haben zu ihrem sozialen Elternteil zu 8 Prozent ein distanziertes, zu 76 Prozent ein eher freundschaftliches Verhältnis und lediglich zu 16 Prozent eine Eltern-Kind-Beziehung.

• Einen weniger ausgeprägten Effekt zeigt die Relation des Umfangs der Erwerbstätigkeit der Partner(innen). In Familien, in denen die wöchentliche Arbeitszeit des sozialen Elternteils die des leiblichen um mehr als 20 Stunden übersteigt, besteht seltener eine Eltern-Kind-Beziehung als in Familien, in denen beide Partner(innen) im

---

38 Hier wurden nur die Stieffamilien berücksichtigt. Bei den Prozentangaben handelt es sich um Zeilenprozent.

39 Kinder, die in einer homosexuellen Stiefvaterfamilie leben, sind in der Tat tendenziell älter. Lediglich 6 von 32 sind unter zehn Jahre, die Hälfte ist zwischen 14 und 17 Jahre alt.

gleichen Umfang erwerbstätig sind. Als Erklärung könnte zum einen herangezogen werden, dass umfangreich berufstätige Elternteile deutlich weniger Zeit haben, um für das Kind da zu sein. Zum anderen könnte eine distanzierte oder »nur« freundschaftliche Beziehung zum Kind mitbegründen, weshalb der soziale Elternteil sich stärker auf die Erwerbstätigkeit konzentriert.

Zusammenfassend kann gesagt werden, dass sich vornehmlich in Stieffamilien mit jüngeren Kindern, die auch zum Zeitpunkt der Trennung vom anderen leiblichen Elternteil noch sehr jung waren, eine Eltern-Kind-Beziehung zwischen dem Kind und seinem sozialen Elternteil entwickelt.

Einschätzung der Erziehungsbeteiligung

Eng damit zusammenhängend, wie die Beziehung zwischen dem Kind und seinem nichtleiblichen Elternteil empfunden wird, scheint der Umfang zu sein, in dem sich der soziale Elternteil an der Erziehung des Kindes beteiligt – in welchem Maße er also Erziehungsverantwortung übernimmt. Bei den nachfolgenden Betrachtungen werden nun alle Familien einbezogen, also auch die mit gemeinsamen Kindern.

Von allen Regenbogenfamilien gibt ein sehr hoher Anteil von 84 Prozent an, der soziale Elternteil beteilige sich in gleichem Maße wie der leibliche an der Erziehung des Kindes. Damit unterscheidet sich diese Familienform deutlich von heterosexuellen Paaren, bei welchen die Väter wesentlich weniger Verantwortung übernehmen als ihre Partnerinnen.[40] Bisher konnte in keiner wissenschaftlichen Studie ein Bereich der Kinderbetreuung identifiziert werden, in welchem heterosexuelle Väter die Primärverantwortung übernehmen.[41]

---

40 Vgl. Leigh A. Leslie/Elaine A. Anderson/Meredith P. Branson: »Responsibility for children. The role of gender and employment«, in: Journal of Family Issues 12 (1991), S. 197-210; Brent A. McBride/Gail Mills: »A comparison of mother and father involvement with their preschool age children«, in: Early Childhood Research Quarterly 8 (1993), S. 457-477; Richard R. Peterson/Kathleen Gerson: »Determinants of responsibility for child care arrangements among dual-earner couples«, in: Journal of Marriage and the Family 54 (1992), S. 527-536 und Wolfgang Walter/Jan Künzler: »Parentales Engagement. Mütter und Väter im Vergleich«, in: Norbert F. Schneider/Heike Matthias-Bleck (Hg.): Elternschaft heute. Gesellschaftliche Rahmenbedingungen und individuelle Gestaltungsaufgaben, Opladen: Leske+Budrich 2002, S. 96-119.

41 Vgl. Joseph H. Pleck: »Paternal Involvement. Levels, Sources, and Consequences«, in: Michael E. Lamb (Hg.): The Role of the Father in Child Development, New York u.a.: Wiley 1997.

Lediglich 13 Prozent der befragten Eltern geben an, der soziale Elternteil bringe sich nur in bestimmten Bereichen ein und noch weniger (2,1 Prozent), er engagiere sich kaum oder gar nicht. Geringes Engagement kommt nur in Stieffamilien, nicht dagegen in Familien mit gemeinsamem Kind vor. Die Gründe, warum sich die wenigen sozialen Eltern (N = 16) nicht beteiligen, unterscheiden sich nicht in den Aussagen der beiden Elternpositionen[42]. In drei Familien möchte dies der leibliche Elternteil nicht, in ebenso vielen lehnt das Kind eine Beteiligung des nichtleiblichen Elternteils ab, während in nur einem Fall der soziale Elternteil selbst auf das Mitwirken an der Erziehung verzichtet. Drei leibliche Elternteile geben an, ihr Partner/ihre Partnerin sei unsicher im Umgang mit dem Kind, zwei weitere berichten, er/sie mache sich nicht viel aus Kindern. In einem Fall glaubt der sozial Elternteile, das Kind noch zu wenig zu kennen, um sich an dessen Erziehung zu beteiligen. Die acht sonstigen Nennungen sind sehr heterogen und reichen von dem Umstand, dass das Kind schon fast volljährig ist, über die als mangelhaft empfundene Erziehungsfähigkeit des sozialen Elternteils bis hin zu Pubertätsproblemen oder der Einschränkung der zeitlichen Möglichkeiten.

Bei der Untersuchung der Frage, welche Kriterien dafür entscheidend sind, ob sich der soziale Elternteil in gleichem Maße einbringt wie der leibliche, ergaben sich drei wesentliche Einflussfaktoren (siehe Anhang B):

- Das Alter des Kindes und die Familienkonstellation, in der es lebt, haben den größten Einfluss. Dabei ist zu berücksichtigen, dass beide Merkmale in hohem Maße zusammenhängen, da in Familien mit gemeinsamem Kind vorwiegend jüngere Kinder aufwachsen, während in Stieffamilien ganz überwiegend Kinder über zehn Jahre leben. Daher werden diese Aspekte zu einer Variablen zusammengefasst und der Erziehungsbeteiligung gegenübergestellt. Dabei zeigt sich, dass in Familien mit einem gemeinsamen Kind, das zum Zeitpunkt der Befragung nicht älter als neun Jahre alt ist, sich fast alle sozialen Eltern (97 Prozent) im gleichen Maße an der Erziehung beteiligen wie die leiblichen. Den deutlichsten Gegensatz dazu bilden Stiefeltern, deren Kind zum aktuellen Zeitpunkt bereits zehn Jahre oder älter ist. In dieser Gruppe übernehmen »lediglich« 71 Prozent der sozialen Eltern im gleichen Umfang wie ihr Partner Erziehungsaufgaben. Unter diesen Familien befindet sich auch der größte Prozentsatz derer, die sich nur in bestimmten Bereichen engagieren (25 Prozent) oder gar nicht an der Erziehung des Kindes partizipieren (5

---

42 Leibliche und soziale Elternteile.

Prozent). In Familien mit gemeinsamem Kind kommt dies – unabhängig vom aktuellen Alter des Kindes – überhaupt nicht vor.[43]

Tabelle 3: Erziehungsbeteiligung des sozialen Elternteils[44]

Alter des Kindes aktuell und Familienkonstellation	In %			N =
	In gleichem Maße wie der leibliche ET	Nur in bestimmten Bereichen	Kaum/ gar nicht	
Bis 9 Jahre Stieffamilien	85,9	12,9	1,2	**85**
Ab 10 Jahre Stieffamilien	70,5	24,6	4,9	**305**
Bis 9 Jahre Familien mit gemeinsamem Kind	97,3	2,7	0	**328**
Ab 10 Jahre Familien mit gemeinsamem Kind	81,5	18,5	0	**27**
Gesamt	**84,4**	**13,4**	**2,1**	**745**

Quelle: ifb-Studie »Kinder in gleichgeschlechtlichen Lebensgemeinschaften« 2008

• Darüber hinaus wirkt sich auch der Grad der Institutionalisierung der Partnerschaft auf die Erziehungsbeteiligung des sozialen Elternteils aus. Der Anteil derer, die sich an der Erziehung in gleichem Maße wie der leibliche Elternteil beteiligen, ist für die Gruppe der Eingetragenen Lebenspartnerschaften tendenziell höher als für Familien ohne Verpartnerung. Während 87 Prozent der sozialen Elternteile in einer Eingetragenen Lebenspartnerschaft ebenso an der Erziehung mitwirken wie ihr(e) Partner(in), tun dies lediglich 75 Prozent der nicht eingetragenen.

Nachdem 84 Prozent der Eltern bei der Erziehung ihres Kindes keine Unterschiede zwischen leiblicher und sozialer Elternschaft machen, gibt es wenige – absolut gesehen lediglich 100 – Familien (13 Prozent), in denen der soziale Elternteil nur an bestimmten Bereichen der Erziehung aktiv teilnimmt. Für diese Familien soll geklärt werden, bei welchen Entscheidungen der soziale Elternteil mitredet.

Zusammenfassend kann man sagen, dass sich auch diese sozialen Elternteile in Bereichen einbringen, die weitreichende Folgen für das Kind

---

43 Eine für beide Familienformen getrennt durchgeführte Analyse konnte keine weiteren nennenswerten Effekte aufzeigen. In einer separaten Analyse wurde geprüft, inwieweit sich z.B. das bewusste Miterleben der Trennung oder das Alter des Kindes bei Neugründung der Partnerschaft auf die Erziehungsbeteiligung des sozialen Elternteils in Stieffamilien auswirken.

44 Bei den Prozentangaben handelt es sich um Zeilenprozent.

haben oder grundsätzliche Belange der Erziehung betreffen. So geben 62 Prozent der betreffenden Eltern an, der soziale Elternteil entscheide bei Fragen der Erziehung mit, weitere 56 Prozent bestätigen diesem eine Teilhabe an alltäglichen schulischen Belangen.

Tabelle 4: Belange, in denen der soziale Elternteil mitentscheidet[45]

	in %
Fragen der Erziehung	62,0
Alltägliche schulische Belange	56,0
Höhe des Taschengelds	33,0
Umfang des Fernsehkonsums	39,0
Kontakt zu anderen Kindern	27,0
Freizeitgestaltung des Kindes	49,0
Schulwahl, Ausbildungsziel	43,0
Gesundheitsfragen (z.B. Impfungen)	41,0
Auslandsreisen	35,0
Werteerziehung/religiöse Erziehung	47,0
Zukunftspläne für das Kind	47,0
N =	100

Quelle: ifb-Studie »Kinder in gleichgeschlechtlichen Lebensgemeinschaften« 2008

Diese Einschätzung gibt einen ersten Überblick über den – relativ hohen – Umfang und die Bereiche der Erziehungsbeteiligung der sozialen Elternteile. Um darüber hinaus genauere Rückschlüsse auf das elterliche Engagement des sozialen, aber auch des leiblichen Elternteils ziehen zu können, wird im Folgenden auf die Aufteilung der kindbezogenen Tätigkeiten näher eingegangen.

Aufteilung der kindbezogenen Tätigkeiten

Ähnlich wie bei anderen Studien[46] konnte gezeigt werden, dass die Partner(innen) sich die einzelnen kindbezogenen Aufgaben überwiegend egalitär aufteilen. Allerdings findet sich über alle Aufgaben hinweg ein

---

45 Hier werden nur die Familien berücksichtigt, die dem sozialen Elternteil eine Teilhabe an bestimmten Bereichen konstatierten. Familien, die vorher angaben, der nichtleibliche Elternteil würde sich in gleichem Maße wie der leibliche engagieren, werden hier nicht mit einbezogen.

46 C. J. Patterson: »Families of the Lesbian Baby Boom Patterson«; C. J. Patterson: »Lesbian Mothers, Gay Fathers, and Their Children«; M. Sullivan: »Rozzie and Harriet?« und R. Chan u.a.: »Division of Labour Among Lesbian and Heterosexual Parents«.

etwas höheres Engagement der leiblichen Elternteile. Dies konnten auch Patterson, Reimann und Sullivan[47] nachweisen.

Am häufigsten gemeinsam oder abwechselnd übernehmen sie die allgemeinen Spiel-, Sport- und Freizeitaktivitäten (75 Prozent), das Vorlesen und das Führen von Gesprächen (69 Prozent). Etwas seltener werden zusammen oder abwechselnd die Beaufsichtigung der Kinder (62 Prozent), die Versorgung von Kleinkindern[48] (61 Prozent), die Fahrdienste (59 Prozent) oder die Hausaufgabenbetreuung[49] (54 Prozent) ausgeführt.

Tabelle 5: Aufteilung der kindbezogenen Tätigkeiten[50]

In %	Ausschl. leiblicher ET	Eher leiblicher ET	Abwech- selnd/ zusammen	Eher sozialer ET	Ausschl. sozialer ET	N =
Versorgung von Klein- kindern	6,1	24,0	61,2	5,6	3,1	**196**
Beaufsichti- gung	3,6	21,0	62,4	10,5	2,5	**362**
Gespräche, Vorlesen	3,7	14,4	69,1	10,4	2,5	**404**
Spiel, Sport, Freizeit	1,8	13,2	75,2	8,5	1,3	**387**
Begleitung, Fahrdienste	7,3	25,0	59,1	7,6	1,0	**396**
Hausauf- gaben- betreuung	11,2	16,2	53,8	15,6	3,1	**160**

Quelle: ifb-Studie »Kinder in gleichgeschlechtlichen Lebensgemeinschaften« 2008

Aufbauend auf die Ergebnisse der bereits vorgestellten Analysen und unter Berücksichtigung bisheriger Befunde über die Aufgabenteilung in heterosexuellen Partnerschaften[51] wurde geprüft, inwieweit die Aufteilung vom aktuellen Alter des Kindes abhängt. Entsprechend differenzierte Betrachtungen der Aufgabenteilung nach dem Kindesalter zeigen deutlich, dass insbesondere die Versorgung von Kleinkindern in den Zu-

---

47 C. Patterson: »Families of the Lesbian Baby Boom«; R. Reimann: »Does Biology Matter?«; M. Sullivan: »Rozzie and Harriet?«.

48 Hier wurden nur Familien mit einem Kind unter fünf Jahren berücksichtigt.

49 Hier wurden nur Familien mit einem Kind ab sechs Jahren berücksichtigt.

50 Die Prozentangaben stellen Zeilenprozent dar.

51 Vgl. Lynn P. Cooke: »Persistent Policy Effects on the Division of Domestic Tasks in Reunified Germany«, in: Journal of Marriage and the Family 69 (2007), S. 930-950.

ständigkeitsbereich des leiblichen Elternteils fällt. Dies gilt in ganz besonderem Maß für das erste Lebensjahr des Kindes, in dem jeder zweite leibliche Elternteil die Versorgung ausschließlich oder überwiegend übernimmt, während lediglich in 35 Prozent der Familien diese Tätigkeiten abwechselnd oder zusammen ausgeführt werden. Mit steigendem Alter der Kinder findet dann eine Verschiebung hin zur egalitären Übernahme dieser Aufgabe statt. Wenn das Kind zwischen einem und zwei Jahre alt ist, hat sich bereits in 69 Prozent der Familien eine egalitäre Aufgabenteilung in diesem Bereich etabliert, während nur noch in 24 Prozent der leibliche Elternteil den Vorrang hat. Demnach scheint der leibliche Elternteil vor allem im ersten Jahr nach der Geburt in die Rolle zu schlüpfen, die in heterosexuellen Paaren vornehmlich die Frau einnimmt, während der soziale Elternteil für die finanzielle Sicherung der Familie sorgt. Diese Rollenverteilung spiegelt sich auch in der Verteilung der Erwerbstätigkeit zwischen beiden Partnern in den ersten Jahren nach der Geburt des Kindes wider. In Familien mit Kindern unter drei Jahren liegt die wöchentliche Arbeitszeit des sozialen Elternteils zu 47 Prozent um mehr als 20 Stunden über der des leiblichen. Bei Kindern zwischen drei und fünf Jahren beträgt dieser Anteil nur noch 15 Prozent. Mit zunehmendem Alter der Kinder versuchen beide Elternteile die Bereiche Familien- und Erwerbsarbeit gleichmäßig aufzuteilen.[52]

Tabelle 6: Verteilung der Kleinkindversorgung[53]

In %	Alter des Kindes aktuell			
	Bis unter 1 Jahr	1 bis 2 Jahre	3 bis unter 5 Jahre	Gesamt
Ausschließlich der leibliche ET	9,3	5,6	2,9	6,1
Eher der leibliche ET	40,7	18,5	14,7	24,0
Abwechselnd/zusammen	35,2	68,5	79,4	61,2
Eher der soziale ET	11,1	4,6	0	56
Ausschließlich der soziale ET	3,7	2,8	2,9	3,1
N =	54	108	34	196

Quelle: ifb-Studie »Kinder in gleichgeschlechtlichen Lebensgemeinschaften« 2008

Auch bei der Beaufsichtigung der Kinder zeigen sich Alterseffekte dahingehend, dass jüngere Kinder deutlich häufiger ausschließlich oder

52 Vgl. N. Gartrell u.a.: »The National Lesbian Family Study V«.
53 Die Prozentangaben stellen Spaltenprozent dar. Grundgesamtheit bilden hier alle Familien mit Kindern unter fünf Jahren, die in den beiden betrachteten Familienformen leben.

überwiegend vom leiblichen Elternteil beaufsichtigt werden. Während die Aufsicht der Kinder unter einem Jahr nur zu 38 Prozent von beiden Elternteilen übernommen wird, teilen sich die beiden Partner(innen) diese Aufgabe für ihr ein- bis unter dreijähriges Kind in 56 Prozent der Fälle gleichmäßig auf. Kinder im Kindergartenalter werden zu 72 Prozent von beiden Elternteilen gemeinsam oder abwechselnd beaufsichtigt, Kinder im Grundschulalter zu 83 Prozent.

Tabelle 7: Verteilung der Beaufsichtigung des Kindes[54]

	Alter des Kindes aktuell					
In %	Bis unter 1 Jahr	1 bis 2 Jahre	3 bis 5 Jahre	6 bis 9 Jahre	10 bis 17 Jahre	Gesamt
Ausschließlich/ eher leiblicher ET	49,1	34,0	17,0	4,2	16,7	24,6
Abwechselnd/ zusammen	37,7	56,0	72,3	83,3	66,7	62,4
Ausschließlich/ eher sozialer ET	13,2	10,0	10,6	12,5	16,7	13,0
N =	53	100	47	48	114	362

Quelle: ifb-Studie »Kinder in gleichgeschlechtlichen Lebensgemeinschaften« 2008

Da die allgemeine Einschätzung zur Erziehungsbeteiligung auch mit dem Vorhanden- oder Nichtvorhandensein der Eintragung variierte, wurde auch die Beaufsichtigung der Kinder dahingehend untersucht. Dabei zeigt sich, dass in Familien mit Eintragung häufiger der soziale Elternteil alleine oder überwiegend für die Aufsicht zuständig ist als in Familien ohne Institutionalisierung (15 Prozent vs. 3,5 Prozent).

Die Beschreibung der Aufteilung variiert deutlich in Abhängigkeit davon, welcher Elternteil die Einschätzung abgibt. Dies konnten auch Kamo und Schulz/Grunow[55] zeigen. Wie für heterosexuelle Familien nachgewiesen, zeigen sich bei der Unterscheidung der Einschätzungen der Partner(innen) zwei Effekte.

• Zum einen schätzen die Befragten oftmals ihren eigenen Anteil an den Tätigkeiten höher ein als den ihrer Partner(innen). Dies gilt in der vorliegenden Stichprobe vor allem für die leiblichen Elternteile.

---

54 Grundgesamtheit sind alle Familien, die in einer der beiden betrachteten Familienformen leben. Die Prozentangaben stellen Spaltenprozent dar.
55 Yoshinori Kamo: »»He Said, She Said‹: Assessing Discrepancies in Husbands' and Wives' Reports on the Division of Household Labor«, in: Social Science Research 29 (2000), S. 459-476. Florian Schulz/Daniela Grunow: Comparing Time Diary Date and Stylized Time Use Estimates. CIQLE-Working Paper 5/2007, New Haven.

- Zum anderen schätzen beide Elternpositionen den eigenen Anteil höher ein als es der Partner/die Partnerin für sie tut. Umgekehrt beschreiben sie das Engagement des Partners/der Partnerin als deutlich weniger umfänglich als diese(r) selbst.

Kontrolliert man nach dem Alter der Kinder zum Zeitpunkt der Erhebung, so machen die leiblichen und die sozialen Eltern vor allem dann unterschiedliche Angaben zur Verteilung von kindbezogenen Tätigkeiten, wenn die Kinder zum aktuellen Zeitpunkt noch unter drei Jahre alt sind. Insbesondere die Aufteilung im Hinblick auf die Versorgung des Kleinkindes, dessen Beaufsichtigung oder Begleitung (Fahrdienste) schätzen die leiblichen und sozialen Elternteile sehr unterschiedlich ein. Die beiden Elternpositionen haben demnach vor allem bezüglich der Aufgaben, die in den ersten Jahren nach der Geburt vornehmlich vom leiblichen Elternteil übernommen werden, eine differente Wahrnehmung.

Reaktionen des Kindes auf die Erziehungsbeteiligung des sozialen Elternteils

Engagiert sich der soziale Elternteil ebenso wie der leibliche oder zumindest in bestimmten Bereichen, so stellt sich die Frage nach der Reaktion des Kindes. Grundsätzlich besteht eine hohe Akzeptanz der Erziehungsbeteiligung des sozialen Elternteils, welche durch vier Indikatoren abgebildet wurde. Diese variiert vor allem mit dem aktuellen Alter der Kinder, der Familienbiografie und der Frage, ob eine Eintragung vorliegt (siehe Anhang C).

- Die Kinder scheinen Grenzen, die vom sozialen Elternteil gesetzt werden, größtenteils anzuerkennen (88 Prozent). Während 96 Prozent der Eltern, die ein noch jüngeres, gemeinsames Kind mit ihrem Partner haben, angeben, das Kind akzeptiere die Grenzen des sozialen Elternteils ebenso wie die des leiblichen, konnten dies »nur« 80 Prozent der Eltern aus Stieffamilien mit Kindern über zehn Jahren bestätigen.
- Auf die Frage, ob das Kind die Entscheidungen des sozialen Elternteils nur dann akzeptiere, wenn es für sie oder ihn günstig sei, antworteten 11 Prozent mit »Ja«. Das selektive Akzeptieren von Entscheidungen kommt in Stieffamilien mit älteren Kindern häufiger vor (19 Prozent) als bei Familien mit gemeinsamen Kindern (5 bzw. 7 Prozent). Hier hat auch die Elternposition einen deutlichen Effekt. Handelt es sich bei dem Befragten um den sozialen Elternteil, so gibt dieser häufiger als sein(e) Partner(in) an, dass das Kind nur Ent-

scheidungen von ihm akzeptiere, wenn es vorteilhaft für sie oder ihn sei.

- Dass sich das Kind bei Entscheidungen explizit an den leiblichen Elternteil wendet, kommt in 13 Prozent der Familien vor, wobei dieses Verhalten bei jüngeren Stiefkindern am ehesten auftritt.
- In 5 Prozent der Familien kommt es immer wieder zu Auseinandersetzungen wegen der Erziehungsbeteiligung der sozialen Eltern. Dabei sind Konflikte bei Paaren mit gemeinsamen Kindern unter zehn Jahren noch seltener.
- Durch die Analysen konnte gezeigt werden, dass die Akzeptanz von Grenzen und Entscheidungen vor allem in Stieffamilien mit älteren Kindern problematisch ist.

Tabelle 8: Akzeptanz des sozialen Elternteils[56]

In %	Aktuelles Alter und Familiensituation des Kindes				N =
	Bis 9 Jahre Stieffamilien	Ab 10 Jahre Stieffamilien	Bis 9 Jahre Familien mit gemeinsamem Kind	Ab 10 Jahre Familien mit gemeinsamem Kind	
Kind akzeptiert Grenzen und Entscheidungen des sozialen ET ebenso wie die des leiblichen ET.[57]	88,2	79,7	96,4	88,9	748
Kind akzeptiert die Entscheidung des sozialen ET nur, wenn es günstig für sie/ihn ist.[58]	10,6	18,6	4,8	7,4	748
Kind wendet sich oft explizit an den leiblichen ET und möchte, dass er/sie die Entscheidung trifft.[59]	21,2	19,3	4,8	11,1	748
Es gibt immer wieder Auseinandersetzungen.[60]	7,1	6,2	2,1	11,1	748
N =	85	306	330	27	

Quelle: ifb-Studie »Kinder in gleichgeschlechtlichen Lebensgemeinschaften« 2008

56 Die Prozentangaben entsprechen dem Anteil an Kindern in der jeweiligen Altersgruppe.
57 Die Unterschiede zwischen den Subgruppen der Kinder sind hoch signifikant.
58 Die Unterschiede zwischen den Subgruppen sind hoch signifikant.
59 Die Unterschiede zwischen den Subgruppen der Kinder sind hoch signifikant.
60 Die Unterschiede zwischen den Subgruppen sind signifikant.

Zusammenfassung

Regenbogenfamilien zeichnen sich hinsichtlich der formalen Elternrollen durch eine gewisse Heterogenität aus: Neben den eher seltenen Adoptiv- und Pflegefamilien finden sich zwei große Gruppen: Familien, in denen Kinder aufwachsen, die in dieser Beziehung geboren wurden und solche, die Kinder aus früheren – ganz überwiegend heterosexuellen – Beziehungen großziehen. Ist das Aufwachsen mit zwei Müttern oder Vätern für die erstgenannte Gruppe eine Selbstverständlichkeit, so blicken die letztgenannten Kinder auf eine recht dynamische Biografie zurück, in der sie u.a. die Trennung ihrer Eltern erlebten und verarbeiten mussten. Weitere Unterschiede in den Familienkonstellationen ergeben sich in Abhängigkeit von der Rolle, die der externe leibliche Elternteil spielt bzw. eingeräumt bekommt. Ist das Kind – in der Regel vor dem Hintergrund eines gemeinsamen Kinderwunsches – in dieser Beziehung zur Welt gekommen, so wollen die beiden Eltern in der Regenbogenfamilie ganz überwiegend gemeinsam die Elternverantwortung tragen. Dies impliziert, dass der nichtleibliche Elternteil die Übernahme der Elternverantwortung durch eine Stiefkindadoption anstrebt und darin von dem Partner/der Partnerin auch unterstützt wird. In vielen Fällen ist dieser Wunsch schon umgesetzt worden, bei einigen Familien stehen gewisse Formalitäten noch aus. Die externen leiblichen Elternteile – in aller Regel die Väter oder Samenspender – werden in sehr unterschiedlicher Weise eingebunden. Das Spektrum reicht von »nicht vorhanden« bis zu regelmäßigen Kontakten. Anders sieht dies bei den Stieffamilien aus, in denen die externen leiblichen Elternteile zumeist »greifbar« sind, zum Teil am Sorgerecht partizipieren und überwiegend Kontakt zu ihren Kindern haben. Hier tritt diese Beziehung insoweit in Konkurrenz zu der Elternrolle des sozialen Elternteils, als die leiblichen Elternteile sie nicht kappen möchten. So stehen relativ vielen sozialen Eltern mit dem Wunsch nach einer formalen Absicherung ihrer Beziehung zum Kind deutlich weniger Partner(innen) gegenüber, die diese Vorhaben unterstützen oder für durchsetzbar erachten.

Die Unterschiede spiegeln sich – wenngleich nicht sehr deutlich – in der Erziehungsbeteiligung und der Aufgabenteilung der sozialen Eltern, die in Stieffamilien etwas geringer ist als in Familien mit gemeinsamem Kind. Allerdings ist darauf hinzuweisen, dass sich die sozialen Eltern in beiden Familienkonstellationen in hohem Maße einbringen. Dabei spielt für das Engagement des sozialen Elternteils in der Betreuung und Erziehung vor allem das Alter der Kinder eine Rolle bzw. das Alter, in dem die Kinder zu dem Zeitpunkt, als diese Partnerschaft gegründet wurde, waren. Je jünger die Kinder sind bzw. waren, umso eher wird die Beziehung als Eltern-Kind-Beziehung bezeichnet und umso eher übernehmen die Eltern in Regenbogenfamilien die familialen und die beruflichen Aufgaben in egalitärer Aufteilung. Das elterliche Engagement fällt zudem bei sozialen Eltern in einer Eingetragenen Lebenspartnerschaft höher aus, als in Paaren ohne Formalisierung der Partnerschaft.

Die vorliegenden Befunde unterstützen somit frühere Forschungsergebnisse, die bei gleichgeschlechtlichen Eltern eine Tendenz zu hohem und egalitärem Engagement und ein hohes Interesse an der Verantwortung für die Kinder in der Regenbogenfamilie attestieren.

Literatur

Blumstein, Philip/Schwartz, Pepper: American Couples. Money, Work, Sex, New York: Marrow 1983.

Carrington, Christopher: No Place like Home. Relationships and Family Life among Lesbians and Gay Men, Chicago: University of Chicago Press 1999.

Chan, Raymond W. u.a.: »Division of Labour Among Lesbian and Heterosexual Parents: Association with Children's Adjustment«, in: Journal of Family Psychology 12, 3 (1998), S. 402-419.

Cooke, Lynn P.: »Persistent Policy Effects on the Division of Domestic Tasks in Reunified Germany«, in: Journal of Marriage and the Family 69 (2007), S. 930-950.

Dundas, Susan/Kaufman, Miriam: »The Toronto Lesbian Family Study«, in: Journal of Homosexuality 40, 2 (2000), S. 65-79.

Dunne, Gillian A.: »Opting into Motherhood. Lesbians Blurring the Boundaries and Transforming the Meaning of Parenthood and Kinship«, in: Gender and Society 14, 1 (2000), S. 11-35.

Eggen, Bernd: »Homosexuelle Paare mit Kindern«, in: Die Praxis des Familienrechts 8, 4 (2007), S. 823-838.

Eggen, Bernd: Gleichgeschlechtliche Lebensgemeinschaften mit und ohne Kinder. Eine Auswertung des Mikrozensus 2006, ifb-Materialien 1/2009.

Fthenakis, Wassilios E./Ladwig, Arndt: »Homosexuelle Väter«, in: dies./Martin R. Textor (Hg.): Mutterschaft, Vaterschaft, Weinheim: Beltz 2002, S. 129-154.

Gartrell, Nanette u.a.: »The National Lesbian Family Study II. Interviews with Mothers of Toddlers«, in: American Journal of Orthopsychiatry 69, 3 (1999), S. 362-369.

Gartrell, Nanette u.a.: »The National Lesbian Family Study III. Interviews with Mothers of Five-Year-Olds«, in: American Journal of Orthopsychiatry 70, 4 (2000), S. 542-548.

Gartrell, Nanette u.a.: »The National Lesbian Family Study V. Interviews with Mothers of 10-Year-Olds«, in: Feminism and Psychology 16, 2 (2006), S. 175-192.

Jansen, Elke/Greib, Angela/Bruns, Manfred: Regenbogenfamilien – alltäglich und doch anders. Beratungsführer für lesbische Mütter, schwule Väter und familienbezogenes Fachpersonal, Köln: LSVD 2007.

Kapella, Olaf/Rille-Pfeiffer, Christiane: Über den Wunsch, ein Kind zu bekommen – Kinderwunsch hetero- und homosexueller Paare, ÖIF-Working Paper 35/2004, Wien: Österreichisches Institut für Familienforschung 2004.

Kamo, Yoshinori: »»He Said, She Said‹: Assessing Discrepancies in Husbands' and Wives' Reports on the Division of Household Labor«, in: Social Science Research 29 (2000), S. 459-476.

Krüger-Lebus, Susanne/Rauchfleisch, Udo: »Zufriedenheit von Frauen in gleichgeschlechtlichen Partnerschaften mit und ohne Kinder«, in: System Familie 12, 2 (1999), S. 74-79.

Kurdek, Lawrence A.: »The Allocation of Household Labor by Partners in Gay and Lesbian Couples«, in: Journal of Family Issues 28, 1 (2007), S. 132-148.

Lähnemann, Lela: Lesben und Schwule mit Kindern – Kinder homosexueller Eltern, Dokumente lesbisch-schwuler Emanzipation Nr. 16, Berlin: Senatsverwaltung für Schule, Jugend und Sport, Fachbereich für gleichgeschlechtliche Lebensweisen 1997.

Lambert, Serena: »Gay and Lesbian Families. What We Know and Where to Go From Here«, in: The Family Journal: Counseling and Therapy for Couples and Families 13, 1 (2005), S. 43-51.

Leslie, Leigh A./Anderson, Elaine A./Branson, Meredith P.: »Responsibility for children. The role of gender and employment«, in: Journal of Family Issues 12 (1991), S. 197-210.

McBride, Brent A./Mills, Gail: »A comparison of mother and father involvement with their preschool age children«, in: Early Childhood Research Quarterly 8 (1993), S. 457-477.

Patterson, Charlotte J.: »Families of the Lesbian Baby Boom. Parents' Division of Labor and Children's Adjustment«, in: Developmental Psychology 31, 1 (1995a), S. 115-123.

Patterson, Charlotte J.: »Lesbian Mothers, Gay Fathers, and Their Children«, in: Anthony D'Augelli/dies. (Hg.): Lesbian, Gay and Bisexual

Identities over the Lifespan, New York: Oxford Univ. Press 1995b,
S. 262-290.

Peterson, Richard R./Gerson, Kathleen: »Determinants of responsibility
for child care arrangements among dual-earner couples«, in: Journal
of Marriage and the Family 54 (1992), S. 527-536.

Pleck, Joseph H.: »Paternal Involvement. Levels, Sources, and Consequences«, in: Michael E. Lamb (Hg.): The Role of the Father in
Child Development, New York u.a.: Wiley 1997.

Reimann, Renate: »Does Biology Matter? Lesbian Couples' Transition
to Parenthood and their Division of Labor«, in: Qualitative Sociology 20, 2 (1997), S. 153-185.

Schulz, Florian/Grunow, Daniela: Comparing Time Diary Date and Stylized Time Use Estimates. CIQLE-Working Paper 5/2007, New Haven.

Slater, Suzanne: The Lesbian Family Life Cycle, New York: Free Press
1995.

Sullivan, Maureen: »Rozzie and Harriet? Gender and Family Patterns of
Lesbian Coparents«, in: Gender and Society 10, 6 (1996), S. 747-
767.

Walter, Wolfgang/Künzler, Jan: »Parentales Engagement. Mütter und
Väter im Vergleich«, in: Norbert F. Schneider/Heike Matthias-Bleck
(Hg.): Elternschaft heute. Gesellschaftliche Rahmenbedingungen
und individuelle Gestaltungsaufgaben, Opladen: Leske + Budrich
2002, S. 96-119.

Anhang A

Logistische Regression (abhängige Variable: Eltern-Kind-Beziehung
zwischen sozialem Elternteil und Kind)

Unabhängige Variablen	Exp(B) Modell 1	Modell 2	Modell 3	Modell 4
Konstante	1,756**	1,944	29,535*	46,640*
Merkmale des Kindes				
Alter aktuell (ref.): bis 9				
Alter aktuell: 10 bis 13	,699	,565	,535	,155*
Alter aktuell: 14 bis 17	,245***	,256**	,202**	,043**
Kind männlich	1,274	1,684+	1,522	,347
Merkmale zur Familienbiographie				
Kind hat Trennung bewusst miterlebt		2,031+	2,368*	1,790
Kind hat Gründung LG bewusst miterlebt		,885	,822	1,459
Alter bei Trennung (ref.): bis 5				
Alter bei Trennung: 6 bis 9		,604	,548	,525
Alter bei Trennung: 10 bis 17		,258*	,231*	,284+
Alter bei Gründung LG (ref.): bis 5				
Alter bei Gründung LG: 6 bis 9		,477+	,669	,544
Alter bei Gründung LG: 10 bis 17		,448	,503	,423
Merkmale des sozialen Elternteils				
Eltern männlich			,137**	,149**
Eintragung			1,098	1,395
Bildung des sozialen ET (ref.): bis HS mit Lehre etc.				
Bildung des sozialen ET: RS mit und ohne Lehre etc.			,686	,668
Bildung des sozialen ET: (Fach-)Abi mit und ohne Lehre etc.			1,485	1,507
Bildung des sozialen ET: Fachhochschulabschluss			,264+	,288
Bildung des sozialen ET: Hochschulabschluss			,462	,438
Leibl. ET arbeitet mehr als 20 Std. mehr			1,283	1,022
Leibl. ET arbeitet bis zu 20 Std. mehr			1,102	1,108
AZ-Differenz = 0 (ref.)				
Soz. ET arbeitet bis zu 20 Std. mehr			,596	,595
Soz. ET arbeitet mehr als 20 Std. mehr			,353+	,357+
Befragter ist leiblicher ET			,139	,207
Interaktionseffekte				
Alter aktuell: 10 bis 13 * Kind männlich				6,129+
Alter aktuell: 14 bis 17 * Kind männlich				10,776*
Trennung miterlebt * Kind männlich				1,756
Gründung LG miterlebt * Kind männlich				,501
Alter bei Trennung: 6 bis 9 * Kind männlich				
Alter bei Trennung: 10 bis 17 * Kind männlich				
Nagelkerkes R-Quadrat	0,113	0,240	0,354	0,385
Chi-Quadrat	33,858	45,241	66,527	73,371
-2LL	496,965	269,907	231,726	224,882

Quelle: ifb-Studie »Kinder in gleichgeschlechtlichen
Lebensgemeinschaften« 2008

Signifikanzniveaus: + p < .10; * p < .05; ** p < .01; *** p < .001

Anhang B

Logistische Regression (abhängige Variable: Erziehungsbeteiligung des sozialen Elternteils)

Unabhängige Variablen	Exp(B) Modell 1	Modell 2	Modell 3
Konstante	18,617***	12,916***	27,034***
Merkmale des Kindes			
Alter aktuell (ref.): bis 9			
Alter aktuell: 10 bis 13	**,199***	**,174***	**,391+**
Alter aktuell: 14 bis 17	**,096***	**,075***	**,176***
Kind männlich	1,005	1,100	1,150
Merkmale des sozialen Elternteils			
Eltern männlich		,783	,764
Eintragung		**2,703***	**2,263****
Bildung des sozialen ET (ref.): bis HS mit Lehre etc.			
Bildung des sozialen ET: RS mit und ohne Lehre etc.		,941	,892
Bildung des sozialen ET: (Fach-)Abi mit und ohne Lehre etc.		,920	,819
Bildung des sozialen ET: Fachhochschulabschluss		1,198	1,067
Bildung des sozialen ET: Hochschulabschluss		,714	,552
Leibl. ET arbeitet mehr als 20 Std. mehr		,666	,631
Leibl. ET arbeitet bis zu 20 Std. mehr		,809	,785
AZ-Differenz = 0 (ref.)			
Soz. ET arbeitet bis zu 20 Std. mehr		,883	,830
Soz. ET arbeitet mehr als 20 Std. mehr		,664	,596
Befragter ist leiblicher ET		1,016	1,038
Merkmale zur Familienbiographie			
Familienkonstellation 1			**,270****
Interaktionseffekte			
Alter aktuell: 10 bis 13 * Kind männlich			,834
Alter aktuell: 14 bis 17 * Kind männlich			,911
Nagelkerkes R-Quadrat	**0,196**	**0,237**	**0,259**
Chi-Quadrat	**89,733**	**103,086**	**113,155**
-2LL	**554,660**	**501,048**	**490,979**

Quelle: ifb-Studie »Kinder in gleichgeschlechtlichen Lebensgemeinschaften« 2008

*Signifikanzniveaus: + p < .10; * p < .05; ** p < .01; *** p < .001*

Anhang C

Vergleich der 4 Items zur Akzeptanz

Unabhängige Variablen	Exp(B) Akzeptanz von Grenzen des sozialen ET	Akzeptanz von Entscheidungen des sozialen ET nur wenn günstig	Kind wendet sich explizit an leiblichen ET	Auftreten von Auseinandersetzungen
Konstante	14,234***	,067***	,051***	,033***
Merkmale des Kindes				
Alter aktuell (ref.): bis 9				
Alter aktuell: 10 bis 13	**,206+**	,608	**7,285***	**5,327+**
Alter aktuell: 14 bis 17	3,614E7	3,817	,000	,000
Kind männlich	1,107	**,451+**	**2,069+**	,948
Merkmale des sozialen ET				
Eltern männlich	,640	1,625	**,328+**	,346
Eintragung	**2,127***	,758	**,522***	,676
Bildung des sozialen ET (ref.): bis HS mit Lehre etc.				
Bildung des sozialen ET: RS mit und ohne Lehre etc.	1,526	,546	1,051	1,063
Bildung des sozialen ET: (Fach-)Abi mit und ohne Lehre etc.	1,265	,898	1,222	1,100
Bildung des sozialen ET: Fachhochschulabschluss	,996	,781	,529	,803
Bildung des sozialen ET: Hochschulabschluss	,873	1,279	1,502	1,108
Leibl. ET arbeitet mehr als 20 Std. mehr	,607	**2,673+**	1,292	,637
Leibl. ET arbeitet bis zu 20 Std. mehr	1,193	1,374	,554	1,354
AZ-Differenz = 0 (ref.)				
Soz. ET arbeitet bis zu 20 Std. mehr	1,244	**2,200+**	,921	,575
Soz. ET arbeitet mehr als 20 Std. mehr	,920	1,996	,999	,918
Befragter ist leiblicher ET	1,190	**,506****	,865	1,181
Familienkonstellation 1	**,252****	**2,701***	**6,070****	**3,201+**
Interaktionseffekte				
Alter aktuell: 10 bis 13 * Kind männlich	,570	**3,864***	,458	2,185
Alter aktuell: 14 bis 17 * Kind männlich	1,409	1,561	,464	,655
Alter aktuell: 10 bis 13 * Familienkonstellation 1	**6,101***	1,264	**,181***	**,079****
Alter aktuell: 14 bis 17 * Familienkonstellation 1	,000	,624	5,580E7	1,787E7
Nagelkerkes R-Quadrat	**0,188**	**0,158**	**0,155**	**0,087**
Chi-Quadrat	**68,954**	**58,137**	**60,813**	**19,927**
-2LL	**415,466**	**434,569**	**479,291**	**251,775**

Quelle: ifb-Studie »Kinder in gleichgeschlechtlichen

Lebensgemeinschaften« 2008

*Signifikanzniveaus: + p < .10; * p < .05; ** p < .01; *** p < .001*

MEDIZIN

Medizinisch-technische Behandlungsmöglichkeiten für gleichgeschlechtliche Paare

THOMAS KATZORKE

Grundsätzlich unterscheidet sich die medizinische Behandlung gleichgeschlechtlicher Paare nicht von der Vorgehensweise bei heterosexuellen Paaren.[1] Der folgende Beitrag beschreibt die reproduktionsmedizinischen Behandlungsmöglichkeiten für lesbische Frauen und schwule Männer mit Kinderwunsch.

Reproduktionsmedizinische Behandlung lesbischer Paare

Anamnese und Diagnostik

Bei der Partnerin, die schwanger werden möchte, müssen vor Behandlungsbeginn ovulatorische Zyklen nachgewiesen werden. Weiterhin sollte, zumindest einseitig, eine Eileiterdurchgängigkeit gegeben sein. Gehen operative Eingriffe voraus, ist vor Behandlungsbeginn eine laparoskopische Abklärung der Tubenfunktion (Überprüfung der Eileiterdurchlässigkeit mittels einer Bauchspiegelung) sinnvoll. Bei unauffälliger Anamnese können einfachere Verfahren der Tubendurchgäng-

---

1 Vgl. Thomas Katzorke: »Donogene Insemination: Gegenwärtiger Stand der Behandlung in der BRD«, in: Gynäkologische Endokrinologie 1 (2003), S. 85-94 und ders.: »Donogene Insemination«, in· Der Gynäkologe 10 (2007), S. 807 812.

igkeitsüberprüfung (z.B. mittels Ultraschalluntersuchungen) eingesetzt werden.

Insemination

Sind eine Ovulation und eine ausreichende Lutealphase endokrinologisch und ultrasonographisch nachgewiesen, kann im einfachsten Fall eine instrumentelle Samenübertragung (Insemination) durchgeführt werden. Diese wird heute in der Regel hochintracervikal, d.h. in den Gebärmutterhalskanal, bzw. intrauterin, d.h. in die Gebärmutterhöhle, mit zuvor kryokonserviertem und aufgetautem Sperma durchgeführt.

Seit Existieren der HIV-Problematik (Mitte der 80er Jahre) darf nur noch kryokonserviertes Sperma verwendet werden, das für sechs Monate in Quarantäne war. Erst nach Durchführung eines zweiten Bluttests bei dem Spender, der negativ auf HI-Virennachweis ist, kann die Probe freigegeben werden. Hilfreich haben sich begleitende Bestimmungen des optimalen Ovulationszeitpunktes durch Messung des Eisprungs auslösenden Hormons LH (luteotropes Hormon) im Urin (z.B. mithilfe von Ovuquick, Clearblue, Gabcontrol) gezeigt. Sollte der Nachweis im Urin positiv für LH sein, sollten Inseminationen an diesem und an dem darauf folgenden Tag durchgeführt werden.

Aktiv kann auch folgendermaßen vorgegangen werden: Bei Erreichen einer ultrasonographischen Follikelgröße von 18 - 20 mm wird der körpereigene LH-Anstieg imitiert, indem 5.000 I.E.[2] HCG (humanes Choriongonadotropin) zugeführt wird. Mit einer Ovulation ist dann ca. 36 - 40 Stunden später zu rechnen; dann sollte die Insemination durchgeführt werden.

Dieses Vorgehen kann über 3 - 4 Zyklen durchgeführt werden. Erfahrungsgemäß hat sich aber gezeigt, dass begleitend die Einleitung einer milden Stimulationsbehandlung zur besseren Eireifung und zum Timing sinnvoll sein kann. Hierfür wird an erster Stelle Clomiphen, das oral verabreicht wird, verwendet. Man beginnt zunächst mit der Behandlung mit 50 mg vom 5. - 9. Zyklustag, ultrasonographisch erfolgt dann die Kontrolle der Eizellreifung am 11. oder 12. Zyklustag. Die Mehrlingsrate wird durch Clomiphen nur geringfügig von 1 Prozent auf ca. 3 - 4 Prozent angehoben.

Bei stärkeren Störungen der Eireifung bzw. fehlendem Eisprung müssen potentere eireifungsfördernde Maßnahmen eingeleitet werden. Hierzu eignet sich die Applikation von rekombinanten follikelstimulierenden Hormonen, die sich die Patientin täglich subkutan verabreichen

---

2 Mit I.E. werden in der Medizin »internationale Einheiten« gemessen.

muss. Die Therapie erstreckt sich meistens ab dem 3. - 5. Zyklustag über 7 - 10 Tage. Entsprechend den ultrasonographischen Befunden wird ebenfalls bei Erreichen einer Follikelgröße von 18 mm die Ovulation induziert. Das Resultat einer solchen Stimulationsbehandlung ist meistens eine polifollikuläre Entwicklung, d.h. es entwickelt sich mehr als eine Eizelle. Ultrasonographische Kontrollen sind daher erforderlich. Die Mehrlingsrate steigt unter dieser Therapie auf bis zu 10 Prozent. Inseminationen sollten nach HCG-Auslösung an zwei aufeinander folgenden Tagen durchgeführt werden.

Erfahrungen aus der Zeit von HIV zeigen, dass die Schwangerschaftsraten unter Verwendung von kryokonserviertem Sperma niedriger sind als bei Verwendung von frischem Ejakulat. Kommen keine weiteren einschränkenden Faktoren auf weiblicher Seite hinzu, sind ungefähr 85 Prozent der so behandelten Patientinnen nach einem Jahr schwanger.

Abbildung 1: Schwangerschaftsrate/Behandlungszyklen

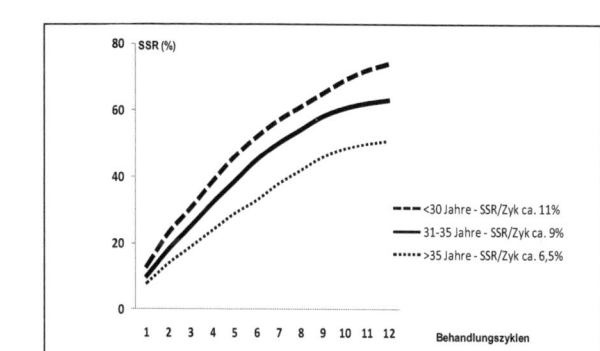

Quelle: D. Schwartz/M. J. Mayaux: »Female fecundity as a function of age«.

Die Schwangerschaftsrate ist altersabhängig und sinkt nach dem 35. Lebensjahr deutlich. Hilfreich ist heute die Bestimmung des AMH (Anti-Müller-Hormons) zur Bestimmung der ovariellen Reserve. Bei Werten unter 1 ng/ml muss von einer reduzierten Wahrscheinlichkeit für eine Schwangerschaft ausgegangen werden.[3]

Bei Ausbleiben einer Schwangerschaft durch die Anwendung einer konventionellen Inseminationstherapie (mit und ohne Stimulation), bei begleitendem Eileiterschaden, bei fortgeschrittenem Alter (ab 35. Le-

---

3 Vgl. Thomas Katzorke: »AMH – ein neuer ovarieller Marker mit zunehmender klinischer Bedeutung«, in: Frauenarzt 49 (2008), S. 406-408.

bensjahr) und bei eingeschränkter ovarieller Reserve (AMH erniedrigt) werden heute auch Verfahren der assistierten Fertilisation wie IVF (In-vitro-Fertilisierung) und ICSI (intracytoplasmatische Spermien-injektion) eingesetzt.[4]

Befruchtung außerhalb des Körpers

Die Befruchtung außerhalb des Körpers kann mit verschiedenen Verfahren erreicht werden. Grundsätzlich steht hier die Stimulation der Eizellreifung über die Gabe von Fruchtbarkeitshormonen am Anfang. Der Unterschied zur herkömmlichen Stimulation besteht darin, dass wesentlich höhere Hormondosen appliziert werden, um das Heranreifen mehrerer Eizellen (in der Regel zwischen 5 und 10) zu erreichen. Die Applikation der Hormone geschieht heute einfach durch subkutane Injektion, z.B. mittels eines Injektionspens. Nach der Auslösung einer Ovulation mit HCG werden die Follikel heute transvaginal (durch die Scheide) ca. 36 Stunden nach der Gabe von HCG punktiert, d.h. entnommen. Die Follikelpunktion findet in Analgosedierung (mittels Medikamente wird der Schmerz ausgeschaltet und die Patientin beruhigt) oder Kurznarkose statt. Die gesamte Behandlung lässt sich problemlos ambulant durchführen. Die gewonnenen Eizellen werden der IVF zugeführt. In Deutschland sind die Bestimmungen des Embryonenschutzgesetzes zu beachten. In der Regel werden nach 48 - 72 Stunden altersabhängig bis zu maximal drei Embryonen in die Gebärmutterhöhle zurückgesetzt.

Die Schwangerschaftsraten bei diesen Verfahren liegen zwischen 30 – 35 Prozent pro Versuch. Lässt sich das Heranreifen vieler guter Eizellen erzielen, ist auch eine Befruchtung von mehreren Eizellen und die Kryokonservierung nach 24 Stunden im sogenannten Vorkernstadium möglich. Sollte der primäre Transfer nicht zur gewünschten Schwangerschaft führen, können jeweils weitere befruchtete Eizellen aufgetaut und ohne größere Belastung transferiert werden. Bei Problemen in der IVF-Kultur (Ausbleiben der Fertilisation), in Fällen, in denen ein Geschwisterkind vom gleichen Spender abstammen soll und von diesem aber nur noch sehr wenig Sperma vorhanden ist oder in Fällen eines sogenannten Eizellfaktors (dicke Eizellmembran), kann auch die Durchführung der ICSI erforderlich werden. Hierbei wird jeweils ein Samenfaden unter mikroskopischer Kontrolle direkt in die Eizelle injiziert.[5]

---

4   Vgl. Thomas Katzorke/Franz B. Kolodziej: »Zum gegenwärtigen Stellenwert der homologen Insemination – ein Update«, in: Journal für Reproduktionsmedizin und Endokrinologie 6, 3 (2009), S. 99-106.
5   Vgl. Askan Schultze-Mosgau u.a.: »Reproduktionsmedizin – State of the Art«, in: Gynäkologische Endokrinologie 4 (2005), S. 219-225.

Die Erfolgsrate (Schwangerschaftsrate) bei IVF/ICSI ist ebenfalls stark altersabhängig. Ab dem 42. Lebensjahr wird eine Schwangerschaftsrate von 15 Prozent unterschritten (siehe Ergebnisse des Deutschen IVF-Registers).[6]

Risiken bei der Befruchtung außerhalb des Körpers

Überstimulation

Eine hormonelle Behandlung muss sorgfältig überwacht werden, weil die Gefahr einer Überstimulation besteht. In diesem Fall produzieren die Eierstöcke sehr viele, meistens unreife Eibläschen, die alle vermehrt Hormone ausschütten. Diese Überreaktion kann zu Übelkeit, Flüssigkeitsansammlung im Bauchraum und Schmerzen im Bauchraum führen. Das Risiko einer starken Überstimulation liegt bei 1 - 2 Prozent und macht teilweise eine Krankenhauseinweisung notwendig. Probleme sind massive Flüssigkeitsverschiebungen durch Störungen des Elektrolythaushaltes.

Fehlgeburten

Bei natürlicher Zeugung bzw. Insemination enden rund 12 - 15 Prozent der Schwangerschaften mit einer Fehlgeburt. Bei der IVF steigt dieses Risiko leicht an, was jedoch überwiegend auf das höhere Alter der Patientin zurückzuführen ist.

Operative Komplikationen

Äußerst selten treten im Rahmen der für die IVF nötigen operativen Eingriffe Komplikationen auf. Bei der Eizellentnahme kann es z.B. zu Infektionen oder Organverletzungen im Beckenraum kommen. Der Prozentsatz für Komplikationen liegt unter 0,1 Prozent (siehe Deutsches IVF-Register).

Entwicklung so gezeugter Kinder

Die konventionelle IVF und die ICSI sind heute etablierte Therapieverfahren im Rahmen einer Kinderwunschtherapie. Der Anteil schwerer Fehlbildungen beträgt bei mit ICSI gezeugten Kindern etwas über 8 Prozent und liegt damit um 20 Prozent höher als bei den »spontan« gezeug-

---

6   D.I.R.: Deutsches IVF-Register, www.deutsches-ivf-register.de.

ten Kindern mit 6 Prozent schweren Fehlbildungen. Das etwas höhere Risiko von Fehlbildungen ist wahrscheinlich nicht auf die Technik der beiden Verfahren IVF bzw. ICSI zurückzuführen,[7] sondern auf rein sterilitätsassoziierte Risiken. Die Subfertilität per se ist auch bei Spontankonzeption mit einem erhöhten Fehlbildungsrisiko assoziiert. Insgesamt gesehen konnte dieser Zusammenhang mit der Subfertilität auch für viele andere im Rahmen der Schwangerschaften nach ART (assistierte Reproduktionstechnologie) beobachteten Risiken bestätigt werden. Dazu gehört insbesondere die Präeklampsie.

Kinder, die nach IVF/ICSI geboren wurden, sind besonderen wissenschaftlichen Interessen ausgesetzt, um eventuelle Unterschiede zu ihren »spontan« empfangenen Altersgenossen herauszufinden. In einigen Studien an Grundschulkindern wurde beispielsweise ein schlechteres Abschneiden bei visuell-partialen Fähigkeiten festgestellt, was der erhöhten Frühgeburtlichkeit und dem niedrigen Geburtsgewicht nach einer ICSI zugeschrieben wurde. Eine belgische Arbeitsgruppe verfolgt die Entwicklung von 109 ICSI-Kindern (alle nach der mindestens 32. Schwangerschaftswoche geboren) mit der von 90 »natürlich« gezeugten Kindern. Zum Zeitpunkt der vorliegenden Untersuchung waren die Kinder 10 Jahre alt. Bei der Untersuchung im Alter von 8 Jahren hatte sich noch ein signifikanter, allerdings klinisch nicht relevanter IQ-Vorsprung der ICSI-Gruppe ergeben. Dieser war jedoch eher dem erhöhten Bildungsniveau der Eltern als dem Konzeptionsmodus zugeschrieben worden. Bei den 10-jährigen hat sich der IQ beider Gruppen fast komplett angeglichen. Auch im Vergleich der allgemeinen Motorik, den manuellen Fähigkeiten und der Geschicklichkeit im Umgang mit einem Ball zeigte sich kein Unterschied zwischen den Gruppen.[8]

Karzinomrisiko bei assistierter Reproduktion

In den letzten Jahren ist besondere Aufmerksamkeit den Langzeiteffekten durch Anwendung der ART-Techniken geschenkt worden: Kinder, die nach einer ART-Behandlung geboren wurden, haben kein größeres Risiko für die Entstehung einer Krebserkrankung im Kindesalter im

---

7   Vgl. Rolv T. Lie u.a.: »Birth defects in children conceived by ICSI compared with children conceived by other IVF-methods; a meta-analysis«, in: International. Journal of Epidemiology 34, 3 (2005), S. 696-701.
8   Vgl. L. Leunens u.a.: »Follow up of cognitive and motor development of 10-year-old-singleton children born after ICSI compared with spontaneously conceived children«, in: Human Reproduction 23, 1 (2008), S. 105-111.

Vergleich zur allgemeinen Bevölkerung.[9] Bei behandelten Frauen scheint ein erhöhtes Ovarialkarzinomrisiko nach der Anwendung von Clomiphen oder Gonadotropin eher auf die Infertilität selbst als auf ihre medikamentöse Behandlung zurückzuführen sein. Sicherheitshalber sollten nicht mehr als sechs Clomiphen-Zyklen durchgeführt werden. Hinsichtlich des Endometriumkarzinoms zeigen Studien gegensätzliche Resultate, Clomiphen könnte aber auch hier eine dosis- und zeitabhängige Rolle spielen. Das erhöhte Risiko für Endometriumkarzinom ist wahrscheinlich ein ursächliches, das in der Diagnosestellung der Infertilität zu suchen ist. Das ebenso erhöhte Risiko für Borderline-Ovarialtumore scheint allerdings einen Zusammenhang mit IVF aufzuweisen. Endometriose (eine gutartige, aber schmerzhafte und chronische Erkrankung der Gebärmutterschleimhaut) ist ein Risiko für das Ovarialkarzinom und zeigt keinen Zusammenhang mit IVF. Adipositas, Infertilität, sowie Nulliparität (Frauen, die nicht geboren haben), alles Faktoren, die auch beim PCO (polyzystischen Ovarialsyndrom; hormonelle Störung, die zu Unfruchtbarkeit führen kann) eine Rolle spielen, erhöhen das Endometriumkarzinomrisiko. Andererseits steigern Infertilität (vor allem ohne endokrinologische Kausalität), Nulliparität, frühe Menarche und späte Menopause ebenfalls das Ovarialkarzinomrisiko. Die Endometriose per se stellt ebenfalls ein Risiko für die Entwicklung eines Ovarialkarzinoms dar.[10]

Eizellspende bei lesbischen Paaren

Aus Großbritannien wird eine weitere Variante der IVF berichtet: Dabei findet eine Eizellspende innerhalb einer lesbischen Partnerschaft statt. Diese Behandlung erfordert eine weibliche Partnerin, die als Eizellspenderin fungiert und eine weitere weibliche Partnerin, auf die die Embryonen transferiert werden. Bei der Eizellspenderin wird eine IVF mit Spendersamen durchgeführt. Bei Anwendung dieses Verfahrens kann bei einem lesbischen Paar eine Schwangerschaft etabliert werden, die es der Empfängerin ermöglicht, ein Kind zur Welt zu bringen, das gene-

---

9   Vgl. Helen Klip u.a.: »Risk of cancer in the offspring of women who underwent ovarian stimulation for IVF«, in: Human Reproduction 16, 11 (2001), S. 2451-2458.
10 Vgl. Michael Sommergruber u.a.: »Karzinomrisiko bei assistierter Reproduktion. Stellungnahme der Österreichischen Gesellschaft für Reproduktionsmedizin und Endokrinologie«, in: Journal für Reproduktionsmedizin und Endokrinologie 6, 3 (2009), S. 116-121.

tisch von ihrer Partnerin stammt. Somit wird ein Verwandtschaftsverhältnis etabliert.[11]

Mannigfaltige ethische Aspekte dieser Behandlungsform sind zu bedenken, beispielsweise die Belastungen aufgrund einer eigentlich nicht
erforderlichen hormonellen Stimulation der Spenderin und die Rollenklärung zwischen biologischer und austragender Mutter.[12]

Reproduktionsmedizinische Behandlung schwuler Paare

Schwulen Paaren, die sich ein leibliches Kind wünschen, fehlt es nicht
nur an einer Eizelle, sondern auch an einer Gebärmutter. In fast allen
Ländern Europas ist die Leihmutterschaft verboten. Nur England gestattet sie, wenn auch unter strengen Auflagen. Einem deutschen Männerpaar bleibt nur, sich mit einem lesbischen Paar zusammen zu tun oder
sich um ein fremdes Kind im Rahmen einer Adoption oder Pflegschaft
zu bemühen. Da die gemeinsame Adoption eines homosexuellen Paares
bislang nicht erlaubt ist, kann nur einer der Partner der Adoptivvater
sein. Doch die Chancen, in Deutschland ein Kind vermittelt zu bekommen, sind für Schwule angesichts der starken Nachfrage von Ehepaaren
ohnehin äußerst gering.[13] Auch die Inpflegegabe von Kindern in Familien mit zwei Vätern ist selten.[14]

In manchen Bundesstaaten in den USA ist es jedoch auch schwulen
Männern möglich, mittels einer Leihmutter ein Kind zu zeugen. Hierbei
wird die Leihmutter mit dem Samen eines der beiden schwulen Männer
inseminiert. Eine weitere Variante ist denkbar: Der Leihmutter wird eine
gespendete und mit dem Samen eines der schwulen Männern befruchtete
Eizelle übertragen. Die Eizelle stammt in dieser Konstellation von einer
kommerziellen oder altruistischen Spenderin. Auch kann der Embryo
durch den Samen eines der schwulen Männer und der Eizelle einer
Schwester seines Partners entstanden und das Kind somit mit beiden
Männern genetisch verwandt sein. Die Leihmutter muss in allen Konstellationen bereit sein, nach der Geburt das Kind an das schwule Paar
abzugeben, dieses muss das Kind adoptieren. Fälle in der Vergangenheit

11 Vgl. Bryan J. Woodward/Wendy J. Norton: »Lesbian intra-partner oocyte
donation: A possible shake-up in the Garden of Eden?«, in: Human Fertility 9, 4 (2006), S. 217-222.
12 Siehe Ethics Committee, American Society for Reproductive Medicine,
Birmingham, Alabama: »Family members as gamete donors and surrogates«, in: Fertility and Sterility 80, 5 (2003), S. 1124-1130.
13 Vgl. Wapler und Dethlof in diesem Band sowie Martin Spiewak: »Juristisches Niemandsland. Spermabestellung per E-Mail«, in: Zeit Online vom
31. Dezember 2003.
14 Vgl. Funcke in diesem Band.

haben aufgezeigt, dass hierbei Probleme auftreten können, beispielsweise wenn sich die Haltung der Leihmutter während der Schwangerschaft oder nach der Geburt ändert und sie das Kind als ihr eigenes Kind behalten und aufziehen möchte.

Solche Konstellationen werden von amerikanischen Agenturen angeboten und betreut, z.B. der »Creative-Family-Connections« Agentur in Washington.[15] Es sei aber darauf hingewiesen, dass Verträge zu entsprechenden Behandlungsverfahren mit Eizellspende und Leihmutterschaft auch in den USA nicht überall rechtsgültig sind. Darüber hinaus können im Rahmen der erforderlichen Adoption juristische Komplikationen in den USA und im Heimatland der Väter entstehen. In Deutschland sind Eizellspende und Leihmutterschaft durch das Embryonenschutzgesetz unter Strafe gestellt.[16]

Fazit

Die medizinische Behandlung Homosexueller reicht von wenig invasiven Eingriffen wie eine Insemination bei lesbischen Paaren zu hoch komplexen und aufwendigen Verfahren wie eine Leihmutterschaft mit Eizellspende bei schwulen Paaren. Auch wenn die gesellschaftliche Haltung gegenüber diesen Familienkonstellationen noch immer reserviert oder ablehnend ist, zeigen Studien mittlerweile auf, dass das Familienleben Homosexueller mehr Ähnlichkeiten als Unterschiede zu heterosexueller Familien hat und die Kinder sich unauffällig entwickeln.[17] Mittlerweile hat sogar eine britische Studie aufgezeigt, dass auch homosexuelle Väter sich viel Zeit für ihre Kinder nehmen und sensibel auf deren Bedürfnisse eingehen.[18]

In Deutschland hat sich die Bundesärztekammer[19] gegen die Behandlung lesbischer Paare ausgesprochen, die Behandlung schwuler Paare ist aufgrund der Bestimmungen des Embryonenschutzgesetzes nicht möglich. Aus medizinischer Sicht ergeben sich, obwohl im Einzelfall nachvollziehbar, für viele Konstellationen bei der Eizellspende und

---

15 Vgl. Silvia Sanides: »Babys für Schwule«, in: Focus 38 (2005).
16 Siehe Thomas Katzorke: »Samenspende – Eizellspende – Leihmutterschaft: Grenzbereiche der Reproduktionsmedizin«, in: Gynäkologie und Geburtshilfe 4 (2007), S. 21-23.
17 Vgl. Scheib, Green und Rupp in diesem Band.
18 Vgl. Gillian A. Dunne: »Being a Gay Dad«, in: Sociological Research Online 6, 3 (2001), S. 1-17.
19 Bundesärztekammer: »(Muster-) Richtlinie zur Durchführung der assistierten Reproduktion – Novelle 2006«, in: Deutsches Ärzteblatt 103 (2006), A1392-A1403.

der Leihmutterschaft ethische, soziale, psychologische und rechtliche Unwägbarkeiten, die ein Verbot rechtfertigen. Für die Behandlung lesbischer Paare mit Insemination/IVF liegen keine nachteiligen Erfahrungen vor.

Es bleibt fraglich, ob der Bundesärztekammer als meinungsbildender Institution hier das »Recht« zusteht, Direktiven für die Berufsordnung der Landesärztekammern zu geben. Von vielen Juristen wird dies als Kompetenzüberschreitung gesehen – der behandelnde Arzt muss entscheiden, ob er eine Behandlung zum Wohle des Kindes durchführen kann.

Literatur

Bundesärztekammer: »(Muster-) Richtlinie zur Durchführung der assistierten Reproduktion – Novelle 2006«, in: Deutsches Ärzteblatt 103 (2006), A1392-A1403.

D.I.R.: Deutsches IVF-Register, www.deutsches-ivf-register.de.

Dunne, Gillian A.: »Being a Gay Dad«, in: Sociological Research Online 6, 3 (2001), S. 1-17.

Ethics Committee, American Society for Reproductive Medicine, Birmingham, Alabama: »Family members as gamete donors and surrogates«, in: Fertility and Sterility 80, 5 (2003), S. 1124-1130.

Katzorke, Thomas: »Donogene Insemination: Gegenwärtiger Stand der Behandlung in der BRD«, in: Gynäkologische Endokrinologie 1 (2003), S. 85-94.

Katzorke, Thomas: »Donogene Insemination«, in: Der Gynäkologe 10 (2007), S. 807-812.

Katzorke, Thomas: »Samenspende – Eizellspende – Leihmutterschaft: Grenzbereiche der Reproduktionsmedizin«, in: Gynäkologie und Geburtshilfe 4 (2007), S. 21-23.

Katzorke, Thomas: »AMH – ein neuer ovarieller Marker mit zunehmender klinischer Bedeutung«, in: Frauenarzt 49 (2008), S. 406-408.

Katzorke, Thomas/Kolodziej, Franz B.: »Zum gegenwärtigen Stellenwert der homologen Insemination – ein Update«, in: Journal für Reproduktionsmedizin und Endokrinologie 6, 3 (2009), S. 99-106.

Klip, Helen u.a.: »Risk of cancer in the offspring of women who underwent ovarian stimulation for IVF«, in: Human Reproduction 16, 11 (2001), S. 2451-2458.

Leunens, Lize u.a.: »Follow up of cognitive and motor development of 10-year-old-singleton children born after ICSI compared with spontaneously conceived children«, in: Human Reproduction 23, 1 (2008), S. 105-111.

Lie, Rolv T. u.a.: »Birth defects in children conceived by ICSI compared with children conceived by other IVF-methods; a meta-analysis«, in: International Journal of Epidemiology 34, 3 (2005), S. 696-701.

Sanides, Silvia: »Babys für Schwule«, in: Focus 38 (2005).

Schwartz, D./Mayaux, M. J.: »Female fecundity as a function of age: results of artificial insemination in 2193 nulliparous women with azoospermic husbands. Federation CECOS«, in: New England Journal of Medicine 306 (1982), S. 404-406.

Schultze-Mosgau, Askan u.a.: »Reproduktionsmedizin – State of the Art«, in: Gynäkologische Endokrinologie 4 (2005), S. 219-225.

Sommergruber, Michael u.a.: »Karzinomrisiko bei assistierter Reproduktion. Stellungnahme der Österreichischen Gesellschaft für Reproduktionsmedizin und Endokrinologie«, in: Journal für Reproduktionsmedizin und Endokrinologie 6, 3 (2009), S. 116-121.

Spiewak, Martin: »Juristisches Niemandsland. Spermabestellung per E-Mail«, in: Zeit Online vom 31. Dezember 2003.

Woodward, Bryan J./Norton, Wendy J.: »Lesbian intra-partner oocyte donation: A possible shake-up in the Garden of Eden?«, in: Human Fertility 9, 4 (2006), S. 217-222.

RECHT

Gleichgeschlechtliche Lebensgemeinschaften mit Kindern: Verfassungsrechtliche Rahmenbedingungen

FRIEDERIKE WAPLER

»Ehe und Familie stehen unter dem besonderen Schutz des Staates.« So steht es in Art. 6 Abs. 1 Satz 1 des Grundgesetzes (GG). Was bedeutet diese Formulierung für gleichgeschlechtliche Lebensgemeinschaften, die mit Kindern leben oder sich ein Leben mit Kindern wünschen? Im folgenden Beitrag geht es um die Frage, ob die geltenden rechtlichen Regelungen für gleichgeschlechtliche Familien mit dem Grundgesetz vereinbar sind. Dazu wird zunächst die Rechtslage in Deutschland[1] dargestellt, um sie anschließend unter verfassungsrechtlichen Gesichtspunkten zu untersuchen. Dabei sei von vornherein klargestellt, dass das Verfassungsrecht auf die wenigsten gesellschaftspolitischen Fragen eine eindeutige Antwort geben kann. Das Grundgesetz enthält zwar die wesentlichen Rahmenbedingungen und die grundlegenden Wertentscheidungen für die Rechtsordnung und damit für die rechtliche Gestaltung des Gemeinwesens. Seine Bestimmungen sind jedoch notwendig allgemein gehalten. In einer Demokratie ist es in erster Linie die Aufgabe des parlamentarischen Gesetzgebers, rechtliche Regelungen für gesellschaftlich umstrittene Fragen zu finden.[2] Er unterliegt dabei dem öffentlichen Meinungsbildungsprozess und der Notwendigkeit, für seine Vorhaben parlamentarische Mehrheiten zu finden. Die Verfassung kann und soll diese

---

1   Zum internationalen Rechtsvergleich siehe den Beitrag von Nina Dethloff in diesem Band.
2   Regelungen »unterhalb« des Verfassungsrechts, also z.B. solche des BGB oder des Embryonenschutzgesetzes, werden als »einfaches« oder »unterverfassungsrechtliches« Recht bezeichnet.

politischen Abläufe nur begrenzen, nicht aber im Detail steuern. Bei den folgenden Überlegungen geht es daher nicht darum, aus der Verfassung gültige Regelungen für das Recht der gleichgeschlechtlichen Lebensgemeinschaften abzuleiten, sondern es sollen die Gestaltungsspielräume der Politik und ihre Grenzen aufgezeigt werden.

Wenn im weiteren Verlauf dieses Beitrags von »Lebensgemeinschaften« die Rede ist, so sind damit nicht immer nur Paare gemeint. Der Wunsch nach Kindern und die Sorge für Kinder werden im geltenden Recht zwar in der Regel mit der Vorstellung eines Eltern*paares* verbunden. Es sollte jedoch nicht übersehen werden, dass auch Alleinstehende einen Kinderwunsch haben können, ohne ihn in einer Partnerschaft zu verwirklichen, und dass es in der gelebten Wirklichkeit von Familien zu unterschiedlichen Konstellation »multipler Elternschaft« von leiblichen Eltern und Stiefeltern kommt, die im Recht ebenfalls berücksichtigt werden müssen.

1. Gleichgeschlechtliche Familien im geltenden Recht

1.1 Familiengründung

Paare, die sich Kinder wünschen, sie aber auf natürlichem Wege nicht gemeinsam erzeugen können, haben nach geltendem Recht grundsätzlich die Möglichkeiten der Adoption und der medizinischen Reproduktion. Nicht jedes Paar kann jedoch alle diese Optionen nutzen. Das Recht differenziert nicht nur zwischen gleich- und gegengeschlechtlichen Verbindungen; es unterscheidet auch generell zwischen Paaren und Alleinstehenden sowie zwischen formalisierten Lebensgemeinschaften (Ehen und Eingetragenen Lebenspartnerschaften) und nicht formalisierten (nichtehelichen und nicht verpartnerten) Zweierbeziehungen.

1.1.1 Adoption

Die Annahme als Kind ist zulässig, wenn sie dem Wohl des Kindes dient und zu erwarten ist, dass zwischen dem Annehmenden und dem Kind ein Eltern-Kind-Verhältnis entsteht (§ 1741 Abs. 1 Satz 1 BGB). Das Recht unterscheidet die gemeinschaftliche Adoption, die Stiefkind- und die Einzeladoption. Ehepaare haben alle diese Möglichkeiten. Eingetragene Lebenspartnerschaften können ein Kind bislang nicht *gemeinschaftlich* adoptieren (vgl. § 1741 Abs. 2 Satz 2 BGB). Sie haben aber seit 2005 die Möglichkeit der *Stiefkindadoption*, d.h. ein/e LebenspartnerIn kann ein Kind des/der anderen LebenspartnerIn annehmen (§ 9 Abs. 7 LPartG;[3] für Ehepaare ist diese Möglichkeit in § 1741 Abs. 2 Satz 3 BGB geregelt).

Wer nicht verheiratet und nicht verpartnert ist, kann ein Kind nur allein annehmen (§ 1741 Abs. 2 Satz 1 BGB). Nicht formalisierte Lebensgemeinschaften können Kinder also weder gemeinschaftlich adoptieren, noch kann das Kind des Partners/der Partnerin als Stiefkind angenommen werden. Auch kann ein Kind, das allein angenommen wurde, in einer nicht formalisierten Beziehung nicht von dem Partner/der Partnerin des Annehmenden adoptiert werden (§ 1742 BGB).

1.1.2 Methoden der assistierten Reproduktion

Ehepaare und unter bestimmten Voraussetzungen auch nichteheliche (gegengeschlechtliche) Paare können zur Familiengründung die Möglichkeiten der assistierten Reproduktion nutzen, also nach geltendem Recht insbesondere die Insemination und die In-Vitro-Fertilisation.[4] Weitere Verfahren wie die Eizell- oder die Embryonenspende sowie die Leihmutterschaft sind in Deutschland nach dem Embryonenschutzgesetz verboten (§ 1 Abs. 1 Nr. 1, 6 und 7 ESchG).[5]

Der Zugang zu den (erlaubten) Verfahren der assistierten Reproduktion ist rechtlich bislang ausschließlich im ärztlichen Berufsrecht geregelt, d.h. in einer Musterrichtlinie der Bundesärztekammer,[6] die von den meisten Landesärztekammern in die ärztlichen Berufsordnungen aufgenommen wurde. In diesen Richtlinien werden die Methoden der assistierten Reproduktion im Wesentlichen Eheleuten vorbehalten. Nicht verheiratete Frauen können nur behandelt werden, wenn sie in einer stabilen Beziehung mit einem nicht verheirateten Mann leben und dieser Mann die Vaterschaft des so gezeugten Kindes nach der Einschätzung

---

3 Eingeführt durch das Gesetz zur Überarbeitung des Lebenspartnerschaftsrechts vom 15.12.2004, Bundesgesetzblatt (BGBl) I, S. 3396.

4 Zu den Einzelheiten dieser Verfahren siehe den Beitrag von Thomas Katzorke in diesem Band.

5 Für die Freigabe dieser Verfahren z.B. Werner Heun: »Restriktionen assistierter Reproduktion aus verfassungsrechtlicher Sicht«, in: Gisela Bockenheimer-Lucius/Petra Thorn/Christiane Wendehorst (Hg.), Umwege zum eigenen Kind. Ethische und rechtliche Herausforderungen an die Reproduktionsmedizin 30 Jahre nach Louise Brown, Göttingen: Universitätsverlag 2008, S. 49-62, hier S. 57ff.

6 Bundesärztekammer: »(Muster-)Richtlinie zur Durchführung der assistierten Reproduktion, Novelle 2006«, in: Deutsches Ärzteblatt 103 (2006), S. A 1392-A 1403.

des Arztes/der Ärztin anerkennen wird.[7] Alleinstehenden Frauen und Frauen, die in einer gleichgeschlechtlichen Lebensgemeinschaft leben, bleiben diese Methoden somit grundsätzlich verschlossen. Ausdrücklich bezieht sich die Richtlinie dabei nur auf die Methoden der assistierten Reproduktion, die eine Kombination von hormoneller Stimulation und Insemination vorsehen.[8] Die alleinige Insemination unter ärztlicher Assistenz könnte von Ärzten mithin ohne Verstoß gegen das Berufsrecht durchgeführt werden.[9] In der Praxis wenden jedoch nur wenige Ärzte dieses Verfahren bei Frauen an, die in einer gleichgeschlechtlichen Partnerschaft leben. Dies dürfte auf die ungeklärte Rechtslage für die so begründeten Familien zurückzuführen sein.[10] Außerdem lässt sich der Richtlinie deutlich entnehmen, dass die Bundesärztekammer die assistierte Reproduktion bei gleichgeschlechtlichen Paaren *generell* aus Gründen des Kindeswohls nicht gutheißt, eine Skepsis, die sich auch auf Formen der Insemination beziehen dürfte, die vom Anwendungsbereich der Richtlinie formal nicht erfasst sind.

1.2 Familiengestaltung

Ist die gleichgeschlechtliche Familie einmal in der Welt, so stellt sich die Frage, in welchen rechtlichen Verhältnissen die Beteiligten zueinander stehen. Die Probleme, die sich hierbei zeigen, unterscheiden sich im Grunde nicht von Schwierigkeiten, die es auch in der gegengeschlechtlichen Stieffamilie gibt. Sie betreffen vor allem das Verhältnis sozialer und leiblicher Elternschaft mit den damit verbundenen sorge-, umgangs- und unterhaltsrechtlichen Problemen. Bei der Inseminationsfamilie muss allerdings darüber hinaus die Person des Samenspenders in die Betrachtung einbezogen werden.

---

7   Bundesärztekammer: »(Muster-)Richtlinie zur Durchführung der assistierten Reproduktion«, S. A 1395.
8   Bundesärztekammer: »(Muster-)Richtlinie zur Durchführung der assistierten Reproduktion«, S. A 1393.
9   Vgl. Nina Dethloff: »Regenbogenfamilien. Der Schutz von Eltern-Kind-Beziehungen in gleichgeschlechtlichen Partnerschaften«, in: Alfred Söllner u.a. (Hg.), Gedächtnisschrift für Meinhard Heinze, München: Beck 2005, S. 133-143, hier S. 134.
10 Vgl. Petra Thorn/Tewes Wischmann: »Eine kritische Würdigung der Novellierung der (Muster-)Richtlinie der Bundesärztekammer 2006 aus der Perspektive der psychosozialen Beratung«, in: Journal für Reproduktionsmedizin und Endokrinologie 1 (2008), S. 39-44, hier S. 42; Dirk Siegfried: »Kinder vom anderen Ufer«, in: Familie Partnerschaft Recht 11 (2005), S. 120-122, hier S. 121.

1.2.1 Leibliche Eltern

Rechtliche und leibliche Elternschaft können auseinanderfallen: Ein Kind, das innerhalb einer bestehenden Ehe geboren wird, hat rechtlich den Ehemann der Mutter zum Vater, auch wenn dieser nicht der leibliche Vater ist (§ 1592 Nr. 1 BGB). Bei einem Kind, dessen Mutter nicht verheiratet ist, kann ein Mann, der nicht der leibliche Vater ist, die Vaterschaft nach § 1592 Nr. 2 BGB anerkennen. Nach einer Adoption sind die Adoptiveltern die rechtlichen Eltern des Kindes; sie treten an die Stelle der leiblichen Eltern (§ 1755 Abs. 1 Satz 1 BGB). In gleichgeschlechtlichen Lebensgemeinschaften mit Kindern kann leibliche Elternschaft insbesondere in zwei Konstellationen problematisch werden: (1) Nach einer Stiefkindadoption erlischt das Verwandtschaftsverhältnis des Kindes zu dem abgebenden leiblichen Elternteil. Dieser muss daher in die Stiefkindadoption einwilligen (§ 1747 Abs. 1 BGB), und die Abgabe des Kindes muss dessen Wohl dienen. (2) Bei Inseminationskindern ist der zweite leibliche Elternteil der Samenspender. Stammt der Samen von dem Mann, der auch die rechtliche Vaterschaft für das Kind übernimmt (homologe Insemination), so fallen leibliche, rechtliche und soziale Elternschaft zusammen. Diese Konstellation entspricht der eines Kindes mit zwei leiblichen Elternteilen und ist rechtlich daher unproblematisch. Schwieriger ist die Rechtslage, wenn der Spendersamen von einem Dritten stammt (heterologe bzw. donogene Insemination). Im Regelfall wünschen in dieser Konstellation weder der Samenspender selbst noch die Mutter des Kindes, dass er die Vaterposition einnimmt (vgl. aber unten zu erweiterten Elternschaftsmodellen). Seine Vaterschaft kann unter Umständen dennoch gerichtlich festgestellt werden, und sie ist dann mit allen sorge-, umgangs-, unterhalts- und erbrechtlichen Konsequenzen verbunden. Wie hoch dieses Risiko für den Samenspender ist, hängt nach geltendem Recht stark davon ab, in welche Art von Lebensgemeinschaft das Kind hineingeboren wird – dies gilt selbstverständlich nur, sofern die Identität des Samenspenders überhaupt bekannt ist.

(a) Haben zwei *Eheleute* in die heterologe Insemination eingewilligt, so wird der Ehemann mit der Geburt des Kindes rechtlicher Vater gem. § 1592 Nr. 1 BGB (Vaterschaftsvermutung). Keiner der Eheleute kann die Vaterschaft des Ehemannes mit der Begründung anfechten, dass der Samenspender der leibliche Vater des Kindes sei (§ 1600 Abs. 5 BGB). Der Ehemann bleibt allerdings anfechtungsberechtigt, wenn er nicht wirksam eingewilligt hat. Darüber hinaus kann auch das Kind die Vaterschaft des Ehemannes anfechten und diejenige des Samenspenders feststellen lassen (§ 1600 Abs. 1 Nr. 4 BGB). Auch bei einer heterologen

Insemination innerhalb einer Ehe ist der Samenspender folglich rechtlich nicht gänzlich von den Folgen einer Vaterschaftsfeststellung freigestellt.

(b) In (gegengeschlechtlichen) *nichtehelichen Lebensgemeinschaften* wird der Partner der Mutter erst dann zum rechtlichen Vater des Kindes, wenn er die Vaterschaft anerkennt (§ 1592 Nr. 2 BGB). Die Anerkennung setzt keine leibliche Verwandtschaft voraus. Sie ist schon vor der Geburt des Kindes möglich (§ 1594 Abs. 4 BGB), nach dem Wortlaut des Gesetzes jedoch nicht auch schon vor der Zeugung.[11] Die anerkannte Vaterschaft kann wie die gem. § 1592 Nr. 1 BGB vermutete Vaterschaft nicht mit der Begründung angefochten werden, dass der Samenspender leiblicher Vater des Kindes sei (§ 1600 Abs. 5 BGB). Das Kind bleibt jedoch auch hier anfechtungsberechtigt.

(c) In *gleichgeschlechtlichen Lebensgemeinschaften*, die im Falle der Samenspende nur weibliche Paarbeziehungen sein können, gibt es in der Regel keinen rechtlichen Vater für das Kind. Das bedeutet, dass die Vaterschaft des Samenspenders gerichtlich festgestellt werden kann, wenn die Mutter des Kindes einen entsprechenden Antrag stellt (§ 1600d BGB). Das Gleiche gilt für *Alleinstehende*, die ein Kind mithilfe von Spendersamen erzeugen.

(d) Der *Samenspender* selbst kann die rechtliche Vaterschaft des Partners der Mutter in keinem Fall anfechten. Denn ein Mann hat dieses Recht nur, wenn er dem Kind entweder irrtümlich als rechtlicher Vater zugeordnet wurde oder wenn er mit der Mutter im Empfängniszeitraum Geschlechtsverkehr hatte (§ 1600 Abs. 1 Nr. 2 BGB: »beigewohnt«).[12]

1.2.2 Soziale Eltern

Von sozialer Elternschaft wird gesprochen, wenn eine Person, die nicht leiblicher Elternteil ist, die Elternrolle für ein Kind übernimmt. Soziale Elternteile können rechtlich die Elternschaft erwerben, wenn sie das

---

11 Für eine analoge Anwendung des § 1594 Abs. 4 BGB auf eine Anerkennung der Vaterschaft vor der Zeugung durch Samenspende: Andreas Roth: »Der Ausschluss der Vaterschaftsanfechtung nach Einwilligung in die heterologe Insemination (§ 1600 Abs. 2 BGB)«, in: Deutsche Notarzeitung 2003, S. 805-822, hier S. 808.

12 Eckart Hammermann, in: Harm P. Westermann/Walter Erman, Handkommentar zum BGB, 12. Aufl. Köln: Verlag Otto Schmidt 2008, § 1600 Rn. 38; D. Siegfried: »Kinder vom anderen Ufer«, S. 122.

Kind adoptieren (§ 1755 Abs. 1 Satz 1 BGB) oder – bei Männern – wenn die Vaterschaft gem. § 1592 Nr. 1 BGB (bestehende Ehe zum Zeitpunkt der Geburt) vermutet wird oder gem. §§ 1592 Nr. 2, 1594ff. BGB anerkannt wurde. In allen anderen Fällen hängen die Rechte sozialer Elternteile stark davon ab, wie formalisiert die Beziehung zwischen leiblichem und sozialem Elternteil ist.

Eheleute und LebenspartnerInnen können ein sogenanntes »Notvertretungsrecht« für Kinder haben, mit denen sie in häuslicher Gemeinschaft leben (§ 9 Abs. 2 LPartG, § 1687b Abs. 2 BGB). Sie sind dann berechtigt, in Notsituationen alle Rechtshandlungen vorzunehmen, die zum Wohl des Kindes notwendig sind. Dieses Recht ist jedoch auf dringende Fälle (»Gefahr im Verzug«) beschränkt. Zudem besteht ein Notvertretungsrecht nur dann, wenn der sorgeberechtigte Partner die alleinige Sorge für das Kind hat. Gibt es also einen weiteren sorgeberechtigten Elternteil, wie regelmäßig nach einer Scheidung (vgl. § 1671 BGB), dann ist das Notvertretungsrecht für den Stiefelternteil ausgeschlossen.

Mit dem Lebenspartnerschaftsgesetz von 2001 ist im Familienrecht darüber hinaus das sogenannte »kleine Sorgerecht« für Eheleute und LebenspartnerInnen geschaffen worden (§ 9 Abs. 1 LPartG, § 1687b Abs. 1 BGB). Es umfasst eine Mitentscheidungsbefugnis in den Angelegenheiten des täglichen Lebens.[13] Angelegenheiten des täglichen Lebens sind gem. § 1687 Abs. 1 Satz 3 BGB solche, »die häufig vorkommen und die keine schwer abzuändernden Auswirkungen auf die Entwicklung des Kindes haben«. Sobald eine Frage also den Bereich des täglichen Miteinanders verlässt und/oder für das Kind eine grundsätzliche Bedeutung entfaltet, endet das »kleine Sorgerecht«. Hinzu kommt, dass es wie das Notvertretungsrecht die alleinige Sorge des Partners oder der Partnerin voraussetzt.[14] Schließlich muss das »kleine Sorgerecht« im Einvernehmen mit dem sorgeberechtigten Elternteil ausgeübt werden. Dieser hat folglich auch das Recht, im Konfliktfall allein zu entscheiden.[15]

---

13 Vgl. Joachim Gernhuber/Dagmar Coester-Waltjen: Familienrecht, 5. Aufl. München: Beck 2006, § 57 Rn. 17; Martin Löhnig: »Neue Partnerschaften der gemeinsam sorgeberechtigt gebliebenen Eltern – Welche Rechte haben die neuen Partner?«, in: Familie Partnerschaft Recht 14 (2008), S. 157-159, hier S. 157.

14 Vgl. M. Löhnig: »Neue Partnerschaften«, S. 158.

15 Vgl. Dagmar Kaiser, in: Harm P. Westermann/Walter Erman, Handkommentar zum BGB, 12. Aufl. Köln: Verlag Otto Schmidt 2008, § 9 LPartG Rn. 4; M. Löhnig: »Neue Partnerschaften«, S. 158; Barbara Veit: »Kleines Sorgerecht für Stiefeltern (§ 1687b BGB)«, in: Familie Partnerschaft Recht 10 (2004), S. 67-73, hier S. 71.

Stirbt der sorgeberechtigte Lebenspartner oder verliert er das Sorgerecht, so kann das Familiengericht eine sogenannte »Verbleibensanordnung« zugunsten des sozialen Elternteils erlassen (§ 1682 Satz 2 BGB).
Diese Entscheidung setzt die Einschätzung voraus, dass das Wohl des
Kindes gefährdet ist, wenn es von dem sozialen Elternteil getrennt wird.
Ein Sorgerecht ist mit der »Verbleibensanordnung« jedoch nicht verbunden. Die Befugnisse des sozialen Elternteils beschränken sich vielmehr ähnlich wie beim »kleinen Sorgerecht« auf Angelegenheiten des
täglichen Lebens (§ 1688 Abs. 1, 3 und 4 BGB).[16]

Trennen sich die Lebenspartner, so hat der soziale Elternteil ein
Umgangsrecht, das dem sonstiger (d.h. nicht-elterlicher) Bezugspersonen des Kindes entspricht (§ 1685 Abs. 2 BGB).[17] Es besteht – anders
als das elterliche Umgangsrecht – nur dann, wenn der Umgang dem
Wohl des Kindes dient. Unterhalts- oder Erbansprüche hat das Kind an
den sozialen Elternteil in Ehe und Lebenspartnerschaft nicht.[18]

Erheblich schlechter ist die Rechtsstellung sozialer Eltern in *nichtehelichen bzw. nicht verpartnerten Stieffamilien*: Ihnen stehen weder das
Notvertretungsrecht noch das »kleine Sorgerecht« zu.[19] Eine Verbleibensanordnung zu ihren Gunsten ist nicht möglich. Stirbt der leibliche
Elternteil oder verliert er das Sorgerecht, kann der Partner/die Partnerin
allenfalls zum Vormund für das Kind bestimmt werden (§§ 1776 Abs. 1,
1779 Abs. 1 und 2 BGB), und dies auch nur, wenn kein weiterer Elternteil mehr lebt (§ 1680 BGB). Trennen sich die PartnerInnen, so haben
sie wie die sozialen Eltern aus Eingetragenen Lebenspartnerschaften ein
Umgangsrecht gem. § 1685 Abs. 2 BGB.[20]

---

16 Vgl. Karlheinz Muscheler: »Das Recht der Stieffamilie«, in: Zeitschrift für
    das gesamte Familienrecht 51 (2004), S. 915-921, hier S. 917.
17 Seit 01.08.2001 durch das Gesetz zur Beendigung der Diskriminierung
    gleichgeschlechtlicher Lebensgemeinschaften: Lebenspartnerschaftsgesetz
    (LPartG) vom 16.12.2001, BGBl. I, S. 266.
18 Vgl. K. Muscheler: »Das Recht der Stieffamilie«, S. 917.
19 Vgl. Nina Dethloff: »Nichteheliche Lebensgemeinschaft und Kinder«, in:
    Jens M. Scherpe/Nadjma Yassari (Hg.), Die Rechtsstellung nichtehelicher
    Lebensgemeinschaften, Tübingen: Mohr Siebeck, S. 137-162, hier S. 146.
20 Seit 30.04.2004 durch das Gesetz zur Änderung der Vorschriften über die
    Anfechtung der Partnerschaft und das Umgangsrecht für Bezugspersonen
    des Kindes vom 23.04.2004, BGBl. I, S. 598.

2. Gleichgeschlechtliche Lebensgemeinschaften im Verfassungsrecht

Die soeben geschilderten rechtlichen Bedingungen für gleichgeschlechtliche Paare mit Kindern berühren verfassungsrechtliche Rechtspositionen der betroffenen Eltern, PartnerInnen und Kinder. Dabei muss zwischen Freiheitsrechten und Gleichheitsrechten unterschieden werden. Freiheitsrechte sind primär als Abwehrrechte gegen den Staat ausgestaltet, d.h. sie geben den Einzelnen die Freiheit, einen bestimmten Lebensbereich nach eigenen Vorstellungen zu gestalten und sich gegen Einmischungen des Staates zu wehren. In unserem Zusammenhang enthalten Art. 6 Abs. 1 GG (Familienschutz) und Art. 6 Abs. 2 Satz 1 GG (Elternrecht) solche Freiheitsrechte. Gleichheitsrechte begründen einen Anspruch darauf, gegenüber anderen nicht willkürlich ungleich behandelt zu werden (Art. 3 GG).

Die Rechtsposition der Kinder findet sich im Grundgesetz im Wesentlichen in einem Anspruch auf Schutz und Hilfe, der sich aus der elterlichen Erziehungspflicht (Art. 6 Abs. 2 Satz 1 GG) einerseits und dem sogenannten »staatlichen Wächteramt« über die Pflege und Erziehung der Kinder (Art. 6 Abs. 2 Satz 2 GG) andererseits ergibt.

2.1 Schutz von Ehe und Familie

Art. 6 Abs. 1 GG schützt Ehe und Familie (»Ehe und Familie stehen unter dem besonderen Schutz des Staates.«). Unter einer Ehe wird in der rechtswissenschaftlichen Diskussion überwiegend eine auf Dauer angelegte Gemeinschaft eines Mannes und einer Frau verstanden. Eine Ehe ist also stets eine Zweierbeziehung, sie ist nicht nur vorübergehend, und sie besteht zwingend aus zwei Personen unterschiedlichen Geschlechts.[21] Eine gleichgeschlechtliche Partnerschaft kann nach dieser – nicht ganz unumstrittenen – Auffassung nicht unter den Schutz der Ehe fallen.[22]

Der Gesetzgeber ist jedoch nach der Rechtsprechung des Bundesverfassungsgerichts nicht daran gehindert, neben der Ehe auch andere Formen einer Lebensgemeinschaft rechtlich anzuerkennen. Dies ist im Jahr 2001 mit der Lebenspartnerschaft geschehen.[23] Die Verfassung gebietet

---

21 Entscheidungen des Bundesverfassungsgerichts (BVerfGE) Bd. 10, S. 59, hier S. 66; BVerfGE 53, S. 224, hier S. 245.

22 Zur rechtswissenschaftlichen Diskussion des Ehebegriffs vgl. Ariane Sickert: Die lebenspartnerschaftliche Familie. Das Lebenspartnerschaftsgesetz und Art. 6 Abs. 1 GG, Berlin: Duncker & Humblot 2005, S. 149ff.

23 Vgl. Fn. 17.

nicht, die Lebenspartnerschaft rechtlich schlechter zu stellen als die Ehe.[24]

Als »Familie« im Sinne des Art. 6 Abs. 1 GG wird die Gemeinschaft von Eltern und Kindern angesehen.[25] Anders als die Ehe ist die Familie nach heutigem Verständnis an keine bestimmte Paarkonstellation geknüpft. Auch Alleinerziehende mit ihren Kindern,[26] nichteheliche Kinder mit ihren Eltern[27] sowie Stiefkinder in ihrer häuslichen Lebensgemeinschaft[28] bilden jeweils eine Familie. Als Erziehungs- und Verantwortungsgemeinschaften fallen auch gleichgeschlechtliche Paare mit Kindern unter diesen weit verstandenen Familienbegriff und damit unter den Schutz der Familie gem. Art. 6 Abs. 1 GG.[29]

2.1.1 Das Recht auf Familiengründung

Der Schutz der Familie umfasst das gesamte Zusammenleben der Familie und – als Ausdruck des Allgemeinen Persönlichkeitsrechts (Art. 2 Abs. 1 i.V.m. Art. 1 Abs. 1 GG) – auch ein Recht auf Familiengründung.[30] In der rechtswissenschaftlichen Literatur wird dieses Recht noch heute gelegentlich nur Eheleuten zugesprochen, da die Ehe die beste Gewähr für stabile Familienverhältnisse sei.[31] Damit wird zwischen för-

---

24 BVerfGE 105, S. 313, hier S. 348 (vgl. aber das abweichende Votum der Richter Papier und Haas, ebd., S. 361f.); BVerfG, in: Deutsches Verwaltungsblatt 124 (2009), S. 1510-1516, hier S. 1513. Für ein »Abstandsgebot« Katharina Pfizenmayer: Die Rechtsstellung gleichgeschlechtlicher Lebenspartner in der deutschen Rechtsordnung. Eine kritische Würdigung des Gesetzes zur Beendigung der Diskriminierung gleichgeschlechtlicher Gemeinschaften: Lebenspartnerschaften, Hamburg: Kovac 2007, S. 86ff.; Matthias Jestaedt: Stellungnahme bei der Anhörung des Rechtsausschusses des Bundestages vom 18.06.2008, Anlage zum Prot. 16/106, http://www.bundestag.de/ausschuesse/a06/anhoerungen/Archiv/38_LPartGErgG/04_Stellungnahmen/index.html vom 1.10.2009, S. 4.

25 BVerfGE 19, S. 59, hier S. 66; BVerfGE 48, S. 327, hier S. 339.

26 BVerfGE 18, S. 97, hier S. 106; BVerfGE 79, S. 256, hier S. 267.

27 Eva Schumann: Die nichteheliche Familie. Reformvorschläge für das Familienrecht, München: Beck 1998, S. 193f.; Rolf Gröschner, in: Horst Dreier (Hg.), Grundgesetz Kommentar, Bd. 1, 2. Aufl., Tübingen: Mohr Siebeck 2004, Art. 6 Rn. 78.

28 BVerfGE 18, S. 97, hier S. 105; BVerfGE 36, S. 146, hier S. 167.

29 A. Sickert: Die lebenspartnerschaftliche Familie, S. 200; K. Pfizenmayer: Die Rechtsstellung gleichgeschlechtlicher Lebenspartner, S. 42.

30 Gerhard Robbers, in: Hermann v. Mangoldt/Friedrich Klein/Christian Starck (Hg.), Kommentar zum Grundgesetz, Bd. 1, 5. Aufl. München: Verlag Franz Vahlen, Art. 6 Rn. 92; R. Gröschner: Art. 6 Rn. 65; W. Heun: »Restriktionen assistierter Reproduktion«, S. 51f.

31 Vgl. K. Pfizenmayer: Die Rechtsstellung gleichgeschlechtlicher Lebenspartner, S. 90: »Von Verfassungs wegen ist [...] die institutionell ge-

derungswürdigen und nicht förderungswürdigen Familienformen unterschieden. Gegen diese Sichtweise lässt sich einwenden, dass der Schutz der Familie die besondere Bedeutung von Eltern-Kind-Verhältnissen als Lebens-, Erziehungs- und Verantwortungsgemeinschaften anerkennt und mit rechtlichem Schutz versieht.[32] Diese Bedeutung besteht unabhängig davon, ob die Eltern in einer Partnerschaft leben und wie diese rechtlich ausgestaltet ist. Wenn für die Familie entscheidend ist, dass eine Gemeinschaft zwischen Eltern und Kindern besteht, so kann auch für das Recht auf Familiengründung nur der Wille bedeutsam sein, eine solche Gemeinschaft zu begründen.

Andere Autoren beschränken das Recht auf Familiengründung auf gegengeschlechtliche Paare, weil nur diese auf natürlichem Wege Eltern werden könnten.[33] Bei gegengeschlechtlichen Paaren wird der Kinderwunsch als solcher jedoch auch dann als schützenswert nach Art. 6 Abs. 1 GG angesehen, wenn die konkret betroffenen Partner auf natürlichem Wege keine Kinder bekommen können.[34] Dies ist auch sinnvoll, denn der Wunsch, mit dem Kind des Partners/der Partnerin zusammenzuleben oder ein Kind zu adoptieren, ist nicht minder schützenswert als der Wunsch, auf natürlichem Wege Kinder zu bekommen.[35] Gleiches gilt für die Erzeugung von Kindern über eine Form der assistierten Reproduktion, und es muss auch für gleichgeschlechtliche Personen und Paare gelten. So wenig der Wunsch nach Kindern an die tatsächliche Zeugungsfähigkeit gekoppelt ist, so wenig kann das Recht auf Familiengründung auf ein reines »Fortpflanzungsrecht« und damit auf zeugungsfähige Personen oder Personenverbindungen beschränkt sein.

Das Recht auf Familiengründung ist allerdings lediglich ein Abwehrrecht gegen den Staat, kein Recht auf staatliche Leistungen. Der Staat darf also Personen, die eine Familie gründen möchten, nicht ohne sachliche Rechtfertigung daran hindern. Es besteht aber kein Anspruch von Personen oder Lebensgemeinschaften, dass der Staat ihnen die Voraussetzungen schafft, unter denen sie ihren Kinderwunsch realisieren

---

schützte Ehe als einzig förderungswürdiger Ort für die Erziehung und Sozialisation von Nachwuchs anerkannt.«

32 Vgl. A. Sickert: Die lebenspartnerschaftliche Familie, S. 191.

33 G. Robbers: Art. 6 Rn. 175; K. Pfizenmayer: Die Rechtsstellung gleichgeschlechtlicher Lebenspartner, S. 270, 277; Michaela Lehmann: Die In-Vitro-Fertilisation und ihre Folgen. Eine verfassungsrechtliche Analyse, Frankfurt a.M. u.a.: Peter Lang 2007, S. 201.

34 R. Gröschner: Art. 6 Rn. 66 (für Eheleute).

35 Vgl. Nina Dethloff: »Adoption durch gleichgeschlechtliche Paare«, in: Zeitschrift für Rechtspolitik 6 (2004), S. 195-200, hier S. 195.

können.[36] Davon ist wiederum die Frage zu unterscheiden, ob das Recht einzelne Wege der Familiengründung und -gestaltung *für bestimmte Personen oder Familienformen* verbieten darf, wie es im geltenden Recht bei der Adoption und der medizinischen Reproduktion geschieht. Solche Ausschlüsse können eine Grundrechtsverletzung darstellen, wenn sie sich nicht aus der Verfassung rechtfertigen lassen.

Freiheitsrechte gewähren ihren Trägern einen geschützten Bereich, innerhalb dessen sie selbstbestimmt handeln können. Diese »Schutzbereiche« der Freiheitsgrundrechte sind begrenzt durch die Rechte anderer Personen: Niemand soll seine Freiheit auf Kosten Anderer ausleben können. Jedes Freiheitsgrundrecht kann also eingeschränkt werden. In welcher Form und in welchem Umfang dies geschehen darf, ist jedoch für jedes Grundrecht anders und muss sich jeweils aus der Verfassung selbst ergeben. Der Schutz der Familie gem. Art. 6 Abs. 1 GG enthält keine ausdrücklich formulierte Eingriffsermächtigung. Ein solches »vorbehaltlos« gewährtes Grundrecht kann nur eingeschränkt werden, wenn ein kollidierendes Verfassungsgut die Einschränkung gebietet.[37] Gegen die vollen Familiengründungsrechte für gleichgeschlechtliche Paare wird in der gegenwärtigen Debatte zumeist das Kindeswohl angeführt.[38]

2.1.2 Das Kindeswohl als kollidierendes Verfassungsgut

Der Begriff »Kindeswohl« taucht im Verfassungstext nicht auf, wird aber zur Begrenzung des in Art. 6 Abs. 2 Satz 1 GG gewährleisteten Elternrechts herangezogen. In Art. 6 Abs. 2 GG heißt es: »Pflege und Erziehung der Kinder sind das natürliche Recht der Eltern und die zuvörderst ihnen obliegende Pflicht. Über ihre Betätigung wacht die staatliche Gemeinschaft.« Schon der Begriff der »Pflicht« in Art. 6 Abs. 2 Satz 1 GG weist darauf hin, dass das Elternrecht begrenzt ist: Eltern sind bei der Pflege und Erziehung ihrer Kinder dem Wohl des Kindes verpflichtet (»Elternverantwortung«).[39] Zeigen sie sich nicht willens oder in der

---

36 R. Gröschner: Art. 6 Rn. 34; W. Heun: »Restriktionen assistierter Reproduktion«, S. 51.

37 BVerfGE 47, S. 327, hier S. 369; BVerfGE 57, S. 70, hier S. 99.

38 Vgl. die Nachweise in Fn. 64, 68 und 95.

39 Christine Langenfeld/Reinhard Wiesner: »Verfassungsrechtlicher Rahmen für die öffentliche Kinder- und Jugendhilfe bei Kindeswohlgefährdungen und seine einfachgesetzliche Ausfüllung«, in: Deutsches Institut für Jugend- und Familienrecht e.V. (Hg.), Verantwortlich handeln – Schutz und Hilfe bei Kindeswohlgefährdungen. Saarbrücker Memorandum, Köln: Bundesanzeiger 2004, S. 45-81, hier S. 52; Matthias Jestaedt: »Kinder- und Jugendhilferecht und das Verfassungsrecht«, in: Johannes Münder/

Lage, ihr Kind vor Gefährdungen zu schützen, so tritt gem. Art. 6 Abs. 2 Satz 2 GG der Staat in die Verantwortung. Dieses sogenannte »staatliche Wächteramt« umfasst den Schutz des Kindes vor Gefährdungen seines Wohls, sobald die primär zuständigen und verpflichteten Eltern diesen Schutz nicht mehr gewährleisten können oder wollen.[40] Es wird in unserer Rechtsordnung hauptsächlich von den Familiengerichten und den Jugendämtern wahrgenommen. Das staatliche Wächteramt umfasst auch eine gewisse Bestimmungsmacht dieser staatlichen Stellen darüber, unter welchen Voraussetzungen die Schwelle der Kindeswohlgefährdung als überschritten gilt.

2.1.2.1 Der Inhalt des Kindeswohls

Nach § 1666 Abs. 1 BGB umfasst das Kindeswohl leibliche, geistige und seelische Aspekte, verlangt also eine umfassende Betrachtung der Lebenslage und der Interessen des Kindes im konkreten Einzelfall.[41] In der familienrechtlichen Literatur und Rechtsprechung wird das Kindeswohl mit den *Interessen* des Kindes gleichgesetzt, wie sie sich bei verständiger Würdigung der Persönlichkeit und der Lebensumstände des Kindes darstellen (wohlverstandene Interessen).[42] Der *Wille* des Kindes, verstanden als die von ihm selbst geäußerten Interessen, ist dabei mit zunehmender Reife des Kindes zu berücksichtigen (§ 1626 Abs. 2 Satz 1 BGB). Des Weiteren steht außer Frage, dass der Staat gegenüber Kindern deren Grundrechte, insbesondere ihre Menschenwürde (Art. 1 Abs. 1 GG) und ihr Allgemeines Persönlichkeitsrecht (Art. 2 Abs. 1 i.V.m. Art. 1 Abs. 1 GG), zu beachten hat.[43]

2.1.2.2 Positiver und negativer Standard des Kindeswohls

Das Kindeswohl kommt im einfachen (unterverfassungsrechtlichen, vgl. Fn. 2) Recht auf unterschiedlichen Ebenen zum Tragen. Dabei muss mit der familienrechtlichen Literatur zwischen einem positiven und ei-

---

Reinhard Wiesner (Hg.), Handbuch Kinder- und Jugendhilferecht, Baden-Baden: Nomos 2007, S. 106-133, hier S. 113.

40 BVerfGE 107, S. 104-133; M. Jestaedt: »Kinder- und Jugendhilferecht«, S. 116.

41 Christine Hohmann-Dennhardt: »Kindeswohl und Elternrechte – Rechtsverhältnis von Eltern und Kindern«, in: Familie Partnerschaft Recht 14 (2008), S. 476-477; Michael Coester, in: J. v. Staudingers Kommentar zum BGB, 4. Buch: Familienrecht, Berlin: Sellier-De Gruyter 2004, § 1671 Rn. 157.

42 M. Coester: § 1671 Rn. 157ff.

43 BVerfGE 121, S. 69-108.

nem negativen Standard des Kindeswohls unterschieden werden.[44] Der positive Standard bezeichnet das individuelle Optimum, d.h. den Zustand, der für das konkrete Kind in seiner konkreten Lebenssituation der beste wäre. Der negative Standard umreißt demgegenüber Mindestbedingungen, die für das Wohl des Kindes unverzichtbar sind. Dazu gehören fundamentale Rechte wie die Menschenwürde, der Schutz von Leben, Gesundheit und körperlicher Unversehrtheit (Art. 2 Abs. 2 GG) und das Recht auf Entwicklung zu einer selbstbestimmten Persönlichkeit (Art. 2 Abs. 1 GG). Wird der negative Standard verletzt, ist das Wohl des Kindes gefährdet. Wegen des Vorrangs des Elternrechts ist der Staat im Rahmen seines Wächteramts auf diesen Bereich der Kindeswohlgefährdung beschränkt.[45] Das staatliche Wächteramt betrifft somit nur diejenigen Lebensbedingungen, die für jedes Kind unverzichtbar sind.[46] Eine Kindeswohlgefährdung im rechtlichen Sinne kann darum nicht schon dann angenommen werden, wenn die Erziehung des Kindes nicht optimal verläuft, wenn also die Lebensumstände des Kindes aus sozialen oder ökonomischen Gründen belastend sind oder wenn das Kind nach pädagogischen Maßstäben nicht bestmöglich gefördert wird.[47] Eine gewisse Pluralität der Familienformen und -werte, der Erziehungsmethoden und -ziele wird in Kauf genommen, um die elterliche Freiheit nicht unverhältnismäßig einzuschränken.[48] Eine Kindeswohlgefährdung setzt

---

44 Vgl. dazu m.w.N. Eva Schumann: »Stärkung und Schutz des Kindeswohls«, in: Volker Lipp/Eva Schumann/Barbara Veit, Reform des familiengerichtlichen Verfahrens. 1. Familienrechtliches Forum Göttingen 2008, Göttingen: Universitätsverlag 2009, S. 229-258, hier S. 230.

45 Vgl. ebd., S. 231; Friederike Wapler: »Staatliche Reaktionsmöglichkeiten bei Kindeswohlgefährdungen – Verfassungsrechtliche Aspekte der jüngsten Gesetzesänderungen«, in: Recht der Jugend und des Bildungswesens 57 (2009), S. 21-32, hier S. 23; BVerfGE 61, S. 385, hier S. 371.

46 Vgl. F. Wapler: »Staatliche Reaktionsmöglichkeiten bei Kindeswohlgefährdungen«, S. 23.

47 Vgl. BVerfGE 60, S. 79, hier S. 91. Siehe auch OLG Brandenburg, in: Zeitschrift für Kindschaftsrecht und Jugendhilfe 7 (2009), S. 291-293 (Kein Anspruch auf »bestmögliche Eltern«); OLG Köln, in: Das Jugendamt (2008), S. 45-48 (ungünstige Familienkonstellation (hier: Großfamilie) allein begründet keine Kindeswohlgefährdung); BVerfG, in: Das Jugendamt (2009), S. 36-40 (Primat des Elternrechts bedeutet, dass bis zur Gefährdungsschwelle auch Nachteile für das Kind in Kauf genommen werden).

48 M. Coester: § 1666 Rn. 81: »Seine Eltern und deren sozio-ökonomischen Verhältnisse gehören grundsätzlich zum Schicksal und Lebensrisiko eines Kindes. Dies ist nicht so sehr eine Konzession an das Elternrecht als vielmehr schon eine gesellschaftspolitische Notwendigkeit; sie verhindert, daß mit staatlicher Hilfe gebildetere, reifere oder wirtschaftlich besser situierte Personen den leiblichen Eltern auf breiter Front die Kinder entziehen können.«

also voraus, dass das leibliche, seelische oder geistige Wohlergehen des Kindes konkret und aktuell Schaden zu nehmen droht.[49] Es genügt keine abstrakte Gefährdung, sondern die Gefahr muss gegenwärtig sein, d.h. eine Schädigung des Kindes muss mit ziemlicher Sicherheit vorausgesehen werden können.[50] In Literatur und Rechtsprechung wird der Begriff der Schädigung häufig mit den Begriffen »Vernachlässigung«, »Misshandlung« und »sexueller Missbrauch« konkretisiert.[51]

Das erzieherische Optimum (»positiver Standard«) kann vor diesem Hintergrund nur unter zwei Bedingungen als Maßstab für staatliches Handeln herangezogen werden: Können Eltern sich nicht darüber einigen, wie sie das Sorge- oder Umgangsrecht für ihr Kind regeln, dann steht Elternrecht gegen Elternrecht, und dies befugt den Staat dazu, schlichtend einzugreifen.[52] Die entscheidende Stelle – in der Regel das Familiengericht – muss dann unter den bestehenden Alternativen diejenige auswählen, die für das Kind am besten erscheint (vgl. § 1671 Abs. 2 Nr. 2 BGB). Darüber hinaus ist der Staat dem Kindeswohl umfassend verpflichtet, wenn er selbst für das Kind handelt, denn in solchen Fällen geht seine Rolle über die bloße Wächterfunktion hinaus (Kindeswohlprinzip, § 1697a BGB; vgl. dazu auch Art. 3 Abs. 1 UN-Kinderrechtskonvention).

Das Kindeswohl ist nach dem oben Gesagten ein Verfassungsgut, das grundsätzlich nicht nur das Elternrecht, sondern auch das Recht auf Familiengründung einschränken kann, geht der Wunsch nach Familiengründung doch gerade dahin, die Elternrolle für ein Kind zu übernehmen.[53] In welchem Umfang solche Einschränkungen zu rechtfertigen sind, muss für die Fälle der Adoption und der medizinischen Reproduktion getrennt betrachtet werden. Wichtig ist jedoch für beide Fälle, dass das Kindeswohl nicht allein aus dem Recht bestimmt werden kann. Die Personen, die mit dem staatlichen Wächteramt betraut sind, müssen hierbei auf die Erkenntnisse der empirischen Wissenschaften, v. a. der Pädagogik, der Medizin, der Sozialwissenschaften und der Psychologie,

---

49 M. Coester: § 1666 Rn. 79.
50 Ebd., m.w.N.
51 Vgl. Rainer Kemper, in: Reiner Schulze u.a. (Hg.), Bürgerliches Gesetzbuch. Handkommentar, 5. Aufl. Baden-Baden: Nomos, § 1666 Rn. 3f. m.w.N.
52 Vgl. BVerfGE 31, S. 194, hier S. 205; BVerfGE 61, S. 358, hier S. 374; BVerfGE, in: Zeitschrift für das gesamte Familienrecht (1994), S. 223; Matthias Jestaedt, in: Rudolf Dolzer/Christian Waldhoff/Karin Graßhof (Hg.), Bonner Kommentar zum Grundgesetz, Band 3, Heidelberg: C.F. Müller 1995, Art. 6 Abs. 2 und 3 Rn. 15ff.
53 BVerfG, in: Neue Juristische Wochenschrift (1985), S. 423-424, hier S. 424; A. Sickert: Die gleichgeschlechtliche Lebenspartnerschaft, S. 209.

zurückgreifen.[54] In der Praxis geschieht das in der Regel dadurch, dass vor den Familiengerichten die Fachkräfte der Jugendhilfe und ggf. medizinische oder psychologische Sachverständige gehört werden. In der wissenschaftlichen Diskussion kann diesem Erfordernis nur dadurch Rechnung getragen werden, dass die unterschiedlichen Fachdisziplinen miteinander kommunizieren und die Erkenntnisse der jeweils anderen Profession in ihre Überlegungen einbeziehen. Trotz solcher Bemühungen wird sich aber nicht vermeiden lassen, dass das Kindeswohl als unbestimmter Rechtsbegriff mit ganz unterschiedlichen Inhalten gefüllt werden kann und dass seine Auslegung nicht nur vom gesellschaftlichen Wandel, sondern häufig auch von den Vorverständnissen der entscheidungsbefugten Personen beeinflusst wird. Gerade aus diesem Grund ist es so wichtig, an die Schwelle der Kindeswohlgefährdung einen strengen Maßstab anzulegen, denn sie erlaubt dem Staat massive Eingriffe in die Familie bis hin zum Entzug des Sorgerechts.

2.1.3 Was wissen wir über das Aufwachsen in gleichgeschlechtlichen Lebensgemeinschaften?

Mittlerweile gibt es zahlreiche empirische Studien zum Aufwachsen von Kindern in gleichgeschlechtlichen Lebensgemeinschaften, insbesondere aus dem englischsprachigen Raum, zunehmend aber auch aus Deutschland. Über ihre Repräsentativität und Qualität herrscht durchaus Uneinigkeit, und auch ihre Vergleichbarkeit lässt wegen der unterschiedlichen Fragestellungen und methodischen Herangehensweisen z.T. zu wünschen übrig. Für die hier interessierenden Fragen kommen die bisherigen empirischen Untersuchungen aber zu weitgehend einheitlichen Befunden, die folgendermaßen zusammengefasst werden können:[55]

---

54 M. Coester: § 1666 Rn. 65.

55 Die folgenden Ausführungen beruhen weitgehend auf den Darstellungen von Marina Rupp (Hg.): Die Lebenssituation von Kindern in gleichgeschlechtlichen Lebensgemeinschaften, Köln: Bundesanzeiger 2009, Bernd Eggen: Gleichgeschlechtliche Lebensgemeinschaften mit und ohne Kinder. Eine Expertise auf der Basis des Mikrozensus 2006, ifb-Materialien 1/2009, http://www.ifb.bayern.de/imperia/md/content/stmas/ifb/materiali en/mat_2009_1.pdf vom 24.06.2009 sowie Wassilios Fthenakis: »Gleichgeschlechtliche Lebensgemeinschaften und kindliche Entwicklung«, in: Jürgen Basedow u.a. (Hg.), Die Rechtsstellung gleichgeschlechtlicher Lebensgemeinschaften, Tübingen: Mohr Siebeck 2000, S. 351-389. Speziell zu lesbischen Lebensgemeinschaften mit Kindern siehe A. Brewaeys/S. Dufour/H. Kentenich: »Sind Bedenken hinsichtlich der Kinderwunschbehandlung lesbischer und alleinstehender Frauen berechtigt?«, in: Journal für Reproduktionsmedizin und Endokrinologie (2005), S. 35-40 und Lisa Herrmann-Green: »Lesben mit Kinderwunsch: Eine ethische Herausfor-

1. In gleichgeschlechtlichen Familien wird in gleicher Weise die tatsächliche Verantwortung für Kinder übernommen wie in der klassischen Vater-Mutter-Kind-Konstellation. Grundlegende Differenzen im Erziehungsverhalten können nicht festgestellt werden.[56]

2. Kinder in gleichgeschlechtlichen Lebensgemeinschaften entwickeln sich im Großen und Ganzen nicht anders als in gegengeschlechtlichen Familien.[57] Das Geschlecht oder die sexuelle Orientierung der Eltern haben offensichtlich keinen entscheidenden Einfluss darauf, wie sich ihre Kinder entwickeln.[58] Entscheidend für ein gesundes Aufwachsen und eine störungsfreie Identitätsbildung scheinen vielmehr Bezugspersonen zu sein, die umfassend Verantwortung für das Kind übernehmen, sich ihm liebevoll zuwenden und mit ihm eine stabile soziale und emotionale Beziehung eingehen.[59]

3. Kinder aus gleichgeschlechtlichen Lebensgemeinschaften sind unter Umständen in ihrem Alltag Vorurteilen gegenüber Homosexualität ausgesetzt.[60] Zu Störungen in der Identitätsbildung oder im Selbstwertgefühl führt dies jedoch nicht zwangsläufig. Für das einzelne Kind kommt es vielmehr entscheidend darauf an, wie seine Eltern und sonstigen Bezugspersonen mit der Gefahr der Stigmatisierung umgehen, d.h. ob sie das Kind unterstützen und für ein stärkendes soziales Umfeld sorgen.[61]

---

derung für die Reproduktionsmedizin?«, in: Gisela Bockenheimer-Lucius/Petra Thorn/Christiane Wendehorst (Hg.), Umwege zum eigenen Kind, Göttingen: Univ.-Verl. 2008, S. 217-238. Für eine ausführlichere Darstellung und Bewertung des derzeitigen Erkenntnisstands vgl. den Beitrag von Joanna Scheib in diesem Band.

56 Vgl. W. Fthenakis: »Gleichgeschlechtliche Lebensgemeinschaften«, S. 371, 374ff.; Juliane Pätzold: »Die gemeinschaftliche Adoption Minderjähriger durch eingetragene Lebenspartner«, in: Familie Partnerschaft Recht 14 (2008), S. 269-273, hier S. 271.

57 Vgl. W. Fthenakis: »Gleichgeschlechtliche Lebensgemeinschaften«, S. 376, 381ff.; L. Herrmann-Green: »Lesben mit Kinderwunsch«, S. 228.

58 Vgl. Bernd Eggen, »Gleichgeschlechtliche Lebensgemeinschaften – Kontinuität im Wandel intimer und familialer Lebensformen«, in: Familie Partnerschaft Recht 7 (2001), S. 444-449, hier S. 446; Thomas Katzorke: »Donogene Insemination«, in: Der Gynäkologe 10 (2007), S. 807-812, hier S. 810.

59 Vgl. B. Eggen: »Gleichgeschlechtliche Lebensgemeinschaften«, S. 19; M. Rupp: Die Lebenssituation von Kindern, S. 308.

60 Vgl. B. Eggen: »Gleichgeschlechtliche Lebensgemeinschaften«, S. 16; A. Braewaeys/S. Dufour/H. Kentenich: »Kinderwunschbehandlung«, S. 39; L. Herrmann-Green: »Lesben mit Kinderwunsch«, S. 225.

61 Vgl. M. Rupp: Die Lebenssituation von Kindern, S. 296ff. und 306f.; W. Fthenakis: Gleichgeschlechtliche Lebenspartnerschaften, S. 385ff.; B. Eggen: »Gleichgeschlechtliche Lebensgemeinschaften«, S. 446.

Diese Befunde sollten nicht so interpretiert werden, als sei es für das Aufwachsen von Kindern *gleichgültig*, ob sie in einer gegengeschlechtlichen oder in einer gleichgeschlechtlichen Familie leben. Nach wie vor wachsen die meisten Kinder mit ihren beiden leiblichen Eltern auf.[62] Die heterosexuelle Kernfamilie ist nicht nur ein »Mehrheitsmodell«, sondern auch die gesellschaftliche Norm, an der sich die Familienvorstellungen der meisten Menschen orientieren. Abweichungen von diesem Modell belasten die darin aufwachsenden Kinder immer mit einem besonderen Lebensthema, mit dem die betroffenen Kinder und ihre Angehörigen unterschiedlich umgehen und dessen Bewältigung auch scheitern kann.[63] Entscheidend für das gesunde Aufwachsen von Kindern scheinen jedoch nicht die Unterschiede zwischen den Familienformen zu sein, sondern die langfristige, liebevolle und verlässliche Bindung der (leiblichen oder sozialen) Eltern an das Kind, die in ganz unterschiedlichen Familienformen ge- und erlebt werden kann.

2.1.4 Adoption und Kindeswohl

Betrachtet man zunächst den Fall der Adoption, so beziehen sich die meisten Einwände gegen das volle Adoptionsrecht für gleichgeschlechtliche Paare zumindest implizit auf befürchtete Nachteile für das Kindeswohl.[64] Aus verfassungsrechtlicher Sicht muss in diesem Zusam-

---

62 Vgl. Ulrich Schneekloth/Ingo Leven: »Familie als Zentrum: nicht für alle gleich verlässlich«, in: World Vision Deutschland e.V. (Hg.), Kinder in Deutschland 2007. 2. World Vision Kinderstudie, Frankfurt a.M.: S. Fischer 2007, S. 65-109, hier S. 66f.

63 Siehe dazu die Arbeiten von Dorett Funcke, die auf die strukturierende Funktion der »ödipalen Triade« aus Vater, Mutter und Kind hinweisen: dies.: »Komplizierte Verhältnisse: Künstliche Befruchtung bei gleichgeschlechtlichen Paaren. Einblicke in eine neue Lebensform«, in: Familiendynamik 34 (2009), S. 2-14; dies.: »Die Inseminationsfamilie. Ein soziales Phänomen zur Prüfung des Kriteriums der Universalität kernfamilialer Strukturen«, in: Sozialer Sinn 1 (2008), S. 3-36.

64 Vgl. die Stellungnahme von Dr. Christl Vornholdt bei der Anhörung zur Überarbeitung des Lebenspartnerschaftsrechts am 18.10.2004, Prot. 15/59 des Rechtsausschusses des Bundestages, S. 12: »Letztlich werden Vaterschaft und Mutterschaft weitgehend austauschbar und damit das Geschlecht eine rein sozial konstruierbare Größe, abgekoppelt von jeder biologischen Grundlage. Solche Umdeutungen können die Identitätsfindung der Jungen und Mädchen in den nächsten Generationen nur erschweren.« Vgl. auch CDU-Generalsekretär Volker Kauder zum gemeinschaftlichen Adoptionsrecht: »Volles Adoptionsrecht für Schwule und Lesben widerspricht den Interessen von Kindern. Das bestätigen Kinderpsychologen und Kindertherapeuten, die vor einer solchen Entwicklung warnen.«, in: Focus online vom 07.06.2006, http://www.focus.de/politik/deutschland/

menhang zunächst gefragt werden, welcher der oben angegebenen Maßstäbe des Kindeswohls bei der Adoption anzulegen ist – der »positive« des erzieherischen Optimums oder der »negative« der Kindeswohlgefährdung. Die Adoption geschieht durch richterliches Dekret (§ 1752 Abs. 1 BGB), also durch staatlichen Akt.[65] Handelt der Staat selbst gegenüber dem Kind, so ist er nicht auf das Wächteramt aus Art. 6 Abs. 2 Satz 2 GG beschränkt, sondern muss die sachlich beste Lösung für das betroffene Kind anstreben. Das Gesetz bringt dies in § 1741 Abs. 1 Satz 1 BGB zum Ausdruck. Dort heißt es, die Adoption müsse dem Wohl des Kindes »dienen«. Diese Formulierung wird so verstanden, dass eine Adoption nur dann möglich ist, wenn sie die Gesamtsituation des Kindes *verbessert*.[66]

Ob eine Adoption die Lebenssituation eines Kindes verbessert, kann nur jeweils im Einzelfall entschieden werden. Die zuständigen staatlichen Stellen müssen sich ein umfassendes Bild von der Lebenssituation des Kindes, seinen Bezugspersonen und den potenziellen Adoptiveltern machen, bevor sie eine Entscheidung treffen. Schließt das Gesetz eine ganze Personengruppe vom Adoptionsrecht aus, wird eine solche Einzelfallprüfung gerade unmöglich gemacht. Ein derart genereller Ausschluss ist nur dann zu rechtfertigen, wenn auch die Gründe für ihn genereller Natur sind. Bezogen auf das Adoptionsrecht bedeutet dies, dass die gemeinschaftliche Adoption durch gleichgeschlechtliche Paare nur dann aus Gründen des Kindeswohls ausgeschlossen werden könnte, wenn *immer* oder zumindest *im Regelfall* davon ausgegangen werden müsste, dass schon die Paarkonstellation als solche dem Kindeswohl nicht dient. Die oben dargestellten empirischen Erkenntnisse legen eine solche Annahme aber nicht nahe.[67] Vielmehr hängt auch bei gleichgeschlechtlichen Familien die Kindeswohldienlichkeit der Adoption von den konkreten Lebensumständen des Kindes und des adoptionswilligen Paares ab, die wie bei jeder Adoption sorgfältig geprüft werden müssen. Sicherlich gibt es bei gleichgeschlechtlichen Paaren besondere Gesichtspunkte, die bei dieser Prüfung berücksichtigt werden müssten, z.B. die Frage, wie reflektiert das Paar mit der Situation des »fehlenden« Geschlechts umgeht. Da das geltende Adoptionsrecht eine solche Einzelfallbetrachtung ausdrücklich verlangt, scheint der pauschale Ausschluss gleichgeschlechtlicher Paare von der gemeinschaftlichen Adoption aus

---

familie-neuer-streit-um-adoptionsrecht-von-homosexuellen_aid_406080.h
tml vom 24.06.2009.

65 J. Gernhuber/D. Coester-Waltjen: Familienrecht, § 68 Rn. 11.

66 Ebd., § 68 Rn. 96.

67 So auch ausdrücklich M. Rupp: Die Lebenssituation von Kindern, S. 308.

verfassungsrechtlicher Sicht nicht notwendig und auch nicht sachgerecht.

Keine andere Bewertung ergibt sich, wenn man die oben erwähnte Möglichkeit einbezieht, dass Kinder gleichgeschlechtlicher Lebensgemeinschaften Vorbehalten ihrer Umwelt ausgesetzt sein könnten.[68] Das Argument ist schon deswegen zweifelhaft, weil es ein gesellschaftliches Problem auf die individuelle Ebene verlagert. Gesellschaftlichen Vorurteilen ist politisch entgegenzuwirken, insbesondere auch dadurch, dass diskriminierende rechtliche Regelungen abgeschafft werden.[69]

2.1.5 Die Gestaltungsfreiheit des Gesetzgebers und das Gebot der Gleichbehandlung

Zu bedenken ist in diesem Zusammenhang jedoch der in der Einleitung erwähnte Gestaltungsspielraum des Gesetzgebers. Auch im Adoptionsrecht ist der Gesetzgeber weitgehend frei in der Entscheidung, wer unter welchen Umständen diese Möglichkeit nutzen kann und welche Voraussetzungen dafür zu erfüllen sind. Die Gestaltungsfreiheit des Gesetzgebers findet ihre Grenzen aber dort, wo bestimmte Personen oder Personengruppen gegenüber anderen willkürlich ungleich behandelt, also diskriminiert werden.

2.1.5.1 Der Gleichbehandlungsgrundsatz des Art. 3 GG

Der Grundsatz, dass willkürliche Ungleichbehandlungen nicht zu rechtfertigen sind, findet sich im allgemeinen Gleichheitssatz des Art. 3 Abs. 1 GG (»Alle Menschen sind vor dem Gesetz gleich.«) und in den speziellen Differenzierungsverboten des Art. 3 Abs. 2 und 3 GG.

Art. 3 Abs. 3 GG verbietet Benachteiligungen u.a. wegen des Geschlechts, nicht aber – anders als Art. 14 der Europäischen Menschen-

---

68 So aber K. Pfizenmayer: Die Rechtsstellung gleichgeschlechtlicher Lebenspartner, S. 269: Die Möglichkeit gleichgeschlechtlicher Elternschaft »[...] wäre erst dann sachgerecht, wenn hinreichende wissenschaftliche Erkenntnisse vorliegen, die die gesunde Entwicklung des Kindes bestätigen, und wenn die gesellschaftliche Anerkennung gleichgeschlechtlicher Paare insoweit gestiegen ist, als eine soziale Stigmatisierung der Kinder auf ein hinreichendes Maß begrenzt ist.«; ähnlich Marc Schüffner: Stellungnahme bei der Anhörung des Rechtsausschusses des Bundestages vom 18.06.2008, Anlage zum Prot. 16/106, http://www.bundestag.de /ausschuesse/a06/anhoerungen/Archiv/38_LPartGErgG/04_Stellungnahm en/index.html vom 11.10.2009, S. 8.
69 Vgl. die Stellungnahme von Prof. Siegfried Willutzki bei der Anhörung zur Überarbeitung des Lebenspartnerschaftsrechts am 18.10.2004, Prot. 15/59 des Rechtsausschusses des Bundestages, S. 15; N. Dethloff: »Adoption durch gleichgeschlechtliche Paare«, S. 199.

rechtskonvention – aufgrund der sexuellen Orientierung.[70] Dass die Ungleichbehandlung gleich- und gegengeschlechtlicher Partnerschaften keine Differenzierung aufgrund des Geschlechts sei, hat das Bundesverfassungsgericht anhand des Vergleichs von Ehe und Lebenspartnerschaft in einer stark umstrittenen Entscheidung zum beamtenrechtlichen Familienzuschlag vertreten. Zur Begründung hat es angeführt, hier ginge es nicht um eine Benachteiligung wegen des Geschlechts, sondern wegen der »Geschlechtskombination einer Personenverbindung«.[71] Männer und Frauen würden durch die bestehenden Regelungen nicht ungleich behandelt, weil beide nur jeweils eine Person des anderen Geschlechts heiraten dürften. Diese Auffassung wird in der Literatur kritisiert, weil mit dieser Argumentation ein Vergleich ausschließlich zwischen gleichgeschlechtlich orientierten Männern und Frauen hergestellt wird, nicht aber – wie es eigentlich geschehen müsste – zwischen Frauen und Männern mit gleichgeschlechtlichen und Frauen und Männern mit gegengeschlechtlichen PartnerInnen. Denn erst dann wird deutlich, dass die entscheidende Frage der Partnerwahl ausschließlich an das Geschlecht der wählenden und der erwählten Person anknüpft.[72]

Richtet man sich jedoch nach den Maßstäben des Bundesverfassungsgerichts – die für die Auslegung des Grundgesetzes in der Praxis von entscheidender Bedeutung sind –, dann bleibt für Ungleichbehandlungen wegen der »Geschlechtskombination« nur der allgemeine Gleichheitssatz des Art. 3 Abs. 1 GG. Dieser verbietet *willkürliche* Ungleichbehandlungen jeglicher Art, also auch solche aufgrund der sexuellen Orientierung oder der gewählten Lebensform. Angesichts der unterschiedlichen Kombinationsmöglichkeiten von gleich- und gegengeschlechtlicher sowie formalisierter und nicht formalisierter Partnerschaft müssen auch hier die Vergleichsgruppen klar herausgearbeitet werden, bevor die Gründe für bestehende Ungleichbehandlungen erörtert werden können.

---

70 Zur Diskriminierung aufgrund der sexuellen Orientierung durch den Ausschluss vom Recht der (Einzel-)Adoption vgl. die Entscheidungen des Europäischen Gerichtshofs für Menschenrechte (EGMR), Fretté vs. France vom 26.02.2002, Nr. 36515/97 und E.B. vs. France vom 22.01.2008, Nr. 43546/02.

71 BVerfG, in: Deutsches Verwaltungsblatt 122 (2007), S. 1431-1435.

72 Vgl. Laura Adamietz: »Diskriminierung von Lebenspartnerschaften – causa non finita. Anmerkung zu BVerfG Kammerbeschluss vom 10.09.2006 – 2 BvR 855/06«, in: Streit 26 (2008), S. 117-124, hier S. 120; Helmut Graupner: Stellungnahme bei der Anhörung des Rechtsausschusses des Bundestages vom 18.06.2008, Anlage zum Prot. 16/106, http://www.bundestag.dc/ausschuessc/a06/anhorungen/Archiv/38_LPartGErgG/04_Stellungnahmen/index.html vom 1.09.2009, S. 24f.

Eheliche und nichteheliche (gegengeschlechtliche) Lebensgemeinschaften dürfen nach der Auffassung des Bundesverfassungsgerichts im Adoptionsrecht ungleich behandelt werden. Sie sind darin vergleichbar, dass es sich in beiden Fällen um die enge persönliche Beziehung eines Mannes und einer Frau handelt, in der die PartnerInnen Verantwortung füreinander übernehmen. Die Ungleichbehandlung liegt darin, dass die einen gemeinschaftlich Kinder adoptieren dürfen und die anderen nicht. Nach der Rechtsprechung des Bundesverfassungsgerichts liegt die sachliche Rechtfertigung dieser Ungleichbehandlung darin begründet, dass die Ehe durch ihre rechtliche Anerkennung und Ausgestaltung dem Kind größere Rechtssicherheit bietet als die nicht formalisierte nichteheliche Familie.[73]

Nimmt man diese Rechtsprechung des Bundesverfassungsgerichts als Ausgangspunkt, so bietet es sich an, die *rechtlich formalisierte Ehe mit der ebenfalls rechtlich formalisierten Lebenspartnerschaft* zu vergleichen. Die sachliche Rechtfertigung kann sich in dieser Vergleichsgruppe schwerlich an der rechtlichen Anerkennung festmachen, weil sie für beide Lebensformen besteht. Wenn auch das Kindeswohlargument nicht als sachlicher Grund angeführt werden kann, fällt die Rechtfertigung der Ungleichbehandlung daher nicht leicht. Zum Teil wird sie allein in der unterschiedlichen Geschlechtskombination gesucht.[74] Wenn aber die Geschlechtskombination der erziehenden Personen nach den bestehenden empirischen Erkenntnissen gerade keine (im juristischen Sinne) kindeswohlgefährdenden Auswirkungen auf die Entwicklung von Kindern hat, so kann dieser Unterschied auch kein sachlicher Grund für eine Differenzierung sein.

Das Bundesverfassungsgericht hat sich in der erwähnten Entscheidung zum beamtenrechtlichen Familienzuschlag auf den Standpunkt gestellt, dass der Gesetzgeber die Ehe gegenüber der Lebenspartnerschaft bevorzugen dürfe, weil nur die Ehe in Art. 6 Abs. 1 Satz 1 GG neben der Familie als besonders förderungswürdig hervorgehoben werde.[75] Hier zeigt sich ein bemerkenswerter Dissens zwischen dem ersten und dem zweiten Senat des BVerfG: Während der erste Senat ein »Abstandsgebot« der Lebenspartnerschaft zur Ehe ausdrücklich verneint, eine Bevor-

---

73 Vgl. BVerfG, in: Deutsches Verwaltungsblatt (2007), S. 438-440, hier S. 440. Vgl. aber die Kritik bei N. Dethloff: »Adoption durch gleichgeschlechtliche Paare«, S. 198, die für formalisierte wie nicht formalisierte Beziehungen eine gesetzliche Mindestbestandsdauer für ausreichend hält.

74 Vgl. M. Lehmann: Die In-Vitro-Fertilisation, S. 202 (bezogen auf die Insemination bei weiblichen Paaren): »Jedenfalls ist in der Tatsache, dass es sich um zwei Frauen und nicht um einen Mann und eine Frau handelt, ein sachlicher Grund für die Differenzierung zu sehen.«

75 BVerfG, in: Deutsches Verwaltungsblatt (2007), S. 1433.

zugung der Ehe allerdings ebenfalls für zulässig erachtet hat,[76] geht der zweite Senat in der erwähnten Entscheidung von einem »Differenzierungs*gebot*« zugunsten der Ehe aus.[77] Dem hat der erste Senat in einer Entscheidung zur Hinterbliebenenversorgung für LebenspartnerInnen wiederum ausdrücklich widersprochen und an seiner Auffassung festgehalten.[78] Wie sich diese Rechtsprechung weiterentwickeln wird, muss zurzeit als offen angesehen werden.

Doch selbst wenn man ein Differenzierungsgebot dem Grunde nach akzeptiert, so erlaubt es nach der neueren Rechtsprechung des Bundesverfassungsgerichts nur *verhältnismäßige* Unterscheidungen zwischen Ehe und Lebenspartnerschaft.[79] Beim beamtenrechtlichen Familienzuschlag hat das Bundesverfassungsgericht die Verhältnismäßigkeit der Ungleichbehandlung bejaht, weil das Beamtenrecht eine vergleichbare Leistung auch für nicht verheiratete BeamtInnen vorsieht.[80] Überträgt man diese Argumentation auf die Adoption, so muss festgestellt werden, dass das Recht für LebenspartnerInnen gerade keine adäquate Alternative zur gemeinschaftlichen Adoption bereithält. Es dürfte nicht genügen, sie auf die Einzeladoption gem. § 1741 Abs. 2 Satz 1 BGB zu verweisen, weil das adoptierte Kind durch sie gerade nicht zu einem *gemeinsamen* Kind des Paares werden kann.[81] Hinzu kommt, dass Paare, die in einer nichtehelichen Lebensgemeinschaft leben, heiraten können, um

---

76 BVerfGE 105, S. 348: »Aus der Zulässigkeit, in Erfüllung und Ausgestaltung des Förderauftrags die Ehe gegenüber anderen Lebensformen zu privilegieren, lässt sich jedoch kein in Art. 6 Abs. 1 GG enthaltenes Gebot herleiten, andere Lebensformen gegenüber der Ehe zu benachteiligen.«

77 BVerfG, in: Deutsches Verwaltungsblatt (2007), S. 1432: »Wenn die Verfassung selbst eine Unterscheidung [wie die Hervorhebung der Ehe in Art. 6 Abs. 1 GG, FW] vornimmt, bleibt es zwar Sache des Gesetzgebers, wie er diese Unterscheidung handhabt, ihm darf nicht schon eine willkürliche Ungleichbehandlung gleicher Lebenssachverhalte entgegengehalten werden, wenn er diesem Unterscheidungsmuster folgt. […] In diesem Sinne ist auch Art. 6 Abs. 1 GG ein Differenzierungsgebot, spezieller als der allgemeine Gleichheitssatz.«

78 Vgl. BVerfG, in: Deutsches Verwaltungsblatt (2009), S. 1513: »[...] aus der Befugnis, in Erfüllung und Ausgestaltung des verfassungsrechtlichen Förderauftrags die Ehe gegenüber anderen Lebensformen zu privilegieren, lässt sich kein in Art. 6 Abs. 1 GG enthaltenes Gebot herleiten, andere Lebensformen gegenüber der Ehe zu benachteiligen.«

79 Ebd., S. 1432. Vgl. auch die Rechtsprechung zur sogenannten »Neuen Formel« bei der Prüfung des Gleichheitssatzes: BVerfGE 55, S. 72, hier S. 88ff.; BVerfGE 113, S. 167, hier S. 214.

80 BVerfG, in: Deutsches Verwaltungsblatt (2007), S. 1433.

81 Ebenso D. Siegfried: »Kinder vom anderen Ufer«, S. 121; N. Dethloff: »Regenbogenfamilien«, S. 140; dies.: »Adoption durch gleichgeschlechtliche Paare«, S. 200; J. Pätzold: »Die gemeinschaftliche Adoption«, S. 273.

gemeinschaftlich adoptieren zu können, sie können die Voraussetzungen für eine gemeinschaftliche Adoption also im Regelfall selbst herbeiführen. LebenspartnerInnen haben dagegen keine Möglichkeit, ihre Beziehung auf eine rechtliche Grundlage zu stellen, die die gemeinschaftliche Adoption erlaubt.

Dass das geltende Recht vor dem allgemeinen Gleichheitssatz bestehen kann, soweit Lebenspartnerschaften von der gemeinschaftlichen Adoption ausgeschlossen sind, kann daher mit guten Gründen bezweifelt werden. Folgt man dieser Wertung, so hat dies verfassungsrechtlich zur Konsequenz, dass jedenfalls eingetragene LebenspartnerInnen einen Anspruch auf Gleichbehandlung haben. Ein solcher Verfassungsverstoß muss jedoch vom Bundesverfassungsgericht bindend festgestellt werden. Bis dahin bleibt das geltende Recht in Kraft und muss angewendet werden, falls der Gesetzgeber die Rechtslage nicht von sich aus reformiert.[82]

2.1.6 Assistierte Reproduktion und Kindeswohl

Was nun die Verfahren der medizinischen Reproduktion und ihre Verfügbarkeit für gleichgeschlechtliche Paare betrifft, so stellen sich gegenüber der Adoption einige weitere Probleme: Zum einen ist die einzige rechtliche Grundlage für den Zugang zu diesen Verfahren im ärztlichen Berufsrecht zu finden, das als untergesetzliches Satzungsrecht nicht ohne Weiteres den Anforderungen des Rechtsstaatsprinzips genügt. Zum zweiten ist klärungsbedürftig, ob das Kindeswohl überhaupt als Argument für *noch nicht gezeugte* Kinder herangezogen werden kann.

---

82 Vgl. die Forderung nach einer vollen Gleichstellung eingetragener Lebenspartnerschaften im Adoptionsrecht in den Gesetzentwürfen der FDP (»Entwurf eines Gesetzes zur Ergänzung des Lebenspartnerschaftsgesetzes« vom 11.02.2004, BT-Drs. 15/2447, S. 17) und der Fraktion Bündnis 90/Grüne (»Entwurf eines Gesetzes zur Ergänzung des Lebenspartnerschaftsgesetzes und anderer Gesetze im Bereich des Adoptionsrechts« vom 13.06.2007, BT-Drs. 16/5596; darin auch eine ausführliche Auseinandersetzung mit der Frage, ob internationale Abkommen dem Adoptionsrecht für gleichgeschlechtliche Lebensgemeinschaften entgegenstehen) sowie in den Entschließungsanträgen der Fraktionen Bündnis 90/Grüne (01.02.2006, BT-Drs. 16/497), »Die Linke« (27.04.2007, BT-Drs. 16/5184) sowie der FDP (23.04.2008, BT-Drs. 16/8875 und 18.03.2009, BT-Drs. 16/12293).

2.1.6.1 Gesetzliche Grundlage

Der Zugang zu reproduktionsmedizinischen Verfahren ist in Deutschland gesetzlich nicht umfassend geregelt. Welche Verfahren erlaubt sind, steht im Embryonenschutzgesetz. Alle verfahrensrechtlichen Fragen rund um die erlaubten Methoden der medizinischen Reproduktion finden sich hingegen im ärztlichen Berufsrecht, d.h. in den Berufsordnungen der Landesärztekammern.[83] Verstöße gegen das ärztliche Berufsrecht können standesrechtliche Folgen bis hin zu erheblichen Geldbußen und dem Entzug der Approbation haben.[84]

Die Landesberufsordnungen sind öffentlich-rechtliches Satzungsrecht, d.h. sie werden nicht vom Parlament, sondern von den Landesärztekammern als den öffentlich-rechtlichen Selbstverwaltungskörperschaften der ÄrztInnen erlassen. Die Ermächtigung für den Erlass von Berufsordnungen findet sich in den Kammergesetzen der Länder. In § 33 Abs. 2 Nr. 6 des Niedersächsischen Kammergesetzes für die Heilberufe (HKG) heißt es beispielsweise, dass die Berufsordnung Regelungen »für die gemeinsame Berufstätigkeit« enthalten kann. Grundsätzlich können also alle Themen, die die ärztliche Berufsausübung betreffen, in der Berufsordnung geregelt werden.

Begrenzt wird das Satzungsrecht der Kammern jedoch durch das Rechtsstaatsprinzip (Art. 20 Abs. 2 und 3 GG). Dieses verlangt, dass wesentliche Entscheidungen für das Gemeinwesen unmittelbar durch das Parlament entschieden werden müssen (sog. »Parlamentsvorbehalt« oder »Wesentlichkeitsvorbehalt«).[85] Entscheidungen, die das Gemeinwesen in einer wichtigen Frage betreffen, etwa weil sie kontrovers diskutiert werden oder in erheblicher Weise Grundrechte der Betroffenen berühren, sollen dem demokratischen Prozess der Meinungs- und Willensbildung und der öffentlichen Verhandlung im Parlament ausgesetzt und nicht an Behörden oder Körperschaften delegiert werden. Es begegnet aus diesem Grund erheblichen verfassungsrechtlichen Bedenken, wenn die – wie oben gezeigt, wichtige grundrechtliche Belange berührende – Frage, welche Personengruppen Zugang zur medizinischen Reproduktion erhalten, allein im Berufsrecht der ÄrztInnen geregelt ist.[86]

---

83 Zum Rechtsstand in den Bundesländern vgl. Christiane Wendehorst: »Die rechtliche Regelung donogener ART«, in: Gisela Bockenheimer u.a. (Hg.), Umwege zum eigenen Kind, Göttingen: Univ.-Verl. 2008, S. 103-122, hier S. 113.

84 Vgl. z.B. § 63 HKG Niedersachsen.

85 Vgl. z.B. BVerfGE 34, S. 165, hier S. 192f.; BVerfGE 40, S. 237, hier S. 249; BVerfGE 41, S. 251, hier S. 260.

86 Vgl. Stefan Günther: Der Kindeswohlbegriff als Zulässigkeitskriterium für die In-Vitro-Fertilisation, Dissertation, Frankfurt a.M. 1996, S. 141. Siehe auch Thomas Katzorke: »Entstehung und Entwicklung der Spendersa-

Dieser Erkenntnis entsprechen seit langem erhobene rechtspolitische Forderungen – auch der Bundesärztekammer selbst[87] –, ein parlamentarisches »Fortpflanzungsgesetz« zu schaffen, das diese Fragen eindeutig regelt.[88] Bis es soweit ist, ist die Verfassungsmäßigkeit der geltenden Rechtslage fragwürdig.

2.1.6.2 Zulässigkeit des Kindeswohlarguments

Dürfte aber der parlamentarische Gesetzgeber die derzeitige Praxis legitimieren und gleichgeschlechtliche Lebensgemeinschaften von den Methoden der assistierten Reproduktion ausschließen? Bei noch nicht einmal gezeugten Kindern wird bezweifelt, ob überhaupt mit ihrem Wohl argumentiert werden kann, weil man das Wohl des Kindes auf diese Weise seiner Existenz entgegen hält.[89] Denn die Argumentation mit dem Kindeswohl verhindert in diesen Fällen die Zeugung und damit das Leben des Kindes. Zu leben, so der Kern des Arguments, sei aber in jedem Fall besser als nicht zu leben. Dagegen wird eingewandt, dass ÄrztInnen eine Verantwortung nicht nur für die behandelten PatientInnen, sondern auch für das zu erzeugende Kind haben und daher prüfen müssen, ob die Umstände, in die es geboren wird, sein Wohl gefährden.[90]

Wie schon bei der Adoption ist es auch hinsichtlich dieser Kontroverse sinnvoll, auf die oben genannte Unterscheidung zwischen dem positiven und dem negativen Standard des Kindeswohls zurückzugreifen. Der positive Standard des erzieherischen Optimums kann stets nur an einem konkreten Kind in seinen konkreten Lebensumständen ermittelt werden.[91] Ein generelles Optimum, das für alle Kinder Gültigkeit entfal-

---

menbehandlung«, in: Gisela Bockenheimer-Lucius/Petra Thorn/Christiane Wendehorst (Hg.), Umwege zum eigenen Kind, Göttingen: Univ.-Verl. 2008, S. 89-102, hier S. 98f., der allerdings irrig davon ausgeht, nur das Bundesverfassungsgericht könne den Zugang zur assistierten Reproduktion regeln – dies ist Aufgabe des Gesetzgebers, nicht der Rechtsprechung.

87 Bundesärztekammer: »(Muster-)Richtlinie zur Durchführung der assistierten Reproduktion«, S. A 1392.

88 Vgl. Ulrike Riedel: »Notwendigkeit eines Fortpflanzungsmedizingesetzes (FMG) aus rechtlicher Sicht«, in: Klaus Diedrich u.a., Reproduktionsmedizin im internationalen Vergleich. Wissenschaftlicher Sachstand, medizinische Versorgung und gesetzlicher Regelungsbedarf. Gutachten im Auftrag der Friedrich-Ebert-Stiftung, Berlin 2008, S. 88-11, insb. S. 94 m.w.N.

89 W. Heun: »Restriktionen assistierter Reproduktion«, S. 56.

90 Bundesärztekammer: »(Muster-)Richtlinie zur Durchführung der assistierten Reproduktion, S. A 1393«; M. Lehmann: Die In-Vitro-Fertilisation, S. 179.

91 Vgl. S. Günther: »Der Kindeswohlbegriff«, S. 116f.

tet, kann es angesichts der Vielfalt menschlicher Persönlichkeiten und Lebensumstände nicht geben. Auf noch nicht vorhandene Kinder kann der positive Standard folglich nicht angewendet werden.[92]

Der negative Standard hingegen kann bis zu einem gewissen Grad von den konkreten Lebensumständen eines Kindes abgelöst betrachtet werden, weil er Mindestbedingungen darstellt, die für jedes Kind gelten müssen. Kein Kind darf beispielsweise in Umständen aufwachsen, in denen sein Leben oder seine Gesundheit ernsthaft bedroht sind, etwa weil die Eltern drogenabhängig oder gewalttätig sind. Wenn ein geborenes Kind solchen Lebensumständen ausgesetzt ist, greift das staatliche Wächteramt des Art. 6 Abs. 2 Satz 2 GG, d.h. der Staat ist zum – verhältnismäßigen – Eingreifen berechtigt und verpflichtet. Es erscheint plausibel oder zumindest verfassungsrechtlich nicht angreifbar, dem staatlichen Wächteramt eine gewisse Vorwirkung zuzubilligen, wenn ein Kind nicht auf natürlichem Wege – was der Intimsphäre der Eltern zuzuordnen ist und deswegen durch staatliches Handeln nicht reguliert werden darf –, sondern mit ärztlicher Hilfe gezeugt wird.[93]

Eine Kindeswohlprüfung, die noch vor der Zeugung stattfindet, ist jedoch notwendig auf Anzeichen für eine Kindeswohlgefährdung begrenzt. Daher reicht es nicht hin, pauschal zu behaupten, das Wohl des Kindes könnte durch das Fehlen gegengeschlechtlicher Eltern »beeinträchtigt« werden.[94] Ebenso wenig kann das Anliegen der Bundesärztekammer ausreichen, Kindern eine stabile rechtliche Beziehung zu »beiden Elternteilen« zu sichern, womit in diesem Kontext ein männlicher und ein weiblicher Elternteil gemeint sind.[95] Es muss plausible Anhalts-

---

92 Vgl. ebd., S. 133ff.
93 Vgl. Bundesärztekammer: »(Muster-)Richtlinie zur Durchführung der assistierten Reproduktion«, S. A 1393; Hartmut Kreß: »Ethische Gesichtspunkte zu derzeitigen Behandlungsstandards der Fortpflanzungsmedizin«, in: Klaus Diedrich u.a., Reproduktionsmedizin im internationalen Vergleich, Bonn: Univ.-Buchdruckerei 2008, S. 62-86, hier S. 68f.
94 So aber M. Lehmann: Die In-Vitro-Fertilisation, S. 202: »Erst wenn Beeinträchtigungen des Kindeswohls sicher ausgeschlossen werden können, gebietet das Recht auf freie Fortpflanzung [...] die Zulassung der IVF [für gleichgeschlechtliche Paare, FW].«
95 Bundesärztekammer: »(Muster-)Richtlinie zur Durchführung der assistierten Reproduktion«, S. A 1400 (Kommentar zu 3.1.1): Bei nicht verheirateten Frauen soll »sichergestellt sein, dass das mit einer Methode der assistierten Reproduktion gezeugte Kind nicht ohne rechtlichen und sozialen Vater aufwächst.« Des Weiteren heißt es dort: »Bei nicht miteinander verheirateten Partnern wird dabei einer heterologen Insemination mit besonderer Zurückhaltung zu begegnen sein; sie erklärt sich aus dem Ziel, dem so gezeugten Kind eine stabile Beziehung zu beiden Elternteilen zu sichern. Aus diesem Grund ist eine heterologe Insemination zurzeit bei

punkte dafür geben, dass das Aufwachsen in einer gleichgeschlechtlichen Lebensgemeinschaft das Kindeswohl im Regelfall oder mit einer hohen Wahrscheinlichkeit gefährdet, d.h., dass den betroffenen Kindern Vernachlässigung, Misshandlung, gesundheitliche Probleme oder psychische Störungen drohen. Hierfür fehlt es an empirischen Nachweisen. Das Kindeswohl kann daher auch bei der medizinischen Reproduktion nicht als Rechtfertigung für einen Ausschluss gleichgeschlechtlicher Personen und Lebensgemeinschaften herangezogen werden.

2.1.6.3 Die Gestaltungsfreiheit des Gesetzgebers und das Gleichbehandlungsgebot

Wie bei der Adoption hat der Gesetzgeber auch bei der Regelung der Reproduktionstechniken einen Gestaltungsspielraum, der allerdings ebenfalls wie bei der Adoption durch das Recht der betroffenen Personengruppen auf Gleichbehandlung begrenzt sein kann. Die Ungleichbehandlung findet in diesem Fall zwischen gleichgeschlechtlichen und gegengeschlechtlichen Paaren im Hinblick auf einen gemeinsamen Kinderwunsch statt.

Die bestehende Rechtslage wird u.a. damit gerechtfertigt, dass die medizinische Reproduktion »die als Krankheit verstandene Sterilität eines Paares«, nicht aber »natürliche Fortpflanzungshindernisse« überwinden solle.[96] Abgesehen davon, dass der Zweck dieser Methoden nicht in ihnen selbst liegt, sondern in den Zielen, die Menschen mit ihnen verfolgen, ist »die als Krankheit verstandene Sterilität eines Paares« meist darauf zurückzuführen, dass *eine/r* der PartnerInnen keine Kinder zeugen kann. Dem entspricht, dass § 27a SGB V die Kassenfinanzierung von Kinderwunschbehandlungen nicht an organischen Störungen der behandelten Person festmacht, sondern generell an der Unfähigkeit *des Paares*, auf natürlichem Wege Kinder zu bekommen.[97] Die Unfruchtbarkeit »eines Paares« zum Bezugspunkt zu nehmen, heißt daher immer schon, den Wunsch beider Beteiligter auf ein gemeinsames Kind *in genau dieser Konstellation* anzuerkennen. Andernfalls könnte man den zeugungsfähigen Partner darauf verweisen, sich jemand anders zu suchen, um Kinder zu bekommen. Betrachtet man das Problem auf der Paarebene, verschwimmt also die Grenze zwischen der biologischen Un-

---

Frauen ausgeschlossen, die in keiner Partnerschaft oder in einer gleichgeschlechtlichen Partnerschaft leben.«

96 Zitate nach M. Lehmann: Die In-Vitro-Fertilisation, S. 202.
97 Vgl. Oliver Rauprich: »Sollen Kinderwunschbehandlungen von den Krankenkassen finanziert werden?«, in: Gisela Bockenheimer-Lucius/Petra Thorn/Christiane Wendehorst (Hg.), Umwege zum eigenen Kind, Göttingen: Univ.-Verl. 2008, S. 31-48, hier S. 36.

fruchtbarkeit und einem »natürlichen Fortpflanzungshindernis«. Sie wird daran festgemacht, dass ein Mann und eine Frau hypothetisch gemeinsam Kinder bekommen *könnten*, wenn einer von ihnen nicht unfruchtbar *wäre* (= »Krankheit«), während es für gleichgeschlechtliche Paare auch eine solche hypothetische Möglichkeit nicht gibt (= »natürliches Fortpflanzungshindernis«). Es gibt jedoch keinen Grund, die Möglichkeiten der medizinischen Reproduktion an eine hypothetische Fortpflanzungsmöglichkeit der beteiligten Personen zu knüpfen.

Wenn auch das Kindeswohl nicht als Argument für die Differenzierung herangezogen werden kann, dann bleibt nur die Schlussfolgerung, dass die bestehende Rechtslage verfassungswidrig ist: Für die unterschiedliche Behandlung gleich- und gegengeschlechtlicher Lebensgemeinschaften gibt es nach dem derzeitigen Erkenntnisstand keine hinreichende Rechtsgrundlage und keine sachliche Rechtfertigung. Gleichgeschlechtliche Paare haben demnach einen Anspruch auf Gleichbehandlung mit gegengeschlechtlichen Paaren bei der Kinderwunschbehandlung, d.h. eingetragene LebenspartnerInnen und nicht verpartnerte Paare, die in einer dauerhaften Beziehung leben, müssen Zugang zu diesen Verfahren erhalten.

2.2 Familiengestaltung

Wenn der Schutz der Familie in Art. 6 Abs. 1 GG nach modernem Verständnis nicht auf bestimmte traditionelle Familienformen begrenzt ist, so sind Familien in der Gestaltung ihres Zusammenlebens weitgehend frei.[98] Art. 6 Abs. 1 GG verpflichtet den Staat, die tatsächlich vorhandenen Familien angemessen zu schützen. Eine ähnliche Verpflichtung trifft den Staat zugunsten des Kindeswohls (Art. 6 Abs. 2 Satz 2 BGB). Aus der Perspektive des Kindes ist unabhängig von der konkreten familiären Konstellation wichtig, dass diejenigen, die tatsächlich für das Kind sorgen, dies kontinuierlich tun können und nicht durch unzureichende rechtliche Regelungen davon abgehalten werden. Damit soll nicht gesagt werden, dass es für Kinder keinen Unterschied macht, ob sie in einer Ursprungs- oder Fortsetzungsfamilie leben oder welches Geschlecht seine Bezugspersonen haben. Wo aber verlässliche Eltern-Kind-Beziehungen bestehen, müssen sie nach den Wertungen des Art. 6 Abs. 1 und 2 GG unabhängig von diesen Unterschieden in angemessener Weise

---

98 Vgl. BVerfG, in: Deutsches Verwaltungsblatt (2007), S. 440: verfassungsrechtliche Gleichwertigkeit der unterschiedlichen Formen der Familie.

rechtlich abgesichert werden.[99] Dies gilt gem. Art. 6 Abs. 2 Satz 2 GG selbstverständlich nur bis zur Schwelle der Kindeswohlgefährdung, d.h. nicht für Eltern-Kind-Beziehungen, in denen z.B. ein Elternteil Gewalt ausübt, das Kind vernachlässigt oder sexuell missbraucht.

Problematisch ist aus dieser Perspektive das geltende Recht der Stieffamilie. Sie wird rechtlich nach wie vor wie eine nicht anstrebenswerte Abweichung von der »Normalfamilie« aus (verheirateten) leiblichen Eltern und ihren Kindern behandelt. Gleichgeschlechtliche Familien betrifft diese Rechtslage in ganz besonderem Maße. Soziale Elternschaft ist bei ihnen nicht zu vermeiden. Nicht selten ist die Stieffamilie bei ihnen zudem nicht mehr der »Unfall«, der aus einer gescheiterten Ehe oder nichtehelichen Lebensgemeinschaft hervorgeht, sondern eine bewusst gewählte, positiv besetzte und selbstbewusst als »Regenbogenfamilie« oder »Queer Family« bezeichnete Lebensform.[100] Die rechtspolitische Diskussion um ein verbessertes Recht der Stief- bzw. Fortsetzungsfamilie ist für gleichgeschlechtliche Lebensgemeinschaften daher in besonderer Weise relevant. Das Grundgesetz kann zu diesen Fragen wiederum nur die Grundsätze liefern, die die gesellschaftliche und politische Diskussion leiten und begrenzen.

2.2.1 Leibliche Elternschaft und das Recht des Kindes auf Kenntnis seiner Abstammung: Die Rechtsstellung des Samenspenders

In Inseminationsfamilien ist der Samenspender leiblicher Elternteil des Kindes. Eine Vaterposition wird in der Regel jedoch weder von ihm noch von denjenigen, die den Spendersamen nutzen, angestrebt. Rechtlich ist es in Deutschland zurzeit jedoch nicht ausgeschlossen, dass die Vaterschaft des Samenspenders festgestellt wird (s.o.).

2.2.1.1 Anonyme Samenspende (»No«-Spende)

Ist der Samenspender nicht bekannt und hat er auch seine Daten nirgends hinterlegen lassen (anonyme Samenspende, auch »No«-Spende), so sind die rechtlichen Verhältnisse zunächst nicht kompliziert: Die Frau, die das Kind zur Welt bringt, ist gem. § 1591 BGB automatisch die rechtliche Mutter. Der Ehemann der Mutter wird über die Vater-

---

99   E. Schumann: Die nichteheliche Familie, S. 193; A. Sickert: Die lebenspartnerschaftliche Familie, S. 204f.; N. Dethloff: »Regenbogenfamilien«, S. 133.

100 Vgl. LSVD (Hg.): Regenbogenfamilien – alltäglich und doch anders. Beratungsführer für lesbische Mütter, schwule Väter und familienbezogenes Fachpersonal, Köln 2007.

schaftsvermutung des § 1592 Nr. 1 BGB rechtlicher Vater, ein nichtehelicher Partner kann diesen Status durch eine Vaterschaftsanerkennung erwerben, und in einer gleichgeschlechtlichen Lebensgemeinschaft kann die Partnerin, die nicht die leibliche Mutter ist, durch eine Stiefkindadoption zum rechtlichen Elternteil des Kindes werden. Das Kind hat dann zwei rechtliche Mütter, die umfassend in der Elternverantwortung gem. Art. 6 Abs. 2 Satz 1 GG stehen.

Die anonyme Samenspende ist in Deutschland allerdings sehr umstritten, weil sie das verfassungsrechtlich garantierte Recht des Kindes auf Kenntnis seiner genetischen Abstammung (Art. 2 Abs. 1 i.V.m. Art. 1 Abs. 1 GG) verletzen könnte. Dies gilt allerdings nur dann, wenn das Recht auf Kenntnis der genetischen Abstammung sich auch darauf erstreckt, die Identität des Samenspenders zu ermitteln. Verfassungsrechtlich lassen sich für beide Auffassungen Argumente finden: Nach der Rechtsprechung des Bundesverfassungsgerichts umfasst das Allgemeine Persönlichkeitsrecht (Art. 2 Abs. 1 i.V.m. Art. 1 Abs. 1 GG) u.a. das Recht, über die eigene genetische Abstammung informiert zu werden.[101] Das Gericht hat dieses Recht jedoch ausdrücklich auf *vorhandene* Informationen beschränkt: Das Recht auf Kenntnis der eigenen Abstammung verleiht »kein Recht auf Verschaffung von Kenntnissen der eigenen Abstammung, sondern kann nur vor der Vorenthaltung erlangbarer Informationen schützen«.[102] Bezieht man diese Formulierung auf die heterologe Insemination, so kann man schlussfolgern, dass das Recht auf Kenntnis der genetischen Abstammung Kinder nur berechtigt, die Identität des Samenspenders zu erfahren, wenn diese dokumentiert wurde. Die (rechtlichen) Eltern des Kindes oder die Samenbank dürften dem Kind keine Informationen vorenthalten, die sie besitzen.[103] Anders kann man dies nur sehen, wenn man das »Vorenthalten« der Informationen auf den Zeitpunkt vor der Zeugung des Kindes bezieht: Ein »Vorenthalten« läge dann auch schon in dem Verhalten der Eltern, der Samenbank und/oder der ÄrztInnen, die Identität des Samenspenders nicht zu dokumentieren.[104] Damit fiele aber das »Vorenthalten« mit dem »Nicht Verschaffen« von Informationen zusammen. Das Recht auf Kenntnis der genetischen Abstammung griffe dann erheblich weiter in die Freiheit der

---

101 BVerfGE 79, S. 256, hier S. 269.

102 Ebd.

103 Vgl. W. Heun: »Restriktionen assistierter Reproduktion«, S. 55.

104 Für eine Dokumentationspflicht aus dem Recht des Kindes auf Kenntnis seiner genetischen Abstammung z.B. Thomas Rauscher, in: J. v. Staudingers Kommentar zum BGB, München: Beck 2004, Anhang zu § 1592 Rn. 15; Klaus Seidel, in: Münchener Kommentar zum BGB, 5. Aufl., München: Beck 2008, § 1592 Rn. 35.

Eltern ein als vom Bundesverfassungsgericht ursprünglich intendiert. Angesichts dieser recht undeutlichen Konturen des Rechts auf Kenntnis der genetischen Abstammung lässt sich das Problem der anonymen Samenspende verfassungsrechtlich zurzeit nicht eindeutig lösen. Die Praxis in Deutschland geht jedoch dahin, überwiegend nur sogenannte »Yes«-Spender zuzulassen, also Samenspender, deren persönliche Daten bei der Samenbank, dem behandelnden Arzt oder dem Notar hinterlegt sind.[105] Dieses Vorgehen wird durch vorhandene empirische Studien gestützt, die darauf hinweisen, wie sehr das fehlende Wissen um den leiblichen Vater für die betroffenen Kinder (aus gleich- wie gegengeschlechtlichen Familien) zum Lebensthema wird, das sie unter ungünstigen Umständen bis in das Erwachsenenalter verfolgen kann.[106] Rechtspolitisch spricht daher vieles dafür, die Dokumentationspraxis, wie sie in den Richtlinien der Bundesärztekammer festgeschrieben ist, auf eine hinreichende gesetzliche Grundlage zu stellen und um entsprechende Auskunftsrechte der betroffenen Kinder zu ergänzen.

2.2.1.2 Identifizierbare Samenspende (»Yes«-Spende)

Bei der sogenannten »Yes«-Spende ist die Rechtslage allerdings für die Samenspender deutlich unsicherer, wenn sie ausschließen möchten, als rechtlicher Vater festgestellt zu werden. Um dieses Risiko zu mindern, sind unterschiedliche rechtliche Regelungen denkbar: Die rechtliche Elternschaft der Personen, die die Samenspende nutzen, kann auf einen größeren Personenkreis ausgeweitet (1) und rechtlich verfestigt (2) werden. Denkbar ist aber auch, den Samenspender durch eine ausdrückliche Regelung von der Zuordnung als Elternteil freizustellen (3).

1. *Ausweitung der Möglichkeit rechtlicher Elternschaft:* Die Wahrscheinlichkeit, dass der Samenspender als Vater herangezogen wird, sinkt erheblich, wenn dem Kind von Geburt an zwei rechtliche Elternteile zugeordnet werden. Entschließt sich ein Paar gemeinsam zur heterologen Insemination, so entspricht es nicht nur dem Interesse des Samenspenders, sondern auch dem des Paares, dass die rechtliche Elternschaft beider PartnerInnen von vornherein feststeht. Im geltenden Recht geschieht dies bei Ehepaaren durch die Vater-

---

105 Bundesärztekammer: »(Muster-)Richtlinie zur Durchführung der assistierten Reproduktion«, S. A 1398.

106 Vgl. Dorett Funcke: »Der unsichtbare Dritte. Ein Beitrag zur psychohistorischen Dimension der Identitätsfindung am Beispiel der Spendersamenkinder«, in: Zeitschrift für Psychotherapie und Sozialwissenschaft 2 (2009), S. 61-98; A. Brewaeys/S. Dufour/H. Kentenich: »Kinderwunschbehandlung«, S. 39. Für die anonyme Samenspende dagegen T. Katzorke: »Entstehung und Entwicklung der Spendersamenbehandlung«, S. 100f.

schaftsvermutung gem. § 1592 Abs. 1 BGB und bei nichtehelichen (gegengeschlechtlichen) Lebensgemeinschaften durch die Anerkennung der Vaterschaft. Jedenfalls für Lebenspartnerschaften wird angeregt, eine »Elternschaftsvermutung«[107] oder »Elternschaftsanerkennung«[108] einzuführen, die der Rechtslage in gegengeschlechtlichen Lebensgemeinschaften entspricht. Es spricht einiges dafür, die soziale Elternschaft in gleichgeschlechtlichen Lebensgemeinschaften auf diese oder ähnliche Weise aufzuwerten. Wird das Kind allerdings nicht durch heterologe Insemination, sondern auf natürlichem Wege gezeugt, dürfen auch die verfassungsrechtlich gewährleisteten Elternrechte des leiblichen Vaters nicht außer Acht gelassen werden. Das bedeutet, dass auch die für gegengeschlechtliche Familienformen bestehenden Anfechtungsrechte im Sinne einer »Elternschaftsanfechtung« auf gleichgeschlechtliche Lebensgemeinschaften übertragen werden müssten. Für den Samenspender wäre damit folglich gegenüber der gegenwärtigen Rechtslage noch nicht viel gewonnen.

2. *Ausschluss der Vaterschaftsanfechtung bei Samenspende:* Wäre es für die PartnerInnen einer gleichgeschlechtlichen Lebensgemeinschaft einfacher, die rechtliche Elternschaft zu erwerben, so könnte der Schutz des Samenspenders dadurch erreicht werden, dass eine Anfechtung dieser Elternschaft nach heterologer Insemination ausgeschlossen wird. Bisher gilt dies gem. § 1600 Abs. 45 BGB nur in Ehen und nichtehelichen (gegengeschlechtlichen) Lebensgemeinschaften. Hinter dieser Regelung steht der Gedanke, dass ein Paar, das sich einvernehmlich auf eine heterologe Insemination einlässt und gemeinsam die Elternschaft für das gezeugte Kind übernehmen möchte, widersprüchlich handeln würde, wenn es anschließend die Vaterschaft des Samenspenders feststellen lassen wollte.[109] Dieser Grundsatz könnte unproblematisch auf gleichgeschlechtliche Lebensgemeinschaften ausgeweitet werden. Nach geltendem Recht ist die Vaterschaftsanfechtung allerdings nur ausgeschlossen, wenn der Ehemann oder Partner der Mutter in die Insemination wirksam eingewilligt hat. Stellt sich anschließend beispielsweise heraus, dass er die Einwilligung gar nicht erteilt hat oder dass er zum Zeitpunkt der Einwilligung geschäftsunfähig war, so bleibt ihm sein Anfechtungsrecht erhalten.[110] In nichtehelichen Lebensgemeinschaften kann es

---

107 Vgl. D. Siegfried: »Kinder vom anderen Ufer«, S. 121; Nina Dethloff: »Kindschaftsrecht des 21. Jahrhunderts«, in: Zeitschrift für Kindschaftsrecht und Jugendhilfe 4 (2009), S. 141-147, hier S. 146.
108 Vgl. N. Dethloff: »Regenbogenfamilien«, S. 138f.
109 Vgl. A. Roth: »Der Ausschluss der Vaterschaftsanfechtung«, S. 806.
110 Vgl. ebd., S. 811.

auch passieren, dass der Partner zwar in die Insemination einwilligt, anschließend jedoch die Vaterschaft nicht anerkennt. Auch in einem solchen Fall kann die Vaterschaft des Samenspenders festgestellt werden. Schließlich bleibt es dabei, dass das Kind selbst die Vaterschaft anfechten kann. All dies könnte nur ausgeschlossen werden, wenn der Samenspender durch eine ausdrückliche gesetzliche Regelung von der Vaterschaftsfeststellung freigestellt würde.

3. *Freistellung des Samenspenders:* Nach Art. 23 Abs. 2 des Schweizer Fortpflanzungsmedizingesetzes ist die Vaterschaftsklage gegen den Samenspender nach einer heterologen Insemination grundsätzlich ausgeschlossen.[111] Eine vergleichbare Regelung wird auch in Deutschland rechtspolitisch gefordert.[112] In der rechtswissenschaftlichen Literatur werden jedoch auch Bedenken geäußert: Bei der natürlichen Zeugung entsteht Elternverantwortung auch dann, wenn die Beteiligten sich einig sind, dass sie kein gemeinsames Kind bekommen möchten. Selbst wenn ein Mann ausdrücklich erklärt, keinesfalls Vater werden zu wollen und für ein dennoch gezeugtes Kind keine Verantwortung zu übernehmen, ändert dies nichts daran, dass seine Vaterschaft gerichtlich festgestellt werden kann. Auch die Vaterschaftsvermutung beim Ehemann hängt nicht davon ab, ob der Ehemann die Verantwortung für ein innerhalb der Ehe mit einem Dritten gezeugtes Kind übernehmen möchte. Man kann daher argumentieren, dass auch der Samenspender – wie ein Mann, der Geschlechtsverkehr hat – nicht selbst darüber entscheiden darf, ob er die Vaterschaft für ein Kind übernehmen möchte, das genetisch von ihm abstammt.[113]

Verfassungsrechtlich ist in diesem Zusammenhang allerdings zu berücksichtigen, dass das Verhältnis von leiblicher und sozialer Elternschaft im Grundgesetz nicht klar definiert ist: Art. 6 Abs. 1 Satz 1 GG spricht nur von »Eltern«. Das Bundesverfassungsgericht hat in seiner neueren Rechtsprechung die Bedeutung der tatsächlichen sozialen Beziehungen des Kindes wiederholt betont, bis dahin, dass leiblichen Eltern das Elternrecht aus Art. 6 Abs. 2 Satz 1 GG nur in vollem Umfang zusteht, wenn sie auch eine tatsächliche soziale Be-

---

111 Art. 23 Abs. 2 des Bundesgesetzes über die medizinische Fortpflanzung (Fortpflanzungsmedizingesetz, FMedG) vom 18.12.1998, Nr. 801.11. Der Anfechtungsausschluss gilt allerdings nur innerhalb der Ehe, weil die heterologe Insemination in der Schweiz nur bei verheirateten Frauen zulässig ist (vgl. Art. 3 Abs. 3 FMedG).

112 Vgl. Petra Thorn/Thomas Katzorke/Ken Daniels: »Samenspender in Deutschland – liberaler als die Vorgaben des Berufsrechts?«, in: Geburtshilfe und Frauenheilkunde 69 (2009), S. 297-302, hier S. 301.

113 T. Rauscher: Anhang zu § 1592 Rn. 14 und § 1600 Rn. 103.

ziehung zu dem Kind haben.[114] Leibliche Elternschaft begründet demnach nur die Option, auch zum sozialen und rechtlichen Elternteil zu werden, nicht schon das volle Elternrecht selbst. Es ist verfassungsrechtlich daher zulässig, die bestehenden sozialen Bindungen des Kindes höher zu werten als seine leibliche Abstammung – so ist es beispielsweise gerechtfertigt, leiblichen Vätern die Vaterschaftsanerkennung nur dann zu ermöglichen, wenn das Kind keine soziale Bindung zu seinem rechtlichen Vater hat (vgl. § 1600 Abs. 2 BGB). Es dürfte daher auch zulässig sein, die Inseminationsfamilie wie eine vollständige Familie zu behandeln, in der die soziale Elternschaft derjenigen, die die Samenspende genutzt haben, die leibliche Elternschaft des Samenspenders ähnlich wie bei einer Adoption (§ 1755 Abs. 1 Satz 1 BGB) *rechtlich* ersetzt – womit wiederum nicht behauptet werden soll, dass es für Kinder faktisch keinen Unterschied macht, ob sie von einem Elternteil leiblich abstammen oder nicht.

Anfechtungsrecht des Kindes: Erheblich problematischer erscheinen aus verfassungsrechtlicher Sicht Vorschläge, auch das Anfechtungsrecht des durch Insemination gezeugten Kindes gesetzlich auszuschließen. In der Schweiz ist dies geschehen: Dort kann das Kind die Vaterschaft des Ehemannes der Mutter nicht mit dem Argument anfechten, dass es durch Samenspende gezeugt worden sei (Art. 23 Abs. 1 FMedG). In Deutschland muss auch dieses Problem im Hinblick auf das Recht des Kindes auf Kenntnis seiner genetischen Abstammung beurteilt werden.[115] Dabei ist zu bedenken, dass dieses Recht Teil des sogenannten »informationellen Selbstbestimmungsrechts« ist, das aus dem Allgemeinen Persönlichkeitsrecht (Art. 2 Abs. 1 i.V.m. Art. 1 Abs. 1 GG) abgeleitet wird. Das informationelle Selbstbestimmungsrecht betrifft den selbstbestimmten Umgang mit persönlichen Daten; es ist demzufolge in erster Linie ein Recht auf Information über bestimmte Tatsachen. Wenn ein Kind das Recht hat, von den Umständen seiner Zeugung zu erfahren, folgt daraus aber nicht notwendig, dass es auch ein Recht auf die Anfechtung der bestehenden rechtlichen und sozialen Vaterschaft haben muss. Das Wissen um die Identität des Samenspenders muss nicht auch die rechtliche Zuordnung des Kindes zu seinen bisherigen rechtlichen Eltern in Frage stellen. Der Gesetzgeber hat hier einen Gestaltungsspielraum, innerhalb dessen er die unterschiedlichen Interessen bei

---

114 BVerfGE 108, S. 82, hier S. 100f.; BVerfG, Neue Juristische Wochenschrift 2005, S. 78-79.
115 Vgl. K. Seidel. § 1592 Rn. 36.

einer »gespaltenen Vaterschaft« nach heterologer Insemination ab-
wägen muss.

2.2.2 Flexible Sorgerechtsmodelle bei »multipler« Elternschaft

Nicht immer jedoch hat der Samenspender keinen eigenen Kinderwunsch und kein eigenes Interesse an dem mit seinem Samen gezeugten
Kind. Gerade in gleichgeschlechtlichen Lebensgemeinschaften werden
zunehmend auch Familienmodelle mit erweiterter Elternschaft diskutiert
und ausprobiert, beispielsweise als Drei-Personen-Erziehungsgemein-
schaft bestehend aus einem Frauenpaar und einem schwulen Samenspender oder als Vier-Personengemeinschaft bestehend aus einem weiblichen und einem männlichen Paar.[116] Hier sind vielfältige Abstufungen
in der Verteilung der elterlichen Verantwortung denkbar: Von der gele-
gentlichen Beteiligung des Samenspenders ohne volle elterliche Verantwortung für das Kind bis hin zur gemeinsamen und gleichberechtigten Erziehung des Kindes. Aus dieser Interessenlage resultieren Forderungen nach flexibleren Sorgerechtsmodellen für Familien, in denen sich
faktisch mehr als zwei Personen die elterliche Verantwortung für das
Kind teilen.

Flexible Sorgerechtsmodelle werden auch angemahnt, um die
Stiefkindadoption zu ersetzen.[117] Denn die Stiefkindadoption kann ein
guter Weg sein, Inseminationskinder, die in eine bestehende (weibliche)
gleichgeschlechtliche Partnerschaft hineingeboren werden, mit zwei
gleichberechtigten rechtlichen Elternteilen auszustatten. Gleiches gilt für
Kinder, die von vornherein nur mit einem Elternteil aufwachsen. Gibt es
aber einen zweiten leiblichen Elternteil aus einer früheren Beziehung,
wird die Stiefkindadoption im Hinblick auf das Kindeswohl problematisch. Jedenfalls dann, wenn eine soziale Beziehung zu dem zweiten
leiblichen Elternteil besteht, dürfte die Stiefkindadoption in den meisten
Fällen nicht dem Wohl des Kindes dienen:[118] Der Vorteil, in einer stabilen Zweierbeziehung mit zwei rechtlichen Eltern aufzuwachsen, wird
durch den Nachteil erkauft, auf die Verwandtschaft zu einem leiblichen
Elternteil zu verzichten.

Ohnehin ist »multiple Elternschaft« mittlerweile eine recht verbreite-
te Lebenserscheinung, die sich nicht auf gleichgeschlechtliche Lebensgemeinschaften beschränkt. Sie ist Alltag in allen Stieffamilien, in denen
die getrennt lebenden Eltern sich die Sorge für das Kind weiterhin tei-

---

116 Vgl. LSVD: Regenbogenfamilien, S. 58-64.
117 Vgl. z.B. N. Dethloff: »Kindschaftsrecht des 21. Jahrhunderts«, S. 143.
118 Vgl. E. Schumann: Die nichteheliche Familie, S. 193; K. Muscheler:
     »Das Recht der Stieffamilie«, S. 915.

len, aber auch neue Partnerschaften eingegangen sind. Diese Konstellation entspricht dem gesetzlichen Leitbild, das vom Fortbestehen der gemeinsamen Elternverantwortung nach Trennung und Scheidung – und auch nach Eingehen einer neuen Partnerschaft – als Regelfall ausgeht (§ 1671 BGB). Eine rechtlich anerkannte neue soziale Familie kann nach dem geltenden Recht gleichwohl nur entstehen, wenn einer der Elternteile sich aus seiner Elternrolle verabschiedet hat (vgl. die Voraussetzung der Alleinsorge für das »kleine Sorgerecht« und das Notvertretungsrecht des sozialen Elternteils in §§ 9 Abs. 1 und 7 LPartG, 1687b Abs. 1 und 2 BGB). Des Weiteren macht das Gesetz die so begrenzte Möglichkeit der sozialen Elternschaft an einer formalisierten Beziehung der PartnerInnen fest, indem es das »kleine Sorgerecht« und das Notvertretungsrecht auf Ehegatten und Lebenspartner beschränkt. Rechtspolitisch gibt es mittlerweile eine Reihe von Vorschlägen für eine Reform des Rechts der Stief- oder Fortsetzungsfamilien, die auch für gleichgeschlechtliche Lebensgemeinschaften bedeutsam werden könnten:

1. *Erweiterung des Anwendungsbereichs für das »kleine Sorgerecht«:* Das »kleine Sorgerecht« stattet Personen, die mit dem Kind ihres Partners/ihrer Partnerin in einem Haushalt leben, mit Entscheidungsbefugnissen für das tägliche Zusammenleben aus. Es ist für Fälle geeignet, in denen tatsächliche Verantwortung übernommen wird, der Stiefelternteil aber nicht die volle Elternschaft übernehmen soll oder möchte. Es wird gefordert, das »kleine Sorgerecht« auch auf nicht verheiratete und nicht verpartnerte Lebensgemeinschaften auszudehnen[119] sowie es auch dann einzuräumen, wenn der betreuende Elternteil nicht allein sorgeberechtigt ist.[120] Verfassungsrechtlich müssten solche Regelungen Rücksicht auf das Elternrecht des nicht betreuenden Elternteils nehmen. Im geltenden Recht geschieht dies, indem das »kleine Sorgerecht« nur auf solche Angelegenheiten erstreckt wird, für die der nicht betreuende Elternteil ohnehin kein Mitentscheidungsrecht hat (vg. §§ 1687 Abs. 1, 1687b Abs. 1 BGB, § 9 Abs. 7 LPartG). Eine vergleichbare klare Aufgabenteilung wäre auch für andere Familienformen denkbar; verfassungsrechtliche Bedenken bestehen dagegen grundsätzlich nicht.

2. *Ausweitung der Verbleibensanordnung (§ 1682 BGB) auf faktische PartnerInnen:* Nach der jetzt geltenden Rechtslage kann es passie-

---

119 Vgl. Rainer Kemper: »Rechtsanwendungsprobleme bei der eingetragenen Lebenspartnerschaft«, in: Forum Familienrecht 5 (2001), S. 156-166, hier S. 161; skeptisch: M. Löhnig: »Neue Partnerschaften«, S. 159; A. Sickert: Die lebenspartnerschaftliche Familie, S. 75.

120 Vgl. Löhnig, »Neue Partnerschaften«, S. 158, Muscheler, »Das Recht der Stieffamilie«, S. 919.

ren, dass ein Kind, das fest verwurzelt in einer faktischen Partnerschaft mit einem leiblichen und einem sozialen Elternteil lebt, nach dem Tod des sorgeberechtigten leiblichen Elternteils in die Obhut des zweiten leiblichen Elternteils übergeht – unabhängig davon, ob dieser das Sorgerecht hat und ohne die Möglichkeit einer Kindeswohlprüfung. Kindeswohldienlicher wäre es in solchen Fällen, eine Verbleibensanordnung auch zugunsten der sozialen Eltern zu ermöglichen.[121] Eine solche Regelung wäre Ausdruck des staatlichen Wächteramts in Art. 6 Abs. 2 Satz 2 GG und verfassungsrechtlich nicht zu beanstanden.

3. *Flexiblere Sorgerechtsmodelle:* Ein weiterer Vorschlag geht dahin, sozialen Eltern das volle Sorgerecht zu geben, wenn der zweite leibliche Elternteil unbekannt oder verstorben ist. Denn in diesem Fall muss dessen Elternrecht nicht (mehr) geschützt werden, und für das Kind ist es im Zweifel besser, zwei Personen zu haben, die rechtlich voll verantwortlich sind.[122] Noch weitergehend wird angeregt, ein Sorgerecht auf Antrag (nach gerichtlicher Kindeswohlprüfung) entstehen zu lassen, wann immer eine Person das Kind des/der PartnerIn in den gemeinsamen Haushalt aufnimmt.[123] Eine solche Regelung könnte dazu führen, dass auch mehr als zwei Personen gleichzeitig für ein Kind sorgeberechtigt sein könnten. Für die oben genannten Familienkonstellationen, in denen schon vor der Insemination feststeht, dass sich drei Menschen gemeinsam um das Kind kümmern werden, wäre eine solche Lösung passgenau. Allerdings wäre verbindlich zu klären, wie in einer solchen »Sorgerechtsgemeinschaft« die Entscheidungskompetenzen verteilt sind und wie zu verfahren ist, wenn es zu Konflikten bzw. Trennungen kommt.

Aus verfassungsrechtlicher Sicht muss darüber hinaus gefragt werden, ob das Elternrecht des Art. 6 Abs. 2 Satz 1 GG eine derartige Ausweitung der elterlichen Sorge auf mehr als zwei Personen erlaubt. Das Bundesverfassungsgericht hat in einer Entscheidung aus dem Jahr 2003 zu der Frage Stellung genommen, ob der leibliche Vater *neben* dem Ehemann der Mutter als dem rechtlichen Vater des Kindes Inhaber des El-

121 Vgl. M. Löhnig: »Neue Partnerschaften«, S. 159; N. Dethloff: »Nichteheliche Lebensgemeinschaft und Kinder«, S. 146f.; K. Muscheler: »Das Recht der Stieffamilie«, S. 921.
122 Vgl. K. Muscheler: »Das Recht der Stieffamilie«, S. 920, der diese Forderung ausdrücklich auch für gleichgeschlechtliche Lebensgemeinschaften erhebt.
123 Vgl. N. Dethloff: »Regenbogenfamilien«, S. 142 und dies.: »Kindschaftsrecht des 21. Jahrhunderts«, S. 144.

ternrechts sein kann. Es hat diese Frage mit dem Hinweis verneint, Eltern könnten nur jeweils »ein Mann und eine Frau«[124] sein. Von der damit verbundenen geschlechtlichen Zuordnung ist das Bundesverfassungsgericht inzwischen abgerückt; verfassungsrechtlichen Bedenken gegen die Stiefkindadoption von Lebenspartnern[125] ist damit weitgehend der Boden entzogen.[126] Unabhängig davon hat das Bundesverfassungsgericht mit dieser Formulierung aber der Möglichkeit, Elternschaft auf mehr als zwei Personen zu verteilen, eine klare Absage erteilt. Damit scheint kaum vereinbar, die elterliche Sorge mehr als zwei Personen gleichzeitig zu gewähren, auch wenn Sorge- und Elternrecht nicht notwendig miteinander verknüpft sein müssen. Das Bundesverfassungsgericht hat in der genannten Entscheidung allerdings auch angedeutet, dass eine veränderte Interpretation notwendig werden könnte, wenn sich die familiären Lebenszusammenhänge und die Vorstellungen von elterlicher Verantwortung wandeln.[127] Denn die Auslegung des Grundgesetzes findet nicht im leeren Raum von Worten und Werten statt; sie ist von gesellschaftlichen Debatten und Entwicklungen geprägt und kann daher auch auf gesellschaftliche Veränderungen reagieren. Zwei gegenwärtige Entwicklungen könnten ein Anstoß sein, die bisherige Interpretation des Art. 6 Abs. 2 Satz 1 GG zu überdenken: Zum einen die oben angedeutete Beobachtung, dass Frauen und Männer *bewusst und gewollt* über die Paarebene hinaus die Verantwortung für durch Insemination gezeugte Kinder übernehmen, zum anderen die vielfältigen »Patchworkkonstellationen«, in denen leibliche, geschiedene oder getrennt lebende Eltern mit ihren neuen Partnerinnen und Partnern in der Erziehung zusammenwirken.

Verfassungsrechtlich ist dabei, wie gezeigt wurde, der Schutz der tatsächlich gelebten Familie (Art. 6 Abs. 1 Satz 1 GG) abzuwägen mit den Rechten der leiblichen und sozialen Eltern (Art. 6 Abs. 2 Satz 1 GG) sowie dem Recht des Kindes auf Schutz und Sicherheit. Weder sollten die rechtlichen Regelungen so unterkomplex sein, dass sie die Vielfalt der tatsächlichen Familienformen nicht erfassen, noch dürfen sie die besondere – weil umfassende und lebenslange – Verantwortung, die mit

---

124 BVerfGE 108, S. 82, hier S. 101.
125 Vgl. M. Jestaedt: Stellungnahme, S. 5. Eine anhängige Normenkontrollklage der Bayerischen Staatsregierung gegen § 9 Abs. 7 LPartG wurde im August 2009 zurückgenommen, vgl. Bayerisches Staatsministerium der Justiz, Pressemitteilung Nr. 140/09 vom 10.08.2009, http://www.justiz.bayern.de/ministerium/presse/archiv/2009/detail/140.php vom 1.9.2009.
126 BVerfG, in: Zeitschrift für das gesamte Familienrecht 56 (2009), S. 1653-1654.
127 BVerfGE 108, S. 82, hier S. 101.

der elterlichen Sorge einhergeht, herunterspielen. Kinder brauchen Eltern, die sich voll für sie verantwortlich fühlen und denen sie verlässlich
zugeordnet sind, sie benötigen Kontinuität in ihren sozialen Beziehungen und familiäre Strukturen, die ihnen Schutz und Geborgenheit bieten.
Das Recht kann solche Strukturen nicht selbst schaffen, sondern muss
sich daran ausrichten, was von den Menschen tatsächlich gelebt wird.
Das bedeutet, dass das Recht den Menschen nicht vorschreiben kann, in
welchen Formen Familie gelebt werden darf. Man kann nur versuchen,
die bestehenden familiären Lebensweisen in einer Weise zu regulieren
und abzusichern, dass die Kinder vor Gefährdungen ihres Wohls geschützt werden. Dies erfordert auf der einen Seite, bestehende soziale
Bindungen als solche und unabhängig von der familiären Konstellation
zu schützen, es heißt auf der anderen Seite aber im Rahmen des Wäch-
teramtes auch, Eltern daran zu hindern, ihre Freiheit zu Lasten ihrer
Kinder auszuleben.

Literatur

Adamietz, Laura: »Diskriminierung von Lebenspartnerschaften – causa
    non finita. Anmerkung zu BVerfG Kammerbeschluss vom
    10.09.2006 – 2 BvR 855/06«, in: Streit 26 (2008), S. 117-124.
Bayerisches Staatsministerium der Justiz: Pressemitteilung Nr. 140/09
    vom 10.08.2009, http://www.justiz.bayern.de/ministerium/presse/
    archiv/2009/detail/140.php vom 01.09.2009.
Bockenheimer-Lucius, Gisela/Thorn, Petra/Wendehorst, Petra (Hg.):
    Umwege zum eigenen Kind. Ethische und rechtliche Herausforde-
    rungen an die Reproduktionsmedizin 30 Jahre nach Louise Brown,
    Göttingen: Universitätsverlag 2008.
Brewaeys, A./Dufour, S./Kentenich, H.: »Sind Bedenken hinsichtlich
    der Kinderwunschbehandlung lesbischer und alleinstehender Frauen
    berechtigt?«, in: Journal für Reproduktionsmedizin und Endokrino-
    logie (2005), S. 35-40.
Bundesärztekammer: »(Muster-)Richtlinie zur Durchführung der assis-
    tierten Reproduktion, Novelle 2006«, in: Deutsches Ärzteblatt 103
    (2006), A 1392-A 1403.
Bundesverfassungsgericht, in: Deutsches Verwaltungsblatt 122, (2007),
    S. 1431-1435.
Coester, Michael, in: J. v. Staudingers Kommentar zum BGB, 4. Buch:
    Familienrecht, Berlin: Sellier-De Gruyter 2004.
Dethloff, Nina: »Nichteheliche Lebensgemeinschaft und Kinder«, in:
    Jens M. Scherpe/Nadjma Yassari (Hg.), Die Rechtsstellung nicht-

ehelicher Lebensgemeinschaften, Tübingen: Mohr Siebeck, S. 137-162.

Dethloff, Nina: »Adoption durch gleichgeschlechtliche Paare«, in: Zeitschrift für Rechtspolitik 6 (2004), S. 195-200.

Dethloff, Nina: »Regenbogenfamilien. Der Schutz von Eltern-Kind-Beziehungen in gleichgeschlechtlichen Partnerschaften«, in: Alfred Söllner u.a. (Hg.), Gedächtnisschrift für Meinhard Heinze, München: Beck 2005, S. 133-143.

Dethloff, Nina: »Kindschaftsrecht des 21. Jahrhunderts«, in: Zeitschrift für Kindschaftsrecht und Jugendhilfe 4 (2009), S. 141-147.

Diedrich, Klaus u.a.: Reproduktionsmedizin im internationalen Vergleich. Wissenschaftlicher Sachstand, medizinische Versorgung und gesetzlicher Regelungsbedarf, Gutachten im Auftrag der Friedrich-Ebert-Stiftung, Berlin 2008.

Eggen, Bernd, »Gleichgeschlechtliche Lebensgemeinschaften – Kontinuität im Wandel intimer und familialer Lebensformen«, in: Familie Partnerschaft Recht 7 (2001), S. 444-449.

Eggen, Bernd: Gleichgeschlechtliche Lebensgemeinschaften mit und ohne Kinder. Eine Expertise auf der Basis des Mikrozensus 2006, ifb-Materialien 1/2009, http://www.ifb.bayern.de/imperia/md/con tent/stmas/ifb/materialien/mat_2009_1.pdf am 24.06.2009.

Fthenakis, Wassilios: »Gleichgeschlechtliche Lebensgemeinschaften und kindliche Entwicklung«, in: Jürgen Basedow u.a. (Hg.), Die Rechtsstellung gleichgeschlechtlicher Lebensgemeinschaften, Tübingen: Mohr Siebeck 2000, S. 351-389.

Funcke, Dorett: »Die Inseminationsfamilie. Ein soziales Phänomen zur Prüfung des Kriteriums der Universalität kernfamilialer Strukturen«, in: Sozialer Sinn 1 (2008), S. 3-36.

Funcke, Dorett: »Komplizierte Verhältnisse. Künstliche Befruchtung bei gleichgeschlechtlichen Paaren. Einblicke in eine neue Lebensform«, in: Familiendynamik 34 (2009), S. 2-14.

Funcke, Dorett: »Der unsichtbare Dritte. Ein Beitrag zur psychohistorischen Dimension der Identitätsfindung am Beispiel der Spendersamenkinder«, in: Zeitschrift für Psychotherapie und Sozialwissenschaft 2 (2009), S. 61-98.

Gernhuber, Joachim/Coester-Waltjen, Dagmar: Familienrecht, 5. Aufl. München: Beck 2006.

Graupner, Helmut: Stellungnahme bei der Anhörung des Rechtsausschusses des Bundestages vom 18.06.2008, Anlage zum Prot. 16/106, http://www.bundestag.de/ausschuesse/a06/anhoerungen/Arc hiv/38_LPartGErgG/04_Stellungnahmen/index.html vom 01.09.2009.

155

Gröschner, Rolf, in: Horst Dreier (Hg.), Grundgesetz. Kommentar, Bd. 1, Tübingen: Mohr Siebeck 2004.

Günther, Stefan: Der Kindeswohlbegriff als Zulässigkeitskriterium für die In-Vitro-Fertilisation, Dissertation, Frankfurt a.M. 1996.

Hammermann, Eckart, in: Harm P. Westermann/Walter Erman: Handkommentar zum BGB, 12. Aufl. Köln: Verlag Otto Schmidt 2008.

Herrmann-Green, Lisa: »Lesben mit Kinderwunsch: Eine ethische Herausforderung für die Reproduktionsmedizin?«, in: Gisela Bockenheimer-Lucius/Petra Thorn/Christiane Wendehorst (Hg.), Umwege zum eigenen Kind, Göttingen: Universitätsverlag 2008, S. 217-238.

Heun, Werner: »Restriktionen assistierter Reproduktion aus verfassungsrechtlicher Sicht«, in: Gisela Bockenheimer-Lucius/Petra Thorn/Christiane Wendehorst (Hg.), Umwege zum eigenen Kind, Göttingen: Universitätsverlag 2008, S. 49-62.

Hohmann-Dennhardt, Christine: »Kindeswohl und Elternrechte – Rechtsverhältnis von Eltern und Kindern«, in: Familie Partnerschaft Recht 14 (2008), S. 476-477.

Jestaedt, Matthias, in: Rudolf Dolzer/Christian Waldhoff/Karin Graßhof (Hg.), Bonner Kommentar zum Grundgesetz, Band 3, Heidelberg: C.F. Müller 1995.

Jestaedt, Matthias: »Kinder- und Jugendhilferecht und das Verfassungsrecht«, in: Johannes Münder/Reinhard Wiesner (Hg.), Handbuch Kinder- und Jugendhilferecht, Baden-Baden: Nomos 2007, S. 106-133.

Jestaedt, Matthias: Stellungnahme bei der Anhörung des Rechtsausschusses des Bundestages vom 18.06.2008, Anlage zum Prot. 16/106, http://www.bundestag.de/ausschuesse/a06/anhoerungen/Archiv/38_LPartGErgG/04_Stellungnahmen/index.html vom 01.09. 2009.

Kaiser, Dagmar, in: Erman, Handkommentar zum BGB, 12. Aufl. Köln: Verlag Otto Schmidt 2008.

Katzorke, Thomas: »Donogene Insemination«, in: Der Gynäkologe 10 (2007), S. 807-812.

Katzorke, Thomas: »Entstehung und Entwicklung der Spendersamenbehandlung«, in: Gisela Bockenheimer-Lucius/Petra Thorn/Christiane Wendehorst (Hg.), Umwege zum eigenen Kind, Göttingen: Universitätsverlag 2008, S. 89-102.

Kemper, Rainer: »Rechtsanwendungsprobleme bei der eingetragenen Lebenspartnerschaft«, in: Forum Familienrecht 5 (2001), S. 156-166.

Kemper, Rainer, in: Reiner Schulze u.a. (Hg.), Bürgerliches Gesetzbuch. Handkommentar, 5. Aufl., Baden-Baden: Nomos 2007.

Kreß, Hartmut: »Ethische Gesichtspunkte zu derzeitigen Behandlungsstandards der Fortpflanzungsmedizin«, in: Klaus Diedrich u.a., Reproduktionsmedizin im internationalen Vergleich, Bonn: Universitätsbuchdruckerei 2008, S. 62-86.

Langenfeld, Christine/Wiesner, Reinhard: »Verfassungsrechtlicher Rahmen für die öffentliche Kinder- und Jugendhilfe bei Kindeswohlgefährdungen und seine einfachgesetzliche Ausfüllung«, in: Deutsches Institut für Jugend- und Familienrecht e.V. (Hg.), Verantwortlich handeln – Schutz und Hilfe bei Kindeswohlgefährdungen. Saarbrücker Memorandum, Köln: Bundesanzeiger 2004, S. 45-81.

Lehmann, Michaela: Die In-Vitro-Fertilisation und ihre Folgen. Eine verfassungsrechtliche Analyse, Frankfurt a.M. u.a.: Peter Lang 2007.

Löhnig, Martin: »Neue Partnerschaften der gemeinsam sorgeberechtigt gebliebenen Eltern – Welche Rechte haben die neuen Partner?«, in: Familie Partnerschaft Recht 14 (2008), S. 157-159.

LSVD (Hg.): Regenbogenfamilien – alltäglich und doch anders. Beratungsführer für lesbische Mütter, schwule Väter und familienbezogenes Fachpersonal, Köln: LSVD 2007.

Muscheler, Karlheinz: »Das Recht der Stieffamilie«, in: Zeitschrift für das gesamte Familienrecht 51 (2004), S. 915-921.

Pätzold, Juliane: »Die gemeinschaftliche Adoption Minderjähriger durch eingetragene Lebenspartner«, in: Familie Partnerschaft Recht 14 (2008), S. 269-273.

Pfizenmayer, Katharina: Die Rechtsstellung gleichgeschlechtlicher Lebenspartner in der deutschen Rechtsordnung. Eine kritische Würdigung des Gesetzes zur Beendigung der Diskriminierung gleichgeschlechtlicher Gemeinschaften: Lebenspartnerschaften, Hamburg: Kovac 2007.

Rauprich, Oliver: »Sollen Kinderwunschbehandlungen von den Krankenkassen finanziert werden?«, in: Gisela Bockenheimer-Lucius u.a. (Hg.), Umwege zum eigenen Kind, Göttingen: Universitätsverlag 2008, S. 31-48.

Rauscher, Thomas, in: J. v. Staudingers Kommentar zum BGB, München: Beck 2004.

Riedel, Ulrike: »Notwendigkeit eines Fortpflanzungsmedizingesetzes (FMG) aus rechtlicher Sicht«, in: Klaus Diedrich u.a., Reproduktionsmedizin im internationalen Vergleich, Bonn: Universitätsbuchdruckerei 2008, S. 88-11.

Robbers, Gerhard: in: Hermann v. Mangoldt/Friedrich Klein/Christian Starck (Hg.), Kommentar zum Grundgesetz, Bd. 1, 5. Aufl. München: Verlag Franz Vahlen.

Roth, Andreas: »Der Ausschluss der Vaterschaftsanfechtung nach Einwilligung in die heterologe Insemination (§ 1600 Abs. 2 BGB)«, in: Deutsche Notarzeitung (2003), S. 805-822.

Rupp, Marina (Hg.): Die Lebenssituation von Kindern in gleichgeschlechtlichen Lebensgemeinschaften, Köln: Bundesanzeiger 2009.

Schneekloth, Ulrich/Leven, Ingo: Familie als Zentrum: nicht für alle gleich verlässlich, in: World Vision Deutschland e.V. (Hg.), Kinder in Deutschland 2007. 2. World Vision Kinderstudie, Frankfurt a.M.: S. Fischer 2007, S. 65-109.

Schüffner, Marc: Stellungnahme bei der Anhörung des Rechtsausschusses des Bundestages vom 18.06.2008, Anlage zum Prot. 16/106, http://www.bundestag.de/ausschuesse/a06/anhoerungen/Archiv/38_LPartGErgG/04_Stellungnahmen/index.html am 01.09.2009.

Schumann, Eva: Die nichteheliche Familie. Reformvorschläge für das Familienrecht, München: Beck 1998.

Schumann, Eva: »Stärkung und Schutz des Kindeswohls«, in: Volker Lipp/Eva Schumann/Barbara Veit (Hg.), Reform des familiengerichtlichen Verfahrens. 1. Familienrechtliches Forum Göttingen 2008, Göttingen: Universitätsverlag 2009, S. 229-258.

Seidel, Klaus, in: Münchener Kommentar zum BGB, 5. Aufl. München: Beck 2008, § 1592 Rn. 35.

Sickert, Ariane: Die lebenspartnerschaftliche Familie. Das Lebenspartnerschaftsgesetz und Art. 6 Abs. 1 GG, Berlin: Duncker&Humblot 2005.

Siegfried, Dirk: »Kinder vom anderen Ufer«, in: Familie Partnerschaft Recht 11 (2005), S. 120-122.

Thorn, Petra/Wischmann, Tewes: »Eine kritische Würdigung der Novellierung der (Muster-)Richtlinie der Bundesärztekammer 2006 aus der Perspektive der psychosozialen Beratung«, in: Journal für Reproduktionsmedizin und Endokrinologie 1 (2008), S. 39-44.

Thorn, Petra/Katzorke, Thomas/Daniels, Ken: »Samenspender in Deutschland – liberaler als die Vorgaben des Berufsrechts?«, in: Geburtshilfe und Frauenheilkunde 69 (2009), S. 297-302.

Veit, Barbara: »Kleines Sorgerecht für Stiefeltern (§ 1687b BGB)«, in: Familie Partnerschaft Recht 10 (2004), S. 67-73.

Vornholdt, Christl: Stellungnahme bei der Anhörung zur Überarbeitung des Lebenspartnerschaftsrechts am 18.10.2004, Prot. 15/59 des Rechtsausschusses des Bundestages.

Wapler, Friederike: »Staatliche Reaktionsmöglichkeiten bei Kindeswohlgefährdungen – Verfassungsrechtliche Aspekte der jüngsten Gesetzesänderungen«, in: Recht der Jugend und des Bildungswesens 57 (2009), S. 21-32.

Wendehorst, Christiane: »Die rechtliche Regelung donogener ART«, in: Gisela Bockenheimer-Lucius/Petra Thorn/Christiane Wendehorst (Hg.), Umwege zum eigenen Kind, Göttingen: Universitätsverlag 2008, S. 103-122.

Willutzki, Siegfried: Stellungnahme bei der Anhörung zur Überarbeitung des Lebenspartnerschaftsrechts am 18.10.2004, Prot. 15/59 des Rechtsausschusses des Bundestages.

Assistierte Reproduktion und rechtliche Elternschaft in gleichgeschlechtlichen Partnerschaften. Ein rechtsvergleichender Überblick

Nina Dethloff

1. Problemaufriss

Kinder wachsen in Deutschland zunehmend auch bei gleichgeschlechtlichen Partnern auf. Bislang stammen diese Kinder noch überwiegend aus einer vorangegangenen heterosexuellen Partnerschaft des einen Partners.[1] Auch leben in gleichgeschlechtlichen Partnerschaften Kinder, die mit keinem der Partner verwandt sind, etwa Pflegekinder oder von einem Partner allein adoptierte Kinder. Immer häufiger werden Kinder aber auch in Regenbogenfamilien hineingeboren. Dies ist vor allem dann der Fall, wenn lesbische Frauen ihren Kinderwunsch durch heterologe Befruchtung einer Partnerin realisieren, sei es mit anonymen Spendern, etwa über ausländische Samenbanken, sei es mit bekannten Samenspendern. In der Regel übernimmt die Partnerin der leiblichen Mutter die Rolle der sozialen Mutter. Zum Teil besteht auch Kontakt zum biologischen Vater. Die Konstellationen sind vielfältig.[2] Ein schwules Paar

---

1   Vgl. Bernd Eggen: »Gleichgeschlechtliche Lebensgemeinschaften. Gegenwart und künftige Entwicklung«, in: Praxis der Rechtspsychologie 13, 1 (2003), S. 25-44, hier S. 34.
2   Näher zum Ganzen Marina Rupp (Hg.): Die Lebenssituation von Kindern in gleichgeschlechtlichen Lebenspartnerschaften, Berlin: Bundesanzeiger 2009, S. 82ff.

kann hingegen seinen Wunsch, ein genetisch von einem Partner ab-
stammendes Kind aufzuziehen, nur mithilfe einer Frau realisieren, die
als Leihmutter fungiert. Angesichts der geltenden Rechtslage wird dieser
Weg in Deutschland bislang kaum beschritten. Der folgende Beitrag
geht daher der Frage nach, auf welche Weise intentionale Elternschaft
eines lesbischen Paares rechtlich abgesichert werden kann. Zunächst
wird der Blick auf das geltende deutsche Recht gerichtet, das in diesen
Fällen lediglich die Stiefkindadoption vorsieht (2.). Es werden deren
Möglichkeiten zur Begründung eines Eltern-Kind-Verhältnisses zur
Partnerin der Mutter dargestellt, aber auch die Defizite dieses Weges
aufgezeigt. Es folgt ein Überblick über Entwicklung und Rechtslage in
ausländischen Rechtsordnungen (3.). Thematisiert wird eingangs kurz
der Zugang zu reproduktionsmedizinischen Maßnahmen für lesbische
Paare, um sodann die Möglichkeiten darzulegen, eine rechtliche Eltern-
Kind-Beziehung zur Partnerin zu begründen. Hier wird zunächst das
Adoptionsrecht in den Blick genommen, bevor näher auf die neuere
Entwicklung eingegangen wird, einer im Einverständnis mit der Partnerin erfolgten Fremdbefruchtung unmittelbar abstammungsrechtliche
Folgen zuzuerkennen. Abschließend erfolgt ein Ausblick auf Perspekti-
ven für Reformen im deutschen Recht (4.).

2. Rechtslage in Deutschland

2.1 Eingetragene Lebenspartnerschaft

2.1.1 Überblick

Seit Inkrafttreten des Lebenspartnerschaftsgesetzes (LPartG) von 2001
haben gleichgeschlechtliche Paare die Möglichkeit, eine Eingetragene
Lebenspartnerschaft zu begründen. Dieses neue Rechtsinstitut wurde in
vielen Beziehungen mit vergleichbaren Rechten und Pflichten wie den
in der Ehe bestehenden ausgestattet, unterscheidet sich aber – trotz weiterer Annäherung durch das Lebenspartnerschafts-Überarbeitungsgesetz
im Jahr 2004 – noch in wichtigen Aspekten. Signifikante Unterschiede
bestehen vor allem auf dem Gebiet des Kindschaftsrechts. Wird ein
Kind während der Ehe der Mutter geboren, so ist der Ehemann der Mutter gemäß § 1592 Nr. 1 BGB Vater des Kindes. Dies gilt auch dann,
wenn das Kind durch eine heterologe Befruchtung, also mittels Spendersamen, gezeugt wurde und damit genetisch nicht vom Vater abstammt.
Bei Zustimmung zur Befruchtung kann die Vaterschaft des Ehemannes
durch die Eltern nicht angefochten werden, d.h. sie können die umfas-

senden Rechtswirkungen der Vaterschaft, wie Sorge-, Unterhalts- und Erbrecht, nachträglich nicht beseitigen (§ 1600 V BGB). Wird demgegenüber ein Kind während des Bestehens einer eingetragenen Lebenspartnerschaft geboren, so begründet dies keine rechtliche Elternstellung der Lebenspartnerin. Dies ist auch dann nicht der Fall, wenn das Kind mittels einer im Einverständnis mit der Lebenspartnerin erfolgten heterologen Befruchtung gezeugt wurde.[3] Künstliche Befruchtungen, die mittels hormoneller Stimulation erfolgen, sind zwar in Deutschland nach ärztlichem Standesrecht grundsätzlich nur bei Ehepaaren und nicht verheirateten heterosexuellen Paaren, die in stabiler Partnerschaft leben, nicht aber bei alleinstehenden Frauen und in gleichgeschlechtlichen Beziehungen erlaubt.[4] Möglich ist aber, dass lesbische Partnerinnen eine heterologe Insemination selbst vornehmen oder sich im Ausland einer dort zulässigen Fremdbefruchtung unterziehen.[5] Hat eine Frau auf diese Weise im Einverständnis mit ihrer Lebenspartnerin ein Kind empfangen, so stellt die Adoption die einzige Möglichkeit dar, um eine verwandtschaftliche Beziehung zu der Partnerin der Mutter zu begründen.

2.1.2 Stiefkindadoption

Während das LPartG von 2001 eingetragenen Lebenspartnern überhaupt kein Adoptionsrecht einräumte, steht ihnen seit 2005 gemäß § 9 VII LPartG die Stiefkindadoption offen, d.h. der eine Partner kann das leibliche Kind des anderen mit der Folge annehmen, dass es ihr gemeinschaftliches Kind wird.[6] Soweit Verwandtschaftsbeziehungen zu einem anderen leiblichen Elternteil sowie dessen Familie bestehen, erlöschen diese grundsätzlich mit der Adoption, § 1755 II BGB (Ausnahme: § 1756 II BGB). Die rechtliche Elternstellung kann daher nach deutschem Recht nur zwei Personen zustehen. Die Stiefkindadoption ist bei homosexuellen – ebenso wie bei heterosexuellen – Paaren an zahlreiche Voraussetzungen geknüpft:

---

3   Näher: Nina Dethloff: Familienrecht, 29. Aufl., München: Beck 2009, § 10 Rn. 89.

4   Bundesärztekammer: »(Muster-)Richtlinie zur Durchführung der assistierten Reproduktion, Novelle 2006«, in: Deutsches Ärzteblatt 103 (2006), S. A 1392-A 1403.

5   Zur Rechtslage in anderen Ländern unten unter II.1; näher zur Rechtslage im deutschen Recht N. Dethloff: Familienrecht, § 10 Rn. 75ff.

6   Ein weiterer wesentlicher Unterschied besteht darin, dass ihnen die gemeinschaftliche Adoption – im Gegensatz zu Ehegatten (§ 1741 II 2 BGB) – bislang verwehrt ist; siehe zur gemeinschaftlichen Adoption auch Nina Dethloff: »Kindschaftsrecht des 21. Jahrhunderts«, in: Zeitschrift für Kindschaftsrecht und Jugendhilfe (2009), S. 141-147, hier S. 146f.

2.1.2.1 Antrag und Einwilligungserfordernisse

Die Lebenspartnerin, die das Kind adoptieren möchte, muss bei dem zuständigen Familien- bzw. Amtsgericht einen notariell beurkundeten Antrag stellen. Die Antragstellerin muss mindestens 21 Jahre alt sein (§ 9 VII LPartG i.V.m. §§ 1743 S. 1, 1741 II 3 BGB). Zudem muss die Einwilligung sämtlicher Beteiligter – ebenfalls in notariell beurkundeter Form – vorliegen. Dies gilt nicht nur für die leibliche Mutter, die die Einwilligung – zum Schutz vor übereilten Entscheidungen – frühestens acht Wochen nach der Geburt erteilen darf (§ 1747 II 1 BGB). Einwilligen muss auch das Kind selbst (§ 1746 I 1 BGB). Allerdings ist dessen Zustimmung vor Vollendung des 14. Lebensjahres durch seinen gesetzlichen Vertreter zu erteilen. Dies ist in der Regel die leibliche Mutter (§§ 1626a II, 1629 I 1 BGB), die in einem solchen Fall zwei Einwilligungen abgibt, ihre eigene sowie die des Kindes.

Ferner muss der leibliche Vater des Kindes einwilligen (§ 1747 I BGB), was gemäß § 1747 III Nr. 1 BGB bereits vor der Geburt geschehen kann. Die Einwilligung des Spenders ist jedenfalls dann erforderlich, wenn er aufgrund wirksamer Anerkennung oder gerichtlicher Feststellung als Vater anzusehen ist (§ 1592 Nr. 1, 2 BGB). Da dies jedoch regelmäßig nicht der Fall ist, bedarf es grundsätzlich der Zustimmung dessen, der glaubhaft macht, der Mutter während der Empfängniszeit beigewohnt zu haben (§§ 1747 I 2, 1600d II 1 BGB; sog. Vaterschaftsprätendent). Fraglich ist, ob dies auch den Samenspender erfasst. Zum Teil wird vertreten, eine Samenspende stelle keine »Beiwohnung« in diesem Sinne dar.[7] Eine Einwilligung des Spenders sei daher mangels rechtlich anerkannter biologischer Vaterschaft nicht erforderlich,[8] so dass die Identität des Spenders auch nicht von dem Familiengericht ermittelt werden müsste. Nach anderer Ansicht begründet indes auch die Insemination wie die Beiwohnung nach § 1600d II 1 BGB eine Abstammungsvermutung, wenn eine (natürliche) Beiwohnung ausscheidet.[9] Der Wortlaut der Vorschriften spricht eher für die erste Ansicht. Es leuchtet allerdings nicht recht ein, zwar eine Glaubhaftmachung der Beiwohnung zur Begründung eines Einwilligungserfordernisses ausrei-

---

7 Thomas Rauscher, in: Staudingers Kommentar zum Bürgerlichen Gesetzbuch, §§ 1589-1600e (Abstammung), Berlin: Sellier, de Gruyter 2004, § 1600d Rn. 50; Dirk Siegfried: »Kinder vom anderen Ufer«, in: Familie, Partnerschaft, Recht 11 (2005), S. 120-122, hier S. 121f.; ebenso, aber im Rahmen des § 1600 I Nr. 2 BGB: BGH, FamRZ 2005, S. 612, 614.
8 D. Siegfried: »Kinder vom anderen Ufer«, S. 121f.
9 Klaus Seidel, in: Münchener Kommentar zum Bürgerlichen Gesetzbuch, 5. Aufl., München: Beck 2008, § 1600d Rn. 31 m.N.

chen zu lassen, nicht aber eine solche der biologischen Abstammung.[10] Zweck des § 1747 I 2 BGB ist nämlich der Schutz der Rechte des biologischen Vaters. Dies spricht eher dafür, erst recht auch die Glaubhaftmachung des nach § 1600d II 1 BGB vermuteten Umstands (Vaterschaft) ausreichen zu lassen. Denn das Gesetz zieht die Beiwohnung nur als Vermutungsbasis für die Vaterschaft als vermuteten Umstand heran. § 1747 I 2 BGB könnte dann dahingehend verstanden werden, dass die Glaubhaftmachung der biologischen Vaterschaft erforderlich ist und (schon) durch Glaubhaftmachung der Umstände erreicht werden kann, die nach § 1600d II 2 BGB die gesetzliche Vermutung der biologischen Vaterschaft zur Folge haben. Dies berücksichtigte auch, dass unter Umständen die bloße biologische Abstammung Grundrechtsschutz genießt.[11] Dann hätte das Gericht von Amts wegen Ermittlungen zur Erforschung des Spenders anzustellen (§ 26 FamFG), um ihn von der beabsichtigten Adoption in Kenntnis zu setzen und ihm so die Glaubhaftmachung nach § 1747 I 2 BGB zu ermöglichen, die wiederum seine Einwilligung in die Adoption erforderlich macht.[12] Hier wird man freilich die Situation der so genannten No-Spender, die anonym bleiben, und der Yes-Spender unterscheiden müssen, die damit einverstanden sind, dass ihre Identität den mit ihrem Samen gezeugten Kindern mitgeteilt wird. No-Spender haben durch das Verschweigen ihrer Identität selbst bewirkt, dass sie nicht an der Adoption des gezeugten Kindes beteiligt werden können. Hier bedarf es keiner weiteren – ohnehin zumeist aussichtslosen – Ermittlungen durch das Gericht. Allerdings sind dem Gericht auch bei der Ermittlung eines Yes-Spenders in tatsächlicher Hinsicht oft Grenzen gesetzt. Kennt die Mutter zwar den Spender, will dessen Identität aber nicht preisgeben, kann sie vom Gericht auch nicht dazu gezwungen werden.[13] Ein Auskunftsanspruch besteht nur im Verhältnis des Kindes zur Mutter.[14] Eine höchstrichterliche Entscheidung

---

10 Vgl. Tobias Helms: »Das Einwilligungsrecht des Vaterschaftsprätendenten bei der Adoption eines nichtehelichen Kindes«, in: Das Jugendamt (2001), S. 57-63, hier S. 58f.; a.A.: D. Siegfried: »Kinder vom anderen Ufer«, S. 122.

11 Das ist umstritten; offen gelassen: BVerfGE 92, S. 158, 178 = FamRZ 1995, S. 789, 792; dagegen: BGH, FamRZ 1999, S. 716; dafür: Michael Coester: »Elternrecht des nichtehelichen Vaters und Adoption«, in: Zeitschrift für das gesamte Familienrecht (1995), S. 1245-1251, hier S. 1246; vgl. auch EGMR NJW 1995, S. 2153 (zur EMRK).

12 T. Helms: »Das Einwilligungsrecht«, S. 60.

13 LG Stuttgart, FamRZ 1992, S. 2897; LG Freiburg, FamRZ 2002, S. 1647; AG Berlin Tempelhof-Kreuzberg, FamRZ 2005, S. 302.

14 Der Anspruch wird aus § 1618a BGB hergeleitet; vgl. BVerfGE 96, S. 56, 62f. = FamRZ 1997, S. 869.

der Frage, ob bzw. unter welchen Umständen das Gericht einen Spender zu ermitteln hat, um ihm die Ausübung des Einwilligungsrechts zu ermöglichen, steht noch aus.

2.1.2.2 Förderung des Kindeswohls und Pflegezeit

Zentrale Voraussetzung der Adoption ist die Förderung des Kindeswohls (§ 1741 I 1 BGB). Nach erfolgreicher Antragstellung erfolgt daher eine Eignungsprüfung durch das Jugendamt. Es überprüft, ob die geplante Adoption dem Wohl des Kindes dient. Dazu gehört auch die Feststellung, ob zwischen Kind und Annehmendem eine stabile und harmonische Bindung besteht oder ob zumindest zu erwarten ist, dass sich eine solche Bindung entwickeln wird (§ 1741 I 1 BGB). Da im Allgemeinen schwer vorherzusehen ist, ob zwischen den künftigen Adoptiveltern und dem Kind ein solches Verhältnis entstehen wird, soll die Annahme an Kindes statt nach § 1744 BGB erst nach Ablauf einer Probezeit erfolgen. Damit soll auch verhindert werden, dass das Adoptionsverhältnis wieder aufgehoben werden muss, was nur unter engen Voraussetzungen möglich ist. Die Vorschaltung einer Pflegezeit ist zwar nicht zwingend vorgeschrieben; es handelt sich nur um eine Sollvorschrift, die dem Gericht Ermessen einräumt. Sie ist aber im Interesse einer langfristig erfolgreichen Adoption in den meisten Fällen sinnvoll und daher gängige Praxis.[15] Eine bestimmte Dauer der Pflegezeit legt das Gesetz mit Rücksicht auf die unterschiedlichen Umstände des Einzelfalls nicht fest. Sie wird auch mittelbar vom Gericht durch Terminierung des Annahmebeschlusses bestimmt und hängt davon ab, wie viel Zeit erforderlich ist, um zu beurteilen, ob sich ein Eltern-Kind-Verhältnis entwickelt und die Adoption dem Kindeswohl entspricht. Dabei ist insbesondere das Alter des Kindes zu berücksichtigen. So kann bei Säuglingen und Kleinkindern die Pflegezeit kürzer bemessen werden, da geringere Anpassungsschwierigkeiten zu erwarten sind. Die Empfehlungen der Bundesarbeitsgemeinschaft der Landesjugendämter gehen davon aus, dass die Pflegezeit in der Regel mindestens ein Jahr betragen sollte.[16] In der Praxis variiert die Dauer regional.

Grundsätzlich wird auch bei Stiefkind- und Verwandtenadoptionen ein Pflegeverhältnis vorgeschaltet:[17] Das Kind soll gewisse Zeit mit dem

---

15 Näher zur vorausgehenden Pflege N. Dethloff: Familienrecht, § 15 Rn. 40f.

16 Bundesarbeitsgemeinschaft der Landesjugendämter (Hg.): Empfehlungen zur Adoptionsvermittlung, 5. Aufl., 2006, Abschn. 7.5, S. 32f., http://www .bagljae.de/Stellungnahmen/Empfehlungen%20zur%20Adoptionsvermitt lung%205.%20Auflage%202006.pdf vom 6.12.2009.

17 Vgl. ebd., S. 33.

neuen Elternteil in einem Haushalt zusammenleben, damit das Jugendamt beurteilen kann, ob sich eine stabile Bindung zwischen dem neuen Partner des leiblichen Elternteils und dem in die Beziehung mit eingebrachten Kind entwickelt hat. Bei eingetragenen Lebenspartnern ist dies ebenso wie bei Ehegatten dann sinnvoll, wenn es um die Annahme eines Kindes geht, das aus einer früheren heterosexuellen Partnerschaft der Lebenspartnerin oder des Lebenspartners stammt. Ausnahmsweise kann zwar auch bei Stiefkindadoptionen eine besondere Pflegezeit überflüssig sein, etwa wenn das Kind schon länger bei dem Adoptivelternteil lebt und sich so ohne Pflegezeit prognostizieren lässt, dass die Adoption dem Kindeswohl dient.[18] Da Stiefkindverhältnisse zu den schwierigsten familiären Lebensformen gehören,[19] ist jedoch besondere Zurückhaltung geboten.[20] Häufig bestehen noch erhebliche Bindungen zum anderen leiblichen Elternteil und zu dessen Verwandten. Auch ist die Beziehung zum neuen Partner des leiblichen Elternteils nicht immer frei von Spannungen, und oftmals geht die Initiative zur Adoption eher vom leiblichen Elternteil als von dessen neuem Partner aus. Es bedarf daher in diesen Fällen besonders sorgfältiger Prüfung, ob eine Eltern-Kind-Beziehung zum neuen Ehegatten oder eingetragenen Lebenspartner besteht und es dem Kindeswohl entspricht, wenn mit der Adoption die verwandtschaftlichen Beziehungen zum anderen leiblichen Elternteil wie auch zu dessen Familie, also den Großeltern oder den Halbgeschwistern, erlöschen und zugleich eine lebenslange rechtliche Beziehung begründet wird, die auch dann fortbesteht, wenn die Ehe oder eingetragene Lebenspartnerschaft zwischen Stiefelternteil und leiblichem Elternteil scheitern sollte.[21]

Als fragwürdig stellt sich das Erfordernis der Adoptionspflegezeit jedoch dar, wenn das Kind durch eine im Einverständnis mit der Partnerin vorgenommene heterologe Insemination in die Lebenspartnerschaft geboren wird. Das Kind verdankt seine Zeugung in diesem Fall dem gemeinschaftlichen Entschluss der Partnerinnen, die von seiner Geburt an gemeinsam die Elternverantwortung übernehmen wollen. Das Entstehen einer faktischen Eltern-Kind-Beziehung zu der von Geburt des Kindes an mit diesem und der leiblichen Mutter in familiärer Gemeinschaft

---

18 Vgl. N. Dethloff: Familienrecht, § 15 Rn. 41.

19 Näher Rainer Frank, in: Staudingers Kommentar zum Bürgerlichen Gesetzbuch, §§ 1741-1772 (Adoption), Berlin: Sellier, de Gruyter 2007, § 1741 Rn. 6.

20 Ebd., § 1744 Rn. 6.

21 Vgl. zur Problematik der Stiefkindadoptionen und zur Notwendigkeit, im Rahmen einer umfassenden Reform des Rechts der Stieffamilien sorge- und unterhaltsrechtliche Regelungen zu schaffen N. Dethloff: »Kindschaftsrecht«, S. 143ff.

lebenden eingetragenen Partnerin ist daher zu vermuten. Nach einer Umfrage des Lesben- und Schwulenverband in Deutschland (LSVD) bei Jugendämtern und Gerichten wird in der Praxis jedoch nicht auf die Adoptionspflegezeit verzichtet, sondern es werden Pflegezeiten von sechs bis 24 Monaten festgesetzt.[22] Demgegenüber ist in verschiedengeschlechtlichen Partnerschaften bei heterologer Insemination keine Pflegezeit erforderlich, wenn die Mutter verheiratet ist; vielmehr wird der Ehemann unmittelbar mit der Geburt Vater des Kindes (§ 1592 Nr. 1 BGB).

2.1.2.3 Verfahrensablauf

Insgesamt ist festzustellen, dass eine Stiefkindadoption ein aufwendiges und oft langwieriges Verfahren mit sich bringt, das auch ohne zusätzliche Verzögerungen durch die Adoptionspflegezeit in der Regel zwischen einem halben Jahr und einem Jahr dauert.[23] Verlängert wird das Verfahren zudem dadurch, dass der Adoptionsantrag frühestens acht Wochen nach Geburt des Kindes (§ 1747 II 1 BGB) gestellt und ihm erst nach Ablauf der Adoptionspflegezeit stattgegeben werden kann. Im Verlauf des Adoptionsverfahrens ist ferner eine gerichtliche Anhörung der annehmenden Lebenspartnerin der Mutter durchzuführen (§ 192 I FamFG). Ihr wird Gelegenheit zur Stellungnahme gegeben. Von der grundsätzlich ebenfalls zwingenden Anhörung des Kindes wird im Fall der Stiefkindadoption nach heterologer Insemination regelmäßig nach § 192 III FamFG wegen des geringen Alters abgesehen werden. Schließlich sind etwaige Kinder der Annehmenden anzuhören (§ 193 FamFG). In der Praxis kommt der gerichtlichen Anhörung unterschiedliche Bedeutung zu. Für manche Richter, die gegenüber Adoptionen durch gleichgeschlechtliche Paare aufgeschlossen sind, stellt sie nur eine notwendige Formalität dar. In manchen, oft ländlichen Kommunen, wo Stiefkindadoptionen durch Gleichgeschlechtliche noch weitgehend unbekannt sind, kann die gerichtliche Anhörung dagegen in Extremfällen zu einer Hürde im Adoptionsverfahren werden.[24]

---

22 LSVD: Regenbogenfamilien – alltäglich und doch anders: Beratungsführer für lesbische Mütter, schwule Väter und familienbezogenes Fachpersonal, Köln 2007, http://www.family.lsvd.de/beratungsfuehrer/fileadmin/downloads/RZ_Beratungsfuehrer_gesamt.pdf vom 6.12.2009, S. 97.
23 Ebd., S. 98.
24 Zur Praxis: ebd., S. 93ff.

2.1.2.4 Rechtsverhältnis zwischen Lebenspartnerin und Kind vor der Adoption

Im Ergebnis wirkt es sich zu Lasten des Kindes aus, wenn eine tatsächlich bestehende familiäre Beziehung zur eingetragenen Lebenspartnerin erst mit Ausspruch der Adoption und nicht bereits mit Geburt des Kindes rechtlich abgesichert werden kann. Denn bis zu diesem Zeitpunkt ist die Lebenspartnerin mit dem Kind lediglich verschwägert (§ 11 LPartG) und hat nur ein so genanntes kleines Sorgerecht, das ihr ein Mitentscheidungsrecht in Angelegenheiten des täglichen Lebens sowie ein Notsorgerecht einräumt (§ 9 LPartG). Auch bestehen keine unterhalts- und erbrechtlichen Ansprüche gegenüber der Lebenspartnerin. Möglich ist nur eine vertragliche Absicherung, etwa durch Erteilung einer Vollmacht und Vereinbarung von Unterhaltspflichten, sowie eine erbrechtliche Berücksichtigung durch letztwillige Verfügungen. Privatautonome Gestaltungsmöglichkeiten stoßen freilich an ihre Grenzen, soweit es um öffentlich-rechtliche Ansprüche geht, deren Voraussetzung das Bestehen eines rechtlichen Eltern-Kind-Verhältnisses darstellt.

2.1.2.5 Haftung des Samenspenders

Wenn der Samenspender bekannt ist, könnte das Kind Ansprüche gegen diesen geltend machen. Im Falle des Scheiterns der geplanten Adoption ist er nach gerichtlicher Vaterschaftsfeststellung daher einem erheblichen Haftungsrisiko ausgesetzt. Zwar erscheint der Abschluss von Vereinbarungen denkbar, die den Spender von Ansprüchen freistellen sollen. Zu Verträgen unter Beteiligung eines Arztes, wie sie bei heterosexuellen Paaren anzutreffen sind, kommt es faktisch schon deshalb nicht, weil Ärzten bei gleichgeschlechtlichen Paaren nach Standesrecht eine künstliche Befruchtung untersagt ist.[25] Vereinbarungen zwischen Samenempfängerinnen und Spendern sind bei Einschaltung einer Samenbank mangels direkten Kontakts nicht praktikabel, es sei denn die Samenbank handelt als Vertreter einer Seite. Es könnten aber zwischen Samenempfängerinnen und Samenbank Vereinbarungen geschlossen werden, die als Vertrag zugunsten Dritter (§ 328 BGB) den Spender freistellen sollen.[26] Bei Spenden außerhalb von Samenbanken ist auch eine Vereinbarung direkt zwischen Spender und Samenempfängerinnen denkbar. Der Anspruch des Kindes gegen den Spender bleibt aber in jedem Fall bestehen, weil sonst ein unzulässiger Vertrag zu Lasten Dritter

---

25 Bundesärztekammer: »(Muster-)Richtlinie«.
26 Vgl. für Ärzte bei heterosexuellen Paaren: Jochen Taupitz/Julia Schlüter: »Heterologe künstliche Befruchtung – Die Absicherung des Samenspenders gegen unterhalts- und erbrechtliche Ansprüche des Kindes«, in: Archiv für die civilistische Praxis 205 (2005), S. 591-644, hier S. 599f.

(nämlich des Kindes) vorliegen würde und § 1614 I BGB ohnehin den Verzicht auf zukünftigen Unterhalt verbietet.[27] Eine Vereinbarung kann daher nur bewirken, dass der Spender Regress bei den Wuscheltern nehmen bzw. von diesen eine ihn befreiende Zahlung an das Kind verlangen kann. Der Spender trägt also das Risiko der Zahlungsunfähigkeit der Wunscheltern.[28] Es bleibt somit ein nicht unerhebliches Risiko, das viele scheuen.

2.1.2.6 Anonymität des Spenders und das Recht auf Kenntnis der eigenen Abstammung

Soweit sich die Mutter – aus diesem oder einem anderen – Grund für einen anonymen Spender entscheidet, wird dem Kind von vornherein die Möglichkeit genommen, Informationen über seine genetische Herkunft zu erlangen. Hieran hat es aber aus verschiedenen Gründen ein rechtlich schutzwürdiges Interesse: Medizinische Gründe kommen etwa bei der Ermittlung von Krankheitsursachen und Heilungsmöglichkeiten zum Tragen, unter Umständen gar bei der Suche geeigneter Spender. Bei Kinderwunsch muss eine Information über genetische Risikofaktoren möglich sein. Finanzielle Interessen bestehen vor allem bei fehlgeschlagener Adoption. Aber auch allein der Wunsch nach Kenntnis der eigenen genetischen Herkunft ist schützenswert, weil er für das Verständnis und die Entfaltung der eigenen Persönlichkeit von entscheidender Bedeutung ist.[29] Das BVerfG hat das Recht auf Kenntnis der eigenen Abstammung als Bestandteil des allgemeinen Persönlichkeitsrechts (Art. 2 I i.V.m. 1 I GG) anerkannt[30] und die Einbettung eines Auskunftsanspruches in § 1618a BGB gebilligt. Dieses Recht geht zwar nicht zwangsläufig dem Interesse der Mutter an der Wahrung ihrer Intimsphäre vor,[31] bei künstlicher Insemination dürfte das Informationsinteresse des Kindes jedoch regelmäßig überwiegen,[32] allgemein auch bei medizinischer oder monetärer Erforderlichkeit.[33] Ein gewisses finanzielles Risiko besteht

---

27 Ebd., S. 600; Marina Wellenhofer, in: Münchener Kommentar zum Bürgerlichen Gesetzbuch, 5. Aufl., München: Beck 2008, § 1600 Rn. 39.

28 J. Taupitz/J. Schlüter: »Heterologe künstliche Befruchtung«, S. 608, 620; M. Wellenhofer, in: Münchener Kommentar, § 1600 Rn. 39.

29 Vgl. Karlheinz Muscheler/Anke Bloch: »Das Recht auf Kenntnis der genetischen Abstammung und der Anspruch des Kindes gegen die Mutter auf Nennung des leiblichen Vaters«, in: Familie, Partnerschaft, Recht (2002), S. 339-351, hier S. 342.

30 BVerfGE 79, S. 256, passim.

31 BVerfGE 96, S. 56, 63.

32 Vgl. K. Muscheler/A. Bloch: »Das Recht auf Kenntnis der genetischen Abstammung«, S. 345.

33 N. Dethloff: Familienrecht, § 10 Rn. 40.

auch für den anonymen Spender: Im Falle einer anonymen Spende wird eine Freistellungsvereinbarung als sittenwidrig erachtet,[34] so dass dem Samenspender Unterhaltsansprüche ohne Rückgriffsmöglichkeiten drohen, falls seine Identität bekannt werden sollte.

2.1.2.7 Rechtsverhältnis zwischen Kind und Samenspender nach Adoption

Verträge mit dem leiblichen Vater werden in der Praxis aber nicht nur geschlossen, um ihn vor den finanziellen Risiken bis zur Adoption oder bei deren Scheitern zu schützen. Vertragliche Regelungen werden oft auch gerade für den Fall einer Stiefkindadoption getroffen, die mit dem vollständigen Erlöschen der Rechtsbeziehungen zum leiblichen Vater verbunden ist. Da in Deutschland nur zwei Personen die rechtliche Elternstellung zustehen kann, in Regenbogenfamilien jedoch zum Teil auch drei oder sogar mehr Personen existieren, die auf verschiedene Weise und in unterschiedlichem Ausmaß Elternfunktionen wahrnehmen, bedürfen deren Rechte und Pflichten einer vertraglichen Absicherung. Insbesondere muss die weitere Beziehung des Vaters zum Kind geregelt werden, denn die Voraussetzung des gesetzlichen Umgangsrechts für enge Bezugspersonen (§ 1685 II BGB), nämlich das frühere oder gegenwärtige Bestehen einer sozial-familiären Beziehung, wird nicht zwangsläufig und jedenfalls erst nach einiger Zeit erfüllt sein. Vertragsinhalt können hier neben der Einräumung eines Umgangsrechts beispielsweise auch die Erteilung von Entscheidungsvollmachten oder die Vereinbarung einer Pflegschaftsübernahme bei Tod oder sonstigem Wegfall der Lebenspartnerinnen sein. Derartige vertragliche Regelungen sind vor allem in der Konstellation einer Queerfamily nötig, in der nicht nur die Mütter sondern auch der schwule Vater bzw. sein Partner eine Beziehung zum Kind wünscht, die Rechtsbeziehungen zum leiblichen Vater aber mit der Stiefkindadoption erlöschen.[35]

2.2 Faktische Lebensgemeinschaft

Signifikante Unterschiede zwischen Paaren verschiedenen und solchen gleichen Geschlechts bestehen auch, wenn die Partner ihre Beziehung nicht durch Ehe bzw. eingetragene Lebenspartnerschaft formalisiert haben. Der verschiedengeschlechtliche Partner der Mutter kann die Vaterschaft anerkennen. Das Anerkenntnis ist gemäß § 1594 IV BGB schon

---

34 T. Rauscher, in: Staudinger, § 1600 Rn. 99; Jürgen Ellenberger, in: Otto Palandt, Bürgerliches Gesetzbuch, 68. Aufl., München: Beck 2009, § 138 Rn. 48.

35 LSVD: »Regenbogenfamilien«, S. 86.

vor der Geburt des Kindes zulässig. Voraussetzung ist, dass keine rechtliche Vaterschaft eines anderen Mannes besteht. Die Anerkennung hat
zur Folge, dass der Anerkennende rechtlicher Vater des Kindes wird
(§ 1591 Nr. 2 BGB). Dies ist auch möglich, wenn das Kind nicht von
ihm abstammt. Hat er einer heterologen Befruchtung zugestimmt, so ist
die Anfechtung der Anerkennung ausgeschlossen (§ 1600 V BGB). Lebt
dagegen ein lesbisches Paar in faktischer Lebensgemeinschaft, so kann
die Partnerin der Mutter auch dann nicht die Elternschaft anerkennen,
wenn die assistierte Reproduktion mit ihrer Zustimmung erfolgt ist. Eine
zwischen ihr und dem Kind entstehende faktische Eltern-Kind-Beziehung kann aber auch nicht durch eine Adoption des Kindes rechtlich abgesichert werden, denn eine Stiefkindadoption setzt das Bestehen einer
eingetragenen Lebenspartnerschaft voraus. Während des Bestehens der
Partnerschaft stehen der Lebenspartnerin daher von Gesetzes wegen keinerlei sorgerechtliche Befugnisse zu. Auch bestehen keine gesetzlichen
Unterhalts- oder Erbansprüche.[36] Problematisch ist die fehlende rechtliche Absicherung der faktischen Eltern-Kind-Beziehung aber vor allem
für den Fall der späteren Auflösung der Partnerschaft. Es bleibt nämlich
auch dann bei der Alleinsorge der leiblichen Mutter, wenn sich die Partnerinnen trennen. Weder können sie gemeinsam das Sorgerecht ausüben,
noch kann eine am Wohl des Kindes ausgerichtete gerichtliche Sorge-
rechtsentscheidung getroffen werden. Selbst wenn daher die soziale
Mutter das Kind von Geburt an persönlich betreut hat und es zu dieser
eine engere Bindung entwickelt hat als zu seiner leiblichen Mutter, kann
ihr das Sorgerecht nicht übertragen werden. Die sozial-familiäre Beziehung zur nicht verpartnerten Lebensgefährtin der leiblichen Mutter erkennt das Gesetz lediglich durch das 2004 geschaffene Umgangsrecht
für enge Bezugspersonen in § 1685 II BGB an. Wurden keine privatau-
tonomen Regelungen getroffen, so bleibt das Kind auch finanziell unge-
sichert.

3. Rechtsvergleichender Überblick

Die internationale Entwicklung geht seit einigen Jahren dahin, auch
gleichgeschlechtlichen Paaren den Einsatz reproduktionsmedizinischer
Maßnahmen zu ermöglichen. So beschränken mittlerweile viele Rechtsordnungen den Zugang zur künstlichen Befruchtung nicht mehr auf heterosexuelle Paare, sondern erlauben eine solche auch lesbischen Frauen

---

36 Siehe oben unter 2.1.2.4.

oder Paaren.[37] In Europa besteht diese Möglichkeit in den meisten nordischen Ländern,[38] England und Wales[39] sowie in Belgien,[40] den Niederlanden[41] und Spanien.[42] Außerhalb Europas können Lesben eine künstliche Befruchtung in Kanada,[43] Südafrika,[44] Australien[45] und Neuseeland[46] sowie manchen Bundesstaaten der USA[47] vornehmen lassen.

---

37 Vgl. den Überblick bei Ingeborg Schwenzer: »Convergence and divergence in the law on same-sex partnerships«, in: Masha V. Antokolskaja (Hg.), Convergence and divergence of family law in Europe, Antwerpen, Oxford: Intersentia 2007a, S. 145-158, hier S. 148f.

38 Schweden: Kapitel 6 § 1 schwed. Gesetz über die genetische Integrität (2006: 351); Norwegen: § 2-3 I norweg. Biotechnologiegesetz (2003-12-05 nr 100); Dänemark: Seit 2007 durch Gesetz Nr. 535 vom 8.6.2006 über die Änderung des Gesetzes über künstliche Befruchtung in Verbindung mit einer ärztlichen Behandlung, Diagnose und Forschung usw. durch Aufhebung des § 3 Gesetz Nr. 460 vom 10.6.1997 über künstliche Befruchtung in Verbindung mit einer ärztlichen Behandlung, Diagnose und Forschung usw.

39 Sec. 42ff. Human Fertilisation and Embryology Act 2008.

40 Art. 2 (f) Loi relative à la procréation médicalement assistée et à la destination des embryons surnuméraires et des gamètes vom 17.07.2007 (Belgisch Staatsblad: 38575).

41 Vgl. Machteld Vonk: Children and their parents: A comparative study of the legal position of children with regard to their intentional and biological parents in English and Dutch law, Antwerpen, Oxford: Intersentia 2007, S. 148f.

42 Art. 7 III Ley 14/2006, de 26 de mayo, sobre técnicas de reproducción humana asistida.

43 Vgl. die Regelung des Bundesgesetzgebers, die eine Diskriminierung verbietet, Sec. 2 (e) Assisted Human Reproduction Act 2004, c.2.

44 Sec. 40 (1) (a) Children's Act 2005 i.V.m. Sec. 13 (2) (b) Civil Union Act 2006.

45 Australian Capital Territory: Sec. 11 (4) Parentage Act 2004; Northern Territory: Sec. 5DA Status of Children Act; Western Australia: Sec. 6A Artificial Conception Act 1985; Victoria: Sec. 147 (13) Assisted Reproductive Treatment Act 2008.

46 Sec. 18 (2) Status of Children Act 1969 No 18.

47 Connecticut: Chapter 815f Sec. 46b-38nn i.V.m. Chapter 803a Sec. 45a-774 General Statutes of Connecticut; California: Sec. 297.5 (d) i.V.m. Sec. 7613 (a) California Family Code; Massachusetts: Chapter 46 Sec. 4b General Laws of Massachusetts i.V.m. der Entscheidung Goodridge v. Department of Public Health, 440 Mass. 309 (2003), 798 N.E. 2d 941, 963; New Jersey: Title 9: 17-44 a New Jersey Permanent Statutes i.V.m. der Entscheidung In re Parentage of Robinson, 890 A.2d 1036 (N.J. 2005).

3.1 Adoption

Eine rechtliche Elternstellung zum leiblichen Kind der Partnerin kann heute nach deren künstlicher Befruchtung ebenso wie in Fällen, in denen das Kind aus einer früheren heterosexuellen Beziehung stammt, auch in vielen ausländischen Rechtsordnungen durch Adoption begründet werden. Betrachtet man die Entwicklung in den westlichen Ländern, so hat sich hinsichtlich der Adoption durch gleichgeschlechtliche Personen und Paare in den beiden vergangenen Jahrzehnten ein deutlicher Wandel vollzogen.[48] Eine zunächst allgemein ablehnende Haltung ist zunehmend der Zulassung zunächst der Stiefkindadoption und in jüngerer Zeit auch der gemeinschaftlichen Adoption gewichen.[49]

Vor allem in angloamerikanischen Rechtsordnungen, die die Adoption meist nicht vom Bestand einer statusrechtlichen Beziehung wie der Ehe abhängig machen, können gleichgeschlechtliche Partner schon seit längerem adoptieren. In den USA ist eine Adoption durch einen Partner des gleichen Geschlechts – soweit ersichtlich – erstmals bereits vor 25 Jahren zugelassen worden.[50] Heute sind Stiefkindadoptionen in vielen Bundesstaaten möglich. Die Rechtslage in den Einzelstaaten unterscheidet sich freilich nicht unerheblich, und selbst innerhalb einzelner Staaten divergiert die Rechtsprechung teilweise. Oft kann dort aber zumindest das leibliche Kind des Partners, seltener das zuvor allein vom Partner adoptierte Kind von dem gleichgeschlechtlichen Partner angenommen werden. In einer Reihe von Staaten ist nun auch die gemeinschaftliche Adoption zugelassen.[51] Nur vereinzelt ist die Adoption durch gleichgeschlechtliche Personen ausdrücklich ausgeschlossen, wie derzeit etwa noch aufgrund einer gesetzlichen Regelung in Florida,[52] deren Verfassungsmäßigkeit freilich beanstandet worden ist.[53]

---

48 Vgl. N. Dethloff: »Kindschaftsrecht«, S. 146.
49 Siehe auch Nina Dethloff: »Adoption durch gleichgeschlechtliche Paare«, in: Zeitschrift für Rechtspolitik (2004), S. 195-200; dies.: »Same-Sex Parents in a Comparative Perspective«, in: International Law Forum du droit International 7 (2005), S. 195-205; I. Schwenzer: »Convergence and divergence in the law«, S. 150ff.
50 In re A.O.L. No. 1-JU-85-25-P/A (Alaska 1st Jud. Dist. July 23, 1985).
51 Vgl. zur Entwicklung und aktuellen Situation bzgl. Adoptionen durch gleichgeschlechtliche Paare in den USA Vanessa A. Lavely: »The Path to Recognition of Same-Sex Marriage: Reconciling the Inconsistencies Between Marriage and Adoption Cases«, in: UCLA Law Review 55 (2007), S. 247-291, hier S. 263ff.
52 § 63.042 (3) Florida Statutes.
53 In re Adoption of Doe, No. 06-033881 (Fla. Cir. Ct. Nov. 25, 2008) (unvereinbar mit der Verfassung – nicht rechtskräftig).

Auch in den übrigen Ländern des *Common Law* ist eine ähnliche Entwicklung zu verzeichnen: In vielen Provinzen Kanadas, etwa in *British Columbia*,[54] *Manitoba*[55] und *Québec*[56] sind Stiefkindadoption und gemeinsame Adoption heute nicht mehr verschiedengeschlechtlichen Paaren vorbehalten. In Australien[57] ist dies in *Australian Capital Territory*[58] und *Western Australia*[59] möglich. In Tasmanien kann jedenfalls ein Stiefkind oder ein Verwandter adoptiert werden.[60] In Südafrika entschied der Verfassungsgerichtshof im Jahr 2002,[61] dass die Bestimmungen des *Child Care Act and Guardianship Act*, die Adoptionen Ehegatten oder Einzelpersonen vorbehielten, gegen die Verfassung verstießen, und eröffnete so den Weg sowohl für die Stiefkindadoption durch den gleichgeschlechtlichen Partner als auch für die gemeinsame Adoption durch gleichgeschlechtliche Paare.[62] In England ist es seit der Neufassung des *Adoption and Children Act* im Jahr 2002 Einzelpersonen und Partnern, die dauerhaft zusammenleben, unabhängig von Geschlecht und statusrechtlicher Verbindung, erlaubt, ein Kind zu adoptieren.[63]

Unter den kontinentaleuropäischen Ländern, die eine Adoption herkömmlich Ehegatten vorbehalten, ist sie mit Öffnung der Ehe für gleichgeschlechtliche Paare nun auch diesen zugänglich, so in den Niederlanden[64] seit 2001, in Belgien[65] seit 2006, in Spanien[66] seit 2005 so-

---

54 Sec. 5 (1) Adoption Act RSBC 1996, Chapter 5: »one adult or 2 adults jointly«.
55 Sec.73 (1) (a) Adoption Act.
56 Sec. 546 Code Civil.
57 Vgl. den Überblick bei John Tobin: »Recognising same-sex parents – Bringing legitimacy to the law«, in: Alternative Law Journal 33, 1 (2008), S. 36-40, hier S. 39.
58 Sec. 18 (1) (b) Adoption Act 1993.
59 Sec. 39 (1) (d) Adoption Act 1994.
60 Sec. 20 (2A) Adoption Act. 1988.
61 Du Toit and Another v. Minister of Welfare and Population Development and Others (CCT40/01) [2002] ZACC 20.
62 Sec. 231(1) (a) (iii) Children's Act 2005.
63 Sec. 49 (1) i.V.m. Sec. 144 (4) Adoption and Children Act 2002.
64 Gesetz vom 21.12.2000, Staatsblad van het Koninkrijk der Nederlanden 2001, 10.
65 Gesetz vom 18.5.2006, Belgisch Staatsblad 20.6.2006, Edition 2, 31128; vgl. auch Walter Pintens: »Reformen im belgischen Familienrecht«, in: Zeitschrift für das gesamte Familienrecht (2006), S. 1312-1314, hier S. 1312.
66 Ley 13/2005, de 1 de Julio, por la que se modifica el Código civil en materia de derecho a contraer matrimonio; hierzu Cristina González Beilfuss: »Gleichgeschlechtliche Ehen und Blitzscheidung im neuen spanischen Familienrecht«, in: Die Praxis des Familienrechts (2006), S. 878-885, hier S. 881; Miquel Martín-Casals/Jordi Ribot: »Ehe und Scheidung

wie in Norwegen[67] seit Januar 2009. In den Ländern, die eine registrierte Partnerschaft mit der Ehe vergleichbaren Rechtsfolgen eingeführt haben, ist oft wie in Deutschland zunächst kein Adoptionsrecht, in der Folge dann die Stiefkindadoption und zum Teil schließlich die gemeinschaftliche Adoption zugelassen worden, so in Schweden[68] seit 2003, also bereits vor Öffnung der Ehe im Jahr 2009, und in Island[69] seit 2006. In Dänemark[70] und in Finnland[71] ist bisher lediglich die Stiefkindadoption zugelassen. Im März 2009 wurde schließlich in Israel die erste gemeinsame Adoption eines schwulen Paares zugelassen,[72] nachdem schon im Februar 2008 der *Attorney General* angekündigt hatte, dass die gemeinsame Adoption homosexueller Paare künftig zulässig sein soll.[73]

Gleichgeschlechtlichen Personen und Paaren die Begründung einer rechtlichen Eltern-Kind-Beziehung durch Adoption zu ermöglichen, entspricht auch der Entwicklung auf der Ebene des supranationalen Rechts: Der Europäische Gerichtshof für Menschenrechte hatte noch im Jahr 2002 in der Verweigerung der Genehmigung der Adoption allein wegen der Homosexualität des Annehmenden keinen Verstoß gegen das Diskriminierungsverbot des Art. 14 i.V.m. Art. 8 EMRK gesehen, könne sie

---

in Spanien nach den Reformen von 2005«, in: Zeitschrift für das gesamte Familienrecht (2006), S. 1331-1336, hier S. 1331.

67 § 1 EheG i.V.m. § 5 AdoptionsG, wobei das Adoptionsrecht durch § 5a AdoptionsG bzgl. der Adoption ausländischer Kinder beschränkt ist; vgl. auch Torstein Frantzen: »Einführung der gleichgeschlechtlichen Ehe im norwegischen Recht«, in: Zeitschrift für das gesamte Familienrecht (2008), S. 1707-1708, hier S. 1707.

68 Kapitel 4 §§ 3, 4 schwed. Elterngesetz (1949: 381) i.V.m Kapitel 3 § 1 Gesetz über die eingetragene Partnerschaft (1994: 1117); siehe hierzu Maarit Jänterä-Jareborg: »Schweden: Adoption für eingetragene Partner«, in: Zeitschrift für das gesamte Familienrecht (2003), S. 349-350.

69 Die Einschränkungen bzgl. der Adoption durch gleichgeschlechtliche Paare in § 6 des Gesetzes über anerkannte Partnerschaften vom 1.7.1996 wurden mit Gesetz vom 27.6.2006 aufgehoben; vgl. auch: Hrafnhildur Gunnarsdottir: Important Improvements in Gay and Lesbian Rights in Iceland, www.ilga-europe.org/europe/guide/country_by_country/iceland /important_improvements_in_gay_and_lesbian_rights_in_iceland vom 6. 12.2009.

70 § 4 I 2 Gesetz Nr. 372 vom 7.6.1989 über registrierte Partnerschaften mit Gesetzesänderung Nr. 360 vom 22.6.1999.

71 § 9 II 2 Gesetz Nr. 950 über die eingetragenen Partnerschaften vom 9.11.2001, geändert durch Gesetz Nr. 391 vom 29.5.2009. Die Regelung ist seit dem 1.9.2009 in Kraft.

72 Jewish Telegraphic Agency (JTA): Pressemeldung, http://jta.org/news/ article/2009/03/11/1003612/court-gay-israeli-couple-can-adopt vom 6.12. 2009.

73 Reuters UK: Pressemitteilung, http://uk.reuters.com/article/worldNews/ idUKL1041841520080210 vom 6.12.2009.

doch angesichts divergierender wissenschaftlicher Ansichten über die Folgen einer Elternschaft von Homosexuellen als zum Schutz der Gesundheit und der Rechte des Kindes gerechtfertigt anzusehen sein.[74] Demgegenüber hielt er jüngst eine Ablehnung des Adoptionsantrags für unzulässig, wenn die Begründung (direkt oder indirekt) auf die sexuelle Orientierung des Annehmenden gestützt wird.[75] Während das Europäische Übereinkommen über die Adoption von 1967 Adoptionen grundsätzlich Ehegatten und Einzelpersonen vorbehält,[76] eröffnet künftig dessen Neufassung, die seit dem 27. November 2008 zur Zeichnung aufgelegt ist,[77] den Vertragsstaaten die Option, Paaren verschiedenen wie gleichen Geschlechts, die in einer stabilen Beziehung leben, eine Adoption zu erlauben.[78]

3.2 Abstammungsrecht

Die neuere Entwicklung in den Rechtsordnungen, die auch gleichgeschlechtlichen Paaren den Zugang zur Reproduktionsmedizin ermöglichen, geht jedoch dahin, gleichgeschlechtliche Elternschaft bereits abstammungsrechtlich anzuerkennen.[79] Entsprechend den bei heterologer Insemination in verschiedengeschlechtlichen Partnerschaften verbreiteten Regelungen, die bei Zustimmung des Ehemannes oder Partners zur Insemination von dessen Vaterschaft ausgehen,[80] wird nun auch zur

---

74 EGMR FamRZ 2003, S. 149; krit. Karlheinz Muscheler: Das Recht der eingetragenen Lebenspartnerschaft, Berlin: Schmidt 2004 Rn. 424; Koen Vanwinckelen: »Die Entscheidung Fretté und das europäische Familienrecht: Der EuGHMR fällt aus seiner (Vorreiter-) Rolle«, in: Die Praxis des Familienrechts 3 (2003), S. 574-588, hier S. 580f.

75 EGMR FamRZ 2008, S. 845.

76 Art. 6 Nr. 1 Europäisches Übereinkommen über die Adoption von Kindern SEV-Nr.: 058, http://conventions.coe.int/Treaty/Commun/QueVoulezVous.asp?NT=058&CM=1&CL=GER vom 6.12.2009.

77 Europäisches Übereinkommen über die Adoption von Kindern (revidiert) SEV-Nr.: 202, http://conventions.coe.int/Treaty/Commun/QueVoulezVous.asp?NT=202&CM=1&CL=GER vom 6.12.2009.

78 Vgl. Art. 7 II 2 des Übereinkommens, wonach die Staaten den Anwendungsbereich auf gleich- oder verschiedengeschlechtliche Paare erstrecken können, sofern diese in einer stabilen Beziehung zusammen leben.

79 Vgl. auch N. Dethloff: »Kindschaftsrecht«, S. 145; für die Schaffung abstammungsrechtlicher Regelungen bereits dies.: »Same-Sex Parents«, S. 199f.

80 Vgl. etwa für England: Sec. 35 (1) Human Fertilisation and Embryology Act 2008; Schweiz: Art. 255 (1) i.V.m. 256 (3) ZGB; Österreich: § 163 (3) ABGB; Deutschland: § 1592 Nr. 1 und Nr. 2 i.V m. § 1600 V BGB; sowie in den USA Sec. 201 (5) Uniform Parentage Act 2000 (last amended or

Partnerin der Mutter, die der Befruchtung zugestimmt hat, mit der Geburt rechtlich eine Elternstellung begründet.[81] Das Kind erhält somit unmittelbar mit der Geburt zwei Mütter.

Im europäischen Raum nimmt Schweden in diesem Bereich eine Vorreiterrolle ein. Dort wurde für lesbische Paare schon im Jahr 2005 die Möglichkeit geschaffen, eine künstliche Befruchtung durchführen zu lassen, und zwar unabhängig davon, ob sie in einer registrierten Partnerschaft, die 1995 für gleichgeschlechtliche Paare eingeführt wurde, oder einer faktischen Partnerschaft miteinander leben. Voraussetzung dafür, dass die Elternschaft der zweiten Frau bereits mit der Geburt des Kindes begründet wird, ist eine schriftliche, bezeugte Erklärung der Partnerin sowie die Zustimmung der gebärenden Mutter und der Sozialbehörde.[82] Auch nach Öffnung der Ehe[83] für gleichgeschlechtliche Paare zum 1. Mai 2009 bestehen im Bereich des Abstammungsrechts unterschiedliche Regelungen für gleichgeschlechtliche und verschiedengeschlechtliche Paare fort: Die gesetzliche Vaterschaftsvermutung gilt nur für den Ehe*mann* und nicht allgemein den Ehe*gatten*.[84] Die Ehefrau kann aber weiterhin – ebenso wie die Lebensgefährtin – die Elternstellung erlangen, wenn die Zustimmung der Sozialbehörde und der Mutter vorliegen. Unabhängig von der abstammungsrechtlichen Regelung bedarf es aufgrund des Gesetzes über die genetische Integrität seit 2006 für heterologe Befruchtungen verschieden- wie gleichgeschlechtlicher Paare stets der Zustimmung der Sozialbehörde, und die Befruchtung muss zudem in einem öffentlichen Krankenhaus durchgeführt werden.[85] Auf diese Weise soll das Informationsrecht des Kindes gewährleistet werden; die Daten des Spenders werden in den Akten des öffentlichen Krankenhauses aufbewahrt und sind dort für das Kind später einsehbar.[86] Dieses Recht ist jedoch ausschließlich dem Kind vorbehalten, weder die Mütter noch der Spender haben Zugriff auf die Daten.[87]

---

revised in 2002), adopted in Alabama, Delaware, New Mexico, North Dakota, Oklahoma, Texas, Utah, Washington, Wyoming.

81　Vgl. auch Ingeborg Schwenzer: »Tensions Between Legal, Biological and Social Conceptions of Parentage«, in: dies. (Hg.), Tensions Between Legal, Biological and Social Conceptions of Parentage, Antwerpen, Oxford: Intersentia 2007b, S. 1-26, hier S. 9f.

82　»Socialnämnden« vgl. Kapitel 1 § 9 II i.V.m. Kapitel 1 § 4 schwed. Elterngesetz (1949: 381).

83　Schwed. Gesetz über die Änderungen im Ehegesetz (2009: 253).

84　Kapitel 1 § 1 schwed. Elterngesetz (1949: 381).

85　Kapitel 6 § 2 schwed. Gesetz über die genetische Integrität (2006: 351).

86　Kapitel 6 § 5 schwed. Gesetz über die genetische Integrität (2006: 351).

87　Vgl. Maarit Jänterä-Jareborg: »Sweden: Lesbian couples are entitled to assisted fertilization and to equal rights of parentage«, in: Zeitschrift für das gesamte Familienrecht (2006), S. 1329-1330, hier S. 1330.

Nachdem in Spanien im Jahr 2005 das Institut der Ehe auch für gleichgeschlechtliche Paare geöffnet worden war,[88] wurde 2007 das Gesetz zur Fortpflanzungsmedizin grundlegend reformiert, um die in diesem Bereich bestehenden diskriminierenden Regelungen abzubauen.[89] Danach kann nun eine Frau, die mit einer durch künstliche Befruchtung schwanger gewordenen Frau verheiratet ist, vor dem zuständigen Standesbeamten ihre Zustimmung dazu erklären, dass bei der Geburt des Kindes rechtlich festgestellt wird, das Kind stamme auch von ihr ab.[90] Trotz dieser Neuregelung bestehen damit auch hier weiterhin Unterschiede zwischen heterosexuellen und homosexuellen Paaren: Zum einen steht es – anders als in Schweden – lediglich einer *verheirateten* Frau offen, bereits mit der Geburt des Kindes ihrer Partnerin eine rechtliche Elternstellung zu erlangen, während bei heterosexuellen Paaren eine abstammungsrechtliche Zuordnung des Vaters auch für den *nichtehelichen* Lebensgefährten möglich ist.[91] Zum anderen wird die Mutterschaft der Ehefrau nicht automatisch mit der Geburt begründet, sondern es bedarf hierzu einer ausdrücklichen Erklärung gegenüber der zuständigen Stelle. Bei einem heterosexuellen Ehepaar wird der Ehemann hingegen unmittelbar mit der Geburt des Kindes Vater,[92] wobei eine heterologe Befruchtung allerdings auch nur mit Einwilligung des Ehegatten vorgenommen werden darf.[93]

Eine weitergehende Regelung wurde in England und Wales mit der Reform des *Human Fertilisation and Embryology Act 2008* geschaffen, der bei Durchführung einer künstlichen Befruchtung unabhängig von der statusrechtlichen Beziehung der Partnerinnen eine gemeinsame Elternschaft ermöglicht.[94] Sind die Partnerinnen eine registrierte Partnerschaft eingegangen, wie sie in England 2005 mit dem *Civil Partnership Act* eingeführt wurde, so wird die Elternschaft der Partnerin der Mutter vermutet, wenn die registrierte Partnerschaft schon zum Zeitpunkt der

---

88 Ley 13/2005, de 1 de julio, por la que se modifica el Código Civil en materia de derecho a contraer matrimonio.

89 Vgl. Josep Ferrer i Riba: »Neueste Entwicklungen im spanischen Personen- und Familienrecht in den Jahren 2006-2007«, in: Zeitschrift für das gesamte Familienrecht (2007), S. 1513-1517, hier S. 1515.

90 Art. 7 III Ley 14/2006, de 26 de mayo, sobre técnicas de reproducción humana asistida.

91 Vgl. J. Ferrer i Riba: »Neueste Entwicklungen«, S. 1515.

92 Art. 8 I Ley 14/2006, de 26 de mayo, sobre técnicas de reproducción humana asistida.

93 Art. 6 III Ley 14/2006, de 26 de mayo, sobre técnicas de reproducción humana asistida.

94 Sec. 42ff. Human Fertilisation and Embryology Act 2008.

künstlichen Befruchtung bestand.[95] Diese Vermutung besteht, soweit nicht bewiesen wird, dass die künstliche Befruchtung gegen den Willen der Partnerin erfolgte. Die widerlegbare Vermutung der Elternschaft gilt unabhängig davon, in welchem Land die Behandlung durchgeführt wurde.[96] Daneben existiert eine Regelung, die auch der faktischen Partnerin der Mutter erlaubt, die Elternstellung schon zum Zeitpunkt der Geburt eines Kindes zu erlangen.[97] Eine zweite Frau kann danach rechtliche Mutter des Kindes werden, soweit keine Vermutungsregelungen zugunsten eines Ehegatten oder einer Partnerin einer *civil partnership* eingreifen.[98] Für die Begründung einer Elternstellung müssen in diesem Fall drei Voraussetzungen erfüllt sein. Erstens muss die Behandlung durch eine im Vereinigten Königreich lizenzierte Person durchgeführt worden sein. Zweitens müssen die Mutter und die zweite Frau ihre Zustimmung gegenüber der zuständigen Stelle schriftlich erklärt haben, diese dürfen nicht widerrufen oder ersetzt worden sein, und die beiden Frauen dürfen nicht in einem unzulässigen Verwandschaftsverhältnis zueinander stehen.[99] Drittens ist Voraussetzung für das Eingreifen der Vermutungsregelung, dass die zweite Frau bei Vornahme der künstlichen Befruchtung noch lebt.

Auch in Norwegen wurden mit Einführung der gleichgeschlechtlichen Ehe zum 1. Januar 2009 weitreichende Regelungen zur künstlichen Befruchtung geschaffen: Danach können gleichgeschlechtliche Ehegattinnen und zwei Frauen, die in eheähnlicher Gemeinschaft leben, eine künstliche Befruchtung durchführen lassen.[100] Bei Bestehen einer Ehe gilt die Ehefrau als Mutter, soweit die künstliche Befruchtung in einer anerkannten medizinischen Einrichtung vorgenommen wurde und die Ehefrau der Behandlung zugestimmt hat.[101] Lebt das Paar dagegen in einer eheähnlichen Gemeinschaft, so wird die Elternstellung der Lebenspartnerin nicht kraft Gesetzes begründet. Sie hat jedoch ebenso wie ein heterosexueller Lebensgefährte die Möglichkeit, die Elternschaft schriftlich anzuerkennen.[102]

Außerhalb Europas berücksichtigen mittlerweile ebenfalls zahlreiche Rechtsordnungen gleichgeschlechtliche Elternschaft im Abstammungs-

---

95 Sec. 42 (1) Human Fertilisation and Embryology Act 2008.
96 Sec. 42 (2) Human Fertilisation and Embryology Act 2008.
97 Sec. 43 und 44 Human Fertilisation and Embryology Act 2008.
98 Sec. 43 i.V.m. Sec. 35 oder i.V.m. Sec. 42 Human Fertilisation and Embryology Act 2008.
99 Sec. 44 Human Fertilisation and Embryology Act 2008.
100 § 2-3 I norweg. Biotechnologiegesetz (2003-12-05 nr 100).
101 § 3 II norweg. Kindergesetz (1981-04-08 nr 07).
102 Vgl. auch T. Frantzen: »Einführung der gleichgeschlechtlichen Ehe«, S. 1708.

recht. So erlangt in einer Reihe US-amerikanischer Bundesstaaten die gleichgeschlechtliche Partnerin der Mutter, soweit sie in einer status-rechtlich abgesicherten Beziehung mit dieser lebt, bereits mit der Geburt des Kindes eine rechtliche Elternstellung.[103] In Massachusetts, dem ersten Staat der USA, in dem Partner des gleichen Geschlechts eine Ehe schließen konnten,[104] sieht die gesetzliche Regelung zwar eine Vaterschaftsvermutung ausdrücklich nur für den mit der Mutter verheirateten Mann vor.[105] In der Entscheidung *Goodridge v. Department of Public Health* begründete der *Supreme Judicial Court of Massachusetts* die Verfassungswidrigkeit der Regelung, die die Eheschließung verschiedengeschlechtlichen Paaren vorbehielt, aber gerade damit, dass gleichgeschlechtliche Partner anders als (verschiedengeschlechtliche) Eheleute, den oft schwierigen und langwierigen Weg einer Stiefkindadoption beschreiten müssten, um eine gemeinsame Elternschaft zu erreichen.[106] Die Vaterschaftsvermutung soll demnach auch bei Bestehen einer gleichgeschlechtlichen Ehe gelten.[107] Nichts anderes kann dann für die Regelung[108] hinsichtlich einer künstlichen Befruchtung mit Zustimmung des Ehemannes gelten.[109] Nachdem in drei weiteren Staaten die Ehe für gleichgeschlechtliche Paare geöffnet wurde[110] und dies in New

---

103 Connecticut: Chapter 815f § 46b-38nn i.V.m. Chapter 803a § 45a-774 General Statutes of Connecticut; California: Sec. 297.5 (d) i.V.m. Sec. 7613 (a) California Family Code; Massachusetts: Chapter 46 Sec. 4b General Laws of Massachusetts i.V.m. der Entscheidung Goodridge v. Department of Public Health, 440 Mass. 309 (2003), 798 N.E. 2d 941, 963; New Jersey: Title 9: 17-44 a New Jersey Permanent Statutes i.V.m. der Entscheidung In re Parentage of Robinson, 890 A.2d 1036 (N.J. 2005).

104 Gleichgeschlechtliche Ehen sind dort schon seit 2003 möglich; vgl. Goodridge v. Department of Public Health, 440 Mass. 309 (2003), 798 N.E. 2d 941.

105 Chapter 209C, § 6 General Laws of Massachusetts.

106 Goodridge v. Department of Public Health, 440 Mass. 309 (2003), 798 N.E. 2d 941, 963.

107 So Susan F. Appleton: »Presuming women: Revisiting the presumption of legitimacy in the same-sex couples era«, in: Boston University Law Review (2006), S. 227-293, hier S. 240f.

108 Chapter 46 Sec. 4B General Laws of Massachusetts.

109 Deirdre M. Bowen: »The parent trap: Differential familial power in same-sex families«, in: William and Mary Journal of Women and the Law 15 (2009), S. 1-49, hier S. 15; so auch I. Schwenzer: »Convergence and divergence«, S. 149, Fn 29.

110 Connecticut im Oktober 2008 durch Urteil des Connecticut Supreme Court (Kerrigan v. Commissioner of Public Health, 289 Conn. 135, 957 A.2d 407); Iowa am 3. April 2009 durch Urteil des Iowa Supreme Court (763 N.W.2d 862); sowie Vermont zum 1. September 2009 durch Erlass des Gesetzes S. 115: »An Act to Protect Religious Freedom and Recog-

Hampshire zum 1. Januar 2010[111] erfolgen wird, bleibt abzuwarten, ob auch in diesen Staaten die Vermutungsregelungen,[112] die für die Vaterschaft bestehen, auf die Ehefrau der gebärenden Mutter angewendet werden. Angesichts des Bestrebens, eine Gleichstellung gerade auch im Hinblick auf die mit der ehelichen Elternschaft verbundenen Vorteile zu erreichen, dürfte dies nahe liegen.

Auch in den US-amerikanischen Bundesstaaten, die ein Rechtsinstitut der *domestic partnership* oder *civil union* geschaffen haben, das gleichgeschlechtlichen Paaren durch Registrierung die Begründung einer Statusbeziehung erlaubt, finden die für Eheleute geltenden Vorschriften grundsätzlich entsprechende Anwendung. In Kalifornien bestimmt der *Family Code,*[113] dass die Rechtsstellung eines *domestic partners* gegenüber den Kindern seines Partners dieselbe ist wie die eines Ehegatten. Es findet daher die Bestimmung, die eine gemeinsame Elternschaft der Ehepartner anordnet, wenn der Ehemann der künstlichen Fremdbefruchtung zugestimmt hat,[114] auch auf gleichgeschlechtliche registrierte Partner Anwendung.[115] Eine ähnliche Regelung besteht bislang für *civil unions* in Vermont.[116] Auch der *Superior Court* in New Jersey hat die Regelung, derzufolge der Ehemann, der der künstlichen Befruchtung mit fremdem Samen zugestimmt hat, Vater des Kindes wird,[117] auf eine im Staat New York registrierte Partnerin der Mutter angewendet,[118] die somit als zweiter Elternteil des Kindes anzusehen war.[119]

Eine Elternschaftsvermutung für gleichgeschlechtliche Partner, die in einer statusrechtlich abgesicherten Beziehung leben, kennt ferner das Recht Südafrikas. Seit Inkrafttreten des *Civil Union Act* im November

---

nize Equality in Civil Marriage«, http://hrc.vermont.gov/Same-sex+ Marriage vom 6.12.2009.

111 New Hampshire's Legislature bill (HB 73), http://www.gencourt.state.nh .us/legislation/2009/hb0073.html vom 6.12.2009.

112 Connecticut: Chapter 803a, § 45a-774 General Statutes of Connecticut; Iowa: Iowa Code Sec. 252A.3(4), sowie Iowa Code Sec. 144.13; Vermont: 15 V.S.A. 308(4); New Hampshire: Sec. 5-c: 30 New Hampshire Statutes.

113 § 297.5 (d) Family Code.

114 § 7613 (a) Family Code.

115 D. Bowen: »The parent trap«, S. 15.

116 15 V.S.A. § 1204 (f).

117 N.J.S.A. 9: 17-44 (a); vgl. auch I. Schwenzer: »Convergence and divergence«, S. 149 Fn 29 m.w.N.

118 Vgl. zu der Forderung, eine klarstellende gesetzliche Regelung zu treffen Anthony J. Vecchio: »The unequal application of New Jersey's Artificial Insemination Act«, in: Rutgers Journal of Law & Public Policy (2008), S. 594-629.

119 Urteil des Superior Court of New Jersey vom 23. Mai 2005 (In re Parentage of Robinson, 383 N.J.Super. 165, 890 A.2d 1036).

2006 können dort gleichgeschlechtliche Paare eine formalisierte Partnerschaft eingehen. Hierbei können sie zwischen der Form einer registrierten Partnerschaft und der Ehe wählen.[120] Mit Schaffung des *Civil Union Act* finden grundsätzlich alle Regelungen, die die Bezeichnung »spouse« enthalten, auch auf den Partner einer gleichgeschlechtlichen formalisierten Partnerschaft Anwendung.[121] Wird innerhalb einer gleichgeschlechtlichen registrierten Partnerschaft oder einer Ehe im Einverständnis mit dem Partner eine künstliche Befruchtung durchgeführt, so erlangt der Partner daher unmittelbar mit der Geburt die rechtliche Elternstellung.[122] Das Einverständnis des Partners mit der künstlichen Befruchtung wird sogar vermutet, so dass die Elternschaft des Partners, die an dieses Einverständnis anknüpft, unmittelbar begründet wird.[123] Das Kind hat auch hier das Recht, Informationen über den genetischen Elternteil zu erhalten.[124] Medizinische Informationen, die jedoch nicht die Identität des Spenders offen legen, können jederzeit auch von dem Erziehungsberechtigten angefordert werden, während weitergehende Informationen erst zugänglich sind, wenn das Kind das 18. Lebensjahr erreicht.

Weiter besteht in Kanada in einigen Provinzen die Möglichkeit der abstammungsrechtlichen Anerkennung von zwei Müttern.[125] Zum Teil sind die betreffenden Vorschriften geschlechtsneutral formuliert, so etwa die des *Civil Code of Québec*.[126] Danach wird der Ehepartner oder *civil union*-Partner der gebärenden Frau zum anderen Elternteil des Kindes, sofern sich beide gemeinsam entschlossen haben, ein Kind durch Spende von genetischem Material einer dritten Person zu bekommen.[127] In Alberta sieht die gesetzliche Regelung zwar bei konsentierter künstlicher

---

120   Sec. 1 (1), Sec. 11 (1) Civil Union Act 2006.
121   Sec. 13 (2) (b) Civil Union Act 2006.
122   Sec. 40 (1) (a) Children's Act 2005 i.V.m. Sec. 13 (2) (b) Civil Union Act 2006.
123   Sec. 40 (1) (b) Children's Act 2005 i.V.m. Sec. 13 (2) (b) Civil Union Act 2006.
124   Sec. 41 (1) Children's Act 2005.
125   Vgl. für einen Überblick Angela Campbell: »Conceiving parents through law«, in: 21 International Journal of Law, Policy and the Family (2007), S. 242-272, hier S. 251ff.; in Ontario besteht nach einem Urteil des Ontario Court of Appeal A. (A.) v. B. (B.), 278 D.L.R. (4th) 519, (02.01.2007), sogar die Möglichkeit für ein Kind, drei Elternteile zu erhalten; vgl. auch Angela Cameron: »Case Comment: Regulating the queer family: The Assisted Human Reproduction Act«, in: Canadian Journal of Family Law (2008), S. 101-121, hier S. 105f.; vgl. dazu auch Laura N. Althouse: »Three's a company? How American Law can recognize a third social parent in same-sex headed families«, in: Hasting's Women's Law Journal 19 (2008), S. 171-209, hier S. 1f.
126   Sec. 538.3 Civil Code of Québec.
127   Sec. 538 Civil Code of Québec: »spouses by mutual consent decide...«.

Befruchtung nur eine Vaterschaft des Ehemannes der Mutter vor.[128] Diese geschlechtsspezifische Regelung hielt der *Alberta Court of Queen's Bench* jedoch für unvereinbar mit dem Diskriminierungsverbot der *Charter of Rights and Freedoms*.[129] Folglich können nun auch gleichgeschlechtliche Ehepaare bereits unmittelbar mit der Geburt eines Kindes beide dessen rechtliche Eltern werden. Auch in Ontario ebneten die Gerichte den Weg für eine solche intentionale Elternschaft gleichgeschlechtlicher Paare. Der *Children's Law Reform Act*, der nur von der möglichen Elternschaft einer Mutter und eines Vaters ausging, sei angesichts der zunehmenden Wertschätzung anderer Lebensformen und der Fortentwicklung der reproduktionsmedizinischen Techniken lückenhaft. Ein Kind könne folglich sowohl zwei Frauen als auch zwei Männer als Eltern haben.[130] Werde diese Form der Elternschaft nicht anerkannt, so liege darin zudem eine Diskriminierung der Kinder, die des hierdurch vermittelten gleichen Status beraubt würden.[131] Für verfassungswidrig wurde auch eine Regelung des *Vital Statistics Act*[132] angesehen, die lediglich Männern, die sich mit ihrer Frau für die Empfängnis eines Kindes mittels Spendersamen entschieden hatten, eine Registrierung ihrer Elternstellung erlaubte, nicht indes einer Frau in vergleichbarer Situation.[133] In British Columbia hielt das *British Columbia Human Rights Tribunal* es ebenfalls für eine unzulässige Diskriminierung, dass nach künstlicher Befruchtung einer Frau in der Geburtsurkunde als zweiter Elternteil nur ein »Vater« eingetragen werden konnte und ordnete eine Neugestaltung der Formulare an, die nun geschlechtsneutral gestaltet sind.[134]

Auch in Australien lässt sich ein deutlicher Trend hin zur abstammungsrechtlichen Zuordnung der zweiten Mutter erkennen.[135] Bemer-

---

128 Sec. 13 (2) (b) Family Law Act: »A male person is the father of the resulting child«.
129 Fraess v. Alberta 278 D.L.R. (4th) 187, Alberta Court of Queen's Bench (25.11.2005), Rn. 6f.
130 A. (A.) v. B. (B.), 278 D.L.R. (4th) 519, Ontario Court of Appeal (02.01.2007), Rn. 35.
131 A. (A.) v. B. (B.), 278 D.L.R. (4th) 519, Ontario Court of Appeal (02.01.2007), Rn. 38.
132 Sec. 9 Vital Statistics Act (VSA).
133 Rutherford v. Ontario, 270 D.L.R. (4th) 90, Ontario Superior Court of Justice (06.06.2006); Sec. 9 VSA wurde mittlerweile aufgehoben (Ontario Regulation 214/07, The Ontario Gazette Vol. 140-23, 09.06.2007, S. 1974).
134 Gill v. British Columbia (Ministry of Health), British Columbia Human Rights Tribunal, 2001 BCHRT 34, Rn. 103.
135 Vgl. den Überblick bei J. Tobin: »Recognising same-sex parents«, S. 36-40.

kenswert ist, dass eine solche in mehreren Bundesstaaten bzw. Territorien Australiens ermöglicht wurde, ohne bzw. vor Einführung einer der Ehe vergleichbaren statusrechtlichen Absicherung gleichgeschlechtlicher Partnerschaften: Bereits im Jahr 2002 wurde im Bundesstaat *Western Australia* der *Artificial Conception Act 1985* dahingehend ergänzt,[136] dass auch in gleichgeschlechtlicher faktischer Partnerschaft lebende Frauen bei künstlicher Befruchtung gemeinsam als Eltern gelten. Voraussetzung hierfür ist, dass die künstliche Befruchtung mit Zustimmung der faktischen Partnerin[137] erfolgt, wobei die Zustimmung widerleglich vermutet wird. Eine vergleichbare Regelung wurde im Jahr 2004 im *Northern Territory* in den *Status of Children Act* aufgenommen, in dem die Abstammung bei künstlicher Befruchtung normiert ist.[138] In *Australian Capital Territory* wurden im Jahr 2004 mit dem *Parentage Act* Regelungen zur Abstammung bei künstlicher Befruchtung geschaffen, die für den verschieden- oder gleichgeschlechtlichen *domestic partner*[139] eine eigene Vermutungsregelung für die Elternschaft vorsehen.[140] Danach wird dessen Elternschaft vermutet, wenn die Partnerschaft in dem Zeitraum zwischen der 44. und der 20. Woche vor der Geburt bestanden hat.[141] Mit Einführung des Instituts der *civil partnership* durch den *Civil Partnership Act 2008*, durch den auch gleichgeschlechtliche Paare ihre Partnerschaft registrieren lassen können und damit grundsätzlich der Ehe ähnliche Rechte und Pflichten begründen, wurde der *Parentage Act* erweitert und die zuvor für Ehegatten geltende Abstammungsregelung, die die Vermutung grundsätzlich an das Bestehen der Partnerschaft zum Zeitpunkt der Geburt knüpft, gilt seitdem auch für den registrierten *civil partner*.[142] Zuletzt wurde im Dezember 2008 in *Victoria* der *Assisted Reproductive Treatment Act 2008* erlassen, der für die Partnerin einer Frau die Möglichkeit eröffnet, unmittelbar mit der Geburt eine rechtliche Elternstellung zu begründen. Voraussetzung ist zum einen, dass das Paar dauerhaft zusammenlebt, und zum anderen das Einverständnis der Partnerin, welches jedoch auch hier vermutet wird.

---

136 Sec. 6A Artificial Conception Act.
137 Sec. 13A Interpretation Act 1984: »a relationship (other than a legal marriage) between 2 persons who live together in a marriage-like relationship«.
138 Sec. 5DA Status of Children Act.
139 Definition des Begriffs im Legislation Act 2001 Sec. 169.
140 Vgl. auch den Überblick in »The recognition of Same Sex Relationships – Diskussionspapier« des ACT Department of Justice and Community Safety 2005, http://www.jcs.act.gov.au/eLibrary/papers/Recognitionof SameSexRelationships-discussionpaper.pdf vom 6.12.2009, S. 1-18.
141 Sec. 8 Parentage Act 2004.
142 Vgl. Sec. 7 Parentage Act 2004.

Schließlich wird auch in Neuseeland die Partnerin der Frau, die mit Einverständnis ihrer Partnerin ein Kind in Folge künstlicher Befruchtung bekommt, Elternteil des Kindes.[143] Dabei wird das Einverständnis der Partnerin vermutet.[144]

4. Reformbedarf und Ausblick

Der Blick auf die rechtlichen Regelungen gleichgeschlechtlicher Elternschaft bei assistierter Reproduktion in anderen Ländern hat nicht nur die Defizite der deutschen Rahmenbedingungen deutlich gemacht, sondern zugleich auch verschiedene Regelungsalternativen aufgezeigt. Dass heute in Deutschland der eingetragenen Lebenspartnerin die Adoption des leiblichen Kindes ihrer Partnerin offen steht, ist zwar grundsätzlich zu begrüßen, stellt dies doch derzeit die einzige Möglichkeit dar, in Fällen konsentierter Fremdbefruchtung überhaupt eine rechtliche Anerkennung der faktischen Beziehung zur Co-Mutter zu erreichen. Gerade in Fällen intentionaler Elternschaft muss eine Elternstellung der Partnerin begründet werden können, da nur diese es erlaubt, die Beziehung, insbesondere in sorge-, unterhalts- und erbrechtlicher Hinsicht, zu der Person abzusichern, die die tatsächliche Elternverantwortung mit übernimmt. Die Stiefkindadoption stellt aber hierfür kein sachgerechtes Instrument dar. Sie ist an Voraussetzungen wie das Bestehen eines Eltern-Kind-Verhältnisses geknüpft, deren sorgfältige Überprüfung, insbesondere auch durch eine Adoptionspflegezeit, in echten Stiefkindfällen, d.h. bei einem aus einer vorangegangenen heterosexuellen Beziehung stammenden Kind, dringend notwendig ist und die restriktiv gehandhabt werden sollte. Anders ist die Konstellation indes, wenn das Kind durch künstliche Befruchtung mit Zustimmung der Partnerin gezeugt wurde, die gemeinsam mit der gebärenden Frau die Elternverantwortung übernehmen will. Notwendig ist hier eine Absicherung des Kindes unmittelbar mit der Geburt, wie sie bei verschiedengeschlechtlichen (verheirateten) Paaren durch die Elternstellung des Ehemannes der Mutter und den Ausschluss des Anfechtungsrechts der Eltern bei Zustimmung zur heterologen Befruchtung besteht. Zudem ist die Stiefkindadoption derzeit eingetragenen Lebenspartnern vorbehalten, so dass eine soziale Eltern-Kind-Beziehung zur faktischen Partnerin der Mutter, die sich gemeinsam mit ihr zur

---

143 Sec. 18f Status of Children Act 1969 No 18; die entsprechende Vorschrift wurde durch Sec. 14 Status of Children Amendment Act 2004 mit Wirkung zum 1.7.2005 eingefügt.

144 Sec. 18 (2) Status of Children Act 1969 No 18.

Durchführung der heterologen Befruchtung entschieden hat, nicht rechtlich abgesichert werden kann.

Der rechtsvergleichende Überblick zeigt auf, dass das auch im Ausland oft zunächst im Mittelpunkt der Diskussion stehende Adoptionsrecht speziell für die Fälle intentionaler Elternschaft zunehmend durch abstammungsrechtliche Lösungen verdrängt worden ist, und weist vielfältige Möglichkeiten nach, wie solche gestaltet werden können. Vergleicht man die Regelungen, so lassen sich in zweifacher Hinsicht grundlegende Unterschiede feststellen: Zum einen differieren die Regelungen hinsichtlich der statusrechtlichen Voraussetzungen. In manchen Ländern setzt eine Elternschaft aufgrund der Zustimmung zur künstlichen Befruchtung das Bestehen einer Ehe oder registrierten Partnerschaft voraus, während in anderen Ländern auch in faktischen Partnerschaften für die Partnerin die Möglichkeit besteht, ohne Adoption rechtliche Mutter des Kindes zu werden. Zum anderen erfordert die Begründung einer abstammungsrechtlichen Beziehung mancherorts eine entsprechende Erklärung oder Anerkennung der Partnerin. In vielen anderen Ländern ist dies hingegen nicht erforderlich, und die Mutterschaft der Partnerin wird allein durch die Zustimmung zur Befruchtung begründet, wobei teilweise sogar darüber hinausgehend das Einverständnis der Partnerin mit der Befruchtung vermutet wird. Nicht selten finden sich zudem unterschiedliche Regelungen für faktische Partnerinnen und solche, die statusrechtlich miteinander verbunden sind und folglich unter erleichterten Voraussetzungen eine rechtliche Elternstellung erlangen können.

Für eine Reform eröffnen sich damit verschiedene Perspektiven, die eingehender Diskussion bedürfen: Denkbar erscheint es zum einen, bei Bestehen einer eingetragenen Lebenspartnerschaft die Elternschaft der Lebenspartnerin wie die des Ehemannes bei bestehender Ehe allein an die Geburt des Kindes in der Lebenspartnerschaft zu knüpfen. Anders als bei Ehegatten, bei denen der Ehemann tatsächlich der gesetzlichen Vermutung entsprechend der Vater des Kindes sein kann und dies tatsächlich in der Regel auch ist, handelte es sich bei Lebenspartnerinnen um eine Fiktion, d.h. die Elternschaft der Lebenspartnerin könnte gar nicht der Realität entsprechen. Dieser Umstand erforderte indes nicht zwangsläufig eine unterschiedliche Behandlung. Nur bei konsentierter Fremdbefruchtung bliebe Lebenspartnerinnen wie Ehegatten die Anfechtung der Elternstellung verwehrt. In den von einer derartigen Regelung – wie bei Verheirateten – ebenfalls erfassten Fällen, in denen das Kind aus einer außerpartnerschaftlichen Beziehung mit einem Dritten stammt, stünde der Lebenspartnerin die Anfechtung ihrer Mutterschaft ebenso offen wie bei einer künstlichen Befruchtung ohne ihre Zustimmung. Um eine Elternstellung von vorneherein lediglich in Fällen einer konsentierten Fremdbefruchtung zu erlangen, könnte die Elternschaft unmittelbar an die Erklärung der Zustimmung geknüpft werden, wobei angesichts der weitreichenden Rechtsfolgen bestimmte Formerfordernisse vorzusehen wären. Eine solche Elternstellung aufgrund konsentierter heterologer Befruchtung bräuchte zudem nicht eingetragenen Lebenspartnerinnen vorbehalten sein, sondern könnte auch faktischen Partnerinnen (und heterosexuellen faktischen Paaren) eröffnet werden. Dies wäre der – ebenfalls denkbaren – Einführung zumindest einer Anerkennung der Elternschaft durch die faktische Partnerin vorzuziehen, wie sie ein heterosexueller Partner mit dem Vaterschaftsanerkenntnis abgeben kann (§ 1592 Nr. 2 BGB) und deren Anfechtung bei Zustimmung zur Fremdbefruchtung ausgeschlossen bliebe (vgl. § 1600 V BGB). Wenn nämlich die Begründung einer Elternstellung bei Fehlen einer eingetragenen Lebenspartnerschaft eine Anerkennung erfordern würde, wäre zwar eine vollständige Gleichstellung mit heterosexuellen Partnern erreicht, die Beziehung des Kindes zur Partnerin wäre aber bei konsentierter Fremdbefruchtung nicht in jedem Fall unmittelbar mit der Geburt rechtlich abgesichert.

Ziel sollte aber sein, dass das Kind unmittelbar mit der Geburt einen zweiten Elternteil erhält. Die Haftung des Samenspenders könnte dann gesetzlich ausgeschlossen werden, ohne dass es dem Kind an der rechtlichen Absicherung durch einen weiteren Elternteil fehlte. Würden Spender nicht mehr befürchten müssen, in Anspruch genommen zu werden, so dürfte zudem die Bereitschaft zu einer Samenspende zunehmen. Dies könnte dazu beitragen, dass sich Frauen seltener für anonyme Spender entschieden, und damit maßgeblich das Kindeswohl fördern. Allerdings stellt sich die Frage, ob wie bei künstlicher Befruchtung in einer verschiedengeschlechtlichen Partnerschaft es zwar den Eltern mit der Zustimmung verwehrt sein soll, ihre Elternstellung wieder zu beseitigen, das Recht des Kindes zur Anfechtung indes grundsätzlich bestehen bleiben muss.

Hier gilt es zu überlegen, ob in Fällen assistierter Reproduktion dem vom Persönlichkeitsrecht des Kindes umfassten und verfassungsrechtlich gewährleisteten Recht auf Kenntnis der eigenen Abstammung nicht durch das neue Verfahren zur Feststellung der Abstammung außerhalb des Anfechtungsverfahrens (§ 1598a BGB) hinreichend Rechnung getragen wird. Festzuhalten ist insoweit allerdings ohnehin, dass weder das Anfechtungsrecht noch die isolierte Abstammungsfeststellung die *positive* Kenntnis der genetischen Herkunft ermöglicht. Gerade hieran kann das Kind jedoch ein berechtigtes Interesse haben. Vor allem für die Identitätsfindung und Persönlichkeitsentwicklung des Kindes kann es von grundlegender Bedeutung sein, Kenntnis über seine Vorfahren und seine Abstammung erlangen zu können. Dies ließe sich indes nur sicherstellen, indem – wie in zahlreichen ausländischen Gesetzen[145] – eine Registrierung des Spenders und ein Informationsrecht des Kindes normiert würden. Dies bedürfte freilich einer umfassenderen Regelung der Voraussetzungen und Rechtsfolgen des Einsatzes reproduktionsmedizinischer Maßnahmen in einem Reproduktionsmedizingesetz.

Rechtliche Regelungen der Eltern-Kind-Beziehungen in Regenbogenfamilien müssen zudem der äußerst vielgestaltigen Lebenswirklichkeit gerecht werden. Dies gilt auch speziell für die Fälle intentionaler Elternschaft durch assistierte Reproduktion, denn die Konstellation von Spendern, die keinerlei Kontakt zum Kind wünschen und solchen, die in mehr oder minder großem Ausmaß künftig Anteil am Leben ihrer Kinder nehmen sollen und wollen, unterscheiden sich nicht unerheblich. Soweit die rechtliche Elternschaft – wie bislang in der weit überwiegenden Zahl der ausländischen Rechtsordnungen – auch künftig auf zwei Personen beschränkt bleiben soll, wird man freilich an eine Verstärkung sorge- und umgangsrechtlicher Befugnisse denken können, die vor allem in Konfliktfällen oder beim Ausfall eines rechtlichen Elternteils dem Kindeswohl entsprechende Regelungen im Einzelfall ermöglichen.

Literatur

ACT Department of Justice and Community Safety: The recognition of Same Sex Relationships – Diskussionspapier 2005, http://www.jcs. act.gov.au/eLibrary/papers/RecognitionofSameSexRelationships-dis cussionpaper.pdf vom 6.12.2009

Althouse, Laura N.: »Three's a company? How American Law can recognize a third social parent in same-sex headed families«, in: Hasting's Women's Law Journal 19 (2008), S. 171-209.

Appleton, Susan F.: »Presuming women: Revisiting the presumption of legitimacy in the same-sex couples era«, in: Boston University Law Review (2006), S. 227-293.

---

145 Vgl. Südafrika: Sec. 41 Children's Act 2005; England: Sec. 24ff. Human Fertilisation and Embryology Act 2008; Schweden: Kapitel 6 § 5 schwed. Gesetz über die genetische Integrität (2006: 351); siehe auch den Länderüberblick zum Verbot der anonymen Samenspende von Eric Blyth/Lucy Frith: »Donor-conceived people's access to genetic and biographical history: An analysis of provisions in different jurisdictions permitting disclosure of donor identity«, in: International Journal of Law, Policy and the Family (2009), S. 174-188.

Blyth, Eric/Frith, Lucy: »Donor-conceived people's access to genetic and biographical history: An analysis of provisions in different jurisdictions permitting disclosure of donor identity«, in: International Journal of Law, Policy and the Family (2009), S. 174-188.

Bowen, Deirdre M.: »The parent trap: Differential familial power in same-sex families«, in: William and Mary Journal of Women and the Law 15 (2009), S. 1-49.

Bundesarbeitsgemeinschaft der Landesjugendämter (Hg.): Empfehlungen zur Adoptionsvermittlung, 5. Aufl., 2006, http://www.bagljae.de /Stellungnahmen/Empfehlungen%20zur%20Adoptionsvermittlung% 205.%20Auflage%202006.pdf vom 6.12.2009.

Bundesärztekammer: »(Muster-)Richtlinie zur Durchführung der assistierten Reproduktion, Novelle 2006«, in: Deutsches Ärzteblatt 103 (2006), S. A 1392-A 1403.

Cameron, Angela: »Case Comment: Regulating the queer family: The Assisted Human Reproduction Act«, in: Canadian Journal of Family Law (2008), S. 101-121.

Campbell, Angela: »Conceiving parents through law«, in: 21 International Journal of Law, Policy and the Family (2007), S. 242-272.

Coester, Michael: »Elternrecht des nichtehelichen Vaters und Adoption«, in: Zeitschrift für das gesamte Familienrecht (1995), S. 1245-1251.

Dethloff, Nina: »Adoption durch gleichgeschlechtliche Paare«, in: Zeitschrift für Rechtspolitik (2004), S. 195-200.

Dethloff, Nina: »Same-Sex Parents in a Comparative Perspective«, in: International Law Forum du droit International 7 (2005), S. 195-205.

Dethloff, Nina: »Kindschaftsrecht des 21. Jahrhunderts«, in: Zeitschrift für Kindschaftsrecht und Jugendhilfe (2009), S. 141-147.

Dethloff, Nina: Familienrecht, 29. Aufl., München: Beck 2009.

Eggen, Bernd: »Gleichgeschlechtliche Lebensgemeinschaften. Gegenwart und künftige Entwicklung«, in: Praxis der Rechtspsychologie (2003), S. 25-44.

Ellenberger, Jürgen, in: Otto Palandt, Bürgerliches Gesetzbuch, 68. Aufl., München: Beck 2009.

Ferrer i Riba, Josep: »Neueste Entwicklungen im spanischen Personen- und Familienrecht in den Jahren 2006-2007«, in: Zeitschrift für das gesamte Familienrecht (2007), S. 1513-1517.

Frank, Rainer, in: Staudingers Kommentar zum Bürgerlichen Gesetzbuch, §§ 1741-1772 (Adoption), Berlin: Sellier, de Gruyter 2007.

Frantzen, Torstein: »Einführung der gleichgeschlechtlichen Ehe im norwegischen Recht«, in: Zeitschrift für das gesamte Familienrecht (2008), S. 1707-1708.

González Beilfuss, Cristina: »Gleichgeschlechtliche Ehen und Blitz-scheidung im neuen spanischen Familienrecht«, in: Die Praxis des Familienrechts (2006), S. 878-885.

Gunnarsdottir, Hrafnhildur: Important Improvements in Gay and Les-bian Rights in Iceland, www.ilga-europe.org/europe/guide/country_ by_country/iceland/important_improvements_in_gay_and_lesbian_r ights_in_iceland vom 6.12.2009.

Helms, Tobias: »Das Einwilligungsrecht des Vaterschaftsprätendenten bei der Adoption eines nichtehelichen Kindes«, in: Das Jugendamt (2001), S. 57-63.

Jänterä-Jareborg, Maarit: »Schweden: Adoption für eingetragene Part-ner«, in: Zeitschrift für das gesamte Familienrecht (2003), S. 349-350.

Jänterä-Jareborg, Maarit: »Sweden: Lesbian couples are entitled to as-sisted fertilization and to equal rights of parentage«, in: Zeitschrift für das gesamte Familienrecht (2006), S. 1329-1330.

Jewish Telegraphic Agency (JTA): Pressemeldung, http://jta.org/news/ article/2009/03/11/1003612/court-gay-israeli-couple-can-adopt vom 6.12.2009.

Lavely, Vanessa A.: »The Path to Recognition of Same-Sex Marriage: Reconciling the Inconsistencies Between Marriage and Adoption Cases«, in: UCLA Law Review 55 (2007), S. 247-291.

LSVD (Hg.): Regenbogenfamilien – alltäglich und doch anders. Bera-tungsführer für lesbische Mütter, schwule Väter und familienbezo-genes Fachpersonal, Köln 2007, http://www.family.lsvd.de/berat ungsfuehrer/fileadmin/downloads/RZ_Beratungsfuehrer_gesamt.pdf.

Martín-Casals, Miquel/Ribot, Jordi: »Ehe und Scheidung in Spanien nach den Reformen von 2005«, in: Zeitschrift für das gesamte Fami-lienrecht (2006), S. 1331-1336.

Muscheler, Karlheinz: Das Recht der eingetragenen Lebenspartner-schaft, Berlin: Schmidt 2004.

Muscheler, Karlheinz/Bloch, Anke: »Das Recht auf Kenntnis der geneti-schen Abstammung und der Anspruch des Kindes gegen die Mutter auf Nennung des leiblichen Vaters«, in: Familie, Partnerschaft, Recht (2002), S. 339-351.

Pintens, Walter: »Reformen im belgischen Familienrecht«, in: Zeit-schrift für das gesamte Familienrecht (2006), S. 1312-1314.

Rauscher, Thomas, in: Staudingers Kommentar zum Bürgerlichen Ge-setzbuch, §§ 1589-1600e (Abstammung), Berlin: Sellier, de Gruyter 2004.

Reuters UK: Pressemitteilung, http://uk.reuters.com/article/worldNews/ idUKL1041841520080210 vom 6.12.2009.

Rupp, Marina (Hg.): Die Lebenssituation von Kindern in gleichgeschlechtlichen Lebenspartnerschaften, Berlin: Bundesanzeiger 2009.

Schwenzer, Ingeborg: »Convergence and divergence in the law on same-
sex partnerships«, in: Maša V. Antokolskaja (Hg.), Convergence and
divergence of family law in Europe, Antwerpen, Oxford: Intersentia
2007a, S. 145-158.

Schwenzer, Ingeborg: »Tensions Between Legal, Biological and Social
Conceptions of Parentage«, in: dies. (Hg.), Tensions Between Legal,
Biological and Social Conceptions of Parentage, Antwerpen, Ox-
ford: Intersentia 2007b, S. 1-26.

Seidel, Klaus, in: Münchener Kommentar zum BGB, 5. Aufl., München:
Beck 2008, § 1600d Rn. 31.

Siegfried, Dirk: »Kinder vom anderen Ufer«, in: Familie, Partnerschaft,
Recht 11 (2005), S. 120-122.

Taupitz, Jochen/Schlüter, Julia: »Heterologe künstliche Befruchtung –
Die Absicherung des Samenspenders gegen unterhalts- und erbrechtliche Ansprüche des Kindes«, in: Archiv für die civilistische Praxis
205 (2005), S. 591-644.

Tobin, John: »Recognising same-sex parents – Bringing legitimacy to
the law«, in: Alternative Law Journal 33, 1 (2008), S. 36-40.

Vanwinckelen, Koen: »Die Entscheidung Fretté und das europäische
Familienrecht: Der EuGHMR fällt aus seiner (Vorreiter-) Rolle«, in:
Die Praxis des Familienrechts 3 (2003), S. 574-588.

Vecchio, Anthony J.: »The unequal application of New Jersey's Artificial Insemination Act«, in: Rutgers Journal of Law & Public Policy
(2008), S. 594-629.

Vonk, Machteld: Children and their parents: A comparative study of the
legal position of children with regard to their intentional and biological parents in English and Dutch law, Antwerpen, Oxford: Intersentia 2007.

Wellenhofer, Marina, in: Münchener Kommentar zum Bürgerlichen Gesetzbuch, 5. Aufl., München: Beck 2008, § 1600 Rn. 39.

ETHIK

Die »Notwendigkeit eines Vaters für das Kind« und der Zugang lesbischer Frauen zur Reproduktionsmedizin

ERIC BLYTH

Einleitung

Um ein Kind zu zeugen, ist es zwar notwendig, dass männlicher Samen ein weibliches Ei befruchtet, aber eine Empfängnis ist auch ohne heterosexuellen Geschlechtsverkehr möglich und kann mittels künstlicher Befruchtung erfolgen. Zu diesem Zweck kann eine Frau die Angebote von Reproduktionskliniken, Samenbanken oder einzelnen Ärzten in Anspruch nehmen oder eine Selbstinsemination durchführen – wobei Letztere natürlich keine medizinische Intervention oder Überwachung erfordert. Folglich können Frauen, die sich für eine Insemination entscheiden, ohne die Anwesenheit eines Partners ein Kind empfangen und Elternschaft erreichen – gleichgültig, ob sie dies tun, nur um ein Kind auszutragen[1], oder weil sie ihr Kind auf lange Sicht betreuen und erziehen wollen. Während jedes Kind für seine Entstehung »einen Vater braucht«, kann dagegen seine Erziehung von einer (heterosexuell oder lesbisch orientierten) Frau allein oder von einem lesbischen Elternpaar übernommen werden.

Ein wissenschaftliches und politisches Interesse an »geplanten« lesbischen Familien, bei denen ein lesbisches Paar, d.h. die genetische Mutter und die soziale bzw. die (so genannte) Co-Mutter, eine Familie bil-

---

1 In Großbritannien ist auch die Leihmutterschaft möglich: die die Schwangerschaft austragende Frau gibt das Kind nach der Geburt an die Eltern mit Kinderwunsch ab. – Anm. der Übers.

det, in der das Kind von Geburt an ohne Vater aufwächst, hat Spekulationen über einen lesbischen »Babyboom«, den sogenannten »Gaybyboom«,[2] angeheizt.[3] Während ein Anstieg der Zahl der Kinder, die in »geplante« lesbische Familien hineingeboren werden, und mithin die Tatsache eines solchen »Booms« schwer zu belegen sind, nehmen dagegen nachweislich immer mehr lesbische Frauen die Angebote reproduktionsmedizinischer Kliniken und Samenbanken in Anspruch. Dieser Trend führt zu einem Phänomen, das Morrisette[4] als die »Verkehrung der donogenen Inseminationsindustrie« bezeichnet. Alvarez[5] behauptet, dass in der Gruppe der lesbischen und alleinstehenden Frauen »die am schnellsten wachsenden Märkte für Samenbanken« zu finden sind. Gegenwärtig machen lesbische und alleinstehende Frauen zusammen die Hälfte der Kundschaft der California Cryobank aus, einer der größten Samenbanken der Welt,[6] und laut Stryker[7] bildet diese Gruppe etwa zwei Drittel der Kundschaft aller US-amerikanischen Samenbanken. Eine von Gumankin u.a.[8] durchgeführte Umfrage hat ergeben, dass

2 Gaybyboom: Anstieg der Geburtenrate durch donogene Insemination bei lesbischen Paaren; Wortspiel aus »baby« und »gay« (lesbisch oder homosexuell) – Anm. d. Übers.

3 Z.B Kath Weston: Families We Choose: Lesbians, Gays and Kinship, New York: Columbia University Press 1991; E. Lewin: Lesbian Mothers; Charlotte J. Patterson: »Families of the lesbian baby boom«, in: Developmental Psychology 31, 1 (1995), S. 115-123; Nanette Gartrell u.a.: »The national lesbian family study: 1 Interviews with prospective mothers«, in: American Journal of Orthopsychiatry 66, 2 (1996), S. 272-281; B. Morningstar: »Lesbian parents: Understanding development pathways«, in: Joan Laird (Hg.), Lesbians and Lesbian Families. Reflection on Theory and Practice, New York: Columbia University Press 1999, S. 213-241; Paula Amato/Mary C. Jacob: »Providing fertility services to lesbian couples: The lesbian baby boom«, in: Sexuality, Reproduction and Menopause 2, 2 (2004), S. 83-88; Jon Azpiri: Fertility obstacles call for unique solutions, http://www.straight.com/article-104789/fertility-obstacles-call-for-unique-solutions vom 30.03.2010.

4 Mikki Morrisette: »Redefining family«, in: Minnesota Women's Press, http://www.womenspress.com/main.asp?SectionID=1&SubSectionID=1&ArticleID=2391&TM=57580.26 vom 30.03.2010.

5 Lizette Alvarez: »Spreading Scandinavian genes, without viking boats«, in: Arhus Journal vom 30.09.2004, http://www.nytimes.com/2004/09/03/international/europe/30sperm.html?pagewanted=1&ei=5070&en=f76468c2f01e2601&ex=1110862800&oref=login vom 30.03.2010.

6 M. Morrisette: »Redefining family«.

7 Jeff Stryker: »Regulation or free markets? An uncomfortable question for sperm banks«, in: Science Progress vom 7.11.2007, http://www.scienceprogress.org/2007/11/regulation-or-free-markets vom 30.03.2010.

8 A. Gumankin/A. Caplan/A. Braverman: »Screening practices and beliefs of assisted reproductive technology programs«, in: Fertility and Sterility 83, 1 (2005), S. 61-67.

82 Prozent der Leiter US-amerikanischer Reproduktionskliniken »überhaupt keine« oder nur »leichte« Vorbehalte dagegen haben, einem lesbischen Paar den Kinderwunsch mithilfe donogener Insemination zu erfüllen, während 17 Prozent der Befragten solchen Paaren den Kinderwunsch mit »großer« oder »sehr großer« Wahrscheinlichkeit versagen
würden. Stern u.a.[9] berichten, dass 2001 in den USA 74 Prozent der Fer-
tilitätskliniken lesbische Paare behandelt haben. Während in den US-
amerikanischen Statistiken *per se* keine offiziellen Daten über lesbische
Frauen aufgezeichnet werden, berichten die Centers for Disease Control
(Seuchenschutzbehörden), dass 2007 (das letzte Jahr, aus dem Daten er-
hältlich sind) 91 Prozent der teilnehmenden reproduktionsmedizinischen
Kliniken angaben, alleinstehenden Frauen ihre Dienste angeboten zu haben.[10]

In Großbritannien zeigen die von der Human Fertilisation and
Embryology Authority (HFEA, Aufsichtsbehörde für Reproduktionsmedizin) für den Zeitraum 1999 bis 2006 veröffentlichten Daten, dass zwar
die absolute Zahl der Behandlungszyklen bei lesbischen Frauen in zugelassenen Kliniken in den letzten sieben Jahren gestiegen ist, diese Gruppe aber weiterhin einen sehr geringen Anteil an allen Behandlungszyklen ausmacht (Tabelle 1).

9   Judy Stern u.a.: »Access to services at assisted reproductive technology
    clinics: A survey of policies and practices«, in: American Journal of Ob-
    stetrics and Gynecology 184 (2001), S. 591-597.
10 Vgl. Centers for Disease Control and Prevention: Current Clinic Services
    and Profile. Assisted Reproductive Technology (ART) Report: National
    Summary, Atlanta: Centers for Disease Control and Prevention 2009,
    http://apps.nccd.cdc.gov/ART/NSR.aspx?SelectedYear=2007 vom 30.03.
    2010.

*Tabelle 1: Geschätzte Zahl und prozentualer Anteil lesbischer Frauen,
die sich in Großbritannien einer zugelassenen
reproduktionsmedizinischen Behandlung unterzogen haben*

Jahr	Nach dem 1. April 1999 registrierte Zahl der Behandlungszyklen einer In-vitro-Fertilisation (und prozentualer Anteil aller Zyklen einer In-vitro-Fertilisation) bei lesbischen Frauen	Nach dem 1. April 1999 registrierte Zahl der Behandlungszyklen einer donogenen Insemination (und prozentualer Anteil aller Zyklen einer donogenen Insemination) bei lesbischen Frauen
1999	14 (0,1 %)	284 (6,6 %)
2000	36 (0,1 %)	413 (6,7 %)
2001	51 (0,2 %)	541 (8,5 %)
2002	90 (0,3 %)	645 (9,7 %)
2003	83 (0,2 %)	712 (10,2 %)
2004	98 (0,2 %)	921 (13,7 %)
2005	156 (0,4 %)	788 (14,3 %)
2006	197 (0,5 %)	761 (20,1 %)

*Quelle: Human Fertilisation and Embryology Authority (HFEA): Code of
Practice 2007, Tabelle 29[11]*

Neben der Tatsache, dass in diesem Zeitraum sowohl die Zahl der Behandlungszyklen einer donogenen Insemination als auch der prozentuale
Anteil aller Behandlungszyklen dieser Art bei lesbischen Frauen signifikant gestiegen sind, muss man auch die veränderten Verfahren der
künstlichen Befruchtung berücksichtigen, um die momentane Inanspruchnahme von reproduktionsmedizinischen Möglichkeiten durch lesbische Frauen in einen angemessenen Zusammenhang bringen zu können. Bevor die intrazytoplasmatische Spermieninjektion (ICSI)[12] Einzug

11 Human Fertilisation and Embryology Authority: Code of Practice, 7.
Aufl., London: Human Fertilisation and Embryology Authority 2007,
http://www.hfea.gov.uk/docs/Seventh_Edition__R3.pdf vom 30.03.2010.
12 Bei der intrazytoplasmatischen Spermieninjektion (ICSI) wird eine Samenzelle direkt in eine Eizelle gespritzt. Diese Methode war ursprünglich
angezeigt bei Fruchtbarkeitsproblemen des Mannes und ist deshalb zur
»Behandlung der Wahl« für heterosexuelle Paare geworden. Aus Gründen,
die derzeit noch nicht ganz klar sind, bevorzugen Ärzte in vielen Ländern
die ICSI als Behandlungsform, auch wenn beim Mann keine Fruchtbar-
keitsprobleme vorliegen (Centre for Social Justice: Fathers not Included:
Assisted Reproduction, the Need for a Father and the Meaning of
Parenthood. A Response to the Human Fertilisation and Embryology Bill,
London: Centre for Social Justice 2008, http://www.centreforsocial-
justice.org.uk/client/images/csj%20fathers%20web%20FINAL.pdf vom
30.03.2010; A. N. Andersen u.a.: »Assisted reproductive technology and
intrauterine inseminations in Europe, 2005: Results generated from European registers by ESHRE«, in: Human Reproduction 24, 6 (2009), S.
1267-1287).

gehalten hatte, war die donogene Insemination das primäre reproduktionsmedizinische Verfahren für heterosexuelle Paare, die wegen der Unfruchtbarkeit des Mannes keine Kinder bekommen konnten. Doch seit
dem Aufkommen der ICSI in den frühen 1990er Jahren ist die donogene
Insemination als Behandlungsalternative für verschiedengeschlechtliche
Paare, bei denen der Mann an Fertilitätsstörungen leidet und die sich ein
mit beiden Elternteilen genetisch verwandtes Kind wünschen, zunehmend in den Hintergrund getreten. Diese Entwicklung hat dazu geführt,
dass heterosexuelle Paare immer weniger auf die donogene Insemination
zurückgreifen.[13]

Gleichzeitig muss bedacht werden, dass die genannten Zahlen
zwangsläufig eine Dunkelziffer enthalten, weil die (unbekannte) Zahl
der lesbischen Frauen nicht berücksichtigt ist, die von der Selbstinsemination Gebrauch machen.

Planung und Gründung einer lesbischen Familie

Die konventionelle Art, auf die lesbische Paare eine Familie gegründet
haben, war nicht die medizinisch unterstützte Inanspruchnahme einer
donogenen Insemination, sondern die Selbstinsemination mit Sperma,
das sie informell entweder von einem Freund oder Bekannten oder im
Freundeskreis erworben haben.[14] Bei dieser Praxis spielen hauptsächlich
zwei Überlegungen eine Rolle. Erstens sind solche Vorgänge die praktischen Konsequenzen, wenn lesbischen Frauen der Zugang zur reproduktionsmedizinischen Behandlung gesetzlich verboten ist oder sie – wo gesetzliche Barrieren dieser Art nicht existieren – von Kliniken diskriminiert werden, die dieser Klientel die Dienste der Fortpflanzungstechno-
logie verweigern, und ihnen wenig Alternativen gelassen werden.[15]

---

13 Vgl. Kate Godman u.a.: »Potential sperm donors', recipients' and their
partners' opinions towards the release of identifying information in Western Australia«, in: Human Reproduction 21, 11 (2006), S. 3022-3026.

14 Vgl. Gillian A. Dunne: »Opting into motherhood lesbians blurring the
boundaries and transforming the meaning of parenthood and kinship«, in:
Gender and Society 14, 1 (2000), S.11-35.

15 Vgl Deborah L. Steinberg: »Research in progress: A report on policies of
access to AID as a medical treatment in the UK«, in: Women's Studies International Forum 9, 5 (1986), S. 551-554; Gillian Douglas: Access to assisted reproduction: Legal and other criteria for eligibility, Report of a
survey funded by the Nuffield Foundation, Cardiff Law School 1992;
dies.: »Assisted reproduction and the welfare of the child«, in: Michael
Freeman/Bob Hepple (Hg.), Current Legal Problems, Bd. 46, 2, Oxford:
Oxford University Press 1993, S. 53-57; Erica Haimes/Kate Weiner:
»›Everybody's got a Dad‹: Issues for lesbian families in the management

Zweitens gibt es reproduktionsmedizinische Kliniken, die auch lesbische Frauen behandeln, aber die Anonymität der Spender wahren; dies ist inakzeptabel für eine Frau, die etwas über den Spender erfahren will, weil sie selbst an seiner Identität interessiert ist oder ihr Kind über seine genetische und biografische Abstammung informieren möchte.[16]

Früher scheinen lesbische Frauen einen homosexuellen Spender einem heterosexuellen Spender hauptsächlich aus drei Gründen vorgezogen zu haben. Erstens wird ein homosexueller Spender vielleicht als weniger bedrohlich für die Stabilität der lesbischen Familie wahrgenommen als ein heterosexueller Spender, weil vermutet wird, dass Ersterer ein geringeres Interesse an der Vaterrolle hat und es ihm, sollte er diesen Wunsch doch haben, vermutlich nicht gelingen wird, seine elterlichen Rechte in Bezug auf das Kind aus seinem Samen geltend zu machen.[17] Zweitens geht man bei einem homosexuellen Spender eher davon aus, dass er sich im ideellen Sinn stärker als ein heterosexueller Spender dazu verpflichtet fühlt, den lesbischen Frauen bei der Familiengründung zu helfen, und eine zuvor getroffene Vereinbarung eher nicht widerrufen wird.[18] Drittens empfinden lesbische Frauen einen homosexuellen Mann vielleicht eher als Repräsentant einer für sie akzeptablen Form von Männlichkeit als einen heterosexuellen Mann.[19]

Im Laufe der Jahre sind die Prozesse der Familiengenese durch lesbische Paare vielfältiger geworden und beinhalten nun insbesondere die Zuhilfenahme anonymer Samenspender, heterosexueller Spender sowie reproduktionsmedizinischer Kliniken und/oder von Samenbanken. Manche lesbische Frauen ziehen einen *nicht identifizierbaren* Spender einem Spender mit offener Identität vor, weil sie annehmen, dass sich der anonyme Spender weniger in das Leben des Kindes einmischen oder die lesbische Familie »stören« wird. Ein heterosexueller Spender, der bereits Vater ist, hat seine Fruchtbarkeit schon unter Beweis gestellt und wird vielleicht so wahrgenommen, dass er für das aus seinem Samen entstandene Kind eher keine Vaterrolle zu übernehmen versucht. Unter Bedingungen, unter denen ein persönlich angeworbener Spender für ein gebo-

---

of donor insemination«, in: Sociology of Health and Illness 22, 4 (2000), S. 477-499; Ruth McNair u.a.: »Lesbian issues strengths«, in: Family Matters 63 (2002), S. 40-49.

16 Vgl. ebd.; Kathryn Almack: »Seeking sperm: accounts of lesbian couples' reproductive decision-making and understandings of the needs of the child«, in: International Journal of Law, Policy and the Family 20, 1 (2006), S. 1-22.

17 Vgl.ebd.; E. Haimes/K. Weiner: »»Everybody's got a Dad««.

18 Vgl. Lisa Saffron: Challenging Conceptions: Planning a Family by Self-Insemination, London: Cassell 1994.

19 Vgl. G. Dunne: »Opting into motherhood«.

renes Kind finanziell aufkommen muss, schrecken heterosexuelle Spender vielleicht davor zurück, väterliches Interesse an dem Kind zu zeigen, weil sie eine solche Verantwortung nicht auf sich nehmen wollen. Da außerdem die gleichgeschlechtliche Elternschaft zunehmend Bestätigung findet, besteht aus Sicht der lesbischen Frauen die Gefahr, dass ein homosexueller Spender in seiner Gabe an ein lesbisches Paar (oder eine alleinstehende Frau) seine größte (oder einzige) Chance sieht, Vater zu werden, und deshalb vielleicht eine wichtigere Vaterrolle spielen möchte, als der Mutter lieb ist oder vor der Behandlung vereinbart wurde.[20] Nicht zuletzt haben Unsicherheiten rings um die legalen Prozesse der Familienbildung und gesundheitliche Implikationen (besonders hinsichtlich HIV und Aids) informeller Arrangements sowohl für die Frau als auch für das Kind die Auffassung befördert, dass die Selbstinsemination ein »zweifelhafter und gefährlicher Schleichweg«[21] ist und nicht als alternative Methode, sondern als riskanter »letzter Ausweg« gesehen werden sollte und Frauen besser daran tun, Quellen mit »sicher(er)em« Sperma zu suchen, wie es von reproduktionsmedizinischen Kliniken und Samenbanken angeboten wird.

Selbstverständlich hängen die Möglichkeiten lesbischer Frauen, eine Familie zu gründen, und der Umfang, in dem diese Optionen leicht oder schwierig zu realisieren sind, zum großen Teil vom moralischen und regulierenden Anspruch der Gesetzgebung des Landes ab, in dem die Frauen leben, bzw. von den gesetzlichen Bestimmungen der Länder, welche die Frauen zwecks einer Behandlung aufsuchen.[22] Mit diesem politischen und gesetzlichen Rahmen der assistierten Reproduktion, der die Familiengründung lesbischer Frauen mitbestimmt, befassen wir uns im nächsten Abschnitt eingehender.

20 Vgl. K. Almack: »Seeking sperm«.
21 Yvon Englert: »Artificial insemination of single women and lesbian women with donor semen«, in: Human Reproduction 9, 11 (1994), S. 1969-1977, hier S. 1977.
22 Pennings u.a. stellen fest, dass von den ausländischen Patientinnen, die sich in belgischen Reproduktionskliniken einer donogenen Inseminationen unterzogen haben, etwa 80 Prozent lesbische Paare aus Frankreich sind, die in ihrem Heimatland keinen Zugang zu Fertilitätsdiensten haben (vgl. Guido Pennings: »Cross-border reproductive care in Belgium«, in: Human Reproduction 24 (2009), S. 3108-3118).

Der politische Rahmen reproduktions-
medizinischer Behandlung für lesbische Frauen

Eine Diskussion über das Thema »geplante« lesbische Familie muss zwangsläufig auf das vorherrschende heteronormative Konzept der Erziehung von Kindern eingehen, nach dem die heterosexuelle Zwei-Eltern-Familie als die unantastbare »Richtschnur für die Kindererziehung«[23] begriffen wird.

Auf der Basis deontologischer Betrachtungen[24] geht man in dominanten religiös geprägten, vor allem in den auf der christlichen und islamischen Glaubenslehre beruhenden Diskursen davon aus, dass *nur* die heterosexuelle von Mann und Frau geführte Familie – in der die Eltern vorzugsweise verheiratet sind – das akzeptierte Modell für die Zeugung und Erziehung von Kindern ist. So wird z.B. nach Auffassung der römisch-katholischen Kirche dadurch, dass man alleinstehenden und lesbischen Frauen den Zugang zu donogener Insemination erlaubt, Kindern ein »doppeltes Unrecht« zugefügt, weil sie dann »sowohl des leiblichen als auch des sozialen Vaters beraubt« werden.[25] Die islamische Lehre verbietet sexuelle Beziehungen außerhalb der heterosexuellen Ehe, und eine Frau, die sich einer künstlichen Befruchtung unterzieht, darf nur das Sperma ihres Mannes verwenden, um ein Kind zu bekommen.[26]

Auch nichtreligiöse Menschen haben ähnliche heteronormative Wertvorstellungen, wie die Ergebnisse einer in Großbritannien im Jahr 2008 durchgeführten Meinungsumfrage zeigen, bei der 60 Prozent der Befragten, *die eine Meinung äußerten* (der Anteil aller Befragten, die eine Meinung äußerten, ist nicht bekannt), der Ansicht waren, dass es für

---

23 Karen S. Peterson: »Looking straight at gay parents«, in: USA Today vom 10.03.2004.

24 Siehe Pennings im vorliegenden Band.

25 Catholic Bishops' Conference of England and Wales and the Linacre Centre for Healthcare Ethics: »Memorandum from the Catholic Bishops' Conference of England and Wales and the Linacre Centre for Healthcare Ethics«, in: House of Commons Science and Technology Committee (Hg.), Human Reproductive Technologies and the Law. Fifth Report of Session 2004-05, Bd. 2: Oral and written evidence, London 2005, S. 317-319, http://www.publications.parliament.uk/pa/cm200405/cmselect/cmsctech/7/7ii.pdf vom 30.03.2010.

26 Vgl. Mohammad Iqbal/Ray Noble: »Islamic identity and the ethics of assisted reproduction«, in: Eric Blyth/Ruth Landau (Hg.), Faith and Fertility: Attitudes toward Reproductive Practices in Different Religions from Ancient to Modern Times, London: Jessica Kingsley Publishers 2009, S. 86-110.

Kinder wichtig ist, »sowohl einen männlichen als auch weiblichen Elternteil«[27] zu haben.

Aus solchen Diskursen entwickeln sich Vorstellungen von der »Notwendigkeit eines Vaters für das Kind« und Wahrnehmungen, nach denen die Erziehung von Kindern in gleichgeschlechtlichen Beziehungen etwas offensichtlich Defizitäres ist.[28] Das zeigen die anfänglichen Erfahrungen lesbischer Frauen, die im Rechtsstreit um das Sorgerecht ihrer aus einer heterosexuellen Beziehung hervorgegangenen Kinder plötzlich ihre elterliche Eignung auf dem Prüfstand sahen, sobald sie sich als lesbisch geoutet hatten. Diesen Müttern drohte der Entzug des Sorgerechts für ihr(e) Kind(er): weil kein Vater anwesend war und mithin das männliche Rollenvorbild für das Kind fehlte; weil eine oder zwei Mütter anwesend waren, deren sexuelle Orientierung dazu führen könnte, dass sich die Kinder in geschlechtlicher oder psychosexueller Hinsicht atypisch entwickeln könnten und z.B. die Wahrscheinlichkeit steigt, dass auch sie lesbisch oder schwul werden; und weil die Kinder von ihren Kameraden gehänselt und/oder stigmatisiert werden könnten.[29]

---

27 YouGov Polling, zitiert in Centre for Social Justice: Fathers not Included: Assisted Reproduction, the Need for a Father and the Meaning of Parenthood. A Response to the Human Fertilisation and Embryology Bill, London: Centre for Social Justice 2008, http://www.centreforsocialjustice.org. uk/client/images/csj%20fathers%20web%20FINAL.pdf vom 30.03.2010, S. 9.

28 Auch wenn empirische Belege auf das Gegenteil hinweisen, siehe Scheib & Hastings im vorliegenden Band.

29 Vgl. Cathrine Rand/Dee Graham/Edna Rawlings: »Psychological health and factors the court seeks to control in lesbian mother custody trials«, in: Journal of Homosexuality 8 (1982), S. 27-39; Susan Golombok/Ann Spencer/Michael Rutter: »Children in lesbian and single-parent households: Psychosexual and psychiatric appraisal«, in: Journal of Child Psychology and Psychiatry 24, 4 (1983), S. 551-572; Susan Golombok: »Lesbian mother families«, in: Andrew Bainham/Shelley D. Sclater/Martin Richards (Hg.), What is a Parent? A Socio-Legal Analysis, Oxford: Hart 1999, S. 161-180; Charlotte J. Patterson: »Children of lesbian and gay parents«, in: Child Development 63 (1992), S. 1025-1042; dies.: »Lesbian and gay parenthood«, in: Marc H. Bornstein (Hg.), Handbook of parenting, Bd. 3, Mahwah, NJ: Erlbaum 2002, S. 317-338; Patricia Falk: »The gap between psychosocial assumptions and empirical research in lesbianmother child custody cases«, in: Adele Gottfried (Hg.), Redefining families: Implications for children's development, New York: Plenum Press 1994, S. 131-156; Anne Brewaeys u.a.: »Lesbian mothers who conceived after donor insemination: a follow up study«, in: Human Reproduction 10, 10 (1995), S. 2731-2735; Kristen Walker: »1950s family values vs. human rights: in vitro fertilisation, donor insemination and sexuality in Victoria«, in: Public Law Review 11, 4 (2000), S. 292-307; American Academy of

Gerichtsentscheidungen in strittigen Sorgerechtsfällen sind – zumindest in einigen Gesetzgebungen – inzwischen zwar weniger von Vorurteilen gegenüber lesbischen Müttern bestimmt und eher getragen von einem gewissen zustimmenden Interesse an der Elternschaft in schwulen und lesbischen Gemeinschaften.[30] Doch Entscheidungen zugunsten der Bestrebungen der Mutter werden dennoch nach dem Prinzip der Wahrung *bestehender* Mutter-Kind-Beziehungen gefällt und gehen von dem Bedürfnis des Kindes aus, die Beziehung zu seiner Mutter zu erhalten – und im Grunde das Beste aus dem zu machen, was immer noch für eine unbefriedigende Situation erachtet wird. Das ist natürlich eine ganz andere Situation, als wenn einer bekennenden lesbischen Frau grundsätzlich gestattet wird, Mutter zu werden.

Daraus ergibt sich die weitere entscheidende und in der momentanen Debatte über das Thema »geplante« lesbische Familien einflussreiche Annahme, dass nämlich die Reproduktionsmedizin auf das »Korrigieren, wenn die Natur versagt«,[31] beschränkt und nicht als Aufstockung des Repertoires an Optionen der Familiengründung betrachtet werden sollte, nur um die Reproduktionsautonomie zu fördern und das Gebären und Erziehen von Kindern denen zu erleichtern, die verschiedengeschlechtlichen Konventionen nicht entsprechen.

Internationale Gesetzgebung

Diese Annahme scheint sich durch die Ergebnisse neuerer von der International Federation of Fertility Societies bzw. vom Europarat[32] durchgeführten Umfragen zu erhärten, in denen gesetzliche Bestimmungen zur Inanspruchnahme reproduktionsmedizinischer Behandlung untersucht werden.

Die von der International Federation of Fertility Societies in 57 Ländern weltweit durchgeführten Umfragen zu gesetzlichen Bestimmungen

Pediatrics: »Coparent or secondparent adoption by same-sex parents«, in: Pediatrics 109, 2 (2002), S. 339-340.

30 Vgl. L. Saffron: Challenging Conceptions; Jeffrey Weeks/Catherine Donovan/Brian Heaphy: »Families of choice: Research results«, in: Economic and Social Research Council Population and Household Change Research Programme Newsletter, London: ESRC 1997.

31 Kerry O'Brien: »Prof. Somerville discusses the ethics of medical breakthroughs«, in: The 7.30 report, Australian Broadcasting Corporation vom 28.05.2007, http://www.abc.net.au/7.30/content/2007/s1935737.htm vom 30.03.2010.

32 Der »Europarat« ist eine 1949 gegründete und heute 47 Staaten umfassende europäische Internationale Organisation und nicht zu verwechseln mit dem »Europäischen Rat«, dem Gremium der Staats- und Regierungschefs der Europäischen Union (EU) – Anm. d. Übers.

zur reproduktionsmedizinischen Behandlung haben ergeben, dass »die meisten Gesellschaften entweder über ihre Gesetzgebung oder unter dem Einfluss religiöser oder kultureller Anliegen die traditionelle heterosexuelle Familie (in Form der Ehe oder einer stabilen Beziehung) zu bevorzugen scheinen und andere Gruppen nur zögerlich in vollem Umfang zulassen«.[33]

In 36 der untersuchten Länder untersagt das Gesetz speziell lesbischen Frauen entweder durch »formale Einschränkungen« oder »Alltagspraxis«, reproduktionsmedizinische Behandlungen in Anspruch zu nehmen (Ägypten, Argentinien, Chile, China, Dänemark, Deutschland, Ecuador, Frankreich, Griechenland, Hongkong, Indien, Irland, Italien, Japan, Jordanien, Kolumbien, Kroatien, Litauen, Malaysia, Marokko, Norwegen, Österreich, Philippinen, Portugal, Russland, Schweden, Schweiz, Singapur, Slowenien, Taiwan, Tschechische Republik, Tunesien, Türkei, Ungarn, Uruguay und Vietnam). In zehn der untersuchten Länder dagegen gewährt das Gesetz speziell lesbischen Frauen den Zugang zu reproduktionsmedizinischen Diensten (Australien, Belgien, Brasilien, Großbritannien, Israel, Kanada, Neuseeland, die Niederlande, Südafrika und die USA). In den restlichen elf untersuchten Ländern ergibt sich folgendes Bild: Bulgarien, Südkorea, Lettland, Mexiko, Spanien und Thailand haben keine gesetzlichen Anforderungen, nach denen reproduktionsmedizinische Behandlungen nur bei Paaren durchgeführt werden dürfen, während dies in Finnland[34], Rumänien und Venezuela »kein Thema« ist. Vermutlich ist deshalb in diesen Ländern der Zugang zu reproduktionsmedizinischen Diensten speziell lesbischen Frauen nicht untersagt. Aus Saudi-Arabien liegen keine Informationen vor. Die Situation in Peru, wo die Reproduktionsmedizin gesetzlich nicht geregelt ist, diese aber von alleinstehenden Frauen in Anspruch genommen wird, scheint hinsichtlich des Zugangs lesbischer Frauen zur Reproduktionsmedizin unklar zu sein.

Zwei frühere vom Europarat in den Mitgliedstaaten durchgeführte Studien[35] zur Politik und Praxis der Reproduktionsmedizin haben ebenfalls

---

33 Howard W. Jones Jr. u.a.: IFFS Surveillance 07, Fertility and Sterility 87, Beiheft 1 2007, S. 17.

34 Das finnische Parlament hat inzwischen seine Gesetzgebung geändert und gewährt lesbischen Frauen den Zugang zur reproduktionsmedizinischen Behandlung.

35 Steering Committee of Bioethics (CDBI): Medically Assisted Procreation and the Protection of the Human Embryo. Comparative Study on the Situation in 39 States, Straßburg: Europarat 1998; dies.: Replies by the member states to the Questionnaire on access to medically assisted procreation

unterschiedliche Umgangsweisen damit zu Tage gefördert. Allerdings haben sich die in diesen Umfragen gestellten Fragen nicht speziell auf lesbische Frauen bezogen. In den Umfragen hat man gefragt, ob die Möglichkeit der »medizinisch assistierten Fortpflanzung« auch den Frauen zur Verfügung steht, die nicht verheiratet sind bzw. nicht in einer heterosexuellen Beziehung leben. Im Jahr 1998 nahmen 35 Mitgliedstaaten an der Umfrage teil, im Jahr 2005 waren es 41. Soweit relevante Informationen zur Verfügung standen (1998 in 29 Mitgliedstaaten und 2005 in 34), zeigte sich ein zahlenmäßiger Anstieg der Staaten, die speziell unverheirateten Paaren den Zugang zu medizinisch gestützter Fortpflanzung verbieten (von 7 Staaten im Jahr 1998 auf 22 im Jahr 2005), als auch der Staaten, die nicht in einer heterosexuellen Paarbeziehung lebenden Frauen den Zugang zu medizinisch assistierter Fortpflanzung verbieten (von 15 Staaten im Jahr 1998 auf 19 im Jahr 2005) (siehe Tabelle 2).

(MAP) and on right to know about their origin for children born after MAP, Straßburg: Europarat 2005.

Tabelle 2: Zugang zu medizinisch assistierter Fortpflanzung für Frauen, die nicht verheiratet sind bzw. nicht in einer heterosexuellen Beziehung leben – Umfrage des Europarats (1998 und 2005)

Land	Haben unverheiratete Paare Zugang zu medizinisch assistierter Fortpflanzung? (1998)	Haben unverheiratete Paare Zugang zu medizinisch assistierter Fortpflanzung? (2005)	Haben Frauen, die nicht in einer heterosexuellen Beziehung leben, Zugang zu medizinisch assistierter Fortpflanzung? (1998)	Haben Frauen, die nicht in einer heterosexuellen Beziehung leben, Zugang zu medizinisch assistierter Fortpflanzung? (2005)
Albanien	Nicht teilgenommen	Keine Informationen	Nicht teilgenommen	Keine Informationen
Armenien	Nicht teilgenommen	Keine Informationen	Nicht teilgenommen	Keine Informationen
Aserbeidschan	Nicht teilgenommen	Nein	Nicht teilgenommen	Ja
Belgien	Nicht geregelt	Ja	Ja	Ja
Bosnien und Herzegowina	Nicht teilgenommen	Keine Informationen	Nicht geregelt	Keine Informationen
Bulgarien	Keine Informationen	Keine Informationen	Nicht teilgenommen	Keine Informationen
Dänemark	Ja	Nein	Nein	Nein
Deutschland	Ja	Nein	Keine Informationen	Nein
Estland	Ja	Nein	Ja	Ja
Finnland	Ja	Ja	Nein	Ja
Frankreich	Ja	Nein	Nein	Nein
Früheres Jugoslawien	Nicht teilgenommen	Nein	Nicht teilgenommen	Nein
Georgien	Nicht teilgenommen	Donogene Insemination für alleinstehende Frauen, In-vitro-Fertilisation nur für heterosexuelle Paare. Gesetzesvorschlag erweitert den Zugang zu allen medizinisch assistierten Behandlungen für alle alleinstehenden Frauen	Nicht teilgenommen	Donogene Insemination für alleinstehende Frauen, In-vitro-Fertilisation nur für heterosexuelle Paare. Gesetzesvorschlag erweitert den Zugang zu allen medizinisch assistierten Behandlungen für alle alleinstehenden Frauen
Griechenland	Ja	Ja	Keine Informationen	Ja
Großbritannien	Ja	Ja	Ja	Ja
Irland	Nein	Keine Informationen	Nein	Keine Informationen
Island	Ja	Nein	Nein	Nein
Italien	Nein	Nein	Nein	Nein
Kroatien	Nicht teilgenommen	Nein	Keine Informationen	Keine Informationen

Lettland	Ja	Ja	Ja	Ja
Liechtenstein	Nicht geregelt	Nicht teilgenommen	Nicht geregelt	Nicht teilgenommen
Litauen	Nicht geregelt	Nein	Nicht geregelt	Nein
Luxemburg	Nicht geregelt	Ja	Nicht geregelt	Ja
Malta	Nein	Nicht geregelt	Nein	Nicht geregelt
Niederlande	Ja	Ja	Ja	Ja
Norwegen	Ja	Nein	Nein	Nein
Österreich	Ja	Nein	Ja	Nein
Polen	Nein	Nein	Nein	Nein
Portugal	Nicht geregelt	Nein	Nicht geregelt	Nein
Rumänien	Nicht geregelt	Keine Informationen	Nicht geregelt	Keine Informationen
Russische Föderation	Keine Informationen	Ja	Ja	Ja
San Marino	Nicht geregelt	Nicht teilgenommen	Nicht geregelt	Nicht teilgenommen
Schweden	Ja	Nein	Nein	Nein
Schweiz	Ja	Nein	Nein	Nein
Serbien und Montenegro	Nicht teilgenommen	Ja	Nicht teilgenommen	Nein
Slowakei	Ja	Nein	Nein	Nein
Slowenien	Ja	Nein	Nein	Nein
Spanien	Ja	Nein	Ja	Ja
Tschechische Republik	Nein	Nein	Nein	Nein
Türkei	Nein	Nein	Nein	Nein
Ukraine	Nicht geregelt	Ja	Nicht geregelt	Ja
Ungarn	Ja	Keine Informationen	Keine Informationen	Keine Informationen
Zypern	Nein	Nein	Nicht teilgenommen	Nein
»Ja« insgesamt	18	9	8	12
»Nein« insgesamt	7	22	15	19

Quelle: Steering Committee of Bioethics (CDBI): Medically Assisted Procreation; dies.: Replies by the member states

Im Folgenden wird auf die in Großbritannien geführte Debatte über die »Notwendigkeit eines Vaters für das Kind« näher eingegangen. Die Streichung dieser Klausel im Gesetzestext beende, so der britische Abgeordnete Dr. Evan Harris, eine 16 Jahre lang andauernde »zugelassene Diskriminierung alleinerziehender Mütter und lesbischer Paare«.[36]

---

36 Evan Harris: »IVF ›need for father‹ rule may go«, in: BBC News Online vom 13.06.2006, http://news.bbc.co.uk/2/hi/health/5175640.stm vom 30.03.2010.

Die in Großbritannien geführte Debatte über die »Notwendigkeit eines Vaters für das Kind«

Wie in anderen Ländern zeigten sich auch in Großbritannien Reproduktionsmediziner bei der Entscheidung, wem sie ihre Behandlung angedeihen lassen wollten, zunächst ziemlich sozialkonservativ. Selten hielten sie eine potenzielle Patientin für zugangsberechtigt, wenn diese nicht verheiratet war oder zumindest in einer heterosexuellen Paarbeziehung lebte.[37] Als dann der britische Gesetzgeber die Regelung der Reproduktionsmedizin in Angriff nahm, hatte sein Beschluss, wonach eine zugelassene reproduktionsmedizinische Klinik die »Notwendigkeit eines Vaters für das Kind« berücksichtigen müsse, bevor sie einer Frau ihre Dienste anbietet,[38] so gut wie keine Auswirkung auf die Praxis dieser Kliniken. Da ich andernorts schon über den in diesem Gesetz von 1990 verankerten Ursprung der Kindeswohlbestimmung detailliert berichte und dazu kritisch Stellung beziehe,[39] genügt an dieser Stelle folgende Anmerkung: Die Klausel der »Notwendigkeit eines Vaters für das Kind« war vom Wunsch einiger Abgeordneter beseelt, alleinstehenden Frauen und lesbischen Paaren den Zugang zu reproduktionsmedizinischen Behandlungen zu untersagen (die Möglichkeit, dass alleinstehende Männer oder Männer in gleichgeschlechtlichen Beziehungen solche Dienste vielleicht auch nutzen möchten, musste erst noch ins Bewusstsein des Gesetzgebers eindringen). Die britische Regierung ging zwar nicht so weit, dass sie alleinstehenden Frauen und lesbischen Paaren die Nutzung von reproduktionsmedizinischen Behandlungen ausdrücklich verbot, gab aber gleichwohl ihrer Hoffnung Ausdruck, dass Beratung das Mittel wäre, mit dem dieser Gruppe »ausgeredet werden könnte, Kinder haben zu wollen«.[40] Es ist deshalb kein bisschen ironisch, dass nach § 28 des Gesetzes von 1990 ein Mann, der einer zugelassenen Klinik gemäß den in der Einverständniserklärung genannten gesetzlichen Bestimmungen seinen Samen spendet, von unterhaltsrechtlichen Pflichten für ein Kind aus

---

37 Vgl. D. Steinberg: »Research in progress«; G. Douglas: Access to assisted reproduction; dies.: »Assisted reproduction«; E. Haimes/K. Weiner: »›Everybody's got a Dad‹«.

38 § 15 Abs. 5 Human Fertilisation and Embryology Act 1990; Gesetz, das den Umgang mit assistierter Befruchtung und Embryonen regelt.

39 Vgl. Eric Blyth: »Conceptions of welfare«, in: Kirsty Horsey/Hazel Biggs (Hg.), Human fertilization and embryology: Reproducing regulation, London: Routledge-Cavendish 2007, S. 17-45.

40 Lord Mackay, Hansard, House of Lords Bd. 515, 1990, cols. 1262-1272, col. 1098.

seinem Samen befreit[41] und das Kind nach dem Gesetz vaterlos ist, wenn seine Mutter es durch Samenspende bekommen und keinen Partner hat. Gleichzeitig ist dieser Bereich zwar nicht explizit empirisch untersucht worden, doch – gefühlsmäßig – scheint es höchst unwahrscheinlich, dass Berater in Kliniken ihre Aufgabe darin sehen, Frauen von ihrem Inseminationswunsch allein aufgrund ihres Familienstandes oder ihrer sexuellen Orientierung – und speziell im Rahmen des favorisierten »nicht direktiven« Beratungsmodells[42] – »abzuraten«.

Wie die obigen Daten der HFEA (Tabelle 1) zeigen, ist es in der Praxis weniger so, dass alleinstehende Frauen oder lesbische Paare keine Kliniken finden, die ihnen reproduktionsmedizinische Hilfe anbieten. Es ist eher so, dass es für diese Frauen aufgrund der Klausel der »Notwendigkeit eines Vaters für das Kind« unbequemer und kostspieliger geworden ist, sich ihren Kinderwunsch zu erfüllen, weil die für sie in Frage kommende nächst gelegene Klinik von ihrem Wohnort vielleicht weit entfernt ist und die Behandlung möglicherweise längere Fehlzeiten am Arbeitsplatz und zusätzliche Reise- und Unterbringungskosten verursacht.[43]

Von Anfang an war § 13 Abs. 5 des Gesetzes von 1990 aus vielen Gründen umstritten und für Anbieter von reproduktionsmedizinischen Behandlungen schwierig anzuwenden.[44] Dennoch sollte es nach Einführung des Gesetzes 1990 trotz wachsender Bedenken, ob es im 21. Jahrhundert den Umgang mit reproduktionsmedizinischen Fragen noch wirksam regeln kann, fast 13 Jahre dauern, bis konkrete Reformvorschläge auf den Tisch kamen. Den ersten Schritt machte der Wissenschafts- und Technologieausschuss des *House of Commons*, der 2004

---

41 Spendet ein Mann aber »informell« sein Sperma einer Empfängerin, könnte er unterhaltsrechtlich für ein Kind aus seiner Samenspende verantwortlich gemacht werden – wie das in mindestens einem medienwirksam aufbereiteten Fall in Großbritannien geschehen ist (Truscott & Williams 2007).

42 Eric Blyth/Jennifer Hunt: »A history of infertility counselling in the United Kingdom«, in: Sue E. Jennings (Hg.), Infertility Counselling, Oxford: Basil Blackwell 1994, S. 175-190.

43 Vgl. E. Haimes/K. Weiner: »›Everybody's got a Dad‹«; Lisa Saffron: »Can fertility service providers justify discrimination against lesbians?«, in: Human Fertility 5 (2002), S. 42-46; dies., in: House of Commons Science and Technology Committee: Human Reproductive Technologies and the Law. Fifth Report of Session 2004-05, Bd. 2: Oral and written evidence, 2005, Ev. 43; House of Lords/House of Commons: Joint Committee on the Human Tissue and Embryos (Draft) Bill, Bd. 1: Report, 2007, http://www.publications.parliament.uk/pa/jt200607/jtselect/jtembryos/169/169.pdf vom 30.03.2010.

44 Vgl. E. Blyth: »Conceptions of welfare«.

eine systematische Überprüfung des Gesetzes initiierte und deren Ergebnisse 2005 veröffentlichte.[45] Die Schlussfolgerungen des Ausschusses waren jedenfalls höchst umstritten; die Hälfte der Ausschussmitglieder distanzierte sich formal von dem Abschlussbericht, der nur mit der entscheidenden Stimme des Ausschussvorsitzenden genehmigt worden war.[46]

Die gesamte Prozedur, sowohl was das dem Ausschuss unterbreitete empirische Material als auch dessen eigene Schlussfolgerungen betraf, gipfelte in großer Uneinigkeit über § 13 Abs. 5 des Gesetzes von 1990 – einer Uneinigkeit, die in einer dreijährigen Debatte über die zukünftige Richtung der britischen Gesetzgebung in diesem Bereich immer wieder aufflackerte. Einige der Personen, die dem Ausschuss empirisches Material vorgelegt hatten, u.a. Melanie Johnson, damalige Abgeordnete und Gesundheitsministerin, plädierten für die Beibehaltung der Klausel der »Notwendigkeit eines Vaters für das Kind«,[47] während andere die Streichung dieser Klausel forderten. Der Ausschuss selbst befürwortete die Streichung der gesamten Kindeswohlbestimmung aus dem Gesetz, während er besonders die Klausel der »Notwendigkeit eines Vaters für das Kind« kritisierte. Diese sei nicht mehr vereinbar mit den heutigen Familienformen in Großbritannien und den jüngsten gesetzlichen Maßnahmen, etwa dem Gesetz zum Umgang mit Adoption und Sorgerecht (Adoption and Children Act) von 2002 und dem Gesetz über die Eingetragene Lebenspartnerschaft (Civil Partnership Act) von 2004, das die bürgerlichen Rechte (elterliche Ansprüche eingeschlossen) gleichgeschlechtlicher Partnerschaften stärken sollte, und leiste einer Diskriminierung »unkonventioneller Familien«[48] implizit Vorschub.

Als Reaktion auf den Bericht des Wissenschafts- und Technologieausschusses versprach die britische Regierung eine eigene Überprüfung des Gesetzes von 1990, bei der sie »eine breitere öffentliche Meinung zu der Frage« einholen wollte, »wie das Wohl von Kindern, die mithilfe der

---

45 House of Commons Science and Technology Committee: Human Reproductive Technologies and the Law. Fifth Report of Session 2004-05, Bd. 1, 2005, http://www.publications.parliament.uk/pa/cm200405/cmselect/cm sctech/7/7i.pdf vom 30.03.2010.

46 House of Commons Science and Technology Committee: Inquiry into Human Reproductive Technologies and the Law. Eighth Special Report of Session 2004-05, 2005, http://www.publications.parliament.uk/pa/cm2004 05/cmselect/cmsctech/491/491.pdf vom 30.03.2010.

47 Johnson 2005.

48 House of Commons Science and Technology Committee: Human Reproductive Technologies and the Law, S. 48.

Reproduktionsmedizin entstanden sind, am besten geschützt werden kann«.[49]

In der Zwischenzeit, im Jahr 2005, initiierte die HFEA eine Befragung der Öffentlichkeit zu den Auswirkungen von § 13 Abs. 5 des Gesetzes von 1990.[50] Obwohl die HFEA weder befugt war, Vorschläge zur Neufassung des bestehenden Gesetzes einzuholen, noch selbst für eine Gesetzesänderung eintreten durfte, stellte sie fest, dass diese Befragung ein weiterer Beleg für die umstrittene Natur des § 13 Abs. 5 sei.[51] Im Anschluss an die Befragung revidierte die HFEA in der 7. Auflage ihres *Verhaltenskodex*[52] ihre Richtlinien für Kliniken mit Blick auf die Berücksichtigung des Kindeswohls. Wenn eine Frau ohne Partner sich reproduktionsmedizinisch behandeln lassen wolle – und eine solche Behandlung zur Empfängnis und Geburt eines Kindes führen könnte, das folglich ohne Vater wäre –, dann sollten Kliniken nach den überarbeiteten Richtlinien »einschätzen, ob die Mutter in der Lage sein wird, die Bedürfnisse des Kindes/der Kinder zu befriedigen, und ob andere Personen in ihrem Familien- oder Freundeskreis imstande sind, Verantwortung für die Befriedigung der kindlichen Bedürfnisse mitzutragen«.[53] In diesen Richtlinien wird auch vor Diskriminierung aufgrund der sexuellen Orientierung gewarnt.[54] Man könnte deshalb vorbringen, wie es tatsächlich geschehen ist, dass § 13 Abs. 5 des Gesetzes von 1990 in Kombination mit dem überarbeiteten Verhaltenskodex der HFEA speziell lesbische Frauen *eben nicht* diskriminiert hat.[55]

In der ersten Phase ihrer versprochenen Überprüfung des Gesetzes von 1990 führte die Regierung eine Befragung der Öffentlichkeit durch,

49 Department of Health: Human Tissue and Embryos (Draft) Bill, 2007, http://www.dh.gov.uk/en/Publicationsandstatistics/Publications/Publicatio nsLegislation/DH_074718 vom 30.03.2010, S. 40.
50 Human Fertilisation and Embryology Authority: Tomorrow's Children: A Consultation on Guidance to Licensed Fertility Clinics on Taking in Account the Welfare of Children to be Born of Assisted Conception Treatment, London: Human Fertilisation and Embryology Authority 2005, http://www.hfea.gov.uk/docs/TomorrowsChildren_consultation_doc.pdf vom 30.03.2010.
51 Human Fertilisation and Embryology Authority: Tomorrow's Children: A Report of the Policy Review of Welfare of the Child Assessments in Licensed Assisted Conception Clinics, London: Human Fertilisation and Embryology Authority 2005, http://www.hfea.gov.uk/docs/Tomorrows Children_report.pdf vom 30.03.2010.
52 Human Fertilisation and Embryology Authority: Code of Practice, 7. Aufl., London: Human Fertilisation and Embryology Authority 2007, http://www.hfea.gov.uk/docs/Seventh_Edition__R3.pdf vom 30.03.2010.
53 Ebd., Abschn. G.3.3.3.
54 Ebd., Abschn. G.3.2.2.
55 Centre for Social Justice: Fathers not included.

bei der sie speziell danach fragte, ob »die Klausel der ›Notwendigkeit eines Vaters für das Kind‹ als Teil der Kindeswohlbestimmung aus dem Gesetz gestrichen werden sollte. Oder glauben Sie, dass sie durch die Klausel der ›Notwendigkeit eines Vaters und einer Mutter für das Kind‹ ersetzt werden sollte?«[56] Die Antworten auf die Befragung befürworteten sowohl die Beibehaltung der aktuellen Bestimmung, die komplette Streichung des Hinweises auf die »Notwendigkeit eines Vaters für das Kind«, den Austausch der Klausel der »Notwendigkeit eines Vaters für das Kind« durch weniger geschlechtsbezogene und weniger auf spezifische Familienformen abzielende Formulierungen wie z.B. »angemessene«, »hinreichend gute« oder »hochwertige« elterliche Erziehung als auch die Hinzufügung der »Notwendigkeit einer Mutter für das Kind«, wie das von der Regierung vorgeschlagen worden war.[57] Doch zahlreiche Antworten gaben zu bedenken, dass der Zusatz »›und einer Mutter für das Kind‹ überflüssig« sei, da »ein Kind nicht ohne Mutter geboren werden kann«.[58] Von den 505 eingereichten Antworten auf diese Befragung unterstützten nur 103 die Streichung der Klausel der »Notwendigkeit eines Vaters für das Kind«, und 208 waren für die ergänzende Formulierung der »Notwendigkeit eines Vaters und einer Mutter für das Kind«.

Nach dieser Befragung veröffentlichte die Regierung 2006 ein Weißbuch.[59] Obwohl sie einräumte, dass den eingegangenen Antworten nach zu schließen »einzelne Personen der Öffentlichkeit generell die Beibehaltung des Bezugs auf die Notwendigkeit eines Vaters für das Kind befürworteten«,[60] verkündete sie ihre Absicht, diese Klausel zu streichen. Dabei berief sie sich auf das neue Gesetz über die Eingetragene Lebenspartnerschaft und erklärte, nicht davon »überzeugt« zu sein, »dass die Beibehaltung dieser Bestimmung von dem nachweislichen Schadensumfang her gerechtfertigt ist, insbesondere wenn man die potenziellen Schäden dagegenhält, die daraus resultieren, dass Frauen mit einem Kinderwunsch dazu ermuntert werden, für eine Insemination pri-

---

56 Gesundheitsministerium 2005: 3.32
57 People Science & Policy: Report on the Consultation on the Review of the Human Fertilisation & Embryology Act 1990, London: People Science & Policy 2006, http://www.peoplescienceandpolicy.com/downloads/FINAL_HFEA_reportDH.pdf vom 30.03.2010, S. 18f.
58 Ebd.
59 Department of Health: Review of the Human Fertilisation and Embryology Act: Proposals for Revised Legislation (Including Establishment of the Regulatory Authority for Tissue and Embryos), 2006, http://www.dh.gov.uk/en/Publicationsandstatistics/Publications/PublicationsPolicyAndGuidance/DH_073098 vom 30.03.2010.
60 Ebd., Abschn. 2.25.

vate Arrangements zu treffen, statt sich einer Behandlung in einer zugelassenen Klinik zu unterziehen«.[61]

Im Jahr 2007 legte die Regierung einen Gesetzentwurf zum Umgang
mit menschlichem Gewebe und Embryonen vor, in dem die Klausel der
»Notwendigkeit eines Vaters für das Kind« eindeutig gestrichen war[62]
und die überarbeiteten Bestimmungen zur Elternschaft es speziell zwei
Frauen erlaubte, als Eltern des Kindes angesehen zu werden,[63] auch
wenn ansonsten an der Notwendigkeit der Berücksichtigung des Kindeswohls festgehalten wurde.

Gemäß den kürzlich eingeführten Bestimmungen zur vorbereitenden
parlamentarischen Überprüfung der Gesetzgebung wurde der Gesetzentwurf von einem aus Mitgliedern des Oberhauses und des Unterhauses
bestehenden Ausschuss unter die Lupe genommen. In diesem Zusammenhang verkündeten Regierungsbeamte, dass die Regierung weiterhin
über die Streichung der Klausel der »Notwendigkeit eines Vaters für das
Kind« nachdenke. Nach offizieller Angabe des Gesundheitsministeriums
hielt man die bestehende Klausel nicht für eine Forderung, mit der »etwas erreicht« würde; denn weder verhindere sie, dass alleinstehende
Frauen oder gleichgeschlechtliche Paare Zugang zu reproduktionsmedizinischen Behandlungen haben, noch »passt sie besonders gut« zu der
umfassenderen Regierungspolitik hinsichtlich der Eingetragenen Lebenspartnerschaft.[64] Caroline Flint, die damalige Gesundheitsministerin,
bestätigte diese Ansichten und nannte das bestehende Gesetz »unlo-
gisch«: »Ehrlich gesagt, haben wir hier einen Teil eines Gesetzes, der
zum einen vom Rechtsanspruch her argumentiert und zum anderen einen
Vorbehalt formuliert, der kaum auf schlüssige Weise umgesetzt werden
kann. Ich bin nicht sicher, ob das eine gute Gesetzgebung ist«.[65] Wie es
schon der Fall war, nachdem sich der Wissenschafts- und Technologieausschuss des House of Commons mit dem ihm vorgelegten empirischen Material befasst hatte und die Antworten auf die von der HFEA
und vom Gesundheitsministerium durchgeführten Befragungen ausgewertet waren, gingen die Meinungen der Interessenvertreter in Bezug
auf die Klausel der »Notwendigkeit eines Vaters für das Kind« wieder
auseinander.[66] Der Ausschuss selbst zog den Schluss, dass

---

61 Ebd., Abschn. 2.26.
62 Department of Health: Human Tissue and Embryos (Draft) Bill, Sätze 21
    und 59.
63 Ebd., Sätze 48 und 49.
64 House of Lords/House of Commons: Joint Committee on the Human Tis-
    sue and Embryos (Draft) Bill, Abschn. 225.
65 Ebd., Abschn. 226.
66 Ebd., Abschn. 229.

»ein liebevolles, stützendes Netzwerk innerhalb der Familie wichtiger ist für die Entwicklung eines Kindes als das Geschlecht des zweiten Elternteils, und wir nehmen die Bestimmungen zur Elternschaft in dem Gesetzentwurf zur Kenntnis ... in dem der Verweis auf einen ›Vater‹ sich nicht mehr nur auf einen männlichen Elternteil des Kindes, sondern auch auf eine Frau beziehen würde, die ein Elternteil des Kindes ist ... In einem Bereich wie diesem hat das Gesetz symbolischen Wert. Die eigentliche Frage ist jedoch die, was für das Kind das Beste ist.«[67]

Und er empfahl, »die aktuelle Bestimmung ... die Klausel der Notwendigkeit eines Vaters für das Kind eingeschlossen«, beizubehalten, allerdings in einer geänderten Fassung, aus der klar hervorgeht, dass sie als Klausel der »Notwendigkeit eines zweiten Elternteils«[68] gedeutet werden kann.

Auf die Kommentare des Ausschusses reagierte die britische Regierung mit neuen Vorschlägen zur Gesetzesreform. Mit einer neuen Kindeswohlbestimmung, wonach

»eine Frau erst dann [reproduktionsmedizinisch] behandelt werden darf, wenn das Wohl des Kindes (das z.B. eine unterstützende Elternschaft braucht), das aufgrund dieser Behandlung geboren wird, und das Wohl anderer Kinder, die von der Geburt dieses Kindes betroffen sind, berücksichtigt worden ist«,

umging man weitere Kontroversen über die Frage, ob ein Elternteil oder zwei Elternteile notwendig sind, um das Wohl des Kindes zu gewährleisten. Diese Bestimmung hielt weiteren Anfechtungen seitens Abgeordneter stand, während das Gesetz das Parlament passierte, und bildet nun den überarbeiteten § 15 Abs. 5 des Gesetzes über den Umgang mit künstlicher Befruchtung und Embryonen von 1990 (Human Fertilisation and Embryology Act) in seiner geänderten Fassung von 2008.

Im Jahr 2009 überarbeitete die HFEA ihren Verhaltenskodex, um den gesetzlichen Veränderungen Rechnung zu tragen. Im revidierten Kodex werden bereits bestehende Richtlinien wiederholt:

»Personen, die eine [reproduktionsmedizinische] Behandlung wünschen, haben Anspruch auf eine faire Begutachtung ... und die Begutachtung muss so vorgenommen werden, dass die Person nicht diskriminiert wird. Personen, die sich behandeln lassen möchten, sollten insbesondere nicht aufgrund des Ge-

---

67 Ebd., Abschn. 242.
68 Ebd., Abschn. 243.

schlechts, ethnischer Herkunft, von Behinderung, sexueller Orientierung, des Glaubens oder Alters diskriminiert werden«.[69]

Für den Begriff »unterstützende Elternschaft« wird folgende Definition vorgeschlagen:

»Verbindliches Engagement für die Gesundheit, das Wohl und die Entwicklung des Kindes. Man geht davon aus, dass alle künftigen Eltern unterstützende Eltern sind, wenn kein triftiger Grund Anlass zu der Sorge gibt, dass ein Kind, das vielleicht geboren wird, oder andere Kinder signifikant Schaden nehmen oder vernachlässigt werden könnten. Wenn eine Klinik Bedenken hat, dass dieses verbindliche Engagement vorhanden ist, kann sie Einblick in den größeren Familien- und Freundeskreis verlangen, in dem das Kind aufwachsen wird«.[70]

Zusammenfassung und Fazit

Eine Überprüfung der britischen Gesetzgebung hat wichtige Argumente sowohl für die Streichung als auch für die Beibehaltung der Klausel der »Notwendigkeit eines Vaters für das Kind« offengelegt. Zu den Gründen für die Streichung der Klausel zählten Aussagen wie:

1. Die Klausel ist nutzlos, weil sie weder alleinstehende Frauen noch Frauen in gleichgeschlechtlichen Partnerschaften daran hindert, reproduktionsmedizinische Behandlung in Anspruch zu nehmen.
2. Sie ist potenziell diskriminierend und unvereinbar mit jüngeren Maßnahmen gegen Diskriminierung wie etwa der Möglichkeit einer Eingetragenen Lebenspartnerschaft und dem geänderten Adoptionsrecht, wonach homosexuelle Menschen Kinder adoptieren dürfen.
3. Sie ist ein Anachronismus, weil sie nicht die Realität heutiger Familienformen in Großbritannien abbildet.
4. Sie ist unerheblich, weil empirische Belege darauf hindeuten, dass für die erfolgreiche Erziehung eines Kindes Sicherheit und bedingungslose Liebe wichtig sind – und nicht das Geschlecht eines Elternteils oder bestimmte Familienstrukturen.
5. Die Angst – oder die Tatsache –, dass Kliniken lesbischen Frauen den Zugang zur Reproduktionsmedizin verweigern, kann Frauen da-

---

69 Human Fertilisation and Embryology Authority: Code of Practice, 8. Aufl., London: Human Fertilisation and Embryology Authority 2009, http://www.hfea.gov.uk/docs/complete_CoP8.pdf vom 30.03.2010, Abschn. 8.7.
70 Ebd., Abschn. 8.11.

zu ermuntern, über persönliche Kontakte einen Spender zu suchen oder sich in einem fremden Land behandeln zu lassen, was zur Folge haben kann, dass sie selbst und das Kind gesundheitlich und gesetzlich nicht ausreichend geschützt sind.

6. Der Staat sollte sich nicht in den Prozess der Familiengründung einmischen oder diesen gesetzlich regeln.

Befürworter der Beibehaltung der Klausel der »Notwendigkeit eines Vaters für das Kind« führten dagegen folgende Argumente ins Feld:

1. Die Klausel hat symbolischen Wert, weil sie betont, wie wichtig der Vater im Leben eines Kindes ist, und durch ihre Streichung wird »der Beitrag ignoriert, den eine Hälfte der menschlichen Rasse zur Entstehung der nächsten Generation leistet«.[71]

2. Es ist kaum empirisch belegt, dass bestehende Bestimmungen Schaden angerichtet oder verhindert haben, dass alleinstehende Frauen oder lesbische Paare reproduktionsmedizinische Behandlung in Anspruch nehmen.

3. Die Streichung der Klausel geht nicht zusammen mit einer Forschungs- und Regierungspolitik, in der die Bedeutung des Vaters betont wird (z.B. durch jüngere Vorschläge zur Funktion der *Child Support Agency*.[72]

4. Die Streichung der Klausel ist unvereinbar mit der Aufhebung der Anonymität der Samenspender, weil dann Personen aus einer Samenspende ihren Spender ausfindig machen und identifizieren können.[73]

5. Mit der Streichung der Klausel beugt man sich lediglich der »politischen Korrektheit«.[74]

An den Bestrebungen lesbischer Frauen, eine Familie zu gründen, lässt sich gut demonstrieren, wie zahlreiche Moralvorstellungen, religiöse Auffassungen, Überzeugungen und empirisch belegte Erkenntnisse zusammenwirken, um politische Strategien im Umgang mit der Reproduk-

---

71 BBC News Online: »Peers attack ›fatherless‹ IVF bid«, http://news.bbc. co.uk/2/hi/uk_news/politics/7102254.stm vom 30.03.2010.

72 Eine von der Regierung eingerichtete Institution, die dafür zuständig ist, Familien mit Kindern zu unterstützen, und die wichtige Aufgabe hat, Väter zu identifizieren und dafür zu sorgen, dass sie sich am Unterhalt ihrer Kinder beteiligen. (In Deutschland werden solche Aufgaben von der Kinder- und Jugendhilfe übernommen – Anm. d. Übers.).

73 House of Lords/House of Commons: Joint Committee on the Human Tissue and Embryos (Draft) Bill, Abschn. 229.

74 Ruth Deech: »Welfare and the need for a father«, in: Bionews 420 (2007), http://www.bionews.org.uk/page_37946.asp vom 30.03.2010.

tionsmedizin zu formen. Mit der Revision der Gesetzgebung in diesem Bereich ist in Großbritannien anscheinend eine Politik bestätigt worden, die der evidenzbasierten Orientierung den Vorrang gibt. Es wird interessant sein zu sehen, welche Richtung die politischen Strategien in der Gesetzgebung anderer Länder nehmen.

Aus dem Englischen von Astrid Hildenbrand

Literatur

Almack, Kathryn: »Seeking sperm: accounts of lesbian couples' reproductive decision-making and understandings of the needs of the child«, in: International Journal of Law, Policy and the Family 20, 1 (2006), S. 1-22.

Alvarez, Lizette: »Spreading Scandinavian genes, without viking boats«, in: Arhus Journal vom 30.09.2004, http://www.nytimes.com/2004/09/30/international/europe/30sperm.html?pagewanted=1&ei=5070&en=f76468c2f01e2601&ex=1110862800&oref=login vom 30.3.2010.

Amato, Paula/Jacob, Mary C.: »Providing fertility services to lesbian couples: The lesbian baby boom«, in: Sexuality, Reproduction & Menopause 2, 2 (2004), S. 83-88.

American Academy of Pediatrics: »Coparent or secondparent adoption by same-sex parents«, in: Pediatrics 109, 2 (2002), S. 339-340.

Andersen, A. Nyboe u.a.: »Assisted reproductive technology and intra-uterine inseminations in Europe, 2005: Results generated from European registers by ESHRE«, in: Human Reproduction 24, 6 (2009), S. 1267-1287.

Azpiri, Jon: Fertility obstacles call for unique solutions, http://www.straight.com/article-104789/fertility-obstacles-call-for-unique-solutions vom 30.03.2010.

BBC News Online: »Peers attack ›fatherless‹ IVF bid«, http://news.bbc.co.uk/2/hi/uk_news/politics/7102254.stm vom 30.03.2010.

Blyth, Eric: »Conceptions of welfare«, in: Kirsty Horsey/Hazel Biggs (Hg.), Human fertilization and embryology: Reproducing regulation, London: Routledge-Cavendish 2007, S. 17-45.

Blyth, Eric/Hunt, Jennifer: »A history of infertility counselling in the United Kingdom«, in: Sue E. Jennings (Hg.), Infertility Counselling, Oxford: Basil Blackwell 1994, S. 175-190.

Brewaeys, Anne u.a.: »Lesbian mothers who conceived after donor insemination: a follow up study«, in: Human Reproduction 10, 10 (1995), S. 2731-2735.

Catholic Bishops' Conference of England and Wales and the Linacre Centre for Healthcare Ethics: »Memorandum from the Catholic Bishops' Conference of England and Wales and the Linacre Centre for Healthcare Ethics«, in: House of Commons Science and Technology Committee (Hg.), Human Reproductive Technologies and the Law. Fifth Report of Session 2004-05, Bd. 2: Oral and written evidence, London 2005, S. 317-319, http://www.publications.parliament.uk/pa/cm200405/cmselect/cmsctech/7/7ii.pdf vom 30.03.2010.

Centers for Disease Control and Prevention: 2006 Assisted Reproductive Technology Success Rates: National Summary and Fertility Clinic Reports, Atlanta: Centers for Disease Control and Prevention 2008, http://www.cdc.gov/ART/ART2006/508PDF/2006 ART.pdf vom 30.03.2010.

Centers for Disease Control and Prevention: Current Clinic Services and Profile. Assisted Reproductive Technology (ART) Report: National Summary, Atlanta: Centers for Disease Control and Prevention 2009, http://apps.nccd.cdc.gov/ART/NSR.aspx?SelectedYear=2007 vom 30.03.2010.

Centre for Social Justice: Fathers not Included: Assisted Reproduction, the Need for a Father and the Meaning of Parenthood. A Response to the Human Fertilisation and Embryology Bill, London: Centre for Social Justice 2008, http://www.centreforsocialjustice.org.uk/client/images/csj%20fathers%20web%20FINAL.pdf vom 30.03.2010.

Deech, Ruth: »Welfare and the need for a father«, in: Bionews 420 (2007), http://www.bionews.org.uk/page_37946.asp vom 30.3.2010.

Department of Health: Review of the Human Fertilisation and Embryology Act: A Public Consultation, 2005, http://www.dh.gov.uk/assetRoot/04/11/78/72/04117872.pdf vom 30.03.2010.

Department of Health: Review of the Human Fertilisation and Embryology Act: Proposals for Revised Legislation (Including Establishment of the Regulatory Authority for Tissue and Embryos), 2006, http://www.dh.gov.uk/en/Publicationsandstatistics/Publications/PublicationsPolicyAndGuidance/DH_073098 vom 30.03.2010.

Department of Health: Human Tissue and Embryos (Draft) Bill, 2007, http://www.dh.gov.uk/en/Publicationsandstatistics/Publications/PublicationsLegislation/DH_074718 vom 30.03.2010.

Douglas, Gillian: Access to assisted reproduction: Legal and other criteria for eligibility, Report of a survey funded by the Nuffield Foundation, Cardiff Law School 1992.

Douglas, Gillian: »Assisted reproduction and the welfare of the child«, in: Michael Freeman/Bob Hepple (Hg.), Current Legal Problems, Bd. 46, 2, Oxford: Oxford University Press 1993, S. 53-57.

Dunne, Gillian A.: »Opting into motherhood lesbians blurring the boundaries and transforming the meaning of parenthood and kinship«, in: Gender and Society 14, 1 (2000), S.11-35.

Englert, Yvon: »Artificial insemination of single women and lesbian women with donor semen«, in: Human Reproduction 9, 11 (1994), S. 1969-1977.

Falk, Patricia: »The gap between psychosocial assumptions and empirical research in lesbian-mother child custody cases«, in: Adele Gottfried (Hg.), Redefining families: Implications for children's development, New York: Plenum Press 1994, S. 131-156.

Gartrell, Nanette u.a.: »The national lesbian family study: 1 Interviews with prospective mothers«, in: American Journal of Orthopsychiatry 66, 2 (1996), S. 272-281.

Godman, Kate u.a.: »Potential sperm donors', recipients' and their partners' opinions towards the release of identifying information in Western Australia«, in: Human Reproduction 21, 11 (2006), S. 3022-3026.

Golombok, Susan: »Lesbian mother families«, in: Andrew Bainham/Shelley D. Sclater/Martin Richards (Hg.), What is a Parent? A Socio-Legal Analysis, Oxford: Hart 1999, S. 161-180.

Golombok, Susan/Spencer, Ann/Rutter, Michael: »Children in lesbian and single-parent households: Psychosexual and psychiatric appraisal«, in: Journal of Child Psychology and Psychiatry 24, 4 (1983), S. 551-572.

Gumankin, A./Caplan, A./Braverman, A.: »Screening practices and beliefs of assisted reproductive technology programs«, in: Fertility and Sterility 83, 1 (2005), S. 61-67.

Haimes, Erica/Weiner, Kate: »›Everybody's got a Dad‹: Issues for lesbian families in the management of donor insemination«, in: Sociology of Health and Illness 22, 4 (2000), S. 477-499

Harris, Evan: »IVF ›need for father‹ rule may go«, in: BBC News Online vom 13.06.2006, http://news.bbc.co.uk/2/hi/health/5175640.stm vom 30.03.2010.

House of Commons Science and Technology Committee: Human Reproductive Technologies and the Law. Fifth Report of Session 2004-05, Bd. 1, 2005, http://www.publications.parliament.uk/pa/cm2004 05/cmselect/cmstech/7/7i.pdf vom 30.03.2010.

House of Commons Science and Technology Committee: Human Reproductive Technologies and the Law. Fifth Report of Session 2004-

05, Bd. 2: Oral and written evidence, 2005, http://www
.publications.parliament.uk/pa/cm200405/cmselect/cmsctech/7/7ii.p
df vom 30.03.2010.

House of Commons Science and Technology Committee: Inquiry into
Human Reproductive Technologies and the Law. Eighth Special Report of Session 2004-05, 2005, http://www.publications.parliament.
uk/pa/cm200405/cmselect/cmsctech/491/491.pdf vom 30.03.2010.

House of Lords/House of Commons: Joint Committee on the Human
Tissue and Embryos (Draft) Bill, Bd. 1: Report, 2007, http://
www.publications.parliament.uk/pa/jt200607/jtselect/jtembryos/169/
169.pdf. vom 30.03.2010.

Human Fertilisation and Embryology Authority: Tomorrow's Children:
A Consultation on Guidance to Licensed Fertility Clinics on Taking
in Account the Welfare of Children to be Born of Assisted Conception Treatment, London: Human Fertilisation and Embryology Authority 2005, http://www.hfea.gov.uk/docs/TomorrowsChildren_
consultation_doc.pdf vom 30.03.2010.

Human Fertilisation and Embryology Authority: Tomorrow's Children:
A Report of the Policy Review of Welfare of the Child Assessments
in Licensed Assisted Conception Clinics, London: Human Fertilisation and Embryology Authority 2005, http://www.hfea.gov.uk/
docs/TomorrowsChildren_report.pdf vom 30.03.2010.

Human Fertilisation and Embryology Authority: Code of Practice, 7.
Aufl., London: Human Fertilisation and Embryology Authority
2007, http://www.hfea.gov.uk/docs/Seventh_Edition__R3.pdf vom
30.03.2010.

Human Fertilisation and Embryology Authority: Code of Practice, 8.
Aufl., London: Human Fertilisation and Embryology Authority
2009, http://www.hfea.gov.uk/docs/complete_CoP8.pdf vom 30.03.
2010.

Iqbal, Mohammad/Noble, Ray: »Islamic identity and the ethics of assisted reproduction«, in: Eric Blyth/Ruth Landau (Hg.), Faith and
Fertility: Attitudes toward Reproductive Practices in Different Religions from Ancient to Modern Times, London: Jessica Kingsley
Publishers 2009, S 86-110.

Jones, Howard W. Jr. u.a.: IFFS Surveillance 07, Fertility and Sterility
87, Beiheft 1 2007.

Mackay, Lord, Hansard, House of Lords Bd. 515, 1990, cols. 1262-
1272.

McNair, Ruth u.a.: »Lesbian issues strengths«, in: Family Matters 63
(2002), S. 40-49.

Morningstar, B.: »Lesbian parents: Understanding development pathways«, in: Joan Laird (Hg.), Lesbians and Lesbian Families. Reflection on Theory and Practice, New York: Columbia University Press 1999, S. 213-241.

Morrisette, Mikki: »Redefining family«, in: Minnesota Women's Press, http://www.womenspress.com/main.asp?SectionID=1&SubSectionID=1&ArticleID=2391&TM=57580.26 vom 30.03.2010.

Patterson, Charlotte: »Children of lesbian and gay parents«, in: Child Development 63 (1992), S. 1025-1042.

Patterson, Charlotte: »Families of the lesbian baby boom«, in: Developmental Psychology 31, 1 (1995), S. 115-123.

Patterson, Charlotte: »Lesbian and gay parenthood«, in: Marc H. Bornstein (Hg.), Handbook of parenting, Bd. 3, Mahwah, NJ: Erlbaum 2002, S. 317-338.

Pennings, Guido u.a.: »Cross-border reproductive care in Belgium«, in: Human Reproduction 24 (2009), S. 3108-3118.

People Science & Policy: Report on the Consultation on the Review of the Human Fertilisation & Embryology Act 1990, London: People Science & Policy 2006, http://www.peoplescienceandpolicy.com/downloads/FINAL_HFEA_reportDH.pdf vom 30.03.2010.

Peterson, Karen S.: »Looking Straight at Gay Parents«, in: USA Today vom 10.03.2004.

Rand, Cathrine/Graham, Dee/Rawlings, Edna: »Psychological health and factors the court seeks to control in lesbian mother custody trials«, in: Journal of Homosexuality 8 (1982), S. 27-39.

Saffron, Lisa: Challenging Conceptions: Planning a Family by Self-Insemination, London: Cassell 1994.

Saffron, Lisa: »Can fertility service providers justify discrimination against lesbians?«, in: Human Fertility 5 (2002), S. 42-46.

Saffron, Lisa, in: House of Commons Science and Technology Committee: Human Reproductive Technologies and the Law. Fifth Report of Session 2004-05, Bd. 2: Oral and written evidence, 2005, Ev. 43.

O'Brien, Kerry: »Prof. Somerville discusses the ethics of medical breakthroughs«, in: The 7.30 report, Australian Broadcasting Corporation vom 28.05.2007, http://www.abc.net.au/7.30/content/2007/s1935737.htm vom 30.03.2010.

Steering Committee of Bioethics (CDBI): Medically Assisted Procreation and the Protection of the Human Embryo. Comparative Study on the Situation in 39 States, Straßburg: Europarat 1998.

Steering Committee of Bioethics (CDBI): Replies by the member states to the Questionnaire on access to medically assisted procreation

(MAP) and on right to know about their origin for children born after MAP, Straßburg: Europarat 2005.

Steinberg, Deborah L.: »Research in progress: A report on policies of
access to AID as a medical treatment in the UK«, in: Women's Studies International Forum 9, 5 (1986), S. 551-554.

Stern, Judy u.a.: »Access to services at assisted reproductive technology
clinics: A survey of policies and practices«, in: American Journal of
Obstetrics and Gynecology 184 (2001), S. 591-597.

Stryker, Jeff: »Regulation or Free Markets? An Uncomfortable Question
for Sperm Banks«, in: Science Progress vom 7.11.2007, http://www.
scienceprogress.org/2007/11/regulation-or-free-markets vom 30.03.
2010.

Walker, Kristen: »1950s family values vs. human rights: in vitro fertilisation, donor insemination and sexuality in Victoria«, in: Public Law
Review 11, 4 (2000), S. 292-307.

Weeks, Jeffrey/Donovan, Catherine/Heaphy, Brian: »Families of Choice
Research Results«, in: Economic and Social Research Council Popu
lation and Household Change Research Programme Newsletter,
London: ESRC 1997.

Weston, Kath: Families We Choose: Lesbians, Gays and Kinship, New
York: Columbia University Press 1991.

Gleichgeschlechtliche Elternschaft und das moralische Recht auf Familiengründung

GUIDO PENNINGS

Einleitung

Die Forderungen lesbischer Frauen nach Zugang zu Samenspenden und medizinisch assistierter Fortpflanzung hat in den meisten Gesellschaften starke Emotionen aufgerührt und hitzige Debatten verursacht. Viele Menschen finden es schon schwer zu akzeptieren, dass zwei Männer oder Frauen zusammenleben, ganz zu schweigen davon, dass sie auch Kinder zusammen haben. Die gesamte Diskussion in den USA und Europa, die zur gleichgeschlechtlichen Ehe geführt wird, veranschaulicht diesen Konflikt. Das Europäische Parlament befürwortet nachdrücklich die Ausweitung des eheähnlichen Status auf gleichgeschlechtliche Paarbeziehungen und unternimmt Schritte, um zu verhindern, dass seine Bürger wegen ihrer sexuellen Orientierung diskriminiert werden. Dennoch sind die einzelnen Mitgliedsstaaten der Europäischen Union (insbesondere die »neuen« Mitgliedsstaaten) nicht immer dazu bereit, ihre Gesetzgebung in diesem Punkt anzupassen, und viele wollen die Institution der Ehe in ihrer traditionellen Form beibehalten. Darüber hinaus beinhaltet die Anerkennung einer registrierten Partnerschaft oder eheähnlichen Gemeinschaft selbst in den »alten« Mitgliedsstaaten nicht notwendig das Recht auf legale Elternschaft, Adoption oder medizinisch assistierte Fortpflanzung. Dennoch gibt es auf staatlicher Ebene Bewegungen, die in die Richtung gehen, gleichgeschlechtliche Paare anzuerkennen.[1] Ein neues Gesetz, das im April 2009 in Großbritannien in Kraft trat, passt in diese Entwicklung: Die Partnerin eines lesbischen Paares, das in eingetragener Partnerschaft lebt, wird automatisch zum zweiten gesetzlichen Elternteil des Kindes, wenn sie nicht explizit ihre Zustimmung zur medizinischen Behandlung mit Samenspende verweigert. Männlich gleichgeschlechtliche Paare, die eine Leihmutterschaft planen, werden immer noch in gewissem Maße diskriminiert, denn die entsprechende Klausel im Elterngesetz gilt nur, wenn es sich bei einem von beiden Partnern um die leibliche Mutter handelt. Von April 2010 an wird es jedoch männlichen Paaren möglich sein, ein Sorgerecht zu beantragen, das zur Folge hat, dass die Geburt in das Sorgerechtsregister eingetragen wird und damit beide Männer als Eltern anerkannt werden.[2]

Der Kern der Diskussion liegt in der ethischen Annehmbarkeit alternativer Formen der Familie.[3] Seit den 1970er Jahren haben verschiedene Faktoren (steigende Scheidungsraten, sexuelle Befreiung etc.) zum Zusammenbruch des Quasi-Monopols der stabilen, heterosexuellen Kernfamilie beigetragen. Mithilfe der Gesetzgebung und der Sittenregeln hatte die Gesellschaft diesen Standard durchgesetzt: Abweichungen wurden nicht toleriert. Lesbische Eltern übertreten gleich mehrere Grenzen auf einmal: »die ideologische, da sie die Wichtigkeit von Vätern wissentlich zu missachten scheinen; die strukturelle, da sie entweder Ein-Eltern- oder aber Zwei-Mütter-Haushalte befürworten; und schließlich die biogenetische, da sie Geschlechtsverkehr vermeiden.«[4] In der Zwischenzeit haben sich homosexuelle Haushalte etabliert: In den Vereinigten Staaten gab es im Jahr 2000 annähernd 600.000 gleichgeschlechtliche Lebensgemeinschaften. Untersuchungsdaten, die im gesamten Land erhoben wurden, zeigen, dass etwa 35 Prozent der lesbischen und etwa 22 Prozent der schwulen Paare Kinder aufziehen.[5] Auch zeigt sich deutlich, dass mehr und mehr homosexuelle – und besonders lesbische Paare –

---

1 Vgl. Vincent A. Vermeulen: »Developments in European law and European Union policy on same-sex couples: an overview of judicial, legislative and policy developments in the recognition of same sex couples in Europe«, in: Codex 2008 (2006), S. 1-27, hier S. 8.

2 Human Fertilisation and Embryology Authority: General FAQs about the new parenthood law, http://www.hfea.gov.uk/2918.html vom 06.11.2009.

3 Ich benutze die Begriffe »lesbisch« für weibliche Homosexuelle, »schwul« für männliche Homosexuelle, sowie »homosexuell«, wenn beide Geschlechter gemeint sind.

4 Erica Haimes: »›Everybody's got a dad...‹. Issues for lesbian families in the management of donor insemination«, in: Sociology of Health and Illness 22, 4 (2000), S. 477-499, hier S. 478.

5 Vgl. G. J. Pawelski u.a.: »The effects of marriage, civil union, and domestic partnership laws on the health and well-being of children«, in: Pediatrics 118 (2006), S. 349-364, hier S. 350.

sich dazu entscheiden, sich ihren Kinderwunsch mit medizinischer Hilfe zu erfüllen.

Das Kindeswohl als ein weltliches Argument

Normative ethische Theorien können in zwei große Schulen unterteilt werden: in deontologische und utilitaristische Theorien.[6] Deontologischen Theorien zufolge ist eine Handlung dann richtig, wenn sie sich in Übereinstimmung mit einer moralischen Regel oder einem Prinzip befindet. Wenn eine Person den Regeln folgt, ihren Pflichten nachkommt und die Rechte Anderer respektiert, benimmt sie sich moralisch. Deontologen gründen Rechte und Pflichten beispielsweise auf Vernunft, aber sie können sie auch auf Naturgesetze (eine Handlung ist falsch, weil sie unnatürlich ist) oder aber auf das Wort Gottes[7] zurückführen. Innerhalb deontologischer Überlegungen können Konsequenzen einer Handlung eine untergeordnete Rolle spielen, aber sie können niemals entscheidend sein für die Richtigkeit der Handlung oder der Entscheidung. Obgleich die meisten Menschen deontologische Positionen vermutlich mit den konservativeren Bevölkerungsgruppen assoziieren, gibt es keine theoretische Verbindung. Befürworter von Elternrechten für homosexuelle Paare berufen sich unter anderem auf das Prinzip des Respekts der Autonomie sowie auf das Recht auf Fortpflanzung.[8] Gegner beziehen sich beispielsweise auf das Recht des Kindes, einen Vater und eine Mutter zu haben, oder auf sein Recht, von den genetischen Eltern aufgezogen zu werden. Wie die oben genannten Beispiele zeigen, besteht für einen Deontologen die größte Herausforderung darin, herauszufinden, was die Rechte und Pflichten einer Person sind.

Die zweite Gruppe ethischer Theorien kann unter der Überschrift des Konsequentialismus zusammengefasst werden. Der Utilitarismus, der seinen Fokus auf die Auswirkungen einer Handlung für das Wohlergehen aller daran beteiligten Personen richtet, ist die bekannteste der konsequenzialistischen Theorien. Für Utilitaristen ist eine Handlung dann gut (und richtig), wenn sie das Wohlbefinden (im Vergleich zu al-

---

6   Vgl. Gerald F. Gaus: »What is deontology? Part one: orthodox views«, in: Journal of Value Inquiry 35 (2001), S. 27-42, hier S. 27.

7   Vgl. Reza Omani Samani u.a.: »Access to fertility treatments for homosexual and unmarried persons, through Iranian law and Islamic perspective«, in: Iranian Journal of Fertility and Sterility 1, 3 (2007), S. 127-130, hier S. 129.

8   Vgl. John A. Robertson: Children of choice, Princeton, New Jersey: Princeton University Press 1994, S. 3.

len möglichen Handlungsalternativen) maximiert. Der moralische Status einer Handlung hängt daher einzig von ihren Folgen ab.

Indem sie sich auf mögliche Konsequenzen konzentriert, wird die moralische Frage in sehr großem Maße empirisch verifizierbar. Die Psychologie, die Soziologie und andere Humanwissenschaften können uns Antwort auf die Frage geben, ob eine bestimmte Handlung, eine Entscheidung oder eine Situation schädlich ist oder ob nicht. Für Menschen, die ihren Fokus auf rationale Argumentation und Objektivität legen, liegt in diesem Aspekt utilitaristischer Theorien eine sehr große Stärke. Nichtsdestotrotz sollte man die Bedeutung utilitaristischer Begründungen nicht überschätzen. Das Argument des »Kindeswohls« wird häufig vorgebracht, obwohl es kein entscheidendes Argument für jemandes Position darstellt. Menschen werden dazu gedrängt, dieses Argument zu nutzen, da es gewissermaßen eine gemeinsame Basis schafft: Es wird sowohl von Gegnern als auch von Befürwortern verstanden und getragen.

Der Gebrauch des Arguments des »Kindeswohls« muss im allgemeinen Kontext der Annehmbarkeit bestimmter Argumente innerhalb der ethischen Debatten freiheitlicher Demokratien verstanden werden. Die grundsätzliche (hauptsächlich Rawls'sche) Idee besagt, dass in politischen Debatten nur unparteiische Begründungen und Argumente verwendet werden dürfen: Argumente, die von allen geteilt und verstanden werden können, unabhängig von der Weltanschauung des Einzelnen. Diese Idee wird als »weltlich« bezeichnet. Dabei wird der Begriff »weltlich« verwendet, um »das zu bestimmen, das allen Menschen zugänglich ist und unabhängig von einer bestimmten moralischen oder religiösen Tradition, aber nicht in expliziter Opposition zu dieser existiert«.[9] Weltliche Moralität wird den Ethiken einzelner Gemeinschaften gegenüber gestellt, die sich auf besondere Traditionen oder Offenbarungen berufen. In einer freiheitlichen Demokratie, die durch einen Pluralismus moralischer Auffassungen geprägt ist, sollten alle Entscheidungen mithilfe allgemein zugänglicher Begründungen gerechtfertigt werden. Wenn eine Gruppe eine Regel durchsetzt, die auf einer Weltanschauung basiert, welche von anderen nicht geteilt wird, dann verstoßen sie damit gegen das Recht der Anderen, in Einklang mit ihrer eigenen Weltanschauung zu leben. Menschen können die Meinung vertreten, dass homosexuelle Ehen verboten werden sollten, weil sie gegen die Gebote Gottes zur Ehe verstoßen, aber diese Meinung kann nicht Basis einer gesellschaftlichen

---

9   Hugo Tristram Engelhardt Jr.: Bioethics and secular humanism: the search for a common morality, London: SMC Press, Philadelphia: Triniti Press International 1991, S. 32.

Regelung sein, da sie sich auf eine einzelne Weltanschauung bezieht (zum Beispiel den Islamischen Glauben), die von Nicht-Gläubigen oder Anhängern eines anderen Glaubens nicht geteilt wird. Eine Gesellschaft, die homosexuelle Partnerschaften und öffentliche Liebesbekenntnisse zwischen Personen gleichen Geschlechts verbieten will, wird nach anderen Begründungen suchen müssen. Im Kontext medizinisch assistierter Fortpflanzung gründen viele Einwände auf religiösen Überzeugungen, da viele Religionen besondere Regeln zur Fortpflanzung, Sexualität und Familiengründung haben. Eine mögliche Antwort auf die Frage danach, wie einzelne Anschauungen (religiöse wie weltliche) Teil einer politischen Debatte sein können, wäre die »Übersetzung« einzelner Argumente in eine weltliche Form. Damit ist eine Form gemeint, die für jeden Bürger unabhängig von seinem oder ihrem Glauben und Werten verständlich ist.[10] Genau genommen könnte dies gerade der Grund sein, warum das Argument des »Kindeswohls« in den Vordergrund der Debatte gerückt wurde: Es handelt sich hierbei um ein Argument, das von allen (oder zumindest den meisten gesellschaftlichen Gruppen) akzeptiert wird und somit eine gemeinsame Basis für Diskussion und Entscheidungsfindung bietet. Dennoch beinhaltet diese Strategie auch einige Nachteile. Erstens ist es besonders schwierig, eine Argumentation zu verteidigen, wenn man sich nicht auf die Fundamente dieser Argumentation beziehen darf. Zweitens sind nicht alle Argumente übersetzbar bzw. sie können bei einer Übersetzung zumindest den Großteil ihrer Bedeutung verlieren. Drittens schließlich kann sich die ethische Debatte damit in eine Art Schattenboxen verwandeln: Wir treffen den Schatten des Anderen (das Kindeswohl-Argument), während sein Körper (das deontologische Argument, die eigene Weltanschauung) davon unberührt bleiben. Wir sollten nicht überrascht sein, dass der Andere nicht zu Boden geht. Die Hauptschwierigkeit, die durch diese Positionierung entsteht, liegt in der Trennung der eigenen moralischen Anschauungen, Überzeugungen, Werte etc. von den Argumenten, die in der Öffentlichkeit vorgetragen werden. Viele Menschen »wären nicht in der Lage, eine derart künstliche Trennung innerhalb ihres eigenen Denkens vorzunehmen«.[11] Lassen Sie mich versuchen, dies zu verdeutlichen: Wenn jemand sagt, dass er gegen homosexuelle Elternschaft ist, weil das Kind mit großer Wahrscheinlichkeit psychologische Störungen entwickelt, so erwarten wir, dass er oder sie seine Meinung ändert, wenn wir beweisen

---

10 Vgl. Bjørn. K. Myskja: »Rationality and religion in the public debate on embryo stem cell research and prenatal diagnostics«, in: Medicine, Health Care and Philosophy 12 (2009), S. 213-224, hier S. 217.

11 Jürgen Habermas: »Religion in the public sphere«, in: European Journal of Philosophy 35 (2006), S. 1-25, hier S. 8.

können, dass seine Annahme nicht wahr ist. Wenn Menschen auch angesichts eindeutiger Beweise bei ihrer Meinung bleiben, neigen wir dazu, sie eines falschen Glaubens zu bezichtigen. Durch die Kluft, die durch die Übersetzung der Argumente entstanden ist, gibt es jedoch gar keinen Grund, warum sie ihre Meinung ändern sollten. Das ursprüngliche Glaubenssystem wird durch die Widerlegung nur geringfügig beeinträchtigt, und andere, stärkere Überzeugungen, die in der moralischen Diskussion nicht als Argumente angebracht werden können, weil sie inhärent mit der eigenen Weltanschauung verbunden sind, bleiben unverrückt. Das Wohl der Kinder in den verschiedenen familialen Lebensformen ist nicht das entscheidende Argument; es wird sowohl von Gegnern als auch von Befürwortern vorgebracht, um Positionen zu verteidigen, die sie auf Basis ihrer deontologischen Überlegungen eingenommen haben. Nachdem sie über die empirischen Befunde zu homosexuellen Familien aufgeklärt worden sind, müssen Gegner für die öffentliche Diskussion vielleicht nach anderen Argumenten als demjenigen des Kindeswohls suchen, aber sie müssen eben nicht ihre persönliche Meinung zur Homosexualität ändern. Diese Auffassung wird durch neuere Studien zu moralischem Denken unterstützt, die zeigen, dass viele Urteile auf unmittelbaren und dominierenden Einsichten basieren,[12] die weitestgehend auf einer emotionalen Basis aufbauen. Moralische Gefühle wie Abscheu spielen eine große Rolle in der Einstellung zu Homosexualität. Haidt und Hersh[13] haben gezeigt, dass Konservative sich mehr auf emotional gesteuerte Urteile verlassen als Liberale. Darüber hinaus »konnten moralische Urteile anhand emotionaler Reaktionen besser vorausgesagt werden, als anhand der jeweiligen Wahrnehmung ihrer Schädlichkeit«.[14] Dennoch können Gegner, wenn sie gefragt werden, warum sie glauben, dass homosexuelle Elternschaft falsch sei, nicht einfach sagen: »weil sie abscheulich ist«. Der Bezug auf die eigenen Gefühle begründet kein Argument für die Rechtsprechung. Wenn Menschen jedoch behaupten, dass homosexuelle Elternschaft für die Kinder schädigend sei, wird diese Behauptung von jedermann als valides Argument erkannt.

---

12 Vgl. Jonathan Haidt/Matthew A. Hersh: »Sexual morality: the cultures and emotions of conservatives and liberals«, in: Journal of Applied Social Psychology 31, 1 (2001), S. 191-221, hier S. 209.

13 Ebd.

14 Ebd., S. 214.

Empirische Beweise zum Kindeswohl

In den Debatten über die Akzeptanz einzelner Technologien für die medizinisch assistierte Fortpflanzung scheinen utilitaristische Argumente zu überwiegen. Das gilt auch für die Debatte um homosexuelle Elternschaft. Das Hauptargument gegen gleichgeschlechtliche Eltern lautet, dass diese Konstellation den Belangen des zukünftigen Kindes entgegenstehe. Diese Begründung wird in mehrere Einzelargumente untergliedert: Die erste Art von Schädigung sei, dass Kinder, die in homosexuellen Familien aufgezogen werden, mit höherer Wahrscheinlichkeit selbst homosexuell sind oder werden können. Dieses Argument unterstellt, dass Homosexualität eine psychische Krankheit sei, eine Pathologie oder zumindest eine Form von Beeinträchtigung. Homosexualität ist mit Sicherheit ein Nachteil, aber dieser Nachteil entsteht fast ausschließlich durch die feindlichen Reaktionen einer homophoben Gesellschaft. Die Überlegungen bauen folgendermaßen aufeinander auf: Prämisse 1: Die Gesellschaft behandelt Homosexuelle schlecht und sie leiden. Prämisse 2: Es ist gegen das Kindeswohl, homosexuell zu sein. Schlussfolgerung: Wir sollten keine Kinder in einer Umgebung zeugen, in der sie ein höheres Risiko eingehen, homosexuell zu werden. Es mutet ironisch an, dass gerade in äußerst homophoben Ländern, wie zum Beispiel den islamischen Ländern, in denen ein Homosexueller sogar zum Tode verurteilt werden kann, Diskriminierung als Grund angegeben wird, um weitere Diskriminierung zu rechtfertigen: Samani u.a.[15] behaupten, dass es absolut gegen das Kindeswohl verstoßen würde, wenn man es innerhalb einer homophoben Gesellschaft in eine homosexuelle Familie gäbe. Das Problem liegt offensichtlich bei der ersten Prämisse. Wir erwarten von Menschen, dass sie beweisen, dass eine spezifische Eigenschaft mit Nachteilen einhergeht, und zwar unabhängig von gesellschaftlichen Reaktionen. Wenn das nicht stattfindet, dann scheinen gesellschaftliche Vorurteile oder öffentliche Abwertung an sich Grund genug, um bestimmte Gruppen zu diskriminieren. Unabhängig von der Bewertung dieses Nachteils zeigt die einzige Längsschnittstudie, die zur Prävalenz von Homosexualität durchgeführt wurde, keinen statistischen Unterschied zwischen der sexuellen Orientierung von Kindern, die in homosexuellen, und solchen, die in heterosexuellen Familien aufgezogen wurden.[16] Das zweite Argument ist ähnlicher Natur: Kinder von Homosexuellen würden von Gleichaltrigen ausgegrenzt, drangsaliert und ge-

---

15 R. Samani u.a.: »Access to fertility treatments«, S. 129.
16 Vgl. Susan Golombok/Fiona Tasker: »Do parents influence the sexual orientation of their children? Findings from a longitudinal study of lesbian families«, in: Developmental Psychology 32 (1996), S. 3-11, hier S. 8.

hänselt, weil sie homosexuelle Eltern haben. Obwohl dies in einigen Studien bestätigt wird, ist das Ausmaß der Stigmatisierung nicht so groß, dass es zu emotionalen Funktionsstörungen oder anderen Verhaltensstörungen führt.[17] Wiederum liegt hier der Grund der Benachteiligung nicht in der Homosexualität der Eltern, sondern in den Reaktionen des sozialen Umfelds. Darüber hinaus sind Drangsalierungen und Hänseleien die Folge vieler anderer elterlicher Besonderheiten wie Fettleibigkeit oder Arbeitslosigkeit.

Der dritte Punkt betrifft den Einfluss bestimmter psychiatrischer Störungen der Eltern auf das Wohlergehen des Kindes. Studien erbringen den Nachweis, dass sowohl Schwule als auch Lesben mit mehr psychologischen und physischen Problemen kämpfen als die durchschnittliche Bevölkerung.[18] In Verbindung mit dieser Sorge steht auch, dass die Prävalenz von promiskuitiven Sexualverhalten und Suchtmittelgebrauch bei Homosexuellen erhöht ist und beide Probleme zu ernsthafter Besorgnis über das Kindeswohl in diesen Familien führen. Ich stimme mit den Gegnern darin überein, dass einige Charakteristika wie Depressionen und Drogenmissbrauch einen nachträglichen Effekt auf die elterliche Kompetenz haben und damit ein Grund zur Sorge sind. Dennoch glaube ich nicht, dass die stärkere Prävalenz dieser Charakteristika einen pauschalen Ausschluss von Homosexuellen rechtfertigt. Wenn diese Charakteristika in der Tat so häufig bei Homosexuellen aufträten, würden sie die Befunde zu deren Kindern beeinflussen. Die Beweislage besagt jedoch, dass sich die psychosoziale Entwicklung der Kinder und die Qualität der Elternschaft in homosexuellen Familien nicht von der heterosexueller Familien unterscheidet.[19] Wenn gezeigt werden kann, dass diese Charakteristika einen signifikanten Effekt auf das Wohlergehen der Kinder haben, sollten alle werdenden Eltern, und nicht nur homosexuelle Eltern, auf diese Charakteristika untersucht werden. Inkonsistenz und Selektivität in der Suche nach Ausschlussfaktoren sind Hinweise für Vorurteile und Befangenheit.

---

17 Vgl. Norman Anderssen/Christine Amlie/Erling André Ytteroy: »Outcomes for children with lesbian or gay parents. A review of studies from 1978 to 2000«, in: Scandinavian Journal of Psychology 43 (2002), S. 335-351, hier S. 347.

18 Vgl. Theo G. M. Sandfort: »Same-sex sexual behavior and psychiatric disorders: findings from the Netherlands Mental Health Survey and Incidence Study (NEMESIS)«, in: Archives of General Psychiatry 58, 1 (2001), S. 85-91, hier S. 86.

19 Vgl. J. A. Hunfeld u.a.: »Child development and quality of parenting in lesbian families: no psychosocial indications for a-priori withholding of infertility treatment. A systematic review«, in: Human Reproduction Update 7, 1 (2001), S. 579-590, hier S. 586.

Das letzte und schwierigste Argument ist die Aussage, dass ein Kind Mutter und Vater brauche. Gegnern gleichgeschlechtlicher Elternschaft zufolge brauchen Kinder verschiedengeschlechtliche Eltern, um angemessenes Geschlechter-Rollenverhalten zu erlernen und sich normal zu entwickeln. Die Beweislage besagt bis dato, dass zwei Eltern verschiedenen Geschlechts in bestimmter Hinsicht von Vorteil sein können. Die eigentliche Frage lautet aber vielmehr, ob die Abwesenheit eines Vaters ernsthaften Schaden für das Kind zur Folge hat. Die Debatte in Großbritannien, wo das »Bedürfnis des Kindes nach einem Vater« ursprünglich zur »Kindeswohl«-Klausel in den Verfahrensregeln der zuständigen britischen Regulierungsbehörde gehörte, endete darin, dass die Anwesenheit eines Vaters nicht unbedingt notwendig sei.[20] Aber wie ist es mit dem »Bedürfnis des Kindes nach einer Mutter«? Jeder Mensch nimmt ein solches scheinbar als selbstverständlich an – doch wenn es das wirklich wäre, würde die Diskussion über die Elternschaft schwuler Paare im Keim erstickt. Gibt es einen Grund, anzunehmen, dass ein Kind eine Mutter nötiger braucht als einen Vater? Gibt es eine Asymmetrie zwischen männlichen und weiblichen gleichgeschlechtlichen Paaren? Einige Studien legen nahe, dass die Folgen für die Kinder und die Eltern-Kind-Beziehung eher durch das Geschlecht der Eltern erklärt werden kann, als durch ihre sexuelle Orientierung.[21] Zurzeit wissen wir relativ wenig über schwule Väter, und die vorhandenen Studien sind allesamt auf schwule Männer beschränkt, die innerhalb einer heterosexuellen Beziehung Vater wurden. Diese Situation führt mehrere Störvariablen ein, die Familiendynamiken wie z.B. Familienkonflikt und Scheidung beeinflussen, und sie macht es schwierig, die Befunde auf eine Situation hin zu extrapolieren, bei der zwei Männer sich innerhalb ihrer gemeinsamen Beziehung entscheiden, Vater zu werden. Da, wo lesbische Frauen schon mit den moralischen Ansichten und Vorurteilen einer Gesellschaft zu kämpfen haben, haben es schwule Männer unzweifelhaft um ein Vielfaches schwerer, Menschen von der Akzeptanz ihres Wunsches nach einem Kind zu überzeugen. Sie stellen dieselben traditionellen Annahmen über Geschlechter, Sexualität, Fortpflanzung und Familie in Frage wie lesbische Frauen, aber sehen sich zusätzlich stärkeren Gefühlen von Ablehnung und sogar Hass seitens bestimmter Gruppen der Gemeinschaft ge-

---

20 Vgl. den Beitrag von Eric Blyth in diesem Band.
21 Vgl. Anne Brewaeys u.a.: »Donor insemination: child development and family functioning in lesbian mother families«, in: Human Reproduction 12, 6 (1997), S. 1349-1359, hier S. 1356; Judith Stacey/Timothy J. Biblarz: »(How) does the sexual orientation of parents matter?«, in: American Sociological Review 66 (2001), S. 159-183, hier S. 176.

genüber. Darüber hinaus werden Väter als sekundäre Bezugspersonen und als eigentlich ungeeignet zur Kindererziehung betrachtet.[22]

Gegner bringen eine Art von Vorsorgeprinzip an, wenn sie über alternative Familienformen diskutieren. Das Prinzip lautet in etwa wie folgt: Bevor wir uns von der Standardsituation (heterosexuelle Paare) hin zu alternativen Familienformen bewegen, müssen wir sicherstellen, dass das Wohlergehen der Kinder in den neuartigen Familien nicht in Gefahr ist. Man sollte keine Kinder in neuartigen Familienstrukturen zeugen, bis nicht abschließend bewiesen worden ist, dass diese Familien heterosexuellen Familien ebenbürtig sind. Die Verwendung dieses Prinzips ist aus dreierlei Gründen bemerkenswert: Zum einen verlagert es die Beweislast auf die Mitglieder der alternativen Familienstrukturen. Diese Forderung könnte sich als eine Zwickmühle entpuppen: Alternative Familien müssen zeigen, dass ihre Form der Familie mit den Belangen der Kinder überein gehen, bevor sie mit dem medizinischen Verfahren beginnen können. Der einzige Weg, um dies zu beweisen, wäre jedoch, Kinder zu haben, und ohne diesen Beweis dürfen sie sie nicht bekommen. Zum anderen geht die Forderung, dass Menschen in alternativen Formen von Familien ihre Eignung beweisen sollten, gegen den Sinn der internationalen Gesetze. Die Menschenrechtserklärung besagt, dass Menschen nicht aufgrund verschiedener Eigenschaften diskriminiert werden dürfen – zu diesen gehört auch die sexuelle Orientierung. Sie geht von einer Gleichheitsprämisse aus. Menschen, die von diesem Prinzip der Gleichheit abweichen wollen, sollten die Beweislast tragen. Sie sollten beweisen, dass nicht-heterosexuelle Personen gegen die Belange ihrer Kinder handeln, nicht anders herum.[23] Es ist ziemlich bemerkenswert, dass Menschen extrem entrüstet sind, sobald Maßnahmen getroffen werden, die als »eugenisch« angesehen werden könnten, durch die also Menschen mit bestimmten Eigenschaften oder bestimmten ethnischen Hintergründen daran gehindert werden, Kinder zu bekommen, aber dass sich diese Einstellung nicht auf homosexuelle Personen ausweitet. Es ist gleichermaßen bemerkenswert, dass die Gesellschaft kein diskriminierendes Verhalten toleriert, wenn dieses Rasse oder Geschlecht betrifft, dass aber die Diskriminierung von sexueller Orientie-

---

22 Vgl. Dana Berkowitz/William Marsiglio: »Gay men: negotiating procreative, father, and family identities«, in: Journal of Marriage and Family 69 (2007), S. 366-381, hier S. 367.

23 Vgl. John Tobin/Ruth McNair: »Public international law and the regulation of private spaces: does the Convention on the Rights of the Child impose an obligation on states to allow gay and lesbian couples to adopt?«, in: International Journal of Law, Policy and the Family 23 (2009), S. 110-131, hier S. 126.

rung, besonders wenn sie auf religiösen Überzeugungen gegründet ist, widerwillig akzeptiert wird. Schließlich widerspricht die Verwendung des Vorsorgeprinzips gegen kontroverse Gesellschaftsgruppen der allgemeinen Haltung von Reproduktionsmedizinern, wenn eine neue Technologie in diesem Bereich vorgestellt wird. Neue Techniken (wie intrazytoplasmatische Spermieninjektion, Vitrifikation etc.) gelangen aus dem Labor in die Kliniken, ohne dass standardmäßige Sicherheitsvorkehrungen beachtet würden, und ohne die notwendige Bewertung ihrer Effizienz, Wirksamkeit und ökonomischen Konsequenzen.[24] Einmal mehr zeigt die Diskrepanz zwischen dem Ausmaß an Vorsicht, das von Ärzten hinsichtlich medizinischer Risiken einerseits und psychosozialer Risiken andererseits beachtet wird, das Maß an Diskriminierung und Vorurteil.

Ideologische Befangenheit in der Forschung?

Die Forschung zu gleichgeschlechtlicher Kindererziehung ist wiederholt dafür kritisiert worden, dass sie entweder zugunsten oder zuungunsten homosexueller Elternschaft befangen sei. Insbesondere Gegner der Kindererziehung durch schwule Eltern behaupten, dass viele existierende Studien methodologisch fehlerhaft seien. Die meisten Studien werden von Forschern durchgeführt, die homosexuellen Personen wohlwollend gegenüber stehen, und sie betonen sehr stark die Position der »Differenzlosigkeit«: Es gebe mehr Ähnlichkeiten als Unterschiede zwischen heterosexuellen und homosexuellen Eltern, und falls es Unterschiede gebe, so seien diese unwichtig oder irrelevant. Ich möchte ein Beispiel anführen, um diese Einstellung zu veranschaulichen: »Die Tatsache, dass keine dieser [Studien] einen Beleg dafür liefert, dass die Kinder lesbischer Frauen mehr emotionale oder Verhaltensauffälligkeiten als andere Kinder zeigen, unterstützt die Annahme, dass die Kinder lesbischer Mütter nicht mehr leiden als andere Kinder«.[25] Seit wann aber bedeutet »Leben« gleich »Leiden«? Diese Forscher sind ausgenommen vorsichtig, wenn sie Daten zu möglichen Unterschieden vorstellen, weil, ob es ihnen gefällt oder nicht, diese Daten einen direkten Einfluss auf Rechtsprechung und auf gesetzgebende Initiativen zum Thema Sorgerecht, Adoption und Zugang zu medizinischen Fortpflanzungstechniken

---

24 Vgl. ESHRE Task Force on Ethics and Law: »The welfare of the child in medically assisted reproduction«, in: Human Reproduction 22, 10 (2007), S. 2585-2588.
25 N. Anderssen u.a.: »Outcomes for children«, S. 347.

haben. Unterschiede werden zu Defiziten.[26] Forscher spielen Befunde
herunter, die Unterschiede zwischen Kindern, die in homosexuellen Familien, und solchen, die in heterosexuellen Familien aufgezogen wurden, erkennen lassen. Diverse Studien suggerieren, dass die sexuelle
Orientierung der Eltern das Geschlechterrollenverhalten und die sexuellen Vorlieben der Kinder beeinflussen.[27] Im Grunde genommen wäre es
sogar merkwürdig, wenn sie gar keinen Einfluss hätte. Die Befangenheit
geht aber noch tiefer. Dank der Verbreitung sozialer Vorurteile und der
Diskriminierung gegen Homosexuelle wird die gesamte Anordnung der
Studie auf die nachteiligen Effekte und möglichen Risikofaktoren ausge-
richtet.[28] Die äußerst defensive Position der Forscher führt zu einer ver-
engten Herangehensweise. Forscher verpassen die Chance, Familienentwicklung in verschiedenen Konstellationen zu studieren und mehr
über die Mechanismen zu lernen, die diesen Prozessen zugrunde liegen.[29] Diese alternativen Familien bieten in der Tat einzigartige Gelegenheiten, die Bildung von geschlechtlicher Identität und sexueller Identität zu erforschen.[30]

Evaluationsstandards

Ein hauptsächlicher Vorteil des Kindswohls als Kriterium liegt darin,
dass es gemessen werden kann. Was zahlreiche andere psychologische
Charakteristika betrifft, so können wir eine ganze Batterie an Tests, Fra-
gebögen etc. entwickeln, um Wohlergehen zu testen oder, um einen wis-
senschaftlicheren Begriff dafür zu verwenden: Lebensqualität. Nichtsdestotrotz ist diese Aufgabe unter den meisten Umständen extrem
schwierig. Sie wird sogar noch schwieriger, wenn wir versuchen, die
Lebensqualität noch ungeborener oder möglicher Personen vorherzusa-
gen – und dies ist ja genau das, was im Zusammenhang mit medizinisch
assistierter Fortpflanzung getan werden soll. Nehmen wir dennoch für
einen Moment an, dass wir in der Lage sind, zukünftiges Wohlergehen

---

26 Vgl. Diana Baumrind: »Commentary on sexual orientation: research and
    social policy implications«, in: Developmental Psychology 31, 1 (1995),
    S. 130-136, hier S. 133.
27 Vgl. J. Stacey/T. Biblarz: »(How) does the sexual orientation of parents
    matter?«, S. 163.
28 Vgl. ebd., S. 162.
29 Vgl. Jorge C. Armesto: »Developmental and contextual factors that influ-
    ence gay fathers' parental competence: A review of the literature«, in:
    Psychology of Men & Masculinity 3, 2 (2002), S. 67-78, hier S. 67.
30 Vgl. J. Stacey/T. Biblarz: »(How) does the sexual orientation of parents
    matter?«, S. 163.

abzuschätzen, dann brauchen wir immer noch einen Standard, um zu entscheiden, ob das gemessene Maß annehmbar bzw. ausreichend ist. Die Literaturanalyse zur Akzeptanz medizinischer Interventionen in der Fortpflanzung zeigt, dass zwei Evaluationsregeln für die Erhebung von Lebensqualität angewendet werden: der minimale Schwellenwert und das maximale Wohlergehen.[31]

In seiner strengsten Form wird der minimale Schwellenwert auch als der »Schlimmer-als-tot«-Standard bezeichnet: Fortpflanzung, und erst recht medizinisch assistierte Fortpflanzung, ist moralisch falsch, wenn das zukünftige Kind mit einer derartig niedrigen Lebensqualität leben muss, dass es besser gewesen wäre, es wäre nie geboren worden.[32] Dieser Schwellenwert impliziert, dass es akzeptabel wäre, ein Kind selbst dann in die Welt zu setzen, wenn dieses an einer schweren Krankheit leiden und nur eine kurze Lebensspanne haben würde. Dieser Standard bringt eine minimalistische Sichtweise auf die elterliche und medizinische Verantwortung für das Wohlergehen des zukünftigen Kindes zum Ausdruck.[33] Sehr wenige soziale Bedingungen (mit Ausnahme von extremer Armut, die zum Fehlen der elementarsten Güter führt) werden Umstände schaffen, die so schlecht sind, dass Menschen von der Fortpflanzung absehen sollten. Es ist gleichermaßen offensichtlich, dass dieser Standard nicht verletzt wird, wenn ein Kind in eine lesbische oder schwule Familie hineingeboren wird.

Der Standard des maximalen Wohlergehens geht ins andere Extrem: Fortpflanzung ist nur dann zu akzeptieren, wenn das Kind in optimale Verhältnisse hineingeboren wird. Menschen, die diesen Standard zugrunde legen, verlangen ideale Umstände. Medizinische Hilfe sollte nicht gegeben werden, wenn es Hinweise darauf gibt, dass die Bedingungen, unter denen das Kind aufwächst, nicht optimal sind. Diese Hinweise werden für gewöhnlich entweder in den Charakteristika der Eltern oder in den sozialen, ökonomischen und psychologischen Umständen, in denen das Kind aufwachsen wird, gefunden. Menschen, die diesen Standard annehmen, verbinden die idealen Umstände häufig mit der traditionellen Kernfamilie. Fortpflanzung, die innerhalb einer Kons-

---

31 Vgl. Guido Pennings: »Measuring the welfare of the child: in search of the appropriate evaluation principle«, in: Human Reproduction 14, 5 (1999), S. 1146-1150, hier S. 1146.
32 Vgl. John A. Robertson: »Procreative liberty and harm to offspring in assisted reproduction«, in: American Journal of Law & Medicine 30 (2004), S. 7-40, hier S. 14.
33 Vgl. Guido de Wert: »Ethics of assisted reproduction«, in: Bart C. J. M. Fauser/Philippe Bouchard/Aaron J. W. Hsueh (Hg.), Reproductive medicine: molecular, cellular and genetic fundamentals, New York, London: Parthenon Publishing 2003, S. 645-665.

tellation stattfindet, welche nicht mit derjenigen heterosexueller Eltern und ihren leiblichen Kindern übereinstimmt, wird als mit negativen Folgen für die Kinder verbunden angesehen.[34]

Beide Standards führen zu Beurteilungen, die in höchstem Maße gegen die Intuition verstoßen, da sie uns einerseits zwingen, Zeugungswünsche abzulehnen, die völlig annehmbar scheinen, und uns andererseits dazu nötigen, solche Wünsche zu akzeptieren, die völlig inakzeptabel anmuten. Obwohl es moralisch relevante Unterschiede zwischen natürlicher Fortpflanzung und medizinisch assistierter Fortpflanzung gibt, betreffen diese Unterschiede nicht den Evaluationsstandard. Die meisten Menschen glauben augenscheinlich, dass Menschen, die in der Lage sind, sich natürlich fortzupflanzen, höhere Risiken zugestanden werden dürften als solchen, die zur Zeugung Unterstützung benötigen. Dies ist jedoch nicht richtig. Stellen wir uns ein Paar vor, das ein hohes Risiko in sich trägt, ihrem Kind eine schwerwiegende genetische Krankheit zu vererben. Wenn dieses Paar fortpflanzungsunfähig wäre, würden beide Personen (wahrscheinlich) nicht für die künstliche Befruchtung zugelassen werden, bevor sie nicht Maßnahmen zugestimmt haben (z.B. der Präimplantationsdiagnostik), die das Risiko auf ein akzeptables Niveau reduzieren. Der Unterschied zwischen einem fortpflanzungsfähigen und einem fortpflanzungsunfähigen Paar ist die praktische Fähigkeit des Arztes, die Geburt eines Kindes mit diesem Risiko zu verhindern, indem er die Behandlung verweigert. Die moralische Bewertung der Entscheidung der Eltern ist jedoch dieselbe, gleich ob diese fortpflanzungsfähig sind oder nicht. Selbst wenn wir nicht gewaltsam intervenieren, um das fortpflanzungsfähige Paar daran zu hindern, dieses Risiko einzugehen, verurteilen wir es für dieses Verhalten und beurteilen seine Entscheidung als moralisch falsch. Dieser Punkt zeigt, dass dieselben Evaluationsstandards sowohl auf Anwendungen medizinisch assistierter Fortpflanzung als auch auf Fälle natürlicher Fortpflanzung angewendet werden sollten. Wie wir schon weiter oben argumentiert haben, versagen sowohl der Standard des maximalen Wohlergehens als auch der des minimalen Schwellenwerts in dieser Hinsicht. Die Lösung hierfür ist ein intermediärer Standard, den ich den Standard des relativen Wohlergehens genannt habe.[35] Dieser mag recht vage klingen, ist aber nicht mehr oder weniger vage als die übrigen Standards. Alle Standards besitzen eine Grauzone für Grenzfälle. Abgesehen davon sind wir mit diesem Standard schon vertraut, da wir ihn benutzt haben, um über Fälle von

---

34 Vgl. Susan Golombok: »New families, old values: considerations regarding the welfare of the child«, in: Human reproduction 13, 9 (1998), S. 2342-2347, hier S. 2342.

35 Vgl. G. Pennings: »Measuring the welfare of the child«, S. 1148.

pränataler- und Präimplantationsdiagnostik zu entscheiden.[36] Der allgemeinen Ansicht gemäß ist die Fortpflanzung dann akzeptabel, wenn es kein hohes Risiko ernsthafter Schädigung gibt oder, positiver formuliert, wenn eine angemessene Wahrscheinlichkeit besteht, dass die zukünftige Person die Fähigkeiten und Möglichkeiten haben wird, jene Dimensionen und Ziele zu verwirklichen, die menschliches Leben wertvoll machen.

Die Verwendung des Standards des relativen Wohlergehens beinhaltet logische Schlussfolgerungen hinsichtlich des Status, der einer elterlichen Eigenschaft oder einer situativen Bedingung zugewiesen wird. Zwei Fragen sollten beantwortet werden: 1.) Ist die Eigenschaft, Bedingung usw. notwendig? 2.) ist die Eigenschaft, Bedingung usw. empfehlenswert? Eine Eigenschaft ist dann notwendig, wenn mit ihrem Nicht-Vorhandensein ein hohes Risiko einherginge, dass das Kind kein ausreichend glückliches Leben mehr haben wird. Eine Eigenschaft ist dann empfehlenswert, wenn ihr Vorhandensein sich ganz allgemein positiv auf das Wohlergehen des Kindes auswirkt. Das bedeutet, dass sie das Wohlergehen einer Person über den Schwellenwert des relativen Wohlergehens hinaus erhöht. Die Befunde zu mehreren Formen vaterloser Familien (Witwen, geschiedene Paare, alleinstehende Frauen) deuten stark darauf hin, dass die Anwesenheit eines Mannes für das Kind nicht notwendig ist, um ein relativ glückliches Leben zu führen, aber sie verweisen auch darauf, dass die Anwesenheit eines zweiten Elternteils die Möglichkeiten und Chancen der Kinder erhöhen. Eine unnötige Eigenschaft darf nicht benutzt werden, um Patienten von der Behandlung ihrer Unfruchtbarkeit auszuschließen, aber sie kann Grund zur Sorge sein, für den Kompensationsmaßnahmen vorgeschlagen werden könnten oder sollten. Wir könnten sehr wohl entscheiden, dass die Anwesenheit eines Elternteils des anderen Geschlechts empfehlenswert ist und gleichgeschlechtliche Paare nach Wegen suchen sollten, um eine Person des anderen Geschlechts in die Erziehung ihres Kindes einzubeziehen. Selbstverständlich muss, bevor solche Empfehlungen ausgesprochen werden, gezeigt werden, dass das Kind keine männlichen Vorbilder aus seinem breiteren sozialen Umfeld gewinnen kann, wie zum Beispiel Großväter oder Lehrer.

---

36 Vgl. G. de Wert: »Ethics of assisted reproduction«.

Vergleichsanalyse

Die meisten Studien zu Kindern in lesbischen Familien haben heterosexuelle Familien als Kontrollgruppen verwendet. Der Sinn einer Kontrollgruppe besteht darin, den Einfluss der Variablen zu bestimmen, die
man messen möchte. Die Kontrollgruppe für homosexuelle Familien
sind heterosexuelle Familien. Es gibt sehr wenige Studien, in denen
Charakteristiken und Vorgänge innerhalb heterosexueller Familien mit
homosexuellen Familien als Kontrollgruppen untersucht wurden. Das
Problem liegt darin, dass die Kontrollgruppe (d.h. die heterosexuelle
Familie) aufgrund der homophoben Atmosphäre und der heterosexisti-
schen Vorherrschaft als goldener Standard angesehen wird. Eine Folge
davon ist, dass eine Gruppe, die nicht dasselbe Niveau wie die Kontrollgruppe erreicht, automatisch als unterhalb des Standardwerts oder als
minderwertig deklassiert wird. Die Vergleichsanalyse verfährt wie folgt:
Der Familientyp A erzeugt Kinder mit einer mittleren Lebensqualität
vom Wert 10. Familientyp B schafft Kinder mit einer niedrigeren mittleren Lebensqualität. Schlussfolgerung: Menschen, die in Familientyp B
leben, sollten keine Kinder bekommen, und sollten demzufolge erst
recht keinen Zugang zu medizinisch unterstützter Fortpflanzung erhalten. Diese Argumentationen basieren auf mehreren Prämissen, die
schwer aufrecht zu erhalten sind. Erstens nehmen sie die Richtigkeit des
Standards des maximalen Wohlergehens an, und wir haben oben gezeigt, dass dieser Standard nicht aufrechterhalten werden kann, weil er
uns dazu zwingt, die meisten (wenn nicht gar alle) Entscheidungen fort-
pflanzungsfähiger Menschen abzulehnen. Zweitens bedeutet eine geringere Lebensqualität der Kinder nicht automatisch eine unannehmbare
Lebensqualität. Es wäre angemessener, ein Schwellenwertsystem anzuwenden: Kinder sollten nicht in Familientypen gezeugt werden, die für
das Kind ein hohes Risiko ernsthafter Schädigungen mit sich bringen.
Drittens fielen die signifikanten Unterschiede hinsichtlich des Selbstbe-
wusstseins und des psychologischen Wohlbefindens, die zwischen Kindern lesbischer Familien und heterosexueller Familien festgestellt wurden, zugunsten der lesbischen Eltern aus.[37] Die Schlussfolgerung aus
diesen Ergebnissen wäre dann, dass heterosexuelle Paare keinen Zugang
zu Reproduktionsmedizin bekommen dürften. Ich bin noch nie jeman-
dem begegnet, der dieser Schlussfolgerung freiwillig zustimmen würde.
Wenn man sie jedoch ablehnt, muss man erklären, warum andersherum
dieselbe Schlussfolgerung gezogen werden darf, wenn die Kinder in les-

---

37 Vgl. J. Stacey/T. Biblarz: »(How) does the sexual orientation of parents
    matter?«, S. 171.

bischen oder schwulen Haushalten schlechter abschneiden. Schlussendlich würde selbst die Tatsache, dass alternative Familienformen weniger Risiken als die heterosexuelle Familienform mit sich bringen, diese Risiken noch nicht annehmbar machen. Stellen wir uns vor, wir finden heraus, dass zehn Prozent der Kinder in heterosexuellen Familien missbraucht würden. Wäre es dann in Ordnung, wenn nur acht Prozent der homosexuellen Paare ihre Kinder misshandelten? Wir müssen die psychosoziale und die kognitive Entwicklung usw. als solche messen, ohne Referenz auf heterosexuelle Familien. Wenn wir heterosexuelle Familien in ähnlicher Weise prüfen würden wie andere Familienformen, fänden wir sicherlich heraus, dass einzelne Untergruppen für die Kindererziehung ungeeignet sind. Unsere Sorge sollte nicht sein, ob ein Typ von Familie oder eine Art von Elternteil besser als die anderen ist. Wir sollten bestimmen, welche Untergruppen von Eltern und Familien ein hohes Risiko ernsthafter negativer Konsequenzen für ihre Kinder mit sich bringen und was wir in dieser Hinsicht tun können.

Schließlich zeigt eine weiter gefasste Perspektive, dass der Kindeswohl-Standard sehr inkonsistent angewendet wird. Während die meisten Kliniken Frauen nach der Menopause, lesbische Paare und andere umstrittene Gruppen ausschließen, akzeptieren dieselben Kliniken eine hohe Mehrlingsrate. Die Risiken, die erstere Gruppen für die Kinder bedeuten, verblassen zur Unbedeutsamkeit, wenn man sie mit denen vergleicht, die mit der Geburt von Mehrlingen einhergehen. Die Auswirkungen der letzteren auf die Gesundheit und Zukunftschancen des Kindes sind verheerend. Scheinbar nehmen Ärzte weitaus mehr Nachteile in Kauf, wenn sie Teil der Bemühung sind, die Erfolgsquote zu erhöhen, als wenn sie Teil der psychosozialen Umstände der Patienten sind.[38]

Faktoren, die das Wohlergehen des Kindes beeinflussen

Warum richten wir unseren Fokus auf die sexuelle Orientierung? Die Erklärung hierfür muss am ehesten in der Abweichung von der »normalen« Situation der heterosexuellen Kernfamilie und in dem allgemein niedrigen Status gesucht werden, der homosexuellen Personen zugebilligt wird. Nichtsdestotrotz führen wir diese Art von Studien immer wieder durch, selbst wenn es bis heute keinen Hinweis darauf gibt, dass die-

---

38 Vgl. Guido Pennings: »Multiple pregnancies: a test case for the moral quality of medically assisted reproduction«, in: Human Reproduction 15, 12 (2000), S. 2466-2469, hier S. 2468.

se Variable irgendeinen Einfluss auf die Befähigung hat Eltern zu sein. Andere Eigenschaften haben jedoch einen nachweislichen Effekt auf das Wohlergehen des Kindes. Ein starker Kinderwunsch und positive, unterstützende Beziehungen werden häufig als eigentlich determinierende Faktoren für das Kindeswohl angeführt.[39] Warum sollte man Paare nicht auf diese Faktoren hin untersuchen? Das Hauptproblem läge offensichtlich darin, dass sie nur schwer zu operationalisieren und zu messen sind. Es gibt dennoch andere Faktoren, die quantifizierbar und messbar sind. Der am besten untersuchte Faktor ist das elterliche Einkommen. Kindern, die in armen Familien aufwachsen, geht es deutlich schlechter als Kindern aus gut situierten Familien. Ein geringes Familieneinkommen hat bewiesenermaßen einen nachteiligen Effekt auf die Bildungschancen und die sozioemotionale Entwicklung der Kinder und ist verbunden mit einem Anstieg möglicher Verhaltensstörungen.[40] Studien zeigen, dass finanzielle Schwierigkeiten während der Kindheit langfristige Auswirkungen auf die physische und psychische Gesundheit haben können, die bis ins Erwachsenenalter nachwirken.[41] Was folgt hieraus? Erstens: Wenn es die Pflicht einer Gesellschaft ist, zu garantieren, dass Kinder in optimale Lebensumstände hineingeboren werden, sollten wir unfruchtbare Patienten nach ihren finanziellen Ressourcen selektieren. Wir könnten beispielsweise festlegen, dass Paare mit einem jährlichen Einkommen, das unterhalb einer bestimmten Schwelle liegt, nicht für die medizinisch assistierte Fortpflanzung zugelassen werden. Wir könnten jegliche Kostenerstattung für die medizinisch begleitete Fortpflanzung stoppen, weil die Notwendigkeit, finanziell für die eigene Behandlung aufzukommen, eine effektive Maßnahme sein könnte, um sicherzustellen, dass die zukünftigen Eltern in der Lage sind, ihre Familie finanziell zu unterstützen. Zweitens könnten wir, anstatt Studien zu wiederholen, die lesbische und heterosexuelle Paare miteinander vergleichen, eine Studie entwerfen, die reiche und arme Paare untersucht. Ich kann nur vermuten, warum solche Studien nicht durchgeführt werden: Zum einen würden wir nicht wissen, was wir mit den Untersuchungsergebnissen anfangen sollten. Zum anderen ist es politisch höchst unkorrekt, auch nur die Schlussfolgerung nahezulegen, dass arme Menschen keine Kinder oder

---

39 Vgl. J. Tobin/R. McNair: »Public international law and the regulation of private spaces«, S. 127.

40 Vgl. Vonnie C. McLoyd: »Socioeconomic disadvantage and child development«, in: American Psychologist 53, 2 (1998), S. 185-204.

41 Vgl. Gunilla Weitoft u.a.: »Health and social outcomes among children in low-income families and families receiving social assistance – A Swedish national cohort study«, in: Social Science & Medicine 66 (2008), S. 14-30, hier S. 15.

keinen Zugang zu medizinisch assistierter Fortpflanzung bekommen sollten. Aber was genau ist an diesen Gedankengängen falsch? Man könnte argumentieren, dass die eingehende Unterscheidung zwischen arm und reich nicht diskriminierend ist, weil sie auf einem relevanten Unterschied beruht, nämlich dem unterschiedlichen Effekt auf das Wohlergehen des zukünftigen Kindes. Wenn wir auf homosexuelle Paare zurückkommen, dann wäre die Schlussfolgerung hieraus, dass der Ausschluss homosexueller Paare Diskriminierung ist, im Sinne einer ungerechtfertigten Unterscheidung zwischen Personen, weil sich kein Effekt auf die elterliche Befähigung und kein höheres Risiko negativer Ergebnisse für die Kinder zeigen ließ. Wir sollten, wenn wir diese Überlegungen ernst nehmen, jene Personen ausschließen, die Charakteristika aufweisen, für die objektiv gezeigt werden konnte, dass sie nachteilige Effekte auf das Kindeswohl haben. Ein weiteres Beispiel für ein solches Charakteristikum ist es, Opfer von Kindesmissbrauch zu sein: Menschen, die als Kind missbraucht wurden, zeigen ein sehr viel höheres Risiko, ihre eigenen Kinder zu missbrauchen.[42] Bis zu 50 Prozent der Eltern, die als Kind misshandelt wurden, missbrauchen ihre Kinder.[43] Wenn wir die Tatsache beachten, dass zwischen 15 und 25 Prozent aller jungen Frauen über sexuellen Missbrauch berichten, dann sprechen wir hier von einem verbreiteten und schwerwiegenden Risiko für zukünftige Kinder. Als Folge davon erscheint die Untersuchung von Paaren mit Fruchtbarkeitsstörungen und/oder zukünftigen Eltern auf dieses Charakteristikum lohnenswert in Hinblick auf den Schutz ihres Nachwuchses. Im Grunde könnte gar argumentiert werden, dass es sich hierbei um einen »Aspekt der vergangenen oder gegenwärtigen Umstände des Patienten handelt, der mit hoher Wahrscheinlichkeit zu der Unfähigkeit führt, für das gewollte Kind durch seine Kindheit hindurch zu sorgen.«[44] Soweit ich weiß, wird den Opfern von Kindesmissbrauch in keinem medizinischen Zentrum der Welt automatisch der Zugang verweigert. Hingegen praktizieren viele Länder und medizinische Einrichtungen eine pauschale Ablehnung homosexueller Paare. Selbst wenn wir entgegen der zugänglichen Untersuchungsergebnisse annehmen, dass Kinder, die in homosexuellen Familien aufgezogen werden, unter Benachteiligungen

---

42 Vgl. Eva Möhler u.a.: »Mothers with a history of abuse tend to show more impulsiveness«, in: Child Abuse & Neglect 33 (2009), S. 123-126, hier S. 123.

43 Vgl. Myra Leifer u.a.: »A three-generational study of transmission of risk for sexual abuse«, in: Journal of Clinical Child & Adolescent Psychology 33 (2004), S. 662-672.

44 Vgl. Klausel G.3.3.2(a) der Verfahrensregeln der Human Fertilisation and Embryology Authority (Code of Practice, 7. Aufl., London, http://cop. hfea.gov.uk/cop/pdf/CodeOfPracticeVR_4.pdf).

zu leiden haben, so kann nicht ernsthaft argumentiert werden, dass die Risiken sowohl mit Blick auf ihre Eintrittswahrscheinlichkeit als auch mit Blick auf ihre Ernsthaftigkeit so hoch sind wie die Risiken, die aus Armut und Kindesmissbrauch resultieren.

Unterstützende Maßnahmen

Die oben erwähnte Argumentation in Bezug auf Armut und Kindesmissbrauch zeigt einen weiteren Aspekt, der die empirischen Befunde zum Wohlergehen des Kindes betrifft. Die Studien zeigen u.a. die Auswirkungen des Familientyps, der sexuellen Orientierung, geistigen Fähigkeiten und Alter auf die Kinder, die in diesen Familien aufwachsen. Selbst wenn wir mit einem streng gefassten Schwellenwert arbeiten, lässt sich aus diesen Daten keine direkte Schlussfolgerung für die moralische Akzeptabilität von Fortpflanzung ziehen. Man kann argumentieren, dass die empirischen Daten auf die Gefahren hinweisen und uns auf diese Weise ermöglichen, etwas gegen sie zu unternehmen (oder es zu versuchen). Nehmen wir zum Beispiel Armut. Die meisten Länder ergreifen eine Vielzahl von Maßnahmen, um die negativen Folgen von Armut abzuschwächen. Diese Maßnahmen können auf das Budget der Familie (Steuerkürzungen, Kindergeld, kostenlose Schulbildung) oder direkt auf das Kind (enge Betreuung durch Sozialarbeiter, zusätzliche Unterstützung) abzielen. Die meisten wohlhabenden Gesellschaften haben unterschiedliche Fachkräfte (wie Lehrer, Psychologen, Sozialarbeiter usw.), die Eltern bei der Erziehung ihrer Kinder unterstützen. Die Frage richtet sich dann darauf, welche Aufgaben grundlegend sind und im Fähigkeitsbereich von Personen liegen sollten, die beabsichtigen, Eltern zu werden. Wir gehen generell von der Regel aus, dass Menschen, die dieses Projekt beginnen, in der Lage sein sollten, ohne ständige und umfangreiche Hilfe durch Dritte, die Fürsorge für das Kind zu leisten. Aber was, wenn ihre Familien und Freunde willig sind, einzuspringen, wenn sie gebraucht werden? Anstatt aus der Mangelhaftigkeit einiger Umstände zu schlussfolgern, dass diese Menschen davon absehen sollten, eine Familie zu gründen, kann die Gesellschaft dieses Wissen nutzen, um Maßnahmen einzuführen, die diese Mängel ausgleichen. Ein sehr wichtiger Befund aus diesen Studien ist der, dass die negativsten Folgen für Kinder, die homosexuelle Eltern haben, aus den feindseligen Reaktionen ihres Umfelds gegenüber Homosexuellen entstehen. Homosexuelle Eltern und ihre Kinder sind infolge ihres Ausschlusses schwierigen Herausforderungen ausgesetzt. Kinder erfahren regelmäßige soziale, rechtliche und ökonomische Nachteile, die aus der nicht gewährten

rechtlichen Anerkennung der Beziehung ihrer Eltern entstehen. Durch
die Anerkennung der elterlichen Rechte und Verpflichtungen auch des
nicht-leiblichen Elternteils eines gleichgeschlechtlichen Paares kann sich
dessen Situation in Hinblick auf finanzielle, soziale und psychologische
Stabilität verbessern. Die Ehe begünstigt rechtliche und finanzielle Stabilität, stabile psychosoziale Beziehungen und das Gefühl der Akzeptanz.[45] Besonders schwule Männer müssen gegen eine Kultur der
Homophobie und des Heterosexismus ankämpfen, die einen »schwulen
Vater« als Widerspruch in sich ansieht. Es herrscht immer noch die Ansicht, dass schwule Männer nicht in engem Kontakt zu Kindern stehen
sollten, und dass Männer insgesamt keine Kinder aufziehen können. In-
stitutionelle, kulturelle und moralische Regeln arbeiten allesamt gegen
homosexuelle Eltern. Dieser Umstand erhöht den bereits hohen normalen Stress der Elternschaft enorm.[46] Zuerst macht die Gesellschaft homosexuellen Eltern die Kindererziehung außerordentlich schwer, und
dann verurteilt sie sie dafür, dass sie nicht in der Lage sind, so gut zu
funktionieren wie Heterosexuelle. Viele negative Effekte homosexueller
Elternschaft würden verschwinden, wenn Menschen mehr Toleranz entwickelten. Gleichgeschlechtliche Elternpaare haben dieselben Verpflichtungen wie heterosexuelle Paare, jedoch werden ihnen nicht dieselben
Instrumentarien an die Hand gegeben (d.h. Rechte und Unterstützung),
um diese Verpflichtungen zu erfüllen. Im Grunde kann der Einfluss ihrer
sexuellen Orientierung auf ihre Befähigung als Eltern sogar nur dann
gemessen werden, wenn sie dieselben Mittel besitzen, um ihre Aufgabe
zu erfüllen.

Zusammenfassung

Die Problematik gleichgeschlechtlicher Elternschaft wirft viele ethische
Probleme auf. Alle Seiten erklären, dass das Wohl der Kinder, die in den
verschiedenen Familienstrukturen gezeugt und aufgezogen werden, von
höchster Wichtigkeit ist. Dieses Kriterium ist jedoch offenkundig
schwierig zu messen. Darüber hinaus müssten selbst für den Fall, dass
das Wohlergehen objektiv gemessen werden kann, immer noch entsprechende Zahlenwerte ermittelt werden. Der Standard des »relativen
Wohlergehens« wird verteidigt als der angemessenste Schwellenwert für
das Treffen der Entscheidung darüber, ob die Zeugung und Erziehung
von Kindern in bestimmten Familientypen moralisch akzeptabel ist.

---

45 Vgl. J. G. Pawelski u.a.: »The effects of marriage«, S. 361.
46 Vgl. J. G. Armesto: »Developmental and contextual factors«, S. 68.

Dies beinhaltet eine Ablehnung der Vergleichsanalyse, die heterosexuelle Familien als goldenen Standard der Untersuchung heranzieht. Es kann
jedoch ernsthaft in Zweifel gezogen werden, wie wichtig das Wohlergehen des Kindes innerhalb des Überzeugungssystems vieler Menschen
wirklich ist. Die meisten Menschen ändern ihre Meinung über die Akzeptabilität gleichgeschlechtlicher Familiengründung nicht, selbst wenn
die Beweislage in eine Richtung weist, die ihren Überzeugungen widerspricht. Die Grundeinstellung gegenüber homosexueller Elternschaft
wird nicht durch das erwartete Ergebnis für das Wohlergehen der Kinder
beeinflusst, sondern durch moralische Abneigung und den Glauben an
die inhärente Falschheit von Homosexualität. Es ist sehr wichtig, dass
diese moralischen Gefühle nicht als Argumentationsgrundlage für
Rechtsprechung oder rechtliche Initiativen anerkannt werden. Letztlich
versucht eine gute öffentliche Regelung, so viele moralisch relevante
Normen wie möglich zu vereinbaren. Im Zusammenhang mit gleichgeschlechtlicher Elternschaft können sowohl das Recht homosexueller
Personen auf Familiengründung als auch das Recht des Kindes auf ein
gutes Leben respektiert werden, indem Bedingungen der vollständigen
Gleichheit und des Respekts geschaffen werden. Das Wohlbefinden der
Kinder würde sich merklich verbessern, wenn gleichgeschlechtliche Beziehungen sozial respektiert und gleichgeschlechtliche Elternpaare als
vollwertige Eltern anerkannt würden.

Aus dem Englischen von Anne Dünger

Literatur

Anderssen, Norman/Amlie, Christine/Ytteroy, Erling André: »Outcomes
for children with lesbian or gay parents. A review of studies from
1978 to 2000«, in: Scandinavian Journal of Psychology 43 (2002), S.
335-351.
Armesto, Jorge C.: »Developmental and contextual factors that influence
gay fathers' parental competence: A review of the literature«, in:
Psychology of Men & Masculinity 3, 2 (2002), S. 67-78.
Baumrind, Diana: »Commentary on sexual orientation: research and social policy implications«, in: Developmental Psychology 31, 1
(1995), S. 130-136.
Berkowitz, Dana/Marsiglio, William: »Gay men: negotiating procreative, father, and family identities«, in: Journal of Marriage and Family 69 (2007), S. 366-381.

Brewaeys, Anne u.a.: »Donor insemination: child development and family functioning in lesbian mother families«, in: Human Reproduction 12, 6 (1997), S. 1349-1359.

De Wert, Guido: »Ethics of assisted reproduction«, in: Fauser, Bart C. J. M./Bouchard, Philippe/Hsueh, Aaron J. W. (Hg.), Reproductive medicine: molecular, cellular and genetic fundamentals, New York, London: Parthenon Publishing 2003, S. 645-665.

Engelhardt, Hugo Tristram Jr.: Bioethics and secular humanism: the search for a common morality, London: SMC Press, Philadelphia: Triniti Press International 1991.

ESHRE Task Force on Ethics and Law: »The welfare of the child in medically assisted reproduction«, in: Human Reproduction 22, 10 (2007), S. 2585-2588.

Gaus, Gerald F.: »What is deontology? Part one: orthodox views«, in: Journal of Value Inquiry 35 (2001), S. 27-42.

Golombok, Susan: »New families, old values: considerations regarding the welfare of the child«, in: Human reproduction 13, 9 (1998), S. 2342-2347.

Golombok, Susan/Tasker, Fiona: »Do parents influence the sexual orientation of their children? Findings from a longitudinal study of lesbian families«, in: Developmental Psychology 32 (1996), S. 3-11.

Habermas, Jürgen: »Religion in the public sphere«, in: European Journal of Philosophy 35 (2006), S. 1-25.

Haidt, Jonathan/Hersh, Matthew A.: »Sexual morality: the cultures and emotions of conservatives and liberals«, in: Journal of Applied Social Psychology 31, 1 (2001), S. 191-221.

Haidt, Jonathan: »The emotional dog and its rational tail: a social intuitionist approach to moral judgment«, in: Psychological Review 108, 4 (2001), S. 814-834.

Haimes, Erica: »›Everybody's got a dad…‹. Issues for lesbian families in the management of donor insemination«, in: Sociology of Health and Illness 22, 4 (2000), S. 477-499.

Human Fertilisation and Embryology Authority: Code of Practice, 7. Aufl., London, http://cop.hfea.gov.uk/cop/pdf/CodeOfPracticeVR_4.pdf. vom 30.3.2010.

Human Fertilisation and Embryology Authority: General FAQs about the new parenthood law, http://www.hfea.gov.uk/2918.html vom 06.11.2009.

Hunfeld, J. A. u.a.: »Child development and quality of parenting in lesbian families: no psychosocial indications for a-priori withholding of infertility treatment. A systematic review«, in: Human Reproduction Update 7, 1 (2001), S. 579-590.

247

Leifer, Myra u.a.: »A three-generational study of transmission of risk for sexual abuse«, in: Journal of Clinical Child & Adolescent Psychology 33 (2004), S. 662-672.

McLoyd, Vonnie C.: »Socioeconomic disadvantage and child development«, in: American Psychologist 53, 2 (1998), S. 185-204.

Möhler, Eva u.a.: »Mothers with a history of abuse tend to show more impulsiveness«, in: Child Abuse & Neglect 33 (2009), S. 123-126.

Myskja, Bjørn. K.: »Rationality and religion in the public debate on embryo stem cell research and prenatal diagnostics«, in: Medicine, Health Care and Philosophy 12 (2009), S. 213-224.

Pawelski, J. G. u.a.: »The effects of marriage, civil union, and domestic partnership laws on the health and well-being of children«, in: Pediatrics 118 (2006), S. 349-364.

Pennings, Guido: »Measuring the welfare of the child: in search of the appropriate evaluation principle«, in: Human Reproduction 14, 5 (1999), S. 1146-1150.

Pennings, Guido: »Multiple pregnancies: a test case for the moral quality of medically assisted reproduction«, in: Human Reproduction 15, 12 (2000), S. 2466-2469.

Robertson, John A.: Children of choice, Princeton, New Jersey: Princeton University Press 1994.

Robertson, John A.: »Procreative liberty and harm to offspring in assisted reproduction«, in: American Journal of Law & Medicine 30 (2004), S. 7-40.

Samani, Reza Omani u.a.: »Access to fertility treatments for homosexual and unmarried persons, through Iranian law and Islamic perspective«, in: Iranian Journal of Fertility and Sterility 1, 3 (2007), S. 127-130.

Sandfort, Theo G. M.: »Same-sex sexual behavior and psychiatric disorders: findings from the Netherlands Mental Health Survey and Incidence Study (NEMESIS)«, in: Archives of General Psychiatry 58, 1 (2001), S. 85-91.

Stacey, Judith/Biblarz, Timothy J.: »(How) does the sexual orientation of parents matter?«, in: American Sociological Review 66 (2001), S. 159-183.

Tobin, John/McNair, Ruth: »Public international law and the regulation of private spaces: does the Convention on the Rights of the Child impose an obligation on states to allow gay and lesbian couples to adopt?«, in: International Journal of Law, Policy and the Family 23 (2009), S. 110-131.

Vermeulen, Vincent A.: »Developments in European law and European Union policy on same-sex couples: an overview of judicial, legislative and policy developments in the recognition of same-sex couples in Europe«, in: Codex 2008 (2006), S. 1-27.

Weitoft, Gunilla u.a.: »Health and social outcomes among children in low-income families and families receiving social assistance – A Swedish national cohort study«, in: Social Science & Medicine 66 (2008), S. 14-30.

PSYCHOLOGIE

Lesbische Familien nach Samenspende: Gestaltungsmöglichkeiten und Herausforderungen doppelter Mutterschaft

LISA HERRMANN-GREEN/MONIKA HERRMANN-GREEN

Kinder in eine liebevolle Paarbeziehung hinein zu gebären ist nicht mehr länger die ausschließliche Domäne heterosexueller Paare oder Ehen. Zunehmend entscheiden sich lesbische Paare bewusst für eine Familiengründung und die gemeinsame Erziehung von Kindern. Obwohl lesbische Familien häufig als neues Phänomen betrachtet werden, ist die Existenz lesbischer Mütter nicht neu.[1] In Deutschland ist diese Familienform allerdings nicht gut dokumentiert und es mangelt entsprechend an Informationen. Insgesamt erfahren diese Familien wenig bis keine gesellschaftliche Anerkennung, obwohl es schätzungsweise zwei Millionen in Deutschland lebende Lesben und rund 650.000 lesbische Mütter gibt.[2] Laut dem Statistischen Bundesamt werden in einer von acht gleichgeschlechtlichen Beziehungen Kinder aufgezogen.[3] Neu ist aller-

1 Vgl. Patricia J. Falk: »Lesbian mothers: Psychosocial assumptions in family law«, in: American Psychologist 44 (1989), S. 941-947; Mary C. Jacob: »Concerns of single women and lesbian couples considering conception through assisted reproduction«, in: Sandra R. Leiblum (Hg), Infertility: Psychological issues and counseling strategies, New York: John Wiley & Sons 1997, S. 189-208.
2 Vgl. Susanne Krüger-Lebus /Udo Rauchfleisch: »Zufriedenheit von Frauen in gleichgeschlechtlichen Partnerschaften mit und ohne Kinder«, in: System Familie 12 (1999), S. 74-79.
3 Statistisches Bundesamt, zitiert in Günter Dworek/Antje Ferchau: »Vorwort zur Zweiten Auflage«, in: Familien- und Sozialverein des Lesben- und Schwulenverbandes in Deutschland e.V (Hg.), LSVD Rechtsratgeber, Köln 2006.

dings, dass mehr und mehr Lesben sich in ihrer lesbischen Paarbeziehung oder als Alleinstehende für Kinder entscheiden. Inzwischen werden so viele Lesben Eltern, dass einige US-amerikanische Autoren von einem »lesbischen Babyboom«[4] oder einem »Gayby boom«[5] sprechen. In den letzten Jahren haben auch Lesben in Deutschland begonnen, Familien zu gründen. Welche Gestaltungsmöglichkeiten und Herausforderungen gibt es für diese Paare?

Zum Forschungsstand

Viele Studien der psychosozialen Forschung, die lesbische Familien mit Kindern, die durch donogene Insemination (im Folgenden LDI-Familien genannt) zum Forschungsgegenstand haben, untersuchten die Beziehung zwischen der Familienstruktur und der Funktionalität des Familiensystems. Sie erforschten unterschiedliche Aspekte einer lesbischen Elternschaft, z.B. die Arbeitsteilung zwischen den Eltern,[6] Erziehungsziele,[7] Fürsorge[8] sowie Eltern-Kind-Interaktionen.[9] Manche Studien untersuchten auch die kognitive,[10] soziale,[11] emotionale[12] und psychosexuelle

---

4   Charlotte J. Patterson: »Children of the lesbian baby boom: Behavioral adjustment, self-concepts, and sex role identity«, in: Beverly, Greene/ Gregory M. Herek (Hg.), Lesbian and gay psychology: Theory, research, and clinical applications, Thousand Oaks, CA: Sage 1994, S. 156-175.

5   Cheri A. Pies: Considering parenthood, Minneapolis, MN: Spinsters Book Co. 1988.

6   Henny M. W. Bos/Frank van Balen/Dymphna C. van den Boom: »Child adjustment and parenting in planned lesbian-parent families«, in: American Journal of Orthopsychiatry 77 (2007), S. 38-48; Charlotte J. Patterson: »Families of the lesbian baby boom: Parent's division of labor and children's adjustment«, in: Developmental Psychology 31 (1995), S. 115-123.

7   Henny M. W. Bos/Frank van Balen/Dymphna C. van den Boom: »Experience of parenthood, couple relationship, social support, and child-rearing goals in planned lesbian mother families«, in: Journal of Child psychology and Psychiatry 45 (2004), S. 755-764.

8   Claudia Ciano-Boyce/Lynn Shelley-Sireci: »Who is mommy tonight? Lesbian parenting issues«, in: Journal of Homosexuality 43 (2002), S. 1-13.

9   H. Bos u.a.: »Child adjustment and parenting«; Anne Brewaeys u.a.: »Donor insemination: Child development and family functioning in lesbian mother families« (Survey Nr. 3), in: Human Reproduction 12 (1997), S. 1349-1359.

10   David K. Flaks u.a.: »Lesbians choosing motherhood: A comparative study of lesbians and heterosexual parents and their children«, in: Developmental Psychology 31 (1995), S. 105-114.

11   Susan Golombok u.a.: »Children with lesbian parents: A community study«, in: Developmental Psychology 39 (2003), S. 20-33.

Entwicklung[13] sowie die psychische Gesundheit der Kinder lesbischer Eltern.[14] Ebenso wurde ihre soziale Interaktion außerhalb der Kernfamilie, wie z.B. der Kontakt zu den Großeltern[15] und ihre Erfahrungen, wenn sie ihre Familienform gegenüber Peers offen legen,[16] untersucht. Als Kontrollgruppen für diese Studien dienten unter anderem alleinerziehende, heterosexuell lebende Frauen und heterosexuelle Paare, die durch Geschlechtsverkehr, donogene Insemination oder Adoption Eltern wurden, sowie lesbische Adoptiveltern. Es ergaben sich durchweg mehr Ähnlichkeiten als Unterschiede, was die Schlussfolgerung unterstützt, dass die Qualität des Familiensystems nicht *per se* von der Familienstruktur abhängt.

Ein neuerer Forschungszweig untersucht die Inanspruchnahme der donogenen Insemination durch Lesben. Grundsätzlich können Lesben zwischen einem bekanntem und einem unbekanntem Spender wählen. Bei den unbekannten Spendern wird zwischen sogenannten »Ja«- und »Nein-Spendern«,[17] die ihren Samen zur weiteren Verwendung einer Samenbank zur Verfügung stellen, und zwischen privaten Spendern, die über Dritte vermittelt werden, unterschieden. Es gibt zahlreiche kontroverse Diskussionen zum Thema der anonymen Samenspende hinsichtlich der langfristigen Konsequenzen nicht nur für die Empfängerpaare, sondern auch für das Kind.[18] Historisch haben drei Einstellungen miteinander konkurriert: (a) gänzliche Anonymität, (b) Anonymität mit Informationen, die den Spender nicht identifizieren, (c) Registrierung der

---

12 D. Flaks: »Lesbians choosing motherhood«.

13 A. Brewaeys u.a.: »Donor insemination«; S. Golombok u.a.: »Children with lesbian parents«.

14 H. Bos u.a.: »Child adjustment and parenting«; S. Golombok u.a.: »Children with lesbian parents«; Jennifer L. Wainright/Charlotte J. Patterson: »Delinquency, victimization and substance use among adolescents with female same-sex parents«, in: Journal of Family Psychology 20 (2006), S. 526-530.

15 Vgl. Megan Fulcher u.a.: »Contact with grandparents among children conceived via donor insemination by lesbian and heterosexual mothers« in: Parenting: Science and Practice 2 (2002), S. 61-76.

16 Katrien Vanfraussen/Ingrid Ponjaert-Kristoffersen/Anne Brewaeys: »What does it mean for youngsters to grow up in a lesbian family created by means of donor insemination?«, in: Journal of Reproduction & Infant Psychology 20 (2002), S. 237-252.

17 »Ja-Spender« sind Spender mit Identitätsfreigabe unter bestimmten Umständen, z.B. nach dem Erreichen des 18. Lebensjahres des Kindes. »Nein-Spender« werden auch anonyme Spender genannt; die Identität des Spenders bleibt unbekannt.

18 Vgl. u.a. Anne Brewaeys u.a.: »Children from anonymous donors: An inquiry into homosexual and heterosexual parents' attitudes« (Survey Nr. 1), in: Journal of Obstetrics and Gynecology 14 (1993), S. 23-35.

Spenderidentität für das Kind. Die Forschung über LDI-Familien konzentrierte sich bislang auf die Einstellung der Eltern und Kinder hinsichtlich der Spenderanonymität,[19] auf das Thema der Freigabe einer Spenderidentität,[20] auf die elterliche Entscheidung für oder gegen eine anonyme Samenspende,[21] auf die Gründe, warum einige Kinder mehr über ihren Spender wissen wollen,[22] und darauf, ob der Spendertyp (bekannt bzw. unbekannt) einen Einfluss auf kindliches Verhalten hat.[23] Grundsätzlich fehlen in diesem Bereich allerdings repräsentative Langzeitstudien.

Studien, die den Kinderwunsch von Lesben zum Gegenstand ihrer Untersuchung haben, sind überschaubar. Ergebnisse der Studien von Siegenthaler u.a.[24] und Bos u.a.[25] untermauern die Vorstellung, dass lesbische und heterosexuelle Paare Elternschaft aus denselben Gründen, z.B. erwartetes Glück und Sinngebung, anstreben. Allerdings sind künftige lesbische Eltern weniger durch soziale Erwartungen der »Normalität« oder Generativität motiviert und sie verwenden im Allgemeinen mehr Zeit mit Überlegungen zur Familiengründung und zur Ausgestal-

---

19 Anne Brewaeys u.a.: »Lesbian mothers who conceived after donor insemination: A follow-up study« (Survey Nr. 2), in: Human Reproduction 10 (1995), S. 2731-2735; Katrien Vanfraussen/Ingrid Ponjaert-Kristoffersen/Anne Brewaeys: »An attempt to reconstruct children's donor concept: A comparison between children's and lesbian parents' attitudes towards donor anonymity«, in: Human Reproduction 16 (2001), S. 2019-2025.

20 Joanna E. Scheib/Maura Riordan/Susan Rubin: »Choosing identity-release sperm donors: The parents' perspective 13-18 years later«, in: Human Reproduction 18 (2003), S. 1115-1117.

21 Anne Brewaeys u.a.: »Anonymous or identity-registered sperm donors? A study of Dutch recipients' choices«, in: Human Reproduction 20 (2005), S. 820-824; Joanna E. Scheib/Maura Riordan/Phillip R.Shaver: »Choosing between anonymous and identity-release sperm donors: Recipient and donor characteristics«, in: Reproductive Technologies 10, 1 (2000), S. 50-58.

22 Katrien Vanfraussen/Ingrid Ponjaert-Kristoffersen/Anne Brewaeys: »Why do children want to know more about the donor? The experiences of youngsters raised in lesbian families«, in: Journal of Psychosomatic Obstetric Gynaecology 24 (2003), S. 31-38.

23 Nanette Gartrell u.a.: »The national lesbian family study: 4. Interviews with the 10-year-old children«, in: American Journal of Orthopsychiatry 75 (2005), S. 518-524; Henny M. W. Bos/Esther M. Hakvoort: »Child adjustment and parenting in planned lesbian-parent families with known and as-yet unknown donors«, in: Journal of Psychosomatic Obstetrics & Gynaecology 28 (2007), S. 121-129.

24 A. L. Siegenthaler/J. J.Bigner: »The value of children to lesbian and non-lesbian mothers«, in: Journal of Homosexuality 39 (2000), S. 73-91.

25 Henny M. W. Bos/Frank van Balen/Dymphna C. van den Boom: »Planned lesbian families: Their desire and motivation to have children«, in: Human Reproduction 18 (2003), S. 2216-2224.

tung der Elternschaft als heterosexuelle Paare. Diese Unterschiede werden anhand der unterschiedlichen sozio-kulturellen Kontexte, in denen lesbische und heterosexuelle Paare die Entscheidung zur Elternschaft treffen, erklärt: Lesbische Eltern entscheiden sich für Kinder in einer Umgebung, in der sie mit ihrer Form der Familiengründung eine Minderheit bilden, und sie müssen größere Anstrengungen auf sich nehmen, um schwanger zu werden als fertile heterosexuelle Paare.

Die Forschung über den Familienbildungsprozess und das Erleben von LDI-Familien wurde bisher im Rahmen von zwei Studien untersucht; »The National Lesbian Family Study« von Gartrell[26] und »The German Lesbian Family Study: Unconventional Conceptions« von Green.[27] Die amerikanische Studie ist eine deskriptive Längsschnittuntersuchung von 84 lesbischen Zwei-Eltern- und Ein-Eltern-Familien. Es gab unterschiedliche Untersuchungszeitpunkte: als die Geburtsmutter inseminierte, als sie schwanger war[28] und als das über Insemination entstandene Kind zwei Jahre,[29] fünf Jahre[30] und zehn Jahre alt war.[31] Die deutsche Studie ist eine Querschnittstudie, die retrospektiv die Erfahrungen von 105 lesbischen Müttern aus 55 LDI-Familien in Bezug auf die Familiengründungsphasen bis zur ersten Insemination untersucht hat. Die Ergebnisse beider Studien werden fortan besprochen.

Beide Studien zeigten, dass die Teilnehmerinnen eine starke lesbische Identität und ein solides soziales Netzwerk hatten. Gleich viele wählten einen bekannten oder einen unbekannten Spender, obwohl die meisten nicht erwarteten, dass der Spender im Alltag eine Rolle in ihrer Familie einnehmen würde. Des Weiteren konnte man den Studien ent-

---

26 Nanette Gartrell u.a.: »The national lesbian family study: 1. Interviews with prospective mothers«, in: American Journal of Orthopsychiatry 66 (1996), S. 272-281; dies. u.a.: »The national lesbian family study: 2. Interviews with mothers of toddlers«, in: American Journal of Orthopsychiatry 69 (1999), S. 362-369; dies. u.a.: »The national lesbian family study: 3. Interviews with mothers of five-year-olds«, in: American Journal of Orthopsychiatry 70 (2000), S. 542-548; dies. u.a.: »The national lesbian family study: 4«.

27 Lisa K. Green: Unconventional conceptions: Family planning in lesbian-headed families created by donor insemination, Dresden: TUDpress 2006; auch Lisa K. Herrmann-Green/Thomas M. Gehring: »The German lesbian family study: Planning for parenthood via donor insemination«, in: Journal of Gay, Lesbian, Bisexual and Transgender Family Studies 3, 4 (2007), S. 351-396; Lisa K. Herrmann-Green/Monika E. Herrmann-Green: »Studie zur Familienbildung von Familien mit lesbischen Eltern in Deutschland«, in: Zeitschrift der Sexualforschung 4 (2008), S. 319-340.

28 N. Gartrell u.a.: »The national lesbian family study: 1«.

29 Dies. u.a.: »The national lesbian family study: 2«.

30 Dies. u.a.: »The national lesbian family study: 3«.

31 Dies. u.a.: »The national lesbian family study: 4«.

nehmen, dass alle Teilnehmerinnen sich Sorgen um potenzielle Stigmatisierung und Diskriminierung der Kinder machten, die durch Insemination empfangen wurden und in einer nicht traditionellen Familie aufwuchsen.

Die amerikanische Studie zeigt folgende Ergebnisse: Mütter, deren über Insemination entstandene Kinder einer ethischen und religiösen Minderheit angehörten, hatten Bedenken, dass ihre Kinder unter einer mehrfachen Stigmatisierung leiden könnten. Als die Kinder zwei Jahre alt waren,[32] begannen die Paare ihre Arbeitszeiten mit dem Ziel zu koordinieren, sich die Kinderbetreuung zu teilen. Sie berichteten auch, dass sie als Lesben sichtbarer geworden waren und eine erhöhte Identifikation in der Gemeinschaft mit anderen Lesben empfanden. Bis die Kinder fünf Jahre alt waren, hatte sich fast ein Drittel der Paare getrennt, setzte aber die gemeinsame Kindererziehung fort. Die nicht getrennten Paare berichteten, dass das Kind eine enge Bindung zu beiden Müttern habe.[33] Die Kinder hatten ebenfalls gute Beziehungen zu Gleichaltrigen. Die Mehrheit der Kinder hatte Großeltern, die offen für die lesbische Familie ihrer Enkelkinder waren. Die zehnjährigen Kinder unterschieden sich in ihrer psychosozialen Entwicklung nicht von den Kindern aus heterosexuellen Familien. Im Gegensatz dazu war die Prävalenz für physischen und sexuellen Missbrauch in den lesbischen Familien geringer als im nationalen Durchschnitt. Für die psychische Gesundheit der Kinder machte es keinen Unterschied, ob sie ihren Spender kannten oder nicht. Die Mütter halfen den Kindern mit Homophobie umzugehen. Die meisten Kinder besuchten multikulturelle Schulen mit Kindern aus anderen lesbischen Familien.[34]

Die deutsche Studie[35] identifizierte lesbisch-spezifische Themen, mit denen sich Lesben mit Kinderwunsch auseinandersetzen müssen und erfasste die nun folgenden Aspekte der LDI-Familiengründung.

32 Dies. u.a.: »The national lesbian family study: 2«.
33 Dies. u.a.: »The national lesbian family study: 3«.
34 Vgl. dies. u.a.: »The national lesbian family study: 4«.
35 L. Green: Unconventional conceptions.

Familienverständnis aus Sicht der LDI-Familie

Familiendefinition und Konzept

LDI-Familien sind, wie alle Familien, in verschiedenen sozialen Systemen verankert: in der Kernfamilie, in erweiterten Familien und in anderen sozialen Netzwerken. Diese Systeme enthalten lesbisch-spezifische Aspekte.

Familiengründung: Es gibt für Lesben verschiedene Möglichkeiten, schwanger zu werden: durch donogene Insemination mit Sperma von einer Samenbank (unbekannter Spender), durch einen privaten Spender (bekannter Spender) oder, was seltener gewählt wird, durch heterosexuellen Geschlechtsverkehr. Samenbanken bieten zwei Arten von unbekannten Spendern an: anonyme Spender, deren Identität unbekannt bleibt und Spender, deren Identität dem Kind unter bestimmten Umständen, z.b. nach Volljährigkeit, auf Wunsch preisgegeben wird. Das Kind wird so in eine Familie hineingeboren, in der sich beide Mütter von Anfang an als Lesben identifizieren, unabhängig davon, welcher Spendertyp gewählt wird. Die Partnerin, die die Schwangerschaft austrägt, ist die Geburtsmutter, die nicht leibliche Mutter ist die soziale Mutter des Kindes. Diese Familien mit Kindern, die durch donogene Insemination entstanden sind (Kinder aus diesen Familien werden LDI-Kinder genannt), sind charakterisiert durch die lesbische Identität der Mütter, ein hohes Maß an Planung der Elternschaft[36] und in vielen Fällen durch die Abwesenheit des biologischen Erzeugers und eines sozialen Vaters.

Die Einzigartigkeit der LDI-Familiengründung im Vergleich zur Familienentstehung bei heterosexuellen Paaren liegt im *Coming-out*, der bewussten und aktiven Entscheidungsfindungsphase[37] und der Inseminationsphase mit Spendersamen, um eine Schwangerschaft zu erzielen. Die Phase der Schwangerschaft, der Geburt des Kindes, des Übergangs zur Elternschaft und noch weitere Entwicklungsphasen, die eine solche Familie zu bewältigen hat, sind verbunden mit zusätzlichen Herausforderungen an die lesbischen Eltern und ihre Kinder. Sie müssen z.B. eine Lösung für das Strukturproblem des abwesenden bzw. anwesenden Va-

---

36 Vgl. Susan Golombok u.a.: »The European study of assisted reproduction families: Family functioning and child development«, in: Human Reproduction 11 (1996), S. 2324-2331.

37 Eine bewusste Entscheidungsphase gibt es auch bei heterosexuellen Paaren, die durch donogene Insemination oder In-vitro Fertilisation (IVF) schwanger werden.

ters bzw. Spenders finden und Konfrontationen aus einer Umwelt begegnen, die für ihre Familienpraxis zum Teil kein Verständnis zeigt. Bei der Planung von Geschwisterkindern befassen sich lesbische Eltern erneut mit den Phasen der Entscheidungsfindung und Insemination; einige Partnerinnen ziehen einen Rollenwechsel zwischen den Partnerinnen in Erwägung, so dass die soziale Mutter des Erstgeborenen die Geburtsmutter des Geschwisterkindes werden kann.

Kernfamilie: Green u.a.[38] berichten, dass Eltern und auch ihre Kinder ihre unkonventionelle Familie als etwas Selbstverständliches erleben. Sie leben überwiegend in einer modifizierten Kernfamilie und definieren ihre Familie als bestehend aus Geburtsmutter, sozialer Mutter und Kind. Auch wenn der biologische Vater des Kindes ein bekannter Spender ist, der im Leben des Kindes involviert sein soll, wird von einem Lebensmittelpunkt des Kindes ausgegangen, der bei den Müttern liegt.[39] In der Regel wird in der LDI-Familie der Spender als biologischer Vater, jedoch nicht als »Papa« wahrgenommen. Der Begriff »Papa« spricht für lesbische Mütter die sozialen und emotionalen Aspekte einer Elternschaft an, die ein unbekannter, häufig aber auch bekannter Spender, nicht erfüllt. LDI-Kinder beschreiben ihre Familie ebenfalls als Einheit bestehend aus zwei Müttern mit Kind(ern), obwohl sie den Unterschied zu anderen Familien bereits als Kleinkinder wahrnehmen.[40]

Erweiterte Familien von LDI-Familien: Die erweiterte Familie besteht bei lesbischen Familien aus der Verwandtschaft beider Frauen und ihrer Wahlfamilie, also denjenigen, denen sie sich emotional verbunden fühlen.[41] Kinder lesbischer Eltern unterscheiden sich nicht von denen heterosexueller Eltern bezüglich des regelmäßigen Kontaktes zu den Großeltern, zu anderen Verwandten und nicht verwandten Erwachsenen.[42] Kinder sowohl lesbischer wie heterosexueller Eltern haben häufiger Kontakt zu ihren Großeltern biologisch-mütterlicherseits als zu den Großeltern

---

38 L. Green: Unconventional conceptions; L. Herrmann-Green/T. Gehring: »The German lesbian family study«.

39 Eine Ausnahme stellt die »Queer Family« dar. Diese Konstellation sieht das gemeinsame Erziehen eines Kindes von einer lesbischen Mutter oder Müttern und einem schwulen Vater oder Vätern vor.

40 Vgl. N. Gartrell u.a.: »The national lesbian family study: 2«.

41 Jan J. Jiles: Lesbian mothers: Creating our families (unveröffentlichte Dissertation), Washington 1999.

42 Vgl. M. Fulcher u.a.: »Contact with grandparents«; Charlotte J. Patterson/Susan Hurt/Chandra D. Mason: »Families of the lesbian baby boom: Childrens' contact with grandparents and other adults«, in: American Journal of Orthopsychiatry 68 (1998), S. 390-399.

sozial-mütterlicherseits bzw. väterlicherseits.[43] Obwohl LDI-Kinder kaum Kontakt zu ihren biologischen Vätern bzw. Samenspendern haben, haben sie regelmäßigen Kontakt zu Männern.[44] Gelegentlich ist ein bekannter Spender Teil der Familie.[45] Falls der Spender nicht in die Familie involviert oder unbekannt ist, bitten die Eltern häufig einen befreundeten Mann, die Rolle eines Patenonkels zu übernehmen.[46] Enge Freunde werden oft als Wahlfamilienmitglieder in der Form von Onkels und Tanten aufgenommen[47] und nicht verwandte Frauen, die mit in die Familie integriert werden, sind nicht selten ehemalige Partnerinnen.[48]

Erweiterte soziale Netzwerke: Soziale Netzwerke umfassen religiöse und spirituelle Gemeinschaften sowie die lesbisch-schwule Gemeinschaft. Die Hälfte der Paare aus der Stichprobe der *National Lesbian Family Study* ist Teil einer religiösen oder spirituellen Gemeinschaft, die aufgrund ihrer Homofreundlichkeit ausgesucht wurde.[49] In der deutschen Studie wurde dieser Trend nicht gefunden. Deutsche LDI-Familien gaben eine geringe Einbindung in die lesbisch-schwule Gemeinschaft an, was vermutlich auf das Alter der Kinder (sie waren durchschnittlich vier Jahre alt) zum Zeitpunkt der Studie zurückzuführen ist. Die Mehrheit hatte zumindest Kontakt zu anderen Regenbogenfamilien (wöchentlich bis ein Mal im Quartal).[50] Dreiviertel aller Teilnehmerinnen wünschte sich allerdings häufigeren Kontakt zu anderen Regenbogenfamilien,[51] was auf einen hohen Vernetzungsbedarf hinweist. Ein regelmäßiger Kontakt zu anderen Regenbogenfamilien ist außerhalb von Ballungszentren nicht selbstverständlich. Er wird über unterschiedliche Wege hergestellt, z.B. durch Mund-zu-Mund-Propaganda, Internetforen, Kinderwunschgruppen und ILSE (Initiative lesbisch-schwuler Eltern) sowie durch Regionalgruppen des LSVD (Lesben Schwulen Verband Deutschland).

---

43 Vgl. M. Fulcher u.a.: »Contact with grandparents«; N. Gartrell u.a.: »The national lesbian family study: 2«; C. Patterson u.a.: »Families of the lesbian baby boom«.
44 Vgl. C. Patterson u.a.: »Families of the lesbian baby boom«.
45 Vgl. J. Jiles: Lesbian mothers.
46 Vgl. Patricia Baetens: »Counselling lesbian couples: requests for donor insemination on social grounds«, in: Reproductive BioMedicine Online 6 (2002), S. 75-83; L. Green: Unconventional conceptions.
47 Vgl. N. Gartrell u.a.: »The national lesbian family study: 2«.
48 Vgl. C. Patterson u.a.: »Families of the lesbian baby boom«.
49 Vgl. N. Gartrell u.a.: »The national lesbian family study: 3«.
50 Der Begriff »Regenbogenfamilie« bezeichnet alle Familien unabhängig von ihrer Entstehungsgeschichte, deren Eltern sich als schwul, lesbisch, bisexuell oder transgender identifizieren.
51 Vgl. L. Green: Unconventional conceptions.

Die Mami-Mama Dynamik

Das Definieren der Mütterrollen: Viele lesbische Mütter können keinen
äußeren Anlass für ihren Kinderwunsch benennen; sie berichten, dass er
immer dagewesen wäre.[52] Die Entscheidung für ein leibliches Kind anstelle einer Adoption oder der Aufnahme eines Pflegekindes beruht auf
dem Wunsch, Schwangerschaft und Geburt zu erleben sowie einen
Säugling zu versorgen.[53] Daniels[54] berichtet von denselben Beweggrün-
den bei heterosexuellen Frauen. Die deutsche Studie ergab, dass Lesben
die Herbeiführung einer Schwangerschaft durch Insemination dem Geschlechtsverkehr mit einem Mann vorziehen, weil sie in monogamen
Beziehungen leben. Lesben realisieren ihren Kinderwunsch in auf Dauer
angelegten Paarbeziehungen. Diese sind durch ein hohes Maß an intern
wahrgenommener Verbindlichkeit und durch äußere Anzeichen von
Verbindlichkeit charakterisiert, auch wenn das Paar nicht in einer Eingetragenen Lebenspartnerschaft lebt. Sexuelle Kontakte zu Dritten werden
zum Schutz der Integrität der Paarbeziehung abgelehnt; auch lehnen viele Lesben den sexuellen Kontakt zu Männern ab. Das Lesbenpaar mit
Kinderwunsch hat die besondere Situation, dass es entscheiden muss,
wer das (erste) Kind austrägt. Die Entscheidung, welche der Partnerinnen (zuerst) schwanger wird, hängt davon ab, welche Frau den stärkeren
Wunsch hat, Schwangerschaft und Geburt zu erleben. Wenn beide Frau-
en schwanger werden wollen, ist in der Regel das Alter ein Orientierungspunkt bei der Entscheidung. Bei der Planung des ersten Kindes
wird häufig an ein zweites Kind mit gedacht; in der Hälfte dieser Fälle
sehen die Paare dann einen Rollentausch vor, so dass die soziale Mutter
Geburtsmutter vom Geschwisterkind wird. Unabhängig von der Rolle
der Partnerinnen in Bezug auf das Kind, ob Geburtsmutter oder soziale
Mutter, wird das Kind als ein »eigenes, gemeinsames« Kind erlebt,
wenn beide an der Familienplanung beteiligt sind.

Bei heterosexuellen Eltern zeigt sich, dass es nach der Geburt des
ersten Kindes zu einer Traditionalisierung der Rollenverteilung kommt,
auch wenn das Paar vor der Geburt eine egalitäre Aufteilung praktizier-
te. Zudem sind die Rollen »Mutter« und »Vater« kulturell definiert, so
dass sich heterosexuelle Eltern nur dann mit ihrem Rollenverständnis
auseinandersetzen müssen, wenn sie bewusst von der kulturellen Norm
abweichen. Wie aber werden Rollen bei gleichgeschlechtlichen Paaren

52 Vgl. P. Baetens: »Counselling lesbian couples«; N. Gartrell u.a.: »The na-
    tional lesbian family study: 1«; L. Green: Unconventional conceptions.
53 Vgl. L. Green: Unconventional conceptions.
54 Ken R. Daniels: »Adoption and Donor Insemination: Factors Influencing
    Couples' Choices«, in: Child Welfare 73 (1994), S. 5-14.

aufgeteilt, bei der nur eine Elternrolle kulturell definiert ist und die andere auf sozialer und rechtlicher Ebene nicht existiert? Wie entscheiden lesbische Paare, welche Rolle sie in ihrer künftigen Familie einnehmen werden?

Typisch für LDI-Elternschaft ist die Betonung einer gleichberechtigten Mutterschaft und einer egalitären Arbeitsaufteilung. Die Gleichwertigkeit der Mutterrollen spiegelt sich häufig in der Wahl der Benennung, z.B. »Mama« für die eine und »Mami« für die andere Frau. Diese Bezeichnung soll die Rolle beider Frauen als Mutter nach außen transparent machen und trotzdem eine Differenzierung zwischen den Frauen ermöglichen. Beide Merkmale können auch als Strategie interpretiert werden, einer biologisch(-rechtlich)en Asymmetrie in der Elternschaft entgegenzuwirken.

Die soziale Mutter: Wiederkehrende Themen in der Diskussion um die soziale Mutterrolle beziehen sich auf mangelnde rechtliche Anerkennung,[55] fehlendes Vokabular,[56] Unsichtbarkeit, Stiefkindadoption[57] und die Rollendefinition.[58]

Für die Bestimmung der sozialen Mutterrolle gibt es kein kulturell definiertes Vokabular. Einerseits existieren viele unklare Begriffe,[59] andererseits spiegelt das fehlende Vokabular die Unsichtbarkeit der sozialen Mutterrolle wider und verstärkt sie gleichzeitig.[60] Während es in LDI-Familien selbstverständlich ist, die Geburtsmutter »Mutter« zu nennen, machen sich Mütter viele Gedanken darüber, wie die soziale Mutter vom Kind genannt werden soll.[61] In der deutschen Studie ließen sich beide

---

55 Daphne L. McClellan: »The ›other‹ mother and second parent adoption«, in: Journal of Gay & Lesbian Social Services 13 (2001), S. 1-21; Fiona Nelson: »Lesbian families: Achieving motherhood«, in: Journal of Gay and Lesbian Social Services: Issues in Practice 10 (1999), S. 27-46; Cassandra M. Wilson: »The creation of motherhood: Exploring the experiences of Lesbian co-mothers«, in: Journal of Feminist Family Therapy 12, 1 (2000), S. 21-44.

56 Cheryl Muzio: »Lesbian co-parenting: On being/being with the invisible (m)other«, in: Smith College Studies in Social Work 63 (1993), S. 215-229; D. McClellan: »The ›other‹ mother«.

57 N. Gartrell u.a.: »The national lesbian family study: 2«; dies. u.a.: »The national lesbian family study: 3«; D. McClellan: »The ›other‹ mother«.

58 C. Wilson: »The creation of motherhood«; Susan B. Morton: »Lesbian Divorce«, in: American Journal of Orthopsychiatry 68, 3 (1998), S. 410-419.

59 Vgl. D. McClellan: »The ›other‹ mother«.

60 C. Muzio: »Lesbian co-parenting«; D. McClellan: »The ›other‹ mother«.

61 C. Wilson: »The creation of motherhood«.

Elternteile »Mutter« nennen; die häufigste Kombination war, dass eine Mutter »Mama« und die andere »Mami« genannt wurde.[62]

Obwohl ihre Rolle innerhalb der Familie eindeutig ist, werden soziale Mütter von einer Umwelt, in der Konzepte von Elternschaft nach dem Modell der bürgerlichen Familie von zentraler Orientierungsverbindlichkeit sind, als solche nicht wahrgenommen; als Mutter sind sie unsichtbar.[63] Mangelnde Anerkennung erfahren soziale Mütter aber teilweise sogar von ihren eigenen Herkunftsfamilien.[64] Dies könnte erklären, weshalb LDI-Kinder mehr Kontakt zu den Verwandten der Geburtsmutter als der sozialen Mutter haben.[65] Für einige soziale Mütter verbesserte sich die Beziehung zu den eigenen Eltern durch die Geburt ihres Kindes; Elternschaft wurde als etwas Verbindendes erlebt.[66] Geburtsmütter erfuhren eine Aufnahme in die Gemeinschaft der Mütter aufgrund ihrer Erfahrung mit Schwangerschaft und Geburt, aber auf Kosten der Verleugnung ihrer lesbischen Identität, während sozialen Müttern dieser Zugang verwehrt blieb.[67] Diese Erfahrungen beeinflussen die anfängliche Beziehung zum Kind; soziale Mütter sorgen sich, dass ihr Kind sie nicht als Mutter anerkennen wird[68] und sind überrascht, dass sie eine unmittelbare und intensive Beziehung zu ihrem Baby entwickeln.[69] Viele soziale Mütter fühlen sich beeinträchtigt aufgrund des Mangels an sozialer und rechtlicher Anerkennung. Sie berichteten von unsicheren und ambivalenten Gefühlen hinsichtlich der Beanspruchung der Bezeichnung »Mutter«, obwohl sie sich selbst als solche definieren und sie diese Rolle in ihrer Familien ausfüllen.[70] Eine Belastung für die soziale Mutter resultiert aus der Situation, dass für sie die Kontinuität

---

62 Vgl. L. Green: Unconventional conceptions.
63 Vgl Joanna B. Rohrbaugh: »Choosing children: Psychological issues in lesbian parenting«, in: Women and Therapy 8 (1988), S. 51-64; Sandra R. Leiblum/M. G. Palmer/ Ilana P Spector: »Non-traditional mothers: Single heterosexual/lesbian women and lesbian couples electing motherhood via donor insemination«, in: Journal of Psychosomatic Obstetrics and Gynecology 16 (1995), S. 11-20.
64 Vgl. Barbara M. McCandlish: »Against all odds: Lesbian mother family dynamics«, in: Frederick W. Bozett (Hg.), Gay and lesbian parents, New York: Praeger Publishers 1987, S. 23-36; F. Nelson: »Lesbian families«.
65 C. Patterson u.a.: »Families of the lebian baby boom«; M. Fulcher u.a.: »Contact with grandparents«.
66 Vgl. C. Wilson: »The creation of motherhood«.
67 Vgl. F. Nelson: »Lesbian families«.
68 Vgl. N. Gartrell u.a.: »The national lesbian family study: 1«; Green: Unconventional conceptions.
69 Vgl. N. Gartrell u.a.: »The national lesbian family study: 1«; B. McCandlish: »Against all odds«.
70 Vgl. D. McClellan: »The ›other‹ mother«.

der sozialen Mutter-Kind-Beziehung im Trennungs- oder Todesfall der Geburtsmutter nicht gewährleistet ist. LDI-Eltern bemühen sich, so viel wie möglich im Vorfeld rechtlich zu regeln, aber im Trennungsfall hat die soziale Mutter im Vergleich zur Geburtsmutter keinerlei Rechte und im Todesfall der Geburtsmutter entscheidet ein Richter über den Verbleib des Kindes. In Deutschland existiert seit 2005 die Möglichkeit einer Stiefkindadoption für eine soziale Mutter, die in einer Eingetragenen Lebenspartnerschaft mit der Geburtsmutter lebt. Dadurch wird der rechtliche Status der sozialen Mutter-Kind-Beziehung abgesichert: Die Stiefkindadoption sichert dem Kind zwei rechtlich gleichberechtigte Elternteile.

Asymmetrie: Es besteht die Tendenz nur eine der beiden Frauen als Mutter wahrzunehmen.[71] Um dem entgegenzuwirken, legen LDI-Eltern viel Wert darauf, die soziale Mutterrolle zu definieren und zu stärken. Die Strategien bei der Herstellung einer gleichberechtigten Elternschaft[72] umfassen die Teilung der Kindespflege, das Sich-abwechseln beim Abholen des Kindes aus dem Kindergarten, die Vorstellung der sozialen Mutter in neuen Situationen vor der Vorstellung der Geburtsmutter oder z.B. die Abwechslung in der Begleitung des Kindes zu Arztbesuchen.[73] Dieses Modell der Gleichberechtigung spiegelt sich in der Benennung der Elternrollen durch die Begriffe »Mami« und »Mama« wider.[74]

Die asymmetrische rechtliche Elternschaft der Mütter führt dazu, dass Paare im Vorfeld Pläne für einen Trennungs- bzw. Todesfall der Geburtsmutter treffen. Darin unterscheiden sich lesbische LDI-Eltern von heterosexuellen Eltern, die selten Trennungssituationen oder Todesfälle in der Familienplanungsphase bedenken.[75] Selbst in Fällen, in denen eine Stiefkindadoption möglich ist, besteht bis zur Entscheidung des Familiengerichts eine Zeitspanne, in der die soziale Mutter-Kind-Beziehung rechtlich ungeschützt bleibt. Dreiviertel der Paare in der deutschen Stichprobe trafen daher Abmachungen bezüglich des Sorge- und Umgangsrechts und strebten eine Beibehaltung der gemeinsamen Kindererziehung über eine eventuelle Trennung hinaus an.[76] Im Todes-

---

71 Vgl. J. Rohrbaugh: »Choosing children«.
72 Susan E. Dalton/Denise D. Bielby: »»That's our kind of constellation«: Lesbian mothers negotiate institutionalized understandings of gender within the family«, in: Gender & Society 14 (2000), S. 36-61.
73 Vgl. J. Rohrbaugh: »Choosing children«.
74 Vgl. Green: Unconventional conceptions.
75 Vgl. Claire L. Wendland/Francis Byrn/Cynde Hill: »Donor insemination: A comparison of lesbian couples, heterosexual couples, and single women«, in: Fertility and Sterility 65 (1996), S. 764-770.
76 Vgl. Green: Unconventional conceptions.

fall war gewünscht, dass die elterliche Sorge für das gemeinsame Kind auf die soziale Mutter übergeht. Jedoch sind solche Abmachungen rechtlich nicht bindend.

Die rechtliche Asymmetrie schlägt sich in der Paar- und Elternbeziehung nieder. Von der sozialen Mutter wird diese Situation als sehr belastend erlebt. Der positive Einfluss der Stiefkindadoption auf das Gefühl von Sicherheit für die soziale Mutter ist gut dokumentiert.[77] Im Falle einer Trennung erhöht die Stiefkindadoption auch die Wahrscheinlichkeit für ein gemeinsames Sorgerecht und stellt die Kontinuität der Bindung zwischen Kind und sozialer Mutter sicher.[78] Den Kindern ist ihre Vulnerabilität in Bezug auf ihre soziale Mutter kaum bewusst. Im Gegenteil, es scheint eher schwierig, jüngeren Kindern die Bedeutung der Stiefkindadoption begreifbar zu machen, da sie mit der Selbstverständlichkeit aufwachsen, zwei gleichwertige Mütter zu haben. Mit der Stiefkindadoption entsteht eine Übereinstimmung der emotionalen Beziehungen und der rechtlichen Struktur der Familie. Es entsteht eine Symmetrie der Elternschaft und eine geschlossene Familiengrenze, die nach innen spürbar und nach außen dokumentiert ist.

Arbeitsteilung: Eine beliebte Fragestellung bezüglich LDI-Eltern – aus heterosexueller Sicht – ist die nach der Arbeitsteilung, da diese nicht auf der Grundlage der Zugehörigkeit zu einem Geschlecht geregelt ist. Im Allgemeinen investieren soziale Mütter viel Energie in ihre Familien.[79] Untersuchungen belegen durchgängig, dass lesbische Paarbeziehungen im Vergleich zu heterosexuellen Partnerschaften bezüglich der Arbeitsteilung gleichberechtigter sind.[80] Einige Studien können den Nachweis erbringen, dass die Geburtsmutter sich eher um den Haushalt und die Kindererziehung kümmert und die soziale Mutter eher für die ökonomische Absicherung der Familie sorgt,[81] wobei dieses Arrangement sich

---

77 N. Gartrell u.a.: »The national lesbian family study: 2«; N. Gartrell u.a.: »The national lesbian family study: 3«; D. McClellan: »The ›other‹ mother«.
78 Vgl. N. Gartrell u.a.: »The national lesbian family study: 3«.
79 Vgl. C. Wilson: »The creation of motherhood«.
80 Vgl. A. Brewaeys u.a.: »Donor insemination«; Lynn Shelley-Sireci/ Claudia Ciano-Boyce: »How did they become parents? Becoming and being lesbian adoptive and birth parents«, Paper presented at the American Psychological Association Annual Convention, Boston, MA. August 1999; dies.: »Who is mommy tonight?«; H. Bos u.a.: »Experience of parenthood«.
81 Vgl. C. Patterson: »Families of the lesbian baby boom«; dies.: »Lesbian mothers and their children«, in: Joan Laird/Robert J. Green (Hg.), Lesbians and Gays in Couples and Families: A Handbook for Therapists, San

über die Zeit verändern kann.[82] Nichtsdestotrotz waren soziale Mütter stärker involviert in der Kindererziehung als heterosexuelle Väter,[83] während lesbische Geburtsmütter häufiger berufstätig waren als heterosexuelle Mütter.[84]

Um Beruf und Familienleben zu vereinbaren, entwickeln LDI-Familien kreative Strategien,[85] die entweder eine Reduzierung der Gesamtarbeitszeit und/oder eine Verschiebung der Arbeitszeiten zur Folge haben. Gartrell u.a.[86] berichten in ihrer Studie, dass – obwohl beide Mütter sich als gleichwertige Mütter wahrnahmen – Kinder bis zum Alter von zwei Jahren die Geburtsmutter als Hauptbezugsperson identifizierten. Zwei Drittel der Elternpaare gaben an, dass sie bis zum Alter der Kinder von fünf Jahren eine egalitäre Arbeitsteilung hatten, während nur ein Drittel der Paare angab, dass die Geburtsmutter auch nach dieser ersten Zeit mehr als die Partnerin in den Haushalt und die Kindererziehung eingebunden sei. Dies ist bedeutsam, da partnerschaftliche Zufriedenheit bei Lesbenpaaren höher ist, je egalitärer die Arbeitsaufteilung ist. Partnerschaftliche Zufriedenheit wiederum korreliert positiv mit psychischer Gesundheit der Kinder.[87]

»Historisch gesehen ist die Mutter die Hauptbezugsperson. In einer lesbischen Familie mit zwei Müttern besteht allerdings eine besondere Aufgabe darin, die Rollen genau dann klar zu definieren, wenn beide sich als ›Mutter‹ verstehen. Diese Klärung ist schwierig, besonders, wenn es um die Frage geht ›Wer ist die *richtige* Mutter?‹. Eine derart geführte Auseinandersetzung impliziert, dass einer Frau der beanspruchte Sozialstatus abgesprochen und damit ihre Legitimation in Frage gestellt wird«.[88]

Ciano-Boyce u.a.[89] untersuchten das Fürsorgeverhalten von LDI-Eltern, lesbischen Adoptiveltern und heterosexuellen Adoptiveltern. Sie fanden heraus, dass sich Kinder, wenn sie z.B. müde oder hungrig waren oder sich unwohl fühlten, an einen Elternteil wandten, um Fürsorge zu erhal-

---

Francisco: Jossey-Bass Publishers 1996, S. 420-437; H. Bos u.a.: »Experience of parenthood«.
82 Vgl. B. McCandlish: »Against all odds«.
83 Vgl. C. Patterson: »Lesbian mothers and their children«; Brewaeys u.a.: »Donor insemination«; H. Bos u.a.: »Experience of parenthood«.
84 Vgl. A. Brewaeys u.a.: »Donor insemination«.
85 Vgl. Lucy R. Mercier: Lesbian mother families: A qualitative study of perceptions of institutional and interpersonal support (Dissertation), US: University Microfilms International 2000.
86 N. Gartrell u.a.: »The national lesbian family study: 1; 2; 3«.
87 Vgl. C. Patterson: »Families of the lesbian baby boom«.
88 S. Morton: »Lesbian Divorce«, S. 416f. (eigene Übersetzung).
89 C. Ciano-Boyce/L. Shelly-Sireci: »Who is mommy tonight?«.

ten, während sie sich für andere Aktivitäten wie z.B. toben, lesen, fernsehen dem anderen Elternteil anschlossen. Kurz: Die Kinder nahmen selbst eine Aufgabenverteilung der Eltern vor und wählten selbst einen Elternteil für spezifische Anforderungen aus. Die Autoren der Studie berichten ferner, dass diese von den Kindern vorgenommene Verteilung stabil war. Nur bei der Gruppe der lesbischen Adoptiveltern führte dies zu Konflikten in den Partnerschaften. Wenn Konkurrenz zwischen den beiden Müttern entsteht, dann überwiegend im Zusammenhang mit Stillen und dem Bindungsaufbau zu Säuglingen.[90] Generell unterscheiden sich lesbische Geburtsmütter und soziale Mütter nicht bezüglich der Gestaltung ihrer Eltern-Kind-Interaktionen.[91]

Rolle des Spenders, Vermittlung eines Vaterbildes

In der LDI-Familie wird der Spender als biologischer Vater, jedoch nicht als »Papa« wahrgenommen. Laut Green[92] vertreten viele Mütter die Einstellung, dass allein die biologische Vaterschaft keine ausreichende Voraussetzung sei, um ›Vater‹ zu werden. Des Weiteren seien es die sozialen Aspekte, wie die Übernahme von Verantwortung für das Kind und die aktive Teilnahme an der Kindeserziehung, die einen Mann zu einem »richtigen« Vater machen. Die Mütter stimmten darin überein, dass Bezugsperson und Vorbilder für ihre Kinder nicht biologisch mit ihnen verwandt sein müssen. Jedoch ist die Rolle des Spenders positiv besetzt; er wird als ein netter, toller Mann, der dem Paar ihr Kind geschenkt hat, konzeptualisiert. Die lesbischen Mütter sorgten sich in der Planungsphase, dass ihr Kind einen Vater oder eine männliche Identifikationsperson vermissen könnte. Davon wird auch in anderen Studien berichtet.[93] Die Idee des fehlenden Vaters basiert jedoch auf einem Konzept von Familie, das Familie als eine Gemeinschaft beschreibt, die aus den beiden verschiedengeschlechtlichen Eltern und dem gemeinsamen Kind besteht. Pies fragt in diesem Zusammenhang:

»Wenn Lesben sich darüber Gedanken machen, ein Kind zu bekommen, dann bewegt einige die Frage, ob sie in der Verantwortung stehen, ihrem Kind die Identität des biologischen Vaters mitzuteilen. Sie fragen sich, ob es einen moralischen Imperativ gibt, nach dem es ihre Pflicht sei, das Kind, das man zur

---

90 Vgl. N. Gartrell u.a.: »The national lesbian family study: 2«.
91 Vgl. A. Brewaeys u.a.: »Donor insemination«; S. Golombok u.a.: »Children with lesbian parents«.
92 L. Green: Unconventional conceptions.
93 Suzanne M. Johnson/Elizabeth O'Connor: The gay baby boom, New York: University Press 2002; S. Leiblum u.a.: »Non-traditional mothers«.

Welt bringt, mit Informationen über den Vater zu versorgen? Für viele Lesben mit Kinderwunsch bedeutet diese Auseinandersetzung eine in hohem Maße emotionale und moralisch herausfordernde Konfliktsituation.«[94]

Brewaeys u.a.[95] und Rauchfleisch[96] berichten jedoch, dass bislang keine negativen Folgen für Kinder, die ohne Vater aufgewachsen sind, nachgewiesen werden konnten. Im Gegenteil, Forschungsergebnisse, die zeigen, dass sich die Entwicklungsverläufe von LDI-Kindern nicht von den Kindern unterscheiden, die in einer traditionalen Familie groß werden, stellen eher die These in Frage, die von der Bedeutsamkeit der Verschiedengeschlechtlichkeit der Eltern als Grundlage für eine gelungene Sozialisation ausgeht.

Trotzdem fällt die Entscheidung für einen bekannten oder unbekannten Spender nicht leicht. In der Studie von Green[97] werden die Überlegungen, die Frauenpaare bei der Gründung einer Familie mithilfe einer Samenspende anstellen, nachgezeichnet. So ist den zukünftigen Elternpaaren bewusst, dass sie mit ihrer Entscheidung die Zukunft des Kindes mitbestimmen, da es die Hauptlast bei der Bewältigung dieser alternativen Familiengründung zu tragen hat. Des Weiteren spielen Bedenken eine Rolle, dass das Kind in einem sozialen Klima aufwächst, in dem häufig angenommen wird, eine positive Kindesentwicklung sei ausschließlich möglich, wenn ein Kind bei einem biologischen Vater und einer biologischer Mutter aufwächst. Zudem tangiert die Wahl des Spendertyps die Grenzen des lesbischen Paares und der zukünftigen Familie. Die unterschiedlichen Spendertypen bieten unterschiedliche Sicherheiten und unterschiedliche Herausforderungen für LDI-Familien. Den Müttern, die anonyme Spender wollten, war es wichtig, die Grenzen der LDI-Familie zu schützen. Außerdem wollten sie dem Kind Enttäuschungen ersparen, sollte der Spender nicht auffindbar sein oder keinen Kontakt wollen. Diese Spenderwahl stellt den deutlichsten Bruch mit heteronormativen Vorstellungen von Familie dar.

Auch Mütter, die die Möglichkeit eines »Ja-Spenders« nutzten, achteten auf den Schutz der LDI-Familiengrenze. Sie wollten dem Kind jedoch den Zugang zur Identität des Spenders ermöglichen, falls es dies wünscht. Diese Einstellung stimmt eher mit heteronormativen Vorstellungen überein und erfordert deshalb wahrscheinlich weniger Rechtfer-

---

94 C. Pies: Considering parenthood, S. 86 (eigene Übersetzung).
95 A. Brewaeys u.a.: »Donor insemination«.
96 Udo Rauchfleisch: Alternative Familienformen: Eineltern, gleichgeschlechtliche Paare, Hausmänner, Göttingen: Vandenhoeck & Ruprecht 1997.
97 L. Green: Unconventional conceptions.

tigung. Die Herausforderung bei der Wahl eines »Ja-Spenders« liegt dann darin, das Kind während der Phase der bevorstehenden und tatsächlichen Identitätsfreigabe zu begleiten und als Familie sich den Herausforderungen zu stellen, die ein offener Umgang mit der genetischen Herkunft mit sich bringt.

Für Mütter, die einen bekannten Spender gewählt hatten, war die Kenntnis der Spenderidentität gesichert. Die Ausgangslage ermöglicht die Bildung von kreativen Familienkonstellationen mit zwei, drei oder vier Elternfiguren. Die gebräuchlichsten Methoden waren, einen Mann zu fragen, der beiden Frauen bekannt war, oder über eine Anzeige einen Kontakt zu einem Mann herzustellen. Interessanterweise waren die Spender, die die Frauen wählten, meistens Männer, die dem Paar vorher nicht bekannt waren. Während die Identität des biologischen Vaters dem Kind in dieser Konstellation zwar bekannt sein kann, entschieden sich viele Frauenpaare dafür, dem Spender als »Freund der Familie« oder als »Onkel« einen Platz in der Familie zuzuweisen. In nur wenigen Fällen wurde der Samenspender als sozialer Vater oder »Papa« eingeführt. Als Familie wurde das lesbische Paar mit Kind definiert. Weder war geplant, den Spender in die Geburtsurkunde einzutragen, noch war vorgesehen, dass der Spender die Familie finanziell unterstützt, die Kinderbetreuung mit verantwortet oder an zentralen Entscheidungen teil hat. Eine Vereinbarung für den Fall einer Trennung oder für den Fall, dass die Beteiligten andere Sozialpositionen auszufüllen beanspruchten als ursprünglich verabredet, gab es selten, und wenn, dann mündlich. Die Hauptschwierigkeit bestand lediglich darin, einen Mann zu finden, der gewillt war, der Vorstellung des lesbischen Paares hinsichtlich der ihm zugedachten Rolle in der Familie zuzustimmen. Mit einem bekannten Spender hatten die Frauen den größten Grad an Selbstbestimmung, zum einen hinsichtlich der Auswahl des Spenders und zum anderen bestand die Möglichkeit der Selbstinsemination. Diese Konstellation kommt heteronormativen Vorstellungen von Familie am nächsten, besonders dann, wenn es sich um einen Spender handelt, dem z.B. als sozialer Vater ein Platz in der Familie zugewiesen werden konnte. Die dauerhafte Klärung der (Nicht-) Beteiligung des Spenders am Familienleben kann jedoch zu einem der anspruchsvollsten Aspekte dieser Spenderwahl werden.

LDI-Eltern haben ein positives Bild vom Spender; sie schreiben ihm Eigenschaften zu, die im Kind, aber nicht in der Geburtsmutter gesehen werden, und sie sind ihm dankbar, dass sie mit seiner Hilfe ein Kind bekommen konnten.[98] Brewaeys u.a.[99] berichten, dass sich LDI-Eltern Ge-

---

[98]   Vgl. A. Brewaeys u.a.: »Children from anonymous donors«; Susan Dundas/Miriam Kaufman: »The Toronto lesbian family study«, in: Jour-

danken über den Spender gemacht haben und Gespräche über ihn geführt haben. Bei heterosexuellen Paaren führten solche Gespräche eher zu Spannungen. Eine andere Studie schloss auf ein ambivalentes Verhältnis zum Spender seitens der LDI-Eltern, da diese ihn auf eine anonyme Spermazelle reduzierten, obgleich sie vorzogen, ein weiteres Kind mit dem Samen des Mannes zu zeugen.[100] Kinder anonymer Spender erleben den Spender nicht als Vater. Bei der Frage, ob sie einen Vater haben, verneinen sie dies.[101] Scheib u.a.[102] berichten, dass auch »Ja-Spender« meist nicht als »Vater« wahrgenommen werden; im Gespräch wird von »dem Spender« oder »dem biologischen Vater« gesprochen, nicht aber vom »Papa«. Der Samenspender wurde von den Kindern, wenn sie aufgefordert waren, wichtige Menschen in ihrem Leben zu nennen, nicht mit erwähnt. Jedoch waren LDI-Familien mit »Ja-Spendern« positiv und neugierig gegenüber ihrem Spender eingestellt.

Vanfraussen u.a.[103] untersuchten das Konzept vom Spender bei älteren Kindern, die durch eine anonyme Samenspende entstanden sind. Die Kinder beschrieben den Spender als eine Samenzelle. Nur drei der insgesamt 41 befragten Kinder hatten nach der Identität des Spenders gefragt. Anlässe für die Eltern, den Spender zu konkretisieren, waren z.B. besondere Eigenschaften des Kindes oder gesundheitliche Probleme des Kindes. Manche Eltern hätten ihm gerne ihren Dank ausgesprochen.

Zusammenfassend kann man sagen, dass der Spender nicht als »Vater« in LDI-Familien konzeptualisiert wird, sondern als Träger von Eigenschaften, die im Kind, aber nicht in der Geburtsmutter gesehen werden. Das Konzept gilt sowohl für Familien mit anonymen Spendern wie auch bei Familien, die mit einer Identitätsfreigabe rechnen können. Green[104] interpretiert dieses Spenderkonzept nicht als einen Mechanismus für die Bewältigung der Anonymität des Spenders, sondern als Ausdruck davon, dass die Mutter-Mutter-Kind-Familieneinheit als Ganzheitlichkeit erlebt wird.

Die Einbeziehung von Männern im Leben der Kinder: Trotz der Wahl eines unbekannten Spenders und wenig Interaktion zwischen bekanntem Spender und Kind ist ein gängiges Ergebnis der Literatur, dass lesbische

---

nal of Homosexuality 40 (2000), S. 65-79; J. Scheib u.a.: »Choosing identity-release sperm donors«.

99   A. Brewaeys u.a.: »Children from anonymous donors«.

100   Vgl. A. Brewaeys u.a.: »Lesbian mothers«.

101   Vgl. S. Dundas/M. Kaufman: »The Toronto lesbian family study«.

102   J. Scheib u.a.: »Choosing identity-release sperm donors«.

103   K. Vanfraussen u.a.: »An attempt to reconstruct children's donor concept«.

104   L. Green: Unconventional conceptios.

Mütter viel Wert darauf legen, eine männliche Bezugsperson in das Leben ihres Kindes zu integrieren. Den lesbischen Müttern ist es wichtig, dass ihre Kinder männliche Rollenmodelle haben. Daher planen viele, dass ein bestimmter Mann eine besondere Rolle im Leben ihres Kindes spielen soll. Ein ›gutes Rollenmodell‹ verkörpern die nicht geschlechtsspezifischen Attribute Sensibilität, Einfühlungsvermögen, Rücksichtnahme und Sittlichkeit.[105] Während Eltern von Kindern mit unbekanntem Spender einen nicht verwandten Mann bitten, z.B. Pate des Kindes zu werden, planen Eltern von Kindern mit bekanntem Spender, dass dieser dem Kind als männliches Rollenmodell zur Verfügung steht.[106] Eine nicht verwandte männliche Person hat den Vorteil, dass sie in der Familie keine Bedrohung für die LDI-Familien-Grenze darstellt, da sie keinen gesetzlichen oder sozialen Anspruch auf einen Vaterstatus besitzt.[107] Es ist jedoch nicht immer einfach, Pläne für die Einbindung eines nicht verwandten Mannes zu realisieren.[108]

Die Aufklärung von Kindern und Umwelt

Als ungewohnte Familienform müssen LDI-Familien sich um ihre Sichtbarkeit bemühen; das umfasst eine stetige Auseinandersetzung mit der Aufklärung über Aspekte ihrer Familienform. Dazu gehört die Aufklärung der Kinder darüber, dass ihre Eltern lesbisch sind und dass sie durch eine donogene Insemination entstanden sind. Ein weiteres Aufklärungsfeld hat mit der Außenwelt zu tun. Es besteht darin, sich als Lesbe nach außen darzustellen, um ungewollte Zuschreibungen zu vermeiden und um ihre Familienform für die heterosexuell geprägte Umwelt begreifbar und wahrnehmbar machen zu können. Wird dieser Schritt nicht gemacht, wird von der Umwelt häufig fälschlicherweise von einer alleinerziehenden Mutter ausgegangen und die Familie auf eine Ein-Eltern-Kind-Familie reduziert.

Aufklärung der Kinder über die elterliche sexuelle Identität: Brewaeys u.a.[109] berichten, dass LDI-Mütter überwiegend beabsichtigen, ihre lesbische Identität dem Kind zu offenbaren. Manche waren jedoch ambiva-

---

105 Vgl. N. Gartrell u.a.: »The national lesbian family study: 1«.

106 Vgl. A. Brewaeys u.a.: »Lesbian mothers«; N. Gartrell u.a.: »The national lesbian family study: 1«; dies.: »The national lesbian family study: 2«; L. Green: Unconventional conceptions.

107 Vgl. S. Dalton/D. Bielby: »»That's our kind of constellation‹‹«.

108 N. Gartrell u.a.: »The national lesbian family study: 3«.

109 A. Brewaeys u.a.: »Lesbian mothers who conceived after donor insemination«; A. Brewaeys u.a.: »Children from anonymous donors«.

lent, ob sie das Wort ›lesbisch‹ aufgrund des Stigmas benutzen sollten, um ihre elterliche Beziehung zu beschreiben. Die LDI-Mütter in der Studie von Dundas und Kaufmann[110] gaben an, ihre Kinder aufklären zu wollen, da Geheimnisse in Familien ungesund seien und um der Entwicklung von Schamgefühlen vorzubeugen. Andere Studien haben den Aufklärungsaspekt nicht thematisiert. Möglicherweise ist das Thema für die Elternpaare so selbstverständlich, dass sich eine explizite Thematisierung erübrigt. Jedoch müssen lesbische Eltern entscheiden, wann sie den Begriff ›lesbisch‹ in das Vokabular ihres Kindes einführen, um die elterliche Identität und die elterliche Beziehung zu beschreiben, und um ihre Kinder auf mögliche negative Reaktionen anderer vorzubereiten. Eltern müssen dann bereit sein, mit spontanen Outings durch ihre Kinder selbstbewusst umzugehen, wenn ihre Kinder ihre Familienform anderen erklären.

Aufklärung der Kinder über ihrer Entstehung durch donogene Insemination: Im Gegensatz zu heterosexuellen Eltern, die ein Kind mithilfe der donogenen Insemination gezeugt haben, entscheiden sich LDI-Eltern sehr früh für die Aufklärung ihrer Kinder.[111] Der Unterschied bezüglich der Offenheit über die Zeugung durch eine Samenspende spiegelt die Funktion wider, die die Samenspende in den beiden unterschiedlichen Familienformen hat. Heterosexuelle Paare setzen die donogene Insemination als eine Behandlungsmethode für Infertilität ein; die Geheimhaltung wird motiviert durch den Wunsch, die Infertilität des Mannes zu verschweigen,[112] um das Stigma von reproduktionsmedizinischen Therapien zu umgehen[113] und um der Angst zu begegnen, dass das Vater-Kind-Verhältnis durch die Zeugungsart belastet werden könnte.[114] Jedoch können sich Geheimnisse negativ auf die Familie auswirken und sie bergen die Gefahr, dass das Kind unter ungünstigen Umständen von seiner Zeugungsart erfährt, z.B. im medizinischem Notfall oder Todes-

---

110 S. Dundas/M. Kaufman: »The Toronto lesbian family study«.
111 Vgl N. Gartrell u.a.: »The national lesbian family study: 1«; Valory Mitchell: »The birds, the bees...and the sperm banks: How lesbian mothers talk with their children about sex and reproduction«, in: American Journal of Orthopsychiatry 68 (1998), S. 400-409; K. Vanfraussen u.a.: »An attempt to reconstruct children's donor concept«.
112 Vgl. A. Brewaeys u.a.: »Lesbian mothers who conceived after donor insemination«; A. Brewaeys u.a.: »Children from anonymous donors«.
113 Vgl. A. Brewaeys u.a.: »Lesbian mothers who conceived after donor insemination«.
114 Vgl. A. Brewaeys u.a.: »Lesbian mothers who conceived after donor insemination«; A. Brewaeys u.a.: »Children from anonymous donors«; C. Wendland u.a.: »Donor insemination«.

fall eines Elternteils.[115] Die donogene Insemination stellt für Lesben keine Auseinandersetzung mit Infertilität dar. Sie nutzen die donogene Insemination als fertile Frauen, die lediglich Zugang zum Sperma brauchen, um ihre ›eigene‹ Familie mit ihrer Partnerin zu gründen, ohne dass sie einander untreu sein müssen.[116] Allerdings müssen sie das Fehlen eines Vaters erklären.[117] Auch gibt die Adoptionsforschung guten Grund zur Annahme, dass eine frühe Aufklärung über die genetische Herkunft eine günstigere Entwicklungsvoraussetzung ist als eine Verheimlichung oder ein halboffener Umgang mit dem Thema der Spende.[118]

Anlass für die Aufklärung der über Insemination gezeugten Kinder ist selten das Interesse des Kindes an seiner Entstehung, sondern die vom »Normalfall« abweichende Familienstruktur.[119] Die kindgemäßen Erzählungen beinhalten folgende Aspekte: den gemeinsamen Kinderwunsch, die Wahl einer Samenbank, die Einführung von Samen in den Bauch der austragenden Mutter[120] und die Tatsache, dass es unterschiedliche Familienformen gibt – solche mit Mutter/Vater, mit zwei Müttern oder nur mit einer Mutter.[121] Die Aufklärung über die Zeugung der Kin-

---

115 Vgl. Susan Golombok: »New family forms: Children raised in solo mother families, lesbian mother families, and in families created by assisted reproduction«, in: Lawrence Balter/Catherine S. Tamis-LeMonda (Hg.), Child Psychology. A Handbook of Contemporary Issues, Philadelphia, Penn: Psychology Press 1999, S. 429-446.

116 Vgl. M. Jacob: »Concerns of single women and lesbian couples«.

117 Vgl. A. Brewaeys u.a.: »Lesbian mothers who conceived after donor insemination«.

118 Vgl. ebd.; K. Vanfraussen u.a.: »An attempt to reconstruct children's donor concept«. Donogene Insemination und Adoption haben gemeinsam, dass eine genetische Verbindung zu einem oder beiden Eltern fehlt. Es gibt jedoch wichtige Unterschiede: Über donogene Insemination gezeugte Kinder sind das Ergebnis einer sichtbaren Schwangerschaft (vgl. J. Scheib u.a.: »Choosing identity-release sperm donors«), haben eine biologische Verbindung zu ihrer Mutter, ihre Zeugung wurde bewusst herbeigeführt nach einer positiven Entscheidung für ein Kind in der elterlichen Beziehung, und sie haben keinen Verlassenheitshintergrund (vgl. S. Golombok: »New family forms«; A. Purdie u.a.: »Identifiable semen donors – attitudes of donors and recipient couples«, in: New Zealand Medical Journal 105 (1992), S. 27-28; J. Scheib u.a.: »Choosing identity-release sperm donors«; K. Vanfraussen u.a.: »Why do children want to know more about the donor?«). Zudem kennen die über donogene Insemination gezeugten Kinder ihre Geburtsmutter und es ist hauptsächlich diese Information, die von Adoptivkinder gesucht oder vermisst wird (vgl. P. Baetens: »Counselling lesbian couples«).

119 Vgl. A. Brewaeys u.a.: »Children from anonymous donors«; K. Vanfraussen u.a.: »An attempt to reconstruct children's donor concept«.

120 Vgl. u.a. V. Mitchell: »The birds, the bees...and the sperm banks«; K. Vanfraussen u.a.: »An attempt to reconstruct children's donor concept«.

121 Vgl. S. Leiblum u.a.: »Non-traditional mothers«.

der erfolgt spontan und die Erklärungen sind dem Kindesalter angepasst.[122] Baetens u.a.[123] empfiehlt folgende Aspekte in die Entstehungsgeschichte mit aufzunehmen: den Wunsch beider Frauen ein Kind zu
haben, das Fehlen eines Vaters und das Vorhandensein eines Samenspenders, der dem Kind und den Müttern das ›Geschenk des Lebens‹
gemacht hat. Für den deutschsprachigen Raum empfehlen wir das Auf-
klärungsbuch für LDI-Kinder: »Die Geschichte unserer Familie« von
Thorn und Herrmann-Green.[124]

Scheib u.a.[125] untersuchten den Einfluss der Aufklärung auf sieben
bis 17 Jahre alte LDI-Kinder, die mithilfe eines »Ja-Spenders« gezeugt
wurden. Die meisten Kinder wurden vor ihrem sechsten Geburtstag über
ihre Herkunft aufgeklärt. Entweder zeigten sie keine oder eine neutrale
Reaktion. In den Gesprächen mit den Jugendlichen zeichneten sich neutrale bis positive Einstellungen zu ihrer Entstehung ab. Der Prozess ihrer
Entstehung war für sie kein zentrales Thema. Zudem gaben sie an, sehr
zufrieden zu sein und ihre soziale Mutter nicht missen zu wollen, auch
wenn sie sich wünschten, ihre Familie möge weniger auffallen.

Zusammenfassend kann man sagen, dass LDI-Eltern das Thema der
Zeugung mithilfe einer Samenspende offen behandeln und die Aufklärung des Kindes als Prozess begreifen, der graduell und spontan erfolgt.
Elterliche Erklärungen werden geleitet von den Fragen des Kindes, von
seinem Alter und seinem Auffassungsvermögen. Erste Gespräche über
die Entstehung des Kindes erfolgen im Alter von drei bis sechs Jahren,
um die Familienstruktur (das Vorhandensein von zwei Müttern und keinem Vater) zu erklären. Jüngere Kinder nehmen die Erklärungen ohne
allzu viele Nachfragen auf, während ältere Kinder die Information ihrer
Entstehung mithilfe der Insemination genau dann besser in ihr Selbst-
konzept integrieren, wenn die Eltern-Kind-Beziehung von einem hohen
Maß an Solidarität, Verbindlichkeit und affektiver Nähe geprägt ist.

Aufklärung der heterosexuell geprägten Umwelt über die Familienform:
Lesben generell und insbesondere LDI-Familien sind in unserer heterosexuell geprägten Umwelt insgesamt unsichtbar. Die Einführung des
Lebenspartnerschaftsgesetzes (2001) hat dazu beigetragen, dass gleichgeschlechtliche Partnerschaften sichtbarer werden, da sie jetzt durch das

---

122 Vgl. K. Vanfraussen u.a.: »An attempt to reconstruct children's donor
     concept«.
123 P. Baetens: »Counselling lesbian couples«.
124 Petra Thorn/Lisa Herrmann-Green: Die Geschichte unserer Familie. Ein
     Buch für lesbische Familien mit Wunschkindern durch Samenspende,
     Mörfelden: FamART 2009.
125 J. Scheib u.a.: »Choosing identity-release sperm donors«.

Rechtsinstitut legitimiert werden. Trotzdem existiert die Eingetragene Lebenspartnerschaft nicht als rechtlicher Familienstand, dies schlägt sich z.b. in amtlichen Formularen nieder. Auch ist die Eingetragene Lebenspartnerschaft nicht der Ehe gleichgestellt – manchmal zählt sie als solche, manchmal nicht. Entsprechend verschärft ist die Situation von Regenbogenfamilien, die z.b. um Familieneintritte in öffentlichen Einrichtungen (z.B. Kino, Sauna, Freizeitpark) und um Familienpässe diskutieren müssen oder von Fremden aufgefordert werden zu bestimmen, wer von den beiden »die Mutter« ist. Lesbische Mütter begegnen dieser Lage meist, indem sie Wert darauf legen, offen über ihre Familienkonstellation zu sprechen. Diese Strategie liefert dem Kind ein Vorbild, wie in einer heterosexuell geprägten Umwelt mit der Sondersituation umgegangen werden kann, und sie vermittelt ihnen einen Platz in einer Familieneinheit, auf die sie sich beziehen und Identität gewinnen können.

Das Ablehnen ihrer Familienform in der Gesellschaft ist eine Hauptsorge von lesbischen Müttern.[126] Insbesondere befürchten sie, dass ihre Kinder Hänseleien und Diskriminierung erleben könnten. Von dieser Hauptsorge lesbischer Eltern wird auch in anderen Studien berichtet.[127] Zum Beispiel planen die Frauen ihre Kinder zu schützen, indem sie ihnen Bewältigungsstrategien vermitteln, um mit eventueller gesellschaftlicher Homophobie und Diskriminierung zurechtzukommen. Hierzu zählen explizite Wertschätzung und Akzeptanz von Unterschiedlichkeit, eine offene Kommunikation mit dem Kind, die positive Bewertung der lesbischen Familie, Interaktion mit anderen Regenbogenfamilien sowie die Aufklärung des Kindes über homophobe oder heterosexistische Einstellungen und das Einüben von möglichen Reaktionen auf solche Erfahrungen.[128] Darüber hinaus berichten Studien über weitere Strategien zur Vermeidung von Diskriminierung: die Wahl einer homosexualitätsfreundlichen Schulumgebung[129] und eine hohe mütterliche Aktivität in der Schule der Kinder.[130] Gartrell u.a.[131] beschreiben sehr offensive und selbstbewusste Reaktionen der Kinder auf homophobische Äußerungen. Die lesbischen Eltern gaben an, dass ihre Kinder gute schulische Leis-

---

126 Vgl. L. Green: Unconventional conceptions.
127 S. Dundas/M. Kaufman: »The Toronto lesbian family study«; N. Gartrell u.a.: »The national lesbian family study: 1; 2; 3«; S. Johnson/E. O'Connor: The gay baby boom.
128 Vgl. N. Gartrell u.a.: »The national lesbian family study: 1«; dies.: »The national lesbian family study: 3«.
129 N. Gartrell: »The national lesbian family study: 2«.
130 L. Mercier: Lesbian mother families.
131 N. Gartrell: »The national lesbian family study: 3«.

tungen erbrachten und gute Peerbeziehungen hatten. Vanfraussen u.a.[132] berichten, dass die Kinder aus lesbischen Familien in ihrer Studie sich ebenso von Peers akzeptiert fühlten wie Kinder heterosexueller Eltern und keine Bedenken hatten, Freunde nach Hause einzuladen. Insgesamt ist festzuhalten, dass die LDI-Kinder weitaus weniger Diskriminierungserfahrungen machen als befürchtet und Hänseleien und Ausgrenzungen kompetent begegnen können.

Es ist ein stetiger Prozess, die Umwelt über die eigene Familienform (zwei Mütter, kein Vater, wie ist das möglich?) aufzuklären. Lesbische Mütter und ihre Kinder erleben dies teilweise als sehr anstrengend und empfinden manche Fragen als indiskret.[133] Besonders in Umbruchphasen, in denen die Familienmitglieder sich in neue soziale Gefüge einordnen müssen, z.b. durch Umzug oder Schulwechsel, kann ein »Aufklärungsstress« entstehen, der sich später wieder beruhigt. Üblicherweise übernehmen die Eltern die Aufklärungsarbeit, z.B. im Kindergarten und in der Grundschule, während ältere Kinder gerne selber darüber bestimmen wollen, wer was weiß.[134]

Die Gründung und Gestaltung von LDI-Familien stellen große Herausforderungen dar. Lesben entscheiden sich für ein Kind in einem Klima, in dem Lesben und Schwule noch nicht ganz heterosexuellen Menschen gleich gestellt sind und ihre Familienform zunächst wenig sichtbar ist. Sie sind täglich gefordert, andere aufzuklären und zu ihrer Familienform zu stehen, um als Familie gesehen und als solche respektiert zu werden. Dabei müssen sie gleichzeitig mehrere Tabuthemen brechen: Homosexualität, homosexuelle Elternschaft und eine vom Geschlechtsverkehr abgekoppelte Kindeszeugung. Diese Aufgaben erfordern viel Kraft und Einsatz von den LDI-Familienmitgliedern. Dennoch bietet diese Familienform erhebliche Chancen für sich und die Gesellschaft. Sie lehrt, dass ›Anderssein‹ kein Defizit ist, sondern etwas, worauf man stolz sein kann, das einen kräftig und stark macht. Diese unkonventionelle Familienform stellt feste und traditionelle Konzepte über das Zusammenleben, die Erziehung und Entwicklung von Kindern, das Geschlechterverhältnis, Männlichkeit, Weiblichkeit und ›Familie‹ in Frage und zeigt neue Alternativen auf.

---

132 K. Vanfraussen u.a.: »What does it mean for youngsters to grow up in a lesbian family«.
133 Siehe Green und Mitchell in diesem Band.
134 Vgl. ebd.; Susan Golombok: »Foreword«, in: Journal of Gay, Lesbian, Bisexual and Transgender Family Studies 3 (2007), S. XV-XXI; Fiona Tasker/Charlotte J. Patterson: »Research on gay and lesbian parenting: Retrospect and prospect«, in: Journal of Gay, Lesbian, Bisexual and Transgender Family Studies 3, 3 (2007), S. 9-34.

Literatur

Baetens, Patricia: »Counselling lesbian couples: requests for donor insemination on social grounds«, in: Reproductive BioMedicine Online 6 (2002), S. 75-83.

Berger, Walter/Reisbeck, Günter/Schwer, Petra: Lesben – Schwule – Kinder. Eine Analyse zum Forschungsstand in Auftrag des Ministeriums für Frauen, Jugend, Familie und Gesundheit des Landes Nordrhein-Westfalen, Düsseldorf 2000.

Bos, Henny M. W./Hakvoort, Esther M.: »Child adjustment and parenting in planned lesbian-parent families with known and as-yet unknown donors«, in: Journal of Psychosomatic Obstetrics & Gynaecology 28 (2007), S. 121-129.

Bos, Henny M. W./van Balen, Frank/van den Boom, Dymphna C.: »Planned lesbian families: Their desire and motivation to have children«, in: Human Reproduction 18 (2003), S. 2216-2224.

Bos, Henny M. W./van Balen, Frank/van den Boom, Dymphna C.: »Experience of parenthood, couple relationship, social support, and child-rearing goals in planned lesbian mother families«, in: Journal of Child Psychology and Psychiatry 45 (2004), S. 755-764.

Bos, Henny M. W./van Balen, Frank/van den Boom, Dymphna C.: »Child adjustment and parenting in planned lesbian-parent families«, in: American Journal of Orthopsychiatry 77 (2007), S. 38-48.

Brewaeys, Anne u.a.: »Children from anonymous donors: An inquiry into homosexual and heterosexual parents' attitudes« (Survey Nr. 1), in: Journal of Obstetrics and Gynecology 14 (1993), S. 23-35.

Brewaeys, Anne u.a.: »Lesbian mothers who conceived after donor insemination: A follow-up study« (Survey Nr. 2), in: Human Reproduction 10 (1995), S. 2731-2735.

Brewaeys, Anne u.a.: »Donor insemination: Child development and family functioning in lesbian mother families« (Survey Nr. 3), in: Human Reproduction 12 (1997), S. 1349-1359.

Brewaeys, Anne u.a.: »Anonymous or identity-registered sperm donors? A study of Dutch recipients' choices«, in: Human Reproduction 20 (2005), S. 820-824.

Chan, Raymond W./Raboy, Barbara/Patterson, Charlotte J.: »Psychosocial adjustment among children conceived via donor insemination by lesbian and heterosexual mothers«, in: Child Development 69 (1998), S. 443-457.

Ciano-Boyce, Claudia/Shelly-Sireci, Lynn: »Who is mommy tonight? Lesbian parenting issues«, in: Journal of Homosexuality 43 (2002), S. 1-13.

Dalton, Susan E./Bielby, Denise D.: »»That's our kind of constellation‹: Lesbian mothers negotiate institutionalized understandings of gender within the family«, in: Gender & Society 14 (2000), S. 36-61.

Daniels, Ken R.: »Adoption and donor insemination: Factors influencing couples' choices«, in: Child Welfare 73 (1994), S. 5-14.

Dundas, Susan/Kaufman, Miriam: »The Toronto lesbian family study«, in: Journal of Homosexuality 40 (2000), S. 65-79.

Dworek, Günter/Ferchau, Antje: »Vorwort zur Zweiten Auflage«, in: Familien- und Sozialverein des Lesben- und Schwulenverbandes in Deutschland e.V (Hg.), LSVD Rechtsratgeber, Köln 2006.

Falk, Patricia J.: »Lesbian mothers: Psychosocial assumptions in family law«, in: American Psychologist 44 (1989), S. 941-947.

Flaks, David K. u.a.: »Lesbians choosing motherhood: A comparative study of lesbians and heterosexual parents and their children«, in: Developmental Psychology 31 (1995), S. 105-114.

Fulcher, Megan u.a.: »Contact with grandparents among children conceived via donor insemination by lesbian and heterosexual mothers« in: Parenting: Science and Practice 2 (2002), S. 61-76.

Gartrell, Nanette u.a.: »The national lesbian family study: 1. Interviews with prospective mothers«, in: American Journal of Orthopsychiatry 66 (1996), S. 272-281.

Gartrell, Nanette u.a.: »The national lesbian family study: 2. Interviews with mothers of toddlers«, in: American Journal of Orthopsychiatry 69 (1999), S. 362-369.

Gartrell, Nanette u.a.: »The national lesbian family study: 3. Interviews with mothers of five-year-olds«, in: American Journal of Orthopsychiatry 70 (2000), S. 542-548.

Gartrell, Nanette u.a.: »The national lesbian family study: 4. Interviews with the 10-year-old children«, in: American Journal of Orthopsychiatry 75 (2005), S. 518-524.

Golombok, Susan: »Foreword«, in: Journal of Gay, Lesbian, Bisexual and Transgender Family Studies 3 (2007), S. XV-XXI.

Golombok, Susan/Tasker, Fiona/Murray, Clare: »Children raised in fatherless families from infancy: Family relationships and the socioemotional development of children of lesbian and and single mothers«, in: Journal of Child Psychology & Psychiatry 38 (1997), S. 783-791.

Golombok, Susan u.a.: »The European study of assisted reproduction families: Family functioning and child development«, in: Human Reproduction 11 (1996), S. 2324-2331.

Golombok, Susan: »New family forms: Children raised in solo mother families, lesbian mother families, and in families created by assisted

222

reproduction«, in: Lawrence Balter/Catherine S. Tamis-LeMonda, Child Psychology. A Handbook of Contemporary Issues, Philadelphia, Penn: Psychology Press 1999, S. 429-446.

Golombok, Susan u.a.: »Children with lesbian parents: A community study«, in: Developmental Psychology 39 (2003), S. 20-33.

Green, Lisa: Unconventional conceptions: Family planning in lesbian-headed families created by donor insemination, Dresden: TUDpress 2006.

Green, Robert J./Mitchell, Valory: »Different storks for different folks: Gay and lesbian parents' experiences with alternative insemination and surrogacy«, in: Journal of Gay, Lesbian, Bisexual and Transgender Family Studies 3 (2007), S. 81-104.

Herrmann-Green, Lisa K./Gehring, Thomas M.: »The German lesbian family study: Planning for parenthood via donor insemination«, in: Journal of Gay, Lesbian, Bisexual and Transgender Family Studies 3, 4 (2007), S. 351-396.

Herrmann-Green, Lisa K./Herrmann-Green, Monika E.: »Studie zur Familienbildung von Familien mit lesbischen Eltern in Deutschland«, in: Zeitschrift der Sexualforschung 4 (2008), S. 319-340.

Jacob, Mary C.: »Concerns of single women and lesbian couples considering conception through assisted reproduction«, in: Sandra R. Leiblum (Hg), Infertility: Psychological issues and counseling strategies, New York: John Wiley & Sons 1997, S. 189-208.

Jacob, Mary C./Klock, Susan C./Maier, Donald: »Lesbian couples as therapeutic donor recipients: Do they differ from other patients?«, in: Journal of Psychosomatic Obstetric Gynecology 20 (1999), S. 203-215.

Jiles, Jan J.: Lesbian mothers: Creating our families (unveröffentlichte Dissertation), Washington 1999.

Johnson, Suzanne M./O'Connor, Elizabeth: The gay baby boom, New York: University Press 2002.

Krüger-Lebus, Susanne/Rauchfleisch, Udo: »Zufriedenheit von Frauen in gleichgeschlechtlichen Partnerschaften mit und ohne Kinder«, in: System Familie 12 (1999), S. 74-79.

Leiblum, Sandra R./Palmer, M. G./Spector, Ilana P.: »Non-traditional mothers: Single heterosexual/lesbian women and lesbian couples electing motherhood via donor insemination«, in: Journal of Psychosomatic Obstetrics and Gynecology 16 (1995), S. 11-20.

Maccallum, Fiona/Golombok, Susan: »Children raised in fatherless families from infancy: A follow-up of children of lesbian and single heterosexual mothers at early adolescence«, in: Journal of Child Psychology and Psychiatry 45 (2004), S. 1407-1409.

McCandlish, Barbara M.: »Against all odds: Lesbian mother family dy-namics«, in: Frederick W. Bozett (Hg.), Gay and lesbian parents, New York: Praeger Publishers 1987, S. 23-36.

McClellan, Daphne L.: »The ›other‹ mother and second parent adop-tion«, in: Journal of Gay & Lesbian Social Services 13 (2001), S. 1-21.

Mercier, Lucy R.: Lesbian mother families: A qualitative study of per-ceptions of institutional and interpersonal support (Dissertation), US: University Microfilms International 2000.

Mitchell, Valory: »The birds, the bees...and the sperm banks: How les-bian mothers talk with their children about sex and reproduction«, in: American Journal of Orthopsychiatry 68 (1998), S. 400-409.

Morton, Susan B.: »Lesbian Divorce«, in: American Journal of Orthop-sychiatry 68, 3 (1998), S. 410-419.

Muzio, Cheryl: »Lesbian co-parenting: On being/being with the invisi-ble (m)other«, in: Smith College Studies in Social Work 63 (1993), S. 215-229.

Nelson, Fiona: »Lesbian families: Achieving motherhood«, in: Journal of Gay and Lesbian Social Services: Issues in Practice 10 (1999), S. 27-46.

Patterson, Charlotte J.: »Children of the lesbian baby boom: Behavioral adjustment, self-concepts, and sex role identity«, in: Beverly, Greene/Gregory M. Herek (Hg.), Lesbian and gay psychology: Theory, research, and clinical applications, Thousand Oaks, CA: Sage 1994, S. 156-175.

Patterson, Charlotte J.: »Families of the lesbian baby boom: Parent's di-vision of labor and children's adjustment«, in: Developmental Psy-chology 31 (1995), S. 115-123.

Patterson, Charlotte J.: »Lesbian mothers and their children«, in: Joan Laird/Robert J. Green (Hg.), Lesbians and Gays in Couples and Families: A Handbook for Therapists, San Francisco: Jossey-Bass Publishers 1996, S. 420-437.

Patterson, Charlotte J./Hurt, Susan/Mason, Chandra D.: »Families of the lesbian baby boom: Childrens' contact with grandparents and other adults«, in: American Journal of Orthopsychiatry 68 (1998), S. 390-399.

Pies, Cheri A.: Considering parenthood, Minneapolis, MN: Spinsters Book Co 1988.

Purdie, A. u.a.: »Identifiable semen donors – attitudes of donors and re-cipient couples«, in: New Zealand Medical Journal 105 (1992), S. 27-28.

Rauchfleisch, Udo: Alternative Familienformen: Eineltern, gleichgeschlechtliche Paare, Hausmänner, Göttingen: Vandenhoeck & Ruprecht 1997.

Rohrbaugh, Joanna B.: »Choosing children: Psychological issues in lesbian parenting«, in: Women and Therapy 8 (1988), S. 51-64.

Scheib, Joanna E./Riordan, Maura/Shaver, Phillip R.: »Choosing between anonymous and identity-release sperm donors: Recipient and donor characteristics«, in: Reproductive Technologies 10, 1 (2000), S. 50-58.

Scheib, Joanna E./Riordan, Maura/Rubin, Susan: »Choosing identity-release sperm donors: The parents' perspective 13-18 years later«, in: Human Reproduction 18 (2003), S. 1115-1117.

Shelley-Sireci, Lynn/Ciano-Boyce, Claudia: »How did they become parents? Becoming and being lesbian adoptive and birth parents«, Paper presented at the American Psychological Association Annual Convention, Boston, MA. August 1999.

Siegenthaler, A. L./Bigner, J. J.: »The value of children to lesbian and non-lesbian mothers«, in: Journal of Homosexuality 39 (2000), S. 73-91.

Tasker, Fiona/Patterson, Charlotte J.: »Research on gay and lesbian parenting:Retrospect and prospect«, in: Journal of Gay, Lesbian, Bisexual and Transgender Family Studies 3, 3 (2007), S. 9-34.

Thorn, Petra/Herrmann-Green, Lisa: Die Geschichte unserer Familie. Ein Buch für lesbische Familien mit Wunschkindern durch Samenspende, Mörfelden: FamART 2009.

Vanfraussen, Katrien/Ponjaert-Kristoffersen, Ingrid/Brewaeys, Anne: »An attempt to reconstruct children's donor concept: A comparison between children's and lesbian parents' attitudes towards donor anonymity«, in: Human Reproduction 16 (2001), S. 2019-2025.

Vanfraussen, Katrien/Ponjaert-Kristoffersen, Ingrid/Brewaeys, Anne: »What does it mean for youngsters to grow up in a lesbian family created by means of donor insemination?«, in: Journal of Reproduction & Infant Psychology 20 (2002), S. 237-252.

Vanfraussen, Katrien/Ponjaert-Kristoffersen, Ingrid/Brewaeys, Anne: »Why do children want to know more about the donor? The experiences of youngsters raised in lesbian families«, in: Journal of Psychosomatic Obstetric Gynaecology 24 (2003), S. 31-38.

Wainright, Jennifer L./Patterson, Charlotte J.: »Delinquency, victimization and substance use among adolescents with female same-sex parents«, in: Journal of Family Psychology 20 (2006), S. 526-530.

Wendland, Claire L./Byrn, Francis/Hill, Cynde: »Donor insemination: A comparison of lesbian couples, heterosexual couples, and single women«, in: Fertility and Sterility 65 (1996), S. 764-770.

Wilson, Cassandra M.: »The creation of motherhood: Exploring the experiences of Lesbian co-mothers«, in: Journal of Feminist Family Therapy 12, 1 (2000), S. 21-44.

Lesbische Mütter und ihre Kinder aus Spendersamen: Familiendynamische Prozesse, kindliche Entwicklung und langfristige Auswirkungen

JOANNA E. SCHEIB/PAUL D. HASTINGS

Lesbische Frauen verändern die Praxis der donogenen Insemination

Die Befruchtung mittels einer Samenspende war früher verschiedenge-schlechtlichen Paaren vorbehalten. An diesem Vorgang beteiligt waren die behandelnden Ärzte, die den Eltern strikte Geheimhaltung ihrer In-anspruchnahme künstlicher Befruchtung empfahlen, und anonyme Sa-menspender, über die man wenig wusste. Doch diese Praxis beginnt sich nun zu ändern – hin zu mehr Offenheit, bei der die Zuhilfenahme der Reproduktionsmedizin nicht mehr verheimlicht wird und die Kinder viel früher darüber aufgeklärt werden, dass sie einen Spender haben, oder das manchmal auch schon von Anfang an wissen. Wir behaupten, dass diese größere Offenheit zwei klare Ursachen hat: Öffentlichkeits- und Lobbyarbeit von inzwischen erwachsenen, mit Spendersamen gezeugten Personen und ihren Eltern, bei denen die Strategien der Geheimhaltung der donogenen Insemination nicht funktioniert haben; und die Nachfrage nach künstlicher Befruchtung mit Spendersamen seitens einer neuen großen Gruppe, zu der insbesondere lesbische Paare und alleinstehende Frauen zählen. Wir gehen kurz auf diese Ursachen der Veränderung ein und fokussieren dann auf lesbische Paare, die mithilfe donogener Inse-mination Familien gründen, auf das Wohlergehen ihrer Familien und da-

rauf, wie diese Paare die Familienbildung mit donogener Insemination
verändern.

Hintergrund

Bis zum letzten Jahrzehnt wurde die Behandlung mit Spendersamen
rund 125 Jahre lang relativ heimlich praktiziert. Ärzte nahmen donogene
Inseminationen bei heterosexuellen Paaren vor, die wegen der Unfruchtbarkeit des Mannes kinderlos waren, und empfahlen ihnen, mit nieman-
dem – auch nicht mit ihrem Kind – über ihren Gebrauch von Spendersamen zu sprechen. Sie waren nämlich überzeugt, dass es den Partner
und seine Familie vor dem Stigma seiner Unfruchtbarkeit schützen und
die Vater-Kind-Bindung festigen würde,[1] wenn über eine so extreme
»Privatsache« Stillschweigen bewahrt würde. Als Spermienlieferanten
nahm man nur anonyme Spender, deren Identität die Empfängerfamilien
nie kennen lernen konnten. Außerdem führten die einzelnen damit befassten Stellen (Ärzte, Samenbanken usw.) selten Buch über die Spender, und mit dieser Vorgehensweise garantierte man – wissentlich oder
nicht – deren Anonymität. Eltern, die so wenig über den Spender wussten, fühlten sich auch deshalb zur Geheimhaltung veranlasst, weil sie ihre Kinder vor der schmerzlichen Erfahrung bewahren wollten, nichts
über ihren Spender und mithin über die Hälfte ihrer genetischen Herkunft erfahren zu können. Folglich wussten nur wenige Kinder – und
spätere Erwachsene –, dass der Ursprung ihrer Familie einem Samenspender zu verdanken war.

Inzwischen haben mindestens zwei Faktoren dazu geführt, dass die
Praxis der donogenen Insemination offener gehandhabt wird, wobei diese Veränderungen in Ländern wie den USA und Kanada, Großbritannien
und den Niederlanden am deutlichsten sichtbar sind. Erstens verlangen
mittlerweile Erwachsene, deren Eltern die Insemination mit Spendersamen noch geheimhielten, Aufklärung über ihre Zeugungsweise. Immer
wieder tauchen Berichte von Menschen auf, die darunter leiden, dass sie
per Zufall von der Entstehungsart ihrer Familie Kenntnis bekommen
und/oder gespürt hatten, dass irgendetwas nicht stimmte.[2] So etwa hat

---

1   Vgl. Robert D. Nachtigall u.a.: »Stigma, disclosure, and family function-
    ing among parents of children conceived through donor insemination«, in:
    Fertility and Sterility 68, 1 (1997), S. 83-89.
2   Vgl. Bill Cordray: »A survey of people conceived through donor insemi-
    nation«, in: DI Network (now Donor Conception Network) News 14
    (1999/2000), S. 4-5; Amanda J. Turner/Adrian Coyle: »What does it mean
    to be a donor offspring? The identity experiences of adults conceived by
    donor insemination and the implication for counselling and therapy«, in:
    Human Reproduction 15, 9 (2000), S. 2041-2051; Sherry Dale Franz/

man in einer neueren Studie mit Familien, die mithilfe donogener Insemination entstanden sind, einen Zusammenhang zwischen Geheimhaltung, Vermeidung des Themas und geringerer familialer Kompetenz gefunden.[3] Auch Eltern berichten, dass das Leben mit dem Geheimnis eine »schwere Last«[4] sei. Menschen aus Spendersamen[5] und psychosoziale Fachkräfte[6] melden sich nun zu Wort und verlangen, dass die Praxis der donogenen Insemination zuallererst am Wohl der Kinder und Familien orientiert sein müsse und nicht einfach nur das Ziel verfolgen dürfe, unfruchtbare Paare mit einem Kind zu versorgen. Reproduktionsmedizinische Fachgesellschaften und Regierungen einzelner Länder reagieren langsam. In den Praxisleitlinien der American Society for Reproductive Medicine (ASRM, Amerikanische Gesellschaft für Reproduktionsmedizin) wird jetzt z.B. empfohlen, dass Eltern ihre mit Spendersamen gezeugten Kinder in einem möglichst frühen Alter über ihre Entstehungsart aufklären.[7] Dadurch ist es diesen Kindern möglich, die Information über ihren Ursprung in ihre sich gerade entwickelnde Identität zu integrieren, und Heimlichtuerei und negative Auswirkungen werden so ver-

---

Diane Allen: The Offspring Speak: First International Conference of Donor Offspring, Toronto: The Infertility Network 2001; Geraldine Hewitt: »Missing links: Identity issues of donor conceived people«, in: Journal of Fertility Counselling 9, 3 (2002), S. 14-20; Caroline Lorbach: Experiences of Donor Conception: Parents, Offspring and Donors through the Years, London: Jessica Kingsley Publishers 2003; Ken Daniels/Letitia Meadows: »Sharing information with adults conceived as a result of donor insemination«, in: Human Fertility 9, 2 (2006), S. 93-99; Mikki Morrissette: Voices of Donor Conception, Minnesota: Be-Mondo Publishing 2006; Spencer, Lynne W.: Sperm Donor Offspring: Identity and Other Experiences, Charleston, SC: BookSurge Publishing 2007; Patricia P. Mahlstedt/Kathleen LaBounty/William T. Kennedy: »The views of adult offspring of sperm donation: Essential feedback for the development of ethical guidelines within the practice of assisted reproductive technology in the United States«, in: Fertility and Sterility (im Druck).

3   Vgl. Marilyn S. Paul/Roni Berger: »Topic avoidance and family functioning in families conceived with donor insemination«, in: Human Reproduction 22, 9 (2007), S. 2566-2571.

4   Ken Daniels/Wayne Gillett/Victoria Grace: »Parental information sharing with donor insemination conceived offspring: A follow-up study«, in: Human Reproduction 24, 5 (2009), S. 1099-1105, hier S. 1105.

5   Z.B. Spenderkinder: www.spenderkinder.de; International Network of Donor Conception Organizations: www.inodco.org.

6   Überblick in Petra Thorn/Tewes Wischmann: »German guidelines for psychosocial counselling in the area of gamete donation«, in: Human Fertility 12, 2 (2009), S. 73-80.

7   Vgl. Ethics Committee of the American Society for Reproductive Medicine: »Informing offspring of their conception by gamete donation«, in: Fertility and Sterility 81, 3 (2004), S. 527-531.

mieden. Einige europäische Länder gehen einen Schritt weiter und fordern nun, dass Informationen über die Identität von Spendern dauerhaft gespeichert und allen mit donogener Insemination gezeugten und inzwischen erwachsenen Personen, die an ihrem Spender interessiert sind, zugänglich gemacht werden.[8]

Zweitens verändert sich die Zielgruppe, die sich der donogenen Insemination bedient. Verschiedengeschlechtliche Paare haben inzwischen reproduktionstechnische Optionen, die es sowohl dem Vater als auch der Mutter ermöglichen, genetisch mit dem Kind verwandt zu sein (z.B. die intrazytoplasmatische Spermieninjektion).[9] Diese greifen zwar immer noch auf die donogene Insemination zurück, aber momentan bilden bei dieser Behandlungsform in den USA lesbische Paare und alleinstehende Frauen die größte Gruppe.[10] In Europa haben gleichgeschlechtliche Paare jetzt eher Zugang zu reproduktionsmedizinischen Behandlungen, die ihnen bis dahin verwehrt waren.[11] Offensichtlich ist es sowohl auf die starke Nachfrage auf dem reproduktionsmedizinischen Markt als auch auf progressivere Einstellungen zurückzuführen, dass lesbische Frauen sich der donogenen Insemination leichter bedienen können. In den Veränderungen, die sich gegenwärtig bei den Zielgruppen vollziehen, spie-

---

8 Z.B. in den Niederlanden 2004, in Großbritannien 2005; Eric Blyth/Lucy Frith: »Donor conceived peoples' access to genetic and biographical history«, in: International Journal of Law, Policy and the Family 23, 2 (2009), S. 174-191; Schweden war das erste Land, das die offene Identität von Spendern im Jahr 1985 gesetzlich vorgeschrieben hat, allerdings aus anderen Gründen als dem der größeren Offenheit (siehe Petra Liljestrand: »Legitimate state and illegitimate parents: Donor insemination politics in Sweden«, in: Social Politics 2, 3 (1995), S. 270-304).

9 Vgl. Leslie R. Schover u.a.: »Preferences for intracytoplasmic sperm injection versus donor insemination in severe male factor infertility: A preliminary report«, in: Human Reproduction 11, 11 (1996), S. 2461-2464; Anne Brewaeys u.a.: »Donor insemination: Child development and family functioning in lesbian mother families«, in: Human Reproduction 12, 6 (1997b), S.1349-1359.

10 Vgl. Paula Amato/Mary Casey Jacob: »Providing fertility services to lesbian couples«, in: Sexuality, Reproduction and Menopause 2, 2 (2004), S. 83-88; Diane Ehrensaft: »Just Molly and me, and donor make three: Lesbian motherhood in the age of assisted reproductive technology«, in: Journal of Lesbian Studies 12, 2 (2008), S. 161-178.

11 Z.B. in Schweden seit 2005 (Caroline Werner/Anna Westerståhl: »Donor insemination and parenting: Concerns and strategies of lesbian couples. A review of international studies«, in: Acta Obstetricia et Gynecologica Scandinavica 87, 7 (2008), S. 697-701); in Großbritannien wurde 2008 im Human Fertilisation and Embryology Act [Gesetz, das den Umgang mit künstlicher Befruchtung und Embryonen regelt] die Klausel der »Notwendigkeit eines Vaters für das Kind«, § 13 Abs. 5, gestrichen. Vgl. der Beitrag von Blyth in diesem Band.

gelt sich auch der allgemeine Trend, dass in westlichen Ländern die Vielfalt der Familienformen zunimmt.[12]

Ein Resultat der veränderten demographischen Zusammensetzung der Zielgruppen besteht darin, dass mehr Kinder aus Spendersamen über ihre Entstehungsweise aufgeklärt werden. Lesbische Paare haben keine männliche Unfruchtbarkeit zu verbergen und müssen auch kein Geheimnis aus dem Ursprung ihrer Familien machen. Außerdem werden die Kinder solcher Eltern danach fragen, wie ihre Familien entstanden sind und weshalb sie, im Unterschied zu ihren Klassenkameraden, keinen Vater haben. Deshalb werden fast alle lesbischen Elternpaare von Anfang an wie selbstverständlich offen darüber reden, dass sie ihre Familien mithilfe eines Spenders gegründet haben. Und weil viele lesbische Frauen Heimlichtuerei und Anfechtung wegen ihrer sexuellen Orientierung selbst erlebt haben, wollen sie vielleicht auch keine neuen Geheimnisse hüten.[13] Folglich gehen lesbische Eltern von allen Eltern mit donogener Insemination gezeugten Kindern vielleicht am offensten mit der Tatsache um, dass sie ihre Familien mithilfe eines Samenspenders gegründet haben.[14]

Mit diesen Veränderungen kommen viele Fragen. Wir fokussieren auf zwei. Erstens: Wie entwickeln sich Kinder, die von einem lesbischen Paar erzogen werden? Wie ausgeprägt sind ihr Wohlbefinden und ihre soziale Anpassung? Wie sind die Beziehungen zwischen jedem Elternteil und dem Kind und zwischen den beiden Elternteilen beschaffen? Unterscheiden sich Familien mit einem lesbischen Elternpaar sowohl von heterologen Inseminationsfamilien als auch von Familien mit »natürlich« gezeugten Kindern? Zweitens: Wie verläuft die Entwicklung bei Kindern, die in relativer Offenheit über ihre Entstehungsart aufwachsen?

---

12 Z.B. Charlotte J. Patterson/Paul D. Hastings: »Socialization in the context of family diversity«, in: Joan E. Grusec/Paul D. Hastings (Hg.), Handbook of Socialization: Theory and Research, New York: Guilford Press 2007, S. 328-351; Henny M. W. Bos u.a.: »Children in planned lesbian families: A cross-cultural comparison between the USA and the Netherlands«, in: American Journal of Orthopsychiatry 2 (2008), S. 211-219; Ethics Committee of the American Society for Reproductive Medicine: »Access to fertility treatment by gays, lesbians, and unmarried persons«, in: Fertility and Sterility 92, 4 (2009), S. 1190-1193.

13 Vgl. D. Ehrensaft: »Just Molly and me, and donor make three«.

14 Vgl. Anne Brewaeys u.a.: »Children from anonymous donors: An inquiry into homosexual and heterosexual parents' attitudes«, in: Journal of Psychosomatic Obstetrics and Gynaecology 14 (1993), S. 23-35; Nanette Gartrell/Heidi Peyser/Henny Bos: »Planned lesbian families: A review of the U.S. National Longitudinal Lesbian Family Study«, in: David M. Brodinsky/Adam Pertman/Diane B. Kunz (Hg.), Lesbian and Gay Adoption: A New American Reality, Oxford: Oxford University Press (im Druck).

Das aktuelle Wissen über die familiale Kompetenz von Inseminationsfamilien stammt primär aus Studien mit heterosexuellen Paaren, die mithilfe einer anonymen Samenspende eine Familie gegründet und die Ge-
nese der Familie sowohl nach innen als auch nach außen geheimgehalten
haben. Jetzt ist es an der Zeit zu fragen, wie Kinder sich entwickeln, die
in relativer Offenheit erzogen werden und als Erwachsene manchmal
sogar Kontakt zu ihrem Spender aufnehmen können, da dieser im Rahmen eines sogenannten »offenen Programms« gespendet hat.[15]

Lesbische Inseminationsfamilien

In den letzten 30 Jahren ist die Zahl der Familien mit einem lesbischen
Elternpaar exponentiell angestiegen. Lesbische Familien bildeten sich
ursprünglich so, dass die Mütter ihre Kinder in heterosexuellen Verbindungen empfingen, sich »outeten« und dann neue gleichgeschlechtliche
Beziehungen eingingen. Interesse am Wohl dieser Kinder entstand aus
rechtlichen Belangen, insbesondere im Rahmen von Sorgerechtsverfah-
ren, bei denen lesbischen Müttern der Verlust ihrer Kinder drohte. Besorgt war man nicht nur um das allgemeine Wohl der Kinder und ihre
soziale Anpassung, sondern auch im Hinblick darauf, ob sie eine atypi-
sche Geschlechtsidentität entwickeln und/oder durch Stigmatisierung
und Diskriminierung aufgrund der sexuellen Orientierung ihrer Mütter
Schaden nehmen würden. Die aus dieser Fragestellung sich ergebenden
Studien untersuchten, wie sich diese Kinder von Kindern aus Kontrollgruppen unterschieden, die ebenfalls mit Scheidung konfrontiert waren,
in der sexuellen Orientierung der Mütter aber differierten. Generell wiesen die Ergebnisse nicht auf Unterschiede zwischen den beiden Gruppen
hin: Die Kinder lesbischer Mütter unterschieden sich weder in ihrer Ge-
samtentwicklung und ihrem Wohlbefinden noch in der Entwicklung ihrer Geschlechtsidentität von den Kindern aus Kontrollgruppen mit heterosexuellen Eltern.[16]

---

15 In den USA gibt es mittlerweile Samenbanken die nur noch identifizierbare Spender rekrutieren. Damit haben die so gezeugten Kinder mit Volljährigkeit die Möglichkeit, den Spender kennenzulernen, z.B. www.thesperm
bankofca.org. – Anm. der Übers.
16 Z.B. Fiona Tasker/Susan Golombok: »Adults raised as children in lesbian
families«, in: American Journal of Orthopsychiatry 65, 2 (1995), S. 203-
215; dies.: Growing Up in a Lesbian Family: Effects on Child Development, New York: Guilford Press 1997; siehe Überblick in Henny M. W.
Bos/Frank van Balen/Dymphna C. van den Boom: »Lesbian families and
family functioning: An overview«, in: Patient, Education, and Counseling
59, 3 (2005), S. 263-275; Charlotte J. Patterson: »Children of lesbian and
gay parents«, in: Child Development 63, 5 (1992), S. 1025-1042; dies.:

Im vorliegenden Beitrag richten wir den Blick auf eine neuere Form lesbischer Familien: auf die »geplante« Inseminationsfamilie mit einem lesbischen Elternpaar, das durch den Samen eines anonymen Spenders eine Familie gegründet bzw. das Sperma eines identifizierbaren Spenders in Anspruch genommen hat, der den Familien mindestens 16 bis 18 Jahre lang nach der Geburt des Kindes nicht bekannt sein durfte. Diese untersuchten Familien unterschieden sich von den Familien mit einem lesbischen Elternpaar, wie man sie von früher kannte, in dreierlei Hinsicht: (I) Die Mütter bekannten sich zu ihrer sexuellen Orientierung, bevor sie Kinder bekamen, und erzogen ihre Kinder von Geburt an in einer gleichgeschlechtlichen Beziehung. (II) Die Kinder waren durch den Samen eines Spenders entstanden. (III) Es war nie ein Vater anwesend.[17] Die meisten der mit diesem Thema befassten Studien wurden in den letzten zehn bis 15 Jahren veröffentlicht und waren mehrheitlich mit Familien durchgeführt worden, die durch anonyme Samenspenden entstanden sind. Im Folgenden analysieren wir diese Studien unter der Fragestellung, inwieweit sich die sexuelle Orientierung der Eltern auf das Wohl der Kinder und Jugendlichen im Hinblick auf die psychische Entwicklung und die Eltern-Kind-Beziehungen auswirkt.

Wie entwickeln sich Kinder, die in »geplanten« lesbischen Familien aufwachsen?

I. Die Entwicklung von Kindern in den einzelnen Familienformen

Können lesbische Elternpaare ihre Kinder so erziehen, dass deren soziale Anpassung, Entwicklung und Wohl gefördert werden? Die Ergebnisse der ersten Untersuchungen mit kleinen Stichproben »geplanter« lesbischer Familien legten vorläufig eine bejahende Antwort auf diese Frage nahe. In den späten 1980er Jahren führte McCandlish[18] Interviews mit fünf lesbischen Paaren durch, deren Kinder zwischen eineinhalb und sieben Jahre alt waren. Die Auswertung ihrer Interviews ließ darauf

---

»Lesbian and Gay Parents and Their Children: Summary of Research Findings«, in: American Psychological Association (Hg.), Lesbian and Gay Parenting: A Resource for Psychologists, 2. Aufl., Washington, D.C.: American Psychological Association 2005.

17 Lisa Green diskutiert in diesem Band die Planung von Familien mit einem lesbischen Elternpaar.

18 Barbara McCandlish: »Against all odds: Lesbian mother family dynamics«, in: Frederick W. Bozett (Hg.), Gay and Lesbian Parents, New York: Praeger (1987), S. 23-36.

schließen, dass diese Kinder sich gut entwickelten und lesbische Paare nach der Geburt ihres Kindes zum Teil die gleichen Prozesse durchlaufen wie verschiedengeschlechtliche Elternpaare: zuerst eine enge Bindung zwischen der genetisch verwandten Mutter (Geburtsmutter) und dem Kind und dann die bekannte Verlagerung der Bindung auf beide Elternteile. Steckel[19] stellte den ersten systematischen Vergleich an zwischen elf drei- bis vierjährigen Kindern, die von lesbischen Paaren erzogen wurden, und elf gleichaltrigen Kindern, die auf natürliche Weise gezeugt worden waren und bei heterosexuellen Paaren aufwuchsen. Auf der Basis strukturierter Interviews mit den Müttern und Kindern und von Berichten sowohl der Eltern als auch Außenstehender (Lehrer) kam sie zu dem Schluss, dass die Kinder beider Gruppen gesunde, normale Tendenzen der Ablösung und Individuierung aufwiesen. Ferner zeigten die bei lesbischen Paaren aufwachsenden Mädchen nicht mehr androgyne oder maskuline Verhaltensweisen als erwartet, während die Jungen lesbischer Eltern etwas weniger aggressiv wirkten als die Jungen heterosexueller Eltern. Dieses Muster ist seitdem in einer Studie mit einer etwas größeren Stichprobe von Kindern, die im Durchschnitt zehn Jahre alt waren (Altersspanne von sieben bis 17 Jahre), wiederholt worden.[20] Zwar muss die kleine Stichprobengröße berücksichtigt werden, aber diese ersten Ergebnisse zeigten, dass sich die Tatsache, eine Co-Mutter statt einen Vaters zu haben, nicht negativ auf die Kinder auszuwirken schien.

In den frühen 1990er Jahren führte Patterson[21] die so genannte Bay Area Family Study durch – die erste Studie, in der die psychosoziale Entwicklung von drei- bis neunjährigen Grundschulkindern untersucht wurde, die lesbische Eltern hatten. Alle bis auf drei der 37 Kinder waren durch Spendersamen entstanden. Die Untersuchung unterschied zwar nicht zwischen Kindern von Elternpaaren (70 Prozent) und Kindern alleinerziehender Mütter, hatte dafür aber andere Stärken: Standardisierte

---

19 Alisa Steckel: »Psychosocial development of children of lesbian mothers«, in: Frederick W. Bozett (Hg.), Gay and Lesbian Parents, New York: Praeger 1987, S. 75-85.

20 Siehe Katrien Vanfraussen/Ingrid Ponjaert-Kristoffersen/Anne Brewaeys: »What does it mean for youngsters to grow up in a lesbian family created by means of donor insemination?«, in: Journal of Reproductive and Infant Psychology 20, 4 (2002), S. 237-252.

21 Charlotte J. Patterson: »Children of the lesbian baby boom: Behavioral adjustment, self-concepts and sex role identity«, in: Beverly Greene/Gregory M. Herek (Hg.), Lesbian and Gay Psychology: Theory, Research, and Clinical Applications, Thousand Oaks, CA: Sage Publications 1994, S. 156-175; dies.: »Lesbian Mothers and Their Children: Findings from the Bay Area Families Study«, in: Joan Laird/Robert Jay Green (Hg.), Lesbians and Gays in Couples and Families: A Handbook for Therapists, San Francisco: Jossey-Bass 1996, S. 420-437.

Erhebungsinstrumente wurden eingesetzt, um die Werte der Kinder mit Normen vergleichen zu können; Grenzwerte wurden festgelegt, um klinisch auffälliges Verhalten identifizieren zu können; und man wertete Berichte von Außenstehenden, z.B. von Lehrern aus. Die Ergebnisse der Studie legten den Schluss nahe, dass Kinder lesbischer Eltern sich normal entwickelten. Genauso wie das Niveau der sozialen Anpassung der Kinder – gemessen über soziale Kompetenz, Verbundenheit mit Gleichaltrigen, Anzahl von Verhaltensproblemen und zahlreiche Aspekte des Selbstkonzepts – bewegten sich auch ihre Vorlieben für Rollenvorbilder im normalen, nichtklinischen Bereich. Gemessen an normorientierten Angaben ähnlichaltriger Kinder heterosexueller Eltern, unterschieden sich die Kinder lesbischer Eltern jedoch darin, dass sie stärker auf Stress reagierten (z.B. wütend wurden, sich aufregten), aber öfter auch ein Wohlgefühl erlebten (z.B. zufrieden, fröhlich waren). Patterson deutet diesen Befund so, dass die Kinder entweder einer größeren Zahl belastender Ereignisse ausgesetzt waren, diese jedoch bewältigen konnten, oder aber ihre negativen wie positiven Gefühle besser zum Ausdruck brachten. Dieses zuletzt genannte Ergebnis muss allerdings durch weitere Studien repliziert werden.

Es folgten weitere Studien, die die gleichen Methoden anwandten: Interviews, standardisierte und normierte Erhebungsinstrumente[22] und Berichte von Außenstehenden. In diesen Untersuchungen wurden außerdem Kontrollgruppen herangezogen, die sich aus Familien mit einem heterosexuellen Elternpaar bzw. einer alleinerziehenden Mutter zusammensetzten und nach Elternalter, Bildungsstand, soziökonomischem Status, Beziehungsdauer und Kindesalter demographisch parallelisiert waren. Auch heterologe Inseminationsfamilien wurden in die Studie aufgenommen, diese waren aber aufgrund von Rekrutierungsschwierigkeiten weniger stark repräsentiert. (Heterosexuelle Paare, die sich der donogenen Insemination bedient haben, bewahren oft striktes Stillschweigen über die Entstehungsart ihrer Kinder und fürchten, dass durch die Teilnahme an einer Studie ihre Kinder etwas über den Ursprung ihrer Familie erfahren könnten.) Aufgrund ihres vergleichenden Vorgehens konnten die Forscher z.B. untersuchen, wie sich die sexuelle Orientierung der Eltern, die Abwesenheit des Vaters und die Zahl der Elternteile auswirken, und dieses Design entspricht bis heute dem vorherr-

---

22 Meistens mit der Child Behavior Check List, CBCL (Thomas M. Achenbach/Craig S. Edelbrock: Manual for the Child Behavior Checklist and Revised Child Behavior Profile, Burlington: University of Vermont, Department of Psychiatry 1983).

schenden Forschungsparadigma.[23] Allen diesen Familien war gemeinsam, dass die Eltern tendenziell etwas älter waren (und ihre Familien in den Dreißigern gegründet hatten), eine gute Bildung hatten, finanziell gesichert und in ihren Beziehungen stabilisiert waren. Risikofaktoren wie z.B. Scheidung, Armut, fehlende Bildung und Labilität traten relativ selten auf, was für die Kinder von Beginn an von Vorteil war. Darüber hinaus waren die Kinder aus Inseminationsfamilien natürlich Wunschkinder; denn ihre Eltern hatten sich um ihretwillen bewusst einem zutiefst persönlichen und kostspieligen Verfahren unterzogen. Die Kinder ihrerseits schienen davon profitiert zu haben.

In der ersten Studie der nächsten Forschungswelle verglichen Flaks u.a.[24] drei- bis neunjährige Kinder aus einer Stichprobe von 15 Familien mit einem lesbischen Elternpaar und 15 Kontrollfamilien mit heterosexuellen Elternpaaren, die ihre Kinder auf »natürliche« Weise gezeugt hatten. Die standardisierten Messungen, die auf der Basis von Eltern- und Lehrerberichten durchgeführt wurden, ergaben auch hier keine Hinweise darauf, dass sich die Kinder in ihrer sozialen Kompetenz und Verhaltensanpassung (jeweils gemessen mit der CBCL) und in ihrer Intelligenz[25] unterschieden. Mit Ausnahme eines bei den Jungen verschiedengeschlechtlicher Elternpaare festgestellten durchschnittlichen IQ-Wertes im Leistungstest bewegten sich die Kinder beider Gruppen in allen Bereichen im oberen Spektrum der standardisierten Stichproben.

Golombok u.a.[26] kamen in Großbritannien zu ähnlichen Ergebnissen. Sie verglichen 30 drei- bis neunjährige Kinder aus lesbischen Familien (mit Elternpaar und nur einem Elternteil) mit »natürlich« gezeugten Kindern

---

23 Zu den wenigen Untersuchungen über Familien mit einer alleinerziehenden Mutter, die ihr Kind durch eine Samenspende bekommen hat, siehe Clare Murray/Susan Golombok: »Solo mothers and their donor insemination infants: Follow-up at age 2 years«, in: Human Reproduction 20, 6 (2005), S. 1655-1660; Ruth Landau/Ruth Weissenberg/Igael Madgar: »A child of ›hers‹: Older single mothers and their children conceived through IVF with both egg and sperm donation«, in: Fertility and Sterility 90, 3 (2008), S. 576-583.

24 David K. Flaks: »Lesbians choosing motherhood: A comparative study of lesbian and heterosexual parents and their children«, in: Developmental Psychology 31, 1 (1995), S. 105-114.

25 Ermittelt mit dem Wechsler-Test (David Wechsler: Manual for the Wechsler Intelligence Scale for Children – Revised, New York: Psychological Corporation 1974; ders.: Wechsler Preschool and Primary Scale of Intelligence – Revised: Manual, New York: Psychological Corporation 1989).

26 Susan Golombok/Fiona Tasker/Clare Murray: »Children raised in fatherless families from infancy: Family relationships and the socioemotional development of children of lesbian and single heterosexual mothers«, in: Journal of Child Psychology and Psychiatry 38, 7 (1997), S. 783-792.

aus 41 Familien mit einem heterosexuellen Elternpaar und Kindern aus 30 weiblichen Ein-Eltern-Familien und stellten fest, dass die Kinder sich insgesamt normal entwickelten. Nur wenige Unterschiede zeigten sich zwischen den einzelnen Familienformen. Die Kinder aus vaterlosen Familien wiesen eine größere Bindungssicherheit auf als die Kinder aus Familien mit einem heterosexuellen Elternpaar. Im Hinblick auf die Akzeptanz durch Gleichaltrige unterschieden sich die Angaben der Kinder nicht,[27] aber Kinder aus lesbischen Familien und alleinerziehender Mütter fühlten sich kognitiv und physisch weniger kompetent als Kinder aus Familien mit Vätern. Dieses Ergebnis wiederholte sich aber nicht in einer Folgestudie mit 25 (der ursprünglich 30) lesbischen Familien, als die Kinder zwölf Jahre alt waren.[28] Ferner zeigten die Angaben dieser Kinder als junge Erwachsene – in einer Untersuchung, die bis jetzt die einzige Studie mit Erwachsenen aus »geplanten« lesbischen Familien ist (18 Erwachsene, 20 Mütter) – genau das Gegenteil an, nämlich ein höheres Selbstwertgefühl und ein geringeres Maß an Depression, Angst und Feindseligkeit.[29] Außerdem bekannten sich alle diese jungen Erwachsenen – bis auf eine Ausnahme – zur Heterosexualität, was Vermutungen widerlegt, dass von lesbischen Frauen erzogene Kinder selbst lesbisch oder homosexuell werden könnten.

Weitere Forschungsergebnisse stützten die Aussage, dass die soziale Anpassung von Kindern aus »geplanten« lesbischen Familien der von Kindern aus Familien mit einem heterosexuellen Elternpaar bemerkenswert ähnlich ist – oder in mancher Hinsicht auch besser. In einer in Belgien und den Niederlanden durchgeführten Studie untersuchten Brewaeys u.a.[30] die Entwicklung der Geschlechterrolle sowie psychische und Verhaltensprobleme bei Vier- bis Achtjährigen aus 30 Familien mit einem lesbischen und 68 Familien mit einem heterosexuellen Elternpaar (davon haben 30 Paare ihre Kinder auf »natürliche« Weise gezeugt und 38 eine donogene Insemination in Anspruch genommen). Die Pro-

---

27 Siehe auch Nanette Gartrell u.a.: »The National Lesbian Family Study: 3. Interviews with mothers of five-year-olds«, in: American Journal of Orthopsychiatry 70, 4 (2000), S. 542-548.

28 Fiona MacCallum/Susan Golombok: »Children raised in fatherless families from infancy: A follow-up of children of lesbian and single heterosexual mothers at early adolescence«, in: Journal of Child Psychology and Psychiatry 45, 8 (2004), S. 1407-1419; siehe auch K. Vanfraussen u.a.: »What does it mean for youngsters«.

29 Susan Golombok/Shirlene Badger: »Children raised in mother-headed families from infancy: A follow-up of children of lesbian and single heterosexual mothers at early adulthood«, in: Human Reproduction 25, 1 (2010), S. 150-157.

30 A. Brewaeys u.a.: »Donor insemination«.

band/innen waren aus reproduktionsmedizinischen Abteilungen und Säuglingsstationen einer Universitätsklinik rekrutiert worden. Alle angefragten lesbischen Paare nahmen bereitwillig an der Studie teil, wodurch die Ergebnisse repräsentativ wurden für »geplante« lesbische Familien, die sich in diesem Zeitraum einer donogenen Insemination unterzogen hatten. Da alle drei Familienformen vertreten waren, konnten Brewaeys u.a. zusätzlich untersuchen, ob es allgemein Unterschiede gab zwischen Inseminationsfamilien und Familien mit »natürlich« gezeugten Kindern (d.h. die beiden Gruppen, die sich für eine donogene Insemination entschieden haben, vs. die Gruppe mit »natürlicher« Zeugung); und durch den Vergleich der beiden Typen von Inseminationsfamilien, die nach den Merkmalen parallelisiert wurden, dass sie eine künstliche Befruchtung vorgenommen, einen Spender und ein Kind hatten, das mit einem Elternteil genetisch nicht verwandt war, konnte besser untersucht werden, inwieweit die sexuelle Orientierung der Eltern Auswirkungen hat.[31] Wie zuvor unterschieden sich die Kinder aus lesbischen Familien in ihrer auf der Basis von Eltern- und Lehrerberichten mit der CBCL gemessenen sozialen Anpassung nicht von den Kindern aus den beiden heterosexuellen Familiengruppen, und ihre Werte entsprachen mehr oder weniger den niederländischen Normen. Keine Unterschiede fand man in der Entwicklung der Geschlechterrolle.[32]

Eine spätere ausführlichere Untersuchung der inzwischen zehnjährigen Kinder ergab ähnliche Entwicklungsmuster, allerdings mit der Ausnahme, dass die Lehrer bei den Kindern aus lesbischen Familien mehr Konzentrationsschwierigkeiten angaben als bei den »natürlich« gezeugten Kindern aus heterosexuellen Familien (eine Gruppe heterologer Inseminationsfamilien war nicht vertreten). Doch der Grad dieser Schwierigkeiten lag immer noch im Normalbereich, und die beiden Gruppen unterschieden sich weder in den von den Müttern noch in den von den Kindern angegebenen Konzentrationsschwierigkeiten. Kinder lesbischer Paare zeigten außerdem weniger Aggression und Angstprobleme als die »natürlich« gezeugten Kinder heterosexueller Paare.[33]

---

31 Ein effizientes Studiendesign, mit dem die Auswirkungen künstlicher Befruchtung und genetischer Asymmetrie bei Familien mit einem heterosexuellen Elternpaar untersucht werden können, findet sich bei Golombok u.a. (1995). Zu ihren Probanden zählten: Familien, die mithilfe einer donogenen Insemination entstanden sind, die eine In-vitro-Fertilisation gewählt haben, Adoptivfamilien und Familien mit »natürlich« gezeugten Kindern.

32 Siehe auch Henny M. W. Bos/Theo G. M. Sandfort: »Children's gender identity in lesbian and heterosexual two-parent families«, in: Sex Roles 62 (2010), S. 114-126.

33 Vgl. K. Vanfraussen u.a.: »What does it mean for youngsters«.

Die von Brewaeys u.a.[34] durchgeführte Studie mit Vier- bis Achtjährigen gehörte mit zu den ersten Untersuchungen, in denen eine Vergleichsgruppe heterologer Inseminationsfamilien vertreten war. Als man die Ergebnisse der drei Familienformen (lesbische Inseminationsfamilie, heterologe Inseminationsfamilie, Familien mit »natürlich« gezeugten Kindern) miteinander verglich, stellte man fest, dass Kinder aus heterologen Inseminationsfamilien häufiger Verhaltens- und psychische Probleme zeigten als »natürlich« gezeugte Kinder, was auf eine Problematik bei den heterosexuellen – nicht aber den lesbischen – Familien, die mithilfe einer donogenen Insemination entstanden sind, schließen lässt. Ein Unterschied zwischen den beiden Typen von Inseminationsfamilien bestand (außer in der sexuellen Orientierung) in der Offenheit, mit der sie der Tatsache ihrer donogenen Insemination begegneten: Mit einer Ausnahme hatten alle lesbischen Paare ihre Kinder darüber aufgeklärt, dass sie aus dem Samen eines Spenders entstanden sind, während nur ein einziges heterosexuelles Paar dies getan hatte und wenige dies noch tun wollten. Dies war einer der ersten Hinweise aus einer vergleichenden Studie (neben einzelnen Fallberichten), dass Offenheit und Geheimhaltung zu unterschiedlichen Entwicklungen bei Kindern führen können, und er legte auch nahe, dass familiendynamische Prozesse, z.B. die Kommunikation, wichtiger sein können als die sexuelle Orientierung der Eltern.

Diese Vermutung wurde durch die Studie von Chan u.a.[35] überzeugend belegt. Mit Unterstützung einer Samenbank rekrutierten die Forscher/innen eine repräsentative Stichprobe von 80 Vergleichsfamilien mit fünf- bis elfjährigen Kindern, die mithilfe donogener Insemination entstanden sind. Dann verglichen sie soziale Anpassung, soziale Kompetenz und adaptive Fähigkeiten der Kinder aus allen Familienformen, die nach sexueller Orientierung (lesbisch, heterosexuell) und Zahl der Eltern (ein Elternteil, Paar) variierten. Auch hier war die Familienform nicht mit Unterschieden in den – meisten – gemessenen Merkmalen der kindlichen Entwicklung assoziiert.[36] Die Informationen von Eltern und Leh-

---

34 A. Brewaeys u.a.: »Donor insemination«.

35 Raymond W. Chan/Barbara Raboy/Charlotte J. Patterson: »Psychosocial adjustment among children conceived via donor insemination by lesbian and heterosexual mothers«, in: Child Development 69, 2 (1998a), S. 443-457.

36 Siehe ähnliche Ergebnisse in Nanette Gartrell u.a.: »The National Lesbian Family Study: 4. Interviews with the 10-year-old children«, in: American Journal of Orthopsychiatry 75, 4 (2005), S. 518-524; dies. u.a.: »Planned lesbian families«; Henny M. W. Bos/Frank van Balen/Dymphna C. van den Boom: »Child adjustment and parenting in planned lesbian-parent families«, in: American Journal of Orthopsychiatry 77, 1 (2007), S. 38-48.

rern wiesen darauf hin, dass die Kinder sich normal entwickelten, Co-Mütter allerdings von mehr internalisierten und externalisierten Problemen berichteten als Väter. Es ist erwähnenswert, dass diese Probleme in den Angaben der leiblichen Mütter und der Lehrer nicht offenkundig waren und dass Väter tendenziell von weniger Problemen und besserer sozialer Anpassung berichteten als alle anderen Gruppen. Besser vorhersagen ließ sich die Entwicklung der Kinder über familiendynamische Prozesse, was im Folgenden diskutiert wird.

II. Erziehung und familiendynamische Prozesse in den einzelnen Familienformen

Die jahrzehntelange Sozialisationsforschung hat gezeigt, dass die kindliche Entwicklung entscheidend und nachhaltig davon geprägt wird, wie die Eltern ihre Kinder erziehen.[37] Untersuchungen haben ergeben, dass diese Aussage sowohl auf »geplante« lesbische Familien als auch auf donogene Inseminationsfamilien und heterosexuelle Elternpaare mit »natürlich« gezeugten Kindern zutrifft. Obwohl man festgestellt hat, dass sich Kinder aus diesen Familienformen nicht auf durchgängige oder markante Weise voneinander unterscheiden, ist es dennoch möglich, dass sie in ihren sozialisatorischen Erfahrungen differieren. In diesem Abschnitt untersuchen wir, ob sich die einzelnen Familienformen in ihren Strategien der Kindererziehung nachweislich voneinander unterscheiden.

Ähnlich dem Ergebnismuster, das man im Hinblick auf Merkmale von Kindern gefunden hat, haben auch Untersuchungen über Erziehung und familiendynamische Prozesse nur wenige Unterschiede zwischen den einzelnen Familienformen zu Tage befördert. So fanden z.B. Chan u.a.[38] in den gemessenen Faktoren Elternstress, Selbstwertgefühl, Depression und Qualität der Paarbeziehung keine Unterschiede zwischen 55 Familien mit einem lesbischen Elternpaar und 25 heterologen Inseminationsfamilien. Bei einer kleineren Unterstichprobe dieser Familien (30 lesbische und 16 heterologe Inseminationsfamilien) stellten Chan u.a.[39] fest, dass bei lesbischen Müttern die Rollen und Aufgaben im Rahmen der Kindererziehung gleichmäßiger verteilt waren als bei heterosexuellen Eltern, obwohl diese Frauen wünschten, dass ihre Männer

---

37 Joan E. Grusec/Paul D. Hastings (Hg.), Handbook of Socialization: Theory and Research, New York: Guilford Press 2007.
38 R. Chan u.a.: »Psychosocial adjustment among children«.
39 Raymond W. Chan u.a.: »Division of labor among lesbian and heterosexual parents: Associations with children's adjustment«, in: Journal of Family Psychology 12, 3 (1998b), S. 402-419.

sich stärker an der Kindererziehung beteiligten. Brewaeys u.a.[40] kamen außerdem zu dem Ergebnis, dass bei lesbischen Elternpaaren die Co-Elternschaft ausgewogener bzw. das erzieherische Engagement des nichtleiblichen Elternteils stärker war als bei heterosexuellen Paaren.

In ihrem Vergleich zwischen 15 Familien mit einem lesbischen Elternpaar und 15 Vergleichsfamilien, die eine heterologe Insemination in Anspruch genommen haben, fanden Flaks u.a.[41] nur einen Unterschied in der elterlichen Sozialisation. Gegenüber heterosexuellen Eltern erwiesen sich lesbische Eltern bei der Lösung von Erziehungsproblemen als effizienter in dem Sinne, dass sie ein breiteres Spektrum an Lösungen für potenzielle Schwierigkeiten entwickeln konnten. Dieser Unterschied war hauptsächlich den Vätern zurechenbar, die beim Faktor Problemlösung geringere Werte hatten als alle Mütter.

Genau umgekehrt war es in einer umfangreichen Studie mit sechsjährigen Kindern aus 100 lesbischen Familien und 100 heterosexuellen Vergleichsfamilien mit »natürlich« gezeugten Kindern.[42] Hier fanden die Forscher/innen in den Angaben zu elterlicher Kompetenz keinen Unterschied zwischen heterosexuellen Müttern und Vätern und lesbischen genetisch mit dem Kind verwandten Müttern und (mit dem Kind nicht genetisch verwandten) Co-Müttern. Die beiden Gruppen unterschieden sich auch weder in ihrem Eindruck, als Eltern belastet zu sein, noch im Hinblick auf das Angebot sozialer Unterstützung außerhalb der Familie. Einige Unterschiede zwischen den beiden Familiengruppen fand man jedoch im Elternverhalten. Bei den (mit dem Kind genetisch verwandten und nicht verwandten) lesbischen Müttern war der Kinderwunsch stärker, das Bedürfnis nach Rechtfertigung der elterlichen Rolle größer und das Interesse an konventionellen Zielen der Kindererziehung geringer als bei heterosexuellen Eltern sowie die Zufriedenheit in der Paarbeziehung und mit der Co-Elternschaft größer als bei den heterosexuellen Müttern. Die mit dem Kind genetisch verwandten lesbischen Mütter waren weniger bestimmend und setzten weniger Grenzen als heterosexuelle Mütter, und im Vergleich zu den Vätern waren alle lesbischen Mütter stärker emotional engagiert, mehr darauf bedacht, die Autonomie der Kinder zu unterstützen und zu respektieren, und weniger durchsetzungsfähig. Lesbische Co-Mütter erwiesen sich als weniger durchsetzungsfä-

---

40 A. Brewaeys u.a.: »Donor insemination«.
41 D. Flaks: »Lesbians choosing motherhood«.
42 Henny M. W. Bos/Frank van Balen/Dymphna C. van den Boom: »Experience of parenthood, couple relationship, social support, and child rearing goals in planned lesbian families«, in: Journal of Child Psychology and Psychiatry 45 (2004), S. 755-764; dies.: »Child adjustment and parenting«.

hig und zeigten eine geringere stützende Präsenz als heterosexuelle Mütter; sie brachten sich aber im Vergleich zu den Vätern emotional stärker ein, zeigten mehr Anteilnahme, nutzten lieber Überzeugungskraft als Durchsetzungsvermögen und respektierten stärker die Autonomie der Kinder.

Interessanterweise zeigen Längsschnittstudien, dass sich einige offenkundige Unterschiede in Kindererziehung und familiendynamischen Prozessen im Laufe der Zeit ändern, was darauf hinweist, dass solche Differenzen vielleicht mit den an die Familie und Eltern gestellten Anforderungen in bestimmten Entwicklungsphasen erklärt werden können. In der Untersuchung von Brewaeys u.a.[43] mit vier- bis achtjährigen Kindern aus lesbischen Familien, heterologen Inseminationsfamilien und heterosexuellen Familien mit »natürlich« gezeugten Kindern beschrieben die lesbischen Co-Mütter die Beziehungen zu ihren Kindern positiver als die Väter in beiden heterosexuellen Familienformen; die von den Kindern gemachten Angaben zur Beziehungsqualität differierten allerdings nicht zwischen lesbischen Co-Müttern und Vätern. Als diese Familien vier Jahre später wieder untersucht wurden, fanden die Forscher/innen in der elterlichen Sozialisation und der Qualität der Eltern-Kind-Beziehung jedoch keine Unterschiede zwischen heterosexuellen und lesbischen Familien.[44]

Ähnliches stellten Golombok u.a.[45] fest: Sie verglichen lesbische Familien (mit Elternpaaren und nur einem Elternteil), alleinerziehende Mütter (mit Kindern aus Spendersamen und »natürlich« gezeugten Kindern) und heterosexuelle Familien mit »natürlich« gezeugten Kindern und fanden nur einen einzigen Unterschied: dass alleinerziehende heterosexuelle Mütter sich aktiver mit ihren sechsjährigen Kindern befassten als lesbische Mütter. Als diese Familien sechs Jahre später wieder untersucht wurden,[46] war dieser Unterschied jedoch nicht mehr vorhanden. Genauso wenig wie in der Untersuchung mit den jüngeren Kindern zeigten sich in der Folgestudie, als die Kinder zwölf Jahre alt waren, Unterschiede zwischen den einzelnen Familienformen im Hinblick auf Empathie, Zuneigung, Zurechtweisung, elterliche Kontrolle und Erziehungsmaßnahmen. Differenzen fand man darin, wie die Eltern Auseinandersetzungen in der Familie einschätzten. Bei den alleinerziehenden heterosexuellen Müttern war der Aggressionsgrad bei Erziehungsmaßnahmen

---

43 A. Brewaeys u.a.: »Donor insemination«.
44 Vgl. Katrien Vanfraussen/Ingrid Ponjaert-Kristoffersen/Anne Brewaeys: »Family functioning in lesbian families created by donor insemination«, in: American Journal of Orthopsychiatry 73, 1 (2003b), S. 78-90.
45 S. Golombok: »Children raised in fatherless families«.
46 F. MacCallum/S. Golombok: »Children raised in fatherless families«.

am höchsten, und alle Mütter in Familien ohne Väter berichteten von ernsthafteren Auseinandersetzungen als die Mütter in Familien mit Vätern. Umgekehrt gaben die Zwölfjährigen aus vaterlosen Familien gegenüber den Kindern aus Familien mit einem anwesenden Vater an, dass ihre Mütter mehr und zuverlässiger Zeit für sie hätten und mehr Aktivitäten mit ihnen durchführten.

Interessanterweise traten diese Unterschiede hervor, als die Kinder in die Pubertät kamen – wenn Eltern-Kind-Konflikte aufgrund normativer Prozesse der Individuierung im Jugendalter erwartungsgemäß zunehmen, aber normalerweise auch das Verlangen des jungen Menschen nach Verbundenheit mit der Familie größer wird.[47] Dieser Zustand dauerte bis zum Ende der Pubertät an. Als diese Kinder das frühe Erwachsenenalter erreichten, gaben lesbische Mütter zwar weniger Disziplinierungsmaßnahmen an, dafür aber häufigere und heftigere Konflikte als alleinerziehende heterosexuelle Mütter.[48] Ihre erwachsenen Kinder nahmen diesen Unterschied jedoch nicht wahr; denn beide Gruppen berichteten von ähnlich positiven Beziehungen zu ihren Müttern. Es könnte also sein, dass lesbische Mütter am Anfang und Ende der Pubertät ihrer Kinder besser auf die normativen Auseinandersetzungen zwischen Eltern und heranwachsenden Kindern eingestellt sind oder sensibler damit umgehen. In Anlehnung an die Aussage von Bos u.a.,[49] dass lesbische Mütter emotional stärker engagiert sind und mehr Anteilnahme zeigen, nehmen diese Mütter vielleicht das als potenziell problematisch wahr, was andere Eltern und ihre Kinder als normale »Sturm- und Drangphase« der Pubertät betrachten.

Insgesamt lassen diese Studien den Schluss zu, dass die sozialisatorischen Erfahrungen von Kindern aus »geplanten« lesbischen Familien den Erfahrungen von Kindern aus heterosexuellen Familien viel ähnlicher sind, als dass sie sich unterscheiden. Beide Familienformen ähneln sich in ihrer Empathie, ihrem Engagement und ihrer Anteilnahme sowie in ihren positiven Eltern-Kind- und Paarbeziehungen. Im Vergleich zu heterosexuellen Eltern verfolgen lesbische Mütter vielleicht weniger traditionelle Erziehungsziele wie etwa Fügsamkeit und Gehorsam. Kinder aus lesbischen Familien halten die unter ihren Eltern prakti-

---

47 Vgl. Andrew W. Collins/Laurence Steinberg: »Adolescent development in interpersonal context«, in: William Damon/Richard M. Lerner (Hg.), Handbook of Child Psychology, Bd. 3: Social, Emotional, and Personality Development, 6. Aufl., New York: Wiley 2006, S. 1003-1067.

48 Vgl. S. Golombok/S. Badger: »Children raised in mother-headed families«.

49 H. Bos u.a.: »Experience of parenthood«; dies.: »Child adjustment and parenting«.

zierte Verteilung der erzieherischen Aufgaben für ausgewogener, als dies Kinder aus heterosexuellen Familien in Bezug auf ihre Eltern tun. Vielleicht erleben Kinder lesbischer Eltern auch weniger strenge Disziplinierungsmaßnahmen und ein eher emotionales Herangehen an Kindererziehung. Im Vergleich zu heterosexuellen Eltern sehen lesbische Mütter die Beziehung zu ihren heranwachsenden Kindern als stürmischer, aber ihre Kinder scheinen diese Sichtweise nicht zu teilen.

III. Beziehung zwischen Erziehung, familiendynamischen Prozessen und kindlicher Entwicklung

Nur in drei Studien über »geplante« lesbische Familien wurde untersucht, wie Erziehung und familiendynamische Prozesse sich auf die Kinder auswirken. Bos u.a.[50] haben festgestellt, dass die Kinder sowohl aus lesbischen als auch aus heterosexuellen Familien mit »natürlich« gezeugten Kindern mehr internalisierte und externalisierte Probleme zeigten, wenn die Elternpaare mit der Rolle der Partnerin/des Partners als Co-Elternteil weniger zufrieden waren. (Hier ist wichtig zu erwähnen, dass die Probleme der Kinder gering waren und mit Sicherheit im Normbereich altersgemäßer Verhaltensweisen lagen; die Auswertungen sagten kein klinisch relevantes Ausmaß der Probleme vorher.) Ähnlich haben Chan u.a.[51] sowohl bei lesbischen als auch heterologen Inseminationsfamilien festgestellt, dass die Kinder mehr (klinisch nicht relevante) Verhaltensprobleme zeigten, wenn die Eltern mit der Aufteilung der Arbeit im Haushalt weniger zufrieden waren, sich als Erziehende stärker belastet fühlten und eher dysfunktionale Eltern-Kind-Beziehungen hatten. In diesen Studien zeigten sich auch mehrere in weiten Teilen mit der Sozialisationsforschung konsistente Korrelationen zwischen dem Wohlbefinden der Eltern, ihrem Erziehungsverhalten und der sozialen Anpassung des Kindes, z.B. dass die Kinder offenbar mehr internalisierte und externalisierte Probleme hatten, wenn die Eltern eher depressiv waren oder auf ihrem Durchsetzungsvermögen beharrten.[52] Doch diese Korrelationen waren nicht unabhängig von den Auswirkungen der Qualität der Paar- und Eltern-Kind-Beziehung, und es gibt keine eindeutigen Belege dafür, dass die sexuelle Orientierung der Eltern durchgängig mit der Beziehungsqualität zusammenhängt.

---

50 H. Bos: »Child adjustment and parenting«.
51 R. Chan u.a.: »Psychosocial adjustment among children«; ders. u.a.: »Division of labor among lesbian and heterosexual parents«.
52 Vgl. H. Bos: »Child adjustment and parenting«; R. Chan u.a.: »Psychosocial adjustment among children«.

Zusammenfassung: Familiendynamische Prozesse und kindliche Entwicklung in »geplanten« lesbischen Familien

Aus dem bis jetzt vorliegenden empirischen Material kann man den Schluss ziehen, dass die gleichen familiendynamischen Prozesse, die bei Kindern aus heterosexuellen Familien eine positive soziale Anpassung begünstigen, sich auch bei Kindern aus »geplanten« lesbischen Familien vorteilhaft auswirken. Kinder gedeihen am besten: wenn ihre Eltern zufrieden sind mit der Partnerbeziehung und der Verteilung der Aufgaben im Haushalt und in der Kindererziehung; wenn sich die Eltern durch die Anforderungen der Kindererziehung nicht belastet fühlen; und wenn Eltern und Kinder eine positive und enge Beziehung zueinander unterhalten. In Bezug auf diese Merkmale sind sich Familien mit einem lesbischen Elternpaar und Familien mit einem heterosexuellen Elternpaar ziemlich ähnlich; und deshalb sollte es nicht überraschen, dass ihre Kinder ähnlich gut sozial angepasst sind.

Wie entwickeln sich aus Spendersamen entstandene Kinder, die mit dem Wissen über ihre Zeugungsart aufwachsen?

Kinder aus heterologen und lesbischen Inseminationsfamilien entwickeln sich bemerkenswert ähnlich und positiv, obwohl sich diese Familienformen dramatisch in ihrer Offenheit unterscheiden, wie mit der Tatsache ihrer Entstehungsweise umgegangen wird. Bis vor kurzem haben heterosexuelle Paare ihre Kinder selten darüber aufgeklärt, dass ihre Familie mithilfe donogener Insemination gegründet wurde.[53] Dagegen klären so gut wie alle lesbischen Eltern ihre Kinder über die Entstehungsart ihrer Familie auf – fast alle, wenn die Kinder noch sehr klein

---

53 Die Aufklärungsquote lag zwischen 0 und 30 Prozent, siehe Anne Brewaeys: »Review: Parent-child relationships and child development in donor insemination families«, in: Human Reproduction Update 7, 1 (2001), S. 38-46; Alexina McWhinnie: »Gamete donation and anonymity: Should offspring from donated gametes continue to be denied knowledge of their origins and antecedents?«, in: Human Reproduction 16, 5 (2001), S. 807-817; seit Neuerem liegt die Quote zwischen 10 und 70 Prozent, siehe Joanna E. Scheib/Maura Riordan/Susan Rubin: »Choosing identity-release sperm donors: The parents' perspective 13-18 years later«, in: Human Reproduction 18, 5 (2003), S. 1115-1127; M. Paul/R. Berger: »Topic avoidance and family functioning«; K. Daniels u.a.: »Parental information«.

sind.[54] Diese Offenheit ist tatsächlich eine große Veränderung, die durch »geplante« lesbische Familien angestoßen worden ist. Doch erst allmählich beginnen wir zu verstehen, wie sich Offenheit auf die Entwicklung des Kindes und späteren Erwachsenen auswirkt. Außerdem gibt es bisher nur vorläufige Antworten auf die Frage, was Menschen aus Spendersamen, wenn sie erst einmal über ihre Entstehungsart aufgeklärt sind, tatsächlich über ihren Spender wissen wollen oder müssen und welche Bedeutung er für sie hat.

Offenheit in Inseminationsfamilien

Mit der Verfeinerung der DNA-Technik und den Möglichkeiten der Bestimmung der Abstammung wird es zunehmend schwierig, den auf einen Samenspender zurückgehenden Ursprung einer Familie zu verheimlichen. Familienbeziehungen sowie das psychische und physische Wohl des so gezeugten Menschen werden höchstwahrscheinlich beeinträchtigt, wenn seine Entstehungsart geheimgehalten wird, die Gefahr der versehentlichen Enthüllung besteht und er das Gefühl hat, von den Eltern getäuscht worden zu sein.[55] Aufgrund dieser Annahme behaupten wir, dass sich Kinder aus Spendersamen und ihre Familien generell besser entwickeln, wenn die Familie offen mit ihrer Entstehungsart umgeht. Die Möglichkeiten der Offenheit sind jedoch stark eingeschränkt, weil die meisten Inseminationsfamilien anonyme Spender haben, über die wenig bekannt ist. Man weiß also nicht, ob ein Leben mit der potenziellen Enttäuschung darüber, nie etwas über den Spender erfahren oder ihn kennen lernen zu können, schlimmer ist als völlige Ahnungslosigkeit, welche für den künstlich gezeugten Menschen ein Risiko darstellt, das heterologe Inseminationsfamilien eingehen können, aber nicht unbedingt müssen.

Trotz der Risiken entscheiden sich – außer lesbischen Elternpaaren – immer mehr Eltern, die auf eine donogene Insemination zurückgegriffen haben, für die Aufklärung ihrer Kinder. Erste Forschungsergebnisse zeigten entweder keinen Zusammenhang zwischen Aufklärung und Entwicklung der Familie oder einen positiven. In ihrer Studie stellten

54 A. Brewaeys: »Review«; J. Scheib u.a.: »Choosing identity-release sperm donors«.
55 Übersicht in Glenn McGee/Sarah-Vaughan Brakman/Andrea Gurmankin: »Debate: Disclosure to children conceived with donor gametes«, in: Human Reproduction 16, 10 (2001), S. 2033-2036; A. McWhinnie: »Gamete donation and anonymity«; Ethics Committee of the American Society for Reproductive Medicine: »Informing offspring«; K. Daniels/L. Meadows: »Sharing information«.

Brewaeys u.a.[56] einen der ersten systematischen Vergleiche an zwischen Kindern, die über ihre Entstehungsart aufgeklärt wurden, und Kindern, die nicht aufgeklärt wurden bzw. noch aufgeklärt werden sollten; die untersuchten Vier- bis Achtjährigen unterschieden sich nicht in ihrer psychischen und Verhaltensanpassung, obwohl nur acht von 38 heterosexuellen Elternpaaren ihre Kinder aufgeklärt oder Aufklärung geplant hatten. Lycett u.a.[57] untersuchten jedoch eine größere Gruppe von vier- bis achtjährigen Kindern aus 18 Familien, die offen mit ihrer Entstehungsart umgingen, und fanden bei ihnen positivere Eltern-Kind-Beziehungen als bei den 28 Familien, die über ihren Ursprung Stillschweigen bewahrten. Die Forscher/innen betonten jedoch, dass die Ergebnisse der Familie, die die Zeugungsart verheimlichen, immer noch gut seien – und die Werte sich im Normalbereich bewegten. Im Rahmen einer qualitativen Studie interviewten Hunter u.a.[58] eine Stichprobe von 83 heterosexuellen Elternpaaren, die einer Selbsthilfegruppe für Inseminationsfamilien angehörten und offen mit ihrer Familiengründung umgehen wollten. Fast die Hälfte von ihnen hatte die Kinder (Durchschnittsalter: dreieinhalb Jahre; Altersspanne von drei Monaten bis 15 Jahre) aufgeklärt; der Rest plante Aufklärung (Durchschnittsalter: eineinhalb Jahre; Altersspanne von elf Wochen bis vier Jahre). Zwar wurde die kindliche Entwicklung nicht untersucht, aber es ist bezeichnend, dass die Eltern weder ihre Entscheidung, dem Kind die Wahrheit zu sagen, noch ihre Inanspruchnahme der donogenen Insemination bereut hatten. Diese Eltern fanden die Aufklärung auch umso leichter, je jünger das Kind war, und die Kinder ihrerseits reagierten tendenziell neutral und/oder neugierig.[59]

---

56 Anne Brewaeys u.a.: »Donor insemination: Dutch parents' opinions about confidentiality and donor anonymity and the emotional adjustment of their children«, in: Human Reproduction 12, 7 (1997a), S. 1591-1597.

57 Emma Lycett u.a.: »Offspring created as a result of donor insemination: A study of family relationships, child adjustment, and disclosure«, in: Fertility and Sterility 82, 1 (2004), S. 172-179.

58 Myra Hunter/Natasha Salter-Ling/Lesley Glover: »Donor insemination: Telling children about their origins«, in: Child Psychology and Psychiatry Review 5, 4 (2000), S. 157-163.

59 Siehe auch Anna Rumball/Vivienne Adair: »Telling the story: Parents' scripts for donor offspring«, in: Human Reproduction 14, 5 (1999), S. 1392-1399; Frank Lindblad/Claes Gottlieb/Othon Lalos: »To tell or not to tell – what parents think about telling their children that they were born following donor insemination«, in: Journal of Psychosomatic Obstetrics and Gynecology 21, 12 (2000), S. 193-203; Kirstin Mac Dougall u.a.: »Strategies for disclosure: How parents approach telling their children that they were conceived with donor gametes«, in: Fertility and Sterility 87, 3 (2007), S. 524-533.

In der von Brewaeys u.a.[60] untersuchten Stichprobe von 30 lesbischen Familien, bei denen die Geheimhaltung des Spenderursprungs unrealistisch war, zeigten die Werte der Vier- bis Achtjährigen (und in der Folgestudie Zehnjährigen)[61] eine gute soziale Anpassung, was darauf schließen lässt, dass die Aufklärung über die Entstehungsweise der Familie nicht mit negativen Entwicklungen assoziiert war.[62] Scheib u.a.[63] führten die bislang erste Untersuchung von Heranwachsenden durch und stellten fest, dass sich die Kinder in allen Familienformen – ob lesbische Familie, alleinerziehende Mutter oder heterosexuelle Familie – unauffällig entwickelten. Die Zwölf- bis 17-Jährigen dieser Stichprobe hatten identifizierbare Spender, die kontaktiert werden konnten, wenn die Kinder 18 Jahre alt sind. Die meisten dieser Kinder und Jugendlichen gaben an, früh aufgeklärt worden zu sein, oftmals sogar so früh, dass sie sich nicht an eine Zeit erinnern konnten, in der sie nicht wussten, dass sie durch eine Samenspende entstanden sind. Auch ihre Reaktionen waren tendenziell neutral (wegen des jungen Alters) oder positiv, wobei die meisten von ihnen neugierig auf den Spender waren. Die Forscherinnen führten zwar keine standardisierten Erhebungen durch, schlossen aber aus den Berichten der Kinder und Jugendlichen[64] und ihrer Eltern,[65] dass die Aufklärung sich entweder positiv oder überhaupt nicht auf die Eltern-Kind-Beziehung ausgewirkt hatte und dass die Heranwachsenden sich in der Pubertät wohl fühlten und relativ offen mit ihrer Entstehungsweise umgingen. Viele dieser Heranwachsenden hatten auch an einer Studie teilgenommen, in der man ihre soziale Anpassung im Alter von durchschnittlich sieben Jahren[66] gemessen hatte. Der Fokus der Untersuchung lag zwar nicht auf der Frage, wie sich Aufklärung auf die Kinder auswirkt, aber man stellte fest, dass fast alle Heranwachsenden über ihre Entstehungsart informiert waren. Die gemessenen Merkmale psychische und Verhaltensanpassung und soziale Kompetenz wiesen da-

---

60 A. Brewaeys u.a.: »Donor insemination«.

61 K. Vanfraussen u.a.: »What does it mean for youngsters«.

62 Siehe auch N. Gartrell u.a.: »Planned lesbian families«.

63 Joanna E. Scheib/Maura Riordan/Susan Rubin: »Adolescents with open-identity sperm donors: Reports from 12-17 year olds«, in: Human Reproduction 18, 2 (2005), S. 239-252.

64 Ebd.

65 J. Scheib u.a.: »Choosing identity-release sperm donors«.

66 Die Altersspanne betrug fünf bis elf Jahre. R. Chan u.a.: »Psychosocial adjustment among children«; Megan Fulcher u.a.: »Lesbian mothers and their children: Findings from the contemporary families study«, in: Allen M. Omoto/Howard S. Kurtzman (Hg.), Sexual Orientation and Mental Health: Examining Identity and Development in Lesbian, Gay, and Bisexual People, Washington, DC: American Psychological Association 2006, S. 281-299.

rauf hin, dass die Kinder und Jugendlichen insgesamt sozial gut angepasst waren, was indirekt wiederum nahe legte, dass sich Aufklärung
nicht negativ auf die Familien ausgewirkt hatte.

Wenig weiß man über die Entwicklung von Erwachsenen, die in
»geplanten« lesbischen Familien aufgewachsen sind. Doch kürzlich prä-
sentierten Golombok und Badger[67] im Rahmen ihrer Folgestudie mit den
inzwischen 19-jährigen Kindern aus lesbischen Familien einen der ersten Berichte, der über die Entwicklung mittels standardisierter Erhebungsinstrumente informiert. Wie schon in früheren Studien fanden die
Forscherinnen eine dauerhaft psychische Stabilität dieser jetzt jungen
Erwachsenen und sichere Eltern-Kind-Beziehungen, was wiederum auf
einen positiven Zusammenhang zwischen kindlicher Entwicklung und
Offenheit in der Familie schließen lässt.

Wenn mit Samenspende gezeugte Menschen erst im Jugend- oder
Erwachsenenalter über ihre Entstehungsart aufgeklärt werden, sind deren Reaktionen völlig andere. Eine so späte Aufklärung ist in »geplanten« lesbischen Familien allerdings selten möglich. Die Informationen
auf diesem Gebiet stammen überwiegend von Menschen aus heterologen
Inseminationsfamilien, die ihre Entstehungsweise vor den Kindern meistens geheimhielten mit dem Effekt, dass die inzwischen Erwachsenen
noch keine repräsentative Stichprobe für eine Studie bilden. Mit erwachsenen Menschen aus Spendersamen gibt es bis jetzt noch keine Untersuchung, in der man standardisierte Erhebungen durchgeführt hätte, und
nur in einer Studie wurde die familiale Kompetenz gemessen. Anstelle
davon werden Gefühle gegenüber den Eltern und die Einstellung zu der
Tatsache untersucht, aus dem Samen eines Spenders entstanden zu sein.
Trotz dieser Vorbehalte bleiben bisherige Forschungsergebnisse wichtig,
um die Entwicklungen der psychischen Gesundheit von Menschen aus
Spendersamen verstehen zu können. Wie erwähnt, geschieht die Enthüllung des Geheimnisses in einem späteren Lebensalter oft durch Zufall
und in heiklen Situationen, z.B. bei Auseinandersetzungen, Scheidungen
oder angesichts des Todes. Die Betroffenen reagieren dann – was nicht
überrascht – z.B. mit Wut, weil sie sich getäuscht fühlen; oder sie verlieren das Vertrauen, sind traurig und verwirrt über ihre Herkunft, was mit
einem Bruch in ihrem Selbstbild und ihrer Identität einhergeht. Jugendliche und Erwachsene berichten außerdem, dass sie sich wegen ihrer
Zeugungsweise unbehaglich fühlten und entsetzlich frustriert darüber
seien, keinen Zugang zu Informationen über ihren Spender zu haben.[68]

---

67 S. Golombok/S. Badger: »Children raised in mother-headed families«.
68 B. Cordray: »A survey of people«; A. Turner/A. Coyle: »What does it
    mean«; G. Hewitt: »Missing links«; L. Spencer: Sperm Donor Offspring;
    Überblick in A. McWhinnie: »Gamete donation and anonymity«.

Auch wenn Eltern das Kind über seine Entstehung aufklären und danach das Thema in der Familie vermieden wird, führt dies zu geringerer familialer Kompetenz.[69]

In der bis jetzt größten Stichprobe von 165 donogen gezeugten Erwachsenen, von denen fast 40 Prozent im Jugend- oder Erwachsenenalter über den Spenderursprung aufgeklärt worden waren, sagte die späte Aufklärung übrigens negativere Einstellungen zu dieser Zeugungsweise vorher.[70] Doch im Unterschied zu früheren Untersuchungen sagte das Lebensalter der Betroffenen bei der Aufklärung nicht die Gefühle gegenüber den Eltern vorher – einige spät über ihre Entstehungsweise informierte Menschen hatten dennoch positive Gefühle ihren Eltern gegenüber, während manche früh aufgeklärte Menschen genau das Gegenteil empfinden konnten. Obwohl die Forscherinnen nicht viele Informationen über die näheren Umstände der Aufklärung erhoben hatten, stellten sie – im Gegensatz zu früheren Untersuchungen – fest, dass nur wenige der Proband/innen per Zufall von ihrer Entstehungsweise erfahren hatten; und das könnte partiell erklären, weshalb sich die vorliegenden Ergebnisse in Bezug auf die Gefühle gegenüber den Eltern von den Ergebnissen früherer Studien unterscheiden.

In einer anderen Studie mit 85 donogen gezeugten Erwachsenen waren die meisten Proband/innen (66 Prozent) im Jugend- oder Erwachsenenalter aufgeklärt worden, und – ähnlich den von Jadva u.a.[71] berichteten Ergebnissen – die meisten Teilnehmer/innen (64 Prozent) hatten in geplanten Gesprächen die Wahrheit erfahren.[72] In dieser Stichprobe fand man keinen Zusammenhang zwischen Lebensalter bei der Aufklärung und Einstellung zu der donogenen Zeugungsweise; die Einstellung zur Entstehung durch Spendersamen wurde besser vorhergesagt über die Qualität der Mutterbeziehung und die Annahme des (sozialen) Vaters als den »richtigen Vater«. Was beziehungsbezogene und familiendynamische Prozesse (z.B. Qualität von Kommunikation und Beziehungen) und das Merkmal des Lebensalters bei der Aufklärung anbelangt, helfen die drei zuletzt erwähnten Studien[73] allmählich verstehen, was in Familien, die durch donogene Insemination entstanden sind, in puncto Offenheit und Geheimhaltung wirklich los sein könnte. Auch wenn die For-

---

69 Vgl. M. Paul/R. Berger: »Topic avoidance and family functioning«.
70 Vgl. Vasanti Jadva u.a.: »The experiences of adolescents and adults conceived by sperm donation: Comparisons by age of disclosure and family type«, in: Human Reproduction 24, 8 (2009), S. 1909-1919.
71 Ebd.
72 Vgl. P. Mahlstedt u.a.: »The views of adult offspring of sperm donation«.
73 Ebd.; M. Paul/R. Berger: »Topic avoidance and family functioning«; V. Jadva u.a.: »The experiences of adolescents«.

schungsergebnisse insgesamt darauf hindeuten, dass Individuen aus Spendersamen, die früh über ihre Entstehungsart aufgeklärt werden und in Offenheit darüber aufwachsen, sich besser entwickeln als diejenigen, die erst spät die Wahrheit erfahren, kann es genauso gut sein, dass psychische Aspekte familiendynamischer Prozesse ähnlich relevante Prädiktoren von Wohlbefinden und Zufriedenheit mit dem Spenderursprung sind.

Eine abschließende Bemerkung: In Studien, in denen Kinder (oder ihre Eltern),[74] Heranwachsende[75] oder Erwachsene[76] zum Spender befragt wurden, zeigten sich die meisten Befragten neugierig auf den Spender und wollten mehr über ihn wissen. Dieses Ergebnis kam unabhängig davon zustande, ob die Untersuchung mit einer repräsentativen Stichprobe durchgeführt wurde oder nicht. Bei Heranwachsenden bestand kein Zusammenhang zwischen dem Grad der Neugier und dem Niveau der sozialen Anpassung,[77] genauso wenig wie bei Adoptierten ein Zusammenhang zwischen Interesse an der Herkunft und pathologischem Verhalten bestand.[78] Die Fragen zum Spender kreisten oft um drei Hauptthemen: Was für ein Mensch ist der Spender? Wie sieht er aus? Ist er wie ich?[79] Donogen gezeugte Erwachsene hatten oft auch gesundheitsbezogene Fragen.[80] Hinter derlei Fragen scheint der Wunsch zu stehen, mehr über sich selbst – über seine Identität – zu erfahren, worin sich der normale Prozess der Identitätsbildung spiegelt. Wenn Proband/innen Enttäuschung über ihre donogene Zeugungsart äußerten, was

---

74 A. Rumball/V. Adair: »Telling the story«; F. Lindblad u.a.: »To tell or not to tell«; Katrien Vanfraussen/Ingrid Ponjaert-Kristoffersen/Anne Brewaeys: »An attempt to reconstruct children's donor concept: A comparison between children's and lesbian parents' attitudes towards donor anonymity«, in: Human Reproduction 16, 10 (2001), S. 2019-2025; dies: »Why do children want to know more«; N. Gartrell u.a.: »The National Lesbian Family Study: 4«.

75 J. Scheib u.a.: »Adolescents with open-identity sperm donors«.

76 B. Cordray: »A survey of people«; A. Turner/A. Coyle: »What does it mean«; G. Hewitt: »Missing links«; L. Spencer: Sperm Donor Offspring; Joanna E. Scheib/Alice Ruby/Jean Benward: »Who requests their sperm donor's identity? Analysis of donor-conceived adult requests at an open-identity program«, in: Fertility & Sterility 90 (2008), S. S. 8-9; V. Jadva u.a.: »The experiences of adolescents«; P. Mahlstedt u.a.: »The views of adult offspring of sperm donation«.

77 Vgl. K. Vanfraussen u.a.: »Why do children want to know more«.

78 Vgl. David Howe/Julia Feast: Adoption, Search and Reunion: The Long Term Experience of Adopted Adults, London: Children's Society 2000.

79 Z.B. J. Scheib u.a.: »Adolescents with open-identity sperm donors«.

80 Z.B. Vasanti Jadva u.a.: »Offsprings' experiences of searching and contacting their donor siblings and donor«, in: Reproductive BioMedicine Online (im Druck).

häufig bei Erwachsenen der Fall war, war das damit verbunden, dass sie einen anonymen Spender hatten, über den wenig bis gar nichts bekannt war. Die Enttäuschung über die Zeugungsweise war bei Heranwachsenden mit einem identifizierbaren Spender (eine andere untersuchte Altersgruppe mit dieser Art von Spender ist uns nicht bekannt) viel weniger verbreitet und weitaus weniger intensiv als bei Jugendlichen, die vor Erreichen des Erwachsenenalters etwas über die Identität ihrer Spender erfahren wollten.[81] Auch wenn diese Ergebnisse vorläufiger Natur sind, lassen sie den Schluss zu, dass aus Spendersamen gezeugte Menschen und ihre Familien sich besser entwickeln können, wenn sie solide Informationen über den Spender und vielleicht auch die Option der offenen Spenderidentität haben. Vor dem Hintergrund der positiven Entwicklungen, die man bei – früh über ihren Spenderursprung aufgeklärten – Kindern aus lesbischen Familien beobachtet hat, werden die besten Resultate, die man bei Inseminationsfamilien bis jetzt gesehen hat, vielleicht dadurch erreicht, dass die Kinder zu einem frühen Zeitpunkt ehrlich aufgeklärt, Informationen über den Spender beschafft und die Fragen der Kinder nach dem Ursprung ihrer Familie offen beantwortet werden.

Fazit

In der bestehenden Literatur finden sich überzeugende Hinweise darauf, dass Kinder und Eltern in lesbischen Inseminationsfamilien sich mindestens genauso gut entwickeln wie Kinder und Eltern in heterologen Inseminationsfamilien, und insofern spiegelt die Literatur zum Thema donogene Insemination die umfassendere Literatur über den Vergleich zwischen Kindern lesbischer und Kindern heterosexueller Eltern. Die sexuelle Orientierung der Eltern scheint somit nicht relevant zu sein. Vielmehr sind die familiendynamischen Prozesse, die eine positive Entwicklung des Kindes begünstigen, in heterologen Inseminationsfamilien und Familien mit einem lesbischen Elternpaar die gleichen. Dazu zählen u.a., dass die Eltern in ihrer Paarbeziehung und mit der Verteilung der Aufgaben im Haushalt und in der Kindererziehung zufrieden sind, dass sie sich in ihren erzieherischen Fähigkeiten kompetent fühlen und dass Eltern und Kinder positive und enge Beziehungen zueinander unterhalten. Wenn man bedenkt, wie ähnlich sich Familien mit einem lesbischen Elternpaar und Familien mit heterosexuellen Eltern in diesen Merkmalen

---

81 Vgl. z.B. J. Scheib u.a.: »Adolescents with open-identity sperm donors«; siehe auch N. Gartrell u.a.: »The National Lesbian Family Study: 4«.

sind, sollte es nicht überraschen, dass soziale Anpassung und psychische Gesundheit der Kinder ähnlich überdurchschnittlich sind.

Die Gründung einer Familie mithilfe donogener Insemination führt zwar oft zu positiven Entwicklungen der Familie, doch zwei Risikofaktoren bleiben bestehen. Erstens geht aus den oben analysierten Studien hervor, dass mit Spendersamen gezeugte Menschen psychische Probleme entwickeln können, wenn sie die Entstehungsweise ihrer Familie erst spät, d.h. im Jugend- oder frühen Erwachsenenalter, »entdecken«. Zweitens leiden donogen gezeugte Jugendliche und junge Erwachsene darunter, wenn sie nichts über ihre genetischen Wurzeln und ihre Abstammung erfahren können, weil der Spender anonym ist oder ihnen der Zugang zu Informationen über den Spender verwehrt wird. Dem ersten Risiko sind ganz besonders heterologe Inseminationsfamilien ausgesetzt. Einer der wenigen prägnanten Unterschiede zwischen heterologen Inseminationsfamilien und Familien mit einem lesbischen Elternpaar liegt in der Offenheit, in der die Eltern mit ihren Kindern über die Entstehungsweise ihrer Familie sprechen. Kinder aus »geplanten« lesbischen Familien werden höchstwahrscheinlich schon in der frühen Kindheit über ihre Zeugungsart aufgeklärt und wachsen in dem Wissen auf, dass außer ihren zwei Müttern, von denen sie erzogen werden, auch ein Mann einen biologischen Beitrag zu ihrem Leben geleistet hat. Durch Offenheit scheinen Kinder, die in lesbischen Familien aufwachsen, keinen Schaden zu nehmen; denn man hat bei ihnen kontinuierliches Wohlbefinden bis ins Jugend- und junge Erwachsenenalter hinein beobachtet. Mit offenen und sensiblen Eltern – gleichgültig, ob sie lesbisch oder heterosexuell orientiert sind – haben Kinder aus Spendersamen die Möglichkeit, eine stabile und gesunde Identität zu entwickeln, in der die Tatsache ihrer Entstehungsweise integriert ist. Wenn jedoch Heimlichtuerei, Scham oder Sorgen, den »entwicklungsmäßig richtigen Zeitpunkt« für das Gespräch über die vorgenommene donogene Insemination zu finden, bei den Eltern dazu führen, dass sie die Aufklärung der Kinder bis zu deren Pubertät aufschieben, nachdem diese in ihrer Identitätsbildung schon recht weit fortgeschritten sind, können Identitätskonflikt, Verwirrung, Wut und Verzweiflung die Folgen sein.

Das zweite Risiko hängt damit zusammen, dass – unabhängig von der Familienstruktur – aus Spendersamen entstandene Kinder, Jugendliche und Erwachsene, die um ihre Entstehungsart wissen, neugierig sind auf ihren Spender und mehr über ihn und ihre Abstammung wissen wollen. Wenn ihre Versuche, Informationen über den Spender zu bekommen, blockiert werden, sind sie wahrscheinlich sehr schnell enttäuscht. Diese Neugier der Menschen, die mithilfe einer donogenen Insemination gezeugt wurden, ist normal, und wenn diese nicht befriedigt werden kann, steigt auch bei ihnen u.U. die Gefahr tiefer gehender psychischer Leiden oder Schwierigkeiten. Eine solche Entwicklung könnte bei Erwachsenen zunehmend in den Vordergrund rücken, wenn sich Bedenken wegen der genetischen Ausstattung oder des gesundheitlichen Zustands des Spenders auf ihre eigene Familienplanung oder Gesundheit auswirken und die Konsolidierung des in der Pubertät ablaufenden Identitätsbildungsprozesses eigentlich abgeschlossen sein sollte. Dies hat maßgebliche Auswirkungen für die Gesundheitspolitik in der Frage, ob die Identität eines Spenders offen sein oder anonym bleiben sollte. Wenn Menschen aus Spendersamen etwas über ihre Entstehungsweise erfahren wollen, dann wäre ihr psychisches Wohl die Begründung dafür, ihnen den Schlüssel für den Zugang zu den gewünschten Informationen in die Hand zu geben.

Aus dem Englischen von Astrid Hildenbrand

Literatur

Achenbach, Thomas M./Edelbrock, Craig S.: Manual for the Child Behavior Checklist and Revised Child Behavior Profile, Burlington: University of Vermont, Department of Psychiatry 1983.

Amato, Paula/Jacob Mary Casey: »Providing fertility services to lesbian couples«, in: Sexuality, Reproduction and Menopause 2, 2 (2004), S. 83-88.

Blyth, Eric/Frith, Lucy: »Donor conceived peoples' access to genetic and biographical history«, in: International Journal of Law, Policy and the Family 23, 2 (2009), S. 174-191.

Bos, Henny M. W. u.a.: »Children in planned lesbian families: A cross-cultural comparison between the USA and the Netherlands«, in: American Journal of Orthopsychiatry 2 (2008), S. 211-219.

Bos, Henny M.W./Sandfort, Theo G.M.: »Children's gender identity in lesbian and heterosexual two-parent families«, in: Sex Roles 62 (2010), S. 114-126.

Bos, Henny M. W./van Balen, Frank/van den Boom, Dymphna C.: »Experience of parenthood, couple relationship, social support, and child rearing goals in planned lesbian families«, in: Journal of Child Psychology and Psychiatry 45 (2004), S. 755-764.

Bos, Henny M. W./van Balen, Frank/van den Boom, Dymphna C.: »Lesbian families and family functioning: An overview«, in: Patient, Education, and Counseling 59, 3 (2005), S. 263-275.

Bos, Henny M. W./van Balen, Frank/van den Boom, Dymphna C.: »Child adjustment and parenting in planned lesbian-parent families«, in: American Journal of Orthopsychiatry 77, 1 (2007), S. 38-48.

Brewaeys, Anne: »Review: Parent-child relationships and child development in donor insemination families«, in: Human Reproduction Update 7, 1 (2001), S. 38-46.

Brewaeys, Anne u.a.: »Children from anonymous donors: An inquiry into homosexual and heterosexual parents' attitudes«, in: Journal of Psychosomatic Obstetrics and Gynaecology 14 (1993), S. 23-35.

Brewaeys, Anne u.a.: »Donor insemination: Dutch parents' opinions about confidentiality and donor anonymity and the emotional adjustment of their children«, in: Human Reproduction 12, 7 (1997a), S. 1591-1597.

Brewaeys, Anne u.a.: »Donor insemination: Child development and family functioning in lesbian mother families«, in: Human Reproduction 12, 6 (1997b), S.1349-1359.

Chan, Raymond W./Raboy, Barbara/Patterson, Charlotte J.: »Psychosocial adjustment among children conceived via donor insemination by lesbian and heterosexual mothers«, in: Child Development 69, 2 (1998a), S. 443-457.

Chan, Raymond W. u.a.: »Division of labor among lesbian and heterosexual parents: Associations with children's adjustment«, in: Journal of Family Psychology 12, 3 (1998b), S. 402-419.

Collins, W. Andrew/Steinberg, Laurence: »Adolescent development in interpersonal context«, in: William Damon/Richard M. Lerner (Hg.), Handbook of Child Psychology, Bd. 3: Social, Emotional, and Personality Development, 6. Aufl., New York: Wiley 2006, S. 1003-1067.

Cordray, Bill: »A survey of people conceived through donor insemination«, in: DI Network (now Donor Conception Network) News 14 (1999/2000), S. 4-5.

Daniels, Ken/Gillett, Wayne/Grace, Victoria: »Parental information sharing with donor insemination conceived offspring: A follow-up study«, in: Human Reproduction 24, 5 (2009), S. 1099-1105.

Daniels, Ken/Meadows, Letitia: »Sharing information with adults conceived as a result of donor insemination«, in: Human Fertility 9, 2 (2006), S. 93-99.

Ehrensaft, Diane: »Just Molly and me, and donor make three: Lesbian motherhood in the age of assisted reproductive technology«, in: Journal of Lesbian Studies 12, 2 (2008), S. 161-178.

Ethics Committee of the American Society for Reproductive Medicine: »Informing offspring of their conception by gamete donation«, in: Fertility and Sterility 81, 3 (2004), S. 527-531.

Ethics Committee of the American Society for Reproductive Medicine: »Access to fertility treatment by gays, lesbians, and unmarried persons«, in: Fertility and Sterility 92, 4 (2009), S. 1190-1193.

Flaks, David K.: »Lesbians choosing motherhood: A comparative study of lesbian and heterosexual parents and their children«, in: Developmental Psychology 31, 1 (1995), S. 105-114.

Franz, Sherry Dale/Allen, Diane: The Offspring Speak: First International Conference of Donor Offspring, Toronto: The Infertility Network 2001.

Fulcher, Megan u.a.: »Lesbian mothers and their children: Findings from the contemporary families study«, in: Allen M. Omoto/Howard S. Kurtzman (Hg.), Sexual Orientation and Mental Health: Examining Identity and Development in Lesbian, Gay, and Bisexual People, Washington, DC: American Psychological Association 2006, S. 281-299.

Gartrell, Nanette u.a.: »The National Lesbian Family Study: 3. Interviews with mothers of five-year-olds«, in: American Journal of Orthopsychiatry 70, 4 (2000), S. 542-548.

Gartrell, Nanette u.a.: »The National Lesbian Family Study: 4. Interviews with the 10-year-old children«, in: American Journal of Orthopsychiatry 75, 4 (2005), S. 518-524.

Gartrell, Nanette/Peyser, Heidi/Bos, Henny: »Planned lesbian families: A review of the U.S. National Longitudinal Lesbian Family Study«, in: David M. Brodinsky/Adam Pertman/Diane B. Kunz (Hg.), Lesbian and Gay Adoption: A New American Reality, Oxford: Oxford University Press (im Druck).

Golombok, Susan/Badger, Shirlene: »Children raised in mother-headed families from infancy: A follow-up of children of lesbian and single heterosexual mothers at early adulthood«, in: Human Reproduction 25, 1 (2010), S. 150-157.

Golombok, Susan/Tasker, Fiona/Murray, Clare: »Children raised in fatherless families from infancy: Family relationships and the socioemotional development of children of lesbian and single heterosexual mothers«, in: Journal of Child Psychology and Psychiatry 38, 7 (1997), S. 783-792.

Golombok, Susan/Cook, Rachel/Bish, Alison/Murray, Clare: »Families created by the new reproductive technologies: quality of parenting and social and emotional development of the children«, in: Child Development 66, 2 (1995), S. 285-298.

314

Grusec, Joan E./Hastings, Paul D.: Handbook of Socialization: Theory and Research, New York: Guilford Press 2007.

Hewitt, Geraldine: »Missing links: Identity issues of donor conceived people«, in: Journal of Fertility Counselling 9, 3 (2002), S. 14-20.

Howe, David/Feast, Julia: Adoption, Search and Reunion: The Long Term Experience of Adopted Adults, London: Children's Society 2000.

Hunter, Myra/Salter-Ling, Natasha/Glover, Lesley: »Donor insemination: Telling children about their origins«, in: Child Psychology and Psychiatry Review 5, 4 (2000), S. 157-163.

Jadva, Vasanti/Freeman, Tabitha/Kramer, Wendy/Golombok, Susan: »The experiences of adolescents and adults conceived by sperm donation: Comparisons by age of disclosure and family type«, in: Human Reproduction 24, 8 (2009), S. 1909-1919.

Jadva, Vasanti/Freeman, Tabitha/Kramer, Wendy/Golombok, Susan: »Offsprings' experiences of searching and contacting their donor siblings and donor«, in: Reproductive BioMedicine Online 20, 4 (2010), S. 523-532.

Landau, Ruth/Weissenberg, Ruth/Madgar, Igael: »A child of ›hers‹: Older single mothers and their children conceived through IVF with both egg and sperm donation«, in: Fertility and Sterility 90, 3 (2008), S. 576-583.

Liljestrand, Petra: »Legitimate state and illegitimate parents: Donor insemination politics in Sweden«, in: Social Politics 2, 3 (1995), S. 270-304.

Lindblad, Frank/Gottlieb, Claes/Lalos, Othon: »To tell or not to tell – what parents think about telling their children that they were born following donor insemination«, in: Journal of Psychosomatic Obstetrics and Gynecology 21, 12 (2000), S. 193-203.

Lorbach, Caroline: Experiences of Donor Conception: Parents, Offspring and Donors through the Years, London: Jessica Kingsley Publishers 2003.

Lycett, Emma u.a.: »Offspring created as a result of donor insemination: A study of family relationships, child adjustment, and disclosure«, in: Fertility and Sterility 82, 1 (2004), S. 172-179.

MacCallum, Fiona/Golombok, Susan: »Children raised in fatherless families from infancy: A follow-up of children of lesbian and single heterosexual mothers at early adolescence«, in: Journal of Child Psychology and Psychiatry 45, 8 (2004), S. 1407-1419.

Mac Dougall, Kirstin u.a.: »Strategies for disclosure: How parents approach telling their children that they were conceived with donor gametes«, in: Fertility and Sterility 87, 3 (2007), S. 524-533.

Mahlstedt, Patricia P./LaBounty, Kathleen/Kennedy, William T.: »The views of adult offspring of sperm donation: Essential feedback for the development of ethical guidelines within the practice of assisted reproductive technology in the United States«, in: Fertility and Sterility (im Druck).

McCandlish, Barbara: »Against all odds: Lesbian mother family dynamics«, in: Frederick W. Bozett (Hg.), Gay and Lesbian Parents, New York: Praeger (1987), S. 23-36.

McGee, Glenn/Brakman, Sarah-Vaughan/Gurmankin, Andrea: »Debate: Disclosure to children conceived with donor gametes«, in: Human Reproduction 16, 10 (2001), S. 2033-2036.

McWhinnie, Alexina: »Gamete donation and anonymity: Should offspring from donated gametes continue to be denied knowledge of their origins and antecedents?«, in: Human Reproduction 16, 5 (2001), S. 807-817.

Morrissette, Mikki: Voices of Donor Conception, Minnesota: Be-Mondo Publishing 2006.

Murray, Clare/Golombok, Susan: »Solo mothers and their donor insemination infants: Follow-up at age 2 years«, in: Human Reproduction 20, 6 (2005), S. 1655-1660.

Nachtigall, Robert D. u.a.: »Stigma, disclosure, and family functioning among parents of children conceived through donor insemination«, in: Fertility and Sterility 68, 1 (1997), S. 83-89.

Patterson, Charlotte J.: »Children of lesbian and gay parents«, in: Child Development 63, 5 (1992), S. 1025-1042.

Patterson, Charlotte J.: »Children of the lesbian baby boom: Behavioral adjustment, self-concepts and sex role identity«, in: Beverly Greene/Gregory M. Herek (Hg.), Lesbian and Gay Psychology: Theory, Research, and Clinical Applications, Thousand Oaks, CA: Sage Publications 1994, S. 156-175.

Patterson, Charlotte J.: »Lesbian Mothers and Their Children: Findings from the Bay Area Families Study«, in: Joan Laird/Robert Jay Green (Hg.), Lesbians and Gays in Couples and Families: A Handbook for Therapists, San Francisco: Jossey-Bass 1996, S. 420-437.

Patterson, Charlotte J.: »Lesbian and Gay Parents and Their Children: Summary of Research Findings«, in: American Psychological Association (Hg.), Lesbian and Gay Parenting: A Resource for Psychologists, 2. Aufl., Washington, D.C.: American Psychological Association 2005.

Patterson, Charlotte J./Hastings, Paul D.: »Socialization in the context of family diversity«, in: Joan E. Grusec/Paul D. Hastings (Hg.), Handbook of Socialization: Theory and Research, New York: Guilford Press 2007, S. 328-351.

Paul, Marilyn S./Berger, Roni: »Topic avoidance and family functioning in families conceived with donor insemination«, in: Human Reproduction 22, 9 (2007), S. 2566-2571.

Rumball, Anna/Adair, Vivienne: »Telling the story: Parents' scripts for donor offspring«, in: Human Reproduction 14, 5 (1999), S. 1392-1399.

Scheib, Joanna E./Riordan, Maura/Rubin, Susan: »Choosing identity-release sperm donors: The parents' perspective 13-18 years later«, in: Human Reproduction 18, 5 (2003), S. 1115-1127.

Scheib, Joanna E./Riordan, Maura/Rubin, Susan: »Adolescents with open-identity sperm donors: Reports from 12-17 year olds«, in: Human Reproduction 18, 2 (2005), S. 239-252.

Scheib, Joanna E./Ruby, Alice/Benward, Jean: »Who requests their sperm donor's identity? Analysis of donor-conceived adult requests at an open-identity program«, in: Fertility & Sterility 90 (2008), S. S. 8-9.

Schover, Leslie R. u.a.: »Preferences for intracytoplasmic sperm injection versus donor insemination in severe male factor infertility: A preliminary report«, in: Human Reproduction 11, 11 (1996), S. 2461-2464.

Spencer, Lynne W.: Sperm Donor Offspring: Identity and Other Experiences, Charleston, SC: BookSurge Publishing 2007.

Steckel, Alisa: »Psychosocial development of children of lesbian mothers«, in: Frederick W. Bozett (Hg.), Gay and Lesbian Parents, New York: Praeger 1987, S. 75-85.

Tasker, Fiona L./Golombok, Susan: »Adults raised as children in lesbian families«, in: American Journal of Orthopsychiatry 65, 2 (1995), S. 203-215.

Tasker, Fiona L./Golombok, Susan: Growing Up in a Lesbian Family: Effects on Child Development, New York: Guilford Press 1997.

Thorn, Petra/Wischmann, Tewes: »German guidelines for psychosocial counselling in the area of gamete donation«, in: Human Fertility 12, 2 (2009), S. 73-80.

Turner, Amanda J./Coyle, Adrian: »What does it mean to be a donor offspring? The identity experiences of adults conceived by donor insemination and the implication for counselling and therapy«, in: Human Reproduction 15, 9 (2000), S. 2041-2051.

Vanfraussen, Katrien/Ponjaert-Kristoffersen, Ingrid/Brewaeys, Anne: »An attempt to reconstruct children's donor concept: A comparison

between children's and lesbian parents' attitudes towards donor anonymity«, in: Human Reproduction 16, 10 (2001), S. 2019-2025.

Vanfraussen, Katrien/Ponjaert-Kristoffersen, Ingrid/Brewaeys, Anne:
»What does it mean for youngsters to grow up in a lesbian family
created by means of donor insemination?«, in: Journal of Reproductive and Infant Psychology 20, 4 (2002), S. 237-252.

Vanfraussen, Katrien/Ponjaert-Kristoffersen, Ingrid/Brewaeys, Anne:
»Why do children want to know more about the donor? The experience of youngsters raised in lesbian families«, in: Journal of Psychosomatic Obstetrics and Gynaecology 24, 1 (2003a), S. 31-38.

Vanfraussen, Katrien/Ponjaert-Kristoffersen, Ingrid/Brewaeys, Anne:
»Family functioning in lesbian families created by donor insemination«, in: American Journal of Orthopsychiatry 73, 1 (2003b), S. 78-
90.

Wechsler, David: Manual for the Wechsler Intelligence Scale for Children – Revised, New York: Psychological Corporation 1974.

Wechsler, David: Wechsler Preschool and Primary Scale of Intelligence
– Revised: Manual, New York: Psychological Corporation 1989.

Werner Caroline/Westerståhl, Anna: »Donor insemination and parenting: Concerns and strategies of lesbian couples. A review of international studies«, in: Acta Obstetricia et Gynecologica Scandinavica
87, 7 (2008), S. 697-701.

SOZIOLOGIE

Die gleichgeschlechtliche Pflegefamilie: Eine Herausforderung für Praxis und Theorie[1]

Dorett Funcke

Einleitung

Seit 23 Jahren, seit 1986, sind Oliver und Sascha ein Paar. Und seit neun Jahren sind sie eine Familie. Sascha, der aus einer Familie mit mehreren Kindern stammt, war schon sehr früh klar, dass er selbst gerne eigene Kinder haben möchte. »Dabei ist es für mich nicht notwendig, in dem Kind Charakterzüge oder Familienähnlichkeiten wiederzufinden. Wichtiger ist für mich, für die Kinder einen Alltag zu schaffen und bei Verhaltensweisen oder Ähnlichem zu sehen, dass sich eine Beziehung aufgebaut hat.«[2] Durch Zufall haben Oliver und Sascha von einer Werbeaktion des Landes Rheinland-Pfalz gehört,[3] in der auch gleichgeschlechtli-

---

1 Mein Dank gilt meinem Kollegen Walter Gehres und den Studierenden des Forschungskolloquiums »Gleichgeschlechtliche Pflegeeltern. Chancen und Risiken einer besonderen Triade« (2007-2008) der Friedrich-Schiller-Universität Jena, ohne die dieser Beitrag nicht entstanden wäre.
2 Die folgenden Zitate stammen aus einem Interview, das ich im Sommer 2008 geführt habe. Alle personenbezogenen Angaben in dem Beitrag sind zum Zwecke der Anonymisierung verfremdet.
3 Vgl. auch die Werbekampagne der Stadt Wien. Unter dem Motto: »Wir bringen das zusammen!« – ein Satz, der auf großflächigen Plakatwänden und auf Aufklebern stand, der in Straßen und U-Bahnen klebte – suchte die Stadt Wien im Jahre 2006 gleichgeschlechtliche Pflegeeltern. In Wien betreuten 2006 349 Familien rund 450 Pflegekinder. 680 Wiener Kinder mussten in den angrenzenden Bundesländern untergebracht werden. Vgl. http://www.focus.de/politik/ausland/wien_aid_119272.html vom 12.4.

che Paare über die Möglichkeit informiert wurden, Pflegekinder aufzunehmen. Da sie sich beide ein Kind wünschten, erkundigten sie sich, wie sie sich diesen Wunsch auch in Hessen erfüllen könnten. Sie stellten einen Antrag beim Jugendamt und es erfolgte daraufhin das erste Kontaktgespräch. Ähnlich wie bei einem Adoptionsverfahren[4] wurden anschließend Hausbesuche und Gespräche durchgeführt. Es mussten Fragen beantwortet werden, z.B.: wie lange sie zusammen sind, welche Berufe sie ausüben, wie viel sie verdienen, ob sie in ihrem privaten Umfeld auch Frauen kennen, wie ihre Kindheit verlief und wie sie miteinander umgehen, wenn sie sich streiten. Beim Frankfurter Jugendamt absolvierten sie dann einen Elternkurs, der für die Aufnahme eines Pflege- als auch Adoptivkindes die Voraussetzung ist. Nachdem dann alle Formalitäten erledigt waren, wurden sie als potenzielle Pflegeeltern in eine Liste des Offenbacher und Frankfurter Jugendamtes aufgenommen. Um eine Adoption wollten sie sich nicht bemühen. »Das dauert sehr lange, wenn es überhaupt zum Erfolg führt«, so Oliver, der zudem kritisiert, dass eine Adoption nur von einem Partner vorgenommen werden kann.[5] Nach einem Jahr war es dann so weit. Das Telefon klingelte, Oliver und Sascha sollten zwei Kinder aus dem Krankenhaus abholen. »Wir wussten am Anfang nichts, wir wussten nur, das sind Geschwister.« Inzwischen leben Svea, 12 Jahre alt, und Milan, 13 Jahre alt, schon neun Jahre bei ihren Pflegeeltern. »Eine Zeit, die nicht immer leicht war. Auch hätte es ja sein können, dass es überhaupt nicht klappt. Am Anfang, da waren das Kinder von jemand anderem, die haben nach jemand anderem ›gerochen‹. Man weiß nicht, was passiert ist, man kann immer nur mutmaßen, ob irgendwelche Verhaltensweisen oder Ängste da und da herkommen. Jetzt« – so Sascha – »finde ich es wunderbar, dass wir diese Kinder haben.«

Die Aufnahme eines Pflegekindes ist aus juristischer Sicht die einzige Möglichkeit für gleichgeschlechtliche Paare, in gemeinschaftlicher Verantwortung für ein Kind zu sorgen. Für ein gleichgeschlechtliches

---

2010; vgl. dazu auch Magdalena Gasser (Gleichgeschlechtliche Pflegeeltern in Österreich, unveröffentlichte Diplomarbeit, Fachhochschule Joanneum Graz 2009, S. 41-55), die in ihrer Studie über die Situation gleichgeschlechtlicher Pflegeelternpaare in Österreich eine vom Magistrat der Stadt Wien geführte Online-Befragung zu dieser Werbekampagne ausgewertet hat.

4   Vgl. Dorett Funcke/Bruno Hildenbrand: Unkonventionelle Familien in Beratung und Therapie, Heidelberg: Carl-Auer Verlag 2009, S. 132ff.

5   Ein bisher unveröffentlichtes Gutachten der wissenschaftlichen Dienste des Bundestages kommt allerdings zu dem Schluss, dass das Verbot einer gemeinschaftlichen Adoption sich verfassungsrechtlich nicht aufrechterhalten lässt (vgl. Frankfurter Allgemeine Zeitung vom 16.2.2010).

Männerpaar ist es überhaupt die einzige Möglichkeit, einmal abgesehen von der in Deutschland nicht erlaubten Leihmutterschaft, für Kinder Verantwortung zu übernehmen. Da es viele Kinder gibt, die dringend auf Pflegeeltern warten,[6] und zu wenig Menschen bereit sind, Kinder aus fremden Familien aufzunehmen, empfahl die Bundesarbeitsgemeinschaft der Landesjugendämter 1996 in der Not: »Erweitern lässt sich das Potenzial an Pflegestellen, indem man nicht nur die traditionelle Familie im Blick hat, sondern im erweiterten Sinne nach einem ›Elternsystem‹ Ausschau hält. Solche können zum Beispiel sein: nicht verheiratete Paare, alleinstehende Erwachsene, gleichgeschlechtliche Lebensgemeinschaften.«[7] Dieser Empfehlung ging ein Gutachten des Psychologen Helmut Kentler für den Berliner Senat im Jahre 1989 voraus, das festhält, »dass Lesben und Schwule als Pflegepersonen weder schlechter noch besser geeignet sind als Heterosexuelle«.[8] Dass gleichgeschlechtliche Paare als Pflegeeltern in Frage kommen, schlägt sich auch in den Ausführungsvorschriften des Kinder- und Jugendhilfegesetzes (KJHG) über Hilfe zur Erziehung in Vollzeitpflege (§33 SGB VIII) und teilstationärer Familienpflege (§32 Satz 2 SGB VIII) nieder. Darin heißt es unter Punkt 3: »Als Pflegestellen kommen unterschiedliche Familienformen in Betracht. Dazu zählen auch unverheiratete Paare, gleichgeschlechtliche Paare und Alleinstehende.«[9]

Ob gleichgeschlechtliche Paare von einem Jugendamt als Pflegeeltern akzeptiert werden, ist allerdings auch stark vom »kommunalen Eigensinn« sowie von den individuellen Überzeugungen der Fachkräfte im Jugendamt abhängig.[10] Die zentrale Adoptionsstelle des Landschafts-

---

6   Im Pflegekinderbereich werden im Gegensatz zum Bereich der Adoption die Interessenten um ein Pflegekind und Zahlen über die zur Vermittlung stehenden Pflegekinder statistisch nicht gezählt (Auskunft von Jürgen Blandow, E-Mail vom 20.8.2009 an die Autorin).

7   Lela Lähnemann: Regenbogenfamilien. Adoptionsrecht für gleichgeschlechtliche Lebensgemeinschaften, Vortrag auf einer Fachtagung der Friedrich Ebert Stiftung in Kooperation mit dem Deutschen Frauenrat, 2004, http://www.fes-forumberlin.de/Bundespolitik/pdf/4_4_21_laehnem.pdf vom 12.4.2010.

8   Helmut Kentler: Leihväter. Kinder brauchen Väter, Rowohlt: Reinbek bei Hamburg 1989, S. 165. Das Gutachten »Homosexuelle als Betreuungs- und Erziehungspersonen unter besonderer Berücksichtigung des Pflegekindschaftsverhältnisses« findet sich ebd., S. 53-166.

9   Vgl. Senatsverwaltung für Bildung, Jugend und Sport des Landes Berlin: »Verabschiedung der neuen Pflegekindervorschriften in Berlin«, 2004, http://www.agsp.de/html/n180.html vom 12.4.2010.

10 Vgl. Karoline Bohrer u.a.: »»Eltern werden ist nicht schwer…‹. Schwullesbische Wege der Familienplanung«, 2004, http://www.lsvd.de/bund/fachtagung3/ag3.html vom 12.4.2010.

verbandes Rheinland hat 2002 unter dem Titel: »Gleichgeschlechtliche
Paare leben mit Kindern – auch mit Pflege- und Adoptivkindern?«[11]
mögliche Kriterien bei der Einschätzung der Erziehungs- und Sozial-
kompetenzen von gleichgeschlechtlichen Eltern aufgeführt. Hierzu zählen: a) die Selbstbejahung der lesbischen und schwulen Lebensform, b)
eine stabile und reflektierte Identität als Lesbe bzw. Schwuler, c) ein ak-
zeptierendes Umfeld, das die lesbisch-schwule Lebensform unterstützt,
d) die Akzeptanz der heterosexuellen Lebensform und eine Bereitschaft,
heterosexuelle Familien in das eigene Lebens- und Wertemodell zu integrieren und e) die Vernetzung mit der lesbisch-schwulen Lebenswelt,
um den Kindern eine Austauschmöglichkeiten zu bieten. Es wird betont,
dass »das Fehlen einzelner Aspekte aber kein Ausschlusskriterium
ist«.[12]

Doch viele Fachkräfte in den Jugendämtern tun sich noch schwer im
Umgang mit gleichgeschlechtlichen Paaren.

Obwohl »das ›Polster‹, über das Jugendämter für die Auswahl einer Pflegefamilie verfügen, meist sehr gering ist [...] gibt es allerdings auch immer eine
(nicht bekannte) Zahl an Pflegeeltern, die nicht ›bedient‹ werden. Hierbei handelt es sich dann meist um BewerberInnen mit ›Belegungshindernissen‹. Es
kann sich dabei um umstrittene BewerberInnen handeln, die das Jugendamt
aus Skepsis vor ihrer Eignung möglichst lange nicht belegt, zu diesen Personen gehören in vielen Jugendämtern auch schwul/lesbische Paare«.[13]

Das ist selbst in Großstädten wie Berlin so, noch schwieriger wird es,
wenn die Paare in kleineren Städten oder gar auf dem Land leben. In den
Jugendämtern entscheiden einzelne Jugendamtsmitarbeiter aus dem So-

---

11 Vgl. LVR Rheinland & Landesjugendamt (Hg.): Dokumentation der Fach-
    tagung der Zentralen Adoptionsstelle »Gleichgeschlechtliche Paare leben
    mit Kindern – auch mit Pflege- und Adoptivkindern?«, Köln: Land-
    schaftsverband Rheinland 2002, S. 26.
12 Elisabeth Helming vom DJI in München hat gemeinsam mit ihren Kolle-
    gInnen ein Instrument entwickelt, das dazu dienen soll, den Auswahlpro-
    zess von Familien anhand eines Leitfadens zu gestalten. Er soll dabei un-
    terstützen, den Prozess der Wahrnehmung, Interpretation und Beurteilung
    reflexiv zu handhaben. Bei dieser Art der systematischen Dokumentation
    handelt es sich um eine Form der Selbstevaluation der Fachkräfte, um zu
    vermeiden, sich bei der Auswahl an einem Konzept von der »heiligen
    Pflegefamilie« zu orientieren bzw. im Auswahlprozess lediglich Eigen-
    schaften abzuhaken. Vgl. Elisabeth Helming u.a.: »Leitfaden für eine sys-
    tematische Dokumentation der Einschätzung«, Kap. C.4.4, in: Heinz
    Kindler u.a. (Hg.), Handbuch Pflegekinderhilfe, München: DJI (im
    Druck).
13 Das Zitat stammt aus einer E-Mail von Jürgen Blandow vom 20.8.2009 an
    die Autorin.

zialen Dienst darüber, was sie unter »normalen Familienverhältnissen« verstehen. Gleichgeschlechtliche Partnerschaften fallen selten darunter. Im Rahmen eines Lehrforschungsprojektes, das ich zusammen mit Walter Gehres an der Universität Jena 2007-2008 gemeinsam mit einer kleinen Gruppe von Studierenden durchgeführt habe, haben wir im Zuge einer bundesweiten telefonischen Befragung der Jugendämter die Erfahrung gemacht, dass die Einstellung zu schwulen und lesbischen Pflegeeltern geteilt ist. Während man z.b. im bayerischen Aschaffenburg, im thüringischen Erfurt oder im sächsischen Chemnitz mit diesem Thema überhaupt noch nicht konfrontiert wurde, gibt es im hessischen Wiesbaden Vorbehalte gegen eine solche Konstellation. Dem Jugendamt in München, Berlin, Saarbrücken, Kiel, Husum und Rostock lagen zur Zeit unserer Erhebung Bewerbungen gleichgeschlechtlicher Paare vor. In Städten wie Frankfurt, Offenbach, Aachen, Hamburg und Köln zählt das Thema zum Alltag: »Wir setzen uns mit dem Thema seit ca. 30 Jahren immer wieder auseinander«, so die Amtsrätin des Jugend- und Sozialamtes aus Frankfurt am Main.[14] So kann man insgesamt sagen, dass gleichwohl die Frage, ob auch eine gleichgeschlechtliche Lebensgemeinschaft als Pflegefamilie geeignet ist, verschieden beantwortet wird, sich in unserer Zeit, einer Zeit mit einer normativen Liberalität gegenüber Homosexualität, der offizielle Ton in den Jugendämtern hinsichtlich der Besetzung der Pflegestellen mit gleichgeschlechtlichen Paaren verändert hat.

Forschungsperspektiven

Bei den wenigen Studien zur gleichgeschlechtlichen Pflegeelternschaft, die aus dem deutschsprachigen und dem angelsächsischen Raum stammen und mir bekannt sind, handelt es sich nicht um grundlagentheoretische Arbeiten. Die erkenntnisleitenden Fragestellungen sind vielmehr an sehr spezifischen Themen orientiert, wie z.B. dem Auswahlprozess der Jugendämter,[15] dem Erziehungsverhalten von gleichgeschlechtlichen

---

14 Das Zitat stammt aus einem Schreiben der Amtsrätin des Jugend- und Sozialamtes Frankfurt a.M. vom 29.8.2007 an die Autorin.

15 Wendell Ricketts/Roberta Achtenberg: »Adoption and Foster Parenting for Lesbians and Gay Men. Creating New Traditions in Family«, in: Marriage & Family Review 14, 3-4 (1989), S. 83-118; Gary J. Gates u.a.: Adoption and Foster Care by Gay and Lesbian Parents in the United States, Washington: The Urban Institute, The Williams Institute 2007, http://www.law.ucla.edu/williamsinstitute/publications-/FinalAdoptionReport.pdf vom 12.4.2010.

Pflegeeltern,[16] an dem Thema der Alltagsgestaltung gleichgeschlechtlicher Pflegeelternpaare[17] und ganz allgemein an den Entwicklungsbedingungen von Pflegekindern in gleichgeschlechtlichen Pflegefamilien.[18] Allenfalls am Rande spielen Identitätsbildungsprozesse sowie die mittel- und langfristige biografische Entwicklung der Pflegekinder eine Rolle. Keine einzige Studie hat sich bisher mit dem Zusammenhang von gleichgeschlechtlicher Pflegeelternschaft, leiblichen Eltern und sozialpädagogischer Fachkraft des Jugendamtes bzw. eines freien Trägers beschäftigt. Kurz, die Qualität der Kooperation zwischen den Hilfegruppen ist bisher noch nicht untersucht worden. Die empirische Grundlage von den mir rezipierten Studien bilden weitestgehend offene und/oder leitfadengestützte Interviews. Zentrale Ergebnisse der Untersuchungen sind: In vielen Pflegedienststellen herrsche eine Unaufgeklärtheit bezüglich der Lebensweise gleichgeschlechtlicher Paare.[19] Oftmals wird das Thema der gleichgeschlechtlichen Paarbeziehung von dem Jugendamt oder von dem gleichgeschlechtlichen Paar gar nicht erwähnt[20] oder der gleichgeschlechtliche Partner wird in den Protokollen der sozialen Fachkräfte als »unterstützender Mitbewohner« oder »helfender Freund« dargestellt.[21] Auch spiele bei dem Auswahlverfahren Homophobie eine große Rolle.[22] Cordula de la Camp[23] hat in ihrer Untersuchung den Aspekt der Erziehungsfähigkeit von gleichgeschlechtlichen Pflegeeltern untersucht und auf die spezifischen Hürden und Krisen gleichgeschlechtlicher Eltern mit Pflegekindern verwiesen. Diese im Stil einer Nachvollzugshermeneutik angelegte Studie verweist auf die Diskriminierungserfahrungen, die Pflegeelternpaare gemacht haben, und auf die

16 Cordula de la Camp: Zwei Pflegemütter für Bianca. Interviews mit lesbischen und schwulen Pflegeeltern, Hamburg: LIT Verlag 2001.
17 Gerald P. Mallon: Lesbian and gay foster and adoptive parents: Recruiting, assessing, and supporting an untapped resource for children and youth, Washington, DC: Child Welfare League of America 2006; Walter Berger/Günther Reisbeck/Petra Schwer: Lesben – Schwule – Kinder. Eine Analyse zum Forschungsstand i.A. des Ministeriums für Frauen, Jugend, Familie& Gesundheit des Landes Nordrhein-Westfalen, Düsseldorf: Allbro-Druck 2000.
18 George Rekers: Review Of Research On Homosexual Parenting, Adoption, And Foster Parenting, 2004, http://www.narth.com/docs/Rationale BasisFinal0405.pdf vom 12.4.2010.
19 Vgl. G. Gates u.a.: Adoption and Foster Care.
20 Vgl. Thilo Geisler: »Papi & Papa. Pflegekinder bei gleichgeschlechtlichen Pflegeeltern«, 2004, http://www.thilogeisler.de/1%20Videos/1V%20Papi /Fachartpp.html vom 12.4.2010; vgl. W. Ricketts/R. Achtenberg: »Adoption and Foster Parenting«, S. 84, 87.
21 Vgl. G. Mallon: Lesbian and gay foster and adoptive parents, S. 78f.
22 Vgl. W. Ricketts/R. Achtenberg: »Adoption and Foster Parenting«, S. 88f.
23 C. Camp: Zwei Pflegemütter für Bianca.

pädagogischen Fähigkeiten, die nicht zuletzt das Resultat einer intensiven Reflexion über den Familienbildungsprozess sind. Nach Rekers[24] seien allerdings die Entwicklungsbedingungen von Pflegekindern weitaus schlechter als in verschiedengeschlechtlichen Pflegefamilien. Pflegekinder in gleichgeschlechtlichen Pflegefamilien seien nicht nur durch den Verlust ihrer Herkunftsfamilie, der Nachbarschaft und der Freunde, sondern auch bedingt durch den Wechsel in eine gleichgeschlechtliche Paarbeziehung einem erhöhten Stress ausgesetzt. Da sie mehr als andere Kinder unter psychischen Problemen leiden, seien sie als Gruppe gesehen weitaus ungeschützter gegenüber solchen Schwierigkeiten. Darüber hinaus gefährden gleichgeschlechtliche Pflegefamilien im Vergleich zu verschiedengeschlechtlichen das Kindeswohl durch zusätzliche negative Stressoren, wie z.B. soziale Ablehnung, Verachtung und gewalttätige Angriffe seitens der Peers. Außerdem wird – so Rekers – Homosexualität weitgehend von der amerikanischen wie auch kanadischen Bevölkerung abgelehnt. Diese Fakten konstituieren ein emotional und physisch instabiles Milieu für das Pflegekind und tragen zu einer substanziellen Verschlechterung seiner sozialen Anpassungsfähigkeit bei. Kirchbach u.a.[25] und Mallon[26] kommen hingegen in ihren Studien zu dem Schluss, dass kaum Unterschiede zu verschiedengeschlechtlichen Pflegefamilien bestehen. Auffällig sei bei gleichgeschlechtlichen Paaren eine egalitäre Aufteilung von Familie und Beruf sowie ein selteneres geschlechtstypisches Verhalten. Männer zum Beispiel übernehmen öfters eine mütterliche Rolle und weichen von dem Bild des ökonomischen Versorgers ab. Andererseits sind im Rahmen der gleichgeschlechtlichen Pflegeelternschaft Familienorganisationsweisen erkennbar, die darauf verweisen, dass auch diese Familien sich an den typischen Mustern der bürgerlichen Familie orientieren.[27]

Überblickt man diese Studien, so kann man konstatieren, dass es eine auf den Einzelfall bezogene Forschung nicht gibt. Weder die Biografie der gleichgeschlechtlichen Pflegeeltern noch die Identitätsverläufe der Pflegekinder in ihren Herkunftsfamilien und der Pflegefamilie sind untersucht worden. Des Weiteren gibt es keine Studien, die das soziale Phänomen der gleichgeschlechtlichen Pflegefamilie über den methodischen Zugang der Fallrekonstruktion analytisch aufschließen und die Strategien des familialen Zusammenlebens im Rahmen von Gleichge-

---

24 G. Rekers: Review of Research.
25 Roland Kirbach/Martin Spiewack: »Wenn die Eltern schwul sind«, in: Die Zeit vom 31.12.2003, S. 11-14, http://images.zeit.de/text/2004/02/Regenbogen-Familien vom 14.4.2010.
26 G. Mallon: Lesbian and gay foster and adoptive parents.
27 Vgl. W. Berger u.a.: Lesben – Schwule – Kinder.

schlechtlichkeit und Pflegeverhältnis in ihren allgemeinen Aspekten darstellen. Um allerdings gut begründet für oder gegen die Besetzung von Pflegestellen mit gleichgeschlechtlichen Paaren plädieren zu können, sind zum einen repräsentative Langzeitstudien und zum anderen eine biografisch akzentuierte Forschung dringend erforderlich. Das Anliegen meines Beitrages ist gemessen an den noch ausstehenden Untersuchungen ein eher bescheidenes. Das Ziel ist, mit einem Fall, den ich fallrekonstruktiv erschlossen habe, in das Thema einzuführen.

Die Referenzstudie

Der Stil meiner Untersuchung zum Phänomenbereich der gleichgeschlechtlichen Pflegefamilie schließt an eine deutsche Studie aus dem Pflegefamilienbereich an, in der über den fallrekonstruktiven Zugang der Beitrag der Pflegefamilie zur Identitätsbildung von Pflegekindern untersucht wurde.[28] Dieses Forschungsprojekt hat die Anlage und Durchführung meiner eigenen Untersuchung angeregt und inspiriert. Die rezipierte Studie bezieht sich auf vier Fallebenen. Es geht um die zwei Familiensysteme Herkunftsfamilie und Pflegefamilie. Das Beziehungsdreieck Herkunftsfamilie – Pflegefamilie – Jugendhilfebehörde bildet eine dritte Fallebene. Die vierte Fallebene ist das ehemalige Pflegekind selbst. Datengrundlage bilden gemeinsame Gespräche mit den ehemaligen Pflegekindern und ihren letzten Pflegeeltern, Einzelgespräche mit den Pflegekindern und den Pflegeeltern und Experteninterviews mit Fachleuten des Pflegekinderwesens. Forschungsleitend war in dieser Studie folgende Frage: Dort, wo die leiblichen Eltern ausfallen und eine Pflegefamilie einspringt, besteht Gestaltungsnotwendigkeit zur Bewältigung von Folgen der Abwesenheit leiblicher Eltern. Wie gehen nun die Beteiligten eines pflegefamilialen Milieus mit der Herausforderung um, unter den Rahmenbedingungen eines Pflegefamilienverhältnisses ein familiales Zusammensein zu organisieren?

Der Struktur nach unterscheidet sich die Pflegefamilie von der leiblichen Familie und von einer Adoptivfamilie dadurch, dass Sozialbeziehungen auf Zeit und im Rahmen eines Vertragsverhältnisses entwickelt werden. Dadurch, dass die soziale Elternschaft durch einen Pflegevertrag begründet ist, sind die Personen in der Pflegefamilie austauschbar. Es handelt sich – aus der Sicht der Jugendhilfebehörde – um eine psychosoziale Dienstleistung der Pflegeeltern an einem den Pflegeeltern zu-

---

28 Walter Gehres/Bruno Hildenbrand: Identitätsbildung und Lebensverläufe bei Pflegekindern, Wiesbaden: VS Verlag für Sozialwissenschaften 2008.

nächst »fremden« Kind. Des Weiteren besteht keine Solidarität des gemeinsamen Lebensweges, denn das Betreuungsverhältnis ist rechtlich festgelegt und befristet. Es dauert längstens bis zum 27. Lebensjahr, in den meisten Fällen allerdings nur bis zum Erreichen der Volljährigkeit. Eine »besondere Zumutung, die das Konstrukt Pflegefamilienverhältnis den Beteiligten aufnötigt«,[29] besteht darin, nicht nur »Eltern für ein Kind zu sein, sondern auch Partner für die Herkunftseltern«.[30] Das kann im Extremfall für die Pflegefamilie heißen, dass sie sich nicht nur um ein Kind erweitert, sondern auch gleich ein komplexes Subsystem mitsamt dessen Andersartigkeiten zu integrieren hat.

Für die Autoren der Studie waren bei der Untersuchung, wie sich unter diesen strukturellen Bedingungen eine soziale Einheit konstituiert, zwei theoretische Konzepte, die konträre Auffassungen über die Funktion einer Pflegefamilie beinhalten, beobachtungsleitend. Das Ersatzfamilienkonzept betont die Notwendigkeit, den Pflegekindern die Möglichkeit zu bieten, neue vertrauensvolle und vor allem sichere Beziehungen aufzubauen, da die Pflegekinder schon in früher Kindheit seelische Verletzungen erfahren haben. Die Grundlage für die Entwicklung eines ›gesunden‹ Selbst trotz der ungünstigen sozialisatorischen Ausgangslage sollen – so Nienstedt und Westermann[31] – Ersatzeltern mit einem möglichst klaren und widerspruchsfreien Beziehungsangebot schaffen. In den 80er Jahren entdeckte man dann im Pflegekinderwesen die Herkunftsfamilie. Fortan galt als Voraussetzung für eine zugesprochene Tauglichkeit zur Pflegefamilie, dass sich die zukünftigen Pflegeeltern in der Lage sahen, die Herkunftsfamilie in ihr pflegefamiliales Lebenskonzept zu integrieren. Aus einem Ersatzfamilienkonzept, das die Herkunftseltern »in der Art eines notwendigen Übels«[32] akzeptierte, sollte das Ergänzungsfamilienkonzept werden. Dabei handelt es sich um ein Konzept, in dem »eine Pflegefamilie die bisherigen Bindungen oder Beziehungen des Kindes achtet und nicht den Anspruch hat, für das Kind

---

29 Jürgen Blandow: Pflegekinder und ihre Familien. Geschichte, Situation und Perspektiven des Pflegekinderwesens, Weinheim, Basel: Juventa 2004, S. 16.

30 Sabine Kötter: Besuchskontakte in Pflegefamilien. Das Beziehungsdreieck »Pflegeeltern – Pflegekind – Herkunftseltern«, Regensburg: S. Roderer Verlag 1994, S. 77.

31 Monika Nienstedt/Armin Westermann: Pflegekinder. Psychologische Beiträge zur Sozialisation von Kindern in Ersatzfamilien, Münster: Votum 2004.

32 Ulrich Gudat: »Systemische Sicht von Pflegeverhältnissen – Ersatz- oder Ergänzungsfamilie?«, in: Deutsches Jugendinstitut (Hg.), Handbuch Beratung im Pflegekinderbereich, München: DJI Verlag 1987, S. 38-58 hier S. 53.

alles neu und besser zu gestalten, und sich deshalb darauf konzentriert, die fehlende Funktionalität der alten Familie zu ersetzen«.[33]

Bei der Erschließung des empirischen Materials unter Berücksichtigung dieser beiden Konzepte, denen bei der Durchführung der Analyse der operative Status von »Sehinstrumenten« zu kam, konnten die Autoren nun aber die Entdeckung machen, dass sich die bestehende Wirklichkeit einer Pflegefamilie auf der Grundlage dieser theoretischen Perspektiven nicht präzise erfassen ließ. Es zeichnete sich im Verlauf ihrer Fallanalysen ab, dass es mehr als ratsam schien, sich gegen zu schnelle Vereinnahmungen durch eines der beiden Konzepte zu wehren. Denn eine zu strikte Verwendung führte zu Blicktrübungen und barg die Gefahr, nicht zu erkennen, dass Pflegefamilienverhältnisse auf fallspezifische Art und Weise verschieden flexibel mit den Konzepten von Ergänzung und Ersetzung umgehen.

Ein bedeutsames Ergebnis der Studie ist, dass in Pflegefamilienverhältnissen ständig um eine Normalisierung der Beziehungen zwischen Pflegekind, seiner Herkunftsfamilie und der Pflegefamilie gerungen wird. »*Sozialisation im Modus des Als-ob*«[34] – so bezeichnen die Autoren die Schlüsselkategorie für die Sozialisationsphase des gemeinsamen Zusammenlebens in einer Pflegefamilie. »Pflegefamilien leben – bis auf weiteres – so mit dem Pflegekind zusammen, *als ob* es sich bei der Beziehungsgrundlage um eine leiblich fundierte Familie handeln würde.«[35] Beobachtet werden konnten ganz unterschiedliche Wege der Pflegefamilien, mit dem »Modus des Als-ob« umzugehen. Da gab es zum Beispiel Pflegefamilien, denen dieses »Als-ob« bewusst war und dieses »Als-ob« als Mittel zum Zweck begriffen. Eine Folge dieser Strategie war, dass soziale Beziehungen eingerichtet werden konnten, ohne die »leibliche Familie in ihrer Bedeutung für das Kind zu eliminieren«[36] oder in Konkurrenz zur Herkunftsfamilie zu treten. Für das Kind bedeutet diese pflegefamiliale Organisationsweise, »seine biografische Herkunft nicht verleugnen zu müssen und dennoch Gewinn aus den Bindungsangeboten seiner Pflegefamilie zu ziehen«.[37] Mit dieser Form der Ausgestaltung eines Pflegefamilienverhältnisses kontrastiert eine Alternative, die am anderen Ende einer Skala von möglichen Varianten liegt. Sie ist dadurch charakterisiert, dass in dieser Ausgestaltungsform aus dem »»Als-ob‹ eine harte Wirklichkeit gemacht«[38] wird. Die leiblichen Eltern werden ig-

33 Ebd., S. 54.
34 W. Gehres/B. Hildenbrand: Identitätsbildung und Lebensverläufe, S. 123.
35 Ebd.
36 Ebd., S. 108.
37 Ebd.
38 Ebd.

noriert und aus dem Pflegefamilienverhältnis wird unter der Hand ein Adoptionsverhältnis.

Im Durchgang durch ihr Material haben die beiden Autoren der Studie vier Varianten entdeckt, die einen Eindruck über das Spektrum an Möglichkeiten, Pflegefamilienverhältnisse zu gestalten, vermitteln. Diese Varianten sollen hier kurz genannt werden:[39]

1. *Die gegenüber der Herkunftsfamilie des Pflegekindes abgegrenzte Pflegefamilie.* »Diese Variante einer Pflegefamilie kann einen angemessenen affektiven Rahmen für den Sozialisationsverlauf des Pflegekindes insbesondere in seinen frühen Lebensjahren bieten. Sie eignet sich aber nicht als Dauerlösung.«

2. *Die Pflegefamilie als Verwandtschaftssystem, in dem auch die Herkunftsfamilie des Pflegekindes einen Platz hat.* »Diese Variante entfaltet ihre Möglichkeiten vor allem in Regionen, in denen das erweiterte Verwandtschaftssystem noch lebendig ist, also vor allem im ländlichen Raum.«

3. *Die Verwandtenpflege.*

4. *Die zum familialen Umfeld hin offene Pflegefamilie.* »Sie ist für Pflegekinder in der Adoleszenz sinnvoll, wenn die Orientierung nach außen wichtiger wird als ein stabiler affektiver Rahmen der Familie.«[40]

Die Autoren der Studie sprechen aber keiner Variante einen Vorrang zu: »Jedoch sind nicht alle Pflegefamilien für alle Sozialisationsphasen und für alle Problemlagen der Pflegekinder, die diese in das Pflegeverhältnis mitbringen, gleichermaßen geeignet«.[41]

Generell haben die Forschungsergebnisse zu der Erkenntnis geführt, dass »die Suche und Konfrontation von Pflegekindern mit ihren biografischen Ursprüngen und ein regelmäßiger Kontakt zu Mitgliedern des Herkunftsmilieus mit je nach Einzelfall durchaus variablen Kontaktzyklen sich auf lange Sicht als ein Autonomie fördernder Rahmen«[42] erweist. Des Weiteren ist »das Erleben von Ein- und Ausschlussprozessen in der Pflegefamilie [...] und das Erleben der Arbeitsteilung innerhalb der Paarbeziehung der Pflegeeltern bedeutsam. [Dabei wirkt sich] die Kombination von strukturgebendem Vater und emotional abfedernder

---

39 Vgl. die Übersicht der Formen von Pflegefamilienverhältnissen in D. Funcke/B. Hildenbrand: Unkonventionelle Familien, S. 99-100.

40 Ebd.

41 Ebd., S. 100.

42 Walter Gehres: »Jenseits von Ersatz und Ergänzung. Die Pflegefamilie als eine andere Familie«, in: Zeitschrift für Sozialpädagogik 3 (2005), S. 246-271, hier S. 258f.

Mutter, aber auch die Umkehrung dieser Beziehung auf die Entwicklung der Pflegekinder aus.«[43]

Mit einem abschließenden Blick auf die beobachtungsleitenden Konzepte der Ergänzungs- bzw. Ersatzfamilie lässt sich auf der Basis der Forschungsergebnisse der rezipierten Studie Folgendes festhalten: Die rekonstruierten Organisationsweisen von Pflegefamilien haben gezeigt, dass diese beiden konträren theoretischen Perspektiven sich mit der Realität von Pflegefamilien nicht vereinen lassen. Es handelt sich dabei nicht nur um theoretische Konzepte, die hinsichtlich der Tatsachen von Pflegefamilien unterdeterminiert sind, sondern sie schränken auch die von den Fällen geforderte gedankliche Beweglichkeit ein. Denn »die Wirklichkeit von Pflegefamilien [...] ist nicht schwarz oder weiß, sondern in differenzierten Grautönen gehalten«.[44] So plädieren die Autoren für ein Pflegefamilienkonzept, »bei dem die beiden bisherigen Modelle – Ersatz und Ergänzung – dialektisch aufgehoben und ihre jeweiligen Stärken fallspezifisch genutzt werden können, um optimale Spielräume für den Autonomiebildungsprozess der Pflegekinder zu gewährleisten.«[45]

Diese hier skizzierten Forschungsergebnisse bilden die Grundlage für die Untersuchung einer spezifischen Form von Pflegefamilie. Diese unterscheidet sich in ihren Strukturmerkmalen von der ›klassischen‹ Pflegefamilie dadurch, dass neben die Struktureigenschaften: doppelte Elternschaft, vertraglich geregeltes Betreuungsverhältnis, Integration der Herkunftsfamilie die Eigenschaft der Gleichgeschlechtlichkeit auf der Paarebene tritt. Die zentralen untersuchungsleitenden Fragen lauten: Wie sieht die Gestaltung von Pflegefamilienverhältnissen aus, wenn ein System der Gleichgeschlechtlichkeit den strukturellen Rahmen der Pflegefamilie mit bestimmt? Spielt auch in dieser Familienkonstellation der »Modus des Als-ob«, die Orientierungsmuster, wie sie im theoretischen Konzept der Kernfamilie beschrieben sind,[46] bei der Herstellung einer sozialen Einheit eine Rolle? Gibt auch hier die leibliche Familie die Folie ab, um im Rahmen der gleichgeschlechtlichen Pflegefamilie ein familiales Zusammenleben zu organisieren? Wie das für die Beantwortung dieser Forschungsfragen erforderliche Material erhoben und analysiert wurde, verdeutlicht das folgende Kapitel.

---

43 W. Gehres/B. Hildenbrand: Identitätsbildung und Lebensverläufe, S. 123.
44 Ebd., S. 126.
45 W. Gehres: »Jenseits von Ersatz und Ergänzung«, S. 247.
46 Vgl. Dorett Funcke/Petra Thorn: »Statt einer Einleitung: Familie und Verwandtschaft zwischen Normativität und Flexibilität« (in diesem Band).

Methode und Vorgehensweise

Das Kernproblem der Gegenstandskonstruktion in der Soziologie ist eine Artikulationsaufgabe: aus einem Phänomen, dem wir als Betrachter immer schon angehören – qua Zeitgenossenschaft, sozialer Platzierung, Vorwissen, selektiver Aufmerksamkeit usw. – einen ›Gegen-Stand‹ im Sinne eines eigensinnigen Gegenübers zu machen, also sich vom Phänomen und dieses von sich selbst abzulösen. Dafür gibt es Methoden, die in einem allgemeinen Sinn Auskunft darüber geben, auf welche Weise Aussagen über einen Gegenstand zustande kommen. Es ist nicht – wie Hirschauer betont – die Sicherung zum disziplinären Vorgehen, das einen Methodenzwang nahe legt. Sondern es ist der Gegenstand selbst, »der methodische ›Strenge‹ verlangt – so wie die Beobachtung wildlebender Tiere eben Sitzfleisch, Tarnung, Ausdauer, Disziplin, Anteilnahme und wetterfeste Kleidung«.[47] Als geeignet, um den Gegenstand der gleichgeschlechtlichen Pflegefamilie zu untersuchen, hat sich der methodische Zugang der fallrekonstruktiven Familienforschung[48] erwiesen, der Anschluss an die hermeneutischen Positionen einer phänomenologisch orientierten Soziologie, des Symbolischen Interaktionismus und des Strukturalismus hält.[49]

Einen Zugang zum Gegenstand der gleichgeschlechtlichen Pflegefamilie zu erhalten war nicht leicht. Als hilfreich für die Felderschließung haben sich aufgeschlossene Fachkräfte aus dem Jugendamt bzw. von freien Trägern der Kinder- und Jugendhilfe erwiesen, die wir – Walter Gehres und ich gemeinsam mit einer Gruppe von Studierenden der Universität Jena – im Zuge einer telefonischen Umfrage zur Anzahl gleichgeschlechtliche Pflegeelternpaare für unser Projekt zu interessieren versuchten. Auf der Beziehungsgrundlage von telefonischen Verabredungen haben wir einen Kurztext verfasst, der das Projekt skizziert und der dann von den Fachkräften an ausgewählte gleichgeschlechtliche Pflegeeltern übergeben wurde.

Im Vergleich zur vorgestellten Studie[50] war unser Anliegen nicht, den Identitätsbildungsprozess und den Biografieverlauf von Pflegekin-

---

47 Stefan Hirschauer: »Die Empiriegeladenheit von Theorien und der Erfindungsreichtum der Praxis«, in: Herbert Kalthoff/Stefan Hirschauer/Gesa Lindemann (Hg.), Theoretische Empirie, Frankfurt a.M.: Suhrkamp 2008, S. 165-187, hier S. 180.

48 Bruno Hildenbrand: Fallrekonstruktive Familienforschung, Wiesbaden: VS Verlag für Sozialwissenschaften 2004.

49 Eine Übersicht über den Stand der methodologischen Grundlegung der Fallrekonstruktion: Klaus Kraimer (Hg.): Die Fallrekonstruktion, Frankfurt a.M.: Suhrkamp 2000.

50 W. Gehres/B. Hildenbrand: Identitätsbildung und Lebensverläufe.

dern in ihren Herkunftsfamilien und Pflegefamilien zu beschreiben. Zum einen waren den gleichgeschlechtlichen Pflegeelternpaaren selten mehr als ein paar Daten der leiblichen Eltern bekannt. Des Weiteren waren die Kinder der gleichgeschlechtlichen Pflegeeltern in der Regel noch nicht alt genug, so dass wir über biografische Interviews den Ablösungsprozess zum Gegenstand der Untersuchung hätten machen können. Aufgrund des so strukturierten Feldes lag unser Forschungsschwerpunkt bei der Rekonstruktion des pflegefamilialen Zusammenlebens im Rahmen eines Systems von Gleichgeschlechtlichkeit. In einer Nachfolgeuntersuchung wäre dann der Zusammenhang von gleichgeschlechtlichem Pflegefamilienverhältnis und Identitätsbildungsverlauf der Pflegekinder zu untersuchen.

Kernstück der Datenerhebung im Rahmen der fallrekonstruktiven Familienforschung ist das »familiengeschichtliche Gespräch«: »Dieses dient dazu, das geeignete Material zu generieren, um die Prozesse der Konstruktion der spezifischen Individualität eines Falles analysieren zu können.«[51] Über die Aufforderung, ihre Familiengeschichte zu erzählen, werden Verständigungsprozesse innerhalb der Familie angestoßen und somit untersuchbar. »Die Beteiligten berichten nicht nur über die spezifische Wirklichkeit dieser Familie, sondern sie konstruieren und modifizieren sie im Verlaufe des Gesprächs. Dabei kommen Aspekte familienspezifischer Weltsichten zum Ausdruck, die den Alltag dieser Familie durchgängig strukturieren.«[52] Diese Daten können folglich zur Analyse der Interaktionsmuster der jeweiligen Familie benutzt werden.

Bei der Durchführung der »familiengeschichtlichen Gespräche« sind wir in der Regel folgendem Plan gefolgt: Zu Beginn haben wir das gleichgeschlechtliche Pflegeelternpaar aufgefordert, uns ihre Geschichte als Pflegefamilie zu erzählen. In einer folgenden Gesprächsphase haben wir zur Erzählung von bisher Unerwähntem aufgefordert. Wir haben Fragen zu spezifischen Themen gestellt, z.B. zum Übergang von der Passage als Paar zur Familie, zu den Motiven für die Entscheidung, ein Pflegekind aufzunehmen, zu der Bedeutung der leiblichen Eltern für den pflegefamilialen Prozess, zur Zusammenarbeit mit dem Jugendamt bzw. freien Träger. In einem zweiten, externen Teil sind die biografischen Daten zur Herkunftsfamilie der Pflegeeltern und zum Lebenslauf mit der Aufforderung zur biografischen Erzählung erhoben wurden. Diese, in einem separaten Teil erhobenen Daten, dienten dem Ziel, einen Überblick über die Familien- und Individualbiografien zu bekommen.

---

51 Ebd., S. 33.
52 Ebd.

Die Analyse ist so auf zwei Ebenen angelegt. Die *erste Ebene* bildet die Herkunftsfamilie der Pflegeeltern. Die analyseleitende Fragestellung für diesen Teil der Untersuchung war: Aufgrund welcher biografischen Vorgaben gelingt es den Pflegeeltern, im Rahmen einer gleichgeschlechtlichen Pflegefamilie Beiträge für die Sozialisation von ›fremden‹ Kindern zu leisten? Die objektiven Daten wie Geburts- und Sterbedaten, Heiratsdatum, Beruf, Wohnort etc. haben wir dem verschrifteten familiengeschichtlichen Gespräch entnommen und in ein Genogramm eingetragen, das hilft, einen Überblick über einen Zusammenhang von drei Generationen zu erhalten. Genogramme – so Roedel – sind »wie Fingerabdrücke: beide gleichermaßen einzigartig für einen bestimmten Menschen. Bringt man sie zu Papier, so scheinen sie nicht mehr zu sein als ein paar Linien oder Figuren; eben Daten. Und doch sind sie nicht leblos oder gar zufällig«.[53] Ziel einer Genogrammanalyse ist es, die Handlungslogiken der Akteure in ihren milieuspezifischen Gegebenheiten zu erfassen. Deshalb stehen im Zentrum der Analyse die Beziehungsformationen im Familien- und Generationengeflecht und die objektiv gegebenen entwicklungsgeschichtlichen Entscheidungsräume der Individuen. Während über eine Genogrammanalyse die Verlaufsentscheidungen im jeweiligen Kontext sequenziell analysiert werden können, ist es mit diesem methodischen Ansatz aber nicht möglich, die gleichgeschlechtliche Pflegefamilie als ein System sozialisatorischer Interaktion zu erfassen. Deshalb sind auf der *zweiten Ebene* die familialen Interaktionsstrukturen der Familie und die sie einbettenden Milieus Gegenstände der Untersuchung.

Die Kinder (insgesamt elf) in den sieben von uns interviewten gleichgeschlechtlichen Pflegefamilien stammen aus erheblich belasteten Herkunftsfamilien und waren durchweg ungünstigen Sozialisationsbedingungen ausgesetzt. Ihre Biografien sind geprägt von traumatischen Erlebnissen, Not, Verlust von Personen, sexuellem Missbrauch und anderen Gewalttätigkeiten. Über die Hälfte der Pflegekinder (sechs) stammt von Alleinerziehenden.[54] Das bedeutet, dass diese Kinder die Auseinandersetzung mit triadischen Interaktionsdynamiken nicht dauerhaft erleben konnten und sie haben ihre leiblichen Eltern auch nicht zuverlässig als Paar erfahren. Die gleichgeschlechtliche Pflegefamilie bietet diesen Kindern jetzt eine Möglichkeit, in der Identitätsentwicklung

---

53 Bernd Roedel: Praxis der Genogrammarbeit. Die Kunst des banalen Fragens, Dortmund: Verlag modernes Lernen 1990.

54 Während von allen in Deutschland lebenden Kindern 15,4 Prozent mit einem alleinerziehenden Elternteil aufwachsen, kommen 64 Prozent der Pflegekinder aus einer Alleinerziehendenfamilie, vgl. D. Funcke/B. Hildenbrand: Unkonventionelle Familien, S. 97.

mit der Abwesenheit leiblicher Eltern zurechtzukommen. Eine zentrale analyseleitende Frage war: Wie gelingt es dem gleichgeschlechtlichen Paar bei Nichtvorhandensein des primären Sozialgefüges im Rahmen eines Pflegefamilienverhältnisses und innerhalb eines Systems von Gleichgeschlechtlichkeit, Familie zu machen? Des Weiteren wird der Gang der Analyse durch folgende Fragen mit strukturiert: Wie werden Familiengrenzen gestaltet? Welcher Platz wird den leiblichen Eltern im Pflegefamiliensystem zugewiesen? Erfolgt ein alternativer Zugang zu triadischen Strukturen? Wie erfolgt die affektive Rahmung im Binnenraum der Pflegefamilie?

Familie ist neben dem Interaktionszusammenhang aber auch ein Milieuzusammenhang. Das heißt, eine Familienidentität beziehen die Familienmitglieder auch über räumliche und zeitliche Strukturierungsprozesse: wer erzählt bzw. macht was, wann, wo und wie. Diese Art Selbststrukturierungsleistungen sind zum Teil im Beobachtungsprotokoll festgehalten, das in die Analyse mit eingeht, und lassen sich auch auf der Grundlage des familiengeschichtlichen Gespräches erschließen.

Die Analyse des familiengeschichtlichen Gesprächs konzentriert sich auf ausgewählte Textpassagen, die nach den Prinzipien der Sequenzanalyse ohne Rückgriff auf weitere Kontextinformationen so rekonstruiert wurden, dass sowohl der allgemeine Bedeutungsgehalt der Sequenz erfasst als auch die zu ihr passenden Kontexte bzw. pragmatischen Erfüllungsbedingungen in einem gedankenexperimentellen Suchprozess gesammelt und nach Plausibilitätskriterien ausgewählt werden konnten. Dem Falsifikationsprinzip entsprechend sind dann weitere Sequenzen des Materials feinanalytisch ausgewertet worden, um die bisherigen Hypothesen zu falsifizieren bzw. um möglichst neue Interpretationen zu entdecken. Zu diesem Zwecke wurden Sequenzen aus dem Material ausgewählt, die bei oberflächlicher Betrachtung den bereits formulierten Annahmen zu widersprechen oder neue Momente zu enthalten schienen.[55]

Ich werde im Folgenden einen ›gelungenen‹ Fall eines gleichgeschlechtlichen Pflegefamilienverhältnisses vorstellen. Es handelt sich um eine Pflegefamilie, die flexibel und variabel mit den Herkunftseltern arbeitet und der es trotz eines offenen Umgangs mit der Herkunftsfamilie gelingt, über Abgrenzungsleistungen den familialen Binnenraum der Pflegefamilie zu stärken.

---

55 Zur Einführung in das methodische Verfahren der Sequenzanalyse: Andreas Wernet: Einführung in die Interpretationstechnik der Objektiven Hermeneutik, Opladen: Leske + Budrich 2000.

Unabhängig davon, dass es in der folgenden Falldarstellung nicht darum geht, den Rekonstruktionsprozess zu demonstrieren, bleibt »unbenommen, dass eine Übertragung sozialer Phänomene in sozialwissenschaftliche Daten immer auch eine Transformation bleiben wird, Praxis nicht ›verlustfrei‹ erhalten bleibt«.[56]

Die Pflegefamilie Sturm/Hahn – Eine Falldarstellung

Familiengeschichtliche Ausgangslagen

Zur Pflegefamilie Sturm/Hahn gehören die beiden Pflegekinder Niklas und Angelina, die zum Zeitpunkt des familiengeschichtlichen Gesprächs drei und vier Jahre alt sind.[57] Ingo Sturm und Martin Hahn, die sich seit 2001 kennen, leben seit 2004 in einer Eingetragenen Lebenspartnerschaft. Einen gemeinsamen Familiennamen gibt es nicht, da sie sich nicht auf einen Namen einigen konnten. Sollte allerdings einmal das Thema Adoption relevant werden oder ein gemeinsamer Familienname für die Pflegekinder an Bedeutung gewinnen, dann – so die Pflegeeltern – seien sich beide einig in der Wahl eines Familiennamen, der alle Mitglieder der Familie auf eindeutige Weise einschließt. Im Gespräch präsentieren sich beide Männer als Menschen, die positive Familienerfahrungen gemacht haben, mit mehreren Geschwistern aufgewachsen sind und eine familienzentrierte Lebenserfahrung als etwas Gutes empfunden haben. Die Motivation, eine Pflegefamilie zu gründen, wird mit diesen biografischen Erfahrungen der eigenen Herkunftsfamilie begründet.

Nach der Anmeldung beim Jugendamt und der Bewältigung der üblichen Formalitäten zur Aufnahme als potenzielle Pflegeeltern dauerte es noch zwei Jahre – »und dann ging im Februar 2005 eben alles ganz schnell«. Die Mutter von Niklas, die aus ihrem Bekanntenkreis mit gleichgeschlechtlichen Paarkonstellationen vertraut war und wollte, wenn das Kind nicht bei ihr leben kann, dass es zu einem Paar kommt, das keine eigenen Kinder bekommen kann, stimmte dem Vorschlag des Jugendamtes, ihren Sohn einem gleichgeschlechtlichen männlichen Pflegeelternpaar anzuvertrauen, bereitwillig zu. Von entscheidender Bedeutung sei für die noch nicht volljährige Mutter, die – wie uns die den

---

56 Pierre Bourdieu: Sozialer Sinn. Kritik der theoretischen Vernunft, Frankfurt a.M.: Suhrkamp 1993, S. 165.

57 Das familiengeschichtliche Gespräch haben Nicole Brückner und ich 2007 geführt. Die folgenden Zitate stammen aus diesem Gespräch.

Fall beratende Fachkraft berichtete[58] – bisher keine Betreuerin an ihr Kind herangelassen hatte, der Umstand gewesen, dass durch diese pflegefamiliale Konstellation mit zwei Männern ihr Platz als leibliche Mutter unangefochten, ohne Konkurrenz, erhalten bliebe. Mit 14 Monaten, »Mitte März 2005 ist dann Niklas bei uns eingezogen«. An dieser Formulierung, die im Vergleich zu denkbar anderen Beschreibungen, wie z.B. »zu uns gekommen«, »bei uns aufgenommen« oder »an uns abgegeben«, dem ca. ein Jahr alten Pflegekind ein autonomes Entscheidungspotenzial unterstellt, zeigt – ähnlich wie die Absicht, erst angeregt durch die Selbststrukturierungsleistungen der Kinder einen gemeinsamen Familiennamen zu wählen –, dass es ihnen nicht um eine Vereinnahmung geht. Sondern wir haben es hier – so eine erste Vermutung – mit einer Pflegefamilie zu tun, in der die Pflegeeltern zum einen ein Zusammenleben auf der Grundlage der Anerkennung wechselseitiger Verschiedenheit gestalten, was die Berücksichtigung einer pflegefamilialen Vorzeit und die dort erfahrenen habituellen Prägungen einschließt. Zum anderen wissen sie um die Bedeutsamkeit des Faktors Zeit, um soziale Beziehungen aufbauen und als Gruppe mit einer eigenen Identität zusammenwachsen zu können. 1,5 Jahre nach der Aufnahme von Niklas kommt eine Anfrage vom Jugendamt, ob die Pflegeeltern sich vorstellen können, einen fünf Wochen alten Säugling aufzunehmen. Die Eltern, so wurde ihnen mitgeteilt, seien aufgrund einer psychischen Krankheit nicht in der Lage, Erziehungsverantwortung zu übernehmen und wären zur Abgabe ihres Kindes unter der Voraussetzung bereit, dass einmal im Monat ein Kontakt zu ihrer Tochter möglich sei. »Und so kam dann Angelina im Oktober 2006 in unsere Familie«, erzählt Martin Hahn.

Zur Vorgeschichte beider Pflegekinder gehört, dass sie mit den leiblichen Eltern nicht zusammengelebt haben. Triadische Interaktionsstrukturen im Rahmen dieses primordialen Sozialgefüges haben sie nicht machen können. Angelina war von Geburt an in einer Kurzzeitpflege und kam, nachdem die Aufnahmemodalitäten mit den neuen Pflegeeltern geklärt waren, nach fünf Wochen zu den Pflegeeltern Ingo Sturm und Martin Hahn. Über die konkreten Lebensbedingungen, die Niklas vor seiner Ankunft in der gleichgeschlechtlichen Pflegefamilie erlebt hat, ist nicht viel bekannt. Seinen leiblichen Vater, der kurze Zeit nach seiner Geburt bei einem Unfall tödlich verunglückte, hat er nicht kennengelernt. Seine Mutter, die ihn die ersten Wochen relativ alleine versorgte, zeitweise unterstützt von der Großmutter väterlicherseits, war mit der Betreuung

---

58 Das Expertengespräch mit der Sozialarbeiterin, die in der Rolle eines fallkundigen Mentors die Pflegefamilie betreut, ist von mir im Frühjahr 2008 geführt worden.

überfordert. Als dem Jugendamt bekannt wurde, dass die Mutter Niklas nachts oft allein ließ, wurde die Aufnahme in eine Kurzzeitpflegefamilie veranlasst. In diesem Pflegeverhältnis blieb Niklas nicht maximal fünf bis sechs Wochen, wie das Jugendamt anfänglich vorgesehen hatte, da die Suche nach einem Pflegeverhältnis sich als schwierig erwies, wurden daraus 13 Monate. Die verantwortliche Sozialarbeiterin beschreibt diesen Aufenthalt als eine Zeit, »in der es Niklas nicht gut ging, er musste aus dieser Familie raus, die kein Glücksgriff war«.[59] So ist Niklas in seiner frühen Kindheit neben der Erfahrung, keine triadischen Beziehungsstrukturen leiblicher Elternschaft erleben zu können, durch die Auflösung der Bindung zur Mutter, zur Großmutter väterlicherseits und zu den Kurzzeitpflegeeltern mit dem Wegfall von signifikanten Bezugspersonen konfrontiert.

Die Entwicklungsbedingungen, die die beiden Kinder Niklas und Angelina vorfinden, sind jedoch nicht ausschließlich ungünstig. Für die Integration der Pflegekinder in die Pflegefamilie Hahn/Sturm sind Voraussetzungen wie das junge Lebensalter bei der Aufnahme, der Altersabstand und die verschiedenen Geschlechter beider Kinder gegeben, die eine gelingende Integration in den neuen Sozialzusammenhang erwarten lassen. Des Weiteren handelt es sich bei den gleichgeschlechtlichen Pflegeeltern um ein Paar mit einer stark ausgeprägten Bindungskraft, das selbst stabile Familienbeziehungen erfahren hat und für das die Werte und Normen der bürgerlichen Kleinfamilie für die familiale Alltagsorganisation hohe Verbindlichkeit besitzen. »Im Grund leben wir sehr klassisch, sehr traditional mit dem fast einzigen Unterschied, dass wir Mann und Mann sind.«

Ich werde im Folgenden zeigen, dass das Paar Strukturen des Zusammenseins entwickelt hat, ›als ob‹ es sich um eine Familie mit leiblichen Kindern handelt, aber ohne – und das ist das Besondere an dieser Pflegefamilie – den Pflegekindern den Zugang zu ihrer Herkunftsfamilie zu verwehren. Es handelt sich um ein Pflegefamilienmilieu, dass die nicht aufhebbare lebensgeschichtliche Tatsache, dass Pflegekinder zwei Elternpaare haben, anerkennt. Zuerst soll aber der Frage nachgegangen werden, welche herkunftsfamilialen Vorgaben es beiden Männern mit ermöglicht, eine Pflegefamilie zu konstruieren, die sich durch eine hohe Kohäsion im Binnenbereich auszeichnet, die verbunden ist mit einem Habitus der Offenheit gegenüber außerfamilialen Bereichen.

---

59 Vgl. Anm. 57.

Die Herkunftsfamilien der Pflegeeltern

Die Familienbeziehungen, die Ingo Sturm kennenlernt, sind stabil. Brüche in Form von Trennungen oder Scheidungen, Ausfälle von zentralen Bezugspersonen in Folge von Krankheit oder Tod kommen mit Ausnahme in der mütterlichen Linie nicht vor. Seine Großeltern väterlicherseits gehören zur handwerklichen Mittelschicht und führen eine autonomieorientierte Existenzweise mit einem relativ hohen Anteil an Selbstversorgung. Als gelernter Schuhmacher führt der Großvater Bernhard Sturm (geb. 1904) einen Alleinmeisterbetrieb, zu dem eine Werkstatt und ein Laden gehören. Seine Ehefrau Helene (geb. 1912), die aus einer Arbeiterbauernfamilie stammt, die sich ihre wirtschaftliche Unabhängigkeit trotz eines fortschreitenden Industrialisierungsprozesses, der viele Bauern in die Fabriken führte, durch den landwirtschaftlichen Nebenverdienst sichern konnte, unterstützt ihren Mann bei der Arbeit und ist als Hausfrau gleichzeitig für die Betreuung der Kinder verantwortlich. Es handelt sich bei diesem Lebenszusammenhang um die Familienform der klassischen »Hausindustrie«, die ab der Mitte des 18. Jahrhunderts in Europa entstand und in einigen Regionen bis zu Beginn des 20. Jahrhunderts aufzufinden war. Neben der Produktion im Haus, der Mitarbeit aller Familienmitglieder und der Beibehaltung der handwerklichen Produktionstechnik ist die Hausindustrie vor allem dadurch charakterisiert, dass es eine »relativ große Autonomie in der Gestaltung des Arbeitsablaufs sowie in der Entscheidung über die Arbeitszeit und das Arbeitstempo«[60] gegeben hat. Diese Lebensführung, die obgleich sie durch das familienbetriebliche Wirtschaften geprägt ist, geht nicht in einer ökonomischen Rationalität auf, sondern folgt verallgemeinerten Formen sozialer Reziprozität.

Dieses Ehepaar hat zwei Kinder, einen Sohn und eine Tochter. Beide Kinder wachsen in stabilen Familienverhältnissen auf. Auch über die Kriegsjahre (1939-1945) bleibt die Familie zusammen und muss nicht wie viele andere Familien den Verlust des Vaters kompensieren. Bernhard Sturm wird während des Zweiten Weltkrieges nicht eingezogen, da er krankheitsbedingt für den Kriegsdienst nicht geeignet ist. Für die berufliche Entwicklung der Kinder stehen sowohl das mütterliche als auch das väterliche Modell als Orientierungsmuster zur Verfügung. Der Sohn Heinz Sturm (geb. 1935) ist der Erstgeborene und der Vater von Ingo Sturm. Er vollzieht einen beruflichen Aufstieg, in dem er einen frauennahen Beruf im pädagogischen Bereich ergreift. Mit dieser Neuorientie-

---

60 Heidi Rosenbaum: Formen der Familie, Frankfurt a.M.: Suhrkamp 1990, S. 195.

rung umgeht er das Abrutschen ins Proletariat, das schon seinen Vater als selbstständigen Schuhmacher bedrohte.[61]

Die Mutter von Ingo Sturm, Elke (geb. 1936), die sein Vater Heinz Sturm 1960 heiratet, stammt aus einer Angestelltenfamilie. Ihr Vater, Hans Erdmann (geb. 1907), kehrt aus dem Krieg, in den er als Elke ca. drei Jahre alt war, eingezogen wird, nicht mehr zurück. Bis zu diesem Zeitpunkt hat Elke triadische Beziehungsstrukturen erleben können. Doch durch eine weitgehende vaterlose Sozialisation in Kindheit und Jugend, in der für sie als Tochter das gegengeschlechtliche Elternteil für den Identitätsbildungsprozess von zentraler Bedeutung ist, kann sie eine gelebte Vater-Kind-Beziehung nicht kennenlernen. Die Mutter Martha (geb. 1912), eine Frau, die selbst in einer elternlosen Situation aufgewachsen ist und durch den Kontext der Verwandtenpflege geprägt einen Durchbeißerhabitus entwickelt hat, reorganisiert die Familie in den schweren Nachkriegsjahren allein, ohne sich wieder neu zu verheiraten. Ihren beiden Kindern, der Tochter Elke und dem Sohn Lothar, der acht Jahre jünger als seine Schwester ist und in dem Jahr zur Welt kommt als sein Vater im Krieg fällt, mutet sie das Aufwachsen in einer Stieffamilie nicht zu. Für Elke als Älteste hat diese Sozialisation zur Folge, an Mutters Seite schon sehr früh Verantwortung zu übernehmen. Denn da der Mutter der Gatte und ihr der Vater fehlt, rückt sie als älteste Tochter durch die fehlende Generationenschranke in die Position des Vaters ein, mit der Konsequenz, durch diese paternalistische Verführung nicht nur früh erwachsen zu werden, sondern auch – und das zeigt die Struktur der biografischen Organisation als Ganzes – sich nur schwer aus der Bindungsbeziehung mit der Mutter lösen zu können. Diese Entwicklungsaufgabe gelingt es ihr aber durch die Wahl eines Ehemannes zu bewältigen, der im Gegensatz zu ihr triadische Beziehungen mit den leiblichen Eltern ungebrochen erleben konnte. Auch wenn die anfängliche Sozialorganisation des Ehepaares, der Eltern von Ingo Sturm, nicht darauf hindeutet, dass Elke ein Ablösungsprozess von der Mutter gelingt, zeigen die weiteren Phasen des Familienverlaufs ein hoch strukturiertes Familienmilieu mit einem hohen Maß an autonomen Strukturleistungstungen. Doch zunächst zur »super schweren Nachkriegszeit«, als seine Mutter – wie Ingo Sturm berichtet – »zum Essen organisieren geschickt wurde« und seine Großmutter kein Witwengeld, das sie sich erst hart erstreiten musste, bekam.

Als alleinerziehende Mutter sorgt Martha für das Überleben der Familie, indem sie in der Zeit nach dem Krieg auf die Situation knapper Wohnungen reagiert. Sie verkauft ein aus der Familie stammendes Haus

---

61 Vgl. ebd., S. 187f.

und baut ein 9-Parteien-Haus. Sie vermietet die Wohnungen, drei reserviert sie für ihre Familie. So reagiert Martha auf die widrigen Umstände der Nachkriegszeit mit einer Familienorganisation, in der sie als alleinerziehende Mutter in der Funktion als Hausbesitzerin alleinverantwortlich die ökonomische Basis der Familie sichert. Dieser Entwurf zeigt sie als eine Frau, die über ein Autonomiepotenzial, strukturbildende Kräfte und Lebenstüchtigkeit verfügt.

Lothar, der jüngste Sohn, zieht mit der Heirat aus dem Haus der Mutter aus. Anders Elke, sie verlässt als gut gebundene Tochter das Dach der Mutter erst, als ihr eigener Familienbildungsprozess mit der Geburt eines fünften Kindes abgeschlossen ist. Matrilokalität ist das die erste Lebensphase dieser Familie prägende Muster. Es folgt darauf die Etappe der endgültigen Ausdifferenzierung des Familienverbandes, der schon allein durch seine große Anzahl an Kindern sich als Gegenentwurf zu beiden Herkunftsfamilien, sowohl zu der von Heinz als auch zu der von Elke, darstellt. 1968, mit der Geburt des jüngsten und letzten Kindes, der Tochter Monika, zieht die Familie nicht nur aus dem Haus der Mutter aus, sondern dieser Ablösungsschritt erweist sich in dem Sinne als ein radikaler, da die Familie die Heimatstadt verlässt und in eine Kleinstadt nach Süddeutschland zieht. Damit ist der Transformationsprozess, der solange in der Schwebe gehalten wurde, abgeschlossen. Zwar sind beide, Heinz und Elke, hinsichtlich des Selbständigkeitspotenzials, das beide in die Ehe einbringen, ebenbürtig. Aber der Transformationsprozess gestaltet sich mit Blick auf die erste Phase der Familiengründung des jungen Ehepaares zunächst ambivalent. Einerseits kommt es zu einer evangelischen Hochzeit, welche als Zeichen in Richtung Ablösung von der Herkunftsfamilie gedeutet werden kann, da Elke katholisch aufgewachsen ist. Gleichzeitig zieht das Paar aber in das mütterliche Haus. Matrilokalität erhält vor der denkbaren Möglichkeit, neolokal zu wohnen, den Vorzug. Für den Ehepartner Heinz bedeutet im Haus mit der Schwiegermutter zusammenzuwohnen, dass die Ablösung der Partnerin aus der Mutter-Kind-Beziehung immer wieder aufs Neue errungen werden muss. So besteht die Grundlage dieser Paarbeziehung in einem widersprüchlichen Auftrag, demzufolge Heinz seine Frau Elke von ihrer Mutter ablösen soll, was schließlich über die Bildung eines eigenen familialen Nukleus auch gelingt. Die hohe Kinderzahl, die sie von beiden Herkunftsfamilien stark unterscheidet, verweist auch darauf, dass das Vertrauen des Ehepaares darauf, die offene Zukunft bewältigen zu können, groß gewesen sein muss. Die zweite Phase des Familienlebens, die zusammenfällt mit dem Schuleintritt des erstgeborenen Kindes, ist charakterisiert durch die Ausprägungen eines familienzentrierten Milieus, das nach den traditionalen Strukturen der Kernfamilie, so wie sie

Talcott Parsons und Robert F. Bales beschrieben haben,[62] organisiert ist. Die Mutter Elke, die in ihrem gelernten Beruf nicht arbeitet, strukturiert den binnenfamilialen Alltag und wendet sich den familieninternen expressiven Angelegenheiten zu. Aber auch der Vater, der als Lehrer in einer Schule unterrichtet, in die auch seine eigenen Kinder gehen, war – wie Ingo Sturm erzählt – »über weite Strecken zu Hause. Mein Vater war natürlich vormittags im Unterricht; nachmittags und zum gemeinsamen Mittagessen war er da. Wir sind nie mit dem Schlüssel los, ich hatte bis zum Abitur keinen Haustürschlüssel.« Dieses Modell, das Ingo Sturm als stabilen Rahmen für seinen eigenen Bildungsprozess erfährt, wird mit seiner klaren geschlechtsspezifischen Aufgabenverteilung Vorbild für die Gestaltung des eigenen Familienalltags sein, so dass – wie er mit Blick auf ihre gleichgeschlechtliche Pflegefamilie sagt – »wir unterwegs schon vergessen, dass wir ne Sondersituation haben«. Die dritte, die nachelterliche Phase seiner Eltern, wird eingeleitet mit einem Umzug in eine süddeutsche Kleinstadt. Sie beginnen orientiert auf neue berufliche Aufgaben, ihr gemeinsames Leben ohne die Kinder zu gestalten. Die Mutter Elke engagiert sich in der Lokalpolitik, arbeitet in der Verwaltung einer Kindertagesstätte und engagiert sich ehrenamtlich in einem Sozialverein. Der Vater Heinz übernimmt bis zu seiner Pensionierung einen Leitungsposten im pädagogischen Bereich. Blickt man auf die beruflichen Bildungsverläufe der Kinder und die frühen Verselbständigungsprozesse, denn nach dem Abitur verlassen die Kinder das Elternhaus, dann liegt der Schluss nahe, dass es den Eltern Ingo Sturms durch spezifische Strukturierungsleistungen gelungen ist, einen stabilen Rahmen für Identitätsbildungsprozesse zu schaffen. Christian, der älteste Sohn, setzt die väterliche Aufstiegslinie im pädagogischen Bereich fort. Rainer wird Arzt, Dirk Informatiker und Monika, die Jüngste, arbeitet nach mehreren beruflichen Suchbewegungen in einem freien Beruf. Ingo, der als viertes Kind geboren wurde, studiert Betriebswirtschaft und ist heute stellvertretender Direktor eines internationalen Unternehmens. Das väterliche Modell liefert für seinen Identitätsbildungsprozess eine Orientierungsgrundlage. Männer machen Aufstiegsbewegungen im Beruf und verbinden mit dem Aufstieg Elemente beruflicher Eigenständigkeit. Das Bild von familialer Alltagsorganisation, das er in die gleichgeschlechtliche Paarbeziehung mitbringt, ist dadurch geprägt, dass Männer, nicht aber ohne im Binnenraum der Familie väterliche Aufgabe auszufüllen, im Beruf erfolgreich sind, während Frauen den familialen Innenbereich bestimmen.

---

62 Talcott Parsons/Robert F. Bales: Family, Socialization, and the Interaction Process, Glencoe: Free Press 1955.

Kommen wir zur Herkunftsfamilie seines Partners Martin Hahn. Der Vater von Martin, Gerd Hahn (geb. 1927), kommt aus einer kleinbürgerlich patriarchalisch organisierten Familie und hat den Beruf des Pfarrers gewählt. Er ist der Erstgeborene und das einzige Kind seiner Eltern. Die Entscheidung, Pfarrer zu werden, ist nicht aus einer familiengeschichtlichen Tradition heraus motiviert, sondern – an dieser Stelle ist es erlaubt, auf Kontextinformationen aus dem Interview zurückzugreifen – durch prägende Erfahrungen während seiner Zeit als Soldat im Zweiten Weltkrieg. Er heiratet eine Frau, Rita Gericke (geb. 1932), die aus einer akademisch gebildeten Beamtenfamilie stammt und als Zweitgeborene die älteste Tochter der Familie ist. Ihr Vater ist Jurist und Landrat, die Mutter Hausfrau. Das Paar hat zusammen vier Kinder und führt ein standesgemäßes Leben, zu dem »eine sorgfältig und vielfältig geprägte Gastlichkeit gehörte. Diese reichte von offiziellen Diners über Jahresessen im Kollegenkreis bis zu den aus privaten Neigungen entstandenen Verpflichtungen«.[63] Die Frau von Gerd Hahn, Rita, kommt aus einem Familienverband, der darauf bedacht ist, die durch den Beamtenstatus vorgegebenen Normen und Werte strengstens einzuhalten. Das erforderte von allen Familienmitgliedern ein hohes Maß an Anstand und Sittlichkeit. Der kritische Blick der Öffentlichkeit gehört zum Familienalltag wie die regelmäßigen Vergnügungen in Form von Wanderungen am Sonntag und Besuche bei den Verwandten.[64] Durch diese Familiensozialisation ist Rita gut vorbereitet, um den Haushalt einer Pfarrfamilie zu leiten und das Gemeindeleben, in das die Familie eingebettet war, an der Seite ihres Mannes mitzugestalten. Hinsichtlich der Geschwisterkonstellation, Älteste zu sein, wird diese Ausgangslage für das Paar aber eine Herausforderung dargestellt haben, wenn man die patriarchalische Orientierung des Protestantismus bedenkt, der es Rita nicht erlaubte, ihren gelernten Beruf auszuüben. Allerdings wird diese Einsozialisierung in eine stark strukturgebende Geschwisterposition, der zugleich auch die Aufgabe eingeschrieben ist, Statusposition zu sichern, zum Vorteil bei der Einrichtung eines Pfarrhausmilieus gewesen sein, für das es beiderseits, sowohl von Seiten Gerds als auch von Seiten Ritas, an Vorbildern mangelt. An den Zeitabständen, die zwischen den Geburten der Kinder des Paares liegen, an der Anzahl der Kinder und auch an der Namenvergabepraxis zeichnet sich ab, dass über starke Strukturierungsleistungen und in ungebrochener Orientierung an traditionalen Elementen ein Pfarrfamilienmilieu etabliert wird. Um als Pfarrfamilie ein Vorbild für ein

---

63 Hansjoachim Henning: Das westdeutsche Bürgertum in der Epoche der Hochindustrialisierung 1860-1914, Wiesbaden: Franz Steiner Verlag 1972, S. 344.
64 Vgl. ebd.

christlich-bürgerliches Leben zu sein, gehört neben Hilfsbereitschaft, Solidarität, Gastlichkeit, Singen, Musizieren vor allem ein Kinderreichtum dazu.[65] Das Paar hat vier Kinder, die im Abstand von fünf bzw. vier Jahren geboren werden. 1955 kommt Johannes, 1960 Michael, 1964 Jakob und 1968 Martin zur Welt. Eine Erklärung für diesen milieutypischen Familienentwurf, der sich bis zum Abschluss über einen Zeitraum von 13 Jahren erstreckt, ist folgende: Den Herausforderungen, die an das soziale Leben einer Pfarrfamilie gestellt sind, wie ein christliches Leben beispielhaft zu verwirklichen und gleichzeitig den Anforderungen der Gemeinde den Vorzug vor den familialen Angelegenheiten zu geben, begegnet das Paar mit einem Reproduktionsverhalten, das einen Abstand zwischen den Geburten vorsieht. Durch diese Strategie kann der Konflikt zwischen Gemeindewohlorientierung und dem Eingehen einer intensiven Mutter-Kind-Beziehung vermieden werden. Zum anderen werden auf diesem Wege günstige Voraussetzungen für die Bewältigung des von der Öffentlichkeit der Gemeinde überwachten Auftrags geschaffen, die eigenen Kinder zum Vorbild zu erziehen. Dass die Eltern von Martin Hahn, Gerd und Rita, dieser Aufgabe verbunden sind und auch anerkennen, wird an der religiös motivierten Namensgebung der Kinder deutlich. Träger eines biblischen Namens zu sein impliziert, mit dem Auftrag der Missionserfüllung in die Welt entlassen zu sein, zu dem auch gehört, im »Pfarrhaus als ein Haus mit gläsernen Wänden«[66] an einem eigenen Bildungsprozess zu arbeiten, der die religiöse Autorität ihres Vaters als Pfarrer, der – was seine Glaubhaftigkeit betrifft – in der Familie als auch in der Gemeinde unter Bewährung steht, nicht untergräbt. Die Söhne, die als »Pfarrkinder, ob sie wollten oder nicht auf den Präsentierteller gerieten«,[67] reagieren auf dieses Anforderungsprofil, von dem ein hoher Druck ausgeht, mit Ausweichbewegungen. Sie verzichten auf eine eigene Familiengründung und treffen Berufswahlen, bei denen es im Kern nicht darum geht, christliche Werte beispielhaft zu verwirklichen. Es ist zu vermuten, dass Gerd, der Vater dieser Söhne, der selbst über einen Bruch mit seinen herkunftsfamilialen Vorgaben seinen Platz in der Welt findet, diese radikalen Transformationsentwürfe toleriert. Diese von der Fallstruktur der Familie abgeleitete Vermutung wird dadurch bestätigt, dass Gerd als auch seine Frau Rita keine Schwierigkeiten haben, das Thema der Gleichgeschlechtlichkeit, das ihnen ihr Sohn Martin auferlegt, in ihre Familienbiografie zu integrieren, als auch un-

---

65 Martin Greiffenhagen: »Einleitung«, in: ders. (Hg.), Das evangelische Pfarrhaus. Eine Kultur- und Sozialgeschichte, Stuttgart: Kreuz Verlag 1984, S.7-22, hier S. 14.
66 Ebd., S. 10.
67 Ebd., S. 12.

hinterfragt als Großeltern für die beiden Pflegekinder zur Verfügung stehen.

Vergleicht man die biografischen Herkunftszusammenhänge beider Pflegeväter, so kann man feststellen, dass Martin Hahn aus einem strukturell sehr ähnlichen Familienmilieu wie sein Lebenspartner Ingo Sturm stammt. Ein Ausfall von Bezugspersonen, der eine Neuorientierung und den Aufbau neuer sozialer Kontaktpersonen nötig macht, findet in keiner der drei Generationen statt. Kontinuität, Stabilität und die Gewissheit, sich auf zentrale Bezugspersonen verlassen zu können, sind zentrale Elemente des Familienmilieus. Beide Pflegeväter gleichen sich auch darin, dass sie in Familienverhältnissen aufwachsen, die nach den Mustern der traditionalen Kleinfamilie organisiert sind und durch den Status des halböffentlichen Milieus gekennzeichnet sind. Gemeinsam ist beiden familialen Sozialverhältnissen ein Familienleben, zu dem eine ausgeprägte Außenorientierung und der kritische Blick der Öffentlichkeit dazugehört. Beide, sowohl Martin Hahn als auch Ingo Sturm, wachsen mit Männern als Väter auf, die mit ihrer beruflichen Orientierung nicht an Konzepte ihrer Herkunftsfamilie anschließen, einen Aufstieg ohne Anschluss an traditionale Verbindlichkeiten des Herkunftsmilieus vollziehen und sich auch darin ähneln, dass sie über ihre Partnerwahl in ein sozial höheres Milieu einheiraten. Ihre Mütter füllen an der Seite ihrer Männer Sozialpositionen aus, in denen sie eine dienend-dominante Funktion übernehmen. Dominant sind sie im Innenbereich der Familie, soweit die binnenfamilialen Beziehungen betroffen sind. Dienend treten sie im Außenbereich auf und halten ihren Männern den Rücken frei, damit sie ihren beruflichen Verpflichtungen nachkommen können. Über den Binnenraum der Familie hinaus, in dem sie für Struktur sorgen, übernehmen beide Mütter auch im außerfamilialen Bereich Verantwortung. Neben der Kindererziehung, der weitestgehend ihre gesamte Aufmerksamkeit gilt, sind sie eingebunden in Aufgaben auf Gemeindeebene und auf kommunalpolitischer Ebene. Ähnlichkeiten in der Familiensituation zwischen beiden Pflegevätern lassen sich auch mit Blick auf die soziale Platzierung innerhalb der Geschwisterreihe feststellen. Durch die Partnerwahl ihrer Eltern kommen jeweils Geschwisterälteste zusammen. Auch wenn die Mutter von Martin Hahn als Zweitgeborene auf die Welt kommt, ist sie strukturell gesehen die älteste Tochter. Ingo Sturm und Martin Hahn sind die jeweils jüngsten Geschwister einer Familie mit einer relativ hohen Kinderzahl. Sie kommen als viertes Kind ihrer Eltern zur Welt und wachsen mit drei älteren Brüdern auf. Während Martin Hahn als Letztgeborener den Abschluss der Geschwisterreihe bildet, ist Ingo Sturm zwar der letztgeborene Sohn, aber er wächst mit einer um ein Jahr jüngeren Schwester auf. Die Biografieverläufe ihrer jeweils älteren Brüder gestalten sich jedoch sehr unterschiedlich. Zwar gelingt es sowohl den ältesten Brüdern von Ingo Sturm und Martin Hahn über ihre Berufswahlen, den sozialen Status der Familie zu halten. Aber während Ingo Sturms Geschwister eine eigene Familie gründen, heiratet keiner der Brüder von Martin Hahn, noch finden in dieser Familie Familiengründungsprozesse über Reproduktion statt. So bezeichnet sich Martin Hahn mit Blick auf die Gründung einer Pflegefamilie als »der Schwule seiner Familie, der die Familie rettet«. Eine Hypothese für die Stilllegung von reproduktiven Entwürfen auf der Geschwisterebene von Martin Hahn ist folgende: Auf den Bewährungsdruck, dem die Kinder dieses Pfarrmilieus ausgesetzt sind, dem als Sozialgemeinschaft eine Vorbildfunktion für christlich-bürgerliches Leben zugedacht ist, reagieren alle Kinder dieser Familie mit Ausweichbewegungen sowohl im Beruflichen als auch im Familialen. Keines der Kinder tritt das Erbe des Vaters an und wird Pfarrer. Eben so wenig finden Transformationsbewegungen im Beruf statt, die darauf zielen, das religiöse Element in einem beruflichen Äquivalent zu sichern. Johannes, der Älteste, wird Lehrer, Michael lernt Maschinenbauschlosser, schließt dann ein Soziologiestudium an und arbeitet im Betriebsrat eines Elektromaschinenherstellers. Jakob wird Innenarchitekt und Martin Hahns berufliche Karriere mündet nach einem abgebrochenen Studium der Germanistik und der Geografie in eine technische Berufsausbildung. Bei dieser Radikalität, die Martin Hahn und seine Brüder bei der biografischen Selbstplatzierung an den Tag legen und die einhergeht mit einem Bruch der herkunftsfamilialen Vorgaben, handelt es sich gleichwohl um eine Strategie biografischen Handelns, die ein Erbe der väterlichen Linie ist.

Zusammenfassend kann festgehalten werden, dass in den herkunftsfamilialen Milieus beider Pflegeväter psychosoziale Bedingungen und Ressourcen zur Genüge vorhanden sind, die sie in die Lage versetzen, stabilisierende sozialisatorische Leistungen zu erbringen. Das gelingt, indem Ingo Sturm und Martin Hahn an die klare Aufgabenverteilung ihrer Herkunftsfamilien anschließen und die Struktur der Binnenfamilie nach den gelebten Orientierungsmustern ihrer Herkunftsfamilien reproduzieren. Des Weiteren bietet ihre Einsozialisierung in eine halböffentliche Familiensituation eine gute Grundlage, um den Anforderungen einer doppelten Elternschaft nachzukommen. Denn sie beide sind in einer Familienwelt groß geworden, in denen die Öffnung bzw. Offenheit für Außerfamiliales die Integrität der Familie als Gemeinschaft nicht bedrohte. Sondern diese Umwelten, das die Familie einbettende kirchliche Lebensmilieu bzw. das pädagogische Milieu, sind die Familienidentität mit konstituierenden zentralen Rahmen, die für das Familiengesamt sinnstiftende Funktion haben. In diesem Sinne gelingt den beiden Pfle-

gevätern ein pflegefamiliales Arrangement, in dem den Herkunftsfamilien der Pflegekinder ein zentraler Platz zugewiesen werden kann und zu
dessen Konzept als Familie gehört, Familienfremdes über Anschlusspro-
zesse als Dazugehöriges integrieren zu können.

Normalisierung einer familialen Sondersituation durch Orientierung an den Strukturen der bürgerlichen Kleinfamilie

Die Pflegefamilie Sturm/Hahn hat ein pflegefamiliales Arrangement gefunden, in dem die sozialen Beziehungen zur Geburtsfamilie der Pflegekinder nicht ausradiert, verschwiegen oder nicht anerkannt werden. Sondern die leibliche Mutter von Angelina als auch die leiblichen Eltern von
Niklas werden, auch wenn sie nicht in die familiale Alltagspraxis der
Pflegefamilie eingebunden sind und mit ihnen auch keine Kooperations-
gemeinschaft auf gleicher Ebene besteht,[68] in den Sozialisationsprozess
der Pflegekinder integriert. Motiviert ist ihre soziale Konstruktion einer
Pflegefamilie, die zur Herkunftsfamilie eine offene Beziehung unterhält,
durch die über ihre eigene Familiensozialisation erlangte Gewissheit,
dass neben einer sicheren emotionalen Basis die biografische Selbstver-
gewisserung ein konstitutives Element für eine gelingende Identitätsbildung ist. Auf die Herausforderung, mit der doppelten Elternschaft umzugehen, reagieren die Pflegeeltern Martin Hahn und Ingo Sturm mit einer Orientierung an den Strukturen der bürgerlichen Familie, wie sie in
dem theoretischen Konzept der Kernfamilie beschrieben sind,[69] ohne in
ihren Bemühungen, den Sonderstatus über eine Normalisierungsarbeit
zu bewältigen, den unhintergehbaren Anforderungsstrukturen einer
Pflegefamilie auszuweichen. Die Lösung, die sie finden, besteht also darin, Stabilität durch eine Orientierung an Familienstrukturen zu erzeugen, wie sie die bürgerliche Familie hervorgebracht hat. Aber nicht mit
dem Ziel, die Herkunftsfamilien der Pflegekinder zu ersetzen, sondern in
Stellvertretung für die leiblichen Eltern, mit denen nicht in ein Konkur-
renzverhältnis eingetreten wird, einen Ort familialer Sozialisation einzu-
richten, in dem alternative Sozialisationserfahrungen so gemacht werden
können, ›als ob‹ es sich um eine leibliche Familie handelt. Zum Ausdruck kommt ihr Selbstverständnis von einer Familie ganz eigener Art,
die sich gleichwohl als Normalfamilie erfährt, in folgender Sequenz:

---

68 Vgl. dazu der Fall Gabriele Schubert in W. Gehres/B. Hildenbrand: Identitätsbildung und Lebensverläufe, S. 50-61.
69 Vgl. D. Funcke/P. Thorn: »Statt einer Einleitung« (in diesem Band).

MH: Für uns im täglichen Leben da sind das unsere Kinder. Und im Grunde haben wir uns relativ schnell als eine ganz normale Familie wahrgenommen. IS: Also von daher leben wir im Grunde wie jede andere Familie auch. Wir haben im Grunde auch unterwegs mal vergessen, dass wir eine Sondersituation haben.

Bettet man die Formulierung: »eben im täglichen Leben« einmal in alternative Kontexte ein, so zeichnet sich ab, dass, auch wenn der Ablauf alltäglicher Selbstverständlichkeiten erfahren wird, es eine außeralltägliche Wirklichkeit gibt, die als Tatsache den basalen Lebensort wie eine rahmende Umwelt mit bestimmt. So ist zum Beispiel denkbar, dass ein Patient mit Knieschmerzen sich folgendermaßen äußert: ›Also im täglichen Leben macht mir das Knie keine Beschwerden‹. Oder, während einer Befragung zum erlebten Bedrohungspotenzial könnte sich ein Interviewter wie folgt äußern: ›Im täglichen Leben bekommen wir von der Wirtschaftskriminalität nichts mit‹. Oder, ein Mitglied einer religiösen Glaubensgemeinschaft äußert sich wie folgt: ›Die Schweinegrippe merken wir im täglichen Klosterleben nicht‹. Gemeinsam ist diesen Formulierungen, dass es jeweils Erfahrungszusammenhänge gibt, die außerhalb der Alltagswelt liegen und für die alltägliche Lebensführung ohne Relevanz sind. Übertragen auf das Phänomen der Pflegefamilie Hahn/Sturm bedeutet das, dass ihre Familie im Kern von traditionalen Orientierungsverbindlichkeiten bestimmt ist, gleichwohl ihnen die Andersartigkeit ihrer Situation im Vergleich zu ›normalen‹ Familien bewusst ist. Diese Gleichzeitigkeit von einander Ausschließendem zeichnet sich auch in der von ihnen wiederholt gebrauchten Formulierung »im Grunde« ab. Verweist diese Redewendung doch implizit auf ein »aber«, also eine Einschränkung, die besagt, dass es sich eben nicht »um ne ganz normale Familie« handelt. Das Vorhandensein eines Bewusstseins über die Besonderheit ihrer familialen Situation schließt aber keineswegs eine familiale Identität aus, die ihr Selbstverständnis mit Bezug auf Strukturmerkmale der Kleinfamilie entwickelt. Um die Strategien, die es den Pflegevätern ermöglichen, die familiale Sondersituation zu veralltäglichen, soll es im Folgenden gehen.

Bei der Pflegefamilie Sturm/Hahn handelt es sich um ein Pflegefamilienmilieu mit einer strukturierten Alltagsorganisation nach dem Muster einer funktionalen Differenzierung. Der Pflegevater Ingo übernimmt die instrumentell-repräsentativen Aufgaben der Pflegefamilie im Sinne des Setzens von Regeln und der Vertretung und Abgrenzung der Familie gegenüber dem außerfamilialen sozialen Umfeld. Er ist z.B. derjenige von beiden Pflegevätern, der mir als der Fremden vor Interviewbeginn die Haustür öffnet. Auch unterhält er die soziale Beziehung zu mir als dem Gast der Familie, als sein Partner die Pflegekinder zu Bett bringt und den Interviewkontext deshalb verlassen muss. Der Pflegevater Martin Hahn, dessen Arbeit sich auf die Haushaltsaktivitäten und die Kinderbetreuung konzentriert, wendet sich vermehrt den familieninternen expressiven Angelegenheiten zu, wie der Integration der Pflegekinder in die Pflegefamilie und der Herstellung eines affektiven Rahmens innerhalb der Pflegefamilie. So überrascht es auch nicht, dass bei dem Thema, mit dem die Frage nach der Bedeutung der leiblichen Mutter für den Entwicklungsprozess aufgeworfen wird, Martin Hahn antwortet. Denn mit dieser Frage steht die von ihm ausgefüllte Sozialposition zur Disposition. Des Weiteren wird die funktionale Differenzierung darin deutlich, dass für beide Pflegeväter zu Beginn des Familienbildungsprozesses klar war, dass Martin Hahn den Erziehungsurlaub übernehmen wird, während Ingo Sturm den Lebensunterhalt der Familie sichert. Dieses Arrangement, das in den Bereichen Beruf und Familie auf Asymmetrie abhebt, bringt eine Spannung in den Interaktionszusammenhang, da die beiden Pflegeväter vom Inhalt her verschiedene Beziehungen zu den Pflegekindern unterhalten. Aus der Perspektive der Pflegekinder betrachtet heißt das: Da vom Inhalt her durch das gleichgeschlechtliche Pflegeelternpaar einander ausschließende dyadische Beziehungen ins Werk gesetzt werden, ist eine umfassende Zugehörigkeit zur Pflegefamilie nicht zu haben ohne die gleichzeitige Erfahrung, aus einer Beziehung zwischen zwei Personen, zu denen man selbst gleichzeitig eine exklusive Beziehung hat, ausgeschlossen zu sein. Die Erfahrung von Ein- und Ausschluss, die in der bürgerlichen Familie über eine in geschlechterfundierten Differenzen begründete Arbeitsteilung erfahrbar wird, ist auch Bestandteil der Sozialisationsordnung der gleichgeschlechtlichen Pflegefamilie. Denn durch die Zuständigkeitsteilung bezüglich Haushalt und Kindererziehung interagieren Martin Hahn und die Pflegekinder miteinander in einer Weise, in der Ingo Sturm nicht präsent ist. Gleiches gilt umgekehrt. Exklusiv ist auch die Beziehung zwischen Ingo Sturm und den Pflegekindern, da ihre Beziehung etwas anderes kennzeichnet als die zwischen Martin Hahn und den Pflegekindern. Die Beziehungsdyade, in der sich die Pflegekinder befinden, wenn sie mit Martin Hahn zusammen sind, weist andere Qualitäten und Standards auf als die Beziehungsdyade zwischen ihnen und Ingo Sturm. Durch die klare Regelung von Zuständigkeiten gelingt es den Pflegeeltern, trotz ihrer Gleichgeschlechtlichkeit nicht zu homogen gegenüber den Pflegekindern aufzutreten und ihnen auch unter der Bedingung gleichgeschlechtlicher Elternschaft differenzierte Eltern-Repräsentationen zu ermöglichen.

Auch die Rekapitulation ihrer Geschichte als Pflegeeltern, die auf den Punkt der Bilanzierung zusteuert, enthält die Erfahrung, die emotionale Verbundenheit als eine von ihnen hergestellte bzw. erreichte Normalität wahrzunehmen.

IS: Ich kann für mich nicht sagen, dass die Fremdheit der Kinder irgendwie ein Thema wäre. Also ich erinnere mich, dass wir beim Niklas im Grunde auch relativ schnell gesagt haben, das ist normal geworden, im Grunde ist er wie unser eigenes Kind.
MH: Ja, das ging sehr schnell.
IS: Dass er jetzt nicht biologisch von uns abstammt, das ist nicht so eigentlich präsent.
MH: Ja und bei der Angelina habe ich in der Anfangszeit so öfters mal ihre Mutter vor dem geistigen Auge gesehen, also das
IS: Das ist aber auch speziell beim Niklas, weil er ja schon mehr erlebt hat bis er zu uns kam, wo wir halt immer überlegen, worauf könnte welche Verhaltensweise hindeuten, auf Erlebnisse, die er in dieser ersten Phase gehabt hat, wo er mehrere Beziehungsabbrüche erlebt hat. Das sind dann eher noch mal so die Themen, die damit zu tun haben, dass er nicht unser eigenes Kind ist oder das wir eben die Entwicklung nicht von ganz zu Beginn an erlebt haben und kennen.
MH: Ja, ja. Ja, so eine Beziehung die muss schon auch wachsen, das hat sich auch verändert, das ist klar. Also grad jetzt auch bei Angelina, da war das schon so am Anfang, da hab ich oft so ihre Mutter vor mir gesehen, sie sehn sich auch sehr ähnlich und das ist jetzt überhaupt nicht mehr so, das hat sich völlig verändert ne, aber natürlich muss man zusammenwachsen, ganz klar. Das ist also nicht von Anfang an so dieses ganz Vertraute.

Die Pflegeeltern bringen hier zum Ausdruck, dass das neu erlangte Beziehungsniveau das Ergebnis eines Prozesses ist, in dem der Gedanke der Fremdheit dadurch ein Stück weit außer Kraft gesetzt wird, da die täglichen Erfahrungen mit den Pflegekindern intensive Gefühle auslösen. Durch den ständigen Umgang mit den Kindern wird die sie anfänglich trennende Vorgeschichte überlagert von einer gemeinsamen Interaktionsgeschichte. Es wird eine Beziehungsstruktur ermöglicht, bei der die Gefühle ein gewisses Eigenleben gegenüber dem Bewusstsein vom fremden Kind behaupten. Aus der anfänglichen biologischen Fremdheit wird eine soziale Vertrautheit. Feststellen kann man des Weiteren – überschaut man das Interview als Ganzes –, dass die Pflegeeltern keine spezifischen Regeln der Mitgliedschaftskategorisierung, die für den Normalfall der Familiengründung anwenden, die bestimmt ist durch Abstammung und Allianz. Es werden keine physischen Ähnlichkeiten unterstellt. Eine Vereinnahmung der Pflegeeltern durch die Herstellung einer Ähnlichkeitskonstruktion unterbleibt mit der Folge, dass die Vorgeschichte der Kinder nicht ausgelöscht wird und so für diese die Mög-

lichkeit offen gehalten wird, sich selbst in Beziehung zu ihrer Herkunftsfamilie zu setzen.

Dass es den Pflegeeltern auch darum geht, für die Pflegekinder den
Bezug zu ihren Herkunftseltern zu erhalten, um ihnen Chancen einzuräumen, selbstständig eine Position in dem Dreieck Pflegefamilie – Herkunftsfamilie – und ihrer selbst zu suchen, zeichnet sich darin ab, dass
ein Namenswechsel der Kinder, weder ein Wechsel des Vor- noch
Nachnamens, ein Thema ist. Weder ist die Option relevant, den Pflegekindern den ihnen von ihren leiblichen Eltern gegebenen Namen um einen zweiten Vornamen zu ergänzen, mit dem symbolisch eine neue Zeit-
rechnung bekräftigt werden könnte.[70] Noch geht es ihnen nicht darum,
die Pflegekinder über ihren Familiennamen auszuweisen bzw. den Familiennamen als ein Instrument zur Kategorisierung ihrer Familie zu benutzen.[71] Indem die Pflegeeltern vorerst Abstand von einem alle Mitglieder einschließenden Nachnamen nehmen und eine Vornamensregu-
lierung kein Thema ist, bleibt den Pflegekindern ein Maximum an bio-
grafischer Kontinuität erhalten. Es geht den Pflegeeltern nicht um die
Strukturierung einer gemeinsamen Gegenwart, in der die Vorgeschichte
der Pflegekinder keinen Platz hat. Sondern es geht ihnen um die Sicherung eines Kontinuitätsfadens, da der Vor- als auch Nachname die Pflege-
gekinder an den Ursprung zurückführt, an dem ihre leiblichen Eltern im
Akt der Zuschreibung auch sich selbst in Beziehung zu ihren leiblichen
Kindern verortet haben. Dass dieser von den Pflegeeltern eingerichtete
Bedingungsrahmen bereits in diesem Sinne Früchte trägt, zeichnet sich
an der Selbstpräsentation von Niklas ab, die Martin Hahn wie folgt beschreibt:

MH: Niklas ist sehr stolz auf seinen Namen. Er kennt jetzt alle unsere mit Vor-
und Zunamen. Er sagt: ›Ich bin der Niklas Mayer.‹

Diese Selbstplatzierung bringt zum Ausdruck, dass Niklas sich mit seiner ihm von den leiblichen Eltern über den Vornamen zugeschrieben
personalen Identität als dazugehörig zur Pflegefamilie verortet. Die von

---

70 Vgl. das Fallbeispiel einer Adoption von drei aus Korea stammenden
    Schwestern, die von einem französischen Paar adoptiert wurden, das u.a.
    durch eine französische Vornamensgebung die Kinder in das Ver-
    wandtschaftssystem zu integrieren versucht hat (D. Funcke/B. Hilden-
    brand: Unkonventionelle Familien, S. 144-147).
71 Vgl. der Fall Gabriele Schubert. Dort scheitern Vereinnahmungsversuche
    der Pflegeeltern, die darin gipfeln, den Nachnamen ihrer Pflegetochter zu
    ändern und das Sorgerecht auf sich übertragen zu lassen, an dem Wider-
    stand der leiblichen Mutter (W. Gehres/B. Hildenbrand: Identitätsbildung
    und Lebensverläufe, S. 59).

Niklas erfahrene und unbezweifelte familiale Zusammengehörigkeit schließt ein, sich wechselseitig mit den sehr unterschiedlichen Namen benennen zu können.

Auch an einem Deutungsmuster für ihre pflegefamiliale Situation, die durch das System der Gleichgeschlechtlichkeit bestimmt ist, und an einer gewählten Terminologie bzw. Anredepraxis wird zweierlei deutlich: zum einen die Stabilisierung durch die Orientierung an Strukturen der »Normalfamilie« und zum anderen, dass trotz dieser Normalisierungsbemühungen Strukturpositionen leiblicher Elternschaft nicht verwischt werden. Zum Deutungsmuster:

MH: Und die Frage mit der Mutter, da denke ich immer, also es gibt ja nun viele Kinder, die auch nur mit einem Elternteil aufgewachsen sind.

An dieser Selbstreflexion über ihre Situation wird deutlich, dass sie für die pflegefamiliale Aufgabe mit doppelter Elternschaft zu leben, die Lösung finden, ihre Konstellation im Sinne einer Ein-Eltern-Familie zu deuten. Diese Bestimmung ihrer familialen Ausgangslage nach der Logik einer Alleinerziehendenfamilie hat zur Folge, dass die lebenspraktische Realität leiblicher Elternschaft außerhalb ihrer familialen Alltagsorganisation als Pflegefamilie anerkannt wird. Denn das Prinzip der alleinverantworteten Elternschaft verweist auf ein Elternteil außerhalb der Eltern-Kind-Beziehung, das seine Aufgabenverpflichtungen, die mit der sozialen Position verbunden sind, nicht ausfüllt. Das Deutungsmuster, das Martin Hahn anwendet, macht aus ihrer Familie eine ›unvollständige‹ mit »nur einem Elternteil«, was so viel bedeutet, dass Martin Hahn ein Konzept von Familie hat, das nicht qualitativ bestimmt ist im Sinne von, ›wenn zwei Personen da sind, um die Elternschaft zu übernehmen, dann reicht das‹. Sondern Martin Hahns Elternschaftskonzept ist bestimmt durch die Eindeutigkeit von Vaterschaft und Mutterschaft. So hat ihr Pflegefamilienmodell allenfalls den Status einer Hilfskonstruktion ähnlich dem einer Alleinerziehendenfamilie. Es handelt sich bei beiden um Formen des familialen Zusammenlebens, die auf einen Mangel reagieren. Der Mangel besteht in der Abwesenheit einer Triade, in der das Paar als Eltern gemeinsam Verantwortung für ihr leibliches Kind übernimmt. Was sich an dieser Umdeutung bzw. Normalisierung abzeichnet, die die gleichgeschlechtliche Pflegefamilie in den Status einer Alleinerziehenden hebt, ist zweierlei. Zum einen sieht man an dieser Deutungsleistung, dass sie nach innen über die Funktion der doppelten Vaterschaft ihre Elternschaft nach Kriterien der leiblichen Familie ausgestalten. Zum anderen wird klar, dass es ihnen nicht darum geht, einen Mangel nach dem Prinzip des Ersetzens auszugleichen. Sondern an der in der

Deutung implizit enthaltenen Deklaration, obwohl man zu zweit ist, allein zu erziehen, weist darauf hin, dass wir es im vorliegenden Fall mit einer gleichgeschlechtlichen Pflegefamilie zu tun haben, die, da ihnen der Mangel bewusst ist, Platz für die leiblichen Eltern hat. Kurz, die Konstitutionsbedingung einer Pflegefamilie, das Konzept doppelter Elternschaft zu leben, wird anerkannt. Was man an dieser Sequenzstelle auch gut erkennen kann, ist, dass so gängige Vorstellungen wie, der eine Mann übernimmt die Mutterrolle, während sein Partner als Ernährer der Familie die Vaterschaftsrolle vertritt, nicht mit den Sinnstrukturen übereinstimmt, die das Zusammenleben in einer gleichgeschlechtlichen Pflegefamilie anleiten. Denn gleichwohl Martin Hahn in der praktischen Durchführung ihrer Pflegefamilie mütterliche Anteile übernimmt, ist er nicht die Mutter, denn diese ist, wenn auch als Leerstelle bzw. als Abwesende präsent. Da beide Pflegeväter über das Deutungsmuster der Alleinerziehendenfamilie zusammen auf ein Elternteil schrumpfen, ist der Status der leiblichen Mutter kein umkämpfter Ort. Das Deutungsmuster der Alleinerziehendenfamilie weist aber neben der Anerkennung der mit einer Geburt verbundenen sozialen Ordnungsstruktur von Elternschaft darauf hin, dass, auch wenn sie diese bei einem vorliegenden Mangel nicht reparieren können, es ihnen darum geht, mit ihren Bordmitteln Elternschaft nach den Solidaritätsmustern leiblicher Elternschaft zu gestalten.

Diese über das Deutungsmuster der Alleinerziehendenfamilie angeleitete Praxis, den herkunftsfamilialen Zusammenhang der Pflegekinder anzuerkennen, ohne dass diese Geöffnetheit zur Ursprungsfamilie es ihnen selbst verunmöglicht, im Kernbereich der Pflegefamilie Elternschaft nach dem Muster leiblicher Elternschaft zu gestalten, drückt sich auch in der Anredepraxis aus. So wird der Pflegevater Martin Hahn von beiden Pflegekindern mit »Papa« und der Pflegevater Ingo Sturm mit »Papi« angesprochen. Weder ist die Ansprache mit den Vornamen der Pflegeväter, noch mit Anredeformeln aus dem Bereich des Verwandtschaftssystems (z.B. Onkel) relevant. Es wird eine Benennungspraxis gewählt, die den leiblichen Eltern vorbehalten ist. So können die Pflegeeltern neben der Inszenierung über eine komplementäre Aufgabenverteilung den Pflegekindern auch klar machen, dass sie beide vom Typus her, trotz aller Verschiedenheiten, die sie in ihrer Beziehung zu den Pflegekindern auszeichnet, sich ähnlich sind. Über die Anredeformel wird – ohne darauf zu verzichten, über einen minimalen Kontrast (»Papa/Papi«) Differenzen auszudrücken – die Gemeinsamkeit kommuniziert, auf der Ebene des Paares den Kindern gegenüber eine »Elterneinheit« zu sein. An dieser Stelle können wir das Konzept, nach dem sich die Pflegefamilie konstruiert, konkretisieren um die Komponente der doppelten Pflegevaterschaft bzw. der Vaterschaft im Quadrat. Es handelt sich um eine Pflegefamilie, die sich im Binnenbereich der Pflegefamilie über die Logik einer Alleinerziehendenfamilie als eine aus zwei Pflegevätern und einer abwesenden Mutter strukturiert. Während über diese Organisationspraxis der Status der leiblichen Mutter ohne Konkurrenz bleibt, birgt sie für die leiblichen Väter von Niklas und Angelina die Gefahr der Ersetzung. Dass es den Pflegevätern aber keineswegs darum geht, die soziale Strukturposition der leiblichen Väter zu ersetzen, gleichwohl sie diese im lebenspraktischen Alltag der Familie ausgestalten, zeigt sich am deutlichsten darin, dass selbst dem tödlich verunglückten Vater von Niklas ein Platz im pflegefamilialen System – worauf ich gleich zurückkommen werde – zugewiesen wird.

Die Herkunftsfamilie der Pflegekinder

Die Rückführung der Pflegekinder in ihre jeweilige Herkunftsfamilie ist in der Pflegefamilie Hahn/Sturm kein Thema. Dass es nicht um die Gestaltung familialer Beziehungen auf Zeit und auf vertragsmäßiger Grundlage geht, liegt daran, dass die Eltern von Angelina, die für ihre eigene Lebensführung Unterstützung benötigen, aus gesundheitlichen Gründen nicht in der Lage sind, auch in Zukunft die Verantwortung für ihre Tochter zu übernehmen. Auch die Lebenssituation der Mutter von Niklas gibt den Pflegeeltern bestärkt durch das Jugendamt die Gewissheit, dass eine vorzeitige Beendigung oder Kündigung des Pflegevertrages kein Thema ist. Obwohl die leiblichen Eltern die Sorge für ihre Kinder selbst nicht übernehmen können, empfinden sie eine enge Beziehung zu ihrem Kind. »Bei Niklas' Mutter war klar, die Mutter wird nie einer Adoption zustimmen. Und für die Eltern bedeutet Angelina total viel, Angelina ist emotional ihre Tochter. Ihr Kind, das ist das Lebenselixier von ihnen.« Diesen bestehenden sozialen Beziehungen der leiblichen Eltern trägt das Jugendamt soweit Rechnung, dass im Rahmen des Hilfeplanes regelmäßige Kontakte zu den leiblichen Eltern festgeschrieben sind. Während bei Angelina die Vereinbarung bindend ist, einmal im Monat den Eltern eine Begegnung in einer Familientagungsstätte zu ermöglichen, hat die Mutter von Niklas die Möglichkeit, alle zwei Monate ihren Sohn zu sehen. Beschrieben werden die Kontaktregelungen zu den Herkunftseltern von beiden Pflegevätern mit einer sehr ähnlichen Äußerung.

MH: Bei Angelina da ham wer einmal im Monat Termin mit den Eltern und das ist schon viel. Wir müssen Termin ausmachen, wir fahrn da hin und da ist ein halber Tag rum.

IS: Die Mutter von Niklas muss sich selbst bei uns melden, da ham wir wech-
selhaft Zeiten gehabt, wo sie die Termine dann auch wahrgenommen hat, wo
sie auch nicht gekommen ist oder sich auch nicht gemeldet hat.

Auffällig in beiden Sequenzen ist die Verwendung des Terminus »Termin«. In dieser Sprachwahl steckt neben der Erfahrung, einer Verpflichtung nachzukommen, die Beschreibung eines zeitlich festgelegten Vor-
ganges. Passend ist dieser Terminus in der rationalisierten Geschäfts-
welt, wenn es z.B. um einen ›Termin‹ beim Versicherungsvertreter,
beim Rechtsanwalt oder beim Arzt geht. Da aber nun – wie in unserem
Fallbeispiel – im Zusammenhang von diffusen Sozialbeziehungen, in
denen man sich als »ganze Menschen begegnet und nicht als Rollenträ-
ger, Vertragspartner oder Marktteilnehmer«,[72] eine Sprachregelung gewählt wird, die üblicherweise in formalpragmatischen Kontexten verwendet wird, liegt folgende Vermutung nahe: Die Anerkennung der
doppelten Elternschaft wird von den Pflegeeltern, die ihr Pflegefamilienmodell mit einer strengen Orientierung an kleinfamilialen Strukturen
stabilisieren, als Stressfaktor erlebt. Fallstrukturgemäß für die pflegefamiliale Konstruktion der Pflegeväter Hahn/Sturm ist dann auch, dass sie
die Herkunftseltern nicht nach dem Modell einer multilokalen Ver-
wandtschaftsordnung in die Pflegefamilie integrieren.[73] Sondern es geht
darum, über eine klare Grenzziehung nach innen, den Anschluss zu einem Herkunftsmilieu zu halten, das zur Geschichte ihrer Pflegekinder
dazugehört.

Wer aber nun annimmt, dass die Pflegeeltern nur dem Mindestmaß
an Kontaktpflege gemäß den Vereinbarungen mit dem Jugendamt und
den leiblichen Eltern im Rahmen des Hilfeplanes folgen, der irrt. Die
Arrangements, die die Pflegeeltern treffen, zeigen, dass über ein hohes
Maß an Eigenengagement günstige Bedingungen für ein Leben in doppelter Elternschaft geschaffen werden. So suchen die Pflegeeltern zum
Beispiel den Kontakt zu Niklas' Großmutter väterlicherseits, um über
diesen Zugang ihrem Pflegesohn eine Verlebendigung des Vaters zu ermöglichen, den er durch seinen frühen Tod nicht kennenlernen konnte.
»Die Großmutter«, so erzählt Martin Hahn, »das ist dann die Brücke für
den Niklas zu seinem Vater, wenn er dann mal irgendwann fragt.« Des

---

72 Ulrich Oevermann: »Die Soziologie der Generationenbeziehungen und der
historischen Generationen aus strukturalistischer Sicht und ihre Bedeutung
für die Schulpädagogik«, in: Ralf-Torsten Kramer/Werner Helsper/Susann
Busse (Hg.), Pädagogische Generationenbeziehungen, Opladen: Leske &
Budrich 2001, S. 78-128, hier S. 85.
73 Vgl. der Fall Gabriele Schubert in W. Gehres/B. Hildenbrand: Identitätsbildung und Lebensverläufe, insb. S. 57.

Weiteren legen die Pflegeeltern, denen durch ein Aufwachsen mit vielen Geschwistern die Bedeutungsrelevanz der sozialen Platzierung in der Geschwisterreihe bekannt ist, Wert darauf, dass Niklas seinen zwei Jahre jüngeren Bruder kennenlernt. »Als die Mutter zwischenzeitlich ein zweites Kind hatte, da ham wir sie im Krankenhaus besucht, nachdem der Bruder auf der Welt war, damit der auch für Niklas präsent ist.« So gelingt es den Pflegeeltern durch die Reaktivierung verwandtschaftlicher Strukturen und durch das Anknüpfen an bestehende verwandtschaftliche Beziehungen, ein Pflegefamilienmilieu zu schaffen, in dem gute Voraussetzungen bestehen, um den Pflegekindern die nicht ganz leichte, sondern immer mit Autonomiezuschreibung verbundene Aufgabe zuzumuten, eine doppelte Zugehörigkeit aufzubauen. Mit Blick auf die Herkunftsfamilie sagt Ingo Sturm: »Es ist uns wichtig, für sie diesen Weg einfach offen zu halten.« Dass Niklas diese Herausforderung annimmt, eine Strategie auszubilden, um einen eigenen Standpunkt zur biografischen Ausgangslage mit zwei koexistierenden Familiensystemen zu finden, zeigt sich an Folgendem. In seinem Zimmer hängt über dem Bett eine Fotografie seiner Mutter und wenn diese versäumt, den Besuchskontakt herzustellen, ist es Niklas, der den Wunsch vorträgt, seine Mutter anzurufen. Kommentiert wird diese Bedürfnislage von Martin Hahn wie folgt: »Es wäre sehr schön, wenn er mehr Kontakt zu ihr hätte. Das finde ich wär ganz gut, dass er einfach weiß, hier, das ist die Mama.« Diese eigenmächtigen Strukturierungsleistungen von Niklas machen deutlich, dass Zugehörigkeit zu diesem pflegefamilialen Milieu nicht nur bedeutet, stolz auf den eigenen, auf einen anderen biografischen Herkunftsort verweisenden Namen zu sein, sondern auch mit der damit zusammenhängenden Aufgabe verbunden ist, ein eigenes Verhältnis zu den leiblichen Eltern zu finden.

Perspektiven für die Zukunft

Während des Interviews passiert Folgendes: Niklas, der nach dem gemeinsamen Abendessen von Martin Hahn zu Bett gebracht worden ist, kommt nach kurzer Zeit zu uns Erwachsenen zurück. Er klettert auf den Schoß von Martin Hahn, schmiegt sich an ihn und sucht eine Umarmung. Dann wechselt Niklas zu Ingo Sturm, um dann wieder die Nähe zu Martin Hahn zu suchen. Beide Pflegeeltern begleiten und koordinieren dieses Hin und Her von Niklas, ohne den Aufmerksamkeitsbereich des Interviewgespräches völlig zu verlassen. Nach dieser spielerischen Form der Herstellung einer intersubjektiven Bezogenheit mit beiden, entscheidet sich Niklas, sich zwischen beide Pflegeväter zu setzen. Was man hier beobachten kann, ist, dass Niklas über eine affektive Strategie triadische Austauschprozesse, also ständig wechselnde Ein- und Ausschlüsse in 2:1-Konstellationen, inszeniert und wie die Pflegeeltern diese »interaktionelle Triangulierung«[74] bewältigen. Martin Hahn und Ingo Sturm, die aus der Perspektive von Niklas etwas gemeinsam machen, nämlich ein Gespräch mit einer Fremden führen, aus dem er ausgeschlossen ist, lassen sich durch die aktiven Leistungen von Niklas nicht stören. Sie richten den Kontext einer elterlichen Allianz ein, in dem der Pflegesohn, ohne ihre Erwachsenendyade zu spalten, seine Handlungen aufführen kann. Die Pflegeeltern agieren wie in einem geheimen Einverständnis in diesem von Niklas inszenierten Dreieck zusammen, schließen ihn dabei aber nicht aus, sondern bewahren ihre Allianz – in den Worten von Talcott Parsons: ihre »Führungskoalition« als Eltern.[75] So kann Niklas, obwohl die leiblichen Eltern fehlen, in der pflegefamilialen Situation, die dadurch bestimmt ist, dass ein gleichgeschlechtliches Männerpaar die Erwachsenendyade ausmacht, triadische Interaktionsstrukturen erfahren und das diesen innewohnende dynamische Potenzial erleben.

Ich habe gezeigt, dass es sich bei der Pflegefamilie Hahn/Sturm nicht um einen Sozialisationsort handelt, an dem es darum geht, ausgefallene Personen, die leiblichen Eltern, zu ersetzen. Sondern dem gleichgeschlechtlichen Paar gelingt es, eine Pflegefamilie zu konstruieren, in der den Pflegekindern Beziehungen und damit zusammenhängend Interaktionserfahrungen stellvertretend zur leiblichen Familie ermöglicht werden. Die Prozesse der Normalisierung der pflegefamilialen Situation, die der Stabilisierung ihres Zusammenseins dienen, führen dabei nicht zu einer Disqualifizierung der leiblichen Eltern von Niklas und Angelina. Eine Sozialintegration der Pflegekinder durch Strategien einer vereinnehmenden Bindung im Sinne eines Besitzanspruches erfolgt nicht. Weder kommt es zu Bestrebungen einer Namensänderung, noch wird von den Pflegevätern das Sorgerecht beansprucht. Auch betrachten sie das Faktum der doppelten Elternschaft nicht als ein individuelles Problem ihrer Pflegekinder, sondern als eine Angelegenheit, die auch sie betrifft. So richten die beiden Männer innerhalb der Strukturen der Pflegefamilie, die durch das System der Gleichgeschlechtlichkeit auf der Paarebene gekennzeichnet ist, einen Entwicklungsrahmen ein, in dem zur fehlenden leiblichen Familie alternative Sozialisationsangebote ge-

---

74 Elisabeth Fivaz-Depeursinge u.a.: »Wann und wie das Dreieck entsteht: Vier Perspektiven affektiver Kommunikation«, in: Rosmarie Welter-Enderlin/Bruno Hildenbrand (Hg.), Gefühle und Systeme, Heidelberg: Carl-Auer Verlag 1998, S. 119-154, hier S. 124.
75 Vgl. Talcott Parsons: Sozialstruktur und Persönlichkeit, Eschborn bei Frankfurt: Verlag Dietmar Klotz 1999, S. 122-130.

macht werden, ohne dass die Pflegekinder die doppelte Elternschaft als faktische lebensgeschichtliche Grundlage leugnen müssen. Fallstrukturtypisch für diese Pflegefamilie ist, dass die Anerkennung der biografischen Vorgeschichte der Pflegekinder, der ein Platz im Leben der Pflegefamilie eingeräumt wird, nicht ausschließt, den pflegefamilialen Alltag so zu organisieren, »als ob« sie eine Kernfamilie wären. Charakteristisch für ihre Pflegefamilie ist eine starke familienzentrierte Rahmung, in der Wechselhaftigkeit ein konstitutives und dauerhaftes Moment ihrer Beziehungsstruktur bildet. Sie sind als Familie gut nach außen hin abgegrenzt und nach innen durch einen affektiv strukturierten Interaktionszusammenhang miteinander verbunden. Wie es den Pflegeeltern gelingt, sich in der Sozialisationsphase der Adoleszenz zu organisieren, wenn die Orientierung nach außen für die Pflegekinder wichtiger wird als ein stabiler affektiver Rahmen der Familie, darüber können zu diesem Zeitpunkt nur Vermutungen angestellt werden. Ihre Offenheit gegenüber dem Herkunftsmilieu der Pflegekinder, ihre Integration in das kirchliche Gemeindeleben, in das sie die Kinder, die beide getauft sind und den evangelischen Kindergarten besuchen, einbeziehen, als auch der von ihnen gesuchte Anschluss an heterosexuelle Familien, lässt Folgendes vermuten: Ihre auf Autonomie und den Entwurf von Entwicklungsspielräumen bedachte Pflegefamilie, die nicht rigide nach innen abgegrenzt ist, sondern flexibel Angebote von außen aufnimmt und integriert, hat gute Voraussetzungen, um den Pflegekindern in der Pubertät ein Experimentieren in außerfamilialen Räumen zu ermöglichen bzw. zu unterstützen. Nicht zuletzt wissen die Pflegeeltern durch ihr Aufwachsen in halböffentlichen Familienmilieus um die Bedeutsamkeit, Erfahrungen durch das Kennenlernen fremder, außerhalb der Familie liegender Milieus machen zu können. Auch dass zur Wahrnehmung von Chancen, die neue Möglichkeiten darstellen, ein stabiler Rückhalt einer Familie gehört, ist ihnen durch ihre Sozialisationsgeschichte nicht unbekannt. Diese habituelle Gewissheit ist eine gute Ressource, um Bindungs- und Ablösungsprozesse in den Strukturen einer Pflegefamilie unter Berücksichtigung altersgemäßer Entwicklungsaufgaben der Pflegekinder zu gestalten.

Zusammenfassung und Ausblick

Gegenstand der Analyse war eine Familienform, deren Besonderheit im Vergleich zur bürgerlichen Familie darin besteht, dass hier die Paarbeziehung über das bestehende Dienstleistungsverhältnis, eine Pflegefamilie zu sein, zwar gleichzeitig eine Elternbeziehung ist, aber die Personen in diesem Beziehungsverhältnis durch die Bedingung der Geschlechts-homogenität keine Gatten sind. Weitere Unterschiede sind: die Kinder in dieser Form von Familie stammen genetisch nicht von beiden Eltern ab, die Solidaritätsbeziehung zu der alle laut Pflegefamilienvertrag zueinander verpflichtet sind, ist nicht unkündbar und die eindeutige Zuordnung der Pflegekinder zur leiblichen Mutter und zum leiblichen Vater ist nur über die Anerkennung der doppelten Elternschaft zu haben. Unter diesen Umständen, die eine Familie ausmachenden »diffusen« Beziehungen, die Eltern-Kind-Beziehung und die Paarbeziehung, zu gestalten,[76] stellt zum einen die Akteure dieser Lebenswelt vor eine herausfordernde Aufgabe. Zum anderen fordert dieses soziale Phänomen die soziologische Familienforschung dazu heraus, das von dieser familialen Zusammensetzung ausgehende Irritationspotenzial aufzugreifen, um existierende Hypothesensysteme zu hinterfragen. Untersuchungsleitend bei der Analyse des Falles »Hahn/Sturm« war die Frage: Über welche Strategien werden die objektiven Strukturen, die das Familie-Machen (»Doing Family«) dieser unkonventionellen Familie rahmen, die Gleichgeschlecht-lichkeit und das Pflegefamilienverhältnis, so in Praxis überführt, das eine für die Familienmitglieder mit Sinn versehene Familienwelt entsteht? Bei der Beantwortung dieser Frage konnte nicht hinter den Stand einer bereits vorliegenden Studie zurückgefallen werden, die am Phänomen der verschiedengeschlechtlichen Pflegefamilie gezeigt hat, dass über den Handlungsmodus des »Als-Ob« Solidaritätsmuster und Geschlechterrollen der traditionalen Familie (= »bürgerliche Familie«) zu Tage treten. Da nun die gleichgeschlechtliche Pflegefamilie durch die Geschlechter-homogenität noch viel weniger dem Bau der »Normalfamilie« entspricht, stellte sich die Frage, ob selbst in einer derart von ›alten‹ Strukturen entmäntelten Familienform traditionale Orientierungsmuster bei der Organisation des familialen Zusammenlebens an Verbindlichkeit nichts eingebüßt haben.

Die Durchführung der Fallrekonstruktion, die lediglich für eine breiter anzulegende Studie sensibilisieren kann, hatte einen zweifachen Fallbezug. (1) Über die Interviewanalyse konnten neben den Organisationsweisen des Familienalltags die Deutungsmuster und die Interaktionen, in denen Deutungen entwickelt und verstanden werden, Gegenstand der Rekonstruktion werden. (2) Über die Genogrammanalyse konnte der milieuweltliche Bedingungsrahmen, der als Kontext die Prozesse des konkreten Deuten und Handelns mit bestimmt, erschlossen werden.

Der Durchgang durch die objektiven Daten der Herkunftsfamilien beider Pflegeväter hat gezeigt, dass sie beide aus familienweltlichen Zu-

---

76 Vgl. D. Funcke/P. Thorn: »Statt einer Einleitung« (in diesem Band).

sammenhängen kommen, in denen der bürgerlichen Familienordnung einschließlich dem Lebensort Familie selbst ein zentraler Wert beigemessen wird. Stabilität, Kontinuität und die damit zusammenhängenden Solidaritätsformen familialer Bezogenheit sind ihnen als Orientierungsbestände bekannt. Des Weiteren ist ihre Familienwelt, aus der sie abstammen, über generationale Zusammenhänge hinweg durch eine selbstverständliche Geltung traditionaler, in der Biologie der Geschlechter fundierter Rollenmuster geprägt. Beruf und Familie sind unhinterfragt nach Organisationsweisen der traditionalen Geschlechterverhältnisse geregelt worden. Martin Hahn und Ingo Sturm kennen aber nicht nur eine nach innen über die Verschiedenheit der Geschlechter klar strukturierte Familienwelt. Sondern eine Besonderheit beider Herkunftsfamilien besteht darin, an den Rändern für Milieuspezifisches offen zu sein. Zu erfahren eine Familie zu sein, schließt neben der Anerkennung von Verschiedenheit im familialen Binnenraum ein, Fremdes, das außerhalb der Familiengrenzen liegt, als Dazugehöriges zu integrieren. Dass beider Familien über ein Vermögen verfügen, Unvertrautes nicht über Ausschluss und Abgrenzung, sondern über Prozesse der Integration aufzunehmen, zeigt ihr Umgang mit dem Thema Gleichgeschlechtlichkeit ihrer jüngsten Söhne und deren Familiengründung als Pflegefamilie. Als Eltern und als Großeltern stehen sie ungebrochen zur Verfügung, um im Rahmen einer derartigen Familienerweiterung ihre Unterstützung zu zu sichern.

Entscheidet man sich – unabhängig von ideologischen Positionen – über das Erwägen von Vor- und Nachteilen, die mit der Struktureigenschaft der Gleichgeschlechtlichkeit verbunden sind, die gleichgeschlechtliche (schwule) Pflegefamilie zu verstehen, so kann des Weiteren Folgendes festgehalten werden. Um an die Herkunftsfamilien der Pflegekinder und deren Sozialisationserfahrungen beim Aufbau einer pflegefamilialen Sozialwelt anschließen zu können, gereicht ihnen zum Vorteil, aufgrund der Homosexualität mit Beziehungswelten bzw. Zugehörigkeitsverhältnissen vertraut zu sein, die von traditionalen gesellschaftlichen Werten und Normen abweichen. Die biografische Erfahrung der sozialen Abweichung, die mit der Gleichgeschlechtlichkeit verbunden sein kann, machen gleichgeschlechtliche Pflegeelternpaare anschlussfähig an desintegrative Erfahrungen anderer Art, wie sie für die Herkunftsmilieus der Pflegekinder typisch sind. Gleichgeschlechtliche Pflegeelternpaare disponieren aufgrund dieser biografischen Ausstattung nicht dazu, radikale Normalitätsstrategien zu vertreten und zur Welt der leiblichen Eltern eine Gegenwelt aufzubauen. Die Struktur der gleichgeschlechtlichen Paarbeziehung erscheint auch deshalb im Vergleich zu der in verschiedengeschlechtlichen zur Lösung der mit einer Pflegefamilie verbundenen Aufgaben als günstig, da aufgrund der äußeren Gestalt von vornherein der Möglichkeit vorgebaut ist, vorzutäuschen, man wäre eine ›Normalfamilie‹. Kurz, die Geschlechtshomogenität imprägniert gegen den Ausschluss des leiblichen Elternsystems und verschleiert geradezu nicht die Abwesenheit der Herkunftsfamilie. Ein weiterer Vorteil, der durch eine gleichgeschlechtliche Pflegeelternschaft gegeben ist, besteht darin, dass – wie im vorliegenden Fall einer schwulen Pflegefamilie – eine (Ehe)Frau bzw. (Ehe)Partnerin, die wie in verschiedengeschlechtlichen und lesbischen Pflegefamilien durch die Ausgestaltung der sozialen Position der Mutter zum leiblichen Elternteil in Konkurrenz treten könnte, fehlt. Ein Nachteil, der durch die Geschlechtsgleichheit gegeben ist – folgt man theoretischen Konzepten, die zentrale Konstitutionsbedingungen für Identitätsbildungsprozesse beschreiben –, besteht darin, das Geschlechtsidentitäten für die Pflegekinder nicht über das Eingebettetsein und die Auseinandersetzung mit ödipalen Strukturen zu haben sind. Auch die Einrichtung einer familialen Lebensordnung über die Herstellung einer am bürgerlichen Familienmodell orientierten Kombination von »strukturgebendem Vater und emotional abfedernder Mutter«,[77] die Walter Gehres und Bruno Hildenbrand als günstig für die Entwicklung von Pflegekindern beschrieben haben, kann nicht über biologisch fundierte Geschlechterarrangements inszeniert werden. Allerdings wird an den Strategien, über die der Fall Sturm/Hahn die Strukturbedingung der Gleichgeschlechtlichkeit in ihre pflegefamiliale Welt übersetzt, deutlich, dass die auf der Ebene des Geschlechts nicht gegebene Differenz über den Anschluss an traditionale Rollenmuster mütterlichen und väterlichen Verhaltens in Anschlag gebracht wird. Ein Gleichheitsgedanke wird trotz der Zugehörigkeit zum gleichen Geschlecht nicht vertreten. Es geht ihnen um keine Angleichung der Handlungsmuster. Ganz im Gegenteil. Bei der Organisation des Alltags werden Asymmetrien über komplementäre Aufgabenverteilung nach der traditionalen Geschlechterordnung inszeniert. Ingo Sturm ist für die Erwerbsarbeit, also für die instrumentelle und außenbezogene Funktion der Familie ›zuständig‹. Kinderfürsorge und Hausarbeit, die expressiven und binnenbezogenen Funktionen, fallen zu einem großen Teil, wenn auch nicht ausschließlich, in den Zuständigkeitsbereich von Martin Hahn. Differenz zu kommunizieren schließt aber keinesfalls eine Gemeinsamkeitskommunikation aus. Die Einheit des gleichgeschlechtlichen Paares als Eltern drückt sich in der symbolischen Markierung auf der Ebene der Anrede (»Papi/Papa«) aus. Gut beobachten ließ sich die Geschlossenheit des Elternsystems in einer Alltagsszene, in der der Pflegesohn Niklas die

---

77 W. Gehres/B. Hildenbrand: Identitätsbildung und Lebensverläufe, S. 123.

beiden Pflegeväter im triadischen Spiel herausfordert, gleichsam versucht, über verschiedene Manöver die Elterndyade, die sich im Gespräch mit einem Gast der Familie befindet, zu spalten. Ihr Verhalten gegenüber den Provokationen ihres Pflegesohnes, trotz nonverbaler Aufmerksamkeitszuwendungen (auf den Schoß nehmen, Umarmungen) nicht vom geteilten Gesprächsgeschehen mit dem Gast abzulassen, bringt vergleichbar der Benennungspraxis ihre exklusive Beziehungsdyade zur Geltung.

Ich komme zum Schluss. Was man an dem Fall beobachten kann, ist, dass ein in der äußeren Gestalt sich abzeichnender familialer Strukturwandel nicht einhergeht mit dem Verschwinden einer Interaktionsordnung, die nach Mustern inszeniert wird, die uns aus dem ›alten Familiengehäuse‹ (das der ›bürgerlichen Familie‹) bekannt sind. Dieser Fall einer gleichgeschlechtlichen Pflegefamilie regt zur Vermutung an, dass möglicherweise gerade in solchen Familienkonstellationen, die von bisher gültigen Familienstrukturen derart abweichen, durch eine geradezu gesteigerte Orientierung an mit der ›Normalfamilie‹ verbundenen Struktureigenschaften (Geschlechterpolarität, Generationendifferenz) und familialen Solidaritätsformen Folgendes ganz offensichtlich wird: Wir haben es hier mit Orientierungsweisen im Sinne von Regelbeständen zu tun, die jenseits derjenigen Strukturen liegen, über die der Wandel der Familie ins Werk gesetzt wird. Ist dieser Schluss richtig, dann wäre der Weg frei, diese als Gegenstände in die Fachdisziplin der Familiensoziologie einzutragen.

Literatur

Berger, Walter/Reisbeck, Günther/Schwer, Petra: Lesben – Schwule – Kinder. Eine Analyse zum Forschungsstand i.A. des Ministeriums für Frauen, Jugend, Familie & Gesundheit des Landes Nordrhein-Westfalen, Düsseldorf: Allbro-Druck 2000.

Blandow, Jürgen: Pflegekinder und ihre Familien. Geschichte, Situation und Perspektiven des Pflegekinderwesens, Weinheim, Basel: Juventa Verlag 2004.

Bohrer, Karoline u.a.: »›Eltern werden ist nicht schwer...‹. Schwullesbische Wege der Familienplanung«, 2004, http://www.lsvd.de/bund/fachtagung3/ag3.html vom 14.04.2010.

Bourdieu, Pierre: Sozialer Sinn. Kritik der theoretischen Vernunft, Frankfurt a.M.: Suhrkamp 1993.

Camp, Cordula de la: Zwei Pflegemütter für Bianca. Interviews mit lesbischen und schwulen Pflegeeltern, Hamburg: LIT Verlag 2001.

Fivaz-Depeursinge, Elisabeth u.a.: »Wann und wie das Dreieck entsteht: Vier Perspektiven affektiver Kommunikation«, in: Rosmarie Welter-Enderlin/Bruno Hildenbrand (Hg.), Gefühle und Systeme, Heidelberg: Carl-Auer Verlag 1998, S. 119-154.

Funcke, Dorett/Hildenbrand, Bruno: Unkonventionelle Familien in Beratung und Therapie, Heidelberg: Carl-Auer Verlag 2009.

Gasser, Magdalena: Gleichgeschlechtliche Pflegeeltern in Österreich, unveröffentlichte Diplomarbeit, Fachhochschule Joanneum Graz 2009.

Gates, Gary J. u.a.: Adoption and Foster Care by Gay and Lesbian Parents in the United States, Washington: The Urban Institute, The Williams Institute 2007, http://escholarship.org/uc/item/3484484b?query=gates%20adoption#page-1 vom 12.4.2010.

Gehres, Walter/Hildenbrand, Bruno: Identitätsbildung und Lebensverläufe bei Pflegekindern, Wiesbaden: VS Verlag für Sozialwissenschaften 2008.

Gehres, Walter: »Jenseits von Ersatz und Ergänzung. Die Pflegefamilie als eine andere Familie«, in: Zeitschrift für Sozialpädagogik 3 (2005), S. 246-271.

Geisler, Thilo: »Papi & Papa. Pflegekinder bei gleichgeschlechtlichen Pflegeeltern«, 2004, http://www.thilogeisler.de/1%20Videos/1V%20Pappi/Fachartpp.html vom 12.4.2010.

Greiffenhagen, Martin: »Einleitung«, in: ders. (Hg.), Das evangelische Pfarrhaus. Eine Kultur- und Sozialgeschichte, Stuttgart: Kreuz Verlag 1984, S. 7-22.

Gudat, Ulrich: »Systemische Sicht von Pflegeverhältnissen – Ersatz- oder Ergänzungsfamilie?«, in: Deutsches Jugendinstitut (Hg.), Handbuch Beratung im Pflegekinderbereich, Weinheim, München: Juventa Verlag 1987, S. 38-58.

Helming, Elisabeth u.a.: »Leitfaden für eine systematische Dokumentation der Einschätzung«, in: Heinz Kindler u.a. (Hg.), Handbuch Pflegekinderhilfe, München: DJI (im Druck).

Henning, Hansjoachim: Das westdeutsche Bürgertum in der Epoche der Hochindustrialisierung 1860-1914, Wiesbaden: Franz Steiner Verlag 1972.

Hildenbrand, Bruno: Fallrekonstruktive Familienforschung, Wiesbaden: VS Verlag für Sozialwissenschaften 2004.

Hirschauer, Stefan: »Die Empiriegeladenheit von Theorien und der Erfindungsreichtum der Praxis«, in: Herbert Kalthoff/Stefan Hirschauer/Gesa Lindeman (Hg.), Theoretische Empirie, Frankfurt a.M.: Suhrkamp 2008, S. 165-187.

Kentler, Helmut: Leihväter. Kinder brauchen Väter, Reinbek bei Hamburg: Rowohlt 1989.

Kirbach, Roland/Spiewack, Martin: »Wenn die Eltern schwul sind«, in: Die Zeit vom 31.12.2003, S. 11-14, http://images.zeit.de/text/2004/02/Regenbogen-Familien vom 14.4.2010.

Kötter, Sabine: Besuchskontakte in Pflegefamilien. Das Beziehungsdreieck »Pflegeeltern – Pflegekind – Herkunftseltern«, Regensburg: S. Roderer Verlag 1994.

Kraimer, Klaus (Hg.): Die Fallrekonstruktion, Frankfurt a.M.: Suhrkamp 2000.

Lähnemann, Lela: Regenbogenfamilien. Adoptionsrecht für gleichgeschlechtliche Lebensgemeinschaften, Vortrag auf einer Fachtagung der Friedrich Ebert Stiftung in Kooperation mit dem Deutschen Frauenrat, 2004, http://www.fesforumberlin.de/Bundes-politik/pdf/4_4_21_laehnem.pdf vom 12.4.2010.

LVR Rheinland & Landesjugendamt (Hg.): Dokumentation der Fachtagung der Zentralen Adoptionsstelle »Gleichgeschlechtliche Paare leben mit Kindern – auch mit Pflege- und Adoptivkindern?«, Köln: Landschaftsverband Rheinland 2002.

Mallon, Gerald P.: Lesbian and gay foster and adoptive parents: Recruiting, assessing, and supporting an untapped resource for children and youth, Washington, DC: Child Welfare League of America 2006.

Nienstedt, Monika/Westermann, Armin: Pflegekinder. Psychologische Beiträge zur Sozialisation von Kindern in Ersatzfamilien, Münster: Votum 2004.

Oevermann, Ulrich: »Die Soziologie der Generationenbeziehungen und der historischen Generationen aus strukturalistischer Sicht und ihre Bedeutung für die Schulpädagogik«, in: Ralf-Torsten Kramer/Werner Helsper/Susann Busse (Hg.), Pädagogische Generationenbeziehungen, Opladen: Leske + Budrich 2001, S. 78-128.

Parsons, Talcott/Bales, Robet F.: Family, Socialization, and the Interaction Process, Glencoe: Free Press 1955.

Parsons, Talcott: Sozialstruktur und Persönlichkeit, Eschborn bei Frankfurt: Verlag Dietmar Klotz 1999.

Rekers, George: Review Of Research On Homosexual Parenting, Adoption, And Foster Parenting, 2004, http://www.narth.com/docs/RationaleBasisFinal0405.pdf vom 12.4.2010.

Ricketts, Wendell/Achtenberg, Roberta: »Adoption and Foster Parenting for Lesbians and Gay Men. Creating New Traditions in Family«, in: Marriage & Family Review 14, 3-4 (1989), S. 83-118.

Roedel, Bernd: Praxis der Genogrammarbeit. Die Kunst des banalen Fragens, Dortmund: Verlag modernes Lernen 1990.

Rosenbaum, Heidi: Formen der Familie, Frankfurt a.M.: Suhrkamp 1990.

Wernet, Andreas: Einführung in die Interpretationstechnik der Objektiven Hermeneutik, Opladen: Leske + Budrich 2000.

BERATUNG UND THERAPIE

Lesbische Mütter als Pioniere – Ein Beitrag zur psychosozialen Beratung im Vorfeld ihrer Familienbildung mit Samenspende

PETRA THORN

Einleitung

Unkonventionelle Familien zeigen sich seit vielen Jahren mit immer größerem Selbstverständnis in der Öffentlichkeit. Hierzu gehören nicht nur sogenannte Stief- und Patchworkfamilien (nach Trennung oder Scheidung mit neuem Partner), Adoptiv- und Pflegefamilien, sondern auch alleinerziehende Mütter und Väter und vielfältige Mischformen. Auch Regenbogenfamilien, also Familien mit gleichgeschlechtlichen Eltern,[1] erfahren zunehmend öffentliche Akzeptanz, werden in sozialwissenschaftlicher Forschung als relevante Gruppe berücksichtig und immer häufiger in der Literatur beschrieben.

Bis Anfang der 1990er Jahre entstanden Familien mit homosexuellen Eltern überwiegend nach einer Scheidung. Der lesbische oder schwule Elternteil war zuvor in einer heterosexuellen Beziehung, aus der ein oder mehrere Kinder hervorgegangen sind, und die Kinder wuchsen mit dem neuen gleichgeschlechtlichen Partner des Elternteils auf. In den

---

1 Der Begriff »Regenbogenfamilie« beschreibt gleichgeschlechtliche Paare mit Kindern. Er wird immer häufiger von lesbischen und schwulen Personen und deren Interessenvertretern verwendet (z.B. Elke Jansen/Angela Greib/Manfred Bruns: Regenbogenfamilien – alltäglich und doch anders. Beratungsführer für lesbische Mütter, schwule Väter und familienbezogenes Fachpersonal, Köln: Lesben- und Schwulenverband Deutschland 2007).

letzten 15 bis 20 Jahren haben immer mehr lesbische Paare die reproduktionsmedizinischen Möglichkeiten für sich entdeckt. Sie standen diesen in der Anfangsära, als die In-vitro-Fertilisation und andere medizinische Eingriffe wie die Samenspende in Deutschland immer häufiger angewandt wurden und in den Fokus der Öffentlichkeit gelangten, durchaus skeptisch oder sogar ablehnend gegenüber, weil Lesben mit Kinderwunsch unterstellt wurde, dass sie sich unkritisch am Bild einer bürgerlichen »Hetero-Kleinfamilie« orientieren würden. Allerdings änderte
sich ihre Haltung Mitte der 1990er. Sie realisierten, dass auch sie mit
medizinischer Unterstützung Kinder zeugen und eine Familie gründen
konnten – und immer mehr setzen ihren Kinderwunsch damit um. Lesbische Frauen, die mithilfe der Samenspende Kinder zeugen, sind Pioniere: Sie »erobern« eine neue Familienzusammensetzung und wie viele
Pioniere werden sie wegen der neuen Wege, die sie einschlagen, nicht
nur gewürdigt, sondern auch heftig kritisiert. Wie alle Pioniere stehen
sie auch vor der Aufgabe, das von ihnen Entdeckte selbst zu verstehen
und anderen verständlich zu machen – in diesem Fall, ihrer Familienkonstellation zu einer Identität zu verhelfen. Dieser Beitrag befasst sich
mit drei ausgewählten Themenstellungen, die meiner Erfahrung nach in
der psychosozialen Beratung lesbischer Kinderwunschpaare zentral sind:
Die Legitimität ihres Kinderwunsches, die Entwicklung einer stimmigen
Identität als Familie und damit einhergehend die Rollenklärung des Samenspenders sowie die Frage nach den Bedürfnissen von Kindern, die in
eine lesbische Familie hineingeboren werden. Ich werde Fallbeispiele,
die aus Gründen der Vertraulichkeit anonymisiert wurden, sowie Inter-
ventionsmöglichkeiten schildern und wo relevant, Bezug auf wissenschaftliche Forschungsergebnisse nehmen. Der Beitrag wird aufzeigen,
dass tradierte Vorstellungen von Elternschaft, die auf biologischer Verwandtschaft und Erzeugerschaft basieren, überdacht und neu konzipiert
werden müssen, damit soziale Elternschaft als eine ebenso wertvolle Elternschaft Anerkennung findet.

Zur Legitimation des Kinderwunsches

Nicht nur die breite Öffentlichkeit, auch die lesbische Gemeinschaft hatte noch Mitte der 1990er Jahre eine sehr kritische Haltung gegenüber
Frauen, die planten, ihren Kinderwunsch im Rahmen einer lesbischen
Beziehung umzusetzen. In der Öffentlichkeit und der Fachwelt wurde
u.a. postuliert, dass lesbische Beziehungen grundsätzlich von nur kurzer
Dauer seien und daher dem Kindeswohl schaden, dass Kinder mit lesbischen Müttern selbst homosexuell werden oder aufgrund des fehlenden

männlichen Rollenmodells in ihrer Geschlechtsentwicklung gestört seien oder dass sie aufgrund der außergewöhnlichen Familienzusammensetzung diskriminiert werden würden. Auch in der Lesbenszene selbst wurde der Kinderwunsch missbilligend kommentiert. So beschrieb Streib in ihrem 1996 veröffentlichten Ratgeber »Das lesbisch-schwule Babybuch«:

»In Lesbenkreisen wie auch in der Schwulenszene begegnen allen, die sich ein Kind wünschen, zumindest erstaunte Nachfragen, oft aber auch Ablehnung und Empörung. Geargwöhnt wird, dass sich Lesben und Schwule unkritisch am Modell der ›Hetero-Kleinfamilie‹ orientieren und sich nun auch ein ›trautes Heim – Glück allein‹ aufbauen, anstatt sich um Alternativen im Zusammenleben von Erwachsenen und Kindern zu bemühen – ein Einwand, der als Kritik am Mythos Familie auf jeden Fall bedenkenswert ist.«[2]

Rund zehn Jahre später konstatiert der Lesben- und Schwulenverband Deutschland, dass homosexuelle Paare zwar nach wie vor massiv in der Erfüllung ihres Kinderwunsches benachteiligt seien, aber er beschreibt in seinem Beratungsführer auch die wachsende Anerkennung von Regenbogenfamilien:

»Es war ein langer, kontroverser und für die Betroffenen oft schmerzhafter Weg, der sich durch die gesellschaftliche wie rechtliche Entwicklung schlängelte, bis Regenbogenfamilien den heutigen Status erreichten. Angestoßen von einer Individualisierung von Lebensentwürfen, gestützt von einer toleranteren Gesellschaft … und daraus folgenden rechtlichen Rahmenbedingungen, ist aus der einzelnen ›Säule‹ der klassischen Familie ein Fächer an Familienformen geworden. Die Regenbogenfamilie ist eine dieser Formen.«[3]

Diese Aussagen verdeutlichen, dass ein gesellschaftlicher Wandel hin zu einer wachsenden Akzeptanz von unkonventionellen Familienformen eingesetzt hat, darunter auch von lesbischen Familien, die sich mithilfe einer Samenspende gebildet haben. Die zunehmende Nachfrage nach Beratung um das Thema Familienplanung zeigt auch, dass immer mehr Lesben (und sicherlich auch eine kleine Anzahl Schwuler) den Mut haben, ihren Kinderwunsch anzugehen und umzusetzen.[4] Parallel hierzu hat die Familienbildung mit Spendersamen, die sowohl heterosexuelle als auch immer mehr lesbische Paare zur Erfüllung ihres Kindeswun-

---

2   Uli Streib: Das lesbisch-schwule Babybuch. Ein Rechtsratgeber zu Kinderwunsch und Elternschaft, Berlin: Quer Verlag 1996, S. 7.
3   E. Jansen/A. Greib/M. Bruns: Regenbogenfamilien, S. 4.
4   Vgl. E. Jansen/A. Greib/M. Bruns: Regenbogenfamilien.

sches nutzen, in den letzten Jahren eine Entstigmatisierung erfahren und ist immer mehr in den Fokus der Öffentlichkeit gerückt.[5]

Dass diese gesellschaftlichen Entwicklungen jedoch noch nicht abgeschlossen sind und dass es für lesbische Kinderwunschpaare zahlreiche Unsicherheiten gibt, zeigt sich an den Beratungsinhalten. In psychosozialen Beratungen zum Thema Kinderwunsch werfen lesbische Paare viele Fragen auf und setzen sich auch heute noch kritisch mit der Legitimität ihres Kinderwunsches und der Bedeutung ihrer Familienzusammensetzung auseinander:

Maren: »Wir wollten beide Kinder, aber glaubten auch, dass wir damit eigentlich einen Teil unseres Lebens als Lesben verraten würden. Wir würden sozusagen überwechseln zu den Heteros und es ihnen gleich tun, einen ›auf Familie‹ machen und somit ganz normal und angepasst und sehr traditionell sein. Wo würden wir dann aber als lesbisches Paar bleiben? Was würde uns ausmachen und von den Heteros unterscheiden? Und: würde es einem Kind in einer solchen Familienkonstellation wirklich gut gehen und wie könnten wir den Kinderwunsch überhaupt umsetzen – immerhin weigern sich doch die deutschen Ärzte, Lesben zu behandeln?«

Diese Aussage verdeutlicht, dass viele Paare nach wie vor verinnerlicht haben, dass lesbische Elternschaft als unangemessen gilt, und dass es nach wie vor auch innerhalb lesbischer Kreise Tendenzen gibt, diese Form von Elternschaft abzuwerten[6] oder zumindest zu kritisieren. Auch wird die Sorge um das Wohl eines Kindes und die Unsicherheit deutlich, ob eine solche Familienkonstellation einem Kind schaden könnte. Solche Zweifel und Ungewissheiten basieren nicht nur auf verinnerlichten Bildern, sondern werden auch durch gesellschaftliche Rahmenbedingungen verstärkt. Die reproduktionsmedizinische Behandlung lesbischer Frauen unterliegt zwar keinem gesetzlichen Verbot,[7] die Bundesärztekammer[8] spricht in ihrer aktuellen Richtlinie allerdings die Empfehlung

---

5   Vgl. Petra Thorn/Ken Daniels: »Pro und Contra Kindesaufklärung nach donogener Insemination – Neuere Entwicklungen und Ergebnisse einer explorativen Studie«, in: Geburtshilfe Frauenheilkunde 67 (2008), S. 993-1001.
6   Vgl. Lisa Green: Unconventional conceptions. Family planning in lesbian-head families created by donor insemination, Dresden: TUD Press 2006.
7   Vgl. Helga Müller: »Die Spendersamenbehandlung bei Lebenspartnerinnen und allein stehenden Frauen – ärztliches Handeln unter dem Diktum vermeintlicher Illegalität?«, in: Gesundheitsrecht 11 (2008), S. 573-580. Siehe hierzu auch das Kapitel von Wapler in diesem Band.
8   Bundesärztekammer: »(Muster-) Richtlinie zur Durchführung der assistierten Reproduktion – Novelle 2006«, in: Deutsches Ärzteblatt 20 (2006), S. A1392-A1403.

aus, diese nicht zu behandeln. Sie bindet die Durchführung der Spendersamenbehandlung an Ehepaare und Frauen in festgefügter Partnerschaft
mit einem Mann und argumentiert, dass dem »so gezeugten Kind eine
stabile Beziehung zu beiden Elternteilen zu sichern« sei. Obgleich es
strittig ist, ob Landesärztekammern, die schlussendlich die Richtlinie der
Bundesärztekammer in Berufsrecht umsetzen, diesbezüglich Rechtset-
zungs- oder Weisungsbefugnis haben[9] und mögliche Schwierigkeiten
eher im juristischen als im psychologischen Bereich anzusiedeln sind,[10]
hat diese Empfehlung dazu geführt, dass viele Ärzte die Behandlung
lesbischer Frauen ablehnen. Eine Antidiskriminierungsgesetzgebung wie
beispielsweise in den USA, Kanada oder Australien, aufgrund derer allen Personen unabhängig von ihrer sexuellen Ausrichtung oder ihres sozialen Status Zugang zu einer reproduktionsmedizinischen Behandlung
gewährt wird, fehlt in Deutschland; ob das Allgemeine Gleichbehand-
lungsgesetz diesbezüglich in der Zukunft einen Einfluss haben wird,
bleibt abzuwarten.

Die momentanen rechtlichen Regelungen sind für die Familienbildung mit Samenspende grundsätzlich unzureichend,[11] für lesbische
Frauen jedoch mit noch mehr Risiken verbunden als für heterosexuelle
Paare. Im Jahr 2002 wurde im Rahmen des Kindschaftsrechtsverbes-
serungsgesetzes festgelegt, dass die juristische Vaterschaft durch die Eltern in den Fällen nicht mehr angefochten werden kann, in denen das
Kind mit Einwilligung des Mannes und der Mutter durch künstliche Befruchtung mittels Samenspende eines Dritten gezeugt wurde.[12] Insofern
gibt es nur für heterosexuelle Eltern relative Rechtssicherheit, eine
grundsätzliche juristische Freistellung von Samenspendern unabhängig
von der sexuellen Ausrichtung der Empfängerin, wie dies beispielsweise
in Großbritannien der Fall ist,[13] ist in Deutschland allerdings nicht vorgesehen. Insofern entsteht in Familienkonstellationen ohne eine männli-

---

9   Vgl. H. Müller: »Die Spendersamenbehandlung bei Lebenspartnerinnen
    und allein stehenden Frauen«.
10 Vgl. Petra Thorn/Tewes Wischmann: »Eine kritische Würdigung der No-
    vellierung der (Muster-) Richtlinie der Bundesärztekammer 2006 aus der
    Perspektive der psychosozialen Beratung«, in: Journal für Reprodukti-
    onsmedizin und Endokrinologie 1 (2008a), S. 39-44.
11 Vgl. Petra Thorn/Thomas Katzorke/Ken Daniels: »Semen donors in Ger-
    many: a study exploring motivations and attitudes«, in: Human Reproduc-
    tion 23, 11 (2008), S. 2415-2420.
12 BGB § 1600, Abs. 4.
13 In Großbritannien sind Samenspender regelmäßig dann von der juristi-
    schen Vaterschaft freigestellt, wenn sie im Rahmen einer akkreditierten
    medizinischen Einrichtung spenden (Human Fertilisation and Embryoloy
    Act, 1990).

che Elternperson das Risiko, dass der Spender die juristische Vaterschaft übernimmt, bei verpartnerten lesbischen Eltern besteht dieses Risiko zumindest bis zur Stiefkindadoption durch die soziale Mutter. Seit der Novellierung des Transplantationsgesetzes im Jahr 2007 beträgt die Dokumentationsfrist der Identität des Spenders, wenn dieser im Rahmen einer medizinischen Einrichtung gespendet hat, mindestens 30 Jahre. Das Auskunftsrecht bleibt allerdings ungeregelt: nach wie vor gibt es keine gesetzliche Regelung, ob und ab welchem Alter so gezeugte Menschen das Recht haben, die Identität des Spenders zu erfahren.

Diese Ausführungen verdeutlichen, dass die Familienbildung lesbischer Paare mit einer Stigmatisierung auf unterschiedlichen Ebenen verbunden ist: Auf der individuellen bzw. Mikroebene wird die Familienbildung dieser Gruppe entwertet, da als innere Orientierung die heterosexuelle Familie mit Vater und Mutter gilt und eine Abweichung davon kritisch gesehen wird; eine eigenständige und positive Identität als lesbische Familie gilt es noch zu entwickeln.[14] Dies setzt sich auf der Mesoebene, z.B. im Bereich der Lesbenkultur, fort: Ein möglicher »Verrat« der eigenen Kultur und Werte und eine Annäherung an die heterosexuelle »Normkultur« wird befürchtet, wenn Lesben ihren Kinderwunsch umsetzen. Diese Reaktion ist angesichts der langjährigen Pathologisierung und Diskriminierung und dem Manko an Konzepten, Referenzmodellen und einschlägiger Literatur[15] verständlich. Auf der Makroebene weisen gesellschaftspolitische Aspekte auf eine Stigmatisierung hin: z.B. die mangelnde Rechtssicherheit für diese Familien bezüglich der Position des Samenspenders, die ungünstigen steuerlichen Bedingungen oder die mangelnde Gleichstellung von eingetragenen Partnerschaften im Vergleich zu Ehen heterosexueller Paare.

Diese schwierige Ausgangsposition mag einige Lesben davon abhalten, ihren Kinderwunsch umzusetzen. Andere entwickeln einen gewissen Kämpfergeist, setzen sich mit diesen Schwierigkeiten auseinander und finden ihren Weg des Umgangs damit:

Jutta: »Eigentlich haben wir etwas getan, was von keinem gebilligt wird: Wir leisten uns den Luxus, ein Kind zu bekommen, obwohl wir wissen, dass es schon ungewöhnlich ist, dass zwei Frauen zusammen ein Kind bekommen. Auch unsere Eltern konnten das am Anfang gar nicht verstehen. Außerdem gibt es für uns kaum Ratgeber, mit denen wir uns schlau machen können, und auch die deutschen Ärzte, die wir fragten, ob sie bei uns eine Behandlung ma-

---

14 Vgl. Dorett Funcke: »Komplizierte Verhältnisse: Künstliche Befruchtung bei gleichgeschlechtlichen Paaren. Einblicke in eine neue Lebensform«, in: Familiendynamik 34, 2 (2009), S. 2-14.

15 Vgl. E. Jansen/A. Greib/M. Bruns: Regenbogenfamilien.

chen würden, lehnten es ab. Aber wir haben auch einen gewissen Kämpfergeist und werden das irgendwie hinbekommen. Unsere Strategie ist, dass wir mit den einfachen Dingen anfangen: Wir werden mit unseren Eltern reden und ihnen erklären, dass auch Lesben einen Kinderwunsch haben können. Dann werden wir uns Samenbanken im Ausland suchen und gleichzeitig schauen, dass wir Kontakt zu anderen Lesben herstellen, die ebenfalls ein Kind haben wollen. Und wenn wir dann erst einmal ein Kind haben und das aus dem Gröbsten draußen ist, wer weiß … vielleicht haben wir dann die Energie, uns auch irgendwie für eine bessere Politik einzusetzen.«

In der Beratung können Interventionen wie Reframing oder Strategien der neutralen bis positiven Konnotationen angewendet werden. So kann der Wunsch nach einem Kind als menschliches Bedürfnis beschrieben werden. Damit eröffnet sich die Möglichkeit, den Kinderwunsch nicht nur abwertend als »Heterobedürfnis«, sondern als ein grundsätzliches Bedürfnis vieler Menschen unabhängig von ihrer sexuellen Ausrichtung wertzuschätzen. Der Kinderwunsch selbst erfährt somit eine Legitimität, unabhängig von welcher Personengruppe er geäußert wird. Darüber hinaus kann exploriert werden, inwieweit festgefügte innere Wertvorstellungen bislang unreflektiert blieben und Handlungsoptionen einschränkten:

Dorte: »In der Beratung sprachen wir oft darüber, wer mir sozusagen die Erlaubnis geben muss, meinen Kinderwunsch umzusetzen. In einer Sitzung wurde mir klar, dass ich dies selbst war. Zwar gab es zahlreiche Beispiele, wie negativ meine Eltern auf unseren Kinderwunsch reagierten, und eine Weile habe ich darüber nachgedacht, wie entlastend es wäre, wenn ich wüsste, dass meine Eltern unser Projekt ›Kind‹ gutheißen würden. Aber letztendlich kam ich zu dem Schluss, dass ich eigenverantwortlich mein Leben planen kann und auch muss. Ich kann mich an anderen orientieren, muss dies aber nicht, beziehungsweise kann mir auch heraussuchen, an wem ich mich orientiere.«

Mit Nahestehenden über eine Samenspende zu sprechen, fällt vielen Paaren schwer, unabhängig von ihrer sexuellen Ausrichtung. Sie befürchten Ablehnung oder zumindest eine gewisse Skepsis und rechnen auch damit, dass sich diese negativen Gefühle auf das Kind übertragen könnten oder dass die sozialen Großeltern ein Kind aus einer Samenspende aufgrund der mangelnden biologischen Verbindung nicht als eigenes Enkelkind empfinden könnten. Hinzu kommt, dass die Großeltern eines Kindes, das in einer lesbischen Beziehung geboren wurde, zusätzlich damit konfrontiert sind, sich als Eltern einer lesbischen Tochter zu outen, und sie dies als Stigma empfinden können. Damit lesbische Paare eine gewisse Selbstsicherheit für diese Familienbildung entwickeln können und einen Beitrag dazu zu leisten, dass die Familienbildung mit Samenspende als akzeptable Variante in der Familienlandschaft anerkannt wird, kann es hilfreich sein, dass lesbische Paare (wie auch heterosexuelle Paare) offen damit umgehen. Dabei sollte berücksichtigt werden, dass Außenstehende, auch die eigenen Eltern, in der Regel wenig bis nichts über die Samenspende, den Kinderwunsch von Lesben oder lesbische Familienkonstellationen wissen; sie werden im ersten Gespräch damit konfrontiert, ohne sich damit bereits auseinandergesetzt zu haben. Daher können skeptische Reaktionen und Neugier oder sogar Ablehnung vor allem darauf zurückgeführt werden, dass solche Gespräche eine erste Konfrontation mit diesen ungewohnten und neuartigen Themen bedeuten. Es ist sinnvoll, Nahestehenden einen inneren Prozess der Auseinandersetzung zu ermöglichen: Denn so wie ein lesbisches Paar Zeit braucht, um abzuwägen, ob die Samenspende für sie ein geeigneter Weg der Familienbildung ist, benötigen auch die ihnen nahe stehenden Personen eine Reflexionszeit und auch die Möglichkeit, Fragen und Bedenken anzusprechen, um sich gegenüber dieser neuen Art von Familiengründung verhalten zu können. Dazu ist es hilfreich, Gesprächsoffenheit zu signalisieren:

Ute: »Mir war schon klar, dass das Gespräch mit meinen Eltern nicht einfach werden würde. Sie gehören einer anderen Generation an und hatten noch nie etwas über Samenspende gehört. Aber wir waren dann beide ganz schön erstaunt, wie entsetzt sie zunächst waren. ›Das ist doch verboten, was ihr da macht‹ und ähnliche Sprüche kamen. Erst einmal fühlten wir uns sehr verletzt. Dann wurde uns klar, dass wir eigentlich ganz am Anfang genau so dachten: Auch wir haben erst einmal vermutet, dass die Samenspende bei uns in Deutschland illegal ist. Erst nachdem wir etwas recherchiert hatten und entsprechende Kontakte in Lesbenkreise aufgenommen hatten, wurde uns klar, dass zwar bestimmte Dinge nicht gut geregelt sind, aber dass es eben nicht verboten ist. Wir entschieden dann, nach einer Weile nochmals mit meinen Eltern zu reden und ihnen auch zu signalisieren, dass auch wir am Anfang recht skeptisch waren. Das half enorm. Wir sprachen dann immer mal wieder drüber und irgendwann hatten diese Gespräche eine recht angenehme Normalität entwickelt. Als ich dann schwanger wurde, haben sich meine Eltern sehr darüber gefreut.«

Zwar ist eine ablehnende Haltung von Eltern, die sich auch nach vorsichtigem Sondieren zunächst nicht zu ändern scheint, schwierig und verletzend. Aber Paare können ihren Eltern gegenüber die Hoffnung ausdrücken, dass sich ihre Einstellung vielleicht in Zukunft ändern könnte und Gesprächsbereitschaft signalisieren. Spätestens der Eintritt einer Schwangerschaft ist ein günstiger Zeitpunkt, den Gesprächsfaden nochmals aufzunehmen und über die anstehenden Änderungen zu sprechen. Auch wenn bis vor der Geburt des Kindes die reservierte Haltung bestehen bleibt, berichten Paare, dass die Großeltern nach der Geburt eine enge Bindung zu dem Kind herstellen konnten und sich vieles normalisierte, was zunächst als problematisch vermutet wurde:

Tina: »Meine Schwiegereltern blieben ablehnend. Für sie war ein solches Kind eine ganz merkwürdige Sache, mit der sie sich nicht anfreunden konnten. Auch während meiner Schwangerschaft fragten sie kaum nach, wie es mir geht, obwohl wir sonst einen recht guten Kontakt hatten. Als dann unsere Tochter Maya geboren war, besuchten sie uns im Krankenhaus. So irgendwie, dachte ich, hatten sie wohl doch das Bedürfnis, ihr Enkelkind zu sehen. Als ich es ihnen dann einfach in den Arm gelegt hatte, war es um sie geschehen. Jetzt haben sie ein ganz enges Verhältnis zu Maya und Maya ist sehr gerne bei ihnen.«

In den letzten Jahren sind in manchen Ballungsräumen Informations- und Beratungsstellen für Lesben und Schwule entstanden. Viele bieten in unregelmäßigen Abständen Informationsveranstaltungen für Lesben mit Kinderwunsch sowie Treffen für lesbische Familien an, um einen Austausch zu ermöglichen. Ein solcher Austausch kann bei stigmatisierten Gruppen zu einer Normalisierung und Validierung von Gefühlen beitragen und emotionale sowie instrumentelle Unterstützung bieten.[16] Für lesbische Wunscheltern sind diese gut vernetzten Beratungsstellen eine wichtige Ressource,[17] die in dieser Form für heterosexuelle Paare, die eine donogene Insemination in Erwägung ziehen, noch entwickelt werden muss.

Eine Beratung kann die Stigmatisierungen auf der gesellschaftspolitischen Ebene nicht verändern. Hierzu sind auf lange Sicht angelegte gesellschaftliche und kulturelle Prozesse erforderlich, die das Engagement Vieler erfordern. Allerdings zeigt die Stigmaforschung, dass Veränderungen auf der Mikroebene wie die beschriebenen psychologischen Interventionen, die das Selbstwertgefühl stärken, Unterschiede nicht als entwertend konnotieren und positive Persönlichkeitsmerkmale herausarbeiten, dazu beitragen können, die individuelle Selbstsicherheit zu stär-

---

16 Vgl. Joan Ablon: »The nature of stigma and medical condition«, in: Epilepsy and Behaviour 3 (2002), S. 2-9.
17 Vgl. Lisa Herrmann-Green/Thomas Gehring: »The German lesbian family study: Planning for parenthood via donor insemination«, in: Fiona Tasker/Jerry J. Bigner (Hg.), Gay and lesbian parenting: new directions, New York: Haworth Press 2006, S. 351-396.

ken.[18] Interventionen auf der Mesoebene, z.B. der Austausch mit anderen lesbischen Kinderwunschpaaren und Familien, können ebenfalls eine Validierung der Gefühle und eine Verbesserung des Selbstwertgefühls erreichen.[19] Interventionen auf diesen beiden Ebenen können zudem erreichen, dass Individuen und Gruppen bestärkt werden, ihr Anliegen in der Öffentlichkeit zu vertreten. Sie können versuchen, politischen Einfluss zu gewinnen, damit ihre Lebensformen respektiert werden, sie können Anwaltsfunktion übernehmen oder edukatives Material für die breite Öffentlichkeit entwickeln und damit gesellschaftliche Haltungen verändern helfen.[20] Anhaltende Veränderungen, die darauf abzielen, lesbischen Familien zu einer größeren individuellen und gesellschaftlichen Legitimität zu verhelfen, sind am wahrscheinlichsten, wenn Strategien auf allen drei Ebenen ansetzen und sich somit gegenseitig verstärken.[21]

Eine Identität als lesbische Familie entwickeln

Anders als heterosexuelle Paare stehen lesbische Paare vor der Aufgabe, ein kohärentes Verständnis für ihre Familienkonstellation, ihre Identität als lesbische Familie, zu entwickeln.[22] Dies bezieht sich sowohl auf die Bedeutung einer Familie mit biologischer und sozialer Mutter als auch auf die Bedeutung und Rolle des Samenspenders. So müssen lesbische Paare, die sich ein Kind wünschen und für die eine Alternative zur Samenspende nicht in Frage kommt, entscheiden, welche Partnerin schwanger wird und das Kind zur Welt bringt, also die Erfahrung der biologischen Mutterschaft macht. Damit einher geht auch die Frage, was es für das Paar bedeutet, eine Zwei-Mütter-Familie zu sein und welche Rollendefinitionen sie hierfür entwickeln:

Sarah: »Wir hatten beide einen starken Kinderwunsch und wollten unbedingt schwanger werden. Wir sind gleich alt, so dass wir beide auch die gleichen Chancen hatten, schwanger zu werden, und es dauerte eine Weile, bis wir eine

---

18 Vgl. Michelle Hebl/Jennifer Tickle/Todd Heatherton: »Awkward moments in interactions between nonstigmatizied and stigmatized individuals«, in: Todd Heatherton u.a. (Hg.), The social psychology of stigma, New York, London: The Guilford Press 2000, S. 273-306.

19 Vgl. J. Ablon: »The nature of stigma and medical condition«.

20 Vgl. Patrick Corrigan/David Penn: »Lessons from social psychology on discrediting psychiatric stigma«, in: Psychologist 54, 9 (1999), S. 765-776.

21 Vgl. Bruce Link/Jo Phelan: »Conceputalizing stigma«, in: Annual Review of Sociology 27 (2001), S. 363-385.

22 Vgl. L. Green: Unconventional conceptions.

Einigung fanden. Wir diskutierten zum Beispiel, ob wir es darauf anlegen sollten, dass wir beide zur gleichen Zeit schwanger werden, indem wir uns den
Samen im gleichen Monat einführen würden, aber das schien uns dann doch
zu gewagt. Immerhin hätten wir im besten Falle damit rechnen müssen, dass
wir beide schwanger werden und um die Geburt herum beide eine Weile als
Verdiener ausfallen würden – das trauten wir uns nicht zu. Dann entschieden
wir, dass erst ich und dann meine Partnerin schwanger werden sollte. Wir ver-
sprachen uns, wenn ich nach 3 Mal Versuchen nicht schwanger werden würde,
würden wir es bei ihr versuchen und dann hätte ich später nochmal die Möglichkeit schwanger zu werden. Damit konnten wir beide recht gut leben. Letztendlich wurde ich schnell schwanger und wir haben mittlerweile zwei Kinder,
eines von mir und eines von meiner Partnerin, beide Kinder vom gleichen
Spender. Nach der Geburt von beiden Kindern nahm immer zuerst diejenige,
die das Kind geboren hatte, eine berufliche Auszeit und nach 6 Monaten
wechselten wir uns ab.«

Manche Paare können die Frage nach Schwangerschaft und Geburt
pragmatisch klären. Sie vereinbaren, dass die ältere Partnerin oder diejenige mit dem stärkeren Kinderwunsch, mit dem stärkeren Bedürfnis,
Schwangerschaft und Geburt zu erleben, oder auch diejenige mit der
besseren biologischen Schwangerschaftsprognose versucht, schwanger
zu werden. Bei anderen Paaren sind finanzielle und berufliche Bedingungen entscheidend. Bei einer dritten Gruppe erfordert dies einen Dis-
kussionsprozess, in dem auch die Bedeutung von biologischer und sozialer Mutterschaft reflektiert wird:

Mildred: »Wir sprachen lange darüber, wer das Kind austrägt. Wir wollten
beide ein Kind, und wir wollten Mutter werden, nicht nur Mutter sein. Letzten
Endes wurde uns klar, dass wir beide Angst hatten, dass die soziale Mutter irgendwie weniger Bedeutung hätte, vom Kind aus, aber auch was andere über
unsere Familie denken würden und wie sie uns sehen würden. Jeder würde bestimmt die biologische Mutter als die eigentliche Mutter ansehen.«

Diese Aussage zeigt, dass biologische Elternschaft mit anderen Bedeutungszuschreibungen verbunden ist als soziale Elternschaft. Wie auch
heterosexuelle Paare befürchten viele lesbische Paare, dass der sozialen
Elternschaft geringere Bedeutung beigemessen wird und sie vermuten,
dass die Bindung zwischen sozialem Elternteil und Kind weniger stabil
ist als zwischen Kind und biologischem Elternteil. Auch wenn dies nicht
immer explizit angesprochen wird, so verdeutlicht das Bemühen um eine
Balance in der Elternschaft (im o.a. Beispiel, indem beide Partnerinnen
biologische und soziale Mutterschaft anstreben), dass kulturelle und soziale Normen, die ihren Ausdruck in Sprichwörtern wie »Blut ist dicker

als Wasser« finden, tief verinnerlicht sind und zumindest in der ersten Phase der Auseinandersetzung mit Elternschaft bewusst oder unbewusst leitend sind. Wie heterosexuelle Wunscheltern sind auch lesbische Paare vor die Aufgabe gestellt, sich dieser impliziten oder intuitiven Bedeutungszuschreibungen bewusst zu werden und eine Haltung dazu zu entwickeln. Die Rolle der sozialen Mutter, also der Mutter, die das Kind nicht ausgetragen und geboren hat, bedarf in vielen Fällen einer Klärung, oft auch einer expliziten Aufwertung. Für eine Familie mit zwei Müttern gibt es in unserer westlichen Kultur keine Vorbilder oder Rituale, die eine Orientierung ermöglichen. Zurzeit sind lesbische Mütter daher vor die Aufgabe gestellt, individuelle Lösungen zu finden und dies ist in der Regel eines der zentralen Themen in der Beratung. Förderlich können hierfür Rituale sein, die die Bindung zwischen sozialer Mutter und Kind festigen helfen und der sozialen Mutter eine Bedeutung verleihen. Die biologische Mutter kann beispielsweise ihrer Partnerin das Kind nach der Geburt in den Schoß legen, um damit zu symbolisieren, dass auch sie maßgeblich zur Zeugung und Geburt des Kindes beigetragen hat, indem sie gemeinsam mit der biologischen Mutter die Entscheidung zur Zeugung eines Kindes getroffen hat. Auch kann das Paar vereinbaren, sich die Elternzeit zu teilen, es kann aber auch für die soziale Mutter eine längere Elternzeit einplanen. Darüber hinaus kann das Paar darauf achten, auf welche Art und Weise und mit welchen Worten beide Mütter ihre Rolle Außenstehenden gegenüber darstellen:

Jutta: »Wir haben von Anfang an darauf geachtet, dass wir nie den Begriff ›Co-Mutter‹ für mich verwandten. Für mich hatte dieser Begriff etwas abwertendes, es war, als müsste man ›Mutter‹ damit nochmals erklären, indem man ›Co‹ dransetzt. Wir aber wollten, dass wir beide einfach nur ›Mütter‹ sind, ohne irgendeinen Zusatz. Deshalb haben wir in den Situationen, in denen es für uns stimmte, immer darauf geachtet, dass wir uns beide als ›Mütter‹ bezeichnet haben. Manchmal mussten wir dann unsere Familie erklären, unter Lesben wurde das aber ganz schnell akzeptiert. Wir hatten sogar darüber nachgedacht, Sybille als ›Co-Mutter‹ zu nennen und mich als nur ›Mutter‹, den Spieß also umzudrehen, aber das war uns dann zu kompliziert und immerhin würde ja auch sie als biologische Mutter damit ein Stück nebendran gestellt werden und das wollten wir für keine von uns.«

Im Ausland entscheiden sich manche lesbische Wunscheltern für eine Eizellspende innerhalb ihrer Beziehung: Die biologische Mutter wird hormonell stimuliert, die Eizellen werden entnommen, mit dem Spendersamen befruchtet und der sozialen Mutter eingesetzt; die soziale Mutter übernimmt damit auch die Rolle der austragenden Mutter. Für diese lesbischen Paare symbolisiert dies ein Ausbalancieren der Rollen der beiden Mütter und eine Einbeziehung der sozialen Mutter in die Phase der Zeugung und Schwangerschaft.[23] Allerdings nimmt die biologische Mutter einen invasiven medizinischen Eingriff in Kauf, der mit gesundheitlichen Risiken verbunden ist. Auch verdeutlicht diese Form der geteilten Mutterschaft nochmals, wie wichtig es scheint, die soziale Mutterschaft durch biologische Faktoren, hier das Austragen des Kindes, aufzuwerten. Damit bleibt möglicherweise die Dichotomie biologischer und sozialer Elternschaft erhalten, sie wird hierdurch zumindest nicht kritisch hinterfragt.

Das letzte Beispiel zeigt auch, dass eine Klärung der Mutterrollen nicht nur für das Paar selbst, sondern auch für die Darstellung ihrer Familie im Umfeld wichtig sein kann. Viele lesbische Mütter machen die Erfahrung oder haben zumindest die Befürchtung, dass die soziale Mutter von Außenstehenden weniger anerkannt wird bzw. dass ihr Status als Mutter aufgrund der mangelnden biologischen Verbindung eine Aberkennung erfährt:

Martina: »Zunächst fiel es mir nicht schwer, dass Julia schwanger wurde und das Kind austrug. Als unsere Tochter Maxie dann aber geboren wurde, merkte ich immer deutlicher, dass ich in manchen Situationen überhaupt nicht als Mutter gesehen wurde. Vor allem wenn wir in Heterokreisen verkehrten, ging jeder immer davon aus, dass ich die Freundin der Mutter wäre, aber nicht die zweite Mutter unserer Tochter. Das ärgerte mich und es verletzte mich. Immerhin hatte auch ich einen Kinderwunsch und wollte auch als Mutter anerkannt werden, auch wenn mir natürlich klar war, dass wir mit unserem Familienmodell überall an Grenzen stießen. Nachdem mir das immer deutlicher wurde, sprachen wir mehrere Male drüber und entschieden uns, mit unserem Zweimüttermodell viel offener umzugehen. Wir sagen jetzt bei der ersten passenden Gelegenheit, dass wir beide die Mütter von Maxie sind. Das gibt zwar oft richtig Stoff zum Diskutieren, aber mir ist viel wohler dabei, weil ich endlich von Außenstehenden als das gesehen werde, was ich bin, nämlich auch die Mutter von Maxie – und ich sage hier ganz bewusst ›auch die Mutter‹, ich bin nämlich nicht die zweite Mutter. Bei uns gibt es keine erste und zweite Mutter.«

Lesbische Mütter sind immer mit der Frage konfrontiert, wie ausführlich sie ihre Familiensituation erklären, wenn sie sich im heterosexuellen Milieu bewegen. Außenstehende orientieren sich intuitiv an normativen Vorstellungen; eine Familienzusammensetzung mit zwei Müttern ist un-

---

23 Vgl. Bryan Woodward/Wendy Norton: »Lesbian intra-partner oocyte donation: a possible shake-up in the Garden of Eden?«, in: Human Fertility (Camb) 9, 4 (2006), S. 217-222.

gewöhnlich und vielen unbekannt. Auch wenn ein offenes und proaktives Zugehen auf Andere und ein Erklären der Familiensituation dazu beitragen kann, die Akzeptanz lesbischer Familien zu erhöhen, gilt es abzuwägen zwischen der Wahrung der eigenen, familiären Intimsphäre und dem Schaffen eines größeren Bewusstseins durch die Übernahme einer Pionierfunktion:[24] Nicht immer und nicht in jedem Kontext mag es für lesbische Mütter und ihre Kinder passend sein, ihre Familiensituation zu erläutern.

Zur Identitätsentwicklung und Erarbeitung von Grenzen innerhalb und außerhalb der Familie gehört auch die Rollenklärung des Samenspenders in der zu bildenden Familie. Es stehen zunächst zwei Möglichkeiten zur Verfügung: Das Paar kann einen Mann als Samenspender in Erwägung ziehen, der ihnen bekannt ist (ein Mann aus ihrem Freundes- oder Bekanntenkreis), oder es entscheidet sich für den Samen eines ihnen nicht bekannten Spenders (über eine Samenbank, mithilfe der Vermittlung von Freunden oder Bekannten). Wie das folgende Beispiel zeigt, führen beide Möglichkeiten zu zahlreichen, weitergehenden Fragestellungen hinsichtlich der Bedeutung und Rolle des Spenders für die Familie:

Julia: »Wir waren uns recht schnell einig, dass wir keinen anonymen Spender von einer Samenbank haben wollten. Aber als wir dann überlegten, was denn ein Mann, den wir irgendwie kennen, für uns als Familie bedeuten würde, kamen uns zahlreiche Bedenken: Wie genau stellten wir uns die Beziehung zu ihm vor? Haben wir nach einer erfolgreichen Befruchtung Kontakt zu ihm? Wenn ja, persönlichen oder schreiben wir ihm nur, dass es geklappt hat? Welche Vorstellungen könnte er haben? Will er wissen, ob es geklappt hat und ob es ein Mädchen oder ein Junge geworden ist? Was ist, wenn wir uns sympathisch sind und wir gerne hätten, dass wir uns auch danach ab und zu sehen? Wird er dann so etwas wie ein Vater? Und was bedeutet das für uns, wir sind ja schon zwei Mütter? Was ist, wenn eine von uns ihn sympathisch findet, aber die andere nicht? Und was ist, wenn er Jahre später einfach auf der Matte stehen würde und unser Kind sehen wollte, aber wir das nicht wollen – oder anders herum. Je mehr wir darüber diskutierten, desto mehr Fragen und unangenehme Situationen fielen uns ein. Wir kamen irgendwann zu dem Schluss, dass ein anonymer Spender vielleicht doch besser ist und entschieden uns für einen Spender, den das Kind kennenlernen kann, wenn es volljährig ist.«

Eine Vielzahl von Konstellationen ist möglich, die unterschiedliche Grenzziehungen zwischen dem Spender und der Familie ermöglichen:

---

24 Siehe hierzu auch die Ausführungen im Beitrag von Mitchell und Green.

1. Der Spender ist anonym und das Kind hat auch nach Volljährigkeit keine Möglichkeit, dessen Identität zu erfahren. Der Spender hat im Alltag der Familie keine Bedeutung, ist jedoch als Erzeuger des Kindes in der Geschichte der Familie präsent.

2. Der Spender ist anonym und das Kind hat ab einem gewissen Alter, in der Regel mit Volljährigkeit, die Möglichkeit, dessen Identität zu erfahren. Auch bei dieser Variante hat der Spender im Familienalltag keine Bedeutung. Dies kann sich jedoch ändern, wenn das volljährige Kind Interesse an einem Kontakt mit ihm hat. Dem Spender ist es in diesen ersten beiden Konstellationen nicht möglich, von sich aus Kontakt zur Familie oder zum Kind herzustellen.

3. Der Spender ist den Eltern bekannt, die erwachsenen Parteien entscheiden, dass er keinen Kontakt zur Familie pflegt, sondern Kontakt nur hergestellt wird, wenn das Kind (vor oder nach Erreichen der Volljährigkeit) ein entsprechendes Bedürfnis äußert. In diesen und den folgenden Konstellationen ist es möglich, dass der Spender von sich aus Kontakt zur Familie und zum Kind aufnimmt. Auch ist es möglich, dass sich sein Bedürfnis nach Kontakt nach der Geburt des Kindes ändert. Ein der Familie bekannter Spender kann – im Gegensatz zu einem anonymen Spender – sein Bedürfnis nach Kontakt umsetzen.

4. Der Spender pflegt losen Kontakt zu der Familie, beispielsweise indem Besuche in großen zeitlichen Abständen oder zu besonderen Anlässen vereinbart werden.

5. Der Spender hat die Rolle eines »guten Freundes« der Familie und es finden regelmäßig Kontakte statt.

6. Der Spender pflegt eine enge Beziehung zum Kind und übernimmt eine Rolle, die der Vaterrolle in heterosexuellen Familien ähnlich ist.

7. Der Spender (und gegebenenfalls sein Partner/seine Partnerin) lebt mit den Müttern in einer Wohngemeinschaft und übernimmt auch für Außenstehende sichtbar die Vaterrolle.

8. In allen Konstellationen gibt es die Möglichkeit der Stiefkindadoption durch die soziale Mutter, wenn sie mit der biologischen Mutter verpartnert ist.

9. In den Konstellationen drei bis sieben gibt es die Möglichkeit, dass der Spender die juristische Vaterschaft anerkennt. Die Anerkennung der Vaterschaft durch den Spender formalisiert dessen Rolle, es muss davon ausgegangen werden, dass ihm im Konfliktfall gerichtlich ein Umgangs- und Besuchsrecht zugestanden wird, auch ist er zu Unterhaltszahlungen dem Kind gegenüber verpflichtet. Die Stiefkindadoption durch die soziale Mutter ist in diesen Fällen nur möglich, wenn der Spender der Adoption zustimmt.

Dies verdeutlicht, dass das Paar zunächst entscheiden muss, ob es sich an eine Samenbank wendet, wo der Spender ihnen gegenüber in der Regel anonym bleibt und nur das Kind ein Recht hat, dessen Identität zu erfahren oder ob es einen Spender wählt, der ihnen bekannt ist. Wenn die Frauen einen bekannten Spender wählen, haben sie einerseits größtmögliche Selbstbestimmung, d.h. sie nehmen die Auswahl des Spenders selbst vor und entscheiden die Inseminationsmethode.[25] Andererseits erfordert diese Konstellation viele Gespräche und Absprachen, ob und wie der Spender in die Familie einbezogen werden soll. Bei einem Spender, der auf Dauer oder bis zur Volljährigkeit des Kindes anonym bleibt, scheint dies zunächst nicht erforderlich. Aber auch in dieser Konstellation müssen Eltern eine Haltung dazu entwickeln und werden möglicherweise mit dem Bedürfnis des volljährigen Kindes nach Kontakt zu dem Spender konfrontiert. Unabhängig von der sexuellen Ausrichtung der Wuncheltern empfehlen die Leitlinien des Beratungsnetzwerkes Kinderwunsch e.V.[26] daher vor der Insemination mit dem Samen eines bekannten Spenders eine individuelle Beratung des Spenders und der Wuncheltern sowie gemeinsame Beratungsgespräche. Diese Beratungen sollen vor allem dazu beitragen, die Alternativen aufzuzeigen, wie der Spender in die Familie einbezogen, bzw. wie ihm ein Platz im Familiensystem zugewiesen werden kann. Ziel ist, für alle Beteiligten tragfähige Lösungen zu erarbeiten und die möglichen Bedürfnisse eines Kindes zu reflektieren. Hilfreiche Interventionen hierfür können Familienaufstellungen sein: das Paar und der Spender (gemeinsam und/oder getrennt) werden gebeten, ihre geplante Familie mithilfe von Symbolen (z.B. mit Namen versehene Karten, Objekte oder ähnliches) darzustellen und darauf zu achten, mit welcher Distanz (mit großem Abstand außerhalb der Familie, neben das Kind, neben die biologische Mutter o.ä.) und in welcher Position (zu- oder abgewandt) der Spender zur Familie dargestellt wird und was diese Verortung des Spenders bedeutet. Auch können Genogramme, die ermöglichen, die objektiven Daten eines Familienzusammenhangs im Überblick grafisch zu erfassen und Subsysteme sowie emotionale Bindungen und Konflikte darzustellen, in der Beratung zum Einsatz kommen.[27] Darüber hinaus können zirkuläre Fragen (»Was glauben Sie, denkt Johannes als Samenspender/Ihre Partnerin/das Kind in zehn Jahren über eine solche Lösung?«) angewandt wer-

25 Vgl. L. Green: Unconventional conceptions.
26 Petra Thorn/Tewes Wischmann: »Leitlinien für die psychosoziale Beratung bei Gametenspende«, in: Journal für Reproduktionsmedizin und Endokrinologie 3 (2008b), S. 147-152.
27 Siehe hierzu die ausführliche Erläuterung von Genogrammarbeit im Beitrag von Fiona Tasker.

den, um Beziehungsmuster und Bedürfnisse zu verstehen. Mit hypothetischen oder zukunftsorientierten Fragen (»Wie würden Sie reagieren, wenn Ihr Kind den Samenspender sehr sympathisch findet?«) können potenziell schwierige Situationen angesprochen und eruiert werden. Eine ausführliche Beratung ermöglicht auch die Exploration einer potenziellen emotionalen Verpflichtung: Empfindet der Spender aufgrund einer familiären oder freundschaftlichen Bindung zu dem Paar mit Kinderwunsch (beispielsweise wenn der Spender ein Verwandter oder ein guter Freund einer der Wunschmütter ist) eine Verpflichtung zur Samenspende und wie kann er gegebenenfalls seine Grenzen wahren und eine Spende ablehnen, ohne die Beziehung zu dem Paar zu gefährden?[28] Auch bietet eine Beratung dem Spender die Möglichkeit, die kurz- und langfristige Bedeutung einer Samenspende zu reflektieren: Er wird angeregt, darüber nachzudenken, mit welchem Maß an Offenheit er mit seiner Samenspende seinem Umfeld begegnet und was die Spende für seine eigenen Eltern, seinen Partner/seine Partnerin, Geschwister oder zukünftigen eigenen oder weitere mittels Samenspende gezeugten Kinder (die Halbgeschwister wären) bedeuten könnte. Des Weiteren kann die Möglichkeit angesprochen werden, dass mittels medizinischer Untersuchungen Fruchtbarkeitsstörungen oder (genetische) Erkrankungen diagnostizierbar werden. Letztendlich kann in der Beratung auch gemeinsam reflektiert werden, ob sich die Bedürfnisse des Spenders und der Wuncheltern nach Geburt des Kindes verändern können und wie die vor der Geburt getroffenen Vereinbarungen in solchen Fällen auf eine für alle akzeptable Art und Weise verändert werden können:

Simone: »Wir hatten einen Mann aus unserem weitläufigen Bekanntenkreis gefunden, der uns Samen spendete. Mit ihm trafen wir die Vereinbarung, dass wir das Kind irgendwann darüber aufklären würden, dass er der Erzeuger ist

---

28 Dies ist eine in lesbischen Familien und entsprechender Forschung bislang vernachlässigte Fragestellung. Eine aktuelle Untersuchung zur Eizellspende zeigt jedoch, dass eine enge persönliche Beziehung zwischen Spenderin und Empfängerin zu unterschiedlicher emotionaler Verpflichtung führen kann (Vgl. Eric Blyth/Nina Martin: »Psychosocial issues in known egg donation: considerations for infertility counselling«, in: Journal for Fertility Counselling 15, 3 (2008), S. 40-52.). Auf die Situation der Samenspende bezogen können sich potenziell folgende Spannungssituationen ergeben: (1) der innere Druck eines Spenders zu wissen, dass beispielsweise eine Freundin eine Samenspende benötigt und das Bedürfnis zu helfen, oder auf Wunsch auch für ein zweites Kind zu spenden; (2) ein externer Druck, wenn Außenstehende Erwartungen aussprechen, beispielsweise Freunde erwarten, dass man einem befreundeten Lesbenpaar Samen spendet; (3) bei der Wunschmutter der Druck, ein Familienmitglied oder Freund als Spender nicht abweisen zu können.

und dass wir einen ganz losen Kontakt pflegen würden, dass wir uns vielleicht ein, zwei Mal im Jahr sehen würden. Nach der Geburt änderte sich aber alles. Er wollte unseren Sohn Jonas viel häufiger sehen und hielt sich an keine Absprache. Uns fiel es sehr schwer, immer wieder Grenzen zu ziehen und ihn abzuweisen, weil er ja immerhin der Erzeuger von Jonas ist. Wir fühlten uns in einem ziemlichen Dilemma. Eigentlich haben wir dieses Dilemma auch gar nicht geklärt. Es hat sich irgendwann ergeben, dass wir beruflich umziehen mussten und uns war das sehr recht. Ich weiß nicht, was sonst passiert wäre.«

Zwar feit eine Beratung vor dem Umsetzen des Kinderwunsches nicht davor, dass sich Bedürfnisse ändern und daher einmal getroffene Absprachen revidiert werden müssen. In einer Beratung werden allerdings nicht nur kurzfristige Lösungen erarbeitet, sondern immer auch mit den Beteiligten exploriert, ob und wie sich jetzige Haltungen ändern könnten und wie sich auch langfristig tragfähige Lösungen entwickeln lassen. Darüber hinaus können das Einbeziehen einer Fachkraft und das Verfassen einer schriftlichen Dokumentation dazu führen, dass eine Vereinbarung als verbindlicher wahrgenommen wird, auch wenn diese nicht unbedingt juristisch durchsetzbar ist. Auch ist es für alle Beteiligten einfacher, in Krisenzeiten eine Beratung in Anspruch zu nehmen, wenn im Vorfeld bereits Kontakt zu Fachkräften bestand und dieser hilfreich war.

Letztendlich sind lesbische Familien vor die Aufgabe gestellt, ein Verständnis für ihren Familientyp zu entwickeln, das eine eigene Identität stiftet, ähnlich wie andere nicht der Norm entsprechende Familientypen.[29] Sie haben die Freiheit, aus einer Vielzahl von möglichen Beziehungsformen individuell nach eigenen Bedürfnissen zu wählen, sie müssen sich jedoch auch dieser Aufgabe bewusst stellen, damit sie Lösungen entwerfen, die auch langfristig tragfähig sind.

Die Bedürfnisse der Kinder in lesbischen Familien

Alle Kinder haben ähnliche Grundbedürfnisse, unabhängig von der Familienzusammensetzung, in der sie aufwachsen. Sie benötigen Liebe, Geborgenheit, Zuwendung und Stabilität. Golombok,[30] die in mehreren Studien nachwies, dass sich die Entwicklung von Kindern nach reproduktionsmedizinischer Behandlung unabhängig von der sexuellen Aus-

---

29 Vgl. Verena Krähenbühl u.a.: Stieffamilien. Struktur – Entwicklung – Therapie, 4. Aufl., Freiburg: Lambertus Verlag 1995.
30 Golombok, Susan: »Auf die Liebe kommt es an«, http://www.zeit.de/ 2008/23/M-Golombok-Interview vom 10. Januar 2009.

richtung der Eltern kaum von »natürlich« gezeugten Kindern unterscheidet, fasste dies in einem Interview prägnant mit den Worten zusammen: »Auf die Liebe kommt es an«.[31] Es hat jedoch viele Jahre gedauert, bis wissenschaftliche Erkenntnisse hinsichtlich der Entwicklung von Kindern, die mittels Samenspende gezeugt wurden und in lesbischen Familien aufwachsen, vorlagen. Lange Zeit wurde, wie eingangs beschrieben, befürchtet, dass Kinder in dieser Familienkonstellation benachteiligt sind. Mittlerweile belegen Untersuchungen, dass ihre Entwicklung unauffällig ist, sowohl hinsichtlich ihrer sexuellen Identitätsentwicklung als auch der Qualität der Eltern-Kind-Bindung. Auch die Befürchtung, dass diese Kinder einer Stigmatisierung ausgesetzt seien, hat sich nicht bewahrheitet.[32] Dennoch gibt es Fragestellungen, die für Kinder in lesbischen Familien einzigartig sind und mit denen sich lesbische Wunschmütter auseinandersetzen:

Ilsa: »Wir hatten uns für eine Samenbank entschieden, wir können daher nichts über den Spender erfahren, aber unser Sohn Tom hat die Möglichkeit, mit 18 Jahren auf die Samenbank zuzugehen und zu erfahren, wer damals den Samen gespendet hat. Wir haben uns lange überlegt, ob und wann es sinnvoll ist, Tom über seine Zeugungsart aufzuklären. Wir haben auch ein bisschen Angst, dass Tom vielleicht eine ganz enge Beziehung zum Spender aufbauen könnte, wenn er ihn tatsächlich kennen lernen möchte. Er ist jetzt 8 Jahre alt und weiß, wie er gezeugt wurde. Aber wir können noch gar nicht absehen, was das für ihn bedeutet. Dazu ist er noch zu jung. Wir sehen uns drei als Familie und uns ist schon ein bisschen mulmig bei dem Gedanken, dass Tom vielleicht irgendwann einmal mit dem Spender hier steht und unsere Familie irgendwie durcheinander gerät.«

In diesem Beispiel werden mehrere Fragestellungen angesprochen:
- Wie kann ein Kind entwicklungspsychologisch adäquat über seine Zeugungsart aufgeklärt werden?

---

31 Eine ausführliche Darstellung der Studien in: Joanna Scheib/Paul Hastings in diesem Band.

32 Z.B. Nanette Gartrell u.a.: »The national lesbian family study IV. Interviews with the 10-year-old children«, in: American Journal of Orthopsychiatry 75, 4 (2005), S. 518-524; Susan Golombok u.a.: »Children with lesbian parents: a community study«, in: Developmental Psychology 39, 1 (2003), S. 20-33 und Charlotte Patterson: »Socialisation in the context of family diversity«, in: Joan Grusec/Paul Hastings (Hg.), Handbook of Socialization. Theory and Research, New York: Guilford Press 2007, S. 328-351.

- Welche Bedeutung hat der Samenspender für ein Kind in einer lesbischen Familie; kann sich dies je nach Alter und Entwicklungsstand verändern?
- Wie wirkt sich ein Kontakt des Spenders oder eine (freundschaftliche) Beziehung zwischen Kind und Spender auf die Familiendynamik aus?

Mittlerweile haben sich einige Studien mit diesen Fragen befasst, allerdings wurden alle bis auf eine[33] im angelsächsischen Ausland durchgeführt, wo die Akzeptanz lesbischer Familien sicherlich größer ist als in Deutschland; so wurde in England beispielsweise einem lesbischen Paar 2009 die Kostenübernahme für eine In-vitro-Fertilisation durch die Krankenkasse gewährt[34] und im April 2009 wurden die Rechte lesbischer Eltern denen heterosexueller Eltern angepasst: verpartnerte Paare gelten als juristische Eltern, die soziale Mutter in einer nicht verpartnerten Beziehung kann die zweite Elternschaft auf Antrag übernehmen.[35] Darüber hinaus fehlen grundsätzlich repräsentative Langzeitstudien, die Aufschluss über die langfristige Entwicklung der Kinder und die Familiendynamik geben können. In der Beratung lesbischer Paare und Familien zeigen sich jedoch Muster, die sich in den vorliegenden Studien widerspiegeln.

Die überwiegende Anzahl lesbischer Eltern hinterfragt die Aufklärung der Kinder nicht. Im Gegensatz zu heterosexuellen Eltern führt die Aufklärung des Kindes in lesbischen Familien nicht zu einer Aufdeckung männlicher Infertilität (der überwiegende Grund heterosexueller Paare für eine Samenspende) und ist somit nicht mit dem Tabu und Stigma von Unfruchtbarkeit verbunden. Einige lesbische Eltern beschreiben die Aufklärung des Kindes und die damit einhergehende Erklärung, eine Samenspende in Anspruch genommen zu haben, vielmehr als ein zweites »Coming-out«. Dieses zweite »Coming-out« wird als deutlich weniger heikel erlebt als das erste. Darüber hinaus sind lesbische Mütter schlichtweg mit der pragmatischen Frage Außenstehender konfrontiert, wie sie denn schwanger wurden. Für heterosexuelle Eltern hingegen ist es einfach, die Zeugungsart geheim zu halten, da die Samenspende für Außenstehende nicht ersichtlich ist. Dies führt auch dazu, dass die Aufklärungsrate von Kindern in lesbischen Familien deut-

---

33 Vgl. Lisa Green: Unconventional conceptions.
34 Vgl. Antony Blackburn-Starza: »Lesbian couple fight NHS over fertility treatment«, in: BioNews 518 vom 27.Juli 2009.
35 Siehe Human Fertility and Embryology Agency: »Update. The latest news for clinics«, http://www.hfea.gov.uk/docs/Update_Spring_2009_(2).pdf vom 16. Juni 2009.

lich höher ist als in heterosexuellen Familien.[36] Dennoch sind auch lesbische Eltern verunsichert, wann und wie die Aufklärung durchgeführt
werden kann:

Sina: »Ich bin schwanger und wir denken viel darüber nach, wie wir es unserem Kind denn beibringen können, dass es mit der Samenspende gezeugt wurde. Wir sind uns nicht einig. Ich denke, dass wir warten sollen, bis das Kind
ein Alter hat, in dem es das Ganze auch versteht, also vielleicht wenn es 8 oder
10 ist. Susanne denkt, dass es früher vielleicht besser wäre, aber das ist nur so
ein Gefühl.«

Unabhängig von der Familienzusammensetzung empfehlen Fachkräfte
mittlerweile eine frühzeitige Aufklärung (zwischen dem 3. und 6. Lebensjahr)[37] und begründen dies folgendermaßen: Für eine stabile Identitätsentwicklung ist es hilfreich, wenn Kinder ein stimmiges Bild von
sich und ihrer Familie entwickeln können und dies in einem späteren Alter nicht revidieren müssen. Zwar können Kinder im Kindergartenalter
die Tragweite der Information, dass ein Spender bei der Zeugung beteiligt war, nicht erfassen. Die Aufklärung in diesem Alter vermeidet jedoch einen Identitätsbruch, zu dem eine Aufklärung zu einem späteren
Alter führen kann.[38] In ersten Untersuchungen zeigt sich mittlerweile,
dass eine frühzeitige Aufklärung dazu führt, dass Kinder in der Tat mit

---

36 Vgl. Anne Brewaeys: »Review: parent-child relationships and child de-
    velopment in donor insemination families«, in: Human Reproduction Up-
    date 7, 1 (2001), S. 38-46; Vasanti Jadva u.a.: »The experiences of adoles-
    cents and adults conceived by sperm donation: comparisons by age of dis-
    closure and family type«, in: Human Reproduction 24 (2009), S. 1909-
    1919; Joanna Scheib/Maura Riordan/Sue Rubin: »Choosing identity-
    release sperm donors: the parents' perspective 13-18 years later«, in: Hu-
    man Reproduction 18, 5 (2003), S. 1115-1127.
37 Z.B. Erica Haimes: »Secrecy: What can artificial reproduction learn from
    adoption?«, in: International Journal of Law and the Family 2 (1988), S.
    46-61; Olivia Montuschi: Telling and Talking about donor conception
    with 0-7 year olds. A guide for parents, Nottingham: Donor Conception
    Network 2006; Anna Rumball/Viviane Adair: »Telling the story: parents'
    scripts for donor offspring«, in: Human Reproduction 14, 5 (1999), S.
    1392-1399; Petra Thorn: Familiengründung mit Spendersamen – ein Rat-
    geber zu psychosozialen und rechtlichen Fragen, Stuttgart: Kohlhammer
    2008; P. Thorn/K. Daniels: »Pro und Contra Kindesaufklärung nach
    donogener Insemination«; Irmela Wiemann: Wieviel Wahrheit braucht
    mein Kind? Von kleinen Lügen, großen Lasten und dem Mut zur Aufrich-
    tigkeit in der Familie, Reinbek: Rowohlt 2008.
38 Vgl. Amanda Turner/Amanda Coyle: »What does it mean to be a donor
    offspring? The identity experiences of adults conceived by donor insemi-
    nation and the implications for counselling and therapy«, in: Human Re-
    production 15, 9 (2000), S. 2041-2051.

ihrer Zeugungsart unbelasteter und souveräner umgehen können als bei einer Aufklärung im Erwachsenenalter.[39] Hier ist es die elterliche Aufgabe, entwicklungspsychologisch angemessen das Thema der Spendersamenzeugung einzuführen und immer wieder auf die Fragen und Bemerkungen des Kindes im Verlauf seiner Auseinandersetzung einzugehen. Die Aufklärung ist in diesem Sinne kein einmaliges Gespräch, sondern eine Geschichte, die von den Eltern immer wieder erzählt wird und dabei den kognitiven und emotionalen Entwicklungsstand des Kindes berücksichtigt: Mit zunehmendem Alter stellen Kinder komplexere Fragen und die Eltern können entsprechend umfassender antworten. Eine frühzeitige Aufklärung hat darüber hinaus zur Folge, dass die Entstehungsgeschichte eine gewisse Normalität in der Familie erhält. Das Kind erfährt, dass die Eltern mit der Zeugungsart selbstbewusst umgehen können und im Sinne eines »gay pride«[40] stolz auf ihre Familienzusammensetzung sind. Dies kann das Selbstwertgefühl des Kindes positiv beeinflussen und auch dessen Selbstsicherheit, über seine Familienzusammensetzung zu sprechen, erhöhen. Aufgabe in der Beratung ist es, Eltern konkrete Hilfestellung zu geben, damit sie die Aufklärung umsetzen können, beispielsweise indem sie unterstützt werden, ihre eigene Geschichte für eine Aufklärung des Kindes zu entwickeln und indem sie auf geeignetes psychoedukatives Material hingewiesen werden.[41]

Im Rahmen der Aufklärung sind Eltern mit der Frage konfrontiert, wie sie den Spender dem Kind gegenüber bezeichnen. Seine Bezeichnung soll möglichst stimmig seine Bedeutung und sein Maß an Einbindung in die Familie reflektieren. Dies setzt voraus, dass die Eltern – gegebenenfalls gemeinsam mit dem Spender – im Vorfeld eine entsprechende Einigung gefunden haben. In den Fällen, in denen dies nicht der Fall ist oder in denen die Eltern oder der Spender nach der Geburt des Kindes die getroffene Vereinbarung ändern möchten, kann eine solche Rollenambiguität dazu führen, dass es schwierig ist, eine stimmige Bezeichnung für den Spender zu entwickeln:

Maren: »Nach der Geburt von Cora überlegten wir lange, wie wir den Spender ihr gegenüber denn nennen sollen. Das Wort ›Spender‹ war uns irgendwie zu distanziert, aber ›Vater‹ oder ›Papa‹ war uns zu nah. Wir sprachen mit Freunden drüber und irgendjemand schlug vor, ihn doch einfach als den Freund zu

---

39 Vgl. V. Jadva u.a.: »The experiences of adolecents and adults conceived by sperm donation: comparisons by age of disclosure and family type«.

40 L. Green: Unconventional conceptions.

41 Vgl. Petra Thorn/Lisa Herrmann-Green: Die Geschichte unserer Familie. Ein Buch für lesbische Familien mit Wunschkindern durch Samenspende, Mörfelden: FamART 2009.

bezeichnen, der uns den Samen schenkte. Das fanden wir passend, denn damit war das richtige Maß an Nähe und Distanz ausgedrückt.«

Susann: »Wir hatten einen anonymen Spender von einer Samenbank. Als wir mit unserem Sohn das erste Mal darüber sprachen, wie er gezeugt wurde, war es recht merkwürdig, das Wort ›Samenspender‹ zu verwenden. Irgendwie war es ein sehr technischer Begriff – dafür, dass wir doch ein Kind damit bekamen. Aber als wir ein paar Mal mit Tim darüber gesprochen hatten, wurde es immer einfacher. Eigentlich fanden wir den Begriff dann auch ganz gut, weil wir den Spender ja nicht kannten und wir gar keine anderen Worte für ihn hatten.«

Bei der Wahl der Bezeichnung für den Spender verdeutlichen die Eltern nochmals die Grenze zwischen ihrer Familie und dem Spender. Bezeichnungen für den Spender können emotionale Nähe (z.B. »biologischer Vater«) oder große Distanz (z.B. »Samenspender« oder »Erzeuger«) symbolisieren oder sie können zum Ausdruck bringen, dass der Spender zwar kein Familienmitglied ist, aber durchaus eine geschätzte Person, die einen mehr oder weniger engen Kontakt zur Familie hat (z.B. »Ulrich, der uns den Samen schenkte«). Mit einiger Wahrscheinlichkeit übernimmt das Kind zumindest im jungen Alter die Bezeichnung der Eltern, während und nach der Pubertät entwickeln manche Kinder ihre eigene Terminologie. Interessanterweise zeigen erste Studien auf, dass viele Kinder und Teenager in lesbischen sowie in heterosexuellen Familien den ihnen unbekannten Spender als »biologischen Papa«, »biologischen Vater« oder sogar als »Papa« bezeichnen, ihn aber dennoch in der Rolle des Erzeugers und nicht in der Rolle eines Elternteils sehen. Sie sind neugierig ob seiner Person und einige möchten ihn kennenlernen, zeigen aber kein Interesse daran, eine Vater-Kind Beziehung zu ihm aufzubauen.[42] Dies lässt vermuten, dass eine eindeutige Bezeichnung für den Spender möglicherweise vor allem für die Eltern relevant ist, um auch damit die Grenzen ihrer Familie zu markieren; was genau die Bezeichnung, die von den Kinder benutzt wird, hinsichtlich der Beziehung zum Spender bedeutet, ist jedoch zurzeit noch unklar.

Es ist für Eltern kaum absehbar, ob und wie sich die Bedürfnisse von Kindern ändern, ob sie also in der Pubertät oder im Erwachsenenalter ihre Beziehung zu einem ihnen bekannten Samenspender näher oder mit größerer Distanz gestalten möchten oder ob sie Interesse haben, die Identität des Spenders zu erfahren, wenn dieser bislang anonym war.

---

42 Vgl. V. Jadva u.a.: »The experiences of adolecents and adults conceived by sperm donation: comparisons by age of disclosure and family type«; J. Scheib/M. Riordan/S. Rubin: »Choosing identity-release sperm donors: the parents' perspective 13-18 years later«.

Erste amerikanische Studien zeigen auf, dass Teenager und Erwachsene durchaus neugierig sind und ein Interesse an der Person des Spenders haben[43] und auch ihre Eltern diese Neugier teilen.[44] Es ist allerdings zurzeit noch nicht möglich, solche Ergebnisse als repräsentativ anzusehen, da die Teilnehmer dieser Studien um die Möglichkeit, den Spender kennenzulernen, wussten. In diesen Studien fand die Samenspende im Rahmen eines sogenannten »open-identity programme« statt bzw. die Familien hatten mithilfe des Donor Sibling Registry[45] Kontakt zu dem Samenspender aufgenommen. Somit wurden ausgewählte und nicht repräsentative Gruppen untersucht. Es ist denkbar, dass sich die Haltung der Eltern auf das kindliche Bedürfnis auswirkt. Eltern, die einen anonymen Spender bevorzugten, da sie das Wissen um die genetische Herkunft als die Folge eines gesellschaftlichen Drucks oder einer Erwartung und weniger als biologisches Bedürfnis empfinden, zeigen diese Haltung möglicherweise auch in der Erziehung des Kindes. Kinder in diesen Familien legen eventuell weniger Wert auf Kontakt zum Samenspender als in den Familien, in denen die Mütter bewusst einen bekannten Spender gewählt haben, da sie vermuten, dass das Nichtwissen um die biologische Herkunft der Entwicklung eines Kindes schaden könnte. Dabei ist allerdings zu berücksichtigen, dass in vielen Ländern, auch in Deutschland, zunehmend offener mit der Samenspende umgegangen wird und Kinder über ihre Abstammung aufgeklärt werden, auch in heterosexuellen Familien.[46] Dieser Trend wird sich vermutlich fortsetzen, sodass sich auch in Deutschland der gesellschaftspolitische und kulturelle Umgang

---

43 Vgl. J. Scheib/M. Riordan/S. Rubin: »Choosing identity-release sperm donors: the parents' perspective 13-18 years later« und dies.: »Adolescents with open-identity sperm donors: reports from 12-17 year olds«, in: Human Reproduction 20, 1 (2005), S. 239-252.

44 Vgl. Tabitha Freeman u.a.: »Gamete donation: parents' experiences of searching for their child's donor siblings and donor«, in: Human Reproduction 24, 3 (2009), S. 505-516.

45 Das Donor Sibling Registry (http://www.donorsiblingregistry.com) ist eine weltweite Datenbank mit Angaben zu Kindern/Erwachsenen, die mithilfe einer Gametenspende (Samen- und Eizellen) gezeugt wurden, zu deren Familien sowie zu dem/der Spender/Spenderin. Mit Hilfe der Angaben kann Kontakt zwischen Familien, die sich mithilfe des gleichen Spenders, bzw. der gleichen Spenderin gebildet haben, hergestellt werden. Dies ist für amerikanische Familien möglich, da dort jeder Spender bzw. jede Spenderin eine Identitätsnummer erhält. Dieses Register wurde im Jahr 2000 gegründet und hat zurzeit über 24.000 Mitglieder. Mittlerweile wurden in über 6000 Fällen Familien mit dem gleichen Spender ausfindig gemacht und Kontakte zwischen diesen Familien bzw. Familien und Spendern hergestellt.

46 Vgl. P. Thorn/K. Daniels: »Pro und Contra Kindesaufklärung nach donogener Insemination«.

mit dieser Familienbildung ändern und sie zunehmend Akzeptanz finden wird. Auch dieser gesellschaftliche Umgang wird sich auf die Haltung von Teenagern und jungen Erwachsenen unabhängig von der sexuellen Ausrichtung ihrer Eltern auswirken und deren emotionalen Bedürfnisse nach Kenntnis über bzw. Kontakt zum Samenspender modulieren. In heterosexuellen Familien fühlen sich vor allem die Väter in ihrer Rolle bedroht, wenn sie sich vorstellen, dass das Kind eine Beziehung zum Spender pflegt. Sie befürchten, dass sie dann als Vater an Bedeutung verlieren. In lesbischen Familien kann dies für die soziale Mutter ähnlich bedrohlich wirken:

Margit: »Wenn ich mir vorstelle, dass unsere Tochter mit 18 erfahren kann, wer der Spender ist, und wenn ich mir dann weiter vorstelle, dass die zwei sich kennen lernen und sich vielleicht auch gut verstehen, habe ich große Angst, dass ich dann als Zweit-Mutter nicht mehr wichtig bin. Es kommen dann so richtig alte Ängste hoch, wie ›eigentlich ist die biologische Abstammung doch viel stärker als die Erziehung‹ und ich ertappe mich dabei, dass ich mir wünsche, der Spender wäre richtig anonym.«

Solche tiefsitzenden Ängste verdeutlichen, in was für einem hohen Maße biologische Verbindungen symbolisch besetzt und mit Zuschreibungen verbunden sind. Auch lesbische Mütter, die sich intensiv mit ihrer Familienbildung auseinandersetzen, können sich hiervon nicht immer lösen. Die momentane Generation von lesbischen Paaren, die eine Familie gegründet haben, ist in Deutschland diesbezüglich in einer Pioniersituation: Pioniere bewegen sich in unbekanntem Terrain. Sie sind einerseits vor die Aufgabe gestellt, ein Verständnis für ihre Familienzusammensetzung zu entwerfen, dass vor allem die Bedürfnisse der Kinder, aber auch die Bedürfnisse der Mütter und des Samenspenders bestmöglich berücksichtigt. Sie haben andererseits die Freiheit, selbstbestimmt eigene Strukturen und damit Familienmodelle jenseits tradierter Muster zu entwickeln, die soziale Elternschaft nicht zugunsten biologischer Elternschaft und Erzeugerschaft abwertet, sondern alle Personen, die zu einer Familienbildung beigetragen haben, entsprechend ihres Beitrags würdigt und ihnen Respekt zollt.

Ausblick

Dieser Beitrag zeigt, dass lesbische Frauen, die sich ihren Kinderwunsch mithilfe einer Samenspende erfüllen wollen bzw. erfüllt haben, in Deutschland zurzeit Pionierarbeit leisten. Für diese Art der Familienbil-

dung haben sie – wie viele Pioniere – keine Vorbilder oder gesellschaftlich akzeptierte Normen, die ihnen als Orientierung dienen. Lesbische
Kinderwunschpaare benötigen Selbstsicherheit, um ihren Weg zu finden
und die vielfältigen Fragestellungen, die mit dieser Familienbildung einhergehen, zu klären. Eine psychosoziale Beratung im Sinne einer Vorbe-
reitung auf diese Familienbildung und ein Austausch mit Anderen können dazu beitragen, diese Fragestellungen aktiv anzugehen und individuelle Lösungen zu erarbeiten und somit lesbischen Paaren Zuversicht
und »gay pride« zu vermitteln.

In den letzten Jahren haben einige lesbische Familien den Mut gehabt, sich im Rahmen von Fernsehsendungen oder Zeitschriftenreporta-
gen der Öffentlichkeit zu zeigen. Auch wurden einige Ratgeber- und
Fachbücher veröffentlicht, die sich lesbischen bzw. Regenbogenfamilien
widmen. Damit sind erste Schritte unternommen worden, diese Familienkonstellationen in der Öffentlichkeit präsenter zu machen. Auch im
juristischen Bereich sind Änderungen eingetreten, die zu einer größeren
Rechtssicherheit lesbischer und schwuler Partnerschaften geführt haben.
Im Vergleich zu der Situation in einigen angelsächsischen Ländern, in
denen beispielsweise Lesben und Schwule aufgrund einer Antidiskriminierungsgesetzgebung gleichermaßen Zugang zu reproduktionsmedizinischer Behandlung wie heterosexuelle Paare haben, befinden sich lesbische Familien in Deutschland noch in den Anfängen. Allerdings können
lesbische Eltern auch in Deutschland auf einige Ressourcen zurückgreifen: Sie haben in den letzten Jahren im Rahmen des Lesben- und Schwu-
lenverbands Deutschland e.V. eine sehr gute Vernetzung erreicht, so
dass ein Austausch mit Anderen relativ einfach umzusetzen ist. Zusätzlich bieten regionale Lesben- und Schwulenberatungseinrichtungen explizit zum Thema Kinderwunsch Beratung und Informationsangebote
sowie Kontaktmöglichkeiten zu lesbischen Familien an. Diese Vernet-
zungen gilt es zu nutzen und auszubauen, auch damit Kinder, die mithilfe einer Samenspende gezeugt wurden, Kontakt und Austausch mit anderen Kindern in lesbischen Familien aufbauen können. Darüber hinaus
haben sich wissenschaftliche Studien dem Thema der Familienplanung
lesbischer Paare in Deutschland angenommen[47] und eine weitere Studie
untersuchte die Haltung von Samenspendern in Deutschland[48] – und
stellte fest, dass über 50 Prozent der Spender bereit sind, für lesbische
Paare zu spenden. Damit wurden auch in diesem Bereich erste Schritte

---

47 Vgl. L. Green: Unconventional conceptions; Rupp/Dürnberger in diesem
Band.
48 Vgl. Petra Thorn/Thomas Katzorke/Ken Daniels: »Samenspender in
Deutschland – liberaler als die Vorgaben des Berufsrechts?«, in: Geburtshilfe und Frauenheilkunde 69 (2009), S. 297-302.

unternommen, die es nun auszubauen gilt. Letztendlich kann – mit einiger Vorsicht – die Richtlinie der Bundesärztekammer[49] hinsichtlich der Behandlung lesbischer und alleinstehender Frauen als temporär eingestuft werden, die in Zukunft möglicherweise zugunsten der lesbischen Familienbildung abgeändert wird. Diese lautet, dass »eine heterologe Insemination *zurzeit* bei Frauen ausgeschlossen [ist], die in keiner Partnerschaft oder in einer gleichgeschlechtlichen Partnerschaft leben« (eigene Hervorhebung).

Literatur

Ablon, Joan: »The nature of stigma and medical condition«, in: Epilepsy and Behaviour 3 (2002), S. 2-9.

Blackburn-Starza, Antony: »Lesbian couple fight NHS over fertility treatment«, in: BioNews 518 vom 27. Juli 2009.

Blyth, Eric/Martin, Nina M.: »Psychosocial issues in known egg donation: considerations for infertility counselling«, in: Journal for Fertility Counselling 15, 3 (2008), S. 40-52.

Brewaeys, Anne: »Review: parent-child relationships and child development in donor insemination families«, in: Human Reproduction Update 7, 1 (2001), S. 38-46.

Bundesärztekammer: »(Muster-) Richtlinie zur Durchführung der assistierten Reproduktion – Novelle 2006«, in: Deutsches Ärzteblatt 20 (2006), A1392-A1403.

Corrigan, Patrick/Penn, David: »Lessons from social psychology on discrediting psychiatric stigma«, in: Psychologist 54, 9 (1999), S. 765-776.

Freeman, Tabitha u.a.: »Gamete donation: parents' experiences of searching for their child's donor siblings and donor«, in: Human Reproduction 24, 3 (2009), S. 505-516.

Funcke, Dorett: »Komplizierte Verhältnisse: Künstliche Befruchtung bei gleichgeschlechtlichen Paaren. Einblicke in eine neue Lebensform«, in: Familiendynamik 34, 2 (2009), S. 2-14.

Gartrell, Nanette u.a.: »The national lesbian family study IV. Interviews with the 10-year-old children«, in: American Journal of Orthopsychiatry 75, 4 (2005), S. 518-524.

Golombok, Susan: »Auf die Liebe kommt es an«, http://www.zeit.de/2008/23/M-Golombok-Interview vom 10. Januar 2009.

---

49 Bundesärztekammer: »(Muster-) Richtlinie zur Durchführung der assistierten Reproduktion – Novelle 2006«.

Golombok, Susan u.a.: »Children with lesbian parents: a community study«, in: Dev Psychol 39, 1 (2003), S. 20-33.

Green, Lisa: Unconventional conceptions. Family planning in lesbian-head families created by donor insemination, Dresden: TUD Press 2006.

Haimes, Erica: »Secrecy: What can artificial reproduction learn from adoption?«, in: International Journal of Law and the Family 2 (1988), S. 46-61.

Hebl, Michelle/Tickle, Jennifer/Heatherton, Todd: »Awkward moments in interactions between nonstigmatizied and stigmatized individuals«, in: Todd Heatherton u.a. (Hg.), The social psychology of stigma, New York, London: The Guilford Press 2000, S. 273-306.

Herrmann-Green, Lisa/Gehring, Thomas: »The German lesbian family study: Planning for parenthood via donor insemination«, in: Fiona Tasker/Jerry J. Bigner (Hg.), Gay and lesbian parenting: new directions, New York: Haworth Press 2006, S. 351-396.

Human Fertilisation and Embryoloy Act 1990.

Human Fertility and Embryology Agency: »Update. The latest news for clinics«, http://www.hfea.gov.uk/docs/Update_Spring_2009_(2).pdf vom 16. Juni 2009.

Jadva, Vasanti u.a.: »The experiences of adolecents and adults conceived by sperm donation: comparisons by age of disclosure and family type«, in: Hum Reprod 24 (2009), S. 1909-1919.

Jansen, Elke/Greib, Angela/Bruns, Manfred: Regenbogenfamilien – alltäglich und doch anders. Beratungsführer für lesbische Mütter, schwule Väter und familienbezogenes Fachpersonal, Köln: Lesben- und Schwulenverband Deutschland 2007.

Krähenbühl, Verena u.a.: Stieffamilien. Struktur – Entwicklung – Therapie, 4. Aufl., Freiburg: Lambertus Verlag 1995.

Link, Bruce/Phelan, Jo: »Conceputalizing stigma«, in: Annual Review of Sociology 27 (2001), S. 363-385.

Montuschi, Olivia: Telling and Talking about donor conception with 0-7 year olds. A guide for parents, Nottingham: Donor Conception Network 2006.

Müller, Helga: »Die Spendersamenbehandlung bei Lebenspartnerinnen und allein stehenden Frauen – ärztliches Handeln unter dem Diktum vermeintlicher Illegalität?«, in: Gesundheitsrecht 11 (2008), S. 573-580.

Patterson, Charlotte: »Socialisation in the context of family diversity«, in: Joan Grusec/Paul Hastings (Hg.), Handbook of Socialization: Theory and Research, New York: Guilford Press 2007, S. 328-351.

Rumball, Anna/Adair, Viviane: »Telling the story: parents' scripts for donor offspring«, in: Human Reproduction 14, 5 (1999), S. 1392-1399.

Scheib, Joanna/Riordan, Maura/Rubin, Sue: »Choosing identity-release sperm donors: the parents' perspective 13-18 years later«, in: Human Reproduction 18, 5 (2003), S. 1115-1127.

Scheib, Joanna/Riordan, Maura/Rubin, Sue: »Adolescents with open-identity sperm donors: reports from 12-17 year olds«, in: Human Reproduction 20, 1 (2005), S. 239-252.

Streib, Uli: Das lesbisch-schwule Babybuch. Ein Rechtsratgeber zu Kinderwunsch und Elternschaft, Berlin: Quer Verlag 1996.

Thorn, Petra: Familiengründung mit Spendersamen – ein Ratgeber zu psychosozialen und rechtlichen Fragen, Stuttgart: Kohlhammer 2008.

Thorn, Petra/Daniels, Ken: »Pro und Contra Kindesaufklärung nach donogener Insemination – Neuere Entwicklungen und Ergebnisse einer explorativen Studie«, in: Geburtshilfe und Frauenheilkunde 67 (2008), S. 993-1001.

Thorn, Petra/Herrmann-Green, Lisa: Die Geschichte unserer Familie. Ein Buch für lesbische Familien mit Wunschkindern durch Samenspende, Mörfelden: FamART 2009.

Thorn, Petra/Katzorke, Thomas/Daniels, Ken: »Semen donors in Germany: a study exploring motivations and attitudes«, in: Human Reproduction 23, 11 (2008), S. 2415-2420.

Thorn, Petra/Katzorke, Thomas/Daniels, Ken: »Samenspender in Deutschland – liberaler als die Vorgaben des Berufsrechts?«, in: Geburtshilfe und Frauenheilkunde 69 (2009), S. 297-302.

Thorn, Petra/Wischmann, Tewes: »Eine kritische Würdigung der Novellierung der (Muster-) Richtlinie der Bundesärztekammer 2006 aus der Perspektive der psychosozialen Beratung«, in: Journal für Reproduktionsmedizin und Endokrinologie 1 (2008a), S. 39-44.

Thorn, Petra/Wischmann, Tewes: »Leitlinien für die psychosoziale Beratung bei Gametenspende«, in: Journal für Reproduktionsmedizin und Endokrinologie 3 (2008b), S. 147-152.

Turner, Amanda/Coyle, Amanda: »What does it mean to be a donor offspring? The identity experiences of adults conceived by donor insemination and the implications for counselling and therapy«, in: Human Reproduction 15, 9 (2000), S. 2041-2051.

Wiemann, Irmela: Wieviel Wahrheit braucht mein Kind? Von kleinen Lügen, großen Lasten und dem Mut zur Aufrichtigkeit in der Familie, Reinbek: Rowohlt 2008.

Woodward, Bryan/Norton, Wendy: »Lesbian intra-partner oocyte donation: a possible shake-up in the Garden of Eden?«, in: Human Fertility (Camb) 9, 4 (2006), S.217-222.

Andere Paare, andere Klapperstörche: Die Erfahrungen schwuler und lesbischer Eltern mit künstlicher Befruchtung und Leihmutterschaft

VALORY MITCHELL/ROBERT-JAY GREEN

Einführung[1]

Wenn sich schwule und lesbische Paare zur Elternschaft entscheiden, sind sie als Gruppe insofern einzigartig, als sie immer die Einbeziehung eines Dritten benötigen, der ihnen die Elternschaft ermöglicht: eines Spenders, einer Ersatzmutter oder (im Fall adoptierter oder Pflegekinder) leiblicher Eltern. Anders als heterosexuelle Paare, für die alternative Reproduktionstechnologien einen letzten Ausweg darstellen, öffnet die Reproduktionsmedizin lesbischen und schwulen Paaren überhaupt erst die Tür zur Elternschaft. Weil für schwule und lesbische Paare, die ihre eigene biologische Nachkommenschaft zeugen möchten, reproduktionsmedizinische Technologien grundsätzlich notwendig sind, haften ihnen innerhalb der LGBT-Gemeinschaft[2] weder Stigmata noch das Ge-

---

1 Zuerst erschienen unter dem Titel »Different Storks for Different Folks. Gay and Lesbian Parent's Experiences with Alternative Insemination and Surrogacy«, in: Journal of LGBT Family Studies 3, 2 (2008), S. 81-104.

2 »LGBT«: kurz für »Lesbian-Gay-Bisexual-Transgender«, deutsch: schwul-lesbisch-bisexuell-transsexuell. Diese Abkürzung stellt eine Erweiterung des vormals gängigen Begriffs der »Schwullesbischen Gemeinschaft« dar und wird in zunehmendem Maße auch im deutschsprachigen Raum verwendet. Vgl. Elke Jansen/Melanie C. Steffens: »Lesbische Müt-

fühl von Scheitern an, das von vielen heterosexuellen Paaren innerlich erst überwunden werden muss.

Dennoch müssen schwule und lesbische Eltern zwischen dem Wunsch nach einem Baby und seiner Ankunft im elterlichen Zuhause vielfältige Entscheidungen treffen. Hinzu kommt, dass sie nicht auf ein Erbe kultureller Festlegungen zurückgreifen können, wenn ihre Kinder aufwachsen. Vielmehr müssen sie den Sinn, die Bedeutung und die Legitimation ihrer elterlichen Rollen und Familienstrukturen selbst begründen – in ihren eigenen Vorstellungen, in ihren Paarbeziehungen und Familien, ihren weiteren Familienkreisen und Freundschaftsnetzwerken sowie auch im breiteren sozialen Umfeld.

Dieser klinische Aufsatz beschäftigt sich mit den allgemeinen psychologischen und sozialen Herausforderungen, denen sich schwule und lesbische Paare gegenübersehen, wenn sie reproduktionsmedizinische Technologien verwenden, um Eltern zu werden. Beide Autoren arbeiten als niedergelassene Psychotherapeuten und haben eine homosexuell-affirmative Haltung. Bei der Entwicklung unserer Ideen haben wir aus der Erfahrung unserer KlientInnen mit Elternschaft sowie auch aus unseren eigenen Erfahrungen und denen anderer Eltern in unserem persönlichen Umfeld geschöpft.

Zunächst konzentrieren wir uns auf die pränatale Phase. In dieser Zeit, in der Andere genetische Hilfe und Hilfe bei der Austragung der Schwangerschaft leisten und in der den zukünftigen Eltern erste Fragen und Reaktionen in ihren sozialen Netzwerken begegnen, werden reproduktive Entscheidungen gefällt. Im Anschluss betrachten wir die Herausforderungen, die sich nach der Geburt des Kindes stellen – während des Übergangs zur Elternschaft, wenn Eltern und Andere zum ersten Mal eine tatsächliche Eltern-Baby-Beziehung erfahren, und später, wenn die Kinder größer werden und ihre Entwicklung die Familie zunehmend in ein Gefüge sozialer Institutionen einbindet. Diese sind durch ein weitestgehend heterosexuelles Milieu geprägt, in dem reproduktionsmedizinische Technologien möglicherweise als Anomalien wahrgenommen werden. Schließlich bieten wir Paaren spezifische Hilfestellungen an, um diese psychosozialen Herausforderungen zu meistern.

Die Fragestellungen werden mithilfe von Ausschnitten aus Gesprächen lesbischer und schwuler Eltern veranschaulicht. Die Namen der Eltern und Kinder haben wir anonymisiert. Manche Zitate sind von uns leicht gekürzt, um die Lesbarkeit zu erleichtern.

---

ter, schwule Väter und ihre Kinder im Spiegel psychosozialer Forschung«, in: Verhaltenstherapie & psychosoziale Praxis 38, 3 (2006), S. 643-656.

Den Klapperstorch willkommen heißen: Schwule und lesbische Eltern und die notwendigen Dritten

Schwule und lesbische Paare werden niemals durch Zufall schwanger. Die Entscheidung Eltern zu werden, zieht eine Reihe sorgfältiger Überlegungen nach sich: Wird einer der Partner zum genetischen Erbe des gemeinsamen Kindes beitragen? Wenn ja, welcher Partner und warum? Wird die Eizellspenderin auch den Fötus austragen? Wird das Sperma oder die Eizelle von einem Fremden, einem Freund oder einem Familienmitglied gespendet? Wenn ein Fremder der Spender ist, wird die Identität dieser Person für immer unbekannt bleiben? Wenn nicht, unter welchen Umständen wird die Identität der Person preisgegeben? Wenn der Spender ein Freund oder Familienmitglied ist, welcher Art wird dann seine oder ihre Beziehung zu Kind und Eltern sein? Jede dieser Entscheidungen kann dazu beitragen, dass sich eine dynamische und realisierbare Familie herausbildet; jede Entscheidung kann aber auch Bedenken, Zweifel und Ängste auslösen.

Donna, deren Tochter gerade in den Kindergarten gekommen ist, erinnert sich:

»Was für eine Reise! Wir kamen also von der Samenbank nach Hause, mit Seiten voller Auflistungen – eine Zeile Beschreibung für jeden Spender – und wir lasen sie alle ungefähr so, als würde man Listen von guten Babynamen durchgehen. Sie wissen schon, ›Oh, hier ist einer mit französisch-italienischer Herkunft, Hauptfach Chemie, der gerne wandern geht.‹ Dann stellten wir uns vor, was der genetische Beitrag bedeuten würde. Aber wir dachten auch daran, ein schwules Paar zu fragen, David und Frank – Freunde, die wir auf dem College kennengelernt hatten. Polly und ich entschieden uns, sie einzuladen und darüber zu reden ... und wir redeten alle eine Menge! Und es war klar, dass das etwas war, das wir alle wirklich wollten. Zuerst waren wir ein wenig verlegen, insbesondere als sie uns zwei kleine Behältnisse vorbeibrachten (eins von jedem), die wir benutzen sollten. Aber seitdem ist es großartig. Amy lebt mit uns – Polly und mir – und sieht ihre Väter etwa einmal die Woche, und an Weihnachten und Feiertagen kommen wir alle zusammen. Genau richtig.«

Donnas Geschichte schildert eine Fülle glücklicher Momente und lässt etwas von der Ungeduld und Offenheit erahnen, die viele schwule und lesbische Paare zu Beginn ihrer Elternschaft bewegt und antreibt. Donna sieht ihre Tochter Amy als ein Kind, das die Liebe und Aufmerksamkeit seiner vier Eltern in vollen Zügen genießt. In der Geschichte über Pollys und Donnas Entscheidungen hinsichtlich der Zeugung hat Donna ausgelassen, wessen Gene oder wessen Gebärmutter letztlich zur Schwangerschaft geführt haben. Vielleicht spiegelt das die familiäre Realität aus fünf Jahren täglicher Elternschaft wider, in der Polly und sie die vorrangigen Eltern sind. Vielleicht ist es eine Entscheidung, die bewusst den Akzent von der Biologie auf die psychologische Elternschaft verschieben möchte, um die Eltern hinsichtlich ihres Status gleichzustellen und die familiäre Einheit zu legitimieren.

Wenn wir unsere Geschichten erzählen, schaffen wir einen bestimmten Diskurs über unsere Familien. Wie uns narrative Therapeuten bestätigen, erschaffen wir mit einem Diskurs gleichzeitig eine Realität.[3] Auch wenn genetische und biologische Verbindungen inzwischen aufgewertet werden, haben schwule und lesbische Menschen lange Zeit ihre sozialen Wahlfamilien privilegiert[4] und damit emotionale Loyalität und Verbundenheit auf mindestens dieselbe, wenn nicht sogar auf eine höhere Stufe als die Blutsverwandtschaft gestellt. Diese Art der Gewichtung kennzeichnet auch schwule und lesbische Paare, die ein Kind bekommen haben. Sie erzählen Geschichten, die sowohl durch das Ausgesprochene als auch durch das Nicht-Ausgesprochene verdeutlichen, dass sie stabile Familien haben, in denen beide Partner infolge ihres gemeinsamen psychologischen Engagements als vollwertige Elternteile angesehen werden. Für schwule und lesbische Menschen ist das eine einfache Wahrheit. Dennoch sind wir uns bewusst, dass diese Wahrheit in vielen gesellschaftlichen Schichten, in denen sich schwule und lesbische Familien bewegen, infrage gestellt und verleugnet wird. Aus diesem Grund mögen schwule und lesbische Eltern ein besonderes Bedürfnis verspüren, ihre Gleichberechtigung, Legitimität und die zentrale Rolle psychologischer Elternschaft herauszustellen.

Die Familie vor Fremden schützen: Historisch betrachtet waren Entscheidungen hinsichtlich einer Samenspende stark von der Angst überschattet, dass der Spender früher oder später Anspruch auf das Sorgerecht einfordern könnte, um so das gezeugte Kind als sein Kind zu legitimieren. In lesbischen und schwulen Kreisen werden diese Ängste durch allgemein bekannte Beispiele genährt, in denen Müttern ihre Kinder mit Gewalt entrissen wurden, einzig weil die Mutter lesbisch war.[5]

---

3 Vgl. Jill Freedman/Gene Combs: Narrative therapy. The social construction of preferred realities, New York: Norton 1996.
4 Vgl. Kath Weston: Families We Choose. Lesbians, Gays, Kinship, New York: Columbia University Press 1997.
5 Vgl. Ann Hartman: »Social Policy as a context for lesbian and gay families. The political is personal«, in: Joan Laird/Robert-Jay Green (Hg.),

In den Fällen, in denen die Adoption durch das zweite Elternteil nicht möglich ist, sind nicht-biologische Mütter und Väter gegenüber juristischen Forderungen besonders ungeschützt. Schwule Männer empfinden sich darüber hinaus als besonders vulnerabel, da Männer grundsätzlich als weniger kompetent hinsichtlich der Erziehung von Kleinkindern und Kindern wahrgenommen werden. Ehrensaft[6] hat jedoch auch heterosexuelle Elternpaare beobachtet, die sich sorgen, dass eine Person mit biologischer Verbindung ein Anrecht auf ihr Kind stellen könnte, und sie hat daraus geschlossen, dass diese Angst in psychologischer Hinsicht eine archetypische Dimension besitzt.

Trotz dieser Sorgen haben einige Elternpaare (wie Donna und Polly) in den letzten Jahrzehnten erfolgreich Familien gegründet, in denen das Kind zwei Mütter und einen ihm bekannten Vater, zwei Väter und eine ihm bekannte Mutter oder zwei Mütter und zwei Väter hat. Wenn sich solche Familien bilden, geht das primäre Elternpaar Übereinkünfte mit dem dritten (bzw. einem vierten) Elternteil ein, um den erwarteten Umfang und die Art und Weise des Einbezogenseins dieses Elterntcils zu klären. Die Formen der Integration sind vielfältig und reichen von sporadischen Kontakten (weniger als einmal jährlich) bis hin zu regelmäßigen (wöchentlichen) Besuchen und schließen manchmal sogar die Mitversorgung des Kindes ein. Im Bemühen, diese Übereinkünfte möglichst verlässlich zu gestalten, nehmen die Elternteile oftmals juristische Hilfe in Anspruch und entwerfen notariell beglaubigte Elternschaftsvereinbarungen. Donna Hitchens, Gründerin des *National Center for Lesbian Rights* und Familienrichterin am obersten Gerichtshof von Kalifornien, teilte uns mit, dass diese Dokumente zwar rechtlich nicht durchsetzbar, doch in psychologischer Hinsicht so bindend seien, dass bis zum heutigen Tage noch keines davon vor Gericht angefochten worden sei.[7] Das *National Center for Lesbian Rights* hat eine Internetpräsenz eingerichtet, auf der Mustervorlagen für solche Vereinbarungen zur Verfügung gestellt werden.

Den genetischen Dritten oder die Leihmutter kennen: Für viele gleichgeschlechtliche Paare schließt die Schwangerschaft eine Beziehung zu einem bis dahin fremden Menschen ein, der seine Eizellen, sein Sperma oder seinen Uterus für das ungeborene Kind zur Verfügung stellt. Bei

---

Lesbians and Gays in Couples and Families, San Francisco: Jossey-Bass 1996, S. 69-86.

6   Diane Ehrensaft: Mommies, Daddies, Donors, Surrogates. Answering Tough Questions and Building Strong Families. New York: Guilford Press 2005.

7   Donna Hitchens: Personal communication, 2003.

einigen Paaren lösen solche Beziehungen vielerlei Vorstellungen und Fantasien aus,[8] bei anderen bleiben sie eine weitestgehend pragmatische Lösung. Gleichgeschlechtliche Elternpaare pflegen häufig dauerhafte Beziehungen mit traditionellen Leihmüttern[9] (die sowohl ihre Eizelle spenden als auch das Baby während der Schwangerschaft austragen) oder zu den austragenden Leihmüttern (die das Baby austragen, aber nicht die Eizelle spenden), da sie – solange die Schwangerschaft andauert – Teil der pränatalen Familiengeschichte sind. Direkte Beziehungen zwischen Eltern und Eizell- oder Samenspendern sind weniger üblich, weil der Spender meist nur relativ kurz präsent ist. Im Zwiespalt zwischen ihrer Angst, dass sich der Spender einmischen könnte, und ihrem Wunsch, mehr über den Spender zu erfahren, wägen gleichgeschlechtliche Paare ab, welche der verschiedenen Möglichkeiten hinsichtlich der Kontaktaufnahme zu Vermittlungsstellen wie Samenbanken und Leihmütteragenturen für sie in Betracht kommen. Geht es doch um die zukünftige Beziehung des genetisch Dritten oder der Leihmutter zu dem Kind und zu ihnen als den zukünftigen faktischen Eltern.

Randy erinnert sich:

»Wes und ich sind ein Paar mit unterschiedlichen Hautfarben und wollten, dass unser Kind diesen Umstand reflektiert. Wir haben medizinische Experten aufgesucht, um die Befruchtungsfähigkeit unseres Spermas festzustellen, und wählten eine Eizellspenderin aus, deren Gene zu einem Baby führen würden, das unser beider Erbe tragen würde. Unser Arzt half uns, sie zu finden, und besorgte uns eine sehr gründliche Krankheitsgeschichte von ihr, sodass unser Kind später weiß, ob es mögliche Gesundheitsrisiken gibt, auf die es achten sollte.
Was für eine wunderbare junge Frau! Ich kann natürlich nur über unsere Spenderin sprechen, aber es war klar, dass es für sie nicht nur eine gute Möglichkeit war, Geld für ihre College-Ausbildung zu verdienen, sondern dass die Spende auch ihre Werte sowie ihren Wunsch widerspiegelte, Menschen dabei zu helfen, ein Kind zu bekommen. Sie wusste, dass wir zwei Männer waren,

---

8   Vgl. Diane Ehrensaft, Mommies, Daddies, Donors, Surrogates. Answering Tough Questions and Building Strong Families. New York: Guilford Press 2005.

9   In angelsächsischen Ländern wird zwischen einer traditionellen Leihmutter unterschieden, die mit dem Samen des Wunschvaters inseminiert wird und damit auch die biologische Mutter des Kindes ist, und der austragenden Leihmutter, die mit Eizelle und Samen der Wunscheltern bzw. mit gespendeten Eizellen und/oder Samen befruchtet wird und somit den Fötus austrägt – Anm. d. Hrsg.

und das war für sie in Ordnung. Und mit unserer Leihmutter haben wir eine ganz ähnliche Erfahrung gemacht.

Ich bezweifle, dass wir den Kontakt zu unserer Eizellspenderin aufrechterhalten. Sie äußerte diesen Wunsch nicht, und wir haben keine wirkliche Basis für eine dauerhafte Beziehung. Andererseits haben wir Julie, die unser Kind ausgetragen hat, wirklich gut kennengelernt. Wir haben von Anfang an mit Julie und ihrem Ehemann über mögliche Treffen gesprochen – vielleicht einmal im Jahr – sowie über gelegentliche Anrufe, Urlaubspostkarten und Schulabschlussfotos, solche Sachen. Es war wichtig herauszufinden, was ihnen recht ist und was nicht – und auch, was wir wollen und was nicht. Und es ist gut so – ein bisschen wie eine erweiterte Familie. Sie halten uns auf dem Laufenden über ihre familiären Neuigkeiten, und sie freuen sich immer über die kleinen Babygeschichten und Fotos. Beide, unsere Spenderin und unsere Leihmutter, haben uns geholfen, diesen wichtigen Weg bis zu Ende zu gehen; wir werden sie immer schätzen, und sie werden immer ein besonderer Teil unserer Familie sein.«

Randy und Wes erzählen eine Geschichte über vier Erwachsene, die zusammen neues Leben geschaffen haben. Obgleich sich alle bewusst waren, dass es sich um eine finanzielle Vereinbarung handelte, ließ die Realität des Finanziellen dennoch genügend Raum für gegenseitige Wertschätzung, Höflichkeit, gegenseitigen Respekt, fortwährende gegenseitige Fürsorge und Dankbarkeit. Außerdem ist diese Geschichte, wie auch diejenige von Donna, insofern bemerkenswert, da es Themenbereiche gibt, die nicht zur Sprache kommen. Randy betont weder, dass es ihm wichtig ist, dass es eine äußere Ähnlichkeit zwischen ihm oder Wes mit der kleinen Annie gibt, die sie beide als legitime Elternteile erscheinen lässt. Auch spricht er nicht über ihre Entscheidung, dass die Eizellspenderin die Schwangerschaft nicht austragen sollte. Vermutlich wollten sie mithilfe dieser Aufspaltung vermeiden, dass die beiden Frauen sich als Teil des Familienlebens definieren. Gleichzeitig bot die Tatsache, dass sie sich für eine Eizellspenderin und eine Leihmutter entschieden, die Möglichkeit, zwischen sehr vielen Eizellspenderinnen zu wählen und eine auszusuchen, deren physische, kulturelle und berufliche Charakteristika ihren eigenen ähneln. Da die Möglichkeiten hinsichtlich der Auswahl von Leihmüttern wesentlich reduzierter sind, ist es einfacher, eine genetisch passende Eizellspenderin zu finden.

Wenn Spender oder Leihmütter Freunde oder Familienmitglieder sind, sind die Beziehungsmuster mit dem Elternpaar schon seit langem fest etabliert. Oft verändern sich diese Muster nur kurzfristig und verlaufen danach wieder in den gleichen Bahnen wie vor der Schwangerschaft. In anderen Familien (wie der von Polly und Donna) kommt es vor, dass das Elternpaar einen Freund bittet, Samen zu spenden und als Spender

auch namentlich in Erscheinung zu treten oder sogar als Vater eine fort-
dauernde Beziehung zu dem Kind aufzubauen.

Selbst wenn die zukünftigen Eltern keine direkte Beziehung zu dem
Spender oder der Spenderin haben, erhielt er bzw. sie – zumindest von
den Elternpaaren, die wir gesprochen haben – einen Platz im Familien-
stammbaum. In allen Fällen konnten wir beobachten, dass dem Biologischen ein Platz zugewiesen wurde.

Beverly sagt rückblickend auf das Leben ihres heute 15-jährigen Sohnes
Eddie:

»Von den ersten Tagen des ›Woher komme ich?‹ haben wir mit Eddie immer
über die Samenbank und den Samenspender gesprochen. Wir wissen nicht viel
über ihn – nur das, was im Spenderkatalog stand – aber Eddie weiß, was wir
wissen. Über die Jahre haben wir uns alle manchmal gefragt: ›Wer ist diese
Person?‹, und wenn Eddie in irgendetwas besonders gut oder in irgendetwas
nicht ganz so gut ist und darin mir oder Elisabeth nicht ähnlich ist, dann spe-
kulieren wir alle: ›Na ja, vielleicht sind das die Gene!‹ Er ist großartig in Mathe und ein richtiger Dichter. Schreiben gehört zu unser aller Arbeit, aber Eddie ist der EINZIGE im Haus, der gut in Mathe ist, also ... Unser Spender hat
also eine Präsenz in unserer Familie, aber es schien niemals eine problematische Präsenz oder gar eine problematische Abwesenheit zu sein.«

Vielleicht hat die unkomplizierte Einbeziehung der genetischen Rolle
des Spenders es Beverly, Elisabeth und Eddie ermöglicht, seine Abwesenheit zu akzeptieren und gut damit zu leben. Zusätzlich hat sich diese
Familie, wie viele schwule oder lesbische Familien, seit Eddies Geburt
darum bemüht, Kontakt zu anderen Kindern mit ähnlichen Familienstrukturen herzustellen. Dass sie sich als Familie weder einzigartig noch
isoliert fühlen, kann einen derart pragmatischen Umgang mit der Familienstruktur erleichtern.

Immer häufiger berichten sowohl unsere Klienten als auch die Eltern
in unseren Kreisen, dass das Interesse, die Identität des Spenders bzw.
der Spenderin dauerhaft anonym zu halten, stetig sinkt. Vielleicht liegt
dies daran, dass sich mit der größeren Sichtbarkeit und Verbreitung von
Familien mit schwulen oder lesbischen Eltern die gefühlten Risiken, den
Spender bzw. die Spenderin zu kennen (und von ihm oder ihr gekannt zu
werden), verringern. Spender haben seltener Angst, bekannt zu werden,
da Eizell- und Samenspenden mittlerweile eine breitere Anerkennung als
sozial hilfreiche Handlung erfahren. Gleichzeitig haben sowohl Spender
als auch Familien weniger Angst vor ungewollter Einmischung oder vor
einem Eindringen des Anderen in die eigene Familie, da die Gesellschaft
beginnt, die Rolle der Spender anzuerkennen. Im Vergleich zu früher

lehnen immer weniger Spender eine Kontaktaufnahme des Kindes ab. Einige Agenturen verlangen mittlerweile, dass Eltern und Spender damit einverstanden sind, die Identität des Spenders offenzulegen, wenn das der Wunsch des Kindes ist.

Wessen Kind ist es? Die Etablierung elterlicher Legitimität: Die meisten Paare gehen in dem festen Glauben eine Elternschaft ein, dass beide Elternteile voll und ganz in die Familie involviert sind, mit allem Stolz und allen Verpflichtungen, die damit einhergehen. Diese Erwartungshaltung reflektiert die kulturelle Norm heterosexueller Elternpaare, auch wenn die soziale Praxis an das Ideal nicht immer heranreicht.

Anders als heterosexuelle Elternpaare können schwule und lesbische Paare ihre elterlichen Rollen jedoch nicht definieren, indem sie sich auf die unbewusste Internalisierung geschlechtsspezifischer Rollen verlassen. Coontz[10] hat beispielsweise die kulturelle Unterwerfung der modernen Amerikaner unter das Ideal einer Vorbildfamilie aus der Mitte des 20. Jahrhunderts beschrieben, das nur wenig Ähnlichkeit mit dem tatsächlichen Familienleben in den 1950er Jahren hat und erst recht nicht mit dem modernen Familienleben. Vielleicht liegt es an dieser kulturellen Vorgabe, dass einige gleichgeschlechtliche Elternpaare es als anstrengend empfinden, einer Familie mit zwei Müttern oder zwei Vätern Legitimität zuzugestehen. Obwohl die Frage nach der Rollenverteilung in unseren Familien offen ist, ist schwulen und lesbischen Paaren die Ambiguität von Rollen und Beziehungen nicht fremd,[11] da sie ihr ganzes Beziehungsleben lang mit der »Freiheit« (und dem Mangel an Unterstützung) von sozialen Normen und Institutionen zu tun hatten.

Hinzu kommt, dass die Partner eines gleichgeschlechtlichen Paares sich in ihrem genetischen Beitrag zum Kind unterscheiden. Schon vor der Zeugung eines Kindes bestätigen schwule und lesbische Eltern typischerweise das Primat der psychologischen über die biologische Elternschaft.[12] So wie Adoptiveltern die leiblichen Eltern eines Kindes anerkennen, so verleihen auch schwule und lesbische Eltern diesen Menschen, deren Engagement mit der Geburt endet und die nicht mehr an der Kindererziehung beteiligt sind, einen eigenständigen Status. Nichts-

---

10 Stephanie Coontz: The Way We Never Were. American Families and the Nostalgia Trap, New York: Basic Books 1992.

11 Vgl. Robert-Jay Green/Valory Mitchell: »Gay and Lesbian Couples in Therapy. Homophobia, Relational Ambiguity and Social Support«, in: Alan S. Gurman/Neil S. Jacobsen (Hg.), Clinical Handbook of Couples Therapy, New York: Guilford Press 2002, S. 546-568.

12 Vgl. Fiona Nelson: »Mother tongues: The discursive journeys of lesbian and heterosexual women into motherhood«, in: Journal of LGBT Family Studies 3, 2/3 (2008), S. 223-265.

destotrotz können die Unterschiede hinsichtlich des genetischen oder austragenden Beitrags dazu führen, dass von einem Partner, beiden Partnern oder Außenstehenden die elterliche Legitimität infrage gestellt wird.

Legitimität und Sichtbarkeit von Elternschaft: Bevor gleichgeschlechtliche Paare den Schritt wagen, Eltern zu werden, bauen sie häufig ein Netzwerk aus Freunden und Familien auf, von denen sie akzeptiert und unterstützt werden[13] und deren Nähe sie suchen – auch, um sie an der eigenen Freude über die Elternschaft teilhaben zu lassen. In dem Moment, da die werdenden Eltern ihre frohen Neuigkeiten verkünden, können die Anderen erstaunlich unterschiedlich reagieren – die Reaktionen reichen von uneingeschränkter Akzeptanz und Freude bis hin zu unheilvollen Voraussagen und radikaler Ablehnung.

Randall erinnert sich:

»Ich arbeite in einem mittelgroßen Unternehmen, und als unser Geburtstermin herannahte, erzählte mir Suzanne, eine unserer Sekretärinnen, dass sie für uns eine Baby-Willkommensfeier organisiert habe. Die ganze Firma kam eine Woche später zur Mittagszeit zusammen. Na ja, ich denke, Suzanne ist ein alter Hase in Sachen Babyfeiern. Es gab besonderes Essen, Geschenke und Partyspiele, und als sie die Geschenke öffneten, nahmen sie die Schleife von jedem Geschenk und steckten sie durch einen Papierteller, um zwei geschmückte Hüte daraus zu basteln. Wir haben das Foto von Nathan und mir mit unseren Hüten auf dem Kaminsims, direkt neben den Babyfotos von Audrey.
Es war eine tolle Erfahrung für uns. Obwohl ich mit diesen Menschen arbeite, sind sie nicht wirklich unsere engsten Freunde. Und wer weiß, vielleicht sind einige auch absichtlich ferngeblieben. Aber es war, als ob die Welt Nathan und mich und unser Baby willkommen hieß. Es hat uns wirklich viel bedeutet.«

Randalls und Nathans Party bietet ein schönes Beispiel dafür, wie bedeutsam soziale Unterstützung ist. Das Ritual einer Baby-Willkommensfeier symbolisiert die bevorstehende Elternschaft sowohl für sie selbst als auch für ihre Arbeitskollegen in einer Weise, die bei heterosexuellen Vätern eher selten vorkommt. Die Tatsache, dass die Kollegen für beide Väter eine Babyparty geben, offenbart ein Verständnis dafür, dass den beiden Männern eine große Rolle bei der Ausgestaltung der Elternschaft zugesprochen wird. Es gibt aber auch andere Beispiele, die zeigen, wie

---

13 Vgl. Charles Brinamen: On Becoming Fathers. Issues Facing Gay Men Choosing to Parent, San Francisco 2000.

zukünftigen Eltern ein solches Willkommenheißen verwehrt bleiben kann.

Wenn nur ein Elternteil eine genetische Verbindung zum Kind hat, kann es sein, dass die Familien der beiden Partner sich schwer damit tun, dem nicht-biologischen Elternteil den vollen Elternstatus zuzuerkennen. Die Familie des biologischen Elternteils betrachtet das Baby als nur zu ihrer eigenen Familie gehörig, und die Familie des nicht-biologischen Elternteils erkennt das zukünftige Baby unter Umständen nicht an. Bei lesbischen Paaren kann vor der Geburt des Kindes die Anwesenheit einer offensichtlich schwangeren Partnerin diese Reaktion noch verstärken.

Viele Paare fühlen sich auch unwohl angesichts nachforschender Fragen, wie denn – ganz genau – das Kind zustande gekommen ist.

Sandra bemerkt dazu:

»Von jetzt an stelle ich immer, wenn ich erfahre, dass eine heterosexuelle Person schwanger ist, ganz entschlossen die Frage danach, wie ihr Baby gezeugt wurde und ob sie irgendeine Form der Spende dazu gebraucht hat. Ich meine, wir sind ein gleichgeschlechtliches Paar; man muss kein Superhirn sein, um sich auszurechnen, wie genau unser Baby gezeugt wurde. Die Frage danach erscheint mir in gewisser Weise durchaus aufdringlich und vielleicht sogar perfide.«

Fragen, die davon ausgehen, dass nur einer der Partner ein authentisches Elternteil ist, sind besonders unangenehm. Zum Beispiel können Fragen nach der Herkunft des Spermas den biologischen Erzeuger eines männlichen Paares privilegieren oder unterstellen, dass die nicht-biologische Mutter in irgendeiner Weise genetisch repräsentiert sein müsse (z.B. durch Ähnlichkeit mit der physischen Erscheinung des Spenders), um ein »richtiger« Elternteil sein zu können. Sogar bei Menschen, die sich selbst nicht für homophob halten, können Fragen aufkommen, ob ein Kind ohne Mutter oder ohne Vater oder mit einem gleich- oder andersgeschlechtlichen Elternteil überhaupt gedeihen könne. Die unterschwellige Homophobie dieser Fragen wird offensichtlich, wenn man sie mit der (relativen) Akzeptanz und Unterstützung vergleicht, die heutzutage alleinerziehende Mütter und Väter erfahren.

Es kommt mitunter vor, dass schwule Männer und nicht-biologische Mütter das Gefühl haben, als künftige Eltern nicht wahrgenommen zu werden. Denn bei lesbischen Paaren ist in der Regel nur eine der Partnerinnen sichtbar und biologisch schwanger. Daher kann besonders hier die Asymmetrie der Schwangerschaftserfahrung Ängste schüren, als biologisch mit dem Kind nicht verwandtes Elternteil keinen gültigen Platz in der Familie einnehmen zu können. Muzio[14] argumentiert, dass der Gebrauch des Begriffs »nicht-biologisch« für die Beschreibung eines Elternteils den Rahmen für den Diskurs über schwule und lesbische Familien in Bezug auf fehlende Bindungen bildet. Gartrell u.a.[15] jedoch fanden in einer Studie mit über 150 lesbischen Elternpaaren keine Bestätigung einer gefühlten emotionalen Schädigung durch diese Bezeichnung. Aber selbst dann, wenn ein gleichgeschlechtliches Paar seine Elternschaft als eine geteilte empfindet und versteht, können Erfahrungen des Nicht-Wahrgenommenwerdens belastend sein. Zu einer Herausforderung wird der Umgang mit dem zugesprochenen Status der »zweiten Reihe« besonders dann, wenn sich das Elternpaar öffnet, also noch bevor die Realität der Eltern-Kind-Beziehung diese Bedenken ausräumen kann. Insbesondere in Bundesstaaten, in denen nicht die Möglichkeit einer Zweitelternadoption besteht, können solche Kommentare beim nicht-biologischen Elternteil Angst hervorrufen. Da ihnen als Elternteil für das biologische Kind ihres Partners die rechtliche Sicherheit fehlt, empfinden sie es als besonders belastend, wenn ihre fehlende biologische Verbindung zum Kind öffentlich diskutiert wird.

Einige Paare bewältigen die Asymmetrie, indem sie bestimmte Teile des Zeugungsprozesses bewusst teilen. Ein schwuler Vater sagte:

»Ich erzählte Sally, unserer Nachbarin, die über uns wohnt, dass ich schließlich die Führungsrolle in der Sichtung und Eingrenzung der Auswahl an Eizellspenderinnen auf den Agenturwebseiten übernahm, weil ich mehr Zeit dafür hatte. Dafür wählte mein Partner Ricardo (der letzten Endes der Samenspender war) aus den Eizellspenderinnen aus, die ich ihm vorlegte. Auf diese Weise hatte ich das Gefühl, dass auch ich eine Hauptrolle in der genetischen Schaffung unseres Babys gespielt habe, obwohl ich nicht der Samenspender war. Sally scherzte, dass ich nicht nur die Eizellspenderin, sondern auch den Samenspender ausgewählt habe. Das Baby war voll und ganz meine genetische Kreation! Wir lachten alle.«

Diese Geschichte illustriert die einzigartige Mischung psychologischer und biologischer Aspekte bei der Familiengründung, wenn schwule und lesbische Eltern reproduktionsmedizinische Technologien wählen. Wie bei heterosexuellen Eltern, die sich geplant fortpflanzen, wird das Kind

---

14 Cheryl Muzio: »Lesbian Co-Parenting. On Being/Being with the Invisible (M)other«, in: Smith College Studies in Social Work 63 (1993), S. 215-229.
15 Nanette Gartrell/Amy Banks/Jean Hamilton: »The National Lesbian Family Study 2. Interviews with Mothers of Toddlers«, in: American Journal of Orthopsychiatry 69, 3 (1999), S. 362-369.

eines gleichgeschlechtlichen Paares wortwörtlich in den Köpfen der beiden Eltern gezeugt und durch ihre Entscheidungen und Handlungen gemeinsam geschaffen, auch wenn nur ein Elternteil genetisches Material beiträgt. Diese innere Erfahrung geteilter emotionaler und praktischer Erschaffung des Babys stimmt manchmal jedoch nicht mit der rein biologischen Wahrnehmung der Zeugung durch die Außenwelt überein.[16] Das wird oft an Fragen deutlich wie »Wer von euch beiden ist die Mutter/der Vater?« oder »Wer ist die wirkliche Mutter/der wirkliche Vater?« oder (im schlimmsten Fall) durch Kommentare, die den Zeugungsvorgang in den Status eines athletischen Wettbewerbes zwischen den Keimzellen der beiden Eltern heben.

Eins und Eins macht Drei (oder mehr...)

Alle Eltern betreten eine neue Welt, wenn sie von der Schwangerschaftsphase in die Phase der aktiven Elternschaft übergehen. Wenn das Baby einmal zuhause ist, trifft die Fantasie ganz unmittelbar mit sämtlichen Sinnen auf die Realität – da ist die weiche Babyhaut, die man berühren, und der kleine Körper, den man halten kann, der zarte Geruch des Babys (und der weniger zarte Geruch seiner Körperausscheidungen). Die neuen Eltern verbringen viel Zeit damit – zur allgemeinen Belustigung ihrer Freunde –, sich über die kleinen Ohren, die fünf Finger und die Zehen zu freuen.

Jetzt ist es an der Zeit für beide Elternteile, die die Gespräche über eine gemeinsame Elternschaft zur Genüge kennen, ihre neuen Rollen mit ihrem Einfühlungsvermögen, ihrer Aufmerksamkeit und ihrer Sorge auszufüllen.[17] Unser Eindruck ist, dass die Tatsache, ein gleichgeschlechtliches Paar zu sein, dazu befähigt, flexibel – auch in Bereichen des häuslichen Lebens – auf die jeweiligen Bedürfnisse des Partners zu reagieren und die spezifischen Fähigkeiten und Vorlieben jedes Elternteils zu beachten.[18]

---

16 Vgl. Amy L. Hequemourg/Michael P. Farrell: »Lesbian Motherhood. Negotiating Marginal-Mainstream Identities«, in: Gender and Society 13, 4 (1999), S. 540-557; S. Trissin/E. Moses-Kolko/K. Wisner: »Lesbian Perinatal Depression and the Heterosexism that Affects Knowledge about this Minority Population«, in: Archives of Women's Mental Health 9, 2 (2006), S. 67-73.

17 Vgl. Valory Mitchell: »Two Moms: The Contribution of the Planned Lesbian Family to the Deconstruction of Gendered Parenting«, in: Journal of Feminist Therapy 73 (1995), S. 47-64.

18 Vgl. Robert-Jay Green/Michael Bettinger/Ellie Zacks: »Are lesbian couples fused and gay male couples disengaged? Questioning gender

Gelegentlich kommt es vor, dass das Baby eine Art der Verteilung der Elternschaft wählt, die sich von derjenigen unterscheidet, die sich die Eltern ausgedacht haben. Babys, die von einer Mutter gestillt werden, können in den ersten Monaten zum Beispiel mehr oder weniger dazu bereit sein, aus der Flasche, wie es der Wunsch der nichtbiologischen Mutter sein kann, zu trinken. Weil gerade das Stillen eine solche Zufriedenheit bringt, werden diese Säuglinge oft lieber von der stillenden Mutter getröstet. So müssen die Eltern, die großen Wert auf Gleichberechtigung legen, die Entdeckung machen, dass für ihr Kind Gleichberechtigung nicht Austauschbarkeit bedeutet. Unsicherheiten, die diese Erfahrung hervorruft, werden aber nur dann geringer, wenn die Eltern ein Verständnis für die Entwicklung ihres Kindes und die Fähigkeit erlangen, die Welt durch die Augen ihres Kindes zu sehen.

Mei-Ling erinnert sich:

»Es gab Zeiten, da schauten Alicia und ich uns einfach nur an. Unser Sohn Ben wollte nur sie, und von seinem Standpunkt her verstanden wir das. Aber trotzdem wollte ich so sehr, dass er weiß, dass ich ihn genauso trösten kann. Zumindest wusste ich, dass es nicht Alicias Problem war – es war meins! Wir sprachen darüber, und wir waren erstaunlich offen und überhaupt nicht defensiv. Als wir das Problem einmal verstanden hatten, redeten wir mit Ben, während er gestillt wurde und erzählten ihm Geschichten über all den Spaß, den er mit Mama (mir) haben würde ... Ich weiß, dass es Ben nicht tröstete, aber mich tröstete es! Und heute, da er zehn ist, kann ich definitiv sagen, dass diese Geschichten wahr geworden sind. Ben und ich haben uns gefunden: Wir kuscheln beide unheimlich gern und lesen zusammen alberne Geschichten und machen Zaubertricks, und wir denken uns blöde Witze aus, die wir dann erzählen. Ich bin seine Mama, und er ist mein Sohn, und es gibt keinen Zweifel daran, dass wir unsere eigene, einzigartige und unersetzbare Beziehung zueinander haben, in der wir jeden Tag leben.«

Wie Mei-Ling entdecken auch skeptische Freunde und Familienmitglieder oft, dass die Begegnung mit dem Kleinkind und seiner Familie viele Zweifel und Ängste ablegen können – sie sehen plötzlich das wundervolle Baby, das sie bald Oma und Opa nennen wird, oder die zärtliche Beziehung zwischen dem Partner ihres Sohnes und dem Baby.

---

straightjackets«, in: In Joan Laird/Robert-Jay Green (Hg.), Lesbians and gays in couples and families: A handbook for therapists, San Francisco: Jossey-Bass 1996, S. 185-227.

Bill erinnert sich:

»Meine Schwester rief mich an, nachdem wir zum ersten Mal wieder das Zuhause meiner Familie besucht hatten. ›Bill‹, sagte sie, ›es hat Mum und Dad einfach das Herz gewärmt und die Sprache verschlagen!‹ Na ja, das ist eben meine Schwester; aber sie hat es wirklich gut getroffen. Meine Eltern haben sich in unser Baby verliebt, und sie konnten diese Nähe unserer kleinen Familie einfach nicht leugnen. Es gab einfach nichts mehr dazu zu sagen.«

Bill drückt hier nicht aus, wie groß seine und Dennis Besorgnis und Traurigkeit darüber war, dass seine Familie anfänglich niemals Teil des Lebens ihres Kindes sein wollte. Bills Familie wusste, dass er nicht der leibliche Vater war und, was die Dinge noch verschlimmerte, sie waren der weit verbreiteten Ansicht, dass Männer sich nicht um kleine Kinder kümmern können.

Bill fährt fort:

»Meine Eltern dachten, wir wären verrückt, und es war letztlich klar, dass sie entsetzt waren. Es war, als ob wir ein Baby in die Welt setzen würden und dann planten, es auszusetzen. Meine Eltern sagten immer: ›Aber wo ist die Mutter des Babys?‹ Schließlich sagte ich einfach ›Ich bin die Mutter des Babys. Wenn ich eine Frau wäre, würdet ihr das glauben.‹ Nun ja, am Telefon half es nichts, aber ich denke, man muss es gesehen haben, um es zu glauben.«

Selbst wenn man es mit eigenen Augen sehen muss, um es glauben zu können, ist unsere Gesellschaft doch stark darauf ausgelegt, männliche Versorger abzuwerten. Die meisten schwulen Väter können Geschichten davon erzählen, dass sie auf der Straße, im Supermarkt oder im Park angesprochen wurden, wie nett es doch sei, dass sie der Mutter helfen und das Baby ausführen. Das ist eine von sehr vielen Situationen, in denen lesbische und schwule Eltern innerhalb eines Momentes entscheiden müssen, ob sie die falschen Annahmen des Anderen schlucken oder sich die Zeit nehmen und das Risiko eingehen, die Wahrheit über ihre Familie zu erklären.

413

Ich zeige mich mit meinem Baby
(oder mit meinem Kindergartenkind oder
meinem Teenager)

Die LGBT-Gemeinschaft bietet, wie jede Gemeinschaft, die Möglichkeit dazuzugehören, und sie ermöglicht, spezifische Erkenntnisse als selbstverständlich anzusehen, einerlei, wie sehr sie der Erklärung für Außenstehende bedürfen und wie sehr sie jenen auch fremd erscheinen mögen. Das ist ein wichtiger Grund, warum sich so viele Mitglieder der LGBT-Gemeinschaft bei Therapeuten einer Psychotherapie unterziehen, die ebenfalls Mitglieder dieser Gemeinschaft sind,[19] so wie Menschen ethnischer und religiöser Gemeinschaften Therapeuten suchen, die ihnen in dieser Hinsicht gleichen.

Ein Kind zu haben verlangt jedoch, sich gemeinsam mit den Kindern in soziale Institutionen zu begeben, die überwiegend im heterosexuellen Milieu verankert sind und in denen die Praktiken der reproduktionsmedizinischen Medizin möglicherweise als exotisch oder gar illegitim angesehen werden. Wenn wir nach bezahlter Kinderpflege suchen, einen Kinderarzt auswählen oder einfach nur mit dem Kinderwagen an den Nachbarn vorbeilaufen, werden wir dazu aufgefordert, nicht nur die offensichtlichen Tatsachen, sondern auch die Bedeutung und die Werte, die wir füreinander und voneinander als Eltern haben, sowie auch das Wie und Warum unserer Familienstruktur und die Art unseres täglichen Familienlebens zu erklären und zu vermitteln.

Randall erinnert sich an die Operation seines Babys Audrey wegen einer Magenerkrankung:

»Natürlich waren wir sehr besorgt um Audrey. Aber dann war das zusätzlich auch noch ein Lehrkrankenhaus und so viele Ärzte, Schwestern und Auszubildende, die kamen und gingen. Wir mussten also sicherstellen, dass, wer auch immer anwesend war, verstand, dass Audrey zwei Väter hat und dass jeder von uns zu verschiedenen Zeiten bei ihr sein würde. Wir hatten keine Ahnung, wie sie darüber denken würden, aber Audrey brauchte einen ihrer Väter, welcher auch immer da sein würde, also wurde es so abgemacht. Und die Leute im Krankenhaus waren tatsächlich großartig. Einer von uns durfte in der Nacht, als Audrey im Krankenhause bleiben musste, bei ihr sein, und es

---

19 Vgl. Christine Browning/Amy L. Reynolds/Sari H. Dworkin: »Affirmative psychotherapy for lesbian women«, in: Counseling Psychologist 19 (1991), S. 177-196; Esther Rothblum: »»I only read about myself on bathroom walls‹. The need for research the mental health of lesbians and gay men«, in: Journal of Consulting and Clinical Psychology 62 (1994), S. 213-220.

schien, als ob sie uns mit demselben Mitgefühl behandelten, das sie auch für alle anderen verängstigten Eltern empfanden.«

In dieser Coming-Out-Episode setzten sich Randall und Nathan dem Risiko schwulenfeindlicher Vorurteile, der Ablehnung und sogar eines möglicherweise aggressiven Gebrauchs institutioneller Macht aus. Aber anders als in anderen Coming-Out-Erfahrungen hatten sie Angst, dass Audrey in dieser kritischen Zeit den Preis für die Bigotterie Fremder zahlen müsste. Es gibt die Meinung, dass Lesben und Schwule aus diesem Grund keine Kinder haben sollten. Die unterschwellige Homophobie dieser Ansicht tritt zutage, wenn wir bedenken, dass dieselbe Logik nicht auf andere Minderheiten wie Juden oder Afroamerikaner angewandt wird, deren Kinder ebenfalls Ziele von bigottem Verhalten sind.

Der Umgang mit aufdringlichen Fragen: Schwule und lesbische Eltern, die reproduktionsmedizinische Technologien in Anspruch nehmen, berichten fast durchgehend von aufdringlichen persönlichen Fragen, die ihnen von fremden Personen gestellt werden. Es ist oft nicht klar, ob der Fremde dabei einfach neugierig ist oder wertende Kritik ausdrückt. Gegenüber neuen Eltern betonen wir, dass das wichtigste Ziel ist, in diesen Situationen ein Gefühl der Kontrolle über persönliche Grenzen zu bewahren. Nicht alle Fragen müssen beantwortet werden, nur weil sie gestellt wurden; auch gibt es keine Verpflichtung, die Fragen detailliert oder auf eine Weise zu beantworten, die Persönliches offenbart. Lesbische oder schwule Eltern müssen für sich selbst herausfinden, in welchem Umfang sie, ganz allgemein gesprochen, in der Rolle eines Botschafters oder Pädagogen gegenüber der heterosexuellen Welt oder gegenüber anderen schwulen und lesbischen Menschen auftreten möchten, die, um Eltern zu werden, keine Reproduktionsmedizin in Anspruch genommen haben. Niemand ist verpflichtet, die Menschenschlange an der Supermarktkasse über donogene Insemination, Leihelternschaft und Zweitelternadoption zu belehren, nur weil er oder sie schwuler oder lesbischer Elternteil ist. Er oder sie haben dasselbe Recht auf eine Privatsphäre wie jeder andere auch. Gleichzeitig wollen viele schwule und lesbische Eltern diese Botschafterrolle übernehmen, da sie denken, dass dieses Verhalten die Art und Weise, wie ihre Familie von der Mehrheit der Gesellschaft wahrgenommen wird, positiv beeinflussen könnte.

Bei diesen öffentlichen Begegnungen ist es wichtig – besonders dann, wenn Kinder älter werden –, die Wirkung zu bedenken, die solche Interaktionen mit neugierigen Fremden auf Kinder haben. Die Art und Weise, wie schwule und lesbische Eltern persönliche Fragen über die Zeugung ihres Kindes oder ihrer Kinder beantworten, wird unweigerlich deren eigene Art, in ähnlichen Situationen mit Gleichaltrigen und anderen Erwachsenen umzugehen, formen. Gleichzeitig kann jede persönliche Information, die einem Fremden offenbart wird, die Bedeutung, die das Kind dem familialen Binnenraum beimisst, beeinflussen. Deshalb ist es ratsam, dass Eltern die Stabilität, die das Kind aus der klar von der Umwelt abgegrenzten Familienwelt bezieht, auch dann nicht aus dem Blick verlieren, wenn sie Andere über ihre Familiensituation aufklären.

Abgesehen von der Zeit, die man überhaupt zur Verfügung hat, um solche »Aufklärungsgespräche« zu führen, gibt es drei Schlüsselaspekte, die bei der Entscheidung darüber, wie man auf unerwartete Fragen antworten sollte, eine Rolle spielen: (a) das persönliche Sicherheitsgefühl der Eltern und ihr Wunsch, ihre Privatsphäre zu wahren; (b) das Ausmaß der elterlichen Bereitschaft, eine Lehrerfunktion im Namen der Gemeinschaften auszuüben, und die Einschätzung des Fremden hinsichtlich seiner Motive und Belehrsamkeit; und (c) der Einfluss, den eine spezielle Antwort auf die eigenen Kinder haben kann.

Wenn der Fremde durch reine Neugier motiviert scheint und die Eltern das Bedürfnis haben zu antworten, kann es hilfreich sein, auf ungebetene Fragen umsichtig einzugehen und darauf zu achten, dass nicht mehr gesagt wird als das, womit sowohl die Eltern als auch das Kind sich später noch identifizieren können. Diese Art von Gesprächsführung kann zur Folge haben, dass sich die Eltern und die Kinder geborgen und im Reinen mit der Situation fühlen, weil sie die Welt zu einem etwas aufgeklärteren Ort gemacht haben oder es ihnen vielleicht gelungen ist, eine Brücke zwischen homosexueller und heterosexueller Welt bzw. zwischen Homosexuellen mit Familie und solchen, die keine Kinder haben oder haben wollen, zu schlagen.

Viel schwieriger ist es natürlich, wenn ein Fremder innerhalb eines sehr öffentlichen Kontextes, zum Beispiel in einem Supermarkt, uns mit etwas konfrontiert, das wir als Werturteil oder als Kritik wahrnehmen. Unter diesen Umständen kann es am besten sein, mit etwas Ausweichendem zu antworten, zum Beispiel: »Danke für Ihr Interesse, aber im Moment gehen wir gerade einkaufen wie jede andere Familie auch.« Natürlich kann man dies mit oder ohne Lächeln sagen, entschuldigend oder mit einem scharfen Tonfall. Wenn man keine weiteren Fragen wünscht, sollte dieser kurze Satz sachlich ausgesprochen werden, und der Elternteil sollte seine Aufmerksamkeit danach auf etwas anderes richten (auf das Kind, ein Produkt im Regal, oder eine Zeitschrift an der Kasse). Solch ausweichendes Verhalten mag vielleicht niemanden für die eigene Sache einnehmen, aber es wird die Privatsphäre des Elternteils schützen wie auch das eigene Bewusstsein stärken, die Kontrolle über das Familienleben zu behalten – und das ist das Wichtigste.

Eine etwas engagiertere Taktik ist, dem Fragenden in solchen Situationen etwa mit: »Oh, ich bin so froh, dass Sie gefragt haben und etwas hierüber erfahren möchten! Ich kann Ihnen den Titel eines Buches nennen, in dem Sie das genau nachlesen können« zu begegnen. Im Fortgang wünschen Sie »Einen schönen Tag noch« und ziehen sich so elegant wie möglich aus der Situation zurück. Für diesen Zweck empfehlen wir »The Complete Lesbian and Gay Parenting Guide« von Arlene Istar Lev.[20] Diese Art von Antwort birgt allerdings das Risiko, noch mehr Fragen zu provozieren. Für diesen Fall kann, ohne noch weitere persönliche Informationen preisgeben zu müssen, dem Fremden versichert werden, dass das Buch tatsächlich auch jene (weiteren) Fragen behandelt. In den meisten Fällen wird diese Strategie auf Wohlwollen stoßen und sich als hilfreich erweisen, um die Privatsphäre zu schützen.

Abhängig vom Alter des Kindes kann es wichtig sein, diese Art von Begegnungen später anzusprechen und dabei in einfachen Worten zu erklären, warum man sich entschieden hat, auf die gestellte Frage in einer bestimmten Weise zu antworten. Diese Diskussionen können nützlich sein, um Kindern die Problematik der Homophobie und des Heterosexismus ebenso näher zu bringen wie den legitimen Wunsch von Außenstehenden nach Information.

Der Beginn der Vorschule, in der »mehr auch besser ist«:

»Als wir nach einer Vorschule suchten, sahen wir uns mehrere Einrichtungen an, und eine unserer Fragen war, ob das Personal mit unserer Zwei-Mütter-Familie zurecht kommen würde. Also war dieser Aspekt kein Problem mehr, als Amy auf die Vorschule kam. Aber dann waren da immer noch die anderen Eltern und all diese Vierjährigen. Die Vorschule, die wir gewählt hatten, war mit einem College verbunden, und etwa ein Drittel der Familien kam aus dem Ausland. Wir hatten wirklich keine Ahnung, wie diese Zwei-Mütter-Sache funktionieren würde. Bald fanden wir heraus, dass viele Familien gar nicht dem üblichen Klischee entsprachen. Es gab allein stehende Mütter und Tanten und Onkel und Tagesmütter, also waren wir einfach eine weitere Variante. Aber das Erstaunlichste waren die Kinder. Das hier hat Amys beste Freundin Lauren zu ihrer Mutter gesagt: ›Mami, hab ich nicht wirkliches Glück, dass ich dich und Papi habe, die mich lieb haben?‹ ›Na klar‹, antwortete Laurens Mutter. ›Aber warum hab ich nicht so viel Glück wie Amy? Sie hat zwei Mamis und zwei Papis, die sie lieb haben.‹«

---

20 Arlene I. Lev: The Complete Lesbian and Gay Parenting Guide, New York: Penguin 2004.

Donnas Geschichte steht stellvertretend für die überwiegende Reaktion, von der wir gehört haben, zumindest von lesbischen und schwulen Familien mit Kindern, die in weniger konservativen Bundesstaaten und in der Nähe städtischer Zentren leben. In diesem Alter akzeptieren Kinder liebevolle Beziehungen fraglos. Gemäß ihrer Gegenwartsorientiertheit stellen sie Situationen nicht infrage und haben – abhängig vom Grad der Reife – die kognitive Entwicklungsstufe noch nicht erreicht, um darüber zu reflektieren, wie die Dinge nicht sind oder vielleicht sein könnten. Darüber hinaus können Eltern, entsprechende finanzielle Ressourcen vorausgesetzt, die Vorschule oder spätere Schulen auswählen und ein ihren Bedürfnissen entsprechendes soziales Klima wählen.

Wenn Sex albern wird – Samenbanken und Leihmütter in der Grundschule: In den späten Grundschuljahren, wenn Kinder zum ersten Mal Sexualkundeunterricht haben, beginnen sie sich über gleichgeschlechtliche Elternpaare zu wundern und stellen mitunter sehr pointierte Fragen. Dass zwei Mütter oder zwei Väter nicht nur Eltern sind, sondern auch Beziehungspartner, kann eine neue und manchmal verwirrende Erkenntnis für Kinder sein – und damit können sich Homophobie oder weniger starke Verwirrung und Unbehagen einstellen.

Wie auch ihre Eltern bringen Kinder, die mit einem Verständnis für reproduktionsmedizinische Technologien aufgewachsen sind, Sex und Fortpflanzung nicht durcheinander. Für sie ist, anders als für einige ihrer Mitschüler, die Vorstellung einer Samenbank nicht peinlich oder beschämend.[21] Mit dem Stolz neuen Wissens bestehen einige Grundschüler darauf, dass es eine Frau und einen Mann geben muss, eine Mutter und einen Vater, damit man Eltern haben kann. Das kann ein schwieriges Problem für ein Kind sein, dessen oft erzählte »Wie-kam-ich-in-die-Welt«-Geschichte von Vati, Papa, einer Eizellspenderin und einer Leihmutter, oder von Mama, Mutti und der Samenbank handelt.

Shakira erinnert sich:

»Der Lehrer erzählte uns diese Spielplatzgeschichte. Einige der Kinder unterhielten sich darüber, woher die Babys kommen, und ein kleines Mädchen war entschlossen, dass sie bei diesem Thema die Allwissende sei. Als Ben hörte, dass jedes Kind eine Mama und einen Papa hat, die sich lieb haben, und dass Kinder so gemacht werden, unterbrach er sie: ›Bei mir ist das nicht so.‹ ›Es muss aber so sein‹, sagte das kleine Mädchen.

---

21 Vgl. Valory Mitchell: »The Birds, the Bees…and the Sperm Bank. How Lesbian Mothers Talk with their Children about Sex and Reproduction«, in: American Journal of Orthopsychiatry 68, 3 (1998), S. 400-409.

›Nein, bei mir nicht‹, sagte Ben. ›Ich habe meine Mami und meine Mutti, und sie gingen zur Bank und haben Sperma geholt, und das war alles, was sie brauchten!‹«

Während sich auch heterosexuelle Familien langsam an das Thema der alternativen Reproduktionstechnologien heranwagen, könnte die nächste Altersgruppe sogar relativ junger Kinder schon lernen, dass Eizellen und Sperma nicht dasselbe sind wie Mamas und Papas und dass Eizellen und Sperma die Babys »machen«. In der Zwischenzeit, wenn die Kinder älter werden, kann es komplizierter werden, Fragen und Kommentare über alternative Zeugung und Familienstrukturen abzuwehren. Wenn Gleichaltrige alt genug sind, den biologischen Aspekt der Zeugung zu verstehen, verfügen Kinder gleichgeschlechtlicher Eltern, die mithilfe reproduktionsmedizinischer Technologien entstanden sind, nicht über den Luxus, die Umstände ihres Lebens so stillschweigend zu verbergen, wie es Kinder heterosexueller Eltern tun können. Lesbische und schwule Eltern, die sich entschieden haben, sich in der Schule zu offenbaren, sollten möglicherweise mit den Sexualkundelehrern der Schule abklären, dass im Unterricht betont wird, dass in allen Familien Babys nicht so sehr durch Mütter und Väter als durch Eizellen und Sperma gezeugt werden.

Die Teenagerjahre – Wessen Wahl ist es?: Wenn die Teenagerjahre herannahen, wechseln Kinder schwuler und lesbischer Eltern in Mittel- und Oberschulen, in denen sie viele neue Gleichaltrige und neue Lehrer kennenlernen, die wenig über ihre Familienstrukturen wissen. Einige Kinder im Vorteenageralter sind unnachgiebig, wenn es darum geht, sich als Söhne und Töchter schwuler und lesbischer Eltern zu erkennen zu geben, die sie mithilfe von Spendern und Leihmüttern gezeugt bzw. geboren haben. Andere machen Unterschiede hinsichtlich der Frage, wem sie davon erzählen und wieviel sie erzählen. Häufig brauchen sie Zeit, um ihre potenziellen Zuhörer einzuschätzen, bevor sie sich mitteilen. Viele unterscheiden zwischen Freunden, die zu ihnen nach Hause kommen und ihre Familie kennenlernen, und Bekannten und Freunden, die es nicht tun. Sie treffen Entscheidungen darüber, was sie als Basis des »Übereinander-wissen-Müssens« ansehen.

Obwohl es für einige Eltern und Kinder wichtig sein kann, sich die Konsequenzen darüber klar vor Augen zu führen, ob sie als Mitglied einer Familie mit einem schwulen oder lesbischen Elternpaar offen auftreten oder diese Tatsache verbergen wollen, glauben alle Familien, die wir kennen, dass die Inanspruchnahme von reproduktionsmedizinischen

Möglichkeiten und die Einzelheiten der Zeugung ihres Kindes sowie der Schwangerschaft fremde Menschen nichts mehr angehen.

Ramona bemerkt dazu:

»Zu diesem Zeitpunkt fände ich es unangebracht, wenn irgendjemand fragen würde, wer Javiers biologische Mutter ist. Dies ist unsere Familie, ich und Yvette und unser Sohn Javier. So ist es seit über 15 Jahren jeden Tag gewesen. Ich würde, wenn ich einen von Javiers Freunden oder die Eltern treffe, ja auch keine Fragen über ihre Schwangerschaft stellen! Wir sind stolz auf unsere Familie, und zu diesem Stolz gehört es auch zu sagen: ›Wir sind Javiers Familie. Akzeptiert uns, wie wir sind. Er tut es auch.‹«

Psychologische Herausforderungen in multiplen Systemen über lange Zeiträume

Die psychologischen Herausforderungen, die die Verwendung alternativer Reproduktionstechnologien für gleichgeschlechtliche Elternpaare mit sich bringen, können in konzentrischen Kreisen dargestellt werden, in etwa wie Wellen, die von einem Kieselstein ausgehen, der ins Wasser geworfen wird (siehe Abb. 1). Im Zentrum dieser Kreise stehen das Individuum sowie die Herausforderungen, aber auch die Stärken, die wir aus unserer individuellen Persönlichkeit schöpfen. Der erste Kreis, der dieses Zentrum umgibt, ist der Paarkreis, in dem Probleme zwischen den Partnern entstehen können, in dem aber auch Hilfe und Unterstützung vom eigenen Partner angeboten werden kann.

Abbildung 1: Die Ökologie der ineinander verbundenen Systeme schwuler und lesbischer Eltern

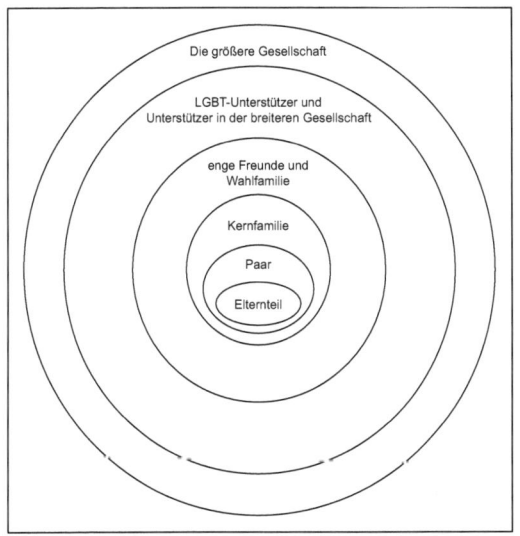

Der zweite Kreis umfasst die eigene Kernfamilie: die Eltern, die Kinder und die Probleme, aber auch die Unterstützung, die hier ihren Ursprung haben. Der dritte Kreis beinhaltet die am nächsten stehenden Menschen jenseits der Familie – enge Freunde, die zur »Wahlfamilie«[22] geworden sind, oder Verwandte, die eine wichtige Stellung einnehmen. Der vierte Kreis schließt ein weiter gespanntes soziales Beziehungsnetz ein – Nachbarn, Kollegen, Freunde und Familien, die, auch wenn sie nicht zentral, so dennoch präsent und bedeutend sind. Der fünfte Kreis beschreibt den lebensweltlichen Sozialraum – die Schule, das Ferienlager, die Arztpraxis, die Kirchengemeinde, die Stadtbewohner. Der sechste und größte Kreis bezieht sich auf die Gesellschaft im weiteren Sinne wie auch auf die übergeordneten, auf die am weitesten von uns entfernten Institutionen – Regierungen, deren Gesetze die Legitimität unserer Familien unterstützen oder unterminieren; eine Öffentlichkeitspolitik, die ausgewogen, vorurteilsbelastet oder überhaupt nicht über uns berichtet; Versicherungsgesellschaften, die dazu bereit sind oder es ablehnen, den Versicherungsschutz auf alle Mitglieder unserer Familie auszuweiten.

---

22 Vgl. K. Weston: Families We Choose.

Dieses System eingebetteter Kontexte[23] ermöglicht es uns, die einzelnen Stressfaktoren, aber auch mögliche Quellen von Kraft und sozialer Unterstützung deutlicher zu erkennen.

Für die Menschen in jedem dieser konzentrischen Kreise kann der Zugang zu Informationen und Forschung helfen, Ängsten und Sorgen mit Fakten zu begegnen – viele Ängste entstehen durch Isolation und Unwissen. Brinamen[24] hat herausgefunden, dass schwule Männer durch eine Phase der Informationsbeschaffung gehen, indem sie sich mit den Zweifeln an ihren Qualitäten als guter Vater konfrontieren, bevor sie Vater werden. Umfangreiche Forschungen[25] haben die Wirksamkeit von Eltern der LGBT-Gemeinschaft als Gruppe sowie die geistige Gesundheit und erfolgreichen Anpassungsleistungen ihrer Kinder belegt. Viele Zweifel, die hinsichtlich schwuler und lesbischer Elternschaft und hinsichtlich der Tiefe und Dauerhaftigkeit der Eltern-Kind-Beziehung bestehen, sind – wie die Forschungsliteratur belegt – nicht berechtigt. Wenn man schwule oder lesbische Eltern und ihre Kinder persönlich trifft, z.B. über Freunde oder alternative Familientreffen, oder sie in Dokumentationen sieht (wie z.B. *Daddy and Pappa,* oder *Beyond Conception* von Johnny Symons; *Our House* von Meema Spadola; oder *Both of my Mums' Names are Judy*) oder aber auch in Büchern[26] oder im Internet über sie liest (zum Beispiel auf der COLAGE-Website), so bieten diese visuellen Realitäten Belege dafür, dass viele Ängste unbegrün-

---

23 Vgl. Urie Bronfenbrenner: The Ecology of Human Development: Experiments by Nature and Design. Cambridge: Harvard University Press 1979; Elizabeth A. Carter/Monica McGoldrick (Hg.): The Expanded Family Life Cycle. Individual, Family and Society, Boston: Allyn & Bacon 2004; Robert-Jay Green/Valory Mitchell: »Gay and Lesbian Couples in Therapy. Homophobia, Relational Ambiguity and Social Support«, in: Alan S. Gurman/Neil S. Jacobsen (Hg.), Clinical Handbook of Couples Therapy, New York: Guilford Press 2002, S. 546-568.

24 C. Brinamen: On Becoming Fathers.

25 Z.B. Peggy Drexler: Raising Boys Without Men. How Maverick Moms are Creating the Next Generation of Exceptional Men, Emmaus/PA: Rodale Publishing 2005; Charlotte J. Patterson: »Sexual orientation and family life: A decade review«, in: Journal of Marriage and the Family 62 (2000), S. 1052-1069; dies.: »Lesbian and gay parents and their children. Summary of research findings«, http://www.apa.org/pi/lgbc/publications/lgpsummary.html vom 29.06.2009.; Alisa Steckel: »Psychosocial development of children of lesbian mothers«, in: Frederick W. Bozett (Hg.), Gay and Lesbian Parents, New York: Praeger 1987, S. 75-85; Fiona Tasker/Charlotte Patterson: »Research on lesbian and gay parenting. Retrospect and prospect«, in: Journal of GLBT Family Studies 3, 2/3 (2008), S. 9-34.

26 Vgl. A. I. Lev: The Complete Lesbian and Gay Parenting Guide; April Martin: The Lesbian and Gay Parenting Handbook. Creating and Raising our Families, New York: Harper Collins 1993.

det sind. Letzten Endes müssen alle Eltern etwas über Kindesentwicklung lernen, damit sie sich in die Situation ihrer Kinder hineinversetzen können, aber auch, damit sie sich nicht grundlos Sorgen über vorübergehende und Besorgnis erregende Verhaltensweisen machen, die für eine bestimmte Entwicklungsphase des Kindes normal sind.

Wir haben gesehen, dass es für zukünftige Eltern von großem Wert sein kann, sowohl individuell als auch gemeinsam ihre Hoffnungen darüber zu artikulieren, welche Eltern sie gern sein möchten. Im Laufe der Zeit können zukünftige Eltern eine Menge über ihre eigenen Erwartungen und Werte und über die des Partners entdecken. Sie können auch ihre Vorstellung von guter Elternschaft und einer stabilen Familie bestätigen und konkretisieren. Dieser Schritt ist für alle Eltern nützlich, aber er ist besonders wichtig für lesbische und schwule Eltern, deren Kinder mithilfe reproduktionsmedizinischer Technologien geboren wurden. Das liegt daran, dass diese Eltern sich weder auf kulturell normierte Vater- und Mutterrollen verlassen können, noch auf die gängigen Behauptungen hinsichtlich etwaiger biologischer Verbindungen, die die Absichten oder zukünftigen Handlungen eines der beiden Partner – wie vielfach angenommen – vorbestimmen. Durch diesen Prozess behaupten beide Elternteile individuell ihren Anspruch, sich selbst als zukünftige Eltern zu sehen, und das Elternpaar wird Zeuge der Familienvorstellungen des jeweils Anderen. Mit einem Konsens hinsichtlich der Familienstruktur und mündlich oder schriftlich formulierten Elternvereinbarungen weiß jeder Partner, dass er oder sie sich in Zeiten des Zweifels an den Anderen wenden kann, um Klarheit und Bestätigung zu erhalten (so wie Sandra und Alicia verstehende Blicke austauschten und sich Geschichten über die Zukunft ausdachten, während sie ihr Baby stillten). Wenn das Paar seine Hoffungen und Erwartungen in Worte fasst, noch bevor die eigentliche physische Zeugung stattfindet, ist es bereit, eine klare gemeinsame Vorstellung der gemeinsamen Familie zu äußern: sowohl gegenüber seinem Umfeld als auch gegenüber dem aufwachsenden Kind.

Im zweiten Kreis kann die reelle Erfahrung des familiären Alltags ein Gegengewicht zu den Ängsten des nicht-biologischen Elternteils darstellen, ausgeschlossen zu werden oder weniger real zu sein. Während das Kind reifer wird, wird es für jede Dyade innerhalb der Familie wichtig herauszufinden, welche besonderen Dinge wechselseitig geteilt werden. Jeder Elternteil braucht Zeit alleine mit dem Kind, und das Elternpaar braucht Zeit für sich, auch wenn diese Gelegenheiten rar sein werden, wenn die Kinder noch klein sind. Gleichzeitig verdeutlicht das gemeinsame Teilen von Zeit die Struktur und Integrität der gesamten Familie. Das gemeinsame Erleben von Familienereignissen und Fami-

423

lienritualen[27] bedeutet Kontinuität und stellt sicher, dass diese Erfahrungen zu einem familialen Zusammengehörigkeitsgefühl führen, das über ihre tatsächliche Dauer hinausgehend von Bedeutung ist – durch Vorfreude auf der einen und glückliche Erinnerung auf der anderen Seite. Diese besonderen Erfahrungen werden abhängig vom Alter des Kindes und den Interessen der Familienmitglieder variieren. Beispiele hierfür sind gemeinsame Mahlzeiten, das Spielen von Lieblingsspielen (eine uns bekannte Familie spielt Star-Wars-Episoden mit ihrem Sechsjährigen nach, während eine Familie mit einem älteren Kind Scrabblerunden spielt) oder Spaziergänge in schöner Landschaft (eine Familie sammelt Pilze). Einige Familien begehen zum Beispiel Feiertage, religiöse, nationale oder ortsspezifische Feiertage, die rituelle Aspekte in sich tragen und die gefühlte Legitimität der Familie in ganz besonderer Weise unterstreichen. Andere Familien wiederum legen großen Wert auf LGBT-Feiertage wie die jährliche »Pride-Parade« oder den »Coming-Out-Day« ihrer Familie, um so ihren Platz in der größeren LGBT-Gemeinschaft zu sichern. Tasker[28] betont die familiäre Bedeutung der Feier des »Zeugungs-Tags« eines Kindes – ein Datum, das einzig schwule und lesbische Familien kennen, die reproduktionsmedizinische Technologien genutzt haben.

Der dritte Kreis, die Wahlfamilie, ermutigt und bestärkt durch Legitimitätszuspruch und Akzeptanz oder macht traurig durch Zurückweisung oder Verurteilung. Während einige Familienmitglieder von Anfang an begeistert sind, gewöhnen sich andere Mitglieder der Familie wiederum nur langsam und durch Kontakt und Erfahrung mit den neuen Eltern und dem Kind an eine schwule oder lesbische Familie oder an die reproduktionsmedizinischen Realitäten. Im Gegensatz dazu können Wahlfamilien, die in enger Verbindung zur LGBT-Gemeinschaft stehen, reproduktionsmedizinische Technologien und gleichgeschlechtliche Eltern viel leichter akzeptieren. Von der ersten Entscheidung bis zur Elternschaft kann sich das Elternpaar auf die Unterstützung aus den häufigen und regelmäßigen Kontakten ihnen nahestehender und sie unterstützender Dritter verlassen und damit sicherstellen, dass der Traum vom Familienleben, angefangen von den ersten Planungsschritten bis nachdem das »Küken geschlüpft ist«, aufrechterhalten wird.

Der vierte Kreis, in dem Randalls und Nathans Babyparty verortet werden kann, kann Verbündete einschließen, die deutliche Willkommensbotschaften und Signale der Akzeptanz bringen. Es ist nützlich,

---

27 Vgl. Cheryl Muzio: »Lesbians choosing children. Creating families, creating narratives«, in: Joan Laird/Robert-Jay Green (Hg.), Lesbians and gays in couples and families, San Francisco: Jossey-Bass 1996, S. 358-369.
28 Fiona Tasker: Personal communication, 2006.

sich solcher Verbündeter bewusst zu bleiben und die Momente zu pflegen und zu schätzen, in denen sie auf die Familie zugehen und sich für
sie einsetzen. Die Fremden, die Spender und Leihmütter geworden sind,
werden aus psychologischer Sicht als mächtige Verbündete angesehen,
auch wenn sie fast unbekannt sind. Wir glauben, dass das der Grund ist,
warum so viele Kinder die Geschichte von der netten Frau oder dem netten Mann erzählt bekommen, die ihren Eltern halfen und dazu beitrugen,
dass sie existieren – auch wenn die Eltern nicht in der Lage sind, herauszufinden, ob ihre Spender tatsächlich nett oder freundlich waren.

Je weniger Menschen über direkte Erfahrungen mit der Reproduktionsmedizin verfügen, desto wahrscheinlicher ist es, einer spezifischen
Neugier oder einer Etikettierung zu begegnen. Wir glauben, dass es
nützlich ist, gerade im vierten oder in den weiter entfernten fünften und
sechsten Kreisen für diese Situationen vorauszuplanen, indem man Reaktionen übt, die auf höfliche und manchmal erklärende Weise angemessen Grenzen setzen. Wenn Kinder heranwachsen und sich aus eigenem Antrieb weiter in diese Kreise hineinbewegen, raten wir dazu, zu
vertrauen, dass sie ihre eigenen Entscheidungen treffen können. Wenn
sich Familienmitglieder gegenseitig daran erinnern, dass sie in sicheren,
tief verwurzelten und liebevollen Beziehungen zueinander stehen, fällt
es ihnen leichter, dem Kind zu erlauben, andere Wege zu wählen als diejenigen, welche sie gewählt hätten, um ihren Weg durch diese weiter
entfernten Kreise zu gehen.

Keiner dieser Kreise steht für sich allein, und eine Handlung in jedem einzelnen dieser Kreise kann mächtige Wellen in Bewegung setzen,
die durch alle anderen Kreise gehen. Wir möchten Eltern dazu ermutigen, alle Quellen von Akzeptanz und Verständigkeit auszuloten und diese auch ihren Kindern zugänglich zu machen.

Aus dem Amerikanischen von Anne Dünger

Literatur

Brinamen, Charles: On Becoming Fathers. Issues Facing Gay Men
Choosing to Parent, San Francisco 2000.

Bronfenbrenner, Urie: The Ecology of Human Development: Experiments by Nature And Design. Cambridge: Harvard University Press
1979.

Browning, Christine/Reynolds, Amy L./Dworkin, Sari H.: »Affirmative
psychotherapy for lesbian women«, in: Counseling Psychologist 19
(1991), S. 177-196.

Carter, Elizabeth A./McGoldrick, Monica (Hg.): The Expanded Family Life Cycle. Individual, Family and Society, Boston: Allyn & Bacon 2004.

Coontz, Stephanie: The Way We Never Were. American Families and the Nostalgia Trap, New York: Basic Books 1992.

Drexler, Peggy: Raising Boys Without Men. How Maverick Moms are Creating the Next Generation of Exceptional Men, Emmaus/PA: Rodale Publishing 2005.

Ehrensaft, Diane: Mommies, Daddies, Donors, Surrogates. Answering Tough Questions and Building Strong Families. New York: Guilford Press 2005.

Freedman, Jill/Combs, Gene: Narrative therapy. The social construction of preferred realities, New York: Norton 1996.

Gartrell, Nanette/Banks, Amy/Hamilton, Jean: »The National Lesbian Family Study 2. Interviews« with Mothers of Toddlers«, in: American Journal of Orthopsychiatry 69, 3 (1999), S. 362-369.

Green, Robert-Jay/Bettinger, Michael/Zacks, Ellie: »Are lesbian couples fused and gay male couples disengaged? Questioning gender straightjackets«, in: In Joan Laird/Robert-Jay Green (Hg.), Lesbians and gays in couples and families: A handbook for therapists, San Francisco: Jossey-Bass 1996, S. 185-227.

Green, Robert-Jay/Mitchell, Valory: »Gay and Lesbian Couples in Therapy. Homophobia, Relational Ambiguity and Social Support«, in: Alan S. Gurman/Neil S. Jacobsen (Hg.), Clinical Handbook of Couples Therapy, New York: Guilford Press 2002, S. 546-568.

Hartman, Ann: »Social Policy as a context for lesbian and gay families. The political is personal«, in: Joan Laird/Robert-Jay Green (Hg.), Lesbians and Gays in Couples and Families, San Francisco: Jossey-Bass 1996, S. 69-86.

Hequemourg, Amy L./Farrell, Michael P.: »Lesbian Motherhood. Negotiating Marginal-Mainstream Identities«, in: Gender and Society 13, 4 (1999), S. 540-557.

Jansen, Elke/Steffens, Melanie C.: »Lesbische Mütter, schwule Väter und ihre Kinder im Spiegel psychosozialer Forschung«, in: Verhaltenstherapie & psychosoziale Praxis 38, 3 (2006), S. 643-656.

Lev, Arlene I.: The Complete Lesbian and Gay Parenting Guide, New York: Penguin 2004.

Martin, April: The Lesbian and Gay Parenting Handbook. Creating and Raising our Families, New York: Harper Collins 1993.

Mitchell, Valory: »Two Moms: The Contribution of the Planned Lesbian Family to the Deconstruction of Gendered Parenting«, in: Journal of Feminist Therapy 73 (1995), S. 47-64.

Mitchell, Valory: »The Birds, the Bees...and the Sperm Bank. How Lesbian Mothers Talk with their Children about Sex and Reproduction«, in: American Journal of Orthopsychiatry 68, 3 (1998), S. 400-409.

Muzio, Cheryl: »Lesbian Co-Parenting. On Being/Being with the Invisible (M)other«, in: Smith College Studies in Social Work 63 (1993), S. 215-229.

Muzio, Cheryl: »Lesbians choosing children. Creating families, creating narratives«, in: Joan Laird/Robert-Jay Green (Hg.), Lesbians and gays in couples and families, San Francisco: Jossey-Bass 1996, S. 358-369.

Nelson, Fiona: »Mother tongues: The discursive journeys of lesbian and heterosexual women into motherhood«, in: Journal of LGBT Family Studies 3, 2/3 (2008), S. 223-265.

Patterson, Charlotte J.: »Sexual orientation and family life: A decade review«, in: Journal of Marriage and the Family 62 (2000), S. 1052-1069.

Patterson, Charlotte J.: »Lesbian and gay parents and their children. Summary of research findings«, http://www.apa.org/pi/lgbc/publications/lgpsummary.html vom 29.06.2009.

Rothblum, Esther: »›I only read about myself on bathroom walls‹. The need for research the mental health of lesbians and gay men«, in: Journal of Consulting and Clinical Psychology 62 (1994), S. 213-220.

Steckel, Alisa: »Psychosocial development of children of lesbian mothers«, in: Frederick W. Bozett (Hg.), Gay and Lesbian Parents, New York: Praeger 1987, S. 75-85.

Tasker, Fiona/Patterson, Charlotte: »Research on lesbian and gay parenting. Retrospect and prospect«, in: Journal of GLBT Family Studies 3, 2/3 (2008), S. 9-34.

Trissin, S./Moses-Kolko, E./Wisner, K.: »Lesbian Perinatal Depression and the Heterosexism that Affects Knowledge about this Minority Population«, in: Archives of Women's Mental Health 9, 2 (2006), S. 67-73.

Weston, Kath: Families We Choose. Lesbians, Gays, Kinship, New York: Columbia University Press 1997.

Die Perspektive des Kindes in lesbischen Familien[1]

FIONA TASKER/JULIA GRANVILLE

Wir haben unsere Aufmerksamkeit in diesem Kapitel darauf gerichtet, wie Kinder, die in Familien mit zwei lesbischen Müttern aufgewachsen sind, ihre Familienbeziehungen darstellen. Bislang wurden in Forschungsprojekten, die lesbisch geführte Familienbeziehungen kartographiert haben, vor allem lesbische Frauen darum gebeten, ihre Familien zu beschreiben.[2] Weiterhin hat sich die Forschung mit der Frage beschäftigt, welche Folgewirkung es auf die Sozialisation des Kindes hat, von einem lesbischen oder schwulen Elternteil aufgezogen zu werden.[3] Im vorliegenden Beitrag berichten wir über die Ergebnisse einer explorativen Studie, in der wir untersucht haben, wie mit Samenspende gezeugte Kinder lesbischer Mütter ihre Familie darstellen. In dieser Studie wird die Anwendung einer neuen Technik vorgestellt, eine Art the-

---

1   Julia Granville dankt ihren Töchtern Scarlet und Sian sowie auch Lucy und Josh für ihre persönliche und kollektive Unterstützung, für ihre Toleranz und ihre Ideen wie auch den Spaß, den diese Arbeit gemacht hat. Fiona Tasker dankt ihrem Sohn Euan für seine technische Hilfe bei dem Entwurf der Apfelbaumgraphik.

2   Zum Beispiel bei Kathryn K. Basham: »Therapy with a lesbian couple: The art of balancing lenses«, in: Joan Laird (Hg.), Lesbians and lesbian families: Reflections on theory and practice, New York: Columbia University Press 1999, S. 143-177; Mary Swainson/Fiona Tasker: »Genograms redrawn: Lesbian couples define their families«, in: Journal of GLBT Family Studies 1, 2 (2005), S. 3-28.

3   Für eine Zusammenfassung vgl. Fiona Tasker/Charlotte J. Patterson: »Research on gay and lesbian parenting: Retrospect and prospect«, in: Journal of GLBT Family Studies 3 (2007), S. 9-34.

rapeutisches Hilfsmittel, um die Familienbeziehungen von Kindern zu erfassen: die Technik der Apfelbaumfamilie.

Genogramme lesbischer Familien: Die Sicht des Kindes

Genogramme sind ein etabliertes Mittel, um Familienbeziehungen abzubilden. Besonders häufig kommen sie in der systemischen Familientherapie zum Einsatz.[4] Burnham[5] schlägt vor, dass Therapeuten im Rahmen des therapeutischen Prozesses ein Genogramm der Familie erstellen sollten, das zuerst die Kernfamilie erfasst, dann weitere Familienangehörige aufnimmt und schließlich auch wichtige Freunde, Nachbarn oder professionelle Helfer. Einige Therapeuten haben Genogrammtechniken im Sinne von Interventionen weiterentwickelt. So bat beispielsweise Barnes[6] Familien, ihre eigenen Genogramme zu erstellen, und nutzte diese Genogramme anschließend, um Familiengeschichten von verschiedenen Standpunkten her zu untersuchen.

Traditionelle Genogramme werden auch für lesbische Familien verwendet.[7] Swainson und Tasker[8] haben die These aufgestellt, dass Genogram-me tiefere Einblicke in Familienbeziehungen ermöglichen, wenn anstelle des Therapeuten das lesbische Paar selbst die Möglichkeit erhält sie zu zeichnen. Swainson und Tasker schlugen weiterhin vor, ein breiteres Spektrum an Darstellungsmöglichkeiten bei der Zeichnung solcher Genogramme zuzulassen. Die Anordnung von Familienmitgliedern in Kreisen oder Reihen kann beispielsweise die Darstellung unkonventioneller Familienbeziehungen, die eher auf Wahlbeziehungen als auf biologischen oder ehelichen Verbindungen beruhen, erleichtern.

Wenn Lesben, deren Kinder mithilfe von Samenspenden gezeugt wurden, ihre Familienbeziehungen durch das Zeichnen von Genogrammen darstellen, so kann dies zu einer Herausforderung für den Therapeuten, den Forscher oder auch die Familie selbst werden, da unter Umständen mehrere verschiedene Arten unkonventioneller Familienbeziehungen auf der Familienkarte des Kindes dargestellt werden müssen.

---

4   Für eine umfassende Einführung in Genogramme vgl. Monica mcGoldrick/Randy Gerson/Sueli S. Petry: Genograms: Assessment and intervention, 3. Aufl., New York: W.W. Norton & Co. 2008.
5   John B. Burnham: Family therapy: First steps towards a systemic approach, London: Routledge 1986.
6   Barnes, Gill Gorell: Family therapy in changing times, London: Routledge 1998.
7   K. Basham: »Therapy with a lesbian couple«.
8   M. Swainson/F. Tasker: »Genograms redrawn«.

Zunächst einmal können Probleme bei der Darstellung der Partnerschaften im Genogramm auftreten. Während einige lesbische Frauen planen, Kinder als alleinerziehende Mütter zu bekommen, entscheiden sich viele lesbische Mütter für die Elternschaft gemeinsam mit einer zweiten Frau.[9] Konventionelle Genogramme stellen Beziehungen auf der Basis von biologischer Verwandtschaft und Ehe dar. In vielen Ländern, einschließlich Großbritannien und einiger US-amerikanischer Staaten, haben Eingetragene Lebenspartnerschaften und die Gesetzgebung homosexuellen Paaren zu legalen Rechten und sozialer Anerkennung verholfen. 2001 verabschiedete auch der deutsche Bundesrat die Eingetragene Lebenspartnerschaft und verschaffte damit gleichgeschlechtlichen Beziehungen die Anerkennung auf gesetzlicher Ebene. 2004 wurden in dieser Gesetzgebung weitere Rechte verankert, so z.B. das Recht zur Adoption des biologischen Kindes eines gleichgeschlechtlichen Partners.

Verschiedene Studien haben gezeigt, dass sogenannte lesbische Co-Mütter, d.h. lesbische Mütter, die ihr Kind nicht selbst geboren haben, mindestens genauso, wenn nicht sogar aktiver, in die Erziehung ihrer Kinder involviert sind wie Väter in heterosexuellen Familien. Brewaeys u.a.[10] fanden Unterschiede zwischen den Gruppen bezüglich der Qualität der Eltern-Kind-Interaktion: Lesbische Co-Mütter wurden demzufolge positiver bewertet als Väter natürlich gezeugter Kinder und als Väter von Kindern, die mithilfe einer Samenspende gezeugt wurden. Einige Studien ergaben auch, dass lesbische Co-Mütter tendenziell mehr in die tägliche Kinderbetreuung eingebunden waren als Väter in heterosexuellen Familien,[11] obwohl die biologischen Mütter in lesbischen Familien

---

9   Vgl. Nanette Gartrell u.a.: »The National Lesbian Family Study: 1. Interviews with prospective mothers«, in: American Journal of Orthopsychiatry 66 (1996), S. 272-281; Lisa Herrmann-Green/Thomas M. Gehring: »The German Lesbian Family Study: Planning for Parenthood via Donor Insemination«, in: Journal of GLBT Family Studies 3 (2007), S. 351-395.

10 Anne Brewaeys u.a.: »Donor insemination: Child development and family functioning in lesbian mother families«, in: Human Reproduction 12 (1997), S. 1349-1359.

11 Vgl. Raymond W. Chan u.a: »Division of labor among lesbian and heterosexual parents: Associations with children's adjustment«, in: Journal of Family Psychology 12 (1998), S. 402-419; Charlotte J. Patterson/Erin L. Sutfin/Megan Fulcher: »Division of labor among lesbian and heterosexual parenting couples: Correlates of specialized versus shared patterns«, in: Journal of Adult Development 11 (2004), S. 179-189; Fiona Tasker/Susan Golombok: »The role of co-mothers in planned lesbian-led families«, in: Journal of Lesbian Studies 2 (1998), S. 49-68; Katrien Vanfraussen/Ingrid Ponjaert-Kristoffersen/Anne Brewaeys: »Family functioning in lesbian families created by donor insemination« in: American Journal of Orthopsychiatry 73 (2003), S. 78-90.

tendenziell mehr an der Kinderbetreuung beteiligt waren als die Co-Mütter.[12] Studien, in denen Daten eher von Kindern als von Eltern erhoben wurden, betonen, dass sich die Bewertungen der Qualität der Eltern-Kindbeziehung durch die Kinder in lesbischen Familien denen der Kinder aus heterosexuellen Familien in bemerkenswerter Weise ähneln.[13] Dennoch kann es vorkommen, dass die lesbische Mutter, die ihr Kind nicht selbst geboren hat, um die soziale und kulturelle Anerkennung ihrer Elternschaft kämpfen muss, was auch Auswirkungen auf die innerfamiliale Identität haben kann. Brown und Perlesz[14] beschreiben eine Vielfalt unterschiedlicher narrativer Identitäten, die von Co-Müttern, biologischen Müttern und anderen Mitgliedern einer erweiterten lesbischen Familien konstruiert werden, um die Rolle der nicht leiblichen Mutter zu beschreiben.

Durch die Trennung eines Paares und die anschließende Bildung neuer Paarbeziehungen können sich die Beziehungen einer lesbischen Familie noch komplexer gestalten.[15] Lesbische Partner können sich trennen, jedoch als Eltern die Kindererziehung gemeinsam aufrechterhalten.[16] Neue Partnerschaften können entstehen, so dass das Kind auch stiefelterliche Beziehungen zu den neuen Partnern seiner Eltern haben kann.[17]

Eine weitere Herausforderung bei der Abbildung der Beziehungen im Genogramm lesbischer Familien kann darin bestehen, die über den unmittelbaren Kreis der Familie hinausreichenden Bindungen darzustellen. Zum weiteren Familienumfeld des Kindes können Wahlverwandtschaften oder auch die Mitglieder der Herkunftsfamilien gehören. Wes-

---

12 Vgl. Claudia Ciano-Boyce/Lynn Shelley-Sireci: »Who is mommy tonight? Lesbian parenting issues«, in: Journal of Homosexuality 43 (2002), S. 1-13; Charlotte J. Patterson: »Families of the lesbian baby boom: Parents' division of labor and children's adjustment«, in: Developmental Psychology 31 (1995), S. 115-123.

13 Vgl. A. Brewaeys u.a.: »Donor insemination«; F. Tasker/S.Golombok: »The role of co-mothers«.

14 Rhonda Brown/Amaryll Perlesz: »Not the ›other‹ mother: How language constructs lesbian co-parenting relationships«, in: Journal of GLBT Family Studies 3 (2007), S. 267-308.

15 Vgl. Martine Gross: »Biparental and multiparental lesbian and gay families in France«, in: Lesbian and Gay Psychology Review 7 (2006), S. 36-47.

16 Vgl. Susan B. Morton: »Lesbian divorce«, in: American Journal of Orthopsychiatry 68 (1998), S. 410-419.

17 Vgl. Fiona Tasker/Susan Golombok: Growing up in a lesbian family: Effects on child development, New York: Guilford 1997.

ton[18] prägte den Begriff »Wahlfamilie«, um das intime soziale Geflecht verlässlicher Beziehungen zu beschreiben, die unterschiedliche Kombinationen aus sozialer, emotionaler, praktischer und finanzieller Unterstützung für einzelne Lesben und schwule Männer ermöglichen. Die Beziehungen lesbischer Frauen zu Mitgliedern des weiteren Familienumfelds können in einigen Fällen durch Homophobie verkompliziert werden, obwohl Laird[19] die These vertritt, dass lesbische und heterosexuelle Frauen im Allgemeinen ähnliche Abgrenzungs- und Bindungsmuster zu den Mitgliedern ihrer Herkunftsfamilien zeigen. Darüber hinaus können sich, wie in jeder Familie, Beziehungsmuster mit der Geburt der nächsten Generation ändern. Mit Beginn der Elternschaft verändern sich für die lesbische Mutter auch die Bindungen zu ihren Eltern und Geschwistern. Goldberg[20] stellte fest, dass sowohl biologische als auch nicht biologische lesbische Mütter in der Phase des Übergangs zur Elternschaft ein erhöhtes Maß an familiärer Unterstützung erfahren. In einer anderen Studie wurde das Freundes- und Familienumfeld von lesbischen und heterosexuellen Paaren verglichen, die sich ihren Kinderwunsch mithilfe einer Samenspende erfüllt haben. Hier konnten hinsichtlich der Häufigkeit des Kontakts zu den Großeltern, zu anderen Verwandten und Nichtverwandten außerhalb des direkten Familienkreises keine Unterschiede festgestellt werden, die in Zusammenhang mit der sexuellen Orientierung der Eltern stehen.[21] In der Studie von Fulcher u.a. hatten Kinder – unabhängig von der sexuellen Orientierung ihrer Eltern – häufigeren Kontakt zu ihren biologischen Großeltern als zu denen der Familie ihrer nicht biologischen Elternteile.

Eine weitere Herausforderung bei der Darstellung lesbischer Familien mit Kindern, die aus einer Samenspende entstanden sind, besteht in der Frage, inwiefern und auf welche Weise die Beziehung des Kindes zu seinem Samenspender abgebildet werden soll. Wenn lesbische Mütter mithilfe einer Samenspende Kinder bekommen, kann der Spender zu der erweiterten Familie gehören, dies muss aber nicht der Fall sein. Das Genogramm kann auch die erweiterte Familie des Spenders mit einbe-

---

18 Kath Weston: Families we choose: lesbians, gays, and kinship, New York: Columbia University Press 1991.

19 Joan Laird: »Invisible ties: Lesbians and their families of origin«, in: Charlotte J. Patterson/Anthony R. D'Augelli (Hg.), Lesbian, gay, and bisexual identities in families: Psychological perspectives, New York: Oxford University Press, S. 197-228.

20 Abbie E. Goldberg: »The transition to parenthood for lesbian couples«, in: Journal of GLBT Family Studies 2 (2006), S. 13-42.

21 Vgl. Megan Fulcher u.a.: »Contact with grandparents among children conceived via donor insemination by lesbian and heterosexual mothers«, in: Parenting: Science & Practice 2 (2002), S. 61-76.

ziehen. Lesbische Mütter zeigen im Vergleich zu heterosexuellen Eltern tendenziell eine größere Offenheit gegenüber dem Thema der Samenspende. Auch sprechen sie mit ihren Kindern tendenziell eher über ihre Zeugung.[22] Amerikanische Forschungsprojekte zeigen, dass lesbische Paare in der Übergangsphase zur Elternschaft den Wunsch äußern, einen Mann in das Leben ihres Kindes zu involvieren.[23] In der Studie von Goldberg und Allen wurden häufig bestimmte Männer als geeignete Bezugspersonen für die Kinder genannt, darunter die Brüder oder Väter der Mutter sowie schwule und heterosexuelle Freunde und die Samenspender.

Das Ziel unserer Studie war es zu verstehen, wie Kinder, die in lesbischen Familien leben, ihr familiäres Beziehungsnetzwerk beschreiben. Wir haben in unserer Untersuchung die objektiven Daten und die Erzählungen über die familiären Beziehungen aus den Interviews, die wir mit den Kindern geführt haben, verglichen mit den Informationen, die wir in den separaten Gesprächen mit den erwachsenen Familienmitgliedern gesammelt haben. Untersuchungsleitend waren die folgenden zwei Fragen: Beschreiben die Kinder ihre Familienbeziehungen genauso wie die erwachsenen Familienmitglieder? Führen unterschiedliche Methoden der Datenerhebung im Rahmen der Interviews mit den Kindern zu Variationen in der Darstellung von Beziehungsverhältnissen mit Familienmitgliedern?

Methode

Teilnehmer: Die Rekrutierung der Teilnehmer erfolgte über bestehende Kontakte mit der lesbischen Gemeinschaft, über lesbische Muttergruppen und die lesbische und schwule Presse. Diesen Quellen wurden allgemeine Informationen in Form einer Kurzbeschreibung zur Verfügung

---

22 Vgl. Anne Brewaeys u.a.: »Children from anonymous donors: An inquiry into homosexual and heterosexual parents' attitudes«, in: Journal of Psychosomatic Obstetrics & Gynaecology 14 (1993), S. 23-35; Valory Mitchell: »The birds, the bees ... and the sperm banks: How lesbian mothers talk with their children about sex and reproduction«, in: American Journal of Orthopsychiatry 68 (1998), S. 400-409.

23 Vgl. Nanette Gartrell u.a.: »The National lesbian Family Study: 2. Interviews with mothers of toddlers«, in: American Journal of Orthopsychiatry 69 (1999), S. 362-369; dies. u.a.: »The National lesbian Family Study: 3. Interviews with mothers of five-year-olds«, in: American Journal of Orthopsychiatry 70 (2000), S. 542-548; Abbie E. Goldberg/Katherine R. Allen: »Imagining men: Lesbian mothers' perceptions of male involvement during the transition to parenthood«, in: Journal of Marriage & Family 69 (2007), S. 352-365.

gestellt. Personen, die sich für unsere Studie interessierten, wurden mithilfe einer ausführlichen Beschreibung genauer über unser Vorhaben informiert.

Wir danken den erwachsenen Mitgliedern der 15 lesbischen Familien, die an dem Forschungsprojekt teilgenommen haben, und den 17 Kindern aus diesen Familien (zehn Mädchen und sieben Jungen), die zwischen vier und elf Jahre alt waren. Alle Kinder, die wir interviewt haben, wurden von lesbischen Müttern mithilfe von Samenspenden gezeugt: Elf Kinder sind durch Selbstinsemination mit dem Samen eines bekannten Spenders entstanden, sechs Kinder mithilfe einer anonymen Samenspende.

Unter den 17 teilnehmenden Kindern gab es zwei Geschwisterpaare, die einzeln befragt wurden. Eines dieser Geschwisterpaare hatte eine gemeinsame biologische Mutter und einen gemeinsamen Spendervater. Das andere Geschwisterpaar hatte denselben Spendervater, aber zwei biologische Mütter, die zusammenlebten und gemeinsame Kinder geplant hatten. Zum Zweck der Häufigkeitszählung wurden diese Mütter in unserer Studie als biologische Mütter in Relation zu ihrem jeweils leiblichen Kind gezählt, während sie als nicht-biologische bzw. soziale Mutter im Familienbaum ihres jeweils anderen, nicht-leiblichen Kindes aufgeführt werden.

Insgesamt nahmen 16 leibliche Mütter an den Erwachsenenbefragungen teil, zusammen mit weiteren erwachsenen Familienmitgliedern, die zu einer Befragung bereit waren. Weitere Erwachsene waren drei gegenwärtig im Haushalt lebende Partnerinnen (ohne die zwei biologischen Mütter, die ihre Kinder gemeinsam aufzogen), eine nicht im Haushalt lebende Partnerin und eine im Haushalt lebende Ex-Partnerin. Die an dieser Studie teilnehmenden Familien beschrieben sich selbst und ihre Familienmitglieder auf unterschiedliche Art und Weise. Sie definierten sich in verschiedenen Kontexten als Zweiteltern, Mütter, nicht-biologische Eltern und als Angehörige. Wir haben darauf geachtet, diese Unterscheidungen und Kategorisierungen in der Studie wiederzugeben. Die Terminologie »biologische Mutter« und »andere Erwachsene« verwenden wir lediglich im Rahmen der Analyse der Familienstammbäume. Keinesfalls beabsichtigen wir damit, die allumfassende und wertfreie Darstellung der von uns untersuchten Familienbeziehungen zu unterminieren.

Die Mehrzahl der befragten biologischen Mütter und der anderen Erwachsenen in den Familien war in ihren späten Dreißigern und frühen Vierzigern (für die biologischen Mütter lag das Mittel bei 41,1 Jahren, mit einer durchschnittlichen Abweichung von 3,4 und einer Altersspanne von 35 bis 46 Jahren; für die übrigen erwachsenen Familienmitglieder lag das Mittel bei 41 Jahren, bei einer durchschnittlichen Abweichung von 2,2 und einer Altersspanne von 37 bis 44 Jahren). Alle 16 biologischen Mütter sowie fünf andere befragte erwachsene Familienangehörige standen in einem bezahlten Beschäftigungsverhältnis. Alle – mit Ausnahme eines Erwachsenen – gehören der Mittelschicht an: Zwei gehörten zur sozioökonomischen Klasse I, achtzehn zur sozioökonomischen Klasse II,[24] und ein Familienangehöriger ging einem handwerklichen Beruf nach. Während der Befragung wurden erwachsene Teilnehmer gebeten, die ethnische Zugehörigkeit ihrer Kinder festzuhalten: 15 der Kinder wurden als weiße britische Staatsangehörige bezeichnet, zwei gehörten einer ethnischen Minderheit an.

Befragung und Vorgehensweise: Das Ethikkomitee des Londoner Institut für Familientherapie (Großbritannien) erteilte der Studie die ethische Anerkennung. Die Zweitautorin dieses Beitrages, die die Interviews durchführte, beendete ihre Ausbildung zur systemischen Familientherapeutin und ist selbst eine lesbische Mutter. Diese Information wurde den erwachsenen Teilnehmern im Vorfeld der Studie im Zusammenhang mit der Erläuterung des Forschungsprojektes mitgeteilt. Die Zustimmung sowohl der erwachsenen Befragten als auch der Kinder wurde mündlich und schriftlich eingeholt. Die Eltern wurden dazu ermutigt, mit ihren Kindern über die Studie zu sprechen, bevor wir sie Zuhause besuchten.

Die Exploration persönlicher und intimer Details der Familienstruktur und der Familienbeziehungen während des Interviews konnte sowohl für das Kind als auch für die erwachsenen Familienmitglieder potenziell problematische Fragen oder Gefühle verursachen. Wir entschieden uns deshalb, die Befragung der Kinder nach der Befragung der erwachsenen Familienmitglieder durchzuführen. Wir wollten vermeiden, dass es im Rahmen dieser halböffentlichen Situation bedingt durch uns zu unerwünschten Enthüllungen kam. Des Weiteren wollten wir mithilfe dieser Strategie vermeiden, dass die Kinder in der Befragung lediglich die Ansichten ihrer Eltern zu den familiären Beziehungen wiederholten. So entschlossen wir uns zu der im Vorfeld getroffenen Vereinbarung, die Kinder in Abwesenheit der Familienmitglieder zu befragen. Einige Kinder und Eltern wollten das, was in der Befragung gesagt oder zu Papier gebracht wurde, miteinander teilen, andere wollten dies nicht. Dies wurde vor und während der Befragung besprochen, um sicherzugehen, dass

---

24 Office of National Statistics UK: Standard Occupational Classification 2000, London: Office of National Statistics 2000. Die sozioökonomische Klasse I entspricht Personen mit universitärem Abschluss (z.B. Manager, gehobene Beamte etc.), Klasse II entspricht Personen mit abgeschlossener Lehre.

die Wünsche der Erwachsenen und der Kinder respektiert werden konnten. Wir sicherten den vertraulichen Umgang mit dem Forschungsmaterial zu sowie die Anonymisierung der persönlichen Angaben. Sowohl in den Befragungen der Erwachsenen als auch in denen der Kinder wurden Fragen respektvoll gestellt und sorgsam phrasiert, um die Befragten dazu zu ermutigen, für die Beschreibung ihrer Familie ihre eigenen Worte zu benutzen. Detailfragen zielten darauf ab, bestimmte Aspekte in den Antworten klarer herauszuarbeiten bzw. zur Erzählung von noch Ungesagtem zu ermuntern.

Befragungen der erwachsenen Familienmitglieder: Die Befragung der erwachsenen Familienmitglieder begann mit der Erhebung der demografischen Daten. Im Anschluss daran wollten wir wissen, wen die Erwachsenen als Mitglieder der Familie des Kindes ansahen. Wir fragten, welche Beziehungsbegriffe für die Beschreibung der Familienmitglieder benutzt werden: sowohl gegenüber dem Kind als auch gegenüber dem weiteren familiären Umfeld und außerhalb der Familie, z.B. in der Schule oder am Arbeitsplatz. Die Erwachsenen wurden befragt, ob sie das Thema der lesbischen Mutterschaft außerhalb der Familie offen behandelten, inwieweit das Kind sich dessen bewusst sei, dass seine Mutter oder die Mütter lesbisch ist bzw. sind, und wie offen das Kind darüber mit anderen spricht. Anschließend wurden die Erwachsenen gebeten, ihren Weg zur Elternschaft zu beschreiben. Im Zentrum standen die Fragen, wie sie sich für eine Samenspende entschieden haben, ob sie sich durch eigene Überlegungen oder gemeinsam mit einer Partnerin dazu entschlossen hatten, Kinder zu bekommen, ob sie die Methode der Selbstinsemination oder eine Kinderwunschklinik genutzt hatten und ob ihnen der Spender bekannt war. Im Falle eines bekannten Samenspenders wurden die erwachsenen Interviewten gebeten, auszuführen, welche Vereinbarungen sie mit dem Samenspender getroffen hatten (z.B. ob das Kind den Samenspender kannte bzw. kennenlernen sollte). Des Weiteren wurden die Erwachsenen gefragt, ob sie mit ihrem Kind über seine Herkunft gesprochen hatten oder dies beabsichtigten, und wenn ja, welche Art von Erklärung sie dem Kind gegeben hatten oder zu geben planten. Wenn die Elternschaft mit einer Partnerin geteilt wurde, wurden die Erwachsenen gebeten, die Versorgung des Kindes im alltäglichen Lebenszusammenhang der Familie zu beschreiben. Schließlich wurden die Interviewten gefragt, wie sie über ihre Familie und ihre soziale Organisationsweise dachten und welches Bild das Kind ihrer Meinung nach von ihrer bzw. seiner Familiensituation hatte.

Befragung der Kinder: Im Rahmen der Befragung der Kinder waren diese aufgefordert, zwei Aufgaben zu lösen: die Apfelbaumfamilien-Übung und den Kinetischen Familien-Zeichen-Test. Im Rahmen beider Übungen wurden die Kinder gebeten, die Bezeichnung zu nennen, die sie innerhalb und außerhalb ihrer Familie (z.B. gegenüber Freunden und Lehrern in der Schule) verwendeten. Die Interviewerin fragte, ob das Kind ihr ein wenig mehr über seine Familie erzählen könne und ob sich seine Familie auf irgendeine Art und Weise von den Familien seiner Freunde unterscheide oder ihnen ähnlich sei. Die Kinder wurden auch gefragt, wer sich überwiegend um sie kümmere, was jeder der Erwachsenen jeweils mit ihnen oder für sie tue, was sie mit den einzelnen Erwachsenen gerne machten, was an jeder Person besonders sei, und ob die Menschen in ihrer Familie dieselben oder unterschiedliche Aktivitäten mit ihnen teilten. Wenn das Kind, entweder bei der Gestaltung der Apfelbaumfamilie oder im Kinetischen Familien-Zeichen-Test, seinen Samenspender mit in die Zeichnung aufnahm, wurde es gebeten, ein wenig über ihn zu erzählen und darzulegen, ob sich ein Samenspender von einer anderen Art Vater zu sein unterscheide.

Eine Apfelbaumfamilie erstellen: Über eine Apfelbaum-Zeichnung ihre eigene Familie zu erstellen, bedeutete für die Kinder, eine standardisierte Zeichnung eines Baums auf einem einfachen weißen A3-Blatt mit mehreren roten Papieräpfeln (siehe Abb.1) als Grundlage für die eigene Darstellung zu nutzen. Diese Technik wurde von der zweiten Autorin der Studie in der klinischen Praxis mit Kindern und ihren Familien entwickelt und erwies sich als eine geeignete Form, mithilfe derer Kinder eine kohärente Aussage über ihre Familie machen können. Die Lösung der Aufgabe war verbunden mit der Aufforderung, jede Person in die Apfelbaum-Zeichnung mit einzubeziehen, die das Kind als Familienmitglied ansah. Nachdem die Zustimmung des Kindes zur Befragung eingeholt worden war, stellte der Interviewer die Apfelbaumfamilien-Aufgabe vor und erklärte:

»Wir kommen alle aus unterschiedlichen und verschieden großen Familien. Familie kann für Kinder verschiedene Dinge bedeuten, zu ihr kann gehören, wen immer du möchtest oder wen du als wichtig ansiehst. Würdest du bitte für jeden Menschen, von dem du denkst, dass er oder sie zu deiner Familie gehört, einen Apfel auf den Baum legen?«

Dem Kind wurde eine große Menge an Papieräpfeln, die sich in einem Umschlag befanden, der auf dem Tisch bereit lag, zur Verfügung gestellt, und die Interviewerin nahm einige davon nach und nach aus dem

Kuvert, während sie dem Kind versicherte, dass es auch noch mehr Äpfel haben könne, wenn dies erforderlich sei. Damit wollte die Interviewerin den Eindruck vermeiden, dass die Anzahl der Äpfel begrenzt sei und dass es eine »korrekte« Anzahl von Äpfeln/Familienmitgliedern geben könnte. Den Wünschen und den Fähigkeiten des Kindes entsprechend, schrieb entweder die Interviewerin oder das Kind selbst den Namen des Familienmitglieds auf, den das Kind in seinen oder ihren Familienbaum aufnehmen wollte.

Abbildung 1: Apfelbaumfamilie

Kinetischer Familien-Zeichen-Test: Die Kinder wurden gebeten, eine kinetische Familienzeichnung anzufertigen.[25] Die Standardanweisung für diese Aufgabe lautete, »jeden in der Familie zu malen, wie er etwas tut.« Der Kinetische Familien-Zeichen-Test ist zu einer weithin gebräuchlichen klinischen und auch einer Forschungsmethode geworden. Er wurde als Projektionstest entworfen mit dem Ziel, die Ansichten und Gefühle des Kindes über sich selbst in Beziehung zu seiner Familie erschließen zu können. Das analytische Interesse der Familienzeichnungen lag bei der Art und Anzahl der dargestellten Beziehungen,[26] sowie bei

---

25 Robert C. Burns/S. Harvard Kaufman: Kinetic Family Drawings (K-F-D): An introduction to understanding children through kinetic drawings, London: Constable 1971.
26 Zur Analyse des Kinetischen Familien-Zeichen-Tests vgl. G. Spigelman/ A. Spigelman/I. Engelsson: »Analysis of family drawings: A comparison

der Rekonstruktion von Auslassungen, die im Vergleich mit der Apfelbaumdarstellung ersichtlich wurden.

Ergebnisse

*Vergleich der Familienzugehörigkeit zwischen den Erwachsenen und
den Kindern:* In den Erwachsenenbefragungen wurden alle biologischen
Mütter als Teil der Familie genannt. Bei den elf Kindern, deren biologische Mütter derzeit eine Partnerin hatten, wurden zehn dieser Partnerinnen als Teil der Familie des Kindes aufgezählt. Alle sieben Partnerinnen,
die zur Zeit der Studie mit der biologischen Mutter zusammenlebten,
wurden als Mitglieder der Familie gezählt, sowie auch drei der vier aktuellen Partnerinnen der biologischen Mütter, die nicht mit ihnen zusammenlebten.

Die erwachsenen Familienmitglieder wurden nach ihren Beziehungsverhältnissen zum Zeitpunkt der Entscheidung für ein Kind befragt. Bei zwei der 17 Kinder war die biologische Mutter zum Zeitpunkt
der Zeugung alleinstehend und sie traf die Entscheidung für ein Kind alleine. Die Mütter der übrigen 15 Kinder befanden sich zum Zeitpunkt
der Zeugung in einer Beziehung: In sieben Fällen wurde die Schwangerschaft als eine Entscheidung zur gemeinsamen Elternschaft beschrieben.
In zwei weiteren Fällen wurde die Schwangerschaft als eine gemeinsame Entscheidung ausgewiesen. In den sechs übrigen Fällen beschrieb
die biologische Mutter die Schwangerschaft als ihre alleinige Entscheidung. Einige Vereinbarungen hinsichtlich der Elternschaft konnten nicht
wie anfänglich verabredet eingehalten werden, da z.B. mit der Geburt
des Kindes nicht absehbare Beziehungsveränderungen eintraten und
neue Arbeitszeiten auf unvorhergesehene Weise ein hohes Maß an Aus-
handlungsbereitschaft erforderlich machten. Aber von den vier ehemaligen Partnern, die sich nach der Geburt des Kindes getrennt hatten, wurden drei von den Müttern und den Kindern als Teil der Familie bezeichnet.

Alle erwachsenen Familienmitglieder bezeichneten ein oder mehrere
Familienmitglieder der biologischen Mutter (z.B. Großeltern, Tanten,
Onkel, Cousinen) als Mitglied der Familie. In sechs Fällen wurden auch
Mitglieder des weiteren Familienumfelds der derzeitigen oder früheren
Partnerin als Familienmitglieder gezählt. In einem Fall wurden Mitglie-
der des weiteren familiären Umfelds des Samenspenders als zur Familie

---

between children from divorce and non-divorce families«, in: Journal of
Divorce & Remarriage 18 (1992), S. 31-51.

dazugehörig beschrieben. Bei sechs Befragungen der erwachsenen Familienmitglieder wurden erwachsene Freunde oder Freundinnen, die nicht mit einer der beiden lesbischen Partnerinnen verwandt waren, zu den Mitgliedern der Familie des Kindes gezählt, und in zwei Befragungen wurde auch das Kind eines erwachsenen Freundes oder einer Freundin mit genannt.

Die Erzählungen der erwachsenen Familienmitglieder zeigten, dass es unter den elf Kindern, die mithilfe eines bekannten Samenspenders gezeugt wurden, nur zwei Fälle gab, in denen der Samenspender im Leben des Kindes zum Zeitpunkt des Interviews keine Rolle spielte. Von neun Kindern, deren Samenspender in die Familie mit einbezogen waren, wurden sechs als Teil der Familie genannt. In vier dieser neun Fälle wurde der Samenspender von den erwachsenen Familienmitgliedern als Teil der Familie des Kindes bezeichnet und als »im Verhalten einem Vater ähnlich« beschrieben. In einigen dieser Fälle beteiligte sich der Samenspender regelmäßig an der Kindererziehung. In drei Apfelbaumfamilien-Darstellungen haben die Kinder den Samenspender ebenfalls mit eingezeichnet, wohingegen im vierten Fall das Kind den Samenspender nur im Rahmen des Kinetischen Familien-Zeichen-Tests, nicht jedoch in die Vorlage der Apfelbaumgraphik mit einzeichnete. In den übrigen fünf Fällen wurde der Samenspender, der der Familie bekannt war, als »gelegentlicher Besucher« oder als »Teilnehmer an Familienfeierlichkeiten« – wie zum Beispiel Geburtstagen – beschrieben. In Bezug auf diese fünf Samenspender stimmten in einem Fall sowohl die Erwachsenen als auch das Kind darin überein, dass der Samenspender Teil der Familie sei. In zwei weiteren Fällen wurde der Samenspender weder von den Erwachsenen noch von den Kindern zur Familie gezählt. In einem weiteren Fall zählten nur die erwachsenen Familienmitglieder den Samenspender zur Familie. Umgekehrt war es im letzen Fall, hier beschrieb nur das Kind den Samenspender als einen Teil der Familie. So konnten wir feststellen, dass hinsichtlich der Zugehörigkeit des Samenspenders zur Familie die Meinungen der erwachsenen Familienmitglieder nicht in jedem Fall mit denen ihrer Kinder übereinstimmten.

Bei fünfzehn der siebzehn Kindern gab die biologische Mutter an, dass sie mit mindestens einer weiteren Person die Elternschaft teile. Von den elf biologischen Müttern, die zur Zeit des Interviews in einer festen Beziehung lebten, beschrieben acht, dass ihre Partnerin arbeitsteilig Verantwortung in der Kindererziehung mit übernehme. Bei sechs der 17 Kinder teilte sich die biologische Mutter die Elternschaft mit einer Ex-Partnerin. Bei vier der 17 Kinder berichteten die biologischen Mütter, dass an der Kindererziehung bis zu einem bestimmten Grade Freunde mit beteiligt seien. Bei zwei der 17 Kinder gaben die biologischen Mütter an, dass sie die Erziehungsaufgaben mit dem Samenspender teilten. Zwei biologische Mütter berichteten, dass sie sich die Kindererziehung mit einem Mitglied des weiteren Familienumfeldes teilten. Die getroffenen Kategorisierungen der an der Erziehungsverantwortung beteiligten Personen schlossen sich allerdings nicht wechselseitig aus. Eine biologische Mutter konnte sich die Erziehung ihres Kindes sowohl mit der Partnerin als auch mit der Ex-Partnerin teilen.

In 14 der 17 Fälle gaben die biologischen Mütter an, dass sie, und teilweise auch andere Familienmitglieder, mit dem Kind über seine Herkunft gesprochen hätten. In den übrigen drei Fällen planten die Erwachsenen, zu einem späteren Zeitpunkt mit dem Kind über seine Herkunft zu sprechen. Sie vertraten die Ansicht, dass ihr Kind noch zu jung sei, oder sie hatten sich dazu entschlossen, erst dann eine Erklärung zu geben, wenn das Kind Interesse oder Neugier an seiner Entstehung oder Herkunft zeigt. Aus den Berichten der erwachsenen Familienmitglieder konnten wir weiterhin entnehmen, dass 15 der 17 Kindern die sexuelle Orientierung ihrer Mutter bekannt war. Aus den Angaben der Erwachsenen zu schließen, akzeptierten sechs Kinder die Homosexualität der Mutter bzw. reagierten auf die gleichgeschlechtliche Orientierung mit einer offen positiven Haltung. Sechs weitere Kinder verhielten sich neutral und drei zeigten wechselhafte Reaktionen. Lediglich zwei Kindern, die zum Zeitpunkt der Studie jünger als sechs Jahre alt waren, sei – so teilten uns die Erwachsenen mit – die lesbische Orientierung ihrer Mutter nicht bewusst. In diesen beiden Fällen planten die Erwachsenen eine Aufklärung, wenn das Kind nachfragt oder Interesse aufzeigt.

Die Informationen über die Integration unterschiedlicher Personen in die Familie, die wir aus dem Interview mit den Erwachsenen erhielten, haben wir verglichen mit denen, die wir im Rahmen der Erhebung mithilfe der Apfelbaumdarstellung von den Kindern erhalten haben. Die Angaben in Tabelle 1 veranschaulichen das Maß an Übereinstimmung zwischen den befragten Erwachsenen und den Kindern in Bezug auf das Konzept familialer Zugehörigkeit. Die Analyse der Daten in der Tabelle auf der Grundlage der Wahrscheinlichkeitsrechnung nach Fisher[27] zeigt signifikante Übereinstimmungen zwischen den Angaben der Erwachsenen und der Kinder hinsichtlich der familialen Zugehörigkeit der biologischen Mutter, der gegenwärtigen Partnerin der biologischen Mutter, der Ex-Partnerin der biologischen Mutter und des Samenspenders. Keine signifikante Übereinstimmung gab es hinsichtlich der Einbeziehung der Freunde der biologischen Mutter und des erweiterten Familiennetzwerks

---

27 David Clark-Carter: Doing quantitative psychological research: From design to report, Hove: Psychology Press 1997.

der gegenwärtigen oder ehemaligen Partnerinnen der biologischen Mutter.

Tabelle 1: Vergleich der Familienzugehörigkeit zwischen den Erwachsenen und den Kindern

Familienbeziehung	Einbeziehung der Erwachsen	Einbeziehung des Kindes Nein	Einbeziehung des Kindes Ja	Wahrscheinlichkeitsrechnung nach Fisher[28]
biologische Mutter	Nein	0	0	n.v.
(BM)	Ja	0	17	
Partnerin der BM	Nein	3	0	0,005
	Ja	0	9	
ehemalige Partnerin	Nein	9	0	0,011
der BM	Ja	1	6	
Spender	Nein	10	1	0,028
	Ja	2	4	
Halbgeschwister	Nein	0	1	n.v.
	Ja	0	7	
erweiterte Familie	Nein	0	0	n.v.
der BM	Ja	6	11	
erweiterte Familie	Nein	8	0	nicht
der ehemaligen Partnerin der BM	Ja	4	2	signifikant
Freunde/innen der	Nein	9	2	nicht
Mutter	Ja	3	3	signifikant

Familienzugehörigkeit aus Sicht der Kinder – Vergleich der Ergebnisse aus der Apfelbaumdarstellung mit dem Kinetischen Familientest: Im Allgemeinen vergegenständlichten die Kinder eine größere Anzahl von Familienmitgliedern in der Apfelbaumfamilien-Übung als in dem Kinetischen Familien-Zeichen-Test. In den Apfelbaumfamilien-Darstellungen wurden insgesamt 12 unterschiedliche Arten von Familienbeziehungen (einschließlich der Beziehung zwischen Kind und biologischer Mutter) dargestellt. Im Mittel wurden in dieser Übung fünf verschiedene Arten von Familienbeziehungen veranschaulicht.

Alle Kinder lösten die Aufgabe, die eigene Familie nach dem Modell der Apfelbaumfamilie darzustellen. Ein Kind, das jüngste der Testgruppe, für das der Kinetische Familien-Zeichen-Test zu schwierig war, erstellte keine Zeichnung. Von den 16 Kindern, die sowohl ihre Apfelbaumfamilie anfertigten als auch den Kinetischen Familien-Zeichen-Test lösten, nahmen fünf Kinder in beide Zeichnungen dieselben Familienmitglieder auf. Elf jedoch nahmen in den Kinetischen Familien-

---

28 Die Wahrscheinlichkeitsrechnung nach Fisher kann nicht durchgeführt werden, wenn Zeilen oder Spalten Null enthalten (d.h. die Wahrscheinlichkeitsrechnung ist statistisch nicht verfügbar – n.v.).

Zeichen-Test weniger Familienmitglieder als in die Apfelbaumfamilie auf. Fünf der Kinder, die weniger Familienmitglieder in der Zeichnung darstellten, ließen in diesem Übungskontext zentrale Mitglieder der Kernfamilie aus, die sie in der Darstellung ihrer Familie als Apfelbaum eingetragen hatten. Bei den Auslassungen handelt es sich um das Kind selbst, die biologische Mutter oder ein Geschwisterkind. Die sechs Kinder, die im Rahmen des Kinetischen Familien-Zeichen-Tests weniger Familienmitglieder darstellten als in der Apfelbaum-Übung, konzentrierten sich in der Zeichnung auf signifikante Familienmitglieder. Dazu zählten sie diejenigen, mit denen sie zusammenlebten und jene, denen sie sich eng verbunden fühlten. Ausgelassen wurden Personen aus der Wahlfamilie, Personen aus dem erweiterten Familiennetzwerk der Erwachsenen und zum Teil auch der bekannte Samenspender.

Diskussion

Das Familienbild, das sich aus den Befragungen mit erwachsenen Familienmitgliedern und ihren Kindern ergab, repräsentiert eine Kernfamilie, die von einem weiteren Familienkreis umgeben ist, der entfernte Familienmitglieder der biologischen Mutter als auch der nicht-biologischen Mutter und eine Reihe nicht blutsverwandter Erwachsener und Kinder einschließen kann. Während einige Familien anfänglich nur die biologische Mutter, ihre Partnerin und das Kind zur Familie zählten, integrierten in den darauf folgenden Interviews die Erwachsenen und die Kinder aller 15 Familien mindestens eine weitere erwachsene Person in ihre Familie. Die Anzahl der verschiedenen Arten von familiären Beziehungen, die die Erwachsenen und die Kinder beschrieben, war groß. Die Erwachsenen als auch die Kinder zählten nicht nur die Beziehungsdyade zwischen Kind und biologischer Mutter, sondern eine Vielzahl weiterer Personen zur Familie, sowohl Personen, mit denen sie biologisch verwandt waren, als auch Personen, mit denen sie keine Blutsverwandtschaft teilten.

Des Weiteren stellten wir ein signifkantes Maß an Übereinstimmungen zwischen Kindern und Eltern hinsichtlich der Frage fest, wer zur Familie gehörte, und zwar in Bezug auf die folgenden Kategorien: die biologische Mutter, die gegenwärtige Partnerin der biologischen Mutter, die Ex-Partnerin der biologischen Mutter und der Samenspender. Obgleich wir in der Interpretation der Ergebnisse unserer Studie vorsichtig sein müssen, da diese vor allem explorativen Charakter hat, die Teilnahme freiwillig war und vor allem englische Mittelschichtfamilien einbezogen wurden, liegt durch die signifikante Übereinstimmung zwischen Eltern und Kindern hinsichtlich der Zugehörigkeit zur Familie folgende Vermutung nahe: Da die Familienbeschreibungen der Erwachsenen übereinstimmen mit den Erfahrungen und dem Verständnis von Familie ihrer Kinder, kann geschlussfolgert werden, dass sich selbst jüngere Kinder nach dem Erklärungsmodell ihrer Eltern in komplexen Familienstrukturen orientieren können. Eine nur geringe Übereinstimmung zwischen Eltern und Kindern gab es bei der Frage, ob Freunde der Eltern oder Personen aus der Herkunftsfamilie der Partnerin der Mutter einen Teil der Familie ausmachen. Diese sich hier abzeichnenden verschiedenen Familienkonzepte bzw. Familienverständnisse legen die Empfehlung nahe, dass es ratsam ist, in Beratung und Therapie immer mitzubedenken, dass Erwachsene und Kinder sehr unterschiedliche Sichtweisen über Familienzugehörigkeit haben können und demzufolge aus unterschiedlichen Familienkonstellationen familiäre Ressourcen schöpfen.

Kinder, die über ihren Samenspender berichteten, hatten eine klare Vorstellung davon, was der Unterschied zwischen einem Samenspender und einem biologischen Vater ist, der in der Familie lebt und gemeinsam mit der Mutter ein Paar bildet. Diese deutliche Unterscheidung wurde von den Kindern auch in den Fällen getroffen, in denen nach Auffassung der lesbischen Mutter der Samenspender eindeutig als Vater in die Familie eingebunden war und auch von den Kindern als solcher anerkannt wurde. Aus den Interviews mit den Erwachsenen und den Kindern konnten wir aber auch entnehmen, dass die Samenspender, die als dazugehörig zur Familie beschrieben wurden, weniger in die alltäglichen Aktivitäten eingebunden waren. Vielmehr war ihre Präsenz dadurch bestimmt, dass sie z.B. mit den Kindern spielten oder kleine Geschenke mitbrachten. Keiner der Erwachsenen beschrieb diese Art des Eingebundenseins der Samenspender in die Familie als eine unzureichende Verantwortungsübernahme, obgleich in vier Fällen erwachsene Familienmitglieder den Wunsch nach mehr Kontakt zwischen dem Kind und dem Samenspender äußerten.

Die Apfelbaumfamilien-Übung erwies sich gegenüber dem Kinetischen Familien-Zeichen-Test als die produktivere Methode, Kindern zu ermöglichen, alle Mitglieder ihrer Familie darzustellen. In elf von 16 Fällen trugen die Kinder in ihre Apfelbaumfamilie mehr Familienmitglieder als in ihre Familienzeichnung ein. Das mag darauf zurückzuführen sein, dass der Kinetische Familien-Zeichen-Test dem Kind mehr Fähigkeiten abverlangt. Will es die Aufgabe lösen, seine Familie zu zeichnen, so muss es nicht nur in der Lage sein, sich an Familienaktivitäten zu erinnern, sondern diesen auch im Prozess des Zeichnens einen Ausdruck zu verleihen. In unserer Erhebung haben wir uns dafür entschie-

den, die Kinder erst nach der Apfelbaumfamilien-Übung mit der Herausforderung, die Familie zu zeichnen, zu konfrontieren. Folgewirkungen,
wie z.B. nachlassende Aufmerksamkeit, konnten aufgrund dieser Vorgehensweise nicht vermieden werden. Denkbar ist auch, dass die Aus-
lassung von Familienmitgliedern, die im Rahmen der Apfelbaumfami-
lien-Darstellung einen Platz erhalten haben, im Zusammenhang mit der
anspruchsvollen Aufforderung zu sehen ist, Familienmitglieder bei der
Durchführung von für sie typischen Aktivitäten zu zeichnen. Auch wenn
der Kinetische Familien-Zeichen-Test dem Therapeuten und Forscher
ermöglicht, bedeutsame Informationen über die Qualität der familialen
Beziehungen zu erhalten, empfehlen wir, insbesondere wenn es um die
Erschließung der Perspektive des Kindes in so komplexen Familienzu-
sammensetzungen wie die einer lesbischen Familie geht, das Erhebungs-
instrument der Apfelbaumfamilien-Übung. Mit dieser Ausdrucksform ist
dem Kind die Möglichkeit gegeben, die Vielfalt der erlebten familialen
Beziehungen umfassender zu vergegenständlichen als im Rahmen des
Kinetischen Familien-Zeichen-Tests. In unserer Studie wurden insgesamt zwölf verschiedene Beziehungsarten dargestellt. Wir gehen allerdings nicht davon aus, dass wir die Methode der Apfelbaumfamilien-
Übung mit ihrem Potenzial, Erkenntnisse über die jeweilige Familienstruktur zu gewinnen, erschöpfend angewendet haben. Eine Weiterent-
wicklung dieser klinischen und wissenschaftlichen Erhebungstechnik
wäre denkbar, in dem z.B. eine Strategie zur Anwendung kommt, mit
der es gelingt, die Abfolge der Platzierung und die relative Position jedes Familienmitglieds systematisch festzuhalten. Des Weiteren steht
noch aus, die Validität der Erhebungsmethode im Vergleich zu anderen
etablierten Erhebungsinstrumenten zu messen, mit denen Familienbeziehungen erfasst werden können.

Die Apfelbaumfamilien-Übung erlaubt es Kindern, ihre Familie in
ihrer eigenen Sprache zu beschreiben und dabei Benennungsmuster zu
benutzen, die weniger dem Einfluss des dominanten Diskurses über die
Bedeutsamkeit der biologischen Abstammung unterliegen. Der Therapeut (oder Forscher) kann diese fallspezifischen Beschreibungsmuster
zur Grundlage seines Deutungsprozesses machen. Geht es doch darum,
Fallbesonderheiten über die Sprache des Falles zu rekonstruieren und
nicht darum, über vorgefasste Werte und Normen Interpretationen auf
der Basis von bereits Gewusstem anzustrengen. Wir haben in unserer
Studie die Erfahrung gemacht, dass es mithilfe der Methode, die eigene
Familie mithilfe eines Apfelbaums darzustellen, sogar recht jungen Kindern möglich ist, ihren Erfahrungen auf eine leicht zugängliche Weise
Ausdruck zu verleihen. Kinder waren schon ab einem Alter von vier
Jahren in der Lage, ihre Familie auf naturalistische Art und Weise zu

porträtieren. Sie konnten ihre Aufmerksamkeit auf Unterscheidungen zwischen verschiedenen bedeutsamen Personen in ihrem Leben richten und auch zwischen ihrer eigenen Familie und anderen ihnen bekannten Familien differenzieren. Für den Therapeuten können sich während einer Apfelbaumfamilien-Übung wertvolle Beobachtungen ergeben, und Deutungen lassen sich in Zusammenarbeit mit den Kindern und den Familienmitgliedern weiterentwickeln. Der Therapeut bekommt über die Art und Weise, wie das Kind auf verbaler und nonverbaler Ebene seine Familie darstellt, Hinweise, an denen er sich orientieren kann, um über die Herstellung eines affektiven Rahmens zur Erzählung der Familiengeschichte zu motivieren.

Wir schlagen die Apfelbaumfamilien-Übung als ein Hilfsmittel vor, mit dem das Konzept des Kindes von seiner Familie rekonstruiert werden kann. Erkenntniserschließend kann auch sein, die Apfelbaumfamilien-Übung in Verbindung mit einem Genogramm-Ansatz zu verwenden. Denn ein Genogramm ist, wenn es in Zusammenarbeit mit den Klientinnen und Klienten erstellt wird,[29] eine gut bewährte Technik, um über die Vergegenständlichung von komplexen Familienkonstellationen im therapeutischen Prozess neue Erfahrungen zu ermöglichen.

Die Apfelbaumfamilien-Übung kann von Fachkräften aus dem Gesundheitswesen, pädagogischen oder sozialarbeiterischen Bereich angewendet werden, wenn sie erstmals Kontakt zu einem Kind oder einer Familie aufnehmen. Sie haben damit eine Methode zur Hand, die es ihnen ermöglicht, ohne normative Vorannahmen die Perspektive des Kindes bzw. der Familie zu explorieren. Erzieher und Lehrer können diese Technik anwenden, wenn sie, wie zu Beginn eines Schuljahres üblich, ein Bild der Familie malen lassen. Eine Schwierigkeit für Kinder aus lesbischen Familien besteht darin, ihre familialen Beziehungsverhältnisse gegenüber Gleichaltrigen und der Welt außerhalb ihrer Familie zu beschreiben. Auch sind Kinder, die in einer gleichgeschlechtlichen Familie aufwachsen, nicht selten mit der Erfahrung konfrontiert, mit ihren Familienbeschreibungen als unglaubwürdig zu erscheinen. Casper u.a.[30] haben herausgearbeitet, dass Kinder in solchen Erfahrungssituationen dazu neigen, eine den gängigen Vorstellungen entsprechende Version ihrer tatsächlichen Familie zu simulieren. Diese Beobachtung konnten auch wir in unserer Studie machen. Die Kinder tendierten dazu, Formulierungen zu verwenden, die die bürgerliche Familie beschreiben, wenn sie zum Beispiel im schulischen Kontext über ihre Familien sprachen. Vor

29 Vgl. M. Swainson/F. Tasker: »Genograms redrawn«.
30 Virginia Casper/Steven B. Schultz: Gay parents, straight schools: Building communication and trust, New York: Teachers College Press 1999.

ähnlichen Herausforderungen stehen auch Kinder, die in einer Adoptivfamilie, einer Pflegefamilie, einer Stieffamilie oder bei Verwandten oder Freunden aufwachsen. Auch sie können nicht wie selbstverständlich auf die Semantik einer bürgerlichen Familienordnung zurückgreifen, um den Ort ihres Aufwachsens zu beschreiben.

Die Apfelbaumfamilien-Übung und die traditionelle Genogramm-Technik können Familien und Therapeuten helfen, über familiäre Beziehungen zu sprechen und diese zu konzeptualisieren. Die Eltern, die an der vorliegenden Studie teilnahmen, haben regelmäßig mit ihren Kindern über ihre Herkunft, über Besonderheiten und Unterschiede ihrer Familie im Vergleich zu anderen Familien gesprochen. Ein Motiv dieser Aufklärungsbestrebungen war, die Kinder auf einen Umgang mit homosexualitätsfeindlichen oder heteronormativen Einstellungen vorzubereiten.

»Ich hoffe«, so sagte z.B. ein Elternteil, »dass unser Sohn durch unseren Klärungsprozess in die Lage versetzt ist, sich als Junge, als Mann gut zu entwickeln – mit einem größeren Bewusstsein seiner selbst; und dass er einen Begriff von ›Familie‹ hat, bei dem auch das ›Andere‹ anerkannt werden kann. Da die Welt manchmal grausam sein kann, wird er einige Kämpfe bestehen müssen, die er sich nicht selbst ausgesucht hat. Ich hoffe, dass wir ihn darauf vorbereitet haben, indem wir versuchten, so viel wie möglich zu erklären.«

In der klinischen Praxis kann ein bedeutsamer Teil der therapeutischen Arbeit darin bestehen, Eltern und Kinder in diesem Prozess zu unterstützen. Die vom Therapeuten unterstützte Entwicklung einer eigenen Sprache, um Familienbeziehungen zu beschreiben, und ein narrativer Entwurf einer eigenen Familiengeschichte, können das Selbstverständnis lesbischer Familien begünstigen, eine Familie ganz eigener Art zu sein.

Unsere Studie zeigt, wie auch andere Arbeiten, die die Entwicklungsbedingungen von Kindern in lesbischen Familien untersucht haben, dass das Aufwachsen in dieser unkonventionellen Familienform, die künstliche Befruchtung und die Realität eines Samenspenders nicht notwendigerweise problematische Sozialisationsverläufe zur Folge haben müssen. Perlesz u.a.[31] haben untersucht, wie Familien sich selbst definieren. Sie konnten zeigen, dass familiale Sinngebungsprozesse auf der Grundlage eines Konzeptes von ›Doing-Family‹ erfolgen können, welches flexibel »sowohl traditionelle Orientierungsmuster als auch Trans-

---

31 Amaryll Perlesz: »Family in transition: parents, children and grandparents in lesbian families give meaning to ›doing'family‹«, in: Journal of Family Therapy 28 (2006), S. 175-199.

formationsstrategien« einschließen. April Martin,[32] die in ihrer Studie ihre therapeutische Arbeit mit gleichgeschlechtlichen Familien beschreibt, hat gezeigt, wie hilfreich für den therapeutischen Prozess Kenntnisse über verschieden komplexe Familienkonstellationen sind. Malley und Tasker[33] verdeutlichten in ihrer Forschungsarbeit die Relevanz der systemischen Familientherapie für gleichgeschlechtliche Paarfamilien. Johnson und Colacci[34] haben die Beschränkungen und Chancen eines Modells, das den Familienlebenszyklus beschreibt, herausgearbeitet und einen Vorschlag unterbreitet, wie dieses Modell in der therapeutischen Arbeit mit gleichgeschlechtlichen Familien angewendet werden kann.

Für Psychotherapeuten, die mit lesbischen Familien arbeiten, ist die Exploration des familialen Netzwerkes dieser Familien von zentraler Bedeutung. Diese Netzwerke, die aus Beziehungen mit unterschiedlichen Qualitäten bestehen, bilden eine Ressource, die es im therapeutischen Prozess zu erschließen gilt. Um die für das Kind relevanten Bindungsstrukturen als Quelle von Entwicklungspotenzialen im Kontext der lesbischen Familie erfassen zu können, schlagen wir vor, die Apfelbaumfamilien-Übung als Methode in Beratung und Therapie zu nutzen. Sie ermöglicht den Anschluss an Familienkonzepte des Kindes, an die bisher aufgrund mangelnder Erhebungsinstrumente unserer Ansicht nach nur unzureichend angeknüpft werden konnte.

Aus dem Englischen von Anne Dünger

Literatur

Barnes, Gill G.: Family therapy in changing times, London: Routledge 1998.

Basham, Kathryn K.: »Therapy with a lesbian couple: The art of balancing lenses«, in: Joan Laird (Hg.), Lesbians and lesbian families: Ref-

---

32 A. Martin: »Clinical issues in psychotherapy with lesbian-, gay-, and bisexual-parented families«, in: Charlotte J. Patterson/Anthony D'Augelli (Hg.), Lesbian, gay, and bisexual identities in families: Psychological perspectives Oxford: University Press 1998, S. 270-291.

33 Maeve Malley/Fiona Tasker: »Lesbians, gay men and family therapy: A contradiction in terms?«, in: Journal of Family Therapy 21 (1999), S. 3-29.

34 Thomas W. Johnson/Patricia Colucci: »Lesbians, gay men and the family life cycle«, in: Elizabeth A. Carter/Monica McGoldrick (Hg.), The Expanded Family Life Cycle, Boston: Allyn & Bacon 2005, S. 346-361.

lections on theory and practice, New York: Columbia University Press 1999, S. 143-177.

Brewaeys, Anne u.a.: »Children from anonymous donors: An inquiry into homosexual and heterosexual parents' attitudes«, in: Journal of Psychosomatic Obstetrics & Gynaecology 14 (1993), S. 23-35.

Brewaeys, Anne u.a.: »Donor insemination: Child development and family functioning in lesbian mother families«, in: Human Reproduction 12 (1997), S. 1349-1359.

Brown, Rhonda/Perlesz, Amaryll: »Not the ›other‹ mother: How language constructs lesbian co-parenting relationships«, in: Journal of GLBT Family Studies 3 (2007), S. 267-308.

Burnham, John B.: Family therapy: First steps towards a systemic approach, London: Routledge 1986.

Burns, Robert C./Kaufman, S. Harvard: Kinetic Family Drawings (K-F-D): An introduction to understanding children through kinetic drawings, London: Constable 1971.

Casper, Virginia/Schultz, Steven B.: Gay parents, straight schools: Building communication and trust, New York: Teachers College Press 1999.

Chan, Raymond W. u.a: »Division of labor among lesbian and heterosexual parents: Associations with children's adjustment«, in: Journal of Family Psychology 12 (1998), S. 402-419.

Ciano-Boyce, Claudia/Shelley-Sireci, Lynn: »Who is mommy tonight? Lesbian parenting issues«, in: Journal of Homosexuality 43 (2002), S. 1-13.

Clark-Carter, David: Doing quantitative psychological research: From design to report, Hove: Psychology Press 1997.

Fulcher, Megan u.a.: »Contact with grandparents among children conceived via donor insemination by lesbian and heterosexual mothers«, in: Parenting: Science & Practice 2 (2002), S. 61-76.

Gartrell, Nanette u.a.: »The National Lesbian Family Study: 1. Interviews with prospective mothers«, in: American Journal of Orthopsychiatry 66 (1996), S. 272-281.

Gartrell, Nanette u.a.: »The National lesbian Family Study: 2. Interviews with mothers of toddlers«, in: American Journal of Orthopsychiatry 69 (1999), S. 362-369.

Gartrell, Nanette u.a.: »The National lesbian Family Study: 3. Interviews with mothers of five-year-olds«, in: American Journal of Orthopsychiatry 70 (2000), S. 542-548.

Goldberg, Abbie E.: »The transition to parenthood for lesbian couples«, in: Journal of GLBT Family Studies 2 (2006), S. 13-42.

Goldberg, Abbie E./Allen, Katherine R.: »Imagining men: Lesbian mothers' perceptions of male involvement during the transition to parenthood«, in: Journal of Marriage & Family 69 (2007), S. 352-365.

Gross, Martine: »Biparental and multiparental lesbian and gay families in France«, in: Lesbian and Gay Psychology Review 7 (2006), S. 36-47.

Herrmann-Green, Lisa K./Gehring, Thomas M.: »The German Lesbian Family Study: Planning for Parenthood via Donor Insemination«, in: Journal of GLBT Family Studies 3 (2007), S. 351-395.

Johnson, Thomas W./Colucci, Patricia: »Lesbians, gay men and the family life cycle«, in: Elizabeth A. Carter/Monica McGoldrick (Hg.), The Expanded Family Life Cycle, Boston: Allyn & Bacon 2005, S. 346-361.

Laird, Joan: »Invisible ties: Lesbians and their families of origin«, in: Charlotte J. Patterson/Anthony R. D'Augelli (Hg.), Lesbian, gay, and bisexual identities in families: Psychological perspectives, New York: Oxford University Press, S. 197-228.

Malley, Maeve/Tasker, Fiona: »Lesbians, gay men and family therapy: A contradiction in terms?«, in: Journal of Family Therapy 21 (1999), S. 3-29.

Martin, April: »Clinical issues in psychotherapy with lesbian-, gay-, and bisexual-parented families«, in: Charlotte J. Patterson/Anthony D'Augelli (Hg.), Lesbian, gay, and bisexual identities in families: Psychological perspectives, Oxford: University Press 1998, S. 270-291.

McGoldrick, Monica/Gerson, Randy/Petry, Sueli S.: Genograms: Assessment and intervention, 3. Aufl., New York: W.W. Norton & Co. 2008.

Mitchell, Valory: »The birds, the bees ... and the sperm banks: How lesbian mothers talk with their children about sex and reproduction«, in: American Journal of Orthopsychiatry 68 (1998), S. 400-409.

Morton, Susan B.: »Lesbian divorce«, in: American Journal of Orthopsychiatry 68 (1998), S. 410-419.

Office of National Statistics UK: Standard Occupational Classification 2000. London, UK: Office of National Statistics 2000.

Patterson, Charlotte J.: »Families of the lesbian baby boom: Parents' division of labor and children's adjustment«, in: Developmental Psychology 31 (1995), S. 115-123.

Patterson, Charlotte J./Sutfin, Erin L./Fulcher, Megan: »Division of labor among lesbian and heterosexual parenting couples: Correlates of specialized versus shared patterns«, in: Journal of Adult Development 11 (2004), S. 179-189.

Perlesz, Amaryll: »Family in transition: parents, children and grandparents in lesbian families give meaning to ›doing'family‹«, in: Journal of Family Therapy 28 (2006), S. 175-199.

Spigelman, G./Spigelman, A./Engelsson, I.: »Analysis of family drawings: A comparison between children from divorce and non-divorce families«, in: Journal of Divorce & Remarriage 18 (1992), S. 31-51.

Swainson, Mary/Tasker, Fiona: »Genograms redrawn: Lesbian couples define their families«, in: Journal of GLBT Family Studies 1, 2 (2005), S. 3-28

Tasker, Fiona/Golombok, Susan: Growing up in a lesbian family: Effects on child development, New York: Guilford 1997.

Tasker, Fiona/Golombok, Susan: »The role of co-mothers in planned lesbian-led families«, in: Journal of Lesbian Studies 2 (1998), S. 49-68.

Tasker, Fiona/Patterson, Charlotte J.: »Research on gay and lesbian parenting: Retrospect and prospect«, in: Journal of GLBT Family Studies 3 (2007), S. 9-34.

Vanfraussen, Katrien/Ponjaert-Kristoffersen, Ingrid/Brewaeys, Anne: »Family functioning in lesbian families created by donor insemination« in: American Journal of Orthopsychiatry 73 (2003), S. 78-90.

Weston, Kath: Families we choose: lesbians, gays, and kinship, New York: Columbia University Press 1991.

KUNST

Das Sagbare und das Sichtbare als politische Dimension der Fotografie: Verena Jaekels Serie »Neue Familienportraits/ New Family Portraits«

LISA MALICH/CHRISTIAN PISCHEL

Neue Familienbilder

Das Foto einer Familie. Ein Elternteil hält, auf einem Stuhl sitzend, ruhig das in die Kamera schauende Kind im Arm. Das zweite Elternteil, das hinter den beiden Sitzenden steht, lässt fürsorglich – und vielleicht ein wenig besitzergreifend – die Hand auf der Schulter des Partners ruhen. Adrett gekleidet, in Positur stehend und mit ernstem Blick in Richtung Kamera sind die drei zur vertrauten Figur einer Familie verschmolzen. Die Portraitserie »Neue Familienportraits/New Family Portraits« der Fotografin Verena Jaekel vereint viele Kompositionen wie diese: Fast immer zeigen die Fotografien zwei Erwachsene mit einer unterschiedlichen Anzahl an Kindern. Die Portraitierten sind trotz des übergreifenden Bemühens um elegante Garderobe verschiedenartig gekleidet, haben sich in unterschiedlichen Umgebungen aufgestellt, gehören heterogenen Altersklassen an und sind verschiedenen ethnisierten und rassifizierten Kategorien zuordbar. Zudem entstanden die Bilder dieser Familien in zwei unterschiedlichen kulturellen und juridisch-politischen Kontexten: in Deutschland und den USA. Diese Heterogenität der Portraitierten ist immer in eine traditionelle Familiendarstellung eingefasst, wodurch alle Abgebildeten relativ eindeutig als Mitglieder eines Fami-

LISA MALICH/CHRISTIAN PISCHEL

liensystems auszumachen sind. Ein für die meisten wohl eher unvertrautes Moment sticht aus diesem vertrauten Bildformat dagegen um so mehr hervor: es handelt sich um gleichgeschlechtliche Elternpaare.[1]

Was lösen diese Bilder bei der oder dem Betrachtenden aus? Auf Vernissagen, in persönlichen Gesprächen oder im Besucher-Buch zur Ausstellung[2] waren äußerst verschiedene Reaktionen erkennbar, die von Faszination und Befürwortung bis hin zu Irritation und offenen Ressentiments reichten. Während einige die Bilder lediglich als politische Agitation für die sogenannte Homo-Ehe verstanden, zeigten sich andere berührt von der Intimität und den jeweils spezifischen Beziehungsgefügen, die sie aus Gesten und Haltungen einzelner Portraitierten herauslasen. Oft zu hören war auch das unvermittelt geäußerte Erstaunen darüber, dass die abgebildeten homosexuellen Elternpaare und ihre Kinder so »normal« wirkten: genauso »spießig«, wie viele Familien mit heterosexuellen Eltern. Diese Art der Wahrnehmung war offenbar bestimmt von dem Klischee, Homosexualität verweise an sich schon auf einen Konventionsbruch, der nicht nur die heteronormative Matrix, sondern sämtliche Attribute von Bürgerlichkeit, Kleinfamilie und romantischer Zweierbeziehung sprenge. Vielleicht war diese latente Enttäuschung einiger Betrachter aber auch verursacht durch das Wort *Neu* im Titel »Neue Familienportraits/New Family Portraits«, das den Anlass zur Vermutung

---

1   An dieser Stelle einige Hinweise zur Produktionsweise und dem Entstehungskontext der Bilder: Die fotografierten Familien wurden durch Unterstützung von schwullesbischen Organisationen in Deutschland und den USA sowie durch persönliche Weitervermittlungen bereits bekannter Familien kontaktiert. Der jeweiligen Familie wurde das Konzept der Arbeit vorgestellt, dabei wurde die Entscheidung, welche und wie viele Personen auf dem Familienfoto abgebildet werden sollten, den Portraitierten überlassen. Vor dem Erstellen der Bilder zeigte die Fotografin Verena Jaekel den Familienmitgliedern alte Familienportraits zur Orientierung und gab ihnen die lose Anweisung, sich »schick« zu kleiden. Fotografiert wurde in den privaten Lebensräumen der Familien, etwa im Wohnzimmer oder in der Küche. Die Haltung und Anordnung der Familienmitglieder wurde gemeinsam mit der Fotografin erarbeitet. Technisch kam eine Großformatkamera (4 x 5 inch) mit Blitzlicht zur Anwendung. Ergänzend zu den Fotografien entstand ein Film mit Interviews der Eltern einiger der portraitierten Familien aus Deutschland und den USA.

2   Jaekels Arbeiten sind mit dem Dokumentarfotografie Förderpreis 2005/ 2006 der Wüstenrot Stiftung ausgezeichnet worden, der alle zwei Jahre verliehen wird. Die fachliche Betreuung des Förderpreises der Wüstenrot Stiftung liegt in den Händen der Fotografischen Sammlung des Museum Folkwang. Die Fotografien der Preisträger wurden im November 2007 in der Galerie C/O Berlin ausgestellt. Anschließend waren sie unter anderem in der Städtischen Galerie Wolfsburg und im Goethe Institut New Delhi zu sehen.

geben konnte, hier gäbe es einen radikalen Bruch zu besichtigen, der alte Konzepte vom Tisch fege und ganz neuartige installiere. Stattdessen führen Verena Jaekels Arbeiten – und dies ist ein zentraler Analysepunkt dieses Artikels – gerade die vielschichtige Verflechtung des Neuen mit dem Alten vor Augen. Sie lassen Verschiebungen und Brüche transparent werden, ohne dabei Kontinuitätslinien und tradierte Vorstellungswelten aus dem Blick zu verlieren, sowohl in Bezug auf die Auffassung, was Familie sei und wer zu einer solchen gehören dürfe, als auch in Bezug auf Gewohnheiten des Sehens und Formen der Darstellung, die über verschiedene Grade von Sichtbarkeit und Unsichtbarkeit, Eindeutigkeit und Uneindeutigkeit entscheiden. Es ist diese Ambivalenz zwischen Konventionellem und Abweichendem, die in den Bildern zur Geltung kommt. Doch die besagten Reaktionen zeigen auch, wie sehr die Fotografien sich im Schnittfeld verschiedener diskursiver Räume bewegen: Denn gleichwohl sie im Rahmen einer Ausstellung präsentiert wurden, die den Fotografien einen Ort im ästhetischen Diskurs zuweist, sind sie ebenfalls in der aktuellen geschlechtspolitischen Debatte situiert. So dienten sie dem schwullesbischen Berliner Stadtmagazin *Siegessäule* als Frontcover[3] und begleiteten im Inneren des Hefts einen Text zu entsprechenden Familienkonzepten.

Damit ist ein Aspekt angesprochen – die diskursive Polyvalenz der Fotografie –, den die amerikanische Kunsttheoretikerin Rosalind Krauss unserer Kenntnis nach am deutlichsten herausgearbeitet hat: Sie hat am Beispiel von Landschaftsfotografien des 19. Jahrhunderts gezeigt, dass die alleinige Einordnung der Fotografie in die ästhetische Sphäre, nach beispielsweise kunsthistorischen oder kunsttheoretischen Begriffen, stets mit der Frage nach den diskursiven Formationen, den Praktiken und Institutionen zu konfrontieren ist.[4] Die landschaftlichen *»Ansichten«*[5] – so ihr Beispiel – seien nicht nur als ästhetische Ereignisse an der weißen Wand des Ausstellungsraums zu begreifen. Denn eine allein ästhetische Beurteilung ihrer formalen Charakteristika isoliere diese Landschaftsfotografien von den diskursiven Zusammenhängen, in denen sie zum Beispiel als stereoskopische Souvenirs verkauft wurden oder geologische Abhandlungen illustrierten.[6]

---

3 Die Siegessäule vom Dezember 2007.
4 Vgl. Rosalind Krauss: »Die diskursiven Räume der Photographie«, in: dies., Das Photographische. Eine Theorie der Abstände, München: Fink 1998, S. 40-58.
5 Ebd., S. 47f.
6 Vor allem am Beispiel des amerikanischen Fotografen Timothy O`Sullivan kritisiert Krauss, wie die Landschaftsfotografie des 19. Jahrhunderts als Fortsetzung der zeitgenössischen Landschaftsmalerei aufgefasst wird: »Aber hat O'Sullivan in seiner Zeit, in den 1860er, 1870er Jahren, sein

Auch die Familienfotografien von Verena Jaekel sind nicht allein auf einen diskursiven Raum zu beziehen. Sowohl auf der Titelseite eines Magazins als auch im Ausstellungsraum stellen sie ein komplexes Ineinander von »Sichtbarem und Sagbaren«[7] dar, insofern sie auf vielschichtige Art und Weise sinnlich-konkrete Erfahrungen mit unterschiedlichen machtdurchsetzten Diskursformationen verschränken. Allerdings legen die Fotografien von Verena Jaekel nahe, die Krauss'sche Vorgehensweise auch umzukehren, also nicht nur neben der ästhetischen auch die diskursive Perspektive einzufordern, sondern angesichts der scheinbaren Vorgängigkeit des Sujets, der Evidenz des Repräsentierten, die diese Fotografien zunächst im Feld der politischen Rede einlagern, wieder den konkret-sinnlichen Eigenwert stark zu machen. Uns geht es darum, das Ad-hoc-Verständnis der Fotografien im Sinne eines emanzipatorischen Einspruchs in Beziehung zu setzen mit einer Analyse der perzeptiven, affektiven und kognitiven Prozesse, die sie auslösen.

Was Jaekels Fotografien uns aufgeben, ist – so die These – beide Perspektiven nicht gegeneinander auszuspielen, sondern zu fragen, wie die ästhetische Erfahrung in eine produktive Spannung mit den Formen des Aussagens tritt, wie ein sinnliches Ausdruckssystem gerade über die Inkongruenz mit der diskursiven Sphäre politisch arbeitet. Im Folgenden werden wir zunächst kulturelle und historische Dimensionen des Bildformats Familienfotografie erörtern, um uns dann in einem zweiten Schritt der Perspektive des »Sagbaren« zuzuwenden. Hierbei steht die konzeptionelle Performanz im Vordergrund, an der herauspräpariert wird, auf welche Art und Weise Jaekels Fotografien sich im Spannungsfeld von Reifizierung und Umdeutung bewegen und wie über das Spiel mit Bildformaten »Familie« durch den Anschluss an traditionelle Muster definiert wird. Allerdings soll die Analyse keineswegs dabei stehen blei-

---

Werk für den ästhetischen Diskurs und für den Raum der Ausstellung geschaffen? Oder hat er es für den wissenschaftlich/topografischen Diskurs geschaffen, dem es auf mehr oder weniger effiziente Weise dient? Ist die Interpretation von O'Sullivans Werk als einer Repräsentation ästhetischer Werte – Flächigkeit, grafisches Design, Doppeldeutigkeit und dahinter, gewisse Intentionen in Richtung auf ästhetische Bedeutungen: Erhabenheit, Transzendenz – nicht eine retrospektive Konstruktion, die dazu bestimmt ist, es als Kunst zu retten?« Ebd., S. 43.

7   Wir folgen hierin der Deleuzschen Lesart von Foucaults Diskursbegriff, in der dieser das Sichtbare zwar als das Nicht-Diskursive bezeichnet, allerdings die unauflösbare Verschränkung der beiden Begriffe betont: »Zwischen dem Sichtbaren und dem Sagbaren müssen wir an beiden Aspekten zugleich festhalten: Heterogenität beider Formen, Wesensdifferenz oder Nicht-Isomorphie; ein wechselseitiges Voraussetzungsverhältnis zwischen beiden, wechselseitige Umklammerung und Inbeschlagnahme; […].« Gilles Deleuze: Foucault, Frankfurt a.M.: Suhrkamp 2006, S. 97.

ben, die primären Effekte der Serie nur auf der Ebene ihrer diskursiven Bewegungen aufzufassen. Vielmehr möchten wir in einem dritten Schritt die Ebene der bildlichen Konkretion und damit zusammenhängend die sinnliche Erfahrung mit einbeziehen, die es ermöglicht, das ästhetische Ereignis zu qualifizieren. Aus diesem Grund folgt anschließend eine detaillierte Analyse zweier Einzelbilder, in denen die Bildstrukturen als Agenten von Erfahrungsprozessen im Zentrum stehen und die den Ausgangspunkt bilden für die erneute Frage nach der politischen Dimension der Fotografien.

Abbildung 1: Velbert, 7.2.2006

Abbildung 2: Los Angeles, 7.5.2006/1

Abbildung 3: New York City, 15.4.2006

Abbildung 4: Nitzahn, 15.1.2006

Kulturhistorische Aspekte der Familienfotografie

Die Serie »Neue Familienportraits/New Family Portraits« orientiert sich an einem bestimmten Genre, dem der klassischen Familienfotografie. Sie schließt damit an eine historische Inszenierungskonvention an, die tief in der westlichen Bilderpraxis verwurzelt ist, und nur vermittelt über die vom Bürgertum getragene Aneignung repräsentativer Darstellungsformen – erinnert sei hier nur an die Abbildungen der »heiligen Familie« oder die Selbstinszenierung führender Adelshäuser – in die Fotografie Eingang fand.[8] Die Malerei, die lange Zeit das dominierende Medium der Familiendarstellung war, wurde mit dem Aufkommen der Fotografie ab der Mitte des 19. Jahrhunderts allmählich abgelöst. Angetrieben wurde die Hinwendung zur damals noch sehr kostspieligen Fotografie zunächst von den vermögenden Teilen des Bürgertums in größeren Städten, die in dem neuen Medium einen Garant des technischen Fortschritts sahen und zugleich als Instrument zur Sicherung familiärer Identität nutzten. Auf Grund dieser Nähe charakterisiert Susanne Breuss die Familienfotografie als »ein zunächst vor allem bürgerliches Fotogenre«,[9] dessen Geschichte aufs engste mit der Geschichte der weißen bürgerlichen Familie, ihren Bildbedürfnissen und Bildnormen, verknüpft ist. Bürgerliche Familien ließen sich bevorzugt als Kernfamilie – bestehend aus der heteronormativen Dreifaltigkeit Vater-Mutter-Kind(er) – portraitieren, und prägten so nicht nur die Definition von, sondern auch die Bildsprache für »Familie«, die auch heute noch fortwirkt. Variationen der personellen Zusammensetzung gab es meist nur an der Peripherie: durch Bedienstete oder Schwarze[10] Sklavinnen und Sklaven, die, etwa durch Kleidung oder ihre Positionierung auf dem Bild, auch klar als sol-

---

8 Vgl. u.a. Angelika Lorenz: Das deutsche Familienbild in der Malerei des 19. Jahrhunderts, Darmstadt: Wissenschaftliche Buchgesellschaft 1985 sowie Inka Bertz: Familienbilder: Selbstdarstellung im jüdischen Bürgertum, Köln: DuMont 2004.

9 Susanne Breuss: »Erinnerung und schöner Schein. Familiäre Fotokultur im 19. und 20. Jahrhundert«, in: Matthias Beitl/Veronika Plöckinger (Hg.), familienFOTOfamilie, Kittsee: Ethnografisches Museum Schloss Kittsee 2000, S. 27-63, hier S. 30.

10 Der Begriff »Schwarz« soll hier keine real existierende Gruppe bezeichnen, sondern vielmehr auf eine politische Kategorie verweisen, die durch koloniale und rassistische Konstruktionen hervorgebracht wurde. Diese produktive Dimension ebenso wie die Markierungswirkung und Gewaltförmigkeit dieses Begriffs wie die damit verbundenen Identitätspositionen und Widerstandsbewegungen sollen durch die Großschreibung des Buchstaben »S« hervorgehoben werden. Entsprechend wird auch der klein geschriebene Terminus »weiß« als kulturelle Konstruktion definiert.

che ausgewiesen wurden. Als die »Anderen«, die die weißen bürgerlichen Identitäten legitimierten und als Attribute von Reichtum und Besitz galten, sollten sie vor allem die gesellschaftlich privilegierte Stellung der Familie zum Ausdruck bringen, die oft mit einer rassistischen Hierarchisierung verbunden war. In den jeweiligen fotografischen Inszenierungen wurden die »anderen« Personen in ein Raumbild der Familie eingearbeitet, das sich durch eine Komposition auszeichnete, die grundlegende Kräfteverhältnisse in eine Anschaulichkeit übersetzte. Die Familienportraits bildeten insofern nicht nur die gesellschaftlichen Leitdifferenzen ab, sondern sie drückten auch die privilegierte Position der Familien aus, die darin bestand, ein ausdifferenziertes Gefüge, eine Konstellation von sprechenden Nähe- und Distanzverhältnissen hervorzubringen. Zweifelsohne waren zentrale Raumachsen dieser Topografie entlang der sozialen, geschlechtlichen und rassistischen Hierarchien dieser historischen Formation konstruiert.[11] An dieser Stelle wird jedoch deutlich, wie der Einbezug fotografischer Inszenierung im Gegensatz zu einer ausschließlich diskursiven Sichtweise eine Konkretion anbietet, welche die allgemeine Rede von der Hierarchisierung um eine je spezifische Anordnung ergänzt.

Die Inszenierung der Abgebildeten orientierte sich weitgehend an den von der Portraitmalerei formulierten Prinzipien und zielte auf eine idealisierte Darstellungsweise ab: Ernste, nicht lächelnde Gesichter und formalisierte Posen waren zwar teilweise den langen Belichtungszeiten der frühen Kameras geschuldet, aber sie betonten vor allem bürgerliche Werte wie Selbstbeherrschung, Charakterfestigkeit und Disziplin.

Sinkende Produktionspreise und die Verbreitung von Wanderfotografen führten gegen Ende des 19. Jahrhunderts zu einer Ausweitung der Fotografie als Medium der Familiendarstellung auf ärmere Schichten

---

11 Als Beispiel sei eine US-amerikanische Familienfotografie angeführt, die um 1860 in Virginia entstand. Es zeigt eine Schwarze Sklavin, die als »Kindermädchen« bei einer US-amerikanischen Familie aus Virginia arbeiten musste und zusammen mit der Kernfamilie auf dem Familienportrait abgebildet wurde. Vgl. Ellen Dugan (Hg.): Picturing the South. 1860 to the Present, San Francisco: Chronicle Books 1996, S 32. Die jeweils zeitgebundene Verwobenheit von Familienportraits mit rassifizierten Differenzkategorien und Besitzverhältnissen kommt auch in früheren Bildnissen zum Ausdruck, etwa in dem Fall des Portraitgemäldes des Künstlers Archibald McLauchlan aus dem Jahr 1766. Es zeigt die Familie Glassford aus Glasgow, die über den Handel mit Tabak und Sklaverei zu Reichtum gekommen ist. War auf dem Gemälde ursprünglich ein Schwarzer Sklave zu sehen, wurde dieser in der Zeit des Abolitionismus aus dem Gemälde »genommen«, in dem es übermalt wurde. Vgl. Michael Morris: »Joseph Knight. Scotland and the Black Atlantic«, in: International Journal of Scottish Literature 4 (2008), S. 26-45.

und ländliche Gegenden. Stellte die vom Bürgertum geprägte Bildästhe-
tik und -komposition den dominanten Orientierungspunkt dar, dem in
den meisten dieser Familienfotografien nachgeeifert wurde, so gingen
damit dennoch auch Variationsmuster des Motivs Familie einher: Etwa
kamen in bäuerlichen Haushalten bis ins 20. Jahrhundert hinein nicht
nur die Kernfamilie, sondern alle zur Wohn- und Wirtschaftseinheit ge-
hörenden Personen, oft ohne visuelle Trennung, mit auf das Foto. Mit
der Ausweitung der Amateurfotografie im Laufe des 20. Jahrhunderts
übernahmen nun die Mitglieder der Familie selbst die Bildproduktion,
zudem wurde das Repertoire um spontane Schnappschüsse und eine
größere Variationsbreite von Motiven erweitert.

Das heutige konventionelle Familienfoto zeigt zwar meist immer
noch die Kernfamilie, die zu einer teils sitzenden, teils stehenden Einheit
gruppiert in Richtung Kamera blickt. Anstelle einer statischen, rigiden
Inszenierung wird aber oft eine eher lockere, dynamisierte Personen-
konstellation gewählt, die entsprechend dem grundlegenden Credo der
Familienfotografie: »Wo fotografiert wird, ist es schön«[12] fast ausschließlich lächelnde und lachende Gesichter zeigt.

Daher verwundert es kaum, dass auch heutige Fotografien von Familien mit nicht-heterosexuellen Elternpaaren sich der Ästhetik des aufge-
lockerten Familienportraits bedienen. So zeigt etwa die Serie »Family
Portraits« der Fotografin Amber Davis Tourlentes[13] lesbische, schwule,
bisexuelle und Transgender-Eltern mit ihren Kindern in einer atelierarti-
gen Umgebung: Ungezwungen und entspannt stehen die Familienmitglieder in Alltagskleidung vor einem weißen Vorhang, fast immer la-

---

12 S. Beuss: »Erinnerung und schöner Schein«, S. 39. Sie variiert damit eine
    Formulierung Benjamins, mit der er das Auftreten des »photographischen
    Schmocks« als Symptom der sozialen Versteinerung beschreibt: »Je mehr
    die Krise der heutigen Gesellschaftsordnung um sich greift, je starrer die
    einzelnen Momente einander in toter Gegensätzlichkeit gegenübertreten,
    desto mehr ist das Schöpferische – dem tiefsten Wunsch nach Variante;
    der Widerspruch sein Vater und die Nachahmung seine Mutter – zum Fe-
    tisch geworden, dessen Züge ihr Leben nur nach dem Wechsel modischer
    Beleuchtung danken. Das Schöpferische am Photographieren ist dessen
    Überantwortung an die Mode. ›Die Welt ist schön‹ – genau das ist ihre
    Devise.« Walter Benjamin: »Kleine Geschichte der Photographie«, in:
    ders., Gesammelte Schriften, Bd. 2, hg. V. Hermann Schweppenhäuser
    und Rolf Tiedemann, Frankfurt a.M.: Suhrkamp 1991, S. 368-385, hier S.
    383.
13 Die amerikanische Fotografin Amber Davis Tourlentes beschäftigt sich in
    ihrem fotografischen Werk vor allem mit Verschränkungen von Ge-
    schlecht, Familie und Klasse. Nähere Informationen und Auszüge ihrer fo-
    tografischen Arbeiten finden sich auf der Website: http://www.amber
    davisphotographer.com/index.html vom 04.05.2009.

chend, viele umarmen sich oder halten gemeinsam ihre Kinder. Die Aufnahmen wirken spontan, zugänglich und stellen eine gefühlte Nähe zu den Portraitierten her. Der einheitliche Hintergrund egalisiert und betont zugleich die vermeintliche Einfachheit und damit die scheinbare Inszenierungslosigkeit eben jener fotografischen Inszenierung, wodurch nicht nur die Eigenwertigkeit des Ausdrucks in Gesichtern und Gebärden beglaubigt wird, sondern auch die dargebotenen Familienkonstellationen gleichsam unvermittelt und ursprungslos wirken.

Dieser Zug zur Dynamisierung betrifft sowohl die fotografischen Praktiken als auch die Technik. Schließlich bilden die gelösten Kompositionen von Familiendarstellungen, die durch das landläufige Knipsen und das seit vielen Jahren gängige Homevideo hervorgebracht wurden, die maßgeblichen Formen der medialen Selbstversicherung. Nichtsdestotrotz bleibt das gestellte, ernsthafte Familienportrait als traditionelles Bildformat aktiv, sei es, um sich heutzutage in betont »formloser«, ja möglichst »ungezwungener« Darstellungsweise davon abzusetzen, sei es, um ausgewählten Anlässen im privaten oder öffentlichen Bereich eine feierliche Dignität zu verleihen.

Die Fotografie im Feld des Sagbaren

Wie sich bereits abzeichnet, ist das fotografische Genre Bestandteil dessen, was man als die Performanz des Bildes begreifen kann. Denn keineswegs handelt es sich um eine gleichmütige Darreichungsform des Repräsentierten – einer bestehenden Familie oder einer »authentischen« Familienerfahrung –, vielmehr erlaubt erst die Verwendung des Genres der Familienfotografie die Wahrnehmung einer bestimmten Beziehungskonstellation, denn es fügt Personen aktiv zu Einheiten zusammen und »gibt zu sehen«, anstatt lediglich abzubilden. Dieser konstruktive Aspekt der Fotografie kann in einem ersten Schritt einer semiotischen Perspektive zugerechnet werden, die unserer Ansicht nach Roland Barthes in »Rhetorik des Bildes« am prägnantesten erörtert hat: Er geht von einem vernetzten System von Signifikanten, in dem vor allem die so genannten »Konnotatoren«, also jene Signifikanten aus, deren Bezugsfeld ganze Assoziationsfelder (wie z.B. Familiarität) organisieren, von der Fotografie »verschleiert« werden. Das funktioniert, insofern diese mitgemeinten Botschaften ihren arbiträren, kulturellen und historischen Charakter verlieren, da sie durch und nur durch die Evidenz des Fotografischen artikuliert werden und damit nach Barthes Terminologie in das Syntagma des fotografischen Denotats, also in das Aussprechen des grundsätzlichen »Dagewesenseins« eingehen – darin eintauchen »wie in

ein Unschuld spendendes, reinigendes Bad«.[14] Mit der Analyse der Bild-
rhetorik hatte Barthes 1964 der ideologiekritischen Lesart eine struktura-
listische Grundierung gegeben, eine Lesart allerdings, die in erster Linie
nicht zu einer dahinterliegenden Wahrheit über das Repräsentierte
durchstoßen sollte, sondern vielmehr die Vermittlung, d.h. die semiotischen Mechanismen der Naturalisierung aufschlüsselt.

Nun sind allerdings Jaekels Fotografien nicht mit einer vorgeblichen
Selbstverständlichkeit der Familiendarstellung behaftet, die es in einer
Analyse im Sinne Barthes erst noch zu dekonstruieren gälte, im Gegenteil. Denn anders als beispielsweise Davis Tourlentes, die sich auf aktuelle Formate dieses Genres bezieht, schließt Verena Jaekels Serie bewusst an das codifizierte und formal strenge Moment der Bildtradition
bürgerlicher Familiendarstellungen an – der »entgeltlichen, repräsentativen Portraitaufnahme«, die Benjamin bereits 1931 als sinnbildliche Ver-
härtung der fotografischen Sichtbarkeit wahrnahm.[15] Sie ruft damit ein
heute beinahe antiquiertes Format auf, das – um das vorhergegangene
Kapitel zusammenzufassen – die Entwicklung der Familienfotografie
maßgeblich beeinflusste und dessen Konstitution eng mit dem bürgerlichen Konzept der Kernfamilie, der sie zentrierenden Institution der Ehe,
mit Verschiebungen kapitalistischer Besitzverhältnisse und mit ökonomischen wie rassifizierten Differenzierungen verbunden war.

Damit lässt sich sagen, dass das Schema der Familienfotografie mit
normativen Vorstellungen von Familie korrespondiert, so dass die Erwachsenen als Eltern wahrnehmbar sind und Kinder als *deren* Kinder.
Das Schema der Familienfotografie macht Familie als vermeintlich na-
turgegebenen Sozialzusammenhang sichtbar. In diesem Sinne stellt die
Ikonografie des Genres einen Moment in einem wechselseitigen Prozess
dar, in dem diese aus der kulturell geprägten Definition von Familie hervorgeht und ihrerseits wiederum eine bestimmte Vorstellung von Familie produziert. Schließlich wären auch divergierende Darstellungsweisen
denkbar, die sich z.B. in Kongruenz mit dem jeweiligen Selbstverständnis der in Frage stehenden Lebensgemeinschaften befänden, etwa solche, durch welche die Verbindung der portraitierten Erwachsenen und
ihrer Kinder veruneindeutigt oder in ganz andere Bezüge gebracht werden könnte. Beispielsweise wäre auch die fotografische Inszenierung
derselben portraitierten Frauen in Form eines zufälligen Treffens zweier
Mütter mit ihren jeweiligen Kindern auf dem Spielplatz möglich, durch

---

14 Roland Barthes: »Rhetorik des Bildes«, in: ders., Der entgegenkommende
    und der stumpfe Sinn, Franfurt a.M.: Suhrkamp 1990, S. 28-46, hier S. 45.
15 Vgl. W. Benjamin: »Kleine Geschichte der Photographie«, S. 379.

die diese keineswegs als Paar erscheinen, sondern als heterosexuell »passend« sichtbar würden.

Das »Unzeitgemäße« an Jaekels Familienportraits wird als Reflexivität deutlich. Insofern stellen Jaekels Fotografien keine einfache formale Wiederholung dar, noch setzen sie den beschriebenen Code unvermittelt in Szene. Vielmehr handelt es sich um eine Art der Reinszenierung und Bezugnahme, die nicht nur die Historizität und Machtförmigkeit von Wahrnehmungsmustern und Bildnormen vor Augen führt, sondern auch die performative,[16] zitatförmige Dimension von Macht herausstellt. Judith Butler beschreibt diese folgendermaßen: »Es gibt da keine Macht, die handelt, sondern nur ein dauernd wiederholtes Handeln, das Macht in ihrer Beständigkeit und Instabilität ist.«[17] Die bewusste und explizite Praxis der Reiteration und des Zitierens ist auch bereits in den Entstehungsprozess der Serie »Neue Familienportraits/New Family Portraits« eingegangen, da Jaekel den Familien vor der Aufnahme mehrere alte Familienfotografien zeigte, an denen diese sich in Haltung und Gestik orientieren sollten. Durch diese ausgestellte Reinszenierung wird die Imitationsstruktur und Kontingenz nicht nur der Familiendarstellung, sondern auch des Konzepts Familie aufgezeigt. Die Zitatförmigkeit der Bilder macht jedoch auch die Ambivalenz performativer Praktiken zwischen der Bekräftigung und Destabilisierung von Machtmechanismen deutlich. Denn wo kein Ort außerhalb der Macht existiert, können auch subversive Praktiken nur im Rahmen der Gesetze und Normen statthaben, die diese zugleich ermöglichen und beschränken. In »Undoing Gender« betont Butler dieses unvermeidliche Paradoxon in Bezug auf die Subjektkonstitution: um ein handlungsfähiges, zur Möglichkeit der Subversion qualifiziertes Subjekt sein zu können, muss man sich notwendigerweise in die Diskurse und deren Normen einordnen, die man subvertieren möchte und von denen man immer schon auf die ein oder

---

16 In Butlers Definition von Performativität stehen die Prozesshaftigkeit, die Zitatförmigkeit und Produktivität von Macht im Vordergrund. Butler fasst diesen Begriff folgendermaßen: »Zunächst einmal darf Performativität nicht als ein vereinzelter oder absichtsvoller ›Akt‹ verstanden werden, sondern als die ständig wiederholende und zitierende Praxis, durch die der Diskurs die Wirkung erzeugt, die er benennt.« Judith Butler: Körper von Gewicht, Frankfurt a.M.: Suhrkamp 1997, S. 22. Auf performative Art und Weise wird nicht nur Subjektivität, sondern auch körperliche und vergeschlechtlichte Materialität geformt. Konsequenterweise ersetzt Butler deswegen den Begriff des Materials durch »Materialisierung«, die definiert ist als »[...] ein Erlangen des Daseins durch das Zitieren von Macht, ein Zitieren, das in der Formierung des ›Ichs‹ ein ursprüngliches Komplizentum mit der Macht herstellt.« Ebd., S. 39.
17 Ebd., S. 32.

andere Weise geprägt ist.[18] Dies lässt sich ebenso auf die kollektive Konstitution als »Familie« übertragen. Denn auch hier muss man, um als Familie diesbezügliche hegemoniale Definitionen unterwandern und verschieben zu können, zunächst überhaupt als solche sichtbar und anerkannt werden.

Somit können Jaekels Fotografien auf der einen Seite als Form der Subversion und Umdeutung, als »Queering« des Familienportraits betrachtet werden, die die Abhängigkeit machterfüllter Normen von ihrer ständigen Wiederholung ausnutzen, um diese zu verschieben. Schließlich – und dies ist wohl der augenfälligste Aspekt – zeigen diese neuen Familienbilder gleichgeschlechtliche Elternpaare. Die traditionell zweigeschlechtliche und heterosexuelle Positionierung mit der Frau als Mutter und dem Mann als Vater wird nun von zwei Frauen oder zwei Männern besetzt. Diesbezüglich kann die bildliche Darstellungsform als eine Anerkennung, Bestätigung und auch Legitimation homosexueller Elternschaft gelesen werden. Denn auf diesem Wege wird die durch gemeinsame biologische Reproduktion definierte Elternschaft, die auf Leiblichkeit, auf der somatischen Zuordbarkeit von Keimzellen basiert, um soziale, affektive und alltagspraktische Formen erweitert. Darüber hinaus lassen sich die Bilder jedoch keinesfalls auf Thematiken von Sexualität und Geschlecht reduzieren. Schließlich problematisieren sie nicht nur die unbewusste Vorstellung von der »normalen« Familie als unmarkiert weiß, sondern unterwandern auch Konzeptionen von Familie, die von einer homogen rassifizierten Einheit ausgehen. In vielen Bildern der Serie lassen sich weder Eltern und Kinder, noch die Eltern und Geschwister untereinander einheitlich klassifizieren, einige von ihnen sind Schwarz, andere weiß. Damit entwerfen die Portraits einen Begriff von Familie, der jenseits biologischer Bestimmungshoheiten, jenseits von Vorstellungen über Vererbung, Leiblichkeit und Blutlinie sowie jenseits rassistischer Ein- und Ausschlüsse liegt. Diese flexible Definition von Familie, die in Jaekels Serie zum Ausdruck kommt und sich stark an der alltäglichen Praxis, an Eigendefinitionen und emotionalen Bindungen orientiert, lässt sich im Kontrast zu Arbeiten wie denjenigen des Fotografen John H. Silvis[19] verdeutlichen. Silvis setzt sich in seinem Werk stark mit dem Thema Familie auseinander. Hierbei bezieht er sich

---

18 Butler, Judith: Undoing Gender, New York: Routledge 2004a.

19 Einen Ausschnitt Silvis Arbeit befindet sich in dem Aufsatz in: Margit Zuckriegl: »Die totale Familie«, in: Matthias Beitl/Veronika Plöckinger (Hg.), familienFOTOfamilie, Kittsee: Ethnographisches Museum Schloß Kittsee 2000, S. 65-79. Einen größeren Überblick liefert die Website des in Wien und New York lebenden Fotografen unter: http://johnsilvis.com /photographs1.html vom 02.05.2009.

implizit auf eine hegemoniale Vorstellung von Familie, denn er portraitiert in Serien wie »Father and Son« (1994 und 2003), »Husbands and Wives« (1999), oder »Mother and Child« (2001) vor allem weiße und ausschließlich heteronormative Beziehungskonstellationen. Vor allem seine 1994 erschienene Serie »Father and Son« betont die Attribute einer biologischen und patrilinearen Definition von Verwandtschaft, indem sie, wie Margit Zuckriegl feststellt, besonders die physiognomischen Übereinstimmungen von Vater und Sohn in das Bild rückt. Diese unterschwellig essentialisierende und naturalisierende Konzeptionalisierung von Familienzusammengehörigkeit kommt auch in Zuckriegls Interpretation dieser Bilder zum Ausdruck, wenn sie eine ewige Verbindung von Vater und Sohn beschwört und erklärt: »die Ähnlichkeit wird sie immer aneinander binden, es wird etwas weitergegeben, das jenseits der Beschreibung die Fasern einer Familienzugehörigkeit ausmacht«.[20] Verstärkt wird dies durch die fotografische Inszenierung der portraitierten Väter und Söhne: schwarz-weiße Aufnahmen zeigen die beiden ernst in die Kamera blickend; ein weißer Hintergrund und die Tatsache, dass die beiden in den bis zur Brust reichenden Bildausschnitten unbekleidet präsentiert werden, lässt sie bereinigt von kulturellen Einflüssen erscheinen und ruft Ideen von Ursprünglichkeit und Überzeitlichkeit auf.

Während im Gegensatz dazu in Jaekels Portraitserie eine Verschiebung und Resignifikation von Familie, ihrer Darstellungsweisen und Regelsysteme stattfindet und damit in gewisser Weise auch eine Subversion machtdurchsetzter Normen erfolgt, fungiert Familie in Bezug auf andere Aspekte jedoch gleichzeitig als Stütze von Normen, als Verfestigung und Reproduktion hegemonialer Wissensordnungen. Zunächst betrifft dies die Repräsentation von Elternschaft, die in den Bildern stets paarförmig, als Einheit zweier Menschen erfolgt – lediglich in einer einzigen Fotografie der gesamten Serie sind drei Mütter zu sehen. Dies ist wohl einerseits dem historischen Genre geschuldet, da dort im Rahmen der traditionellen Familiendarstellungen der Raum für Elternschaft auf zwei Personen beschränkt ist. Andererseits steht diese bildliche Norm selbstverständlich in Wechselwirkung mit kulturellen Vorstellungen, die sich auch auf das Selbstverständnis von Familienzusammengehörigkeit auswirken – schließlich war es bei der Herstellung der Fotografien den Portraitierten selbst überlassen, wen und wie viele Personen sie auf ihrem Familienbild zeigen wollten. Damit wird das Schema paarförmiger Elternschaft, das eng mit der heteronormativen Ordnung und der Ehe als ihrer rechtlich-institutionellen Einrichtung verbunden war, zwar um homosexuelle oder gleichgeschlechtliche Konstellationen ergänzt, jedoch

---

20 M. Zuckriegl: »Die totale Familie«, S. 74.

gleichzeitig weiter aufrechterhalten. Es ist diese modellhafte Binarität, durch die neuartige Verwerfungen produziert und alterierende Formen von Familienbeziehungen und Elternschaft ausgeschlossen werden können. Vergleichbare politische Ambivalenzen diskutiert auch Judith Butler in ihrem Aufsatz »Is Kinship always already heterosexual?«, in dem sie anhand des Diskurses um die Ehe homosexueller Paare verdeutlicht, wie mit der Legalisierung und Normalisierung bestimmter Verwandtschaftsformen andere gleichzeitig aus dem Bereich der Intelligibilität, des Denk-, Sag- und Lebbaren, verwiesen werden.[21] Doch auch auf der Ebene sozialer Distinktionsmechanismen und ökonomischer Differenzkategorien ist ein ähnliches Spannungsverhältnis zwischen Beharrungstendenzen und Umdeutungsprozessen zu ermitteln. Denn zum einen kann die bewusste Wiederholung bürgerlicher Repräsentationsweisen, einschließlich der eher distinguierten und eleganten, sich von der Alltagskleidung unterscheidenden Garderobe, als Form der Aneignung, als Queering der Bürgerlichkeit gelesen werden. Zum anderen wird Familie mit dieser Darstellungsform in einem bürgerlichen Kontext situiert, der mit einer Zurschaustellung ökonomischen Wohlstands und einer Aufrufung kulturellen Kapitals und konventioneller Werte einhergeht. Zumindest auf den ersten Blick erscheinen die abgebildeten Familien als eher wohlsituiert und mit den entsprechenden habituellen Dispositionen ausgestattet – erst eine nähere Betrachtungsweise macht in einigen Fällen Brüche, unvollständige Inszenierungen und Momente des Eigensinns erkennbar. Dennoch: mittellose oder einkommensschwache Lebenszusammenhänge, ebenso wie Haltungen und Dispositionen, die traditionellen bürgerlichen Konventionen widersprechen, treten in diesem Bildformat nicht explizit in Erscheinung. Vielleicht ist eben diese Reiteration bürgerlichen Stils mit ein Grund für die bereits in der Einleitung genannte vermeintliche »Spießigkeit« der Portraitierten, die einige Betrachtende so verwundert festzustellen meinten.

Der dritte und letzte Punkt betrifft die Performanz rassifizierter Kategorien, die über die bereits angesprochene Umdeutung und Diversifikation eines homogenen Familienentwurfs herausgehen. Denn auch hier eröffnen die Bilder einen Raum von Ambivalenzen, sind doch auf vielen Fotografien die Eltern als weiß, ihre Kinder als Schwarz klassifizierbar – ein umgekehrtes Verhältnis, etwa eines Schwarzen Elternpaares mit weißen Kindern findet sich dagegen nicht. Diese Formen der Positionierung sind Spiegel sozialer, ökonomischer und juristischer Verhältnisse, rufen jedoch auch kolonialistische Stereotype auf, die mit weißen

21 Judith Butler: »Is kinship always already heterosexual?«, in: dies., Undoing Gender, New York: Routledge 2004b, S. 102-130.

Selbstidealisierungen als Erzieher und Beschützer und der Abgrenzung gegen ein als kindlich konstruiertes, Schwarzes »Anderes« verbunden sind.

Diese unvermeidbaren Paradoxa, von denen Butler spricht, die zwangsläufige, nie ganz vermeidbare Ambivalenz zwischen Verschiebung und Fortführung, Umdeutung und Bekräftigung, Prozessen des Einschließens und der Produktion von Ausschlüssen – und somit auch die Verschränkung zwischen »Altem« und »Neuen« – sind es, die in der Serie »Neue Familienportraits/New Family Portraits« zum Ausdruck kommen. Diese Widersprüchlichkeit bezieht sich nicht nur auf Fragen von Sexualität, sondern auf die intersektionale[22] Verschränkung sozialer Leitdifferenzen, insbesondere denen von Klasse und Rassifizierungskategorien. Auf diesem Wege wird ein Spannungsverhältnis erzeugt, das bislang in der diskursanalytischen Perspektive – auf die Konstitution von Begriffen und Definitionen wie »Familie« oder »Elternschaft« – diskutiert wurde und sich als unabschließbares Changieren innerhalb des Semioseprozesses darstellt. An dieser Stelle müssen wir die Analyseperspektive erweitern, denn bei dieser Spannung handelt es sich nicht allein um das Auseinandertreten von objektivierten Zeichenstrukturen, sondern um eine Dimension der ästhetische Erfahrung selbst, d.h. sie wird als Spannung erst in der konkreten Anschaulichkeit der Fotografien realisiert. Denn das Sichtbare beherbergt diese Tension; nur im Sehen selbst kann sie sich artikulieren.

Das Sichtbare und der Ausdruck

Die Fotografie ist mit »New York City, 15.4.2006« betitelt. Die schlichte Orts- und Zeitangabe ist scheinbar das Äußerste, was Jaekel an identifikatorischer Bestimmung an das Bild heranlassen möchte. Einerseits betont sie damit die Zeugenschaft des Fotos für ein bestimmtes Datum, an dem sich das Licht in eben dieser Weise auf die Sensoren ihrer Kamera legte, andererseits – und angesichts der Möglichkeiten digitaler Montage und Retusche der weitaus wichtigere Aspekt – markiert sie mit dieser Minimalzuschreibung die Grenze zum Sichtbaren: Der Rest ist Sehen.

---

22 Zum Ausdruck der Intersektionalität siehe beispielsweise: Kimberlé Crenshaw: »Mapping the margins: intersectionality, identity politics, and violence against women of color«, in: Stanford Law Review 43, 6 (1991), S. 1241-1299 sowie Gabriele Dietze u.a. (Hg.), Gender als interdependente Kategorie. Neue Perspektiven auf Intersektionalität, Diversität und Heterogenität, Leverkusen: Budrich 2007.

Vier Personen befinden sich auf dem Bild, eine Erwachsene und ein Junge sitzend, zwei stehen in derselben Paarung versetzt dahinter. Der Raum ist durch die Symmetrie der Fensterflügel sowie die beiden angeschnittenen Bilderrahmen rechts und links oben klar gegliedert. Das Linienmuster des Parketts markiert ein wenig Tiefe, daran schließt ein heller Hintergrund an – Wand, Fensterrahmen, Jalousie –, von dem sich die Personengruppe kontrastreich abhebt. Deutlich reagiert deren Anordnung auf das stehende Format der Fotografie, das im Seitenverhältnis des Fensterrahmens wieder aufgenommen wird. Die Personen – alle Afroamerikaner – stehen in einer Weise gestaffelt, dass sich gleich eine Vielzahl geometrischer Bezüge herstellt, insbesondere dadurch, dass die Anordnung der vier Köpfe ein gleichschenkliges Dreieck bildet, das wiederum in zwei Dreiecke zergliedert werden kann. So betonen die abgestuften Helligkeitswerte der Kleidung – graues Hemd, weißes Spitzenoberteil, kariertes blaues Hemd – eine Dreiergruppe, während eine andere Teilgruppe durch die gleichartigen Frisuren und – wenn man ins Detail geht – ihre goldenen Kreuzanhänger hervorgehoben wird. In jedem Teildreieck bildet die Frau, die auf der Symmetrieachse des Bildes steht, einen Eckpunkt, so dass der Blick um sie herum läuft, auf eben jenen Pfaden, welche die changierende Dreiecksstrukturen vorzeichnen. Auch die Staffelungen nach Statur, die gleichartigen Schuhe, welche die Kinder tragen, und die Varianten von Handhaltungen erweitern das dynamische Spiel von Korrespondenzen und Serien. Akzentuiert bleibt allerdings die Frau in der Bildmitte, deren Hand auf der Schulter der anderen ganz und gar nicht beiläufig wirkt. Natürlich könnte man hier eine männliche Codierung konstatieren, doch es ereignet sich mehr, was weit in die spezifischen Ausdrucksqualitäten reicht. Ebenso wie ihr frontaler Blick, der – so denkt man – die gesamte Inszenierung und wohl auch die fotografische Situation mitdenkt, liegt ihre rechte Hand dort in einer ostentativen Geste. Der kombinierte Ausdruck aus dieser singulären Geste und den abgestuft lächelnden Gesichtern nimmt die Dynamik der Bildstrukturen in sich auf, kontrastiert das »Stehende« des Formats und arbeitet damit deutlich gegen jede Selbstverständlichkeit des gestellten Familienportraits. Allein Ironie trifft nicht, was dort wahrnehmbar wird, nimmt doch der Blick als Exponent des Ausdrucksgefüges weniger die »Familienaufstellung« zurück als er vielmehr die innere Spannung des Bildes hält. So wird der Eigensinn eines Ausdrucks unserer Wahrnehmung zugänglich, gerade dort, wo – folgt man Adorno – innerhalb des Scheins (hier eher: Anschein) ein Moment sich Bahn bricht, das gegen die »Immanenz unterm Formgesetz«[23] arbeitet, ein Moment also, das

---

23 T. Adorno: Ästhetische Theorie, S. 169.

wir als mimetisch auffassen dürfen, obgleich es weder jenseits der Scheinhaftigkeit des Werkes steht, noch formlos ist.

So soll aber an dieser Stelle nicht das Ausgedrückte fixiert werden – etwa als das ironische Lächeln –, sondern vielmehr der ästhetische Vollzug, der Ausdruck beschrieben werden. Denn in der Verlaufsform des Sehens, die aus der Konstruktion verschiedener Gliederungsebenen hervorgeht, entfaltet sich das Bild einer Familie, in das die beschriebene Dissonanz eingeht, allerdings diese nicht feststellend formuliert, sondern anschaulich erfahrbar macht. Dort – korrespondierend mit dem Vollzug des je spezifischen Ausdrucks – entsteht die Inkongruenz mit dem Sagbaren, die sich allerdings im Sichtbaren artikuliert; in diesem Fall: Familie-Sein, aber auch nicht Familie-Sein, doch beides im Modus des »Diese-Familie-Seins«.

Bislang haben wir von diesen Fotografien auf der Ebene ihrer Zeichenprozesse gesprochen, ihrer Sujets und äußeren Bezüge, in denen die diskursive Ordnung wirksam ist. An einigen Stellen haben wir in den vorherigen Abschnitten zwar auch Inszenierungsweisen und fotografische Darstellungsmuster in die Argumentation mit einbezogen – allerdings unter der generalisierenden Perspektive ihrer Funktion im Verhältnis zu den juristischen, politischen, wissenschaftlichen Feldern des Sagbaren. Dabei stand im dritten Unterkapitel die Portraitserie im Allgemeinen als Untersuchungseinheit im Vordergrund, ebenso wie »Aussagen«, die hier auf generalisierbare Definitionen, gesellschaftliche Konzepte, Ideen und Begriffe abzielen. Daneben machen wir eine Ebene der ästhetischen Erfahrung geltend, in der das je Spezifische der Fotografien gegen das vorgängig Formulierte der herrschenden Diskurse arbeitet, nicht ohne gleichzeitig einen Einspruch gegen eine konsensuale Sinnlichkeit zu erheben, so wie Rancière das Politische der Ästhetik auffasst.[24] Möglicherweise erschließt sich dieser Sachverhalt am anschaulichsten über die heuristische Trennung von mehreren Analyseschritten, sofern diese in ihren Ergebnissen aufeinander antworten, indem die beschriebene Verfremdung durch das zitatförmige Genre noch je spezifisch qualifiziert werden kann.

Versuchen wir nun die Verschränkung von Sichtbarem und Sagbarem in diesen Fotografien als ein produktives Verhältnis herauszuarbeiten, stand doch im ersten Beispiel die Reflexion des Genres, seine Konstruktionsform und damit vor allem die Inkongruenz zu einer bloß repräsentierenden Logik im Vordergrund. Betrachten wir also ein zweites Familienbild.

---

24 Vgl. Jacques Rancière: Die Aufteilung des Sinnlichen. Die Politik der Kunst und ihre Paradoxien, Berlin: b_books 2006.

»Los Angeles 7.5.2006/1«. Es zeigt uns ein Personengefüge: zwei weiße Männer und ein Schwarzes Kind vor einer weißen, nahezu texturlosen Wand. Rechts oben ist die Hintergrundfläche von einem angeschnitten Fenster durchbrochen, durch dessen vertikale Segmente schemenhaft eine überbelichtete Außenwelt zu erkennen ist, vielleicht ein Himmel, blass ein wenig Vegetation, eine Horizontlinie. Das untere Fünftel der Fotografie wird vom Parkettboden eingenommen, dessen Stäbe Fluchtlinien in die exakte Bildmitte zeichnen, eben dorthin, wo das Kind seinen leichten Silberblick zurück auf den Betrachter wirft. Das Kind, festlich gekleidet in Weste und weißem Hemd, sitzt auf dem Schoß des einen Mannes; der andere, der dicht hinter beiden steht, gibt seiner kleinen Hand lockeren Halt. Beide Männer tragen Anzug und Krawatte, beide richten ihre jungenhaften Gesichter direkt in die Kamera. Die Hand des stehenden Mannes ruht auf der Schulter des sitzenden, doch lastet diese Hand dort nicht, noch stützt die Schulter ihn: Es handelt sich um keine hierarchisierende Geste allein zwischen den beiden Männern, denn verfolgt man die Linie, die ihre Arme bilden, ergibt sich eine geneigte Ellipse, die ihre Oberkörper konturiert und das Kind in ihrer Mitte einfasst. Unterstützt wird diese Struktur von der versetzten Staffelung der Köpfe auf der Oberseite, den Handrücken auf der Unterseite des Ovals und dem stumpfen Winkel, in dem die Schultern zueinander stehen. Auffällig kontrastiert diese geschlossene Figurenkonstellation das Fenster zur Rechten, das von einer Außenwelt kündet, die vom amorphen Weiß nahezu geschluckt wird.

Doch scheint dieser Bildaufbau nicht nur als kompositorisches Spiel, vielmehr artikuliert der Helligkeitskontrast, der Formgegensatz und nicht zuletzt die unterschiedlichen Grade der Gestalthaftigkeit – das amorphe Außen, das distinkte Innen – etwas, das in der Ausdrucksdimension der Gesichter zusammenkommend qualifiziert wird: die Familie als eine intime Sphäre. In der Bildstruktur kreiselt unsere Wahrnehmung ebenso, wie die Gesichter zwischen Zuversicht und Sorge changieren, und produziert derart moduliert eine sinnliche Anschaulichkeit von Familie, die sich in Schalen – die Arme, die Personen, das Zimmer – um ihr Wertvollstes legt. Diese buchstäbliche Privat-Sphäre, die hier als etwas ungeheuer Verletzliches erfahrbar wird, scheint von den Abgebildeten dem repräsentativen Genrefoto und damit der Öffentlichkeit übereignet worden zu sein. Eine neue, je eigene Intimität dieser Lebensgemeinschaft wird im Raum der Ausstellung, im Katalog oder auf den Seiten eines Magazins zu sehen gegeben, und das bedeutet gegen die Verhärtungen des bereits Ausgesagten, des schon Gesehenen, des allzu oft Gefühlten, ästhetisch politisch zu sein. Schließlich sehen wir: Vater, Vater, Kind – eine Kombinatorik, die in diesem Bild nicht von den tradierten Formeln abgeleitet ist, nicht als Derivat präsentiert wird, sondern so, wie sie ist, ihren je eigenen Ausdruck behauptet, und zwar an einer Stelle, wo sie – in Rancières Begriffen formuliert – in der »Aufteilung des Sinnlichen« nicht vorgesehen war.[25]

Anders als im Foto »New York City, 15.4.2006« liegt der Sachverhalt hier in einer noch schärferen Fassung vor, da nicht nur die jeweilige Familie zwischen Genrefoto und heteronormativem Familienkonzept hindurch ein spezifisches So-Sein veranschaulicht, sondern da in diesem Foto sich der Ausdruck als noch etwas anderes bestimmen lässt, nämlich als ein ambivalenter Bezug zur Familiendarstellung. Gerade indem es etwas erfahrbar werden lässt, was nicht positiv abgebildet und nicht auf das Diskursive reduzible ist, kann die Fotografie »Los Angeles 7.5.2006/1« wieder auf ein neues, konstruiertes Repräsentationsverhältnis zurückkommen.

Folgt man Rancières historischer Darlegung liegt das Regime verbindlicher Zuordungsregeln zwischen Sichtbarem und Sagbarem, Bildern und Sätzen, zwischen Darstellungsform und Sujet weit zurück.[26] Im Zug der ästhetischen Revolution, die bereits im 18. Jahrhundert ihren Anfang nahm, wurden sie einander inkommensurabel, traten aber gleichzeitig in ein konstruktives Wechselverhältnis: nichts bleibt bloß sinnlich, nichts allein sinnhaft; Sätze können jederzeit in Bilder transformiert werden, wie auch die Dinge nun zu sprechen anheben können.[27] Diese seither herrschende produktive Inkongruenz markiert damit auch die genuin ästhetische Möglichkeit, wieder einen Repräsentationsanspruch einzuklagen – in diesem Fall die Bezeichnung von familiärer Intimität, die nun durch die Konstellation Vater, Vater, Kind vorgenommen wird.

Fazit

Jaekels bewusster Rekurs auf klassische Formate der Familienfotografie stellt also nicht nur eine Reflexion auf fotografische Bildnormen, deren Historizität und performativer Wirkmächtigkeit dar, sondern er befragt auch Konstruktionsformen und Konzeptionen von Familie selbst. Damit tritt auch das Paradoxon hervor, das mit der individuellen Subjektkonstitution ebenso untrennbar verbunden ist wie mit der gemeinschaftlichen Konstitution als Familieneinheit. Dieses besteht darin, dass eine Familie,

---

25 Vgl. J. Rancière: Die Aufteilung des Sinnlichen.
26 Vgl. Jacques Ranciére: Politik der Bilder, Berlin: diaphanes 2005.
27 Vgl. Jacques Ranciére: Das ästhetische Unbewußte, Zürich/Berlin: diaphanes 2006.

die als solche intelligibel und wahrnehmbar sein möchte – um auf diese Weise Handlungsfähigkeit und auch die Fähigkeit zur Umdeutung, Subversion und Aneignung zu erlangen –, sich stets Normen und Mechanismen der Intelligibilität unterordnen muss. Hierauf verweist das ständige Spannungsverhältnis zwischen Kontinuitäten und Destabilisierungsprozessen, das in den Fotografien zum Ausdruck kommt. Dieses bezieht sich keinesfalls nur auf Fragen von Geschlecht und Sexualität, sondern schließt in einem intersektionalen Verhältnis eine Vielzahl sozialer Differenzkategorien mit ein, von denen hier besonders Klasse und Rassifizierung herausgearbeitet wurden. Lassen sich auf der Ebene der gesamten Serie generelle Aussagen über diese Ambivalenzen treffen, so kommen sie immer erst in der Konkretion einzelner Bilder zum Ausdruck, werden jedoch über den Weg der sinnlichen Anschauung auch diversifiziert, in jeweils spezifische Topografien und Personenkompositionen gebracht und in affektive Prozesse eingewoben. Diese Ebene der ästhetischen Erfahrbarkeit, die hier das Sichtbare bezeichnet, ist keine »authentische«, rein prädiskursive Erfahrung, sondern sie steht in ständiger Wechselwirkung mit dem Sagbaren, ohne in ihm vollkommen aufzugehen. So sind, je nach der konkreten Bildlichkeit, manche mit Familie verbundene emotionale Schemata, wie z.B. Intimität oder Heimeligkeit, wahrnehmbar, ebenso wie eine durch die genrebezogene Inszenierung hervorgerufene Distanz in affektiven Qualitäten zum Ausdruck kommt.

Die Charakteristika des fotografischen Mediums bezüglich seiner Aussage- und Ausdrucksformen treten auch im Vergleich mit dem Video hervor, das parallel zu den Familienportraits entstanden ist und Interviews einiger deutscher und US-amerikanischer Eltern zeigt. Die für die Fotografien so zentrale formästhetische Entscheidung rückt im Video zu Gunsten des Verbalen in den Hintergrund und lässt mehr Raum für die Erläuterungen individueller Lebenssituationen und für familiäre Selbstdarstellungen. Obwohl durchaus von Relevanz, tritt das Sichtbare im Interviewvideo derart zurück, dass es mit den habituellen Dispositionen, vor allem aber mit den Aussagen und diskursiven Positionierungen Verknüpfungen eingeht. So werden in den Interviews Aspekte angesprochen, die die Fotografien nicht oder kaum zu sehen geben können. Dies betrifft vor allem die jeweilige Situation einer Familie im sozialen Gefüge, die weit über die einheitliche Erfahrung als gleichgeschlechtliche Eltern von Kindern hinausgeht und die Kreuzungslinien nationaler politisch-juridischer Rahmenbedingungen, Religion, Krankheit, ökonomischer Lage sowie rassifizierter und ethnisierter Kategorien vor Augen führt. So wird beispielsweise deutlich, dass die Möglichkeit zur Adoption von Kindern, ebenso wie die in den USA legale Leihmutterschaft, maßgeblich von den finanziellen Mitteln der Eltern abhängen; oder die bis in die 1990er Jahre gängige Praxis deutscher Jugendämter schwulen oder lesbischen Paaren ausschließlich schwer vermittelbare Pflegekinder – also beispielsweise Schwarze Kinder oder solche mit einer HIV-Infektion – zu bewilligen. Auf dem Wege der Selbstbeschreibung wird so der stets spezifische Einfluss von Diskursen, Praktiken und Institutionen auf Lebenszusammenhänge, familiäre Möglichkeiten und Grenzen deutlich.

Doch so sehr sich Interviewfilm und Fotografie auch unterscheiden, so haben sie doch eine zentrale Übereinstimmung. Beide zeigen, dass sich gleichgeschlechtliche Lebensformen mit Kindern keinesfalls auf die Rubrik Gleichgeschlechtlichkeit reduzieren lassen, sondern sie führen gerade die Verschiedenartigkeit der Lebenswelten dieser »neuen« Familien vor Augen.

Literatur

Adorno, Theodor W.: Ästhetische Theorie, Frankfurt a.M.: Suhrkamp 1970.

Barthes, Roland: »Rhetorik des Bildes«, in: ders., Der entgegenkommende und der stumpfe Sinn, Franfurt a.M.: Suhrkamp 1990, S. 28-46.

Benjamin, Walter: »Kleine Geschichte der Photographie«, in: ders., Gesammelte Schriften, Bd. 2, hg. v. Hermann Schweppenhäuser und Rolf Tiedemann, Frankfurt a.M.: Suhrkamp 1991, S. 368-385.

Bertz, Inka: Familienbilder. Selbstdarstellung im jüdischen Bürgertum, Köln: DuMont 2004.

Breuss, Susanne: »Erinnerung und schöner Schein. Familiäre Fotokultur im 19. und 20. Jahrhundert«, in: Matthias Beitl/Veronika Plöckinger (Hg.), familienFOTOfamilie, Kittsee: Ethnographisches Museum Schloß Kittsee 2000, S. 27-63.

Butler, Judith: Körper von Gewicht, Frankfurt a.M.: Suhrkamp 1997.

Butler, Judith: Undoing Gender, New York: Routledge 2004a.

Butler, Judith: »Is kinship always already heterosexual?«, in: dies., Undoing Gender, New York: Routledge 2004b, S. 102-130.

Crenshaw, Kimberlé: »Mapping the margins: intersectionality, identity politics, and violence against women of color«, in: Stanford Law Review 43, 6 (1991), S. 1241-1299.

Deleuze, Gilles: Foucault, Frankfurt a.M.: Suhrkamp 2006.

Dietze, Gabriele u.a. (Hg.): Gender als interdependente Kategorie. Neue Perspektiven auf Intersektionalität, Diversität und Heterogenität, Leverkusen: Budrich 2007.

Dugan, Ellen (Hg.): Picturing the South. 1860 to the Present, San Francisco: Chronicle Books 1996.

Krauss, Rosalind: »Die diskursiven Räume der Photographie«, in: dies., Das Photographische. Eine Theorie der Abstände, München: Fink 1998, S. 40-58.

Lorenz, Angelika: Das deutsche Familienbild in der Malerei des 19. Jahrhunderts, Darmstadt: Wissenschaftliche Buchgesellschaft 1985.

Morris, Michael: »Joseph Knight. Scotland and the Black Atlantic«, in: International Journal of Scottish Literature 4 (2008), S. 26-45.

Rancière, Jacques: Politik der Bilder, Berlin: diaphanes 2005.

Rancière, Jacques: Die Aufteilung des Sinnlichen. Die Politik der Kunst und ihre Paradoxien, Berlin: b_books 2006a.

Rancière, Jacques: Das ästhetische Unbewusste, Zürich, Berlin: diaphanes 2006b.

Siegessäule vom Dezember 2007.

Zuckriegl, Margit: »Die totale Familie«, in: Matthias Beitl/Veronika Plöckinger (Hg.), familienFOTOfamilie, Kittsee: Ethnografisches Museum Schloss Kittsee 2000, S. 65-79.

Bildnachweise

Abbildung 1-4: Verena Jaekel

GLOSSAR

Analgosedierung: Mittels Medikamente wird der Schmerz ausgeschaltet und die Patientin beruhigt (wird bei der Entnahme von Eizellen im Rahmen einer künstlichen Befruchtung angewandt).

Anonyme Samenspende: Die Identität des Samenspenders bleibt sowohl dem mit seinem Samen gezeugten Kind als auch dessen Eltern unbekannt.

Anti-Müller-Hormon (AMH): Das AMH wird zur Fertilitätsdiagnostik bei Frauen verwendet. Niedrige Werte deuten auf eine eingeschränkte ovarielle Funktionsreserve sowie schlechtes Ansprechen auf eine ovarielle Stimulation hin.

Assistierte Reproduktion: Zeugung eines Kindes mit medizinischer Unterstützung.

Assistierte Reproduktionstechnologie (ART): Medizinische Eingriffe für die Zeugung eines Kindes.

Borderline-Ovarialtumore: Tumor, der aus den Geweben der Eierstöcke hervorgeht (Eierstockkrebs). Ein Borderline-Tumor ist eine Sonderform der Eierstocktumore.

Clearblue: Digitaler Ovulationstest zur Messung des Eissprungs.

Clomiphen: Wirkstoff, der in Medikamenten zur Fruchtbarkeitsbehandlung eingesetzt wird. Er stimuliert die Hirnanhangsdrüse, sodass diese vermehrt Hormone produziert und die Eierstöcke stimuliert werden.

Co-Elternschaft: Bezugspersonen, die Verantwortung für ein oder mehrere Kinder übernehmen. Diese Bezugspersonen können Partnerin/Partner aus einer heterosexuellen oder homosexuellen Beziehung sein. Co-Elternschaft ist ein weiter Begriff und gilt auch für das Kind einer Freundin oder eines Freundes, abhängig von der Intensität des Kontaktes mit dem Kind, mit dem zusammengelebt wird oder das in regelmäßigen Abständen getroffen wird.

Coming-Out: Der Begriff wurde aus dem englischen (to come out: heraus kommen, nach außen auftreten) in den deutschen Sprachgebrauch übernommen und bezeichnet das Bekenntnis zu einer anderen sexuellen Orientierung als der heterosexuellen. Die Verengung des Begriffs Coming-Out zu einem Bekenntnis zu Homosexualität vollzog sich in der amerikanischen Schwulen-und Lesbenbewegung der 1960er/70er Jahre. Erst im Anschluss begannen auch andere Minoritäten (Bisexuelle, Transgender-Personen) den Begriff zu verwenden.

Doing-Famliy: Herstellung eines sinnstiftenden Familienkontextes, der nach dem Vorbild des ›Doing Gender‹›*Doing Family*‹ genannt wird.

Donogene Insemination: Methode der Reproduktionsmedizin, bei dem ein Dritter, ein Samenspender, zur Erfüllung des Kinderwunsches herangezogen wird. Die Frau wird, wenn erforderlich, hormonell stimuliert und das Fremdsperma wird mit Hilfe eines flexiblen Katheders in die Gebärmutter eingebracht. Die Verschmelzung von Ei- und Samenzelle findet unter natürlichen Bedingungen statt. Andere Begriffe für die donogene Insemination sind auch »Samenspende« und AID (artifizielle Insemination durch Donor).

Eingetragene Lebenspartnerschaft: Eine beurkundete Verbindung eines gleichgeschlechtlichen Paares mit gesetzlich geregelten Rechten. Beide Partner sind zur gemeinsamen Lebensführung und zum gegenseitigen Unterhalt verpflichtet. Sie haben das kleine Sorgerecht bei Kindern des Partners und haben Recht auf das Pflichtteil bei Erbschaften. Außerdem haben sie Anrecht auf Witwenrente und sind im Sozialrecht gleichgestellt. Zuständig sind in den meisten Bundesländern die Standesämter. Es gibt aber Ausnahmen in Hessen, Thüringen, Rheinland-Pfalz, Brandenburg, Saarland, Baden-Württemberg, wo die Gemeinden bzw. Kreise und Bayern nur der Notar zuständig sind.

Embryonenschutzgesetz (ESchG): Gesetz zum Schutz von Embryonen aus dem Jahr 1990, das dem Missbrauch der medizinischen Fortpflanzung entgegenwirken soll. Verboten sind unter anderem Eizellspende, Leihmutterschaft, die Erzeugung und Verwendung von Embryonen für Forschungszwecke sowie das Klonen.

Embryonenspende: Im Rahmen der Embryonenspende werden überzählige Embryonen, die von den Wunscheltern nicht mehr zur Zeugung eines Kindes eingesetzt werden, anderen Paaren gespendet. Embryonen, die zur Spende freigegeben werden, können auch mittels einer getrennten Samen- und Eizellspende gewonnen werden.

Endokrinologie: Teilgebiet der Inneren Medizin, das sich mit hormonellen Störungen befasst.

Endometriose: Gutartige, aber schmerzhafte und chronische Erkrankung der Gebärmutterschleimhaut.

Endometriumkarzinom: Eine Krebserkrankung der Gebärmutterschleimhaut.

Eizellspende: Ein Verfahren der Reproduktionsmedizin, das bei Frauen angewandt wird, die aufgrund von unterschiedlichen Faktoren (z.B. aufgrund des fortgeschrittenen Alters, durch Erkrankung) keine Eizellen (mehr) produzieren. Die Eizellspende kann auch im Rahmen einer Leihmutterschaft durchgeführt werden. Bei der Eizellspende werden die Eierstöcke eine Spenderin hormonell stimuliert, um mehrere Eizellen reifen zu lassen, diese werden anschließend vaginal entnommen. Die so erhaltenen Eizellen werden außerhalb des Körpers mit Sperma befruchtet und der Empfängerin transferiert oder für einen späteren Transfer kryokonserviert.

Fertilisation: Befruchtung (Verschmelzung von männlichen und weiblichen Keimzellen).

Fertilisationsklinik: Klinik, die verschiedene Arten der künstlichen Befruchtung anbietet.

Follikel: Flüssigkeitsgefüllte Eibläschen, in denen sich die Eizellen befinden. Die Follikel reifen in den Eierstöcken.

Follikelpunktion: Entnahme von reifen Eizellen aus den Eierstöcken.

Fragmentierte Elternschaft: Biologische und soziale Elternschaft fallen auseinander (z.B. Adoptivfamilie, Stieffamilie, Pflegefamilie, heterologe Inseminationsfamilie).

Fremdsamenspende: siehe donogene Insemination.

Gabcontrol: Ovulationstest.

Gametenspende: Spende von Samenzellen und Eizellen.

Gayby-Boom: Dieser amerikanische Ausdruck beschreibt die Zunahme von Kindern, die bei homosexuellen Eltern aufwachsen.

Geplante lesbische Familie: Lesbische Frauen, die sich entscheiden, eine Familie zu gründen.

Gewebegesetz: Gesetz aus dem Jahr 2007, das den Umgang mit menschlichen Geweben und Zellen sowie mit medizinischen Präparaten regelt, die aus menschlichem Gewebe hergestellt wurden.

Gonadotropine: Hormone, die das Wachstum männlicher und weiblicher Keimdrüsen fördern und die Ausschüttung von Fruchtbarkeitshormonen steuern.

HCG (humanes Choriongonadotropin): Hormon, das während der Schwangerschaft produziert wird. Im Rahmen der künstlichen Befruchtung verabreicht der Arzt HCG, um einen Eisprung künstlich auszulösen.

HFEA: Human Fertilisation and Embryology Authority (englische Lizensierungsbehörde für Reproduktionsmedizin) oder Human Fertilisation and Embryology Act (englisches Fortpflanzungsmedizingesetz).

Heterologe Insemination: Donogene Insemination.

Heterologe Inseminationsfamilie: Familie, die sich mit Hilfe einer Spendersamenbehandlung gebildet hat.

Heteronormativität: Ein strenges dichotomes Geschlechtersystem, in welchem lediglich zwei Geschlechter als Gruppen, die sich gegenseitig ausschließen, akzeptiert sind. Das jeweilige Geschlecht wird mit Geschlechtsidentität, Geschlechtsrolle und sexuelle Orientierung gleichgesetzt.

Homophobie: Begriff, der die ablehnende Haltung der Gesellschaft gegenüber Homosexualität bezeichnet und bereits 1982 in Dudens Fremdwörterbuch (S. 312) »als krankhafte Angst und Abneigung gegen Homosexualität definiert wurde«.

Heterosexismus: Von homophoben Anfeindungen betroffene Menschen ergänzten den Begriff Homophobie um jenen des Heterosexismus. Er dient dazu, ein ideologisches System zu kritisieren, das nichtheterosexuelle Formen von Verhalten, Identität oder Beziehung verleugnet, diffamiert oder bekämpft.

Homosexualität: Sexuelle Orientierung auf Personen des eigenen Geschlechts.

Indikation: Grund zur Anwendung eines bestimmten diagnostischen oder therapeutischen Verfahrens in einem Krankheitsfall, der seine Anwendung hinreichend rechtfertigt. Im allgemeinen Sinne auch die Feststellung der Dringlichkeit oder Notwendigkeit einer ärztlichen Maßnahme.

Infertilität: Unfruchtbarkeit, bezeichnet die Unfähigkeit, eine Schwangerschaft auszutragen.

Initiative Lesbisch Schwuler Eltern (ILSE): Diese Initiative unterstützt Regenbogenfamilien mit der Realisierung des Kinderwunsches und lesbisch-schwule Eltern oder Alleinerziehende (www.ilse.lsvd.de).

Insemination: Einführen von Samen vor oder in die Gebärmutter. Der Samen kann vom Ehemann oder Partner (homologe Insemination) oder von einem Samenspender stammen (donogene oder heterologe Insemination).

Inseminationsfamilie: Familie, die sich mit Hilfe einer Insemination gebildet hat.

Inseminationskind: Kind, das mit Hilfe einer Insemination gezeugt wurde.

Intracervical: Einführung des Samens in den Gebärmutterhalskanal.

Intrauterin: Einführung des Samens in die Gebärmutterhöhle.

Intrazytoplasmatische Spermieninjektion (ICSI): Basierend auf einer In-vitro-Fertilisation (IVF) werden einzelne Spermien in die Eizelle injiziert. Dieses Verfahren wird in der Regel bei starker männlicher Unfruchtbarkeit angewandt.

In-vitro-Fertilisation (IVF): Nach einer hormonellen Stimulation werden die Eizellen vaginal entnommen und außerhalb des Körpers in einer Petrischale mit Spermien vermischt. Nach wenigen Tagen werden die befruchteten Eizellen der Frau eingesetzt. Dieses Verfahren wird bei weiblicher Unfruchtbarkeit, beispielsweise bei Undurchlässigkeit der Eileiter, angewandt. Auch werden auf diese Weise Eizellen von Frauen gewonnen, die zur Spende freigegeben werden.

Ja-Spender: Begriff für Samenspender, die entweder vor oder mit Erreichen der Volljährigkeit des Kindes, das mit ihrem Samen gezeugt wurde, offen für einen Kontakt sind und deren Identität preisgegeben werden kann (siehe auch Yes-Spender).

Karzinom: Krebserkrankung.

Kindschaftsrechtsverbesserungsgesetz: Gesetz aus dem Jahr 2002, das rechtliche Unterschiede zwischen ehelichen und nichtehelichen Kindern beseitigt.

Kryokonservierung: Tieffrieren und Lagern (hier von Samen) bei einer Temperatur von -196 Grad.

Laparoskopie: Bauchspiegelung; bei dieser operativen Untersuchung wird der Bauchraum und die Eileiter untersucht.

Lebenspartnerschaftsgesetz (LPartG): Gesetz über die Eingetragene Lebenspartnerschaft aus dem Jahr 2001, das zwei Menschen gleichen Geschlechts die Begründung einer Lebenspartnerschaft ermöglicht.

Leihmutter: Eine Frau, die sich bereit erklärt, für eine andere Frau oder ein Paar ein Kind auszutragen (auch Tragemutter).

LDI-Familien: Lesbische Familie, die sich mit Hilfe einer donogenen Insemination gebildet haben.

Lesbische Inseminationsfamilie: Lesbische Familie, die sich mit Hilfe einer donogenen Insemination gebildet haben.

LGBT: Lesbian, Gay, Bisexual, Transgender; englischer Begriff für Menschen mit einer homosexuellen oder bisexuellen Ausrichtung bzw. für Menschen, die sich mit der Geschlechterrolle, die ihnen bei der Geburt anhand der äußeren Geschlechtsmerkmale zugewiesen wurde, nur unzureichend oder nicht beschrieben fühlen, oder eine Selbstbezeichnung für Menschen, die sich mit ihren primären und sekundären Geschlechtsmerkmalen nicht oder nicht vollständig identifizieren können. Im englischen Sprachraum wird diese Abkürzung zunehmend als neutraler Begriff verwendet, um eine sexuelle Orientierung jenseits der heterosexuellen zu verdeutlichen.

Lutealphase: Zeitspanne zwischen Eisprung und nächster Menstruation.

Luteotropes Hormon: Hormon, das den Eisprung auslöst.

Menarche: Erstes Auftreten der Menstruation in der Pubertät.

Menopause: Zeitpunkt der letzten spontanen Menstruation im Leben einer Frau.

Multiple Elternschaft: Elternschaft, die aus mehr als zwei Personen besteht, z.B. einem lesbischen Elternpaar und einem schwulen Erzeuger, der in die Erziehung des Kindes eingebunden ist.

Nein-Spender: Begriff für Samenspender, die grundsätzlich für das mit ihrem Samen gezeugte Kind anonym bleiben (auch: No-Spender).

No-Spender: Begriff für Samenspender, die grundsätzlich für das mit ihrem Samen gezeugte Kind anonym bleiben (auch: Nein-Spender).

Nulliparität: Zustand einer Frau, die (noch) nicht geboren hat.

Ovarialkarzinomrisiko: Risiko für Eierstockkrebs.

Ovulation: Eisprung.

Ovulatorische Zyklen: Menstruationszyklen mit einem Eisprung.

Polyzystisches Ovarialsyndrom (PCOS): Stoffwechselstörung geschlechtsreifer Frauen, die zu erhöhtem Androgenspiegel, Zyklusstörungen und Unfruchtbarkeit führen kann.

Präeklampsie: Schwangerschaftsbedingter Bluthochdruck, verbunden mit dem Ausscheiden von zu viel Eiweiß über den Harn.

Präimplantationsdiagnostik: Entnahme einzelner Zellen des Embryos im Sechs- oder Achtzellstadium im Rahmen einer In-vitro-Fertilisation (IVF) zur Diagnostik schwerwiegender genetischer Erkrankungen. Dieses Verfahren ist in Deutschland, Österreich und in der Schweiz nicht erlaubt.

Pränatal: Vor der Geburt.

Pränataldiagnostik: Untersuchungen des ungeborenen Kindes und der Schwangeren.

Queer: Englischer Begriff für Menschen mit homosexueller, bisexueller oder transgender Ausrichtung.

Ovuquick: Ovulationstest.

Queer-Family: Englischer Begriff für Familien, in denen lesbische Mütter und schwule Väter gemeinsam Kinder erziehen.

Regenbogenfamilie: Familien mit lesbischen, schwulen, bisexuellen oder transgender Eltern.

Reproduktionsmedizin: Fortpflanzungsmedizin.

Reproduktive Technologien: Fortpflanzungsmedizinische Eingriffe.

Samenspende: Samen eines Mannes, der für die Behandlung einer Frau verwendet wird, die nicht in einer Beziehung mit ihm lebt.

Selbstinsemination: Einbringen von Samen nicht durch einen Arzt, sondern durch die Frau selbst oder ihren Partner/ihre Partnerin.

Sterilität: Unfruchtbarkeit, bezeichnet die Unfähigkeit, überhaupt schwanger zu werden.

Stiefkindadoption: Lesbische Co-Mütter, die mit der biologischen Mutter in einer Eingetragenen Lebenspartnerschaft leben, haben die Möglichkeit, ein mithilfe von Spendersamen gezeugtes Kind nach der Geburt zu adoptieren.

Stimulationsbehandlung: Gabe von Hormonen zur Eizellreifung, diese kann bei einer Insemination erforderlich sein.

Subfertilität: Eingeschränkte Fruchtbarkeit.

Subkutan: Unter die Haut.

Tragemutter: Anderer Begriff für Leihmutter.

Transplantationsgesetz: Gesetz über die Spende, Entnahme und Übertragung von Organen und Geweben, das 2007 aktualisiert wurde und u.a. eine Dokumentation der Identität eines Samenspenders und einer die Spende erhaltende Frau von mindestens 30 Jahre regelt.

Tubenfunktion: Funktion der Eileiter; diese sollten für eine Insemination durchlässig sein.

Ultrasonographie: Untersuchung mit Ultraschall.

Vorkernstadium: Auch Pronukleusstadium, Stadium einer Eizelle 12-20 Stunden nach Befruchtung.

Vitrifikation: Tieffrieren von Samen und Eizellen in Flüssigstickstoff mit extrem schneller Abkühlrate.

Yes-Spender: Dieser Begriff wird für Samenspender verwendet, die entweder vor oder mit Erreichen der Volljährigkeit des Kindes, das mit ihrem Samen gezeugt wurde, offen für einen Kontakt sind und deren Identität preisgegeben werden kann (siehe auch Ja-Spender).

Autorinnen und Autoren

Blyth, Eric, Jg. 1950, Dr., Professor der Sozialen Arbeit an der University of Huddersfield, England. *Arbeitsschwerpunkte*: Psychosoziale Aspekte der Reproduktionsmedizin, vor allem Familienbildung mit Gametenspende und deren gesetzlichen Bestimmungen. *Veröffentlichungen u.a*: Blyth, Eric/Landau, Ruth (Hg.): Third Party Assisted Conception across Cultures. Social, Legal and Ethical Perspectives, London: Jessica Kingsley Publishers 2004. Blyth, Eric/Landau, Ruth: Faith and Fertility (Hg.): Attitudes toward Reproductive Practices in Different Religions from Ancient to Modern Times, London: Jessica Kingsley Publishers 2009.

Dethloff, Nina, Jg. 1958, Dr., Professorin für Bürgerliches Recht, Internationales Privatrecht, Rechtsvergleichung und Europäisches Privatrecht an der Universität Bonn, Mitglied des Vorstands der Zivilrechtslehrervereinigung, des Executive Council der International Society of Family Law, der Commission on European Family Law sowie des Family Law Committee der International Law Association. *Arbeitsschwerpunkte:* Europäisches und Internationales Familienrecht, Rechtsvergleichung und Harmonisierung im Familienrecht. *Veröffentlichungen u.a.*: Dethloff, Nina: Familienrecht, Beck: München 2009. Dethloff, Nina: »Kindschaftsrecht des 21. Jahrhunderts – Rechtsvergleichung und Zukunftsperspektiven«, in: Zeitschrift für Kindschaftsrecht und Jugendhilfe 4 (2009), S. 141-147.

Dürnberger, Andrea, Jg. 1979, Soziologin, arbeitet als wissenschaftliche Mitarbeiterin am Staatsinstitut für Familienforschung an der Universität Bamberg. *Arbeitsschwerpunkte*: Familiale Aufgabenteilung, gleichgeschlechtliche Lebensformen, sozialer Wandel der Familie und alternative Familienformen. *Veröffentlichungen u.a.*: Dürnberger, Andrea/ Rupp, Marina/Bergold, Pia: »Zielsetzung, Studienaufbau und Mengengerüst«, in: Marina Rupp (Hg.), Die Lebenssituation von Kindern in gleichgeschlechtlichen Lebensgemeinschaften, Köln: Bundesanzeigerverlag 2009, S. 11-49. Rupp, Marina/Dürnberger/Andrea: »Entstehung und Entwicklung kinderreicher Familien«, in: Eggen, Bernd/Rupp, Marina (Hg.), Kinderreiche Familien, Wiesbaden: Verlag für Sozialwissenschaften 2009, S. 129-166.

Eggen, Bernd, Jg. 1959, Dr., Mitarbeiter der FamilienForschung (FaFo) des Statistischen Landesamtes Baden-Württemberg. *Arbeitsschwerpunkte*: Demographie, Wandel der Lebensformen und soziale Ungleichheit. *Veröffentlichungen u.a.*: Eggen, Bernd/Rupp, Marina: Kinderreiche Familien, Wiesbaden: VS Verlag 2006. Eggen, Bernd/Lipinski, Heike/ Walla, Wolfgang: Der demographische Wandel. Herausforderungen für Politik und Wirtschaft, Stuttgart: Kohlhammer 2006.

Funcke, Dorett, Jg. 1972, Dr., wissenschaftliche Mitarbeiterin am Lehrstuhl für Mikrosoziologie und Sozialisationstheorie an der Friedrich-Schiller-Universität Jena. *Arbeitsschwerpunkte*: Sozialisationstheorie, Familiensoziologie, Qualitative Forschungsverfahren. *Veröffentlichungen u.a.*: Funcke, Dorett/Hildenbrand, Bruno: Unkonventionelle Familien in Beratung und Therapie, Heidelberg: Carl-Auer Verlag 2009. Funcke, Dorett/Kauppert, Michael (Hg.): Wirkungen des wilden Denkens. Zur strukturalen Anthropologie von Claude Lévi-Strauss, Frankfurt a.M.: Suhrkamp 2008. Funcke, Dorett: Der abwesende Vater – Wege aus der Vaterlosigkeit. Der Fall Thomas Bernhard, Münster: LIT-Verlag 2007.

Granville, Julia, Jg. 1952, Dozentin für systemische Paartherapie und Psychotherapie am Tavistock and Portman NHS Foundation Trust in London, England. *Arbeitsschwerpunkte*: Pflegekinder- und Adoptionswesen, Beratung/Therapie zum Themenbereich »Verwandtschaft und Familiendynamik« und homosexueller Elternschaft, Entwicklung pädagogischer und Beratungskonzepte für Eltern und Fachpersonal. *Veröffentlichungen u.a.*: Granville, Julia/Antrobus, Laverne: »From tired and emotional to praise and pleasure: parenting groups for adoptive, foster and kinship carers«, in: Caroline Lindsey/Jenny Kenrick/Lorraine Tollemache (Hg.), Creating New Families, London: Karnac 2006, S. 162-180. Granville, Julia: »Minding the Group. Group process, group analytic ideas and systemic supervision, companionable or uneasy bedfellows?« in: Charlotte Burck/Gwyn Daniel (Hg.), Mirrors and Reflections. Processes in Systemic Supervision, London (in Druck).

Green, Robert-Jay, Jg. 1948, Dr., Professor (distinguished Professor) und Direktor (Executive Director) des Rockway Institute for Lesbian, Gay, Bisexual, and Transgender Psychology, California School of Professional Psychology, Alliant International University, San Francisco, USA. *Arbeitsschwerpunkte*: Lesben-, Schwulen-, Bisexuelle-, Transgender-Psychotherapie und Forschung. *Veröffentlichungen u.a.*: Green, Robert-Jay/Laird, Joan (Hg.): Lesbians and gays in couples and families. A handbook for therapists, San Francisco: Wiley 1996. Green, Robert-Jay/Mitchell, Valory: »Gay and lesbian couples in therapy. Minority stress, relational ambiguity, and families of choice«, in: Alan S. Gurman (Hg.), Clinical handbook of couple therapy, 4. Aufl., New York: Guilford Publications 2008, S. 662-680.

Hastings, Paul D., Jg. 1966, Dr., Assistenzprofessor (Associate Professor) für Psychologie an der University of California, Davis, USA und außerplanmäßiger Assistenzprofessor (adjunct Associate Professor) für Psychologie an der Concordia University, Montreal, Kanada. *Arbeitsschwerpunkte:* Einfluss von biologischen und Umweltfaktoren auf die emotional und soziale Entwicklung von Kindern. *Veröffentlichungen u.a.:* Hastings, Paul D. u.a.: »Subjective emotions and cardiovascular arousal in adolescents with internalizing and externalizing problems«, in: Journal of Child Psychology & Psychiatry 50 (2009), S. 1348-1356. Hastings, Paul D. u.a.: »Examining evidence for autonomy and relatedness in urban Inuit parenting«, in: Culture and Psychology 15 (2009) S. 411-414.

Herrmann-Green, Lisa, Jg. 1969, Dr., Psychologin, arbeitet an der Universität Konstanz, Vorstandsmitglied des Verbands von Lesben und Schwulen in der Psychologie (VLSP), Vertretung der deutschen Initiative lesbisch-schwuler Eltern (ILSE) im Network of European LGBT Families Associations (NELSA). *Arbeitsschwerpunkte*: Lesben-, Schwulen-, Bisexuelle-, Transgender-Psychologie, mit einem Schwerpunkt in Forschung und Beratung von Lesben mit Kinderwunsch. *Veröffentlichungen u.a.:* Green, Lisa: Unconventional conceptions. Family planning in lesbian-headed families created by donor insemination, Dresden: TUD Press 2006. Thorn, Petra/Herrmann-Green, Lisa: Die Geschichte unserer Familie. Ein Buch für lesbische Familien mit Wunschkindern durch Samenspende, Mörfelden: FamART Verlag 2009.

Herrmann-Green, Monika, Jg. 1962, arbeitet als Psychologin im Jugendheim Platanenhof, St. Gallen, Schweiz. *Arbeitsschwerpunkte*: Jugendarbeit und Familientherapie. *Veröffentlichung*: Herrmann-Green, Monika/Herrmann-Green, Lisa:»Studie zur Familienbildung von Familien mit lesbischen Eltern in Deutschland«, in Zeitschrift der Sexualforschung 4 (2008), S. 319-340.

Katzorke, Thomas, Jg. 1948, Prof. Dr., Leiter der IVF-Einheit im Novum - Zentrum für Reproduktionsmedizin Essen, Vorsitzender des Arbeitskreises für donogene Insemination e.V. *Arbeitsschwerpunkte:* Gynäkologische Endokrinologie und Reproduktionsmedizin, *Veröffentlichungen u.a.*: Katzorke, Thomas:»Entstehung und Entwicklung der Spendersamenbehandlung in Deutschland«, in: Gisela Bockenheimer-Lucius/Petra Thorn/Christiane Wendehorst (Hg.), Umwege zum eigenen Kind, Göttingen: Universitätsverlag Göttingen 2008, S. 89-102. Katzorke, Thomas:»Donogene Insemination«, in: Der Gynäkologe 10 (2007), S. 807-812.

Malich, Lisa, Jg. 1979, Diplompsychologin und Stipendiatin des Graduiertenkollegs »Geschlecht als Wissenskategorie« der Humboldt-Universität Berlin. *Arbeitsschwerpunkte*: Reproduktion, Emotionen und Wissenschaftsgeschichte.

Mitchell, Valory, Jg. 1946, Dr., Professorin für Psychologie an der California School of Professional Psychology, Alliant University, San Francisco, USA. *Arbeitsschwerpunkte*: Lesben-, Schwulen-, Bisexuelle-, Transgender-Psychologie und Forschung, insbesondere von Paaren und Eltern sowie Frauen- und Geschlechterforschung. *Veröffentlichungen u.a.*: Mitchell, Valory (Hg.): Lesbian Family Life. Like the Fingers of a Hand, London: Taylor & Francis, 2009. Mitchell, Valory (Hg.): The long view: Women Doing Therapy in the Last Third of Life, London: Taylor & Francis (im Druck).

Pennings, Guido, Jg. 1959, Dr. Professor für Bioethik, Direktor des Bioethics Institute Ghent an der Universität Ghent, Belgien und Mitglied der Task Force on Ethics and Law of the European Society of Human Reproduction and Embryology (ESHRE). *Arbeitsschwerpunkte*: Medizinethik, vor allem ethische Probleme der Reproduktionsmedizin und -genetik. *Veröffentlichungen u.a.:* Pennings, Guido:»Mirror gametes donation«, in: Journal of Psychosomatic Obstetrics and Gynecology 28 (2007), S. 187-191. Pennings, Guido/Ombelet, Willem:»Coming soon to your clinic: patient-friendly ART«, in: Human Reproduction 22 (2007), S. 2075-2079.

Pischel, Christian, Jg. 1976, Dr. des., wissenschaftlicher Mitarbeiter am Institut für Theaterwissenschaft/Seminar für Filmwissenschaft an der FU Berlin. *Arbeitsschwerpunkte*: Film und Affekte, Fotografie, amerikanischer Großfilm. *Veröffentlichungen*: Pischel, Christian: »Grenzverläufe filmischer Topographien. Gewalt gegen die Gemeinschaftlichkeit in Elephant und Pearl Harbor«, in: Sebastian Domsch (Hg.), Amerikanisches Erzählen nach 2000. Eine Bestandsaufnahme, München: edition text + kritik 2008, S. 319-337. Pischel, Christian: »Beharrliche Reste: Figurationen antiker Helden und toter Autoren«, in: Günther Heeg/Theo Girshausen (Hg.), Theatrographie. Heiner Müllers Theater der Schrift, Berlin: Vorwerk 8 2009, S. 371-378.

Rupp, Marina, Jg. 1958, Dr., stellvertretende Leiterin des Staatsinstituts für Familienforschung an der Universität Bamberg. *Arbeitsschwerpunkte*: Familienforschung (Familienformen, Demographie, Familienalltag), Forschung zur Familienpolitik, Entwicklung und Evaluierung von Modellprojekten und Praxisberatung. *Veröffentlichungen u.a.*: Rupp, Marina (Hg.): Die Lebenssituation von Kindern in gleichgeschlechtlichen Lebensgemeinschaften, Köln: Bundesanzeiger 2009. Rupp, Marina u.a. (Hg.): Die Vielfalt der Familie. Tagungsband zum 3. Europäischen Fachkongress Familienforschung, Opladen: Verlag Barbara Budrich 2009.

Scheib, Joanna E., Jg. 1966, Dr., Assistenzprofessorin (Associate Professor) für Psychologie an der University of California und Direktorin an der Sperm Bank of California, Berkeley, USA. *Arbeitsschwerpunkte*: Assistierte Reproduktion und Familienbildung durch Samenspende. *Veröffentlichungen u.a.*: Scheib, Joanna/Riordan, Maura/Rubin, Susan: »Adolescents with open-identity sperm donors. Reports from 12-17 year olds«, in: Human Reproduction 20 (2005), S. 239-252. Scheib, Joanna/Ruby, Alice: »Contact among families who share the same sperm donor«, in: Fertility & Sterility 90 (2008), S. 33-43.

Tasker, Fiona, Jg. 1963, Dr., Dozentin am Fachbereich Psychologie der Birkbeck University of London, England. *Arbeitsschwerpunkte*: Lesbische und schwule Elternschaft und unkonventionelle Familien. *Veröffentlichungen*: Tasker, Julia/Golombok, Susan: Growing up in a lesbian family. Effects on child development, New York: Guilford Press 1997.

Tasker, Fiona/Bigner Jerry: Gay and Lesbian Parenting. New Directions, New York: Haworth Press 2008.

Thorn, Petra, Jg. 1961, Dr., Sozialarbeiterin, Sozialtherapeutin und Familientherapeutin DGSF in eigener Praxis, Vorsitzende der Deutschen Gesellschaft für Kinderwunschberatung – BKiD e.V. sowie der Special Interest Group Psychology & Counselling der European Society for Human Reproduction and Embryology (ESHRE). *Arbeitsschwerpunkte*: Beratung bei Kinderwunsch, psychosoziale Aspekte der Gametenspende. *Veröffentlichungen u.a.*: Thorn, Petra: Familiengründung mit Spendersamen – ein Ratgeber zu psychosozialen und rechtlichen Fragen, Stuttgart: Kohlhammer Verlag 2008. Bockenheimer-Lucius/Thorn, Petra/Wendehorst, Christine (Hg.): Umwege zum eigenen Kind. Ethische und rechtliche Herausforderungen an die Reproduktionsmedizin 30 Jahre nach Louise Brown, Göttingen: Universitätsverlag Göttingen 2008.

Wapler, Friederike, Jg. 1971, Dr., wissenschaftliche Mitarbeiterin am Institut für Rechtsgeschichte, Rechtsphilosophie und Rechtsvergleichung der Universität Göttingen. *Arbeitsschwerpunkte*: Verfassungsrecht, Kinder- und Jugendhilferecht, Rechtsphilosophie. *Veröffentlichungen u.a.*: Wapler, Friedrike: »Staatliche Reaktionsmöglichkeiten bei Kindeswohlgefährdungen – Verfassungsrechtliche Aspekte der jüngsten Gesetzesänderungen«, in: Recht der Jugend und des Bildungswesens 57 (2009), S. 21-32. Wapler, Friederike: »Reform familiengerichtlicher Maßnahmen bei Gefährdung des Kindeswohls«, in: Sabine Berghahn/Ulrike Schultz (Hg.), Rechtshandbuch für Frauen- und Gleichstellungsbeauftragte, Hamburg: Dashöfer Verlag 2008, Kapitel 6.12.

Gender Studies

Mart Busche, Laura Maikowski,
Ines Pohlkamp, Ellen Wesemüller (Hg.)
**Feministische Mädchenarbeit
weiterdenken**
Zur Aktualität
einer bildungspolitischen Praxis

Oktober 2010, 330 Seiten, kart., 29,80 €,
ISBN 978-3-8376-1383-4

Rita Casale,
Barbara Rendtorff (Hg.)
**Was kommt nach der
Genderforschung?**
Zur Zukunft der
feministischen Theoriebildung

2008, 266 Seiten, kart., 26,80 €,
ISBN 978-3-89942-748-6

Rainer Fretschner,
Katharina Knüttel,
Martin Seeliger (Hg.)
Intersektionalität und Kulturindustrie
Zum Verhältnis sozialer Kategorien
und kultureller Repräsentationen

Dezember 2010, ca. 220 Seiten, kart., ca. 24,80 €,
ISBN 978-3-8376-1494-7

**Leseproben, weitere Informationen und Bestellmöglichkeiten
finden Sie unter www.transcript-verlag.de**

Gender Studies

GERLINDE MAUERER (Hg.)
Frauengesundheit in Theorie und Praxis
Feministische Perspektiven
in den Gesundheitswissenschaften

Oktober 2010, 240 Seiten, kart., 24,80 €,
ISBN 978-3-8376-1461-9

HANNA MEISSNER
Jenseits des autonomen Subjekts
Zur gesellschaftlichen Konstitution
von Handlungsfähigkeit im Anschluss
an Butler, Foucault und Marx

August 2010, 306 Seiten, kart., 29,80 €,
ISBN 978-3-8376-1381-0

ELLI SCAMBOR, FRÄNK ZIMMER (Hg.)
Die intersektionelle Stadt
Geschlechterforschung und
Medienkunst an den Achsen
der Ungleichheit

März 2011, ca. 170 Seiten, kart.,
zahlr. z.T. farb. Abb., 24,80 €,
ISBN 978-3-8376-1415-2

Leseproben, weitere Informationen und Bestellmöglichkeiten
finden Sie unter www.transcript-verlag.de

Gender Studies

Marie-Luise Angerer,
Christiane König (Hg.)
Gender goes Life
Die Lebenswissenschaften
als Herausforderung
für die Gender Studies
2008, 264 Seiten, kart., 26,80 €,
ISBN 978-3-89942-832-2

Cordula Bachmann
Kleidung und Geschlecht
Ethnographische Erkundungen
einer Alltagspraxis
2008, 156 Seiten, kart.,
zahlr. Abb., 17,80 €,
ISBN 978-3-89942-920-6

Ingrid Biermann
Von Differenz zu Gleichheit
Frauenbewegung und
Inklusionspolitiken
im 19. und 20. Jahrhundert
2009, 208 Seiten, kart., 25,80 €,
ISBN 978-3-8376-1224-0

Cordula Dittmer
**Gender Trouble
in der Bundeswehr**
Eine Studie zu Identitäts-
konstruktionen und Geschlechter-
ordnungen unter besonderer
Berücksichtigung von
Auslandseinsätzen
2009, 286 Seiten, kart., 28,80 €,
ISBN 978-3-8376-1298-1

Ute Luise Fischer
**Anerkennung, Integration
und Geschlecht**
Zur Sinnstiftung
des modernen Subjekts
2009, 340 Seiten, kart., 29,80 €,
ISBN 978-3-8376-1207-3

Sabine Flick,
Annabelle Hornung (Hg.)
**Emotionen in Geschlechter-
verhältnissen**
Affektregulierung
und Gefühlsinszenierung
im historischen Wandel
2009, 184 Seiten, kart., 20,80 €,
ISBN 978-3-8376-1210-3

Doris Leibetseder
Queere Tracks
Subversive Strategien
in der Rock- und Popmusik
Januar 2010, 340 Seiten, kart.,
zahlr. z.T. farb. Abb., 29,80 €,
ISBN 978-3-8376-1193-9

Uta Schirmer
Geschlecht anders gestalten
Drag Kinging, geschlechtliche
Selbstverhältnisse und
Wirklichkeiten
Juli 2010, 438 Seiten, kart., 29,80 €,
ISBN 978-3-8376-1345-2

Barbara Schütze
**Neo-Essentialismus
in der Gender-Debatte**
Transsexualismus als
Schattendiskurs pädagogischer
Geschlechterforschung
April 2010, 272 Seiten, kart., 27,80 €,
ISBN 978-3-8376-1276-9

Christine Thon
**Frauenbewegung im Wandel
der Generationen**
Eine Studie über
Geschlechterkonstruktionen
in biographischen Erzählungen
2008, 492 Seiten, kart., 36,80 €,
ISBN 978-3-89942-845-2

Leseproben, weitere Informationen und Bestellmöglichkeiten
finden Sie unter www.transcript-verlag.de